Rainer Albertz
Geschichte und Theologie

Beihefte zur Zeitschrift für die
alttestamentliche Wissenschaft

Herausgegeben von
Otto Kaiser

Band 326

Walter de Gruyter · Berlin · New York
2003

Rainer Albertz

Geschichte und Theologie

Studien zur Exegese des Alten Testaments
und zur Religionsgeschichte Israels

unter Mitarbeit von Gabi Kern
herausgegeben von Ingo Kottsieper und Jakob Wöhrle

Walter de Gruyter · Berlin · New York
2003

∞ Gedruckt auf säurefreiem Papier,
das die US-ANSI-Norm über Haltbarkeit erfüllt.

ISBN 3-11-017633-5

Bibliografische Information Der Deutschen Bibliothek

Die Deutsche Bibliothek verzeichnet diese Publikation in der Deutschen Nationalbibliografie; detaillierte bibliografische Daten sind im Internet über <http://dnb.ddb.de> abrufbar.

© Copyright 2003 by Walter de Gruyter GmbH & Co. KG, D-10785 Berlin

Dieses Werk einschließlich aller seiner Teile ist urheberrechtlich geschützt. Jede Verwertung außerhalb der engen Grenzen des Urheberrechtsgesetzes ist ohne Zustimmung des Verlages unzulässig und strafbar. Das gilt insbesondere für Vervielfältigungen, Übersetzungen, Mikroverfilmungen und die Einspeicherung und Verarbeitung in elektronischen Systemen.

Printed in Germany

Druckvorlage: Dr. Ingo Kottsieper, Göttingen mit ε-T_EX / ε-L^AT_EX
Einbandgestaltung: Christopher Schneider, Berlin
Druck und buchbinderische Verarbeitung: Hubert & Co., Göttingen

Vorwort

»Artikel« und »Vortrag« sind zwei wichtige Gattungen, mit denen sich ein Geisteswissenschaftler zu Wort meldet, um einer neuen Einzelerkenntnis, einer These oder aber einem Einwand gegen die Ansicht anderer in der wissenschaftlichen Gemeinschaft Gehör zu verschaffen. Auch wenn Artikel und Vorträge zeitlich und räumlich voneinander getrennt erscheinen, so geben sie dennoch die Ansichten *eines* Autors wieder und spiegeln in ihrer Gesamtheit die Kohärenz seines Denkens und seine Entwicklung wider. Die Gattung »Aufsatzsammlung« bekommt dadurch eine besondere Berechtigung, indem sie unterschiedliche Veröffentlichungen eines Autors in den durch seine Grundthesen und Methodik begründeten Zusammenhang stellt. Auf besonderes Interesse darf eine solche Sammlung dann hoffen, wenn der Autor durch seine Forschung und seine Publikationen in seinem Fachgebiet methodisch und inhaltlich innovativ und die Diskussion befruchtend wirkt.

Dies ist nun bei Rainer Albertz unzweifelbar der Fall. Das Erscheinen seiner zweibändigen »Religionsgeschichte Israels in alttestamentlicher Zeit« im Jahr 1992 (GAT 8/1-2) hat eine breite Diskussion in Gang gesetzt. Nicht nur die Tatsache, daß nun im deutschsprachigen Raum nach langer Zeit wieder eine umfassende Religionsgeschichte Israels erschienen ist und damit die Frage nach einer »Religionsgeschichte oder Theologie des Alten Testaments«[1] aufgeworfen hat, sondern auch der methodische Ansatz, den Rainer Albertz hier gewählt hat, verschaffte dem Werk große Aufmerksamkeit. Er beschreibt die Religionsgeschichte Israels nicht als eine Entwicklungsgeschichte abgehobener Ideen oder eines Nationalcharakters, sondern konsequent aus einem religionssoziologischen Blickwinkel. Darin greift er die Erkenntnis der Dialektik zwischen sozialen und politischen Situationen bzw. Interessen einerseits und theologischen bzw. religiösen Aussagen andererseits auf, die in der 2. Hälfte des 20. Jh. besondere Bedeutung gewann, aber in der alttesta-

---

1 So der Titel des Jahrbuchs für Biblische Theologie 10 (Neukirchen-Vluyn 1995), das insbesondere die durch Rainer Albertz' Werk angestoßene Diskussion über die Bedeutung der Religionsgeschichte im Kontext der Theologie widerspiegelt.

mentlichen Wissenschaft vielfach zu wenig beachtet bleibt. Durch den Versuch, die disparaten Aussagen des Alten Testaments nicht nur diachron zu erklären, sondern sie konsequent vor ihrem sozialgeschichtlichen Hintergrund darzustellen, bekommt die »Religionsgeschichte Israels« eine Lebendigkeit, die der vitalen Bedeutung der in ihr behandelten religiösen Aussagen in »Israel« zu ihrer Zeit entspricht. Und sie ist theologisch darin bedeutsam, daß sie die religiösen Aussagen Israels nicht materialistisch als lediglich interessengeleitete abtut, hinter denen allein macht- oder besitzhungrige Gruppen gestanden hätten, sondern an ihnen auch die theologische Grundlegung der Befreiungserfahrung Israels und die niemals aufgegebene ethische Forderung nach Gerechtigkeit aufzeigt. Die seltsam widersprechenden Einwände, die das Werk von unterschiedlichen Seiten erfahren hat, nämlich einerseits, daß eine Religionsgeschichte Israels einer Theologie des Alten Testaments zuwider laufe, andererseits aber, daß es sich *de facto* bei der von Rainer Albertz vorgelegten Religionsgeschichte um eine verkappte Theologie handele, erklären sich daraus, daß er bewußt als Theologe seine religionsgeschichtliche Forschung treibt. Religionsgeschichtlich ist sie darin, daß sie die Methoden der modernen Religionsgeschichte auch gerade in ihrer religionssoziologischen Dimension zugrundelegt und benutzt. Theologe ist Rainer Albertz aber darin, daß er die Aussagen des Alten Testaments auch als Zeugnisse von Erfahrungen ihrer Träger mit Gott begreift.

Die im vorliegenden Band gesammelten 15 schon bisher veröffentlichten Aufsätze und die zwei bisher unveröffentlichten Vorträge zeigen, daß die sozialgeschichtliche Ausrichtung eine durchgehende Konstante der wissenschaftlichen Arbeit von Rainer Albertz ist, die z.B. auch schon seine Habilitation über »Persönliche Frömmigkeit und offizielle Religion« (CThM 9, Stuttgart 1978) bestimmt hat. Sie belegen aber auch, wie er die sozialgeschichtliche Fragestellung im Kontext und im Zusammenspiel mit den klassischen exegetischen Methoden für die Auslegung einzelner Texte oder die Behandlung unterschiedlicher Fragestellungen fruchtbar macht. Dabei hat er auch die Traditionsgeschichte im Blick, wobei ihn, wie vornehmlich die ersten sechs Aufsätze belegen (1-134), der Vergleich zwischen mesopotamischen und biblischen Traditionen besonders interessiert. Ein zweiter Schwerpunkt seiner Arbeit liegt in der Frage nach den (sozial-)geschichtlichen Hintergründen, die letztlich zu den zentralen, das Alte Testament in seiner Jetztgestalt prägenden Traditionen geführt haben. So kreisen die Aufsätze 12-15 und der bisher unveröffentlichte Vortrag Nr. 16 um die Frage nach den Deuteronomisten und ihrem geistesgeschichtlichen Umfeld (257-301) sowie der weiteren Entwicklungen in exilischer und nachexilischer Zeit (303-357). Der sechste und siebte sowie der achte und neunte Aufsatz zeigen, wie Rainer Albertz jeweils einen Themenkomplex aus den verschiedenen Perspektiven betrachtet. So wird einerseits die Hiobtradition (107-134) und eine Rechtstradition Israels (157-185) mit mesopotamischen Traditionen verglichen, andererseits aber ihre inneralttestamentliche Bedeutung besonders unter sozialgeschichtlichen Fragestellungen erhellt (135-156.187-208). Die beiden Aufsätze zur prophetischen Tradition spiegeln in ihrer Fokussierung auf die Frühzeit Jeremias (209-238) und die exilisch-nachexilische Fortschreibung der Jesajaprophetie im Deuterojesajabuch (239-255) das besondere Interesse an der Herausbildung der biblischen Traditionen in spävorexilischer, exilischer und persischer Zeit wider. Den Abschluß bildet ein bisher unveröffentlichter Vortrag, der an der Fragestellung nach der Entwicklung des Monotheismus nicht nur die religionsgeschichtliche Arbeit von Rainer Albertz nochmals illustriert, sondern auch dessen Relevanz für die heutige Theologie und Ethik aufzeigt (359-382).

Die Herausgeber hoffen, mit dieser Auswahl an Aufsätzen und Vorträgen von Rainer Albertz der wissenschaftlichen Gemeinschaft nicht nur darin einen Dienst geleistet zu haben, daß sie ihr manche Wege in die Bibliothek abnimmt, sondern auch darin, daß durch ihre Zusammenstellung die Arbeit und die bisherigen Ergebnisse von Rainer Albertz über seine international beachteten Bücher hinaus in ihren vielen Details und in ihrer – wie die Herausgeber meinen – wegweisenden methodischen Bedeutung erneut fruchtbar werden. Die Bereitschaft des Herausgebers der BZAW, Prof. Dr. Dres. Otto Kaiser, sowie des Verlages de Gruyter, diesen Sammelband im Rahmen der BZAW erscheinen zu lassen, ist für uns ein guter Grund, daß diese Hoffnung nicht unberechtigt ist. Prof. Dr. Dres. Otto Kaiser sowie dem Verlag sind wir hierfür zu tiefem Dank verpflichtet. Ebenso danken wir den Verlagen der Zeitschriften und Sammelbände, in denen die Aufsätze zuerst erschienen sind, daß sie uns bereitwillig gestattet haben, die bei ihnen erschienenen Beiträge erneut abzudrucken.

Wenn auch die Aufsätze neu gesetzt wurden, so wurden doch der Wortlaut sowie die Besonderheiten der jeweiligen Publikation hinsichtlich der Zitierungsweisen und Stellenangaben beibehalten. Lediglich offenkundige Druckfehler und unbeabsichtigte formale Abweichungen wurden stillschweigend berichtet. Mithin entsprechen die Abdrucke wortgenau den Originalen, deren Seitenzahlen in der Kopfzeile in eckigen Klammern angegeben werden. Die exakte Stelle des Seitenumbruchs ist zudem im Text mit | gekennzeichnet. Im Aufsatz »Die Intentionen und die Träger des Deuteronomistischen Geschichtswerks« (257-277) wurden die Endin Fußnoten umgewandelt. Die ursprünglichen Seitenzahlen der Fußnoten werden hier zusätzlich in der Kopfzeile nach einem / angegeben. Eine Ausnahme stellt der Beitrag »Der ›Weise‹ und die ›fromme Weisheit‹ im Hiobbuch aus der Perspektive der ›Freunde‹« (135-156) dar, bei dem es sich um die deutsche Fassung eines ursprünglich englisch erschienenen Aufsatzes handelt. Hier wurde auf eine Angabe der Korrespondenz zu den Seitenzahlen der englischen Fassung verzichtet.

Wir möchten an dieser Stelle Frau cand. theol. Gabi Kern herzlich danken, die uns tatkräftig unterstützt und mit großer Sorgfalt den neuen Satz mit den Originalen verglichen hat.

Am Ende des Vorwortes sei den Herausgebern noch ein persönliches Wort erlaubt. Anlaß dieser Sammlung ist der 60. Geburtstag, den Rainer Albertz im Erscheinungsjahr feiert. Ihm sind die Herausgeber persönlich durch eine teilweise langjährige Zusammenarbeit als Wissenschaftliche Mitarbeiter bzw. Assistent verbunden und zu tiefem Dank verpflichtet – Dank für die Lehre, die sie von diesem engagierten Lehrer erhalten konnten, Dank für die Ermutigungen, Freiräume und Unterstützungen für die eigene Forschung, die von Rainer Albertz stets wohlwollend, aber auch kritisch begleitet wurde und wird. Die Herausgeber hoffen somit, daß dieser Band nicht nur für die wissenschaftliche Gemeinschaft nützlich, sondern auch für Rainer Albertz ein sichtbares Zeichen ihrer Dankbarkeit ihm gegenüber ist, das sie ihm anläßlich seines Geburtstages geben wollen – in der Erwartung, von ihm in den kommenden Jahren noch manches lernen und lesen zu können!

Göttingen / Münster, im Januar 2003   Ingo Kottsieper – Jakob Wöhrle

Inhalt

Vorwort V

Die Kulturarbeit im Atramḫasīs im Vergleich zur biblischen
    Urgeschichte 1

»Ihr werdet sein wie Gott«. Gen 3,1-7 auf dem Hintergrund des
    alttestamentlichen und des sumerisch-babylonischen Men-
    schenbildes 23

Das Motiv für die Sintflut im Atramḫasīs-Epos 49

Die Frage des Ursprungs der Sprache im Alten Testament 65

Ludlul bēl nēmeqi – eine Lehrdichtung zur Ausbreitung und
    Vertiefung der persönlichen Mardukfrömmigkeit 85

Der sozialgeschichtliche Hintergrund des Hiobbuches und der
    »Babylonischen Theodizee« 107

Der »Weise« und die »fromme Weisheit« im Hiobbuch aus der
    Perspektive der »Freunde« 135

Hintergrund und Bedeutung des Elterngebots im Dekalog 157

Die Theologisierung des Rechts im Alten Israel 187

Jer 2-6 und die Frühzeitverkündigung Jeremias 209

Das Deuterojesaja-Buch als Fortschreibung der Jesaja-Prophetie 239

Die Intentionen und die Träger des Deuteronomistischen Geschichtswerks 257

Wer waren die Deuteronomisten? Das historische Rätsel einer literarischen Hypothese 279

Die Exilszeit als Ernstfall für eine historische Rekonstruktion ohne biblische Texte: Die neubabylonischen Königsinschriften als ›Primärquelle‹ 303

Die verhinderte Restauration 321

Zur Wirtschaftspolitik des Perserreiches 335

Jahwe allein! Israels Weg zum Monotheismus und dessen theologische Bedeutung 359

Abkürzungsverzeichnis 383

Register der Bibelstellen 389

Nachweis der Erstpublikationen 395

Die Kulturarbeit im Atramḫasīs im Vergleich zur biblischen Urgeschichte

Das altbabylonische Atramḫasīs-Epos, das erst in jüngerer Vergangenheit wieder rekonstruiert werden konnte[1], hebt sich aus der großen Zahl religionsgeschichtlicher Vergleichstexte zur biblischen Urgeschichte (Gen 1-11) dadurch heraus, daß es nicht nur Parallelen zu einzelnen ihrer Motive liefert, sondern ihr auch als ganzes in ihrem Gesamtaufbau entspricht. Auch der Aufbau dieser ›babylonischen Urgeschichte‹ ist bestimmt von dem polaren Gegenüber von Schöpfung und Flut, von der Erschaffung und der Vernichtung des Menschen.

Doch trotz dieser Sonderstellung ist das Atramḫasīs-Epos bisher erst erstaunlich selten ausführlicher mit der biblischen Urgeschichte verglichen worden. Pionierarbeit hat hier von alttestamentlicher Seite vor allem mein verehrter Lehrer C. Westermann geleistet[2], den ich mit diesem Artikel herzlich zu seinem 70. Geburtstag grüßen möchte; von orientalistischer Seite wären die Namen von A. R. Millard[3], W. L. Moran[4] und W. v. Soden[5] zu nennen. Seit der Bearbeitung des babylonischen Textes durch W. G. Lambert und A. R. Millard ist in der Orientalistik eine z. T. recht heftige Fachdiskussion geführt worden, die zu manchen Klä-

---

1 Nach Vorarbeiten von J. Laessøe (1956) erschien 1965 die neue Keilschriftedition CT 46 und 1969 die Bearbeitung von W. G. Lambert/A. R. Millard, Atra-Ḫasīs. The Babylonian Story of the Flood; zur Entdeckungsgeschichte s. dort 1-5.
2 In seinem großen Genesis-Kommentar: Genesis I, BK I,1, Neukirchen-Vluyn 1974. Seine erste Interpretation des Epos 95-97 stammt aus dem Jahr 1966 und beruht auf einer der ersten Bearbeitungen, die es überhaupt gab; sie war im Seminar von A. Falkenstein aufgrund von CT 46 u. a. angefertigt worden. Leider konnte Westermann das Epos in der breiten religionsgeschichtlichen Einleitung zum Kommentar nicht mehr berücksichtigen, er hat aber in der Einzelauslegung häufig auf es Bezug genommen, vgl. das Register. – Der Aufsatz von I. M. Kikawada, Literary Convention of Primaeval History, AJBI 1/1975, 1ff. war mir nicht zugänglich.
3 A New Babylonian ›Genesis‹ Story, TynB 18/1967, 3-18.
4 Atra-Ḫasīs: The Babylonian Story of the Flood, Bibl 52/1971, 51-61, bes. 60f.
5 Der Mensch bescheidet sich nicht. Überlegungen zu Schöpfungserzählungen in Babylonien und Israel, in: Symbolae biblicae et mesopotamicae, Festschr. F. M. Th. de Liagre Böhl, Leiden 1973, 349-358. |

run|gen, aber auch zu manchen Kontroversen im Verständnis des Epos geführt hat[6]. Unter Berücksichtigung dieser Diskussion möchte ich mit meinem Beitrag, die grundlegenden Einsichten C. Westermanns aufnehmend, den Vergleich beider Texte weiter vorantreiben. Ich greife dabei die Thematik der Kulturarbeit deswegen heraus, weil ich hoffe, daß an ihr die praktische Relevanz exegetischer und religionsgeschichtlicher Arbeit am deutlichsten sichtbar werden kann.

I. Die Kulturarbeit als Bestimmung des Menschen

Es war eine wichtige Entdeckung C. Westermanns, daß die Kulturarbeit eines der zentralen Themen der biblischen Urgeschichte bildet, was in früheren Auslegungen meistens übersehen worden war[7].

Ich will das hier nur kurz skizzieren[8]. Die Bestimmung des Menschen zur Kulturarbeit ist in beiden biblischen Schöpfungserzählungen fester Bestandteil der Menschenschöpfung. Im jahwistischen Bericht Gen 2 wird der soeben erschaffene Mensch von seinem Schöpfer in den Garten gesetzt, um ihn zu bebauen und zu bewahren (Gen 2,15). Die Erschaffung des Menschen, die Gabe einer Umwelt, die Versorgung mit Nahrung und die Bestimmung zur kultivierenden Arbeit gehören somit für diesen biblischen Erzähler untrennbar zusammen. Selbst die Gemeinschaft von Mann und Frau, auf die die Erzählung Gen 2 eigentlich hinausläuft, wird unter einem Aspekt der Arbeit, der gegenseitigen Zusammenarbeit (Gen 2,18), gesehen.

---

6 Zusammengestellt bei R. Borger, HKL II, 1975, 157f. Hinzu kommen: S. A. Picchioni, Principi di etica sociale nel poema di Atraḫasīs, OrAnt. 13/1974, 83-111; C. Wilcke, Die Anfänge der akkadischen Epen, ZA 67/1977, 154-216, bes. 160-163; W. v. Soden, Die erste Tafel des altbabylonischen Atramḫasīs-Mythus. ›Haupttext‹ und Parallelversionen, ZA 68/1978, 50-94. Für die Überlassung dieser wichtigen Neubearbeitung der ersten Tafel noch vor dem Erscheinen habe ich Herrn Prof. v. Soden herzlich zu danken.

7 Vgl. den Abschnitt: »Die Erzählungen von den Errungenschaften«, Genesis I, (Anm. 2) 77-86. Schuld daran war eine häufig stark theologisch-heilsgeschichtliche Ausrichtung der Auslegung. Das Atramḫasīs-Epos konnte Westermann in diesem grundlegenden Abschnitt noch nicht berücksichtigen, vgl. aber bes. 300-302.

8 Ausführlicher in R. Albertz, Der Mensch als Hüter seiner Welt. Verfügungsrecht und Verantwortungspflicht als Elemente des Schöpfungsauftrages, Die Mitarbeit 25/1976, 306-321. |

In der Weltschöpfungserzählung der Priesterschrift Gen 1 begegnet die Bestimmung des Menschen zur Kulturarbeit einmal schon beim Entschluß des Schöpfers, den Menschen zu schaffen (1,26): »Lasset uns Menschen schaffen, ... daß sie herrschen ...«, dann sogleich nach der Erschaffung in einem förmlichen Auftrag, verbunden mit der Segnung des Menschen:

Gen 1,28 Und Gott segnete sie und sprach ›...‹:
Seid fruchtbar und mehret euch und füllet die Erde und machet sie euch untertan!
Herrschet über die Fische des Meeres, die Vögel des Himmels und alles Getier, das sich auf Erden regt!

Daran schließt sich die Zuweisung der Nahrung an (1,29).

Für J wie für P ist damit die Kulturarbeit eine in seiner Erschaffung begründete Grundbedingung des Menschen. Doch während sich P auf diesen allgemeinen Schöpfungsauftrag beschränkt und nicht erzählt, wie er ausgeführt wird, zeichnet J eine wirkliche Geschichte der menschlichen Kulturarbeit nach und zwar meist in kurzen, den Genealogien beigegebenen Notizen: Das Bebauen des Bodens geht auch außerhalb des Gartens weiter (3,23), danach kommt es zur Arbeitsteilung zwischen Bauer und Hirte (4,2), gefolgt von einer weiteren Differenzierung der nichtseßhaften Berufe: Nomaden (4,20), Musikanten (4,21) und Schmiede (4,22). Genannt werden weiter die wichtigen Errungenschaften des Städtebaus (4,17) und des Weinbaus (5,29; 9,20), und am Ende der Urgeschichte werden noch zwei Beispiele für die Hochkultur erwähnt: die Großreichbildung (10,8ff.) und die Errichtung von Großbauten (11,1ff.). Wie J diese Entwicklung bewertet, wird uns noch später beschäftigen[9]; hier gilt es erst einmal festzuhalten, daß er ganz ohne Zweifel am Fortschritt menschlicher Zivilisation interessiert ist. Kulturarbeit und Kulturfortschritt gehören für ihn unlösbar zu den Urdaten der Menschheitsgeschichte hinzu.

Was für die biblische Urgeschichte festgestellt wurde, das gilt in noch sehr viel höherem Ausmaß für das Atramḫasīs-Epos. In seinem ganzen ersten Teil (I,1-340[10]), der uns hier erst einmal interessieren soll, ist die Kulturarbeit *das* bestimmende Thema, das den gesamten Erzählbogen strukturiert:

---
9 S. u. 9f. 17. 19-21.
10 Die Abgrenzung nach hinten ist nicht mit Sicherheit anzugeben, da der Text hier eine Lücke aufweist.

Schon in der Exposition wird es angeschlagen:

I,1 Als die Götter (noch) Menschen waren,
2 leisteten sie die Arbeit (*dullum*), trugen sie den Tragkorb (*šupšikkum*).
3 Die Fronarbeit (*šupšikkum*) der Götter war groß,
4 die Arbeit war schwer, viel Mühsal (*šapšāqum*) gab es.

In der Urzeit also, als alles noch anders war[11], als es jetzt ist, wurde die Kulturarbeit noch von den Göttern getan. Angedeutet wird schon hier das Konfliktpotential, das sich im weiteren Verlauf der Handlung entladen wird: Die Arbeit ist schwer, sie ist für die Götter eine Last.

In einer Art vorbereitenden Handlung (I,5-33) wird nun berichtet, daß im Zuge einer hierarchischen Neuorganisation der göttlichen Kompetenzen die eine Göttergruppe, die Anunnaku, die Kulturarbeit an eine andere Göttergruppe, die Igigi, delegiert:

I,5 Die großen Anunnaku wollten die (nur) sieben
6 Igigi die Arbeit (*dullum*) tragen lassen[12].

Doch diese Lösung des Arbeitsproblems erweist sich im folgenden als Scheinlösung. Die Igigi übernehmen wohl die Kulturarbeit, sie graben die Flüsse und Kanäle, aber im Laufe der Zeit wird für sie die Arbeitsbelastung unerträglich:

---

11 Die in ihrer Interpretation umstrittene erste Zeile des Epos (vgl. HKL II, 157, dazu C. Wilcke ZA 67, 161 und W. v. Soden ZA 68, 76) ist m. E. auf dem Hintergrund der ›Als-noch-nicht‹-Einleitungen anderer Urzeitdarstellungen zu verstehen, vgl. bes. Enūma elîš I,1 und C. Westermann, (Anm. 2) 59-64. Mit ihnen wird die Urzeit als eine Zeit charakterisiert, in der alles das, was jetzt selbstverständlich ist, noch nicht so war. Im Atramḫasīs-Epos ist die Aussage nur positiv gewendet; gemeint ist: als die Götter noch nicht Götter im vollen Sinn waren, weil ihnen noch ihr Gegenüber, die Menschen, fehlte.

12 Vgl. I,19f.; ich folge hier in der Übersetzung – wie auch meist im folgenden – weitgehend der neuen Bearbeitung von W. v. Soden (Anm. 6); etwas anders faßt C. Wilcke den syntaktischen Aufbau des Eposbeginns. Für ihn sind die präsentisch konstruierten Zeilen 5f. Umstandssatz zu Z. 1-4, auf die in Z. 7-20 eine Rückblende auf voraufgegangene Ereignisse erfolgt, ZA 67, 161ff.; Z. 1-4 wären dann schon auf die Fronarbeit der Igigi zu beziehen, und die Übertragung der Arbeit an sie wäre schon vorausgesetzt. Doch meine ich von formkritischen Überlegungen her, daß der Akt, der den ganzen Konflikt in Gang setzt, auch wirklich erzählt werden muß. Nur die Zeilen 7-18 tragen die Umstände, die zu ihm führten, nach; wegen dieser Unterbrechung ist die Wiederaufnahme von Z. 5f. in 19f. nötig. Auf das umstrittene *sebettam* möchte ich hier nicht eingehen.

I,37 [Die Igigi, 25]00 Jahre lang, die übergroße,
38   [schwere Ar]beit (*dullum*) leisten sie Nächte und Tage.
39   [Sie erheben (?)] Klage und äußern Beschimpfungen,
40   [sie bekla]gen sich in den Erdgruben.
41   [»An] unseren [Hauptaufse]her (?), den Sesselträger, wollen wir herantreten,
42   unsere [schwe]re Arbeit (*dullum*), (die) auf uns (liegt), soll er abschaffen!«

Ein regelrechter Arbeitskonflikt bricht auf. Die Igigi verbrennen ihre Arbeitsgeräte, ihre Spaten und Tragkörbe (I,64-67) und treten damit in den Streik; mehr noch: sie beschließen, den Götterkönig Enlil durch eine bewaffnete Aktion von seinem Thron zu stürzen (I,43-47.57-60). Der Versuch, durch Delegation der Kulturarbeit innerhalb der Götterwelt zu einer Lösung zu kommen, ist gescheitert.

Die Haupthandlung, die mit dem Aufbegehren der Igigi einsetzt, ist in ihrem ganzen ersten Teil (I,35-170[13]) von dem Arbeitskonflikt in der Götterwelt bestimmt. Die Igigi belagern den Palast des Enlil, der aufgeschreckte Götterkönig ruft die Götterversammlung ein, man berät sich und schickt einen Vermittler zu den Aufständischen; doch alle Verhandlungen schlagen fehl, die Igigi wiederholen nur in aller Schärfe ihre Klage über die unerträgliche Arbeitsbelastung:

I,159 »Ihr Göt[ter alle allzumal,]
160   wir wollen [...] den Kampf,
161   wir [legten hin unsere ... in den Erdgruben.]
162   Die übergroße [Fronarbeit] (*šupšikkum*) tötete uns fast,
163   [schwer war] unsere Arb[eit] (*dullum*), viel Mühsal (*šapšāqum*) gab es.
164   [Und (nun),] ihr Götter [al]le allzumal,
165   hat unser Mund [vorgebracht], daß wir uns bei Enlil beklagen.

Eine Lösung des Arbeitskonflikts scheint unmöglich; Trauer und Resignation machen sich in der Götterversammlung breit (I,166ff.). Hier nun, auf dem Höhepunkt des Konflikts, macht der weise Gott Enki einen unerwarteten Lösungsvorschlag: den Menschen zu schaffen (I,189-191)[14].

Begeistert nehmen die übrigen Götter den Vorschlag auf und beauftragen eine Spezialistin, die Muttergöttin Mami, mit der Durchführung:

---

13 Z. 171-188 sind in der aB Hauptversion abgebrochen; W. G. Lambert hat die Lücke teilweise durch jüngere Versionen zu schließen versucht, (Anm. 1) 52f.; zur Kritik an diesem Vorgehen vgl. W. v. Soden, (Anm. 6) 50ff.
14 Eine Lücke geht voraus. Daß Enki der Sprecher ist, kann man nur mit einigem Vorbehalt aus der zweiten aB Version G erschließen, W. G. Lambert/A. R. Millard, (Anm. 1) 54f.

I,192 Sie riefen die Göttin, fragten
193 die Hebamme der Götter, die weise Mami:
194 »Du bist der Mutterleib, der die Menschheit erschaffen kann.
195 Erschaffe den Urmenschen, daß er das Joch (*abšānum*) trage,
196 er trage das Joch, das Werk (*šiprum*) für Enlil,
197 den Tragkorb (*šupšikkum*) für den Gott soll der Mensch tragen!«[15]

Der Lösungsversuch Enkis bedeutet also – nach der fehlgeschlagenen ersten – eine weitere Delegation der Kulturarbeit. Die Menschen werden geschaffen, um die Kulturarbeit von den Göttern zu übernehmen und für sie zu leisten.

Die Durchführung der Menschenschöpfung ist nun recht kompliziert. Die bisher straffe Erzählstruktur bekommt einen deutlichen »Bauch«. Nur das wenigste von dem, was hier erzählt wird, ist von der Gesamtstruktur des Epos her notwen|dig. Das ist ein sicheres formgeschichtliches Kriterium dafür, daß der Dichter hier auf ältere, ehemals selbständige Darstellungen der Menschenschöpfung zurückgegriffen hat, die durchaus andere Intentionen als das Gesamtepos gehabt haben[16].

Der Höhepunkt der Handlung ist mit der vollzogenen Menschenschöpfung erreicht. Stolz meldet die Muttergöttin den Göttern die gelungene Ausführung ihres Auftrags:

I,237 »Das Werk habt ihr mir befohlen,
238 nun habe ich es vollendet.
239 Den Gott habt ihr geschlachtet mit seiner Planungsfähigkeit.
240 Eure schwere Arbeit habe ich (damit) abgeschafft,
241 euren Tragkorb legte ich dem Menschen auf.

---

15 Ich verstehe die Konstruktus-Verbindung als gen. obj. |
16 Das gilt etwa für die Motive der Konkurrenz zwischen verschiedenen Menschenschöpfer-Göttern und der Götterschlachtung, die auch in anderen Menschenschöpfungserzählungen vorkommen, vgl. das Material, das G. Pettinato, Das altorientalische Menschenbild und die sumerischen und akkadischen Schöpfungsmythen, AHAW 1971,1, Heidelberg 1971, zusammengestellt hat. Aber auch die singulären und nur schwer deutbaren Motive vom *uppu* und *eṭemmu* bzw. *E/Widimmu* werden an keiner Stelle des Epos – soweit wir es heute kennen – wieder aufgenommen. Dieser traditionsgeschichtliche Tatbestand ist in der bisherigen Auslegung nicht genügend beachtet worden. Wenn z. B. W. v. Soden gerade solche Motive in der Menschenschöpfungsdarstellung (*ṭēmu* = die durch die Götterschlachtung vermittelte Planungsfähigkeit und *Edimmu* = Wildmensch) zur Basis seiner Interpretation des Gesamtepos macht, (Anm. 5) 353ff., dann möchte ich fragen, ob es sich hier nicht doch nur um traditionsgeschichtlich bedingte Nebenmotive handelt, die wohl mitklingen, aber keine tragende Funktion im Gesamtepos erhalten haben. Ähnliches gibt es ja auch in der biblischen Urgeschichte, vgl. etwa den ›Baum des Lebens‹ in Gen 2-3.

242 Ihr ...[17] Menschheit Geschrei,
243 Ich habe den Halsring (*ullum*) gelöst, Lastenbefreiung (*andurārum*) bewirkt.«

Und die Götter reagieren darauf mit Freude und Dankbarkeit:

I,244 Sie hörten diese [ihre] Rede,
245 liefen überall hinzu, küß[ten ihre Füße:]
246 »Früher [pflegten wir dich Mami zu nennen,][18]
247 jetzt soll ›Herrin aller Götter‹ (*Bēlet-kala-ilī*) dein Name sein!«

Dieser Jubel der Götter über ihre Befreiung steht im Kontrast zu der Klage der Igigi (I,39ff.; 162ff. u. ö.) und der Trauer und Niedergeschlagenheit, in die der Arbeitskonflikt die Anunnaku gestürzt hatte (I,166ff.). Damit ist der Konflikt, der den Göttern aus der Kulturarbeit erwachsen war, gelöst.

Nach einer weiteren Unterbrechung der Haupthandlung, die wieder mit der Übernahme ehemals selbständiger Schöpfungstraditionen zusammenhängt[19], kommt der erste große Erzählbogen des Epos zu seinem Ziel: Die

---

17 W. v. Soden übersetzt: »Ihr beschertet nun der Menschheit Geschrei«, und leitet die Verbform von einem kanaanäischen Fremdwort *šahādum* ab, (Anm. 6) 66f.; vgl. AHw 1128a. Doch paßt der Sinn schlecht in den Duktus des Selbstruhmes der Mami. Besser scheint mir die Interpretation von W. G. Lambert den Sinn zu treffen: »You raised a cry for mankind, I have loosed the yoke . . .«, (Anm. 1) 61; sie läßt sich aber leider lexikalisch nicht festmachen. Ich lasse daher das Verb unübersetzt. Daß die Menschen Wehgeschrei über ihre Arbeit erheben, wird im folgenden gerade nicht erzählt, dazu s. u. 14.
18 Ergänzt nach dem nB Fragment P. |
19 I,249-306. Es handelt sich um eine ritualisierte Ausformung der Menschenschöpfungstradition, die auf die Begründung von Geburts- und Hochzeitsbräuchen hinausläuft. Mit der ersten Darstellung (I,189-248) ist sie motivlich in der Weise verbunden, daß das dort von Enki und Mami hergestellte Tongemisch jetzt von »Mutterleibern« zu Menschen geboren wird, wobei die Muttergöttin Hebammendienste leistet. Ob diese zweiteilige Menschenschöpfungsdarstellung ursprünglich ist (auch im sumerischen Mythos ›Enki und Ninmaḫ‹?), oder eine nachträgliche Kombination darstellt (so W. G. Lambert, Myth and Ritual as Conceived by the Babylonians, JSS 13/1968, 104-112, 105), ist noch nicht sicher; auffällig ist jedenfalls, daß der Dichter des Epos den Jubel über die Lastenbefreiung der Götter schon nach der ersten Darstellung einfügt, obgleich strenggenommen erst der Ton für die Menschenschöpfung fertig ist. Er hat keinen Versuch gemacht, auch die zweite Darstellung mit dem Hauptfaden der Erzählung zu verbinden. Offensichtlich widersetzte sich die stark rituell-ätiologische Ausrichtung dieser Menschenschöpfungstradition einer festeren kompositorischen Verklammerung. Zur Menschenschöpfung im Geburtsritual s. R. Albertz, Persönliche Frömmigkeit und offizielle Religion, CTM 9/1978, 51-55.59f. Auch unter den Gebetsbeschwörungen, die in den Ritualen der Serie *bīt mēseri* Verwendung fanden,

Menschen übernehmen die Kulturarbeit:

I,337 Neue Hacken (und) Spaten schufen sie,
338 große Kanaldeiche schufen sie
339 für die Hungerstillung der Menschen, die Nahrung der Götter.

Damit ist die Delegation der Kulturarbeit endlich gelungen.

Ob und wieweit diese Lösung eine endgültige ist, wird uns noch weiter unten beschäftigen[20], hier sollen erst einmal die biblische und die babylonische Sicht der Kulturarbeit miteinander verglichen werden.

Die biblische Urgeschichte und das Atramḫasīs-Epos stimmen darin überein, daß die Bestimmung des Menschen zur kultivierenden Arbeit unlösbar zu seiner Erschaffung hinzugehört. Diese Übereinstimmung zeigt sich bis in die Satzstruktur hinein: von Kulturarbeit wird jedesmal in konsekutiven Näherbestimmungen der Schöpfungserzählungen gesprochen:

Gen 2,15 ..., daß er ihn bebaue und bewahre.
Gen 1,26 Lasset uns Menschen machen ..., daß er herrsche
I,195 Erschaffe den Urmenschen, daß er das Joch auf sich nehme ... |

Am engsten ist die Parallele zum Schöpfungsbericht des P, bei dem die Bestimmung zur Kulturarbeit schon in den Entschluß zur Menschenschöpfung hineingezogen ist. Nach biblischer wie nach babylonischer Auffassung ist somit die Arbeit eine Grundbedingung menschlicher Existenz, nach beider wäre ein Mensch ohne Arbeit überhaupt nicht denkbar, wäre nicht der von Gott bzw. den Göttern beabsichtigte Mensch. Das ist eine grundlegende Übereinstimmung, in der die Bibel und das altbabylonische Epos zusammenstehen gegen manche christlich-abendländische Traditionen, in denen die menschliche Arbeit abgewertet bzw. aus der Gottesbeziehung ausgeblendet wurde.

Ist diese grundlegende Übereinstimmung erkannt, dann lassen sich nun auch wichtige Unterschiede feststellen: Die Bestimmung des Menschen zur Kulturarbeit ist im Atramḫasīs-Epos weitaus zentraler und totaler als in der biblischen Urgeschichte. In den biblischen Schöpfungserzählungen ist die Kulturarbeit nur eine Grundbedingung menschlicher Existenz neben anderen. So kreist etwa die Erzählung Gen 2 nicht um das Problem menschlicher Arbeit, sondern um das Problem menschlicher Ge-

---

gibt es eine, die auf die Menschenschöpfung Bezug nahm: ÉN ina IM (d) É-a DÙ-ku-nu-ši [ŠID]: »Die Beschwörung ›Mit Lehm erschuf euch Ea‹ rezitierst du« I:III,1 (Sm 2004+ = BBR Nr. 48,17-32). Leider ist uns nur diese Anfangszeile überliefert.
20 S. u. 13-19. |

meinschaft (Gen 2,18.23). Im Atramḫasīs-Epos ist dagegen die Kulturarbeit die alles beherrschende Grundbedingung des Menschen überhaupt, die alle anderen Lebensbezüge bestimmt. Ja, mehr noch: während in der Bibel die Kulturarbeit eine rein menschliche Möglichkeit und Aufgabe ist, die erst auf die Menschenschöpfung folgt, geht im Atramḫasīs-Epos die Kulturarbeit der Menschenschöpfung lange voraus und umgreift auch die Götterwelt. Die Aufgabe der zivilisatorischen Arbeit besteht schon, bevor es überhaupt Menschen gibt, der Mensch tritt in diese ihm vorausgehende Funktion nur noch ein. Die Grundbedingung Kulturarbeit ist damit über die menschliche Existenz hinaus transzendiert.

II. Kulturarbeit und Gottesbeziehung

Die unterschiedliche Bedeutung der Kulturarbeit hängt unmittelbar mit dem Verhältnis zwischen Kulturarbeit und Gottesbeziehung zusammen.

In der biblischen Urgeschichte ist das Verhältnis recht locker: Wohl wird die Bestimmung des Menschen zur Kulturarbeit auf Gott zurückgeführt (Gen 2,8.15; 1,26.28), aber darin geht die Beziehung zwischen Mensch und Gott keineswegs auf: So ist die Erschaffung des Menschen nach dem Bilde Gottes bei P in dem viel umfassenderen Sinn gemeint, daß überhaupt ein Geschehen zwischen Gott und diesem ihm entsprechenden Geschöpf stattfinden kann[21]; und die Urgeschichte des J stellt | erzählerisch ein sehr vielgestaltiges Wechselgeschehen zwischen Gott und der Menschheit dar, in dem der Kulturfortschritt nur eine und keineswegs die wichtigste Linie bildet.

Im Atramḫasīs-Epos dagegen liegen Kulturarbeit und Gottesbeziehung ganz eng ineinander. Hier werden die Menschen dazu geschaffen, den Göttern die Kulturarbeit abzunehmen und für sie auszuführen:

I,196 Er trage das Joch, das Werk für Enlil,
   197 den Tragkorb für den Gott soll der Mensch tragen.

D. h. nach babylonischer Anschauung geht nicht nur die Bestimmung des Menschen zur Kulturarbeit auf die Götter zurück, sondern auch ihre

---
21 So C. Westermann, (Anm. 2) 217f. im Unterschied etwa zu W. H. Schmidt, der die | Gottesebenbildlichkeit über den Begriff der Stellvertretung stärker auf die Bestimmung zur Kulturarbeit bezieht, Die Schöpfungsgeschichte der Priesterschrift, WMANT 17, Neukirchen-Vluyn ²1967, 142ff.

Ausführung ist unmittelbar auf die Götter bezogen. Die Kulturarbeit ist ein Werk (*šiprum*) für den Götterkönig Enlil, sie ist selber Gottesdienst. Sie dient nicht allein, wie in I,339 explizit formuliert wird, der Ernährung der Menschen, sondern auch der Ernährung der Götter. Bleibt sie aus, wie in der Flut, müssen die Götter hungern und darben (III:III,30f.; IV,15ff.). In dieser ihrer umfassenden religiösen Funktion liegt die überragende Bedeutung der Kulturarbeit im Atramḫasīs-Epos begründet.

Man versteht diese religiöse Funktion nur, wenn man sich klar macht, daß der Gottesdienst in Mesopotamien – wie in vielen anderen antiken Ackerbaukulturen auch[22] – in einem hohen Ausmaß vom Opferkult bestimmt war. Über die Opfer waren die Götter in der Tat unmittelbar an der landwirtschaftlichen Produktion beteiligt. Ein ganz erheblicher Aufwand zivilisatorischer Arbeit war nötig, um den Großkult in den vielen Tempeln des Landes in Gang zu halten. Die Tempel waren zugleich riesige Wirtschaftsbetriebe. Und so waren die Götter samt ihren Kulten wirklich davon abhängig, daß die Kulturarbeit getan wurde.

Auch im Israel der seßhaften Zeit ist der Gottesdienst an den großen Tempeln mit dem Opfer verbunden gewesen, auch Israel war durchaus der Zusammenhang von Opfer und landwirtschaftlicher Produktion geläufig[23]. Um so erstaunlicher ist es, daß es dennoch die Symbiose von Kultur und Kult nicht vollzog. In der Urgeschichte des Jahwisten wird in Gen 4,26 vom Beginn des Gottesdienstes[24] ohne jede Bezugnahme auf die Kulturarbeit berichtet, bei P wird der Gottesdienst sowieso erst außerhalb der Urgeschichte am Sinai installiert. Obwohl also auch nach biblischer Anschauung Gott durch Opfer und Lob geehrt werden will, ist er dennoch nicht in der Weise von der Arbeit des Menschen abhängig wie die Götter im Atramḫasīs-Epos[25]. Die Kulturarbeit wird in der Urgeschichte vielmehr vergleichsweise »profan« aufgefaßt, sie dient der menschlichen Lebenserhaltung und der menschlichen Lebenssteigerung, nicht der ›Erhaltung‹ und dem Ruhme Gottes. Es fehlt ihr jede religiöse Überhöhung.

---

22 Vgl. das lateinische ›colere‹, von dem sich sowohl unser Wort Kult als auch unser Wort Kultur ableiten.

23 Vgl. z. B. das Erstlingsopfer, Dtn 26 und Ri 5,8 (text emend.). Die riesige Zahl der Opfertiere bei der Tempelweihe Salomos 1.Kön 8,63 ist – selbst wenn man viel Übertreibung abrechnet – nur auf dem Hintergrund des enormen wirtschaftlichen Aufschwungs zu verstehen, den Israel mit der Einrichtung des Königtums erlebte.

24 C. Westermann hat gezeigt, daß man die »Anrufung des Jahwenamens« in einem weiteren Sinn verstehen muß, (Anm. 2) 460ff.

25 Am klarsten kommt das Angewiesensein Jahwes auf das Lob seiner Verehrer in dem Psalmenmotiv »Die Toten loben Jahwe nicht« heraus, vgl. z. B. Ps 30,10.

Den Hauptgrund für diese Distanz zwischen Gottesbeziehung und Kulturarbeit möchte ich darin sehen, daß Israel seine entscheidenden Erlebnisse mit Jahwe gemacht hat, bevor es in die Ackerbaukultur eintrat und einen stetigen Großkult einrichtete.

III. Die Auffassungen von Kulturarbeit

Unterschiede zwischen biblischer und babylonischer Urgeschichte bestehen nun auch in der Weise, in der sie die Arbeit darstellen.

Ein erster Unterschied betrifft das kulturelle Niveau. So orientiert sich die Vorstellung der Erzählung Gen 2, daß der Mensch einen Garten erhält, den er bebauen ('ābad) und bewahren soll (šāmar), deutlich an der Welt des Kleinbauern, der in selbständiger Arbeit ein recht begrenztes Areal hegt und pflegt. Der kultivierende Einfluß des Menschen ist noch deutlich begrenzt, er hat sich den Garten nicht selber geschaffen, d. h. hier wird durchaus ein Unterschied zwischen der von Gott geschaffenen »Natur« und der vom Menschen geschaffenen Kultur festgehalten. Das alles weist auf ein Stadium, das noch unterhalb der Hochkultur liegt.

Demgegenüber ist das Bild, welches das Atramḫasīs-Epos von der Kulturarbeit zeichnet, eindeutig an der voll entwickelten Hochkultur des Zweistromlandes orientiert. Beschrieben wird hier eine schon spezialisierte, technische Arbeit, die den Ackerbau dort erst in großem Ausmaß ermöglichte: der Kanal- und Bewässerungsbau (I,21ff.; 338). Diese bewässerungstechnischen Großbauten, die den Verantwortungsbereich des einzelnen Bauern bei weitem überstiegen, erforderten eine übergreifende Organisation. Die Kulturarbeit ist darum im Zweistromland in einem sehr viel höheren Ausmaß als in Israel staatlich organisiert gewesen. Der grundlegende Vorgang des Epos, die Delegation von Arbeit an untergeordnete Gruppen, stammt aus solcher staatlich organisierten unselbständigen Massenarbeit[26]. |

Arbeit ist darum im Atramḫasīs-Epos von vornherein abhängige Arbeit, Dienstleistung für Höhergestellte. Und ein Großteil ihres Konfliktpotentials liegt in dieser hierarchischen Organisation der Arbeit begründet.

---

26 Das häufig im Epos verwendete Wort šupšikkum »Tragkorb, Ziegelrahmen« be|zeichnet ein typisches Arbeitsgerät dieser Form von Arbeit; es ist kein Zufall, daß es ebenfalls die Bedeutung »Fronarbeit« bekommen hat (z. B. I,3.34.162); vgl. auch die Begriffe abšānum »Joch« (I,196) und andurārum (I,243) »Lastenbefreiung«.

Daneben haben offensichtlich die kulturellen Eingriffe in der babylonischen Hochkultur schon ein solches Ausmaß erreicht, daß im Epos eine davon unberührte »Natur« nicht mehr vorkommt. Der Lebensraum des Menschen kommt nur noch als Feld für die Kulturarbeit in den Blick. Er ist zugleich großräumiger gedacht als der Garten in Gen 2, er umfaßt das ganze mesopotamische Kulturland.

Noch einen Schritt weiter geht in dieser Hinsicht die Priesterschrift. Sie weitet das Feld menschlicher Kulturarbeit universal auf die ganze Erde aus. Damit hängt zusammen, daß P von einem bestimmten Stadium der Kulturentwicklung völlig abstrahiert. Der vor ihm benutzte Begriff des »Herrschens« (*rādā, kibbēš*) über die Tiere und die Erde stammt gar nicht mehr aus der Arbeitswelt, sondern aus der politischen Sprache der orientalischen Großreiche: So wie ein Großkönig in majestätischer Herrschergebärde von seinen Vasallen den Tribut einfordert, soll auch der Mensch sich die übrige Kreatur nutzbar machen[27]. Auffällig ist, daß P trotz dieses politischen Vorstellungshorizontes das Problem von Herrschaft und Arbeit, das den Autor des Atramḫasīs-Epos so bewegt, ganz beiseite läßt. Er schreibt im Exil schon wieder von einem Standpunkt jenseits der staatlichen Hochkultur. Die Unterordnung des Menschen unter einen ›Arbeitgeber‹ gehört für ihn genauso wenig wie für J zu den Grundbedingungen menschlicher Arbeit hinzu.

Ein weiterer Unterschied ergibt sich hinsichtlich der geschichtlichen Dimension der Kulturarbeit. Wie ich oben skizziert habe, beschreibt der Jahwist in seiner Urgeschichte eine echte Kulturentwicklung, angefangen von primitiveren Kulturstufen bis hin zur Hochkultur. P verzichtet zwar auf eine solche explizite Darstellung, doch das »Machet euch die Erde untertan!« von Gen 1,28 ist grundsätzlich offen auf Zukunft hin. Es ist auf keine Kulturstufe mehr festgelegt und ja auch bis heute nicht eingelöst.

Das ist im Atramḫasīs-Epos anders. Hier ist schon die ganze komplizierte und hochentwickelte Kulturarbeit Mesopotamiens von Anfang an vorhanden. Die Hochkultur wird dem Menschen schon fertig von den Göttern übergeben, sie braucht darum nicht erst von ihm entwickelt zu werden. Es stehen sich also ein statisches Kulturverständnis im Atram|ḫasīs-Epos und ein dynamisches in der biblischen Urgeschichte gegenüber.

Wie ist Israel zu dieser dynamischen Sicht der Zivilisation gekommen? Nun, hier ist daran zu erinnern, daß Israel ja erst relativ spät in den Kreis der vorderorientalischen Hochkulturen eingetreten ist und auch dann nicht die Chance erhielt, über einen so langen Zeitraum wie etwa Mesopotami-

---

27 Vgl. R. Albertz, (Anm. 8) 315f. |

en eine auch nur annähernd vergleichbare stabile Kultur auszubilden. So ist es verständlich, daß in Israel das Herkommen aus primitiveren Vorstadien stärker in der Erinnerung bewahrt blieb. Darüber hinaus ist darauf zu verweisen, daß für Israel durch seine Gotteserfahrung die Geschichte in einer Weise in den Vordergrund seiner Wirklichkeitserfahrung rückte, die im Vorderen Orient nicht ihresgleichen findet[28]. So wird man wohl sagen dürfen, daß es letztlich die besondere religiöse Geschichtserfahrung Israels war, die auch sein Kulturverständnis dynamisiert hat.

IV. Zivilisation und Bevölkerungsexplosion

Trotz des statischen Bildes von Kulturarbeit, das das Atramḫasīs-Epos in seinem bisher behandelten ersten Teil entwirft, spricht es in seinem zweiten Teil, dem wir uns jetzt zuwenden wollen, von einer dynamischen Entwicklung. Nachdem berichtet worden ist, daß die Menschen die Kulturarbeit übernommen haben, setzt mit einer überbrückenden Zeitangabe ein neuer Geschehensvorgang ein:

I,352 [Nicht vergingen 12]00 (?) Jahre,
353 [da wurde das Land immer weiter,] die Menschen wurden immer zahlreicher.
354 Das Land brüllt [wie Stiere;]
355 durch [ihr lautes Tun (*hubūrum*)] geriet der Gott in Unruhe,
356 [Enlil hörte] ihr Geschrei (*rigmum*);
357 [er sprach] zu den großen Göttern:
358 [»Zu stark wurde mir] das Geschrei (*rigmum*) der Menschheit,
359 [infolge ihres lauten Tuns (*hubūrum*)] entbehre ich den Schlaf.
360 [Gebt Befehl, daß ein Käl]tefieber aufkomme ...«

Das Land wird immer weiter (*rapāšu* Gtn), die Menschen werden immer zahlreicher (*mâdu* Gtn)[29], und damit verbunden entsteht Lärm und Geschrei. Durch diese Entwicklung sieht sich der Götterkönig Enlil zu Gegenmaßnahmen gezwungen; er beschließt, eine Plage über die Menschen zu bringen. Die gleiche Entwicklung setzt vor der zweiten (II:I,5ff.) und sehr wahrscheinlich auch vor der dritten Plage ein[30] und

---

28 Das gilt trotz der Einschränkungen, die B. Albrektson, History and the Gods, Lund 1967, mit Recht geltend gemacht hat.
29 Zu dieser Bedeutung des Prät. Gtn s. W. v. Soden, ZA 68, 83. |
30 Die zweite Tafel hat hier eine größere Lücke; meine Annahme gründet sich auf den spB Text BE 39099, der in Rev. I,1-7 den Beschluß zur dritten Plage überliefert, der

führt schließlich zu dem Beschluß Enlils, die Menschheit durch die Flut zu vernichten.

Was ist mit dieser Entwicklung gemeint und in welchem Zusammenhang steht sie mit der zuvor geschilderten Kulturarbeit des Menschen? Eine sichere Antwort wird dadurch erschwert, daß der Text gerade am Übergang eine größere Lücke aufweist (I,340-351). So verwundert es nicht, daß sie unter den Orientalisten kontrovers ist.

Einen sehr engen Zusammenhang sieht G. Pettinato. Nach ihm ist unter dem *rigmum* der Menschen das Wehgeschrei über ihre schwere Arbeit zu verstehen, mit dem sie sich gegen die Götter empören[31]. D. h. das Verhalten der Menschen nach der Übernahme der Kulturarbeit stände in genauer Analogie zum Verhalten der Igigi im innergöttlichen Arbeitskampf (I,37ff.). Die Plagen und die Flut wären dann als Strafe für die rebellische Menschheit gemeint, die sich weigert, ihre Bestimmung zur Kulturarbeit zu akzeptieren.

Etwas lockerer erscheint der Zusammenhang in der Interpretation W. v. Sodens. Seiner Meinung nach gehen die Menschen mit ihren »lärmenden Aktivitäten« (*hubūrum*) über den Auftrag der Götter, ihnen die Arbeit abzunehmen, hinaus[32]. Sie unternehmen in eigener Regie mehr, als die Götter ihnen zugestehen wollen. Die Plagen und die Flut wären dann als göttliche Maßnahme gegen eine eigenmächtige, die Grenze menschlicher Existenz überschreitende Steigerung der Kulturarbeit gemeint.

So gut beide Interpretationen zum ersten Geschehensbogen des Epos zu passen scheinen, so sind sie dennoch problematisch. Denn explizit ist in I,352-355 weder von einem Arbeitskampf der Menschen gegen die Götter, noch von einer Übersteigerung der Kulturarbeit die Rede. Die Begriffe für Arbeit, die im ersten Teil so zentral waren (*dullum, šupšikkum*) tauchen hier überhaupt nicht auf. Ja, in dem gesamten zweiten Teil des Epos wird in dem – zugegeben lückenhaften Text – überhaupt nur ein einziges Mal auf die Bestimmung des Menschen zur Kulturarbeit wieder Bezug genommen (II:VII,31ff.)[33]. Ansonsten taucht das Thema Kulturarbeit nur noch unter dem speziellen Aspekt des Opfers für die Götter

---

ähnlich wie I,358ff. motiviert ist; bei W. G. Lambert/A. R. Millard, (Anm. 1) 116f.; vgl. 166.

31 Die Bestrafung des Menschengeschlechts durch die Sintflut, Or. 37/1968, 165-200, bes. 193f.; vgl. auch S. A. Picchioni, (Anm. 6) 106-109.

32 So in dem Anm. 5 genannten Aufsatz, 353f.; man fühlt sich bei seiner Interpretation an Gen 3 und Gen 11 erinnert.

33 Und zwar im Zusammenhang der Entscheidung, die Flut über die Menschheit zu bringen; leider ist die Funktion dieses Rückbezuges nicht mehr sicher zu erkennen. Ein

auf³⁴. Man wird darum nüchtern feststellen müssen, daß die Kulturarbeit, die den Geschehensbogen des ersten Teils so entscheidend bestimmte, im zweiten Teil nicht das zentrale Thema bildet.

Doch welches Thema bildet es dann? Betrachtet man den zweiten Teil erst einmal für sich, ergibt sich ein ganz anderes Bild: Der Geschehensbogen setzt damit ein, daß die Menschen immer zahlreicher werden (I,353) und er kommt darin zu seinem Ziel, daß die Götter nach der Flut mehrere Maßnahmen ergreifen, um die Mehrung der Menschen einzuschränken: Sie erschaffen die Unfruchtbarkeit der Frau, die Dämonin Lamaštu, die für eine hohe Kindersterblichkeit sorgt, und mehrere Frauenorden, die Kinderlosigkeit zur religiösen Pflicht machen (III:VII,1ff.). Anfangs- und Endpunkt haben es damit mit dem Thema »Mehrung der Menschen« zu tun. Dann sind aber auch die dazwischenstehenden Plagen und die Flut auf dieses Thema zu beziehen: Mit den Plagen will der Götterkönig Enlil die übermäßige Vermehrung eindämmen³⁵; doch als das nichts nutzt, sondern nach jeder Plage die gleiche Entwicklung einsetzt, beschließt er die völlige Vernichtung der Menschheit durch die Flut.

Der zweite Teil des Atramḫasīs-Epos hat es also primär mit dem Problem der Vermehrung der Menschen zu tun. Diese These ist ähnlich schon einmal von A. Draffkorn-Kilmer aufgestellt worden. Nach ihr geht es im ganzen Atramḫasīs-Epos um das Problem der Überbevölkerung³⁷[³⁶]. Sie hat aber damit wenig Zustimmung gefunden³⁸[³⁷]. Das liegt vor allem daran, daß sie nun wiederum das Motiv der Kulturarbeit völlig vernachlässigt. Es ist darum die Frage zu stellen, ob und wie das Nebeneinander zweier verschiedener Themen in ein und demselben Text erklärt werden kann.

An dieser Stelle kann der Vergleich mit der Bibel auch einmal für das Verständnis des religionsgeschichtlichen Textes weiterhelfen. Auch in der

---

expliziter Rückbezug auf die Menschenschöpfung findet sich auch in der biblischen Flutgeschichte Gen 6,5-7, er hat hier die Funktion des Kontrastes. |

34 So bei der Abwendung der ersten und zweiten Plage I,372-415; II:II,8-35: Auf Anraten Enkis läßt Atramḫasīs alle Opfer auf einen einzigen Gott konzentrieren, der dadurch gerührt wird und die Plage beendet. Dann auf dem Höhepunkt der Flut in der Schilderung der hungernden und dürstenden Götter und der Klage der Muttergöttin (III:III,25-54; IV,4-22).

35 So explizit in der assyrischen Neubearbeitung des Epos (S) IV,39: »Die Bevölkerung ist nicht geringer geworden, sondern noch zahlreicher als früher«, W. G. Lambert/A. R. Millard, (Anm. 1) 108f.; vgl. Gilg. XI,182f.

36 The Mesopotamian Concept of Overpopulation and Its Solution as Reflected in Mythology, Or. 41/1972, 160-176; ähnlich schon zuvor W. L. Moran, (Anm. 4) 55-59.

37 Vgl. die Kritik von W. v. Soden, (Anm. 5) 358 und S. A. Picchioni, (Anm. 6) 109. |

jahwistischen Urgeschichte stehen ja verschiedene urgeschichtliche Motive nebeneinander. Sie sind zwar jetzt Bestandteil einer literarischen Einheit, aber es läßt sich noch deutlich erkennen, daß sie ursprünglich | einmal zu selbständigen Urzeitüberlieferungen gehörten, die erst nachträglich zusammengefügt worden sind.

Ähnliches läßt sich nun auch für das Atramḫasīs-Epos zeigen, obgleich es als Kunsterzählung literarisch schon viel stärker durchkomponiert ist als die jahwistische Urgeschichte. Auch im Atramḫasīs-Epos lassen sich nämlich noch mit formkritischen Kriterien zwei unterschiedliche, in sich durchaus selbständige Erzählbögen erkennen: Der erste reicht von der Belastung der Götter durch die Kulturarbeit bis zu deren Übernahme durch die Menschen (I,1-340), der zweite von der übermäßigen Mehrung der Menschen bis zu ihrer dauerhaften Begrenzung (I,352-III:VII). Den Höhepunkt des ersten Bogens bildet die Menschenschöpfung, den des zweiten die Vernichtung der Menschheit durch die Flut[38].

Verschiedene Spannungsbögen in einem Text sind aber ein ziemlich sicheres Anzeichen für traditionsgeschichtliche Schichtung. Das würde bedeuten, daß im Atramḫasīs-Epos zwei ehemals selbständige Traditionen erst nachträglich kompositorisch zusammengefügt worden sind. Sie lassen sich sogar noch in etwa nachweisen: Hinter dem ersten Erzählbogen steht eine Tradition, die sich auch in dem sumerischen Mythos »Enki und Ninmaḫ« findet[39], hinter dem zweiten steht die sumerische

---

[38] Die beiden Höhepunkte stehen in einem komplementären Verhältnis, vgl. den Jubel der Götter nach der Menschenschöpfung mit der Klage der Nintu und der Niedergeschlagenheit der Götter nach der Vernichtung der Menschen; die Beziehung ist allerdings nur kompositorisch.

[39] Vgl. C. A. Benito, ›Enki and Ninmaḫ‹ and ›Enki and the World Order‹, Diss. phil. Pennsylvania (microfilm-xerography) 1969, die Zeilen 1-43 (S. 34-38); der Geschehensbogen ist hier folgender: Z. 1-3 Urzeiteinleitung, Z. 4-7 Geburt, Vermehrung und Organisation der Götter, Z. 8-15 Übernahme der Kulturarbeit durch die Götter und Klage der Götter über ihre Arbeit, kontrastiert mit dem schlafenden Enki (Z. 12-14), Z. 16-23 die Urmutter Nammu weckt Enki und bittet ihn, die Götter von der Arbeit zu befreien, Z. 24ff. Enki gibt Nammu Anweisungen zur Erschaffung des Menschen und befiehlt Ninmaḫ, diesem die Kulturarbeit aufzuerlegen (Z. 37). Ab Z. 44 ist der Handlungsablauf allerdings umgebogen. Es wird nicht mehr von der Übernahme der Kulturarbeit durch die Menschen erzählt, sondern von einem Wettstreit zwischen Enki und Ninmaḫ, der erweist, daß Enki über die stärkeren lebensfördernden Kräfte für seine Geschöpfe verfügt als (die ehemalige Muttergöttin?) Ninmaḫ. Ziel ist nicht mehr die Kulturarbeit des Menschen, sondern die Verherrlichung Enkis (Z. 140f.). In die gleiche Tradition gehört auch der KAR 4-Mythos, s. G. Pettinato, (Anm. 16) 75-81.

Fluterzählung[40]. D. h. in der sumerischen Vorgeschichte wurden die im Atramḫasīs-Epos zusammengefügten Traditionen noch unabhängig voneinander überliefert. |

Das Nebeneinander der beiden Themen Kulturarbeit und Mehrung erklärt sich damit aus der Zusammenfügung zweier ehemals selbständiger Urzeitüberlieferungen. Ist aber dieser traditionsgeschichtliche Tatbestand erst einmal erkannt, dann ist der Interpret davon befreit, das *ganze* Epos in eines der beiden Themen pressen zu müssen, und die Stringenz eines Geschehensablaufes zu postulieren, die der Text nicht hergibt. Für die Interpretation der umstrittenen Stelle I,352ff. bedeutet das: Es ist methodisch fragwürdig, das hier berichtete Geschrei und Lärmen der Menschen von dem ersten Traditionszusammenhang her zu deuten, zu dem die Stelle ja ursprünglich gar nicht gehörte. Auch das Vorkommen gleicher Vokabeln (*rigmum*) hier und dort, auf das G. Pettinato seine Interpretation stützt[41], besagt in diesem Fall gar nichts. Das Motiv muß vielmehr aus dem zugehörigen Traditionszusammenhang verstanden werden: gemeint ist dann einfach der Lärm, der sich aus der Massierung einer hohen Anzahl von Menschen auf engem Raum ergibt, wie man ihn noch heute in orientalischen Städten – aber nicht nur dort! – erleben kann.

Eine zweite Frage ist es dann, wie wohl der Dichter des Atramḫasīs-Epos, der beide Traditionen zu einer Urgeschichte zusammenfügte, die Beziehung von Kulturarbeit und Mehrung des Menschen verstanden hat. Vielleicht hat er sich dazu in der schon erwähnten Textlücke (I,340-351) geäußert, doch da sie bislang nicht rekonstruiert werden kann, sind wir auf indirekte Schlüsse angewiesen.

Auch hier kann möglicherweise die biblische Urgeschichte weiterhelfen: Von den beiden biblischen Autoren werden nämlich Kulturarbeit und Mehrung in recht engem Zusammenhang gesehen: J berichtet von den Kulturerrungenschaften in den Genealogien, die ja das Fortschreiten und das Ausbreiten der Menschheit darstellen, und P verbindet den Kulturauftrag mit der Segnung des Menschen und dem Befehl, sich zu mehren und die Erde zu füllen (Gen 1,28; 9,1.7).

---

40 Vgl. die Bearbeitung von M. Civil in: W. G. Lambert/A. R. Millard, (Anm. 1) 138-145; hier gehen der Flut die Errichtung des Königtums und urzeitliche Städtegründungen voraus; ob das Motiv der Mehrung eine Rolle spielte, ist wegen des fragmentarischen Textes nicht zu erkennen. |
41 (Anm. 31) 184ff.; G. Pettinato beruft sich vor allem darauf, daß *rigmum* I,77 u. ö. das Weh- und Kampfesgeschrei der Igigi bezeichne; wichtig für seine Interpretation ist auch die Z. I,242, deren Bedeutung aber unsicher ist, s. o. Anm. 17. |

In Analogie dazu möchte ich den Schluß ziehen, daß auch der Dichter des Atramḫasīs-Epos den Zusammenhang im Auge hat, der zwischen fortschreitendem Zivilisationsprozeß und Bevölkerungswachstum besteht: Die zunehmende Kultivierung des Ackerlandes, die immer stärkere Ausweitung des bebauten Bodens (»das Land wurde immer weiter«) benötigt immer mehr Arbeitskräfte und ermöglicht einer immer größeren Zahl von Menschen das Leben (I,353). Noch durch keine Regulative gehemmt, setzt die Zivilisation eine Bevölkerungsexplosion ungeahnten Ausmaßes in Gang. Sie äußert sich in einem ungeheuren An|schwellen des Lärmes (»das Land brüllt wie Stiere« I,354), den das geschäftige Treiben (*hubūrum*) und das Stimmengewirr (*rigmum*) der dicht aufeinander gedrängten Bevölkerungsmassen erzeugt (I,355ff.). D. h. die menschliche Kulturarbeit zeitigt über das ungehemmte Bevölkerungswachstum Folgen, die für die Götter unerträglich und damit für den Bestand der Welt bedrohlich werden[42]. Um diesen bedrohlichen Prozeß abzustoppen, greift der Götterkönig Enlil ein, und um ihn zu regulieren, treffen die Götter nach der Flut Maßnahmen für eine wirksame Geburtenkontrolle.

Daß dieser uns so modern erscheinende bedrohliche Zusammenhang von Zivilisation und Bevölkerungsexplosion schon in diesem 3500 Jahre alten Epos mit solcher Klarheit gesehen wurde, ist sehr erstaunlich. Dennoch steht es damit nicht völlig allein, vergleichbare Vorstellungen finden sich auch bei anderen alten Völkern[43]. Es ist durchaus möglich, daß die hochentwickelte altbabylonische Zivilisation schon einmal in die Nähe der »Grenzen des Wachstums« geriet und damit der bedrohliche Charakter übermäßigen Bevölkerungswachstums ins Blickfeld kam.

Seltsamerweise fehlt dieser Motivzusammenhang in der biblischen Urgeschichte völlig. Wohl kennt auch der Jahwist eine Vermehrung der Menschen vor der Flut (Gen 6,1), aber der Grund für die Flut ist für ihn nicht die übermäßige Mehrung, sondern die übermäßige Bosheit der Menschen (6,5)[44]. Und die Priesterschrift läßt Jahwe bei der Neuregelung der Welt nach der Flut sogar ausdrücklich seinen Auftrag zur Mehrung erneuern (9,1.7)[45]. Offensichtlich lag die bedrohliche Seite des Bevölkerungs-

---

42 Das häufig belächelte Motiv, daß Enlil vor Lärm nicht mehr schlafen kann, verstehen wir vielleicht heute, da die krankmachende Wirkung anhaltender Lärmbelästigung manifest wird, wieder besser.
43 H. Schwarzbaum, The Overcrowded Earth, Numen 4/1957, 59-74; vgl. A. Draffkorn-Kilmer, (Anm. 36) 175f.
44 In Gen 6,1-4 deutet der Jahwist eine andere Art genealogischer Überschreitung an: die Vermischung des Menschen mit den Himmlischen.
45 Diese Differenz ist schon von W. L. Moran herausgestrichen worden, (Anm. 4) 61.

wachstums für das gerade erst am Rande der Hochkultur stehende Israel der frühen Königszeit noch jenseits seines Erfahrungshorizontes[46], und für die relativ kleine exilische Gemeinde war nach dem Zusammenbruch der staatlichen Hochkultur die Vermehrung eine Frage des Überlebens. So hat die auffallende Differenz an diesem Punkt wohl mit ganz speziellen geschichtlich-kulturellen Unterschieden zu tun. |

V. Die Beurteilung der Kulturarbeit

Mit den letzten Überlegungen sind wir schon auf die bedrohliche Seite der Kulturarbeit gestoßen. Damit stellt sich die Frage nach der Bewertung der Kulturarbeit in der biblischen und babylonischen Urgeschichte.

Ich habe schon an anderer Stelle ausgeführt[47], daß die Kulturarbeit in der biblischen Urgeschichte sowohl positiv als auch negativ beurteilt wird. Ich will mich darum hier auf einige Bemerkungen zur jahwistischen Fassung beschränken.

Ambivalent ist die Kulturarbeit in der jahwistischen Urgeschichte auf doppelte Weise. Die erste Aporie liegt in dem Arbeitsvorgang selbst: Obgleich die Arbeit eine göttliche Bestimmung des Menschen ist, mit der er die Möglichkeit der Lebenserfüllung eingeräumt bekommt (Gen 2,15), ist sie doch auch Mühsal (*'iṣṣābōn*), die den Schweiß des Menschen kostet (3,18f.). Die Mühseligkeit der Arbeit wird über den Mann als Strafe für seinen Ungehorsam gegen Gott verhängt. Sie besteht neben ihrer Schwere vor allem in ihrer Erfolglosigkeit: Der Acker, den der Mensch bebaut, wird immer auch Dornen und Disteln hervorbringen. Eine letzte Sinnerfüllung seines Lebens kann der Mensch mit der Arbeit nicht erreichen.

Die zweite Aporie tritt in den Folgen der Kulturarbeit zutage: Obwohl die Kulturerrungenschaften die Lebensmöglichkeiten des Menschen fortlaufend fördern und erweitern, schlagen ihre Folgen immer wieder bedrohlich auf ihn zurück: Die Arbeitsteilung zwischen Kain und Abel ist Anlaß zu einem erbitterten Konkurrenzkampf, der mit einem Totschlag endet (Gen 4,2-16). Die Erfindung der Eisenverarbeitung läßt sich auch zu einem Fortschritt in der Technik des Tötens verwenden (4,23). Die

---

46 Vgl. Gen 12,1-3, wo die neue Erfahrung der Mehrung und der staatlichen Größe Israels noch ganz positiv gesehen wird. Auf das Problem des Jahwisten und seiner Datierung kann ich hier nicht eingehen. |
47 (Anm. 8) 317-321. |

Erfindung des Weinbaus birgt auch die Gefahr einer Entwürdigung des Menschen und der Zerstörung der Familiengemeinschaft in sich (9,20-27). Und die ungeahnten Möglichkeiten menschlicher Zusammenarbeit, die der Städtebau eröffnet (4,17), können auch dazu verführen, das wahnwitzige Unternehmen eines Himmelssturmes zu versuchen (11,1-9). D. h. der zivilisatorische Fortschritt eröffnet auch der Fehlsamkeit des Menschen immer größere Möglichkeiten. Der Mensch kann jede seiner Kulturerrungenschaften mißbrauchen, weil er selbst nur ein durch Fehlsamkeit und Tod begrenztes Geschöpf ist. So kommt es dazu, daß er mit der Kulturarbeit sein Leben nicht nur steigert, sondern auch fortlaufend gefährdet.

Im Aufzeigen der negativen Seiten der Kulturarbeit steht das Atramḫasīs-Epos der jahwistischen Urgeschichte in nichts nach. Das ist um so erstaunlicher, als sie ja hier einen sehr viel höheren Stellenwert als in der Bibel zugewiesen bekommt.

Denn obgleich die Kulturarbeit hier die alles beherrschende Grundbedingung des Menschen ist und sogar die Würde eines Gottesdienstes erhält, streicht das Epos ihre Mühseligkeit stark heraus. Alle Begriffe für Arbeit, die es verwendet, haben einen negativen Klang: *abšānum* »Joch«, *ullum* »Halskette«, *šapšāqum* »Beschwernis«, *šupšikkum* »Tragkorb, Ziegelrahmen, Fronarbeit«; selbst das Wort *dullum*, das ich neutral mit »Arbeit« übersetzt habe, bedeutet auch »Arbeitsverpflichtung« und »Mühsal«. Die Mühseligkeit der Arbeit wird vor allem in ihrer Schwere gesehen (*rabû, watru, kabtu, mādu*); die übergroße Arbeitsbelastung droht die Igigi zu töten (I,149.162). Das starke Hervortreten dieser negativen Seite ist wohl dadurch bedingt, daß sich das Atramḫasīs-Epos am Bild staatlicher Fronarbeit orientiert. Das darf aber nicht zu dem Schluß verführen, das Epos beurteile die Arbeit rein negativ. Nein, sie ist für die Ernährung von Mensch und Gott absolut notwendig (I,339). Es spricht vielmehr für die Aufrichtigkeit des babylonischen Dichters, daß er, obgleich er weiß, daß Kultur und Gottesdienst unbedingt auf solche staatlich organisierte Arbeit angewiesen sind, die Realität dieser Arbeit in keiner Weise beschönigt. Auch für das babylonische Epos liegt damit im Arbeitsvorgang eine Aporie: er ermöglicht dem Land das Leben (I,22) und droht doch die Arbeiter zu töten (I,162).

Daneben bewirkt auch im Atramḫasīs-Epos die Kulturarbeit eine bedrohliche Folge: Obgleich sie den Bestand von Menschen- und Götterwelt sichern soll, setzt sie dennoch auch ein übermäßiges Bevölkerungswachstum in Gang, das diesen Bestand wieder gefährdet. Die Aporie menschlicher Zivilisation, die hier aufgezeigt wird, ist schicksalhafter als in der biblischen Urgeschichte. Die übermäßige Mehrung erscheint als ein zwangsläufig ablaufender Prozeß, an dem die Menschen mehr passiv als aktiv beteiligt sind. Er wird nicht als eine bewußte Verfehlung der Menschen dargestellt und nicht mit der Bosheit des Menschen in Verbindung gebracht. Demgegenüber war in der jahwistischen Urgeschichte deutlich das Anliegen zu spüren, den Menschen selber für die gefährlichen Folgen seiner Kulturerrungenschaften verantwortlich zu machen. Der Mensch bekommt in der Bibel als der einzige Partner Gottes eine eigenständigere Rolle im Zivilisationsprozeß, im Guten wie im Schlechten. Auch wenn er die zu seiner Existenz gehörende Fehlsamkeit nie ganz wird ablegen können, ist er damit doch deutlicher als im babylonischen Epos dazu aufgerufen, die gefährlichen Folgen seiner Kulturarbeit soweit wie möglich einzudämmen.

Doch trotz dieser wichtigen Differenzen im einzelnen stimmen biblische und babylonische Urgeschichte grundsätzlich in der Bewertung der Kulturarbeit überein, sie sehen sowohl ihre lebensfördernden Möglichkeiten als auch ihre lebensbedrohenden Gefahren. In dieser nüchternen Beurteilung stehen diese beiden alten Texte zusammen gegen den Kulturpessimismus und den Fortschrittsoptimismus der Moderne.

In einer Zeit, in der die Menschheit wieder einmal an die Grenzen ihres zivilisatorischen Fortschritts gerät, ist es für Christen wichtig zu wissen, in wie hohem Maße sich schon die biblischen Zeugen mit dem Problem menschlicher Kulturarbeit auseinandergesetzt haben. Es ist für sie aber auch wichtig zu wissen, daß diese damit nicht alleine stehen, sondern trotz vieler Besonderheiten einstimmen in den Chor anderer antiker Völker. Auch heute geht es ja um Probleme, die keineswegs nur uns Christen betreffen. Deswegen haben wir Christen meiner Meinung nach die Aufgabe, nicht nur das, was unsere eigene biblische Tradition, sondern auch das, was die Überlieferungen anderer alter, längst untergegangener Völker und Religionen zum Problem menschlicher Zivilisation zu sagen haben, neu ins Spiel zu bringen. Dazu will dieser Aufsatz ein Beitrag sein. Ich könnte mir durchaus vorstellen, daß neben den biblischen Aussagen auch eine Reihe alter Menschheitserfahrungen, die das babylonische Atramḫasīs-Epos aufbewahrt hat, uns bei der tiefgreifenden Neuorientierung, die von uns heute gefordert wird, hilfreich sein können.

»Ihr werdet sein wie Gott«

Gen 3,1-7 auf dem Hintergrund des alttestamentlichen und des sumerisch-babylonischen Menschenbildes

Obgleich so häufig ausgelegt wie wohl kaum ein anderer Text des Alten Testaments, steht nach meiner Einschätzung eine wirklich befriedigende historisch-kritische Auslegung von Gen 3 bis heute noch aus. Das zeigt sich ganz äußerlich schon daran, daß der Text in unseren deutschen Bibeln nach wie vor unter der Überschrift »Der Sündenfall« firmiert, obgleich in ihm kein einziges Wort für Sünde vorkommt und von einem »Fall« des Menschen nichts berichtet wird. Diese kleine Äußerlichkeit ist symptomatisch: Dieser alttestamentliche Text wird seit Jahrhunderten in der christlichen Tradition bewußt oder unbewußt so selbstverständlich unter einem neutestamentlich-dogmatischen Verstehenshorizont ausgelegt, daß darüber die literatur- und religionsgeschichtliche Frage, ob denn solche Auslegungen zu dem religiösen und kulturellen Milieu, aus dem der Text stammt, überhaupt passen, an den Rand gedrückt wird. Um hier nur einen Aspekt herauszugreifen, der uns im folgenden noch beschäftigen wird: Daß der Mensch nach Erkenntnis des Guten und Bösen strebt, daß er klug werden will (Gen 3,5f.), ist im ganzen übrigen Alten Testament nicht – und übrigens auch nirgendwo im antiken Vorderen Orient – die »Ursünde«. Im Gegenteil, H. W. Wolff, der die anthropologische Begrifflichkeit des Alten Testaments in ihrer ganzen Breite untersucht hat, kann etwa zum hebräischen Begriff לב »Herz« feststellen: »Das weithin durchschlagende proprium ist, daß das Herz zur Vernunft berufen ist, insbesondere zum Vernehmen des Wortes Gottes«[1]. Ist dann in Gen 3 nur die wahnwitzige Übersteigerung einer an sich positiven menschlichen Bestimmung gemeint, wie meist aus dem »Ihr werdet sein wie Gott« (3,5) gefolgert wird und auch Wolff anzunehmen scheint[2]? Aber wenn dies die ganz große Gefahr ist, warum kommt dann die Warnung, ja nicht wie

---
1 Anthropologie, 90.
2 Er schreibt a.a.O., 128: »Dieser Fall, mit dem der Mensch sich übermütig an die Stelle Gottes setzt, tritt ein (3,1ff.)«. |

Gott werden zu wollen, weder in den vielen Geboten der Tora noch | bei den Propheten, noch in der Weisheit vor? Angesichts dieser Diskrepanz müssen wir entweder folgern, daß Gen 3 völlig isoliert im Alten Testament dasteht, das Werk eines Außenseiters ist, dessen anthropologisch-theologische Vorstellungen sonst keinen Niederschlag gefunden haben, oder aber wir müssen fragen, ob wir uns nicht noch konsequenter, als es bisher bei einigen Auslegern geschehen ist[3], von der beherrschenden christlich-dogmatischen Auslegung dieses Textes freimachen müssen, um ihn in ein einigermaßen stimmiges alttestamentliches Menschenbild einfügen zu können.

1. Die Begrifflichkeit von Gen 3,4-7

Bis in die Gegenwart hinein fühlen sich viele Ausleger durch die Last der jahrhundertelangen Auslegungstradition dazu gedrängt, aus dem in Gen 3,1-7 Erzählten eine Sünde, ja die schwere, entscheidende Ursünde herauslesen zu müssen[4]. Doch entspricht dies wirklich dem Textbefund? Was ist mit der von der Schlange in Aussicht gestellten und vom Menschen ergriffenen Fähigkeit gemeint?

> Gen 3,4 Da sprach die Schlange zur Frau:
>   »Ihr werdet sicher nicht sterben:
> 5 Denn Gott weiß,
>   daß an dem Tag, an dem ihr von ihm (dem Baum) eßt,
>   eure Augen aufgehen werden (נפקחו)
>   und ihr sein werdet wie Gott (והייתם כאלהים),
>   indem ihr erkennen könnt, was gut und böse ist (ידעי טוב ורע).«
> 6 Da sah die Frau, daß von dem Baum gut zu essen sei
>   und wie herrlich er anzuschauen sei
>   und wie begehrenswert der Baum sei,
>   um Erkenntnis zu erlangen (להשכיל).
>   Da nahm sie von seiner Frucht und aß
>   und gab auch ihrem Mann bei ihr, und er aß.
> 7 Da gingen ihnen beiden die Augen auf (תפקחנה),
>   und sie erkannten (וידעו), daß sie nackt waren.

---

3 Vgl. z.B. schon H. Gunkel, Genesis, 29-35; C. Westermann, Mensch, 244 ff.; ders., Genesis, 339f.; F. Crüsemann, Autonomie, 60f. 67f.
4 Typisch für viele ist hier O. H. Steck, Paradieserzählung, 34f. Anm. 43; 64; 104; 124. |

> Darauf hefteten sie Feigenblätter zusammen
> und machten sich Schurze. |

Es sind vier Ausdrücke, mit denen die Fähigkeit, die das Essen von der Frucht des Baumes vermittelt, beschrieben wird:

1. Öffnen der Augen (פקח ni.) V. 5. 7
2. Erkennen von Gut und Böse (ידע טוב ורע) V. 5; vgl. V. 22; bzw. Erkennen (ידע) V. 7
3. Erkenntnis erlangen/klug werden (שכל hi.) V. 6
4. Sein/Werden wie Gott (היה כאלהים) V. 6

Bei einem so belasteten Text ist es ratsam, erst einmal außerhalb von Gen 3 nach der Bedeutung der Ausdrücke zu fragen und erst dann zu prüfen, ob und wie sie im Kontext von Gen 3 paßt.

ad 1: An allen übrigen Belegen im Alten Testament, an denen der Ausdruck »Augen öffnen« in transitiver oder intransitiver Bedeutung vorkommt, ist immer etwas Positives gemeint: Ob es nun um das Aufschlagen der Augen in wörtlichem Sinne als Zeichen der Wachheit (Hi 27, 19; Prov 20, 13) oder der Lebendigkeit (2. Kön 4, 35; 19, 16) geht, oder – wie meist – um die Eröffnung einer besseren oder tieferen Einsicht, die man so vorher nicht hatte: Meist ist es Jahwe, der Menschen diese Einsicht eröffnet: so Hagar den nahegelegenen Brunnen zur Rettung ihres verdurstenden Kindes, den sie vorher in ihrer Verzweiflung nicht gesehen hatte (Gen 21, 19), so den Blinden, d.h. im Sprachgebrauch Deuterojesajas[5] den enttäuschten und hoffnungslosen Israeliten, deren Augen so stumpf geworden sind, daß sie das Heilshandeln Gottes in der Geschichte nicht wahrnehmen (Jes 42, 7; 35, 5 f.; Ps 146, 8). Das Wort ist allerdings nicht auf das Erkennen solcher außergewöhnlichen oder, wie wir heute sagen würden, »übernatürlichen« Realität beschränkt. Wenn das Adjektiv פִּקֵחַ »sehend« etwa im Richterspiegel Ex 23, 8 gebraucht wird,

> Ex 23, 8 Denn Bestechung macht die Sehenden blind und verdreht die Worte der Unschuldigen,

so ist hier der klar urteilende Blick des Richters gemeint. Recht gut paßt, was J. Hausmann als Zusammenfassung ihrer Wortuntersuchung von פקח formuliert: »Es geht um die richtige Einschätzung einer Situation, nicht

---
[5] Vgl. Jes 42, 7. 16. 18 f.; 43, 8 und 29, 18 f.

um die bloße Wahrnehmung, ... um ein neues bzw. anderes Verstehen dessen, was in den Blick ... kommt[6].« Sollte das so schlecht sein?

ad 2: Was immer für eine Fähigkeit mit der »Erkenntnis des Guten und Bösen« gemeint ist, fest steht, daß an keiner einzigen Stelle, an der außerhalb von Gen 3 identische oder ähnliche Wendungen[7] begegnen, | diese einen negativen Klang hat. Es wird entweder völlig neutral von ihr gesprochen als von einer Fähigkeit, die den ganz kleinen Kindern (טַף) noch (Dtn 1,39; Jes 7,16) bzw. den sehr alten Menschen (80jährigen) wieder abgeht (2. Sam 19,36), oder aber positiv als von einer besonderen Befähigung des Königs für seine Regentschaft (1. Kön 3,9) oder sein Richteramt (2. Sam 14,17). In 1. Kön 3,9 bittet Salomo Jahwe um diese besondere Befähigung und wird sogar von Gott dafür ausdrücklich belobigt (V. 10f.).

Unter der begründeten Voraussetzung, daß es an allen diesen Stellen um dieselbe Sache geht[8], läßt sich die vieldiskutierte Frage[9], um welche Fähigkeit es sich denn nun handelt, relativ einfach entscheiden: Bei dem Ausdruck טוב ורע handelt es sich nicht um einen Merismus im Sinne von »alles«[10]; dieser ist auf verneinte Ausdrücke beschränkt[11], und »Allwissenheit« gäbe an den meisten Stellen keinen Sinn[12]. Die präpositionale

---

6 TWAT IV, 725.
7 Ebenso mit ידע und undeterminierten Akk. טוב ורע Dtn 1,39; 1QSa 1,10f.; mit | שמע und determinierten Akk. הטוב והרע 2. Sam 14,17. Die präpositionale Wendung בין טוב לרע begegnet 2. Sam 19,36 mit ידע, 1. Kön 3,9 בין hi. Weiter aufgefüllt mit antithetischen Verben erscheint die Formulierung ידע מאס ברע ובחר בטוב in Jes 7,16 (vgl. sekundär V. 15).
8 Es geht nicht an, wie D. Michel, Gott, 72ff., und D. U. Rottzoll, Gott, 385, es getan haben, willkürlich nur einige der Parallelstellen (etwa 2. Sam 19,36; Dtn 1,39 und 1QSa 1,10f.) herauszugreifen; ידע ist immerhin auch in Jes 7,16 – zusammen mit anderen Verben – belegt; aber auch die Verben הבין 1. Kön 3,9 und selbst שמע 2. Sam 14,17 haben den Aspekt des erkennenden Verstehens. Wer meint, daß der bis auf das Verb identische Ausdruck בין טוב לרע 2. Sam 19,36 und 1. Kön 3,9 etwas völlig Unterschiedliches meine, nur weil er einmal mit שמע, ein andermal mit הבין steht, müßte dies schon begründen. Auch die von Chr. Dohmen, TWAT VII, 607, diskutierten Differenzierungen erweisen sich als überflüssig, wenn man unterschiedliche Grade der gemeinten Fähigkeit in Rechnung stellt.
9 Vgl. die neuesten Literaturübersichten bei D. U. Rottzoll, Gott, 385, und Chr. Dohmen, TWAT VII, 582-584, und zur Diskussion C. Westermann, Genesis, 330-333.
10 So G. v. Rad, Genesis, 71 f. u.a.; dagegen mit Recht H. J. Stoebe, THAT I, 659.
11 Mit דבר »reden« Gen 24,50; 31,24.29; 2. Sam 13,22; mit עשה »tun« Nu 24,13.
12 Eine »alles« umfassende Erkenntnis ist höchstens 2. Sam 14,17.20 im Blick; aber hier handelt es sich um eine schmeichelnd übertreibende Redeweise. Die Auffassung von A. S. Feilschuss-Abir, Augen, 190ff., es müsse sich um ein »höheres Wissen«, d.h. eigentlich nur göttlichen Wesen zukommende magische Kenntnisse handeln, ist

Verknüpfung בין טוב לרע »zwischen Gut und Böse« in 2. Sam 19, 36; 1. Kön 3, 9 und die Formulierung מאס ברע ובחר בטוב »das Böse verwerfen und das Gute wählen« (Jes 7, 16) läßt vielmehr an eine unterscheidende Tätigkeit, an ein Urteilsvermögen denken. Der ganz allgemeine Charakter der Formulierung – in 2. Sam 19, 36 parallel zu Schmecken-Können, was man ißt und trinkt – und die große Variabi|lität der Kontexte schließen eine Beschränkung auf den ethisch-sittlichen Bereich aus. טוב und רע bezeichnen im Hebräischen – und insbesondere in Urteilen[13] – auch ganz allgemein das Richtige und das Falsche, das dem Menschen Förderliche und ihm Abträgliche. Stellt man weiterhin in Rechnung, daß nach 1. Kön 3, 9. 12 dieses abwägende Urteilen des Nützlichen und Schädlichen mit dem »hörenden« bzw. »weisen und verständigen Herzen« (לב חכם ונבון), d.h. dem aufnahmebereiten, erfahrenen und klugen Verstand geschieht, dann ist die sexuelle Konnotation, die das Verb ידע hat, und eine Ausdeutung der Erkenntnis von Gut und Böse auf den menschlichen Geschlechtstrieb, wie sie gerade wieder vorgeschlagen wurde[14], so gut wie ausgeschlossen. Wohl geht es nach Dtn 1, 39; Jes 7, 16 um ein Vermögen, das dem Menschen erst in einem Reifungsprozeß zuwächst, aber es geht nicht – jedenfalls nicht primär – um sexuelle, sondern um intellektuelle Reife[15]. Nimmt man nun noch die Einsicht hinzu, daß ידע nicht

---

nicht aus den Parallelstellen, sondern einer fragwürdigen Auslegung von Gen 2-3 gewonnen, die das »Ihr werdet sein wie Gott« wörtlich nimmt. |

13 Vgl. H. J. Stoebe, THAT I, 656ff.; THAT II, 796f. und die טוב- bzw. מן טוב-Sprüche.

14 So D. Michel, Gott, 72-75, für die von ihm rekonstruierte »kanaanäische« Vorstufe und D. U. Rottzoll, Gott, 385 f., unter Verweis auf den schon von D. Michel genannten Physiologus 43, 1 ff. Doch ganz abgesehen davon, ob sich in Gen 3, 1aαb-6aαb. 7. 22* eine ältere Erzählstufe rekonstruieren läßt (Michel rechnet eigenartigerweise S. 76 plötzlich auch V. 14-16 dazu, die sicher eine überlieferungsgeschichtliche Spätstufe darstellen), so ist in ihr expressis verbis von Geschlechtsverkehr oder Sexualität nicht die Rede; 3, 7 redet nur von der Nacktheit, nicht einmal von Scham (nur 2, 25!); die Gesamterzählung redet von geschlechtlicher Vereinigung allein in 2, 24, d.h. *vor* der Erlangung der Kenntnis des Guten und Bösen. Und daß ein antiker Text aus dem 2. Jh. n.Chr., der mindestens tausend Jahre nach dem »Jahwisten« geschrieben wurde und noch dazu ganz unterschiedliche kulturelle Einflüsse erkennen läßt, etwas über eine vorjahwistische Textstufe aussagen könnte, wie D. U. Rottzoll glauben machen will, ist doch wohl mehr als unwahrscheinlich. Wenn D. Michel aus 2. Sam 19, 35 eine sexuelle Bedeutung der Wendung mit dem Argument begründet, »denn daß ein Greis an Klugheit nachgelassen habe, wäre ein unhebräischer Gedanke« (a.a.O., 73), dann scheint er JesSir 3, 13; Hi 32, 9 und die Verbote, die Alten zu verspotten (Prov 30, 17 u.a.), vergessen zu haben.

15 Die einzige Stelle, wo die Wendung überhaupt mit Geschlechtsverkehr in Verbindung gebracht wird, ist die Bestimmung aus der Gemeinschaftsregel von Qumran

nur ein rein intellektuelles Vermögen, sondern auch dessen praktische Anwendung umfaßt, so spricht viel für die Ansicht derjenigen Autoren, die in der »Erkenntnis von Gut und Böse« die Fähigkeit zur klugen, zwischen Nützlichem und Schädlichem abwägenden Daseinsgestaltung | erblicken, welche den mündigen Erwachsenen vom unmündigen Kind oder Greis unterscheidet[16]. Diese kann man auch, wie H. J. Stoebe[17] und F. Crüsemann[18] es tun, mit dem Begriff der Autonomie bezeichnen, auch wenn ein solcher in seiner modernen Konsequenz wohl in der Antike noch nicht gedacht werden konnte. Ich hielte es dem Alten Testament für angemessener, hier von »Weisheit« zu sprechen. Denn nicht nur begegnet das Wort חכם »weise« in 2. Sam 14,20 und 1. Kön 3,12 im näheren Kontext, sondern eben um die Befähigung zu einer klugen, das Förderliche von dem Abträglichen unterscheidenden eigenen Daseinsgestaltung geht es auch in den Weisheitssprüchen und -belehrungen:

Prov 13,8 Die Weisung des Weisen ist ein Lebensbaum, um die Fallen des Todes zu meiden.

Weisheit wird nun aber im Alten Testament überwiegend positiv bewertet; wohl kannte man ihre Grenzen (Prov 15,3; 16,1.9; 19,21; 20,24; 21,30), wohl erfuhr man später in den Auseinandersetzungen mit den Frevlern bitter auch ihren Mißbrauch (Hi 5,12f.) und suchte sie der Gottesbeziehung ein- und unterzuordnen (Prov 1,7; 3,7 u.ö.). Aber wenn »Erkenntnis von Gut und Böse« nichts anderes als praktizierte Weisheit ist, dann stellt sich verschärft die Frage, was daran so schlecht sein soll.

ad 3: Einen ganz überwiegend positiven Klang hat das Verb שׂכל hi. »Einsicht haben/einsichtig machen«. Ähnlich wie die Tora des Weisen

---

1QSa 1,9-11, die dem Novizen gebietet, sich jeglichen Geschlechtsverkehrs vor der Vollendung des zwanzigsten Lebensjahres zu enthalten, »wenn er erkennt, was [Gut] und Böse ist«. Doch auch hier bezeichnet sie nicht den Geschlechtsverkehr oder die geschlechtliche Reife, die ja viel früher eintritt, als solche, sondern die volle Mündigkeit als Erwachsener (vgl. Lev 27,3-5 u.ö.). Hinzuweisen ist auch darauf, daß 1QS 4,26 die Erkenntnis von Gut und Böse in Gen 3 nicht sexuell ausdeutet. |

16 Vgl. Dtn 1,39; Jes 7,16; 1QSa 1,10f.; daß dabei die Grenze zwischen Kind und Erwachsenem verschieden definiert werden kann (vom 4- bis 5jährigen bis zum 20jährigen), braucht, da es sich um einen Reifungsprozeß handelt, der über mehrere Stufen verläuft, nicht verwundern.

17 Vgl. Gut und Böse, 188-204; THAT I, 659.

18 Vgl. Autonomie, 60f., und auch die kritischen Einschränkungen Anm. 1 und 5 S. 74f.; die Einschränkung auf »sittliche Autonomie«, die Chr. Dohmen, Schöpfung, 264-270, vornimmt, verfolgt dogmatische Interessen und wird von den Parallelstellen nicht gedeckt.

Prov 13,8 kann das Nomen שֵׂכֶל »Einsicht« als »Lebensbrunn« bezeichnet werden (Prov 16,22). Noch deutlicher als ידע meint השכיל nicht nur eine intellektuelle Fähigkeit, sondern zugleich deren erfolgreiche Umsetzung in die Praxis (»Gelingen haben«)[19]. Es meint also, genauso wie das »Erkennen von Gut und Böse«, die praktizierte Weisheit.

ad 4: Nun könnte man meinen, alle bisher genannten positiv konnotierten Wendungen würden durch die letzte הייתם כאלהים »ihr werdet sein wie Gott« total abqualifiziert. Denn »Sein wie Gott« hat für unsere Ohren einen extrem negativen Klang. Doch ist dies auch für die israelitischen Menschen der Fall?

Nun, genau entsprechende Parallelen fehlen zwar im Alten Testament, doch es gibt immerhin Ausdrücke, die der Wendung aus Gen 3,5 nahekommen:

So sagt die Witwe von Thekoa zu David, von dem sie ein gerechtes Urteil in dem von ihr vorgetragenen – fingierten – Rechtsfall erwartet:

> 2. Sam 14,17   Das Wort meines Herrn König wird mir eine Beruhigung sein,
> denn mein Herr König ist wie der Engel Gottes (כמלאך האלהים),
> daß er das Gute und Böse (הטוב והרע: d.h. das Richtige und Falsche)
> hört (שמע: d.h. sachgemäß verstehen und unterscheiden kann).

Und nachdem der König den wahren Hintergrund ihrer Mission, im Auftrage Joabs für den verstoßenen Totschläger Absalom um Gnade zu bitten, aufgedeckt hat, fährt sie fort:

> 2. Sam 14,20   Mein Herr König ist weise (חכם)
> entsprechend der Weisheit des Engels Gottes
> (כחכמת מלאך האלהים),
> daß er alles auf Erden erkennt (ידי: d.h. richtig durchschaut).

Entsprechend bittet Meribaal nach dem gescheiterten Absalomaufstand, in dem er von seinem Knecht Ziba der Mittäterschaft angeklagt worden war (2. Sam 16,3), um ein gerechtes, ihm gnädiges Urteil:

> 2. Sam 19,28   Er (Ziba) hat deinen Knecht verleumdet bei meinem Herrn König,
> doch mein Herr König ist wie der Engel Gottes (כמלאך האלהים),
> so tue das Gute (הטוב) in deinen Augen (d.h. was du für sachgerecht
> hältst).

In beiden Fällen wird der König in bezug auf die von ihm erwartete Fähigkeit, das Richtige und Falsche im Wirrsal der Beschuldigungen

---
19 Vgl. KBL³ 1238b.

zu erkennen und das rechte Urteil zu treffen, mit einem Engel Gottes verglichen. Es ist dabei näherhin die offenbar sprichwörtliche Weisheit solcher göttlicher Abgesandten, die zur Qualifikation eines überragenden menschlichen Urteilsvermögens herangezogen wird. Natürlich ist in Rechnung zu stellen, daß es sich dabei um einen rühmenden und schmeichelnden Sprachgebrauch handelt; aber gerade ein solcher wäre nicht möglich, wenn die Inanspruchnahme göttlicher Qualitäten für die Israeliten der frühen Königszeit, aus der ja auch die Erzählung Gen 2-3 stammt, den Klang einer unzulässigen hybriden Selbstübersteigerung des Menschen gehabt hätte. Nein, gerade in seiner Weisheit konnte der Mensch nach damaligem Verständnis durchaus – und zwar positiv – in die Sphäre des Göttlichen hineinragen[20].

Nun könnte man einwenden, an den angeführten Stellen sei ja nicht von einem »Sein wie Gott«, sondern nur von einem »Sein wie der Engel Gottes« die Rede. Doch daß für israelitisches Verständnis damit vielleicht ein gradueller, aber kein grundsätzlicher Unterschied bezeichnet ist, machen Stellen deutlich, in denen Gott einzelne Menschen sehr wohl in gottgleiche oder gottähnliche Stellung gegenüber anderen einsetzen kann:

Ex 4, 16   Er (Aaron) soll für dich Mund sein, du (Mose) aber sollst ihm Gott sein/
zum Gott werden (תהיה לו לאלהים).
Ex 7, 1   Siehe, ich mache dich (Mose) zum Gott für Pharao,
doch dein Bruder Aaron soll dein Prophet sein.
Sach 12, 8   Und das Haus Davids wird wie Gott sein (כאלהים) [Glosse: wie ein Engel Jahwes] an ihrer Spitze[21].

Und bekanntlich wird Gott in Ps 8, 6 sogar dafür gepriesen, daß er den Menschen ganz allgemein – zwar nicht bezogen auf seine Weisheit, aber doch auf seine Herrschaftsstellung gegenüber den übrigen Geschöpfen – nur wenig geringer als Gott (מאלהים) gemacht hat. Dann kann aber auch eine solche »Vergöttlichung« des Menschen so schlecht nicht sein.

Allerdings ist darauf hinzuweisen, daß an allen diesen Stellen immer die allgemeine Gottesbezeichnung אלהים, nie – auch in Gen 3 nicht – der Jahwename verwendet wird. Auch die bewußt gewählte polytheistisch klingende Formulierung von Gen 3, 22 »Der Mensch ist geworden wie

---

20 Von Ahitophel wird erzählt, daß sein weiser Rat soviel galt, »als wenn man Gott befragte« (2. Sam 16, 23); zur Weisheit Gottes vgl. Jes 31, 2; Hi 9, 4; 12, 13; 28, 23. Nicht auf die Weisheit bezogen ist der Vergleich mit dem »Engel Gottes« in 1. Sam 29, 9.
21 Die Glosse zeigt, daß man erst in einer sehr späten Zeit (frühestens im Laufe des 3. Jhs. v.Chr.) solche Vergleiche mit Gott als theologisch problematisch empfand.

einer von *uns*« soll das Mißverständnis abwehren, als ginge es um Gottgleichheit im strikten personalen Sinn. אלהים bezeichnet in Gen 3,5 und an den übrigen genannten Stellen nicht Gott selber, sondern den oder die Göttlichen, d.h. die Welt oder Sphäre des Göttlichen, zu der auch die Engel Gottes gehören. Dies würde bedeuten, daß in diesem Zusammenhang mit אלהים und מלאך אלהים etwa dasselbe gemeint ist[22]. |

2. Das Einpassen der Begriffe in den Kontext von Gen 3

Sehen wir erst einmal davon ab, daß es sich bei dem Gen 3,1-7 geschilderten Vorgang um die Übertretung eines Gottesgebotes handelt, so passen die außerhalb von Gen 3 gewonnenen Bedeutungen der zentralen Begriffe erstaunlich glatt in den Kontext hinein:

Die kluge Schlange verspricht V. 5 der Frau beim Genuß der Baumesfrucht erstens die Öffnung der Augen, d.h. die Möglichkeit zu einer überraschend neuen Einsicht, die ein besseres Verstehen und die richtige Einschätzung der Situation ermöglicht. Diese Einsicht wird aber nicht wie bei den sonstigen Belegen für פקח eine kurzfristige Möglichkeit bleiben, sondern zweitens zu einer ständigen Steigerung menschlichen Daseins führen, die mit »Sein wie Gott« umschrieben wird. Und diese neue Daseinsstufe wird drittens durch die neue Fähigkeit bestimmt, daß die Menschen imstande sein werden, in kluger Abwägung des ihnen Nützlichen und Schädlichen sachgerecht zu entscheiden und dadurch ihr Leben förderlich zu gestalten, d.h. weise zu sein. Ob dabei wie in 2. Sam 14, 17; 19, 28 durch Vergleich mit dem Göttlichen die menschliche Weisheit in ihrer vollkommensten Ausprägung gepriesen werden soll oder aber an die »normale« Weisheit gedacht ist, die nur im Vergleich zu dem voraufgegangenen unmündigen Zustand »göttlich« ist, ist letzten Endes gleichgültig. Vers 22, in dem Gott die erreichte Gottähnlichkeit des Menschen konstatiert, spricht eher für die zweite Möglichkeit. In jedem Fall ist mit der von der Schlange in Aussicht gestellten Daseinssteigerung keine über-

---

[22] מלאך אלהים meint hier nicht wie sonst häufig einen Rettung bringenden Boten, der sich erst im nachhinein als von Gott gesandt erweist (z.B. Gen 21, 17; Ri 6, 20; 13, 6. 9, so stark betont von R. Ficker, THAT I, 904 ff.), sondern wie בני האלהים ein Mitglied des himmlischen Hofstaates, vgl. D. N. Freedman/B. E. Willoughby, TWAT IV, 905 f. |

menschliche Existenzform, sondern das Dasein des vorfindlichen erwachsenen Menschen gemeint, der sein Leben in Weisheit zu gestalten vermag.

Das Versprechen der Schlange löst V. 6 in der Frau einen übermächtigen Drang aus. Sie will von der Frucht essen, um Weisheit zu erlangen. Die Aufnahme der »Erkenntnis des Guten und Bösen« mit השכיל bestätigt, daß auch in Gen 3 nichts anderes als Weisheit gemeint ist. Daß der Erzähler das »Sein wie Gott« gar nicht explizit als Wunsch der Frau wieder aufnimmt, schließt so gut wie aus, daß er an eine widergöttliche Übersteigerung des Menschen gedacht hat. Die Frau will klug werden, sonst nichts! Und der Erzähler verwendet unter den verschiedenen hebräischen Begriffen für »weise werden« mit Absicht ein Wort, das keinerlei negativen Beiklang hat[23]. |

In ihrem Streben nach Weisheit essen die Menschen von der Frucht des Baumes, und das, was die Schlange vorausgesagt hat, tritt ein. Ihre Augen werden aufgetan (V. 7), sie kommen zu einer neuen und durchaus besseren Einschätzung ihrer Situation: Sie erkennen ihre Nacktheit und sind im Sinne der »Erkenntnis des Guten und Bösen« durchaus in der Lage, diesem abträglichen Zustand abzuhelfen: Sie machen sich Schurze. Die Menschen haben als neue Fähigkeit die Weisheit wirklich gewonnen, sie sind nun selber in der Lage, ihr Leben förderlich zu gestalten. Wohl ist eine gewisse Ironie des Erzählers darin spürbar, daß es ein Mangel ist, was die Menschen mit ihrer neugewonnenen Fähigkeit als erstes entdecken; das Ergebnis entspricht nicht ganz den hochgespannten Erwartungen. Aber so bescheiden, wie häufig getan wird, ist die erlangte menschliche Weisheit nicht; immerhin ist die Kleidung eine der ganz großen kulturgeschichtlichen Entdeckungen.

Wir können also feststellen: 1. Die anthropologische Begrifflichkeit in Gen 3, 1-7 paßt nahtlos in das im übrigen Alten Testament gewonnene Bedeutungsspektrum hinein. 2. Der Erzähler verwendet ausnahmslos Wendungen und Begriffe, die in den Ohren seiner Adressaten einen positiven Klang haben. 3. Sachlich geht es um die »ganz normale« Befähigung des Menschen mit Weisheit und damit zur eigenen mündigen Lebensführung, nicht um irgendeine Form von Hybris, mit der der Mensch sich an die

---

23 So etwa עָרוּם in Gen 3,1 nur für die Schlange; das Adjektiv, meist positiv konnotiert (»klug«) (Prov 12,16.23; 13,16; 14,8.15.18; 22,3; 27,2), kann aber auch die negative Bedeutung »listig« annehmen (so vielleicht Gen 3,1; sicher Hi 5,12; 15,5); in demselben Kontext kann חכמים auch einmal die sich für weise haltenden Frevler bezeichnen (Hi 5,13). Zu beachten ist, daß eindeutig negative Begriffe wie פתל ni. »hinterlistig sein« (Hi 5,13; Prov 8,8) in Gen 3 nicht vorkommen. |

Stelle Gottes hätte setzen wollen[24]. 4. Von daher ist eine einseitig negative Sicht der Weisheit in Gen 3 ausgeschlossen.

3. Das Erlangen von Weisheit als Übertretung eines Gottesgebots

Das Hauptproblem der Auslegung von Gen 2-3 ist, daß hier die Weisheit des Menschen, die nicht nur im sonstigen Alten Testament überwiegend positiv bewertet wird, sondern die ja auch zum Mensch-Sein im vollen Sinne notwendig hinzugehört, als Fähigkeit dargestellt wird, die der Mensch sich durch Übertretung eines ausdrücklichen göttlichen Verbots aneignet (Gen 2, 16f.; 3, 11). Was ist damit gemeint?

Nicht nur die Auslegung von Gen 2f., sondern auch die gesamte alttestamentliche Anthropologie stehen hier an einem Scheideweg: Entweder man interpretiert dieses urgeschichtliche Verbot einfach auf der Linie späterer in der Geschichte Israels ergangener Gebote Gottes, dann ist dessen Übertretung Sünde; folglich wäre die Weisheit Sünde, ja, die menschliche Sünde schlechthin und der von Gott eigentlich gewollte Mensch der dumme und unmündige. Oder aber das Verbot Gottes hat | in der urgeschichtlichen Erzählung eine andere, ganz und gar einmalige Funktion.

Obgleich mit unmöglichen bildungs- und kulturfeindlichen theologischen Konsequenzen behaftet, wird die erste schlichte Alternative bis heute auf vielen Kanzeln gepredigt und ragt bis in die wissenschaftliche Auslegung hinein. Als Beispiel sei hier O. H. Steck angeführt, für den die »Erkenntnis von Gut und Böse« »den Akzent autonomer, d.h. von Gott gelöster Selbstbestimmung des Menschen« hat[25]. »Das autonome Vermögen selbständiger Bestimmung von Förderlich und Abträglich« sollte seiner Meinung nach »dem Menschen erspart bleiben«[26], doch die Frau habe »das selbstverständliche Vertrauen in die Förderung des menschlichen Daseins durch Jahwe eingebüßt, ... um *wie Gott* selbst das Förderliche ihres Daseins festzulegen[27].« Für ihn ist es ein durchgehender Zug von Gen 2-3, »daß gerade das menschliche Bestreben nach autonomer Selbst-

---

[24] Es steht in Gen 3,5 כאלהים »wie Gott« und eben nicht תחת אלהים »anstelle Gottes«, wie in den Auslegungen häufig unterstellt wird, vgl. u.a. auch H. W. Wolff, Anthropologie, 128. |
[25] Paradieserzählung, 35 Anm. 43.
[26] A.a.O., 100.
[27] A.a.O., 104.

gestaltung des eigenen Daseins als das Böse gefaßt wird[28].« Wohl vermeidet es O. H. Steck, die Weisheit an sich als Sünde zu bezeichnen, aber die mit ihr verbundene selbständige menschliche Lebensgestaltung trägt doch für ihn das Stigma der Gottlosigkeit und des Bösen.

Doch daß eine solche einseitig negative theologische Bewertung menschlichen Weisheitsstrebens in Gen 2-3 nicht gemeint sein kann, belegen – neben der oben nachgewiesenen positiven Konnotation der verwendeten Begriffe – aus dem näheren Kontext gleich mehrere Beobachtungen: Gott reagiert auf das Essen vom Baum der Erkenntnis nicht mit glühendem Zorn wie häufig bei späteren Gebotsübertretungen[29], ja, er akzeptiert am Ende in Gen 3,22 die erlangte Weisheit des Menschen sogar ohne sichtbaren Groll. Wohl wird der Mensch für seine Übertretung mit leidvollen Eingrenzungen seiner Existenz bestraft (3,14-19) und aus der unmittelbaren Nähe Gottes vertrieben (V.23), nicht zuletzt deswegen, um seinen Griff nach dem ewigen Leben zu verhindern (V.22.24), aber die mit dem Verbot angedrohte Todesstrafe (2,17) wird nicht vollzogen. Die Übertretung wird mit keinem der vielen hebräischen Worte für Sünde belegt[30]; F. Crüsemann hat vielmehr überzeugend gezeigt, daß die Sünde für den Erzähler erst in Gen 4,7, das heißt erst nachdem der Mensch seine Autonomie erlangt hat, als – durchaus beherrschbare (!) – Bedrohung ins Spiel kommt[31]. Auch unterdrückt der Erzähler keineswegs die Erzählzüge der wohl ursprünglich selbständigen Schöpfungserzählung Gen 2,5-24*[32], daß Gott dem Menschen selber die Bestimmung zum »Bebau-

---

28 A.a.O., 124.
29 Vgl. Ex 22,23; 32,10ff.; Dtn 6,15; 7,4; 11,17; 13,18 u.ö.
30 So mit Recht F. Crüsemann, Autonomie, 64; 67.
31 A.a.O., 62ff. |
32 So mit C. Westermann, Genesis, 260ff., gegen O. H. Steck, Paradieserzählung, 30f., der nachzuweisen sucht, daß Gen 2 in allen Details nur als »positives Spiegelbild« zu Gen 3 gestaltet worden ist (39 u.ö.), dem keine überlieferungsgeschichtliche Eigenständigkeit zukommt (51ff.). Doch zeigt sich die Tatsache, daß bes. 2,18-24 keineswegs auf 3,1ff. zuläuft, nicht zuletzt daran, daß Stecks Gegenüberstellung, 2,19ff. entscheide Jahwe, »was dem Menschen förderlich ist« (33), in 3,6f. wolle dies der Mensch selber entscheiden (34f.), so nicht stimmt, da der Mensch von Gott ausdrücklich bei der Suche nach seinem passenden Partner mitbeteiligt wird (2,19) und beim ersten Mal keineswegs »den Entschluß Gottes für sein Leben als Geschenk« (35 Anm.43 im Anschluß an H. J. Stoebe) hinnimmt (2,20). Seine Entgegensetzung von »selbstverständliche(m) Vertrauen in die Förderung des menschlichen Daseins durch Jahwe« und dem Begehren der Frau, »autonom ihr Leben zu bestimmen« (104), ist durch den vorliegenden Text von Gen 2-3 nicht gedeckt und auch Folge einer falschen überlieferungsgeschichtlichen Entscheidung, die ihn zwingt, die nicht zu Gen 3 passenden Erzählzüge von Gen 2 zu unterdrücken.

en und Bewahren des Gartens« gegeben habe (2, 15), was ein abwägendes Beurteilen des Förderlichen und Schädlichen durch den Menschen einschließt, oder daß der Mensch von Gott bei der Suche nach der für ihn passenden Gemeinschaft aktiv mitbeteiligt wurde und sogar das erste Angebot des Schöpfers – und das doch wohl nach eigenen Nützlichkeitserwägungen (!) – ausschlug (2, 20). Diese Erzählzüge von Gen 2, die davon ausgehen, daß die eigene »weise« Daseinsgestaltung zum Menschen als Geschöpf Gottes dazugehört, passen nicht ganz zu der Darstellung von Gen 3, daß sich der Mensch diese Fähigkeit erst selber verschafft habe, aber der Erzähler hätte sie doch wohl kaum stehengelassen, wenn es ihm darum gegangen wäre, die eigene vernünftige Gestaltung seines Lebens durch den Menschen zur Gottlosigkeit zu erklären.

Wenn aber diese gängige erste Auslegungsalternative sich aus theologischen und aus exegetischen Gründen als nicht gangbar erweist, dann muß der Erzähler eine andere Absicht gehabt haben, die Erlangung der Weisheit als Übertretung eines göttlichen Verbotes darzustellen.

Der besondere Charakter dieses urzeitlichen Verbotes Gen 2, 17 zeigt sich daran, daß es keine wirkliche Verhaltensalternative eröffnet. Das Erwachen des Verstandes, das Streben des Menschen nach Weisheit und eigener mündiger Daseinsgestaltung sind menschheits- wie individualgeschichtlich zwangsläufige Entwicklungen, und der Erzähler läßt auch nicht die leiseste Andeutung erkennen, er sei der Meinung, als hätte der Mensch eine andere Wahl gehabt, als vom Baum der Erkenntnis zu essen: Das erste, was er nach erfolgter Erschaffung der Frau, die ihn erst in seinem Mensch-Sein komplettiert, tut, ist, daß er nach der Frucht des Baumes greift und damit das Gebot Gottes übertritt[33]. Und dieser Schritt wird von Gott auch durchaus akzeptiert (3, 22). Die andere – unmögliche – Alternative wäre gewesen, in Dummheit und kindlicher Unmündigkeit zu verharren, d.h. nicht zu einem erwachsenen Menschen werden zu wollen. Daß dies Gott dem Menschen zumuten wollte, unterstellt nur die Schlange (3, 5); der Erzähler läßt das urgeschichtliche Verbot Gottes – anders als viele Gebote der Tora – absichtlich unmotiviert. Was Gott mit seinem Verbot wollte, bleibt so im dunkeln.

---

33 Die populäre und in der christlichen Kunst »ausgemalte« Vorstellung, daß das erste Menschenpaar eine ganze Weile glücklich im »Paradies« gelebt hätte, dessen Früchte genoß oder mit den Tieren spielte, entspricht nicht der biblischen Erzählung, in der jegliche Zustandsschilderungen fehlen. Der einzige Zustandssatz ist Gen 2, 25, der aber nur die Funktion hat, den Wandel in 3, 7 erzählerisch vorzubereiten.

Doch warum nimmt der Erzähler solche konzeptionellen Schwierigkeiten in Kauf, eine zwangsläufige Entwicklung als bewußte Übertretung eines Gottesgebotes darzustellen[34]? Um besser abschätzen zu können, in welcher Richtung eine Antwort gesucht werden muß, lassen Sie uns einen Seitenblick auf die sumerischen und babylonischen Urzeittraditionen werfen, die z.T. auch in Gen 2-3 hereinspielen.

4. Weisheit und Begrenztheit des Menschen in den sumerischen und babylonischen Urzeittraditionen

Bekanntlich wird nach der vorherrschenden sumerischen wie babylonischen Urzeittradition der Mensch geschaffen, um den Göttern die mühevolle Kulturarbeit abzunehmen. Noch weit stärker als in Gen 2,15 bildet der zivilisatorisch tätige Mensch den Zielpunkt der Schöpfung, ja, diese Tätigkeit hat hier – anders als in der Bibel – von vornherein eine religiöse Dignität: Die Kultur ist vom Kult umgriffen.

Weniger bekannt ist, daß dabei auch die Begabung des Menschen mit Weisheit eine wesentliche Rolle spielt. So heißt es im sumerischen Mythos *Enki und Ninmah*, nachdem der Gott Enki, dessen Weisheit in höchsten Tönen gepriesen wird, auf die Klagen der Götter ein s i g₇ - e n - s i g₇ - š à r, wohl eine Art Modell des Menschen[35] ersonnen und mit Armen und einer Brust versehen hat:

> Z. 30 Enki, der Schöpfer, läßt in das Innere seines eigenen (Geschöpfes) seine Weisheit (g e š t u) eindringen.

---

34 Chr. Dohmen, Schöpfung, 268f., überspielt diese konzeptionelle Schwierigkeit, wenn er im Anschluß an Th. v. Aquin die vom Menschen ergriffene Autonomie als participatio providentiae (dei) faßt. Eine solche Auslegung ist bei ihm nur aufgrund fragwürdiger literarkritischer Operationen möglich, die u.a. das Gottesgebot 2,16f. erst einer redaktionellen Spätschicht (bei ihm R^P) zuweisen (73-75; 197; 206). Doch die gewissen Spannungen in der Bezeichnung des Baumes (2,16; 3,3) und die Tatsache, daß die Todesandrohung nicht eingelöst wird, die Dohmen geltend macht (74f.), reichen für einen solchen weitreichenden Eingriff nicht aus. Formkritisch gesehen, hinge das Gespräch der Schlange mit der Frau 3,1-5 ohne das Gebot 2,16f. völlig in der Luft. Doch meint Dohmen, auf eine formkritische Untersuchung des Textes verzichten zu können; seine überlieferungsgeschichtliche Behelfsannahme, Gen 3,1-7 sei ein vorjahwistisches Traditionsstück aufgenommen (216ff.), ist reine Spekulation.

35 So G. Pettinato, Das altorientalische Menschenbild, 39; vgl. 53; anders C. A. Benito, Enki and Ninmah, 32/46, der das Wort auf den Mutterleib (š à . t ù r = *šassūru*) deutet.

Z. 31 Er spricht zu seiner Mutter Nammu:
Z. 32 »Meine Mutter, den Geschöpfen, die du vorhanden sein läßt, binde die Fronarbeit der Götter auf...«

Und das altbabylonische *Atramḫasīs-Epos* drückt Ähnliches aus, wenn es nach der typisch babylonischen Vorstellung einer Erschaffung des Menschen aus Lehm und Götterblut den geschlachteten Gott gerade als solchen bezeichnet, der über ṭēmu, d.h. »Planungsfähigkeit« verfügt (I, 223; vgl. Z. 239)[36]. Nach einem Lesungsvorschlag, den W. v. Soden gemacht hat, trägt dieser Gott den Namen ^{d}geštu-e, würde damit sogar die göttliche Weisheit personifizieren[37]. Das heißt: Sowohl nach sumerischer als auch nach babylonischer Tradition wurde den Menschen zur Übernahme der Kulturarbeit von den Göttern die Weisheit geradezu eingeschaffen; sie ist quasi ein göttliches Element seiner Existenz.

Interessant ist nun, daß in einem Teil der sumerischen Urzeittradition die Erschaffung des Menschen in zwei Phasen dargestellt wird, die von Ferne an Gen 2 und 3 erinnern: Zuerst wird eine Art Urmensch geschaffen, sodann wird er zivilisiert[38]. So wird im mythologischen Eingangsteil der sumerischen Streitdichtung »Mutterschaf und Getreide« zuerst geschildert, wie die Menschen der Urzeit noch von keiner Zivilisation wußten und wie die Tiere lebten:

Z. 20 Die Menschen der Urzeit
Z. 21 wußten nicht, Brot zu essen,
Z. 22 wußten nicht, sich mit Kleidern zu bekleiden.
Z. 23 Die Menschen ›gingen auf Händen und Füßen‹,
Z. 24 fraßen wie Schafe das Gras,
Z. 25 tranken Wasser aus den Gräben.

Die Götter schufen sich darauf im Himmel die Kulturgüter Mutterschaf und Getreide zu ihrer Versorgung, doch ohne Mithilfe des Menschen wurden sie von deren Ertrag nicht satt. Darum beschließen die Anunna-Götter, die Menschen zu zivilisieren:

Z. 35 Im reinen Schafpferch ließen sie für ihr Wohlergehen
Z. 36 in den Menschen Lebensodem vorhanden sein.

---

36 Zu dieser Bedeutung des Wortes im literarischen Kontext vgl. W. v. Soden, Der Mensch bescheidet sich nicht, 352f.
37 Als die Götter noch Menschen waren, 424f.; Der Mensch bescheidet sich nicht, 352f., nach einem Vorschlag seiner Schülerin Br. Groneberg.
38 Vgl. G. Pettinato, Das altorientalische Menschenbild, 32ff.

Sie senden die Kulturgüter zur Erde und dank menschlicher Kulturarbeit ist nun ihre Versorgung gesichert. Das sumerische Wort z i »Leben«, das ich mit »Lebensodem« wiedergegeben habe, meint im Kontext das richtige Leben, das die Menschen erst zu echten Menschen macht. D.h. es schließt die Befähigung zum vernünftigen Handeln, das ein zivilisiertes menschliches Leben erst ermöglicht, mit ein. G. Pettinato möchte es hier darum mit dem griechischen νοῦς in Verbindung bringen[39]. Er kann das hier erkennbare Menschenbild so charakterisieren: »Erst der zivilisierte Mensch ist für die Sumerer die Krone der Schöpfung: Er führt das Werk der Götter weiter, er genießt dafür ihre Fürsorge, die sich im dauernden Überfluß des Landes manifestiert[40].«

Diese sumerische Vorstellung hat sich als Reflex auch noch in der jungbabylonischen Fassung des *Gilgamesch-Epos* erhalten, aus der vielleicht die engste religionsgeschichtliche Parallele zu Gen 2-3 stammt: in der Erschaffung und Zivilisierung Enkidus.

Nachdem Enkidu aus Lehm geschaffen wurde, lebt er erst einmal als Wildmensch mit den Tieren zusammen. Seine Zivilisierung erfolgt hier aber nicht mehr durch die Götter, sondern durch eine Frau, näherhin eine Dirne, die alle weiblichen Verführungskünste spielen läßt. Als die Dirne Enkidu verführt hat, verlassen ihn auf der einen Seite die Tiere und seine Laufkraft wird gehemmt (I: IV, 24-28), auf der anderen Seite weitet sich sein Verstand (Z. 29 *rapaš hasīsa*) und er versteht erstmals ihre Worte (Z. 30-32). Darauf kommentiert die Dirne diese Verwandlung mit den Worten:

> Gilg I: IV, 34 [Weise?] bist du, Enkidu, bist/wurdest wie ein Gott (*kī/kīma* DINGIR *tabašši/tabaši*)

Leider ist die Lesung des ersten Wortes unsicher. A. Schott[41] und E. A. Speiser[42] wollten die auf eine Lücke folgenden Zeichen [ ]-*qa-ta* zu *enqāta*, der 2. Pers. sing. Stativ von *emēqu* »du bist weise« ergänzen. Doch müßte die Form, will man keinen Assyriasmus annehmen, babylonisch aufgrund progressiver Vokalangleichung (GAG § 10a) *enqēta* | heißen; so ergänzt CAD D, 70b inzwischen zu *dam-qa-ta* »du bist schön«, was allerdings inhaltlich nicht allzu gut paßt[43]. Aber selbst wenn man sich

---

39 Das altorientalische Menschenbild, 33; 35.
40 A.a.O., 37.
41 A. Schott/W. v. Soden, Gilgamesch, 22.
42 ANET³ 75, Anm. 29. |
43 Ganz anders las noch die aB Fassung von Tafel II: P II, 11: *a-na-ṭal-ka* »Ich blicke dich an, Enkidu, du bist wie ein Gott.« Dieser Satz steht hier noch vor der Zivili-

dieser Lösung anschließt und man nicht mehr, wie in der alttestamentlichen Literatur weithin üblich, sagen kann, daß auch im *Gilgamesch-Epos* ein direkter Bezug zwischen »Weisheit« und »Sein wie Gott« hergestellt wird, ein indirekter Zusammenhang ist in jedem Fall gegeben. Der gewaltige Zivilisationssprung, den der Wildmensch Enkidu durchmacht und zu dem Z. 29 auch das Erwachen des Verstandes gehört, wird – durchaus Gen 3,5 vergleichbar – mit den Worten »Werden wie Gott« umschrieben.

Trotz dieser hohen Adelung des zivilisierten Menschseins liegt im relativ späten jungbabylonischen *Gilgamesch-Epos*, anders als in den alten sumerischen Texten, schon ein Hauch von Trauer über dem Ganzen. Die Begabung des Menschen mit Weisheit und seine Zivilisierung sind nicht mehr einfach gute Gaben der Götter, sondern menschliche Möglichkeiten, die auch negative Folgen zeitigen: Enkidu verliert dabei so etwas wie seine natürliche Unschuld, seine Geborgenheit bei den Tieren. Als zivilisierter Mensch wird er sich aus Tatendrang und Ruhmsucht gegen die Tiere und die Götter vergehen: Zusammen mit Gilgamesch erschlägt er Ḫumbaba, den Wächter des Zedernwaldes, fällt die heilige Zeder und tötet den Himmelsstier (III-VI). Damit fordert er den Zorn der Götter heraus und endet tragisch. Auf seinem Sterbebett verflucht er die Dirne, weil sie ihn zur Zivilisation verführt habe (VII: III,5-32). Er wird aber von Šamaš, der ihm noch einmal vor Augen stellt, welche relativen Vorteile ihm das kultivierte Leben geboten hat (III, 33-48), dazu gebracht, die Dirne zu segnen und den begrenzten Wert menschlicher Zivilisation anzuerkennen (III, 49-IV, 10). Nur noch dieser kleine Sinnvorsprung, den Weisheit und Zivilisation dem Menschen bei aller Begrenztheit und Tragik seines Lebens gegenüber den Tieren vermitteln, wird im jungbabylonischen Epos mit »Sein wie Gott« bezeichnet[44]. |

---

sierung Enkidus, die erst danach schrittweise durch die Dirne und die Hirten erfolgt (vgl. P II, 21-27; III, 3 ff.); dabei spielt, soweit erkennbar, das Erwachen des Verstandes noch keine Rolle. »Wie Gott sein« bezeichnete im altbabylonischen Heldenepos noch die halbgöttliche Wildheit, Kraft und Potenz des Heroen. Zielpunkt ist in dieser Darstellung die »Menschwerdung« Enkidus (P III, 24 ff.) Danach wäre das Motiv in der jungbabylonischen Fassung erst ad hoc in Richtung auf die sumerische Zivilisationstheologie umgestaltet worden.

44 Vgl. J. H. Tigay, The Evolution of the Gilgamesh-Epic, 212: »By contrasting a life devoid of human civilization, the epic underlines the satisfactions that civilized human life offers – in other words, that minimum amount of ›meaning‹ which is available in man's life. This is the epic's message. This is expressed most explicity in | the case of Enkidu, whose rise to humanity is described not only in ›becoming human‹ but also as becoming ›godlike‹ (*kīma ili* I, IV, 34; cf VII, III, 36) in the only way possible for most humans, through intelligence and civilization.«

Man kann wohl nicht einfach, wie es G. Pettinato holzschnittartig getan hat, einem optimistischen sumerischen ein pessimistisch akkadisches Menschenbild gegenüberstellen[45], aber zumindest das späte babylonische Menschenbild trägt deutlich dunklere Züge. In seiner Zwiespältigkeit erinnert es durchaus an die Biblische Urgeschichte. Die Zivilisierung des Menschen trägt auch hier schon neben allem Fortschritt das Stigma eines tragischen Verlustes. Dennoch wird im *Gilgamesch-Epos* dieser negative Aspekt der Zivilisation nicht mit einer Übertretung eines göttlichen Verbots in Verbindung gebracht.

Diese Beobachtung lenkt unseren Blick auf den für unsere Fragestellung entscheidenden Aspekt, wie die Sumerer und Babylonier die mannigfachen Begrenzungen menschlicher Existenz gesehen und theologisch eingeordnet haben.

Schon die Sumerer haben gewußt, daß vielfältige Gebrechen des Menschen seine Bestimmung zur zivilisatorischen Daseinsgestaltung gefährden. Der Mythos *Enki und Ninmaḫ* stellt es so dar, daß die ältere Muttergöttin, vom konkurrierenden jüngeren Schöpfergott Enki in die Defensive gedrängt, eine ganze Reihe behinderter Menschen erschafft. Doch Enki erweist dadurch seine überlegene Weisheit als Schöpfer, daß er auch solche defekten Menschen sinnvoll in die sumerische Zivilisation eingliedern kann: Die Eunuchen macht er zu Beamten, die Blinden zu Sängern etc. Die Begrenztheit des Menschen wird hier also aus dem Wettstreit konkurrierender Götter erklärt. Sie ist göttliche Schickung, wobei allerdings die positive Schicksalsbestimmung Enkis, die auch in der Begrenztheit noch eine sinnvolle menschliche Existenz ermöglicht, überwiegt.

Das altbabylonische *Atramḫasīs-Epos* verlagert schon das Problem menschlicher Begrenzheit aus dem innergöttlichen Streit stärker in eine Auseinandersetzung zwischen den Menschen und Göttern. Der von den Göttern mit »Planungsfähigkeit« (*ṭēmu*) ausgestattete Mensch übernimmt für die Götter die Kulturarbeit. Aber diese entwickelt, nicht zuletzt wegen der großen Vermehrung der Menschen, eine solche Dynamik, daß sich der Götterkönig Enlil bedroht fühlt und beschließt, die Menschen durch eine Folge von Plagen zu dezimieren und schließlich in der Flut zu vernichten. Doch einem Menschen, Atramḫasīs, dessen Name »der überaus Weise« heißt, gelingt es eben durch seine Weisheit und die Unterstützung seines Gottes Ea, die völlige Vernichtung des Menschengeschlechtes abzuwenden. Am Ende der Flut kommt es unter | den Göttern zu einem Kompromiß: Die Menschen dürfen weiterleben, aber ihre Mehrung und

---

45 Das altorientalische Menschenbild, 47 u.ö. |

damit ihre expansive zivilisatorische Dynamik wird durch eine Reihe von Maßnahmen, u.a. durch hohe Kindersterblichkeit begrenzt[46].

Die Weisheit wird in diesem Epos, ähnlich wie in der Bibel, ambivalent gewertet, sie gefährdet das menschliche Leben, aber sie rettet es auch. Doch soweit der nicht ganz vollständige Text von Tafel I erkennen läßt, kommt es hier zum Konflikt zwischen Göttern und Menschen nicht durch einen bewußten Akt, durch ein eindeutiges Vergehen. Es gibt kein göttliches Gebot, das die Grenze, die die Menschen hätten einhalten sollen, klar markierte. Es sind die Kräfte selbst, die dem Menschen von seiner Schöpfung her innewohnen, die ihn – man könnte sagen: automatisch – dazu treiben, die Götter zu bedrohen, und das heißt, den Bestand der Welt zu gefährden. Das Epos zeichnet somit das Bild einer tragischen Verstrickung. Die Menschheit, so will es sagen, würde mit ihren Fähigkeiten, ihrer Verstandeskraft und ihrer zivilisatorischen Potenz sich selber zum Verhängnis werden, wenn sie nicht durch die Götter weise – obgleich im Einzelfall durchaus schmerzlich – eingegrenzt worden wäre.

Die schicksalhafte Ambivalenz, die der menschlichen Existenz als Geschöpf der Götter selber innewohnt, wird noch stärker im mittelbabylonischen Epos *Enūma-eliš* betont. Wohl wird in ihm nicht von einem Konflikt zwischen den Menschen und den Göttern, sondern vom Götterkampf Marduks gegen die Chaosgöttin Tiamat und ihren Anhang berichtet. Doch wenn es in *Enūma-eliš* ihr Anführer Kingu ist, der geschlachtet wird, um den Menschen zu erschaffen (VI, 6-34), dann soll damit doch wohl angedeutet werden, daß dessen aufrührerisches Wesen auf den Menschen übergeht. Zumindest potentiell trägt jeder Mensch von seiner Erschaffung her den Keim zum Aufstand gegen die Götter in sich, für den er nichts kann und den er nur durch demütige Hingabe im Kult zu zähmen vermag.

Noch einen Schritt weiter geht der Autor der jungbabylonischen »Babylonischen Theodizee«, wenn er einseitig gerade alle negativen Möglichkeiten der menschlichen Weisheit direkt auf die Götter zurückführt:

Z. 276 Der König der Urzeit, Narru (Enlil), der Erschaffer der »Umwölkten«,
Z. 277 der prächtige Zulummaru (Ea), der ihren Lehm abgekniffen,
Z. 278 die Königin, die sie geschaffen, die Herrin Mami (Ninmaḫ), |
Z. 279 sie schenkten den Menschen unehrliche Rede,
Z. 280 Lügen und Unwahrheiten bescherten sie ihnen für alle Zeit.

---

46 Zu dieser Deutung s. A. Draffkorn-Kilmer, The Mesopotamian Concept of Overpopulation und R. Albertz, Kulturarbeit im Atramḫasīs-Epos. |

Das erinnert an den sumerischen Mythos *Enki und Ninmaḫ*, nur daß die positive Aufhebung der negativen Begrenzungen wegfällt. Dabei soll diese theologische Belehrung im Duktus des weisheitlichen Streitgesprächs weniger die Lügenmäuler entlasten und den Göttern die Schuld in die Schuhe schieben. Vielmehr verwendet sie der Freund des Leidenden, um diesen aus seiner Protesthaltung gegen sein hartes Schicksal und die ungerechten Zustände in der Gesellschaft, wo die rücksichtslosen Neureichen auch noch mit Beifall bedacht werden, während er der gesellschaftlichen Ächtung anheimfällt, herauszuführen und sich in sein Schicksal zu fügen. Es ist nun einmal so, daß Verstellung, Verleumdung und Leugnung des Wahren und Rechten (*kēnāti*) die Szene beherrschen; die Götter haben es so seit der Urzeit verfügt, daran läßt sich auch in Zukunft nichts ändern. Der Freund hat mit dieser Belehrung tatsächlich Erfolg; der Leidende wendet sich am Ende der Dichtung wieder demütig den Göttern zu. Aber es bleibt zwischen ihm und ihnen eine Grauzone des Unverständnisses, das in der ebenfalls jungbabylonischen Dichtung *Ludlul-bēl-nēmeqi* seinen klassischen Ausdruck gefunden hat:

> II, 36 Welcher Mensch begreift den Ratschluß der Götter im Himmel?
> Z. 37 Wer versteht den Ratschluß des Gottes der Wassertiefe?
> Z. 38 Wo hätten je begriffen Gottes Weg die blöden Menschen?

Wir können somit als wichtigste Züge in unserem Zusammenhang festhalten:

1. Auch in den sumerisch-babylonischen Menschenschöpfungstraditionen spielt die Ausstattung des Menschen mit Weisheit eine wichtige Rolle. Sie ist hier entweder direkte göttliche Gabe zum Zwecke der Befähigung des Menschen zur Kultur und zum Kult (*Enki und Ninmaḫ*, »Mutterschaf und Getreide«, *Atramḫasīs*) oder eine menschliche Errungenschaft im individuellen Zivilisationsprozeß (*Gilgamesch*).

2. Nirgends in der sumerischen oder babylonischen Tradition wird die Weisheit gegen ein göttliches Gebot von den Menschen ergriffen. Wohl gerät auch hier der Mensch u.a. wegen seiner Weisheit mit den Göttern in Konflikt (*Atramḫasīs*), wohl kann er gerade infolge seiner Zivilisation tragisch enden (*Gilgamesch*), aber dies geschieht nicht als schuldhaftes Vergehen, sondern als schicksalhafte Verstrickung.

3. Die negativen Seiten der Existenz des Menschen, auch die seiner Weisheit, werden in der sumerisch-babylonischen Tradition – anders als in Gen 3 – nicht auf ein menschliches Verschulden, sondern ebenfalls auf eine anfängliche Setzung der Götter zurückgeführt, in älterer Zeit mit einer mehr optimistischen (*Enki und Ninmaḫ*), in jüngerer Zeit mit einer

mehr pessimistischen Zielrichtung (*Enūma-eliš*, »Babylonische Theodizee«). Die Begrenztheit des Menschen hat für die Sumerer und Babylonier etwas Schicksalhaftes, worin man sich Gott-ergeben fügen muß, auch wenn eine Grauzone des Nicht-Verstehens zwischen Menschen und Göttern bleibt.

5. Der Mensch als verantwortlicher Partner Gottes

Das urzeitliche Verbot Gottes in Gen 2,16f. hat sich auf dem Hintergrund der sumerisch-babylonischen Tradition als ein Unikum erwiesen. Sensibilisiert durch den religionsgeschichtlichen Vergleich, fällt ins Auge, daß auch die übrigen biblischen Urzeiterzählungen – abgesehen vielleicht von Gen 4,2-16, die immerhin eine Warnung Gottes an Kain kennt – die Grenzüberschreitungen des Menschen nicht als eine Übertretung eines zuvor gegebenen göttlichen Gebotes erzählen. Es sind hier – ähnlich wie in den sumerisch-babylonischen Urzeitmythen – mehr existentielle Dispositionen (Gen 6,5; 8,21) oder tragische Verstrickungen (Gen 6,1-4; 9,20-27; 11,1-9), die Jahwes Einschreiten provozieren. Das gleiche gilt wahrscheinlich auch für die hinter Ez 28,11-17 und Hi 15,7f. noch erkennbare Tradition einer Vertreibung des Urmenschen, wo es – soweit noch erkennbar – menschliche Hybris ist, die zum Konflikt mit dem Schöpfer führt.

Wenn der biblische Erzähler seiner ersten programmatischen Urzeiterzählung gegen alle Überlieferung ein explizites Verbot Gottes einführte, dann verfolgte er damit offensichtlich ein ganz spezielles Anliegen. Er wollte bewußt die Schicksalhaftigkeit der Begrenzung menschlicher Existenz, die der Tradtition anhaftete und in den sumerisch-babylonischen Urzeittexten noch mit Händen zu greifen ist, möglichst weit zurückdrängen: Gott hatte nach seiner Konzeption dem Menschen die negativen Grundbedingungen seiner Existenz keineswegs eingeschaffen, sondern als Strafe für sein Vergehen erst im nachhinein auferlegt. Er hatte ihm in einem Verbot von vornherein eine klare Grenze gesetzt, so daß er sich nicht unwissentlich gegenüber dem Willen des Schöpfers verging. Darum ist der Mensch für die Begrenztheit seiner Existenz, in der er sich vorfindet, selber verantwortlich. Die eigenartige Darstellungsweise hat somit die Funktion, der Ambivalenz der Grundbedingungen menschlichen Lebens, für die der Mensch streng genommen ja nichts kann, den Verhängnischarakter zu bestreiten und sie voll und ganz in die Verantwortung des Menschen zu übernehmen. |

Wenn der Erzähler nun ausgerechnet die Weisheit zum Antrieb für die Übertretung des Gottesgebotes macht, will er gegenüber der Tradition und vielleicht auch gegenüber manchen illusionären Ansichten seiner Zeit[47] festhalten, daß sie voll und ganz zu den ambivalenten Grundbedingungen des Menschen hinzugehört, ja, letztlich sogar als deren Ursache anzusehen ist. Darum vermeidet er es, die Weisheit in Gen 2, obgleich sie eigentlich in der Bestimmung des Menschen zur Kultur V. 15 vorausgesetzt ist, als gute Gabe des Schöpfers einzuführen. Sie wurde nach seiner Ansicht dem Menschen – anders als in einem Teil der sumerisch-babylonischen Urzeittradition – von Gott nicht eingeschaffen, sondern von dem aus seiner Unmündigkeit erwachenden Menschen selber ergriffen. Sie ist und bleibt somit für ihn eine zutiefst menschliche Fähigkeit. Dabei will er nun aber die Weisheit keineswegs als Sünde abqualifizieren; er läßt durch seine Begriffswahl in Gen 3, 2-7, wie wir gesehen haben, ohne jeden Zweifel, daß er in der Weisheit eine positive Möglichkeit des Menschen sieht, die sein Dasein ungeahnt steigert und durchaus Erfolge zeitigt. Doch gerade diese positive Fähigkeit des Menschen zu eigener vernünftiger Daseinsgestaltung, von der der Mensch weder lassen kann noch soll, so will der Erzähler sagen, führt immer wieder dazu, daß der Mensch in seinem Leben scheitert, sein Geschöpfsein verfehlt, ja sich sogar gegen seinen Schöpfer vergeht. Die Weisheit konnte vom Menschen nur um den Preis

---

47 Es mag sein, daß man in der kulturellen Aufbruchsstimmung der »davidisch-salomonischen Aufklärung« der Weisheit in den gebildeten Kreisen bei Hofe mehr zutraute, als sie zu leisten imstande war (vgl. 2. Sam 16,23). Daß es jedoch primär der gesellschaftliche Umbruch der frühen Königszeit war, der den urgeschichtlichen Erzähler veranlaßte, die menschliche Weisheit bzw. Autonomie kritisch ins Zentrum seiner Darstellung zu rücken, wie F. Crüsemann, Autonomie, 70-72, glauben machen will, wage ich zu bezweifeln. Dazu war dieses Thema schon zu lange traditionell in den Urzeitüberlieferungen der vorderorientalischen Umwelt beheimatet. Von dieser zeitgeschichtlichen Deutung her scheint mir F. Crüsemann, obgleich er sich mit Recht dagegen wehrt, der Erzähler wolle die Autonomie grundsätzlich abwerten oder als Sünde bezeichnen (72), den Aussagen in Gen 6,5 und 8,21 zuviel Gewicht beizumessen: Daß die Folgen »aller« autonomen menschlichen Planungen »nur böse« seien (Gen 6,5), ist ein begrenztes Urteil, das so nur kurz vor der Flut gilt, nicht »eine grundsätzliche Zusammenfassung der Anthropologie des Erzählers« (73). Im Urteil Gottes nach der Flut (8,21) fehlen bezeichnenderweise das totalisierende כל »aller« und das vereinseitigende רק »nur«. Es sagt nur, daß Gott die bösen Folgen menschlicher Weisheit und Autonomie akzeptieren und nicht mehr mit totaler Vernichtung bestrafen will, nicht daß es nicht auch – begrenzt – gute Folgen geben kann (vgl. die Errungenschaften). |

einer gewissen Trennung von Gott errungen werden, so daß er sich gerade bei seinen Mißerfolgen und dem Scheitern seiner klugen Planungen häufig von ihm im Stich gelassen fühlt. Dennoch kann der Mensch für diese grundlegende Begrenztheit seiner Weisheit nicht Gott haftbar machen; er sel|ber hat nach der Weisheit verleihenden Frucht gegriffen, hat es so und nicht anders gewollt. Deswegen ist er selber auch voll für seine weisheitliche Lebensführung verantwortlich. Er muß selbst dann für die – häufig schlimmen – Folgen seines vernünftigen Planens und Handelns vor Gott die Verantwortung übernehmen, wenn er sie aufgrund der Begrenztheit seiner Einsicht nicht richtig abschätzen konnte.

Wenn es aber Gen 2-3 darum geht, die Ambivalenz menschlicher Weisheit zu betonen und sie in dieser Begrenztheit voll und ganz in die Verantwortung des Menschen vor Gott hineinzuziehen, dann fügt sich das Menschenbild dieser beiden Kapitel sehr wohl in eine Anthropologie des Alten Testaments. Auch sonst weiß das Alte Testament viel davon zu berichten, daß der Mensch bei seiner vernünftigen Daseinsgestaltung trotz aller seiner Weisheit scheitern kann. Auch sonst ist es ein Charakteristikum des alttestamentlichen Verständnisses vom Menschen, daß er trotz all seiner Begrenztheit ein frei und vernünftig entscheidender Partner Gottes ist, der auf seine Verantwortung vor Gott hin angesprochen werden kann. Auch die Tora durchstößt die Grauzone zwischen Gott und Mensch und gibt ihm klare Weisung, was er zu tun hat, auch die Prophetie schneidet schicksalhafte Verstrickungen zurück und benennt klar die menschliche Schuld als Ursache, und auch die Weisheitsschriften halten den Menschen trotz aller Fehlhaltungen grundsätzlich für belehrbar. In der Begrenztheit seiner Weisheit muß der Mensch vor Gott Verantwortung für sein Tun übernehmen, aber er kann es auch:

> Mi 6, 8   Es ist dir gesagt, Mensch, was gut ist
> und was Jahwe von dir fordert:
> nichts als Recht zu üben und Güte zu lieben
> und achtsam zu wandeln mit deinem Gott[48].

---

48 So in der Übersetzung von H. W. Wolff, Anthropologie, 325. |

Literatur- und Abkürzungsverzeichnis

R. Albertz: Die Kulturarbeit im Atramḫasīs-Epos im Vergleich zur biblischen Urgeschichte, Werden und Wirken des Alten Testaments, FS C.Westermann, 1979, 38-57 [= S. 1-21 im vorliegenden Band].

ANET³ = J. B. Pritchard (ed.): Ancient Near Eastern Texts Relating to the Old Testament, ³1969.

C. A. Benito: »Enki and Ninmah« and »Enki and the world order«, Diss. Philadelphia 1969.

CAD = Chicago Assyrian Dictionary, 1956ff.

F. Crüsemann: Autonomie und Sünde. Gen 4, 7 und die »jahwistische Urgeschichte«, W. Schottroff/W. Stegemann (Hrsg.), Traditionen der Befreiung, 1. Methodische Zugänge, 1980, 60-77. |

Chr. Dohmen: Schöpfung und Tod. Die Entfaltung theologischer und anthropologischer Konzeptionen in Gen 2/3, SBB 17, 1988.

Chr. Dohmen: רעע, TWAT VII, 1990, 582-611.

A. Draffkorn-Kilmer: The Mesopotamian Concept of Overpopulation and its Solution as refelected in the Mythology, OrNS 41, 1972, 160-176.

A. Falkenstein/W. v. Soden: Sumerische und akkadische Hymnen und Gebete, 1953.

A. S. Feilschuss-Abir: »... da werden eure Augen geöffnet und ihr werdet sein wie Gott, wissend Gutes und Böses« (Gen 3, 5), Theologie und Glaube 74, 1984, 190-203.

R. Ficker: מלאך Bote, THAT I, 1971, 900-908.

D. N. Freedman/B. E. Willoughby: מלאך, TWAT IV, 1984, 887-904.

GAG = W. v. Soden: Grundriss der akkadischen Grammatik, AnOr 47, 1969.

H. Gunkel: Genesis, HK I/1, ³1910 = 1966.

J. Hausmann: פָּקַק, TWAT VI, 1989, 723-725.

W. G. Lambert: Babylonian Wisdom Literature, 1975.

D. Michel: Ihr werdet sein wie Gott. Gedanken zur Sündenfallgeschichte in Genesis 3, D. Zeller (Hrsg.), Menschwerdung Gottes – Vergöttlichung von Menschen, NTOA 7, 1988, 61-87.

G. Pettinato: Das altorientalische Menschenbild und die sumerischen und akkadischen Schöpfungsmythen, AHAW 1971/I, 1971.

G. v. Rad: Das erste Buch Mose. Genesis, ATD 2-4, ⁷1964.

D. U. Rottzoll: »... ihr werdet sein wie Gott, indem ihr ›Gut und Böse‹ kennt«, ZAW 102, 1990, 385-391.

A. Schott/W. v. Soden (Hrsg.): Das Gilgamesch-Epos, UB 7235[2], ⁵1982.

H. Seebaß: בוש, TWAT I, 1973, 568-580.

W. v. Soden: »Als die Götter (auch noch) Menschen waren«. Einige Grundgedanken des altbabylonischen *Atramḫasīs-Mythus*, OrNS 38, 1969, 415-432.

W. v. Soden: Der Mensch bescheidet sich nicht. Überlegungen zu Schöpfungserzählungen in Babylon und Israel, M. A. Beek u.a. (Hrsg.), Symbolae biblicae et mesopotamicae, FS M. Th. de Liagre Böhl, 1973, 349-359.

E. A. Speiser: The Creation Epic, ANET³, 60-72; 501-503.

E. A. Speiser: The Epic of Gilgamesh, ANET³, 72-99.

O. H. Steck: Die Paradieserzählung. Eine Auslegung von Genesis 2, 4b-3, 24, BSt 60, 1970.

H. J. Stoebe: Gut und Böse in der Jahwistischen Quelle des Pentateuch, ZAW 65, 1953, 188-204.
H. J. Stoebe: טוב gut, THAT I, 1971, 652-664.
THAT = E. Jenni/C. Westermann (Hrsg.): Theologisches Handwörterbuch zum AT, 1971/1976.
J. H. Tigay: The Evolution of the Gilgamesch Epic, 1982.
TWAT = G. J. Botterweck/H. J. Fabry/H. Ringgren (Hrsg.): Theologisches Wörterbuch zum Alten Testament, 1973 ff.
C. Westermann: Der Mensch im Urgeschehen, KuD 13, 1967, 231-246.
C. Westermann: Genesis. 1.Teilband: Genesis 1-11, BK I/1, 1974.
H. W. Wolff: Anthropologie des Alten Testaments, [3]1977.

Das Motiv für die Sintflut im Atramḫasīs-Epos

In seinem Bemühen, gegen eine vorschnelle Abwertung des Mythos im Zuge der Entmythologisierungsdebatte dessen fundamentale und bleibende Bedeutung für das menschliche Überleben zu erweisen[1], kommt Hans-Peter Müller das Verdienst zu, so beharrlich wie kein anderer u.a. das altbabylonische Atramḫasīs-Epos in den theologischen Diskurs einbezogen und damit die Theologenzunft immer wieder intensiv mit dieser wichtigsten religionsgeschichtlichen Parallele zur biblischen Urgeschichte Gen 1-11, die erst Ende der 60er Jahre halbwegs rekonstruiert werden konnte, denkerisch konfrontiert zu haben[2]. So hoffe ich, dem Jubilar und geschätzten Münsteraner Kollegen eine Freude zu machen, wenn ich mich dieser »babylonischen Urgeschichte« in seiner Festschrift erneut zuwende[3] und dabei ein Thema aufnehme, das auch ihn intensiv beschäftigt hat[4]. Dabei bitte ich ihn sofort um Verzeihung, daß ich weiter vom Atramḫasīs-Epos spreche und den von ihm gerne verwendeten großen, aber eben auch so facettenreich-schillernden Mythos-Begriff weitgehend meide. Wenn ich den anspruchsloseren Begriff »Urzeiterzählung« gebrauche, dann ist damit aber – zumindest im deskriptiven Bereich – in etwa das gleiche gemeint[5]. |

---

1   Mythische Elemente, 4-8; Babylonischer und biblischer Mythos, 120-130; Elementarform, 13-19; Mythos – Anpassung, 3-11 u.ö.
2   Vgl. Mythische Elemente, 9ff.; 32f.; 35f.; Babylonischer und biblischer Mythos, 112-120; Motiv für die Sintflut, 93-99; Bauen – Bewahren, 232-237; Mythos – Anpassung, 10-12.
3   Vgl. Albertz, Kulturarbeit, in der Festschrift zum 70. Geburtstag von Claus Westermann, die u.a. Hans-Peter Müller und ich vor fast 20 Jahren für unseren gemeinsamen Lehrer herausgegeben haben.
4   Vgl. bes. seine Aufsätze »Das Motiv für die Sintflut« von 1985, an dessen Titel ich mich bewußt anlehne, und »Babylonischer und biblischer Mythos von Menschenschöpfung und Sintflut« von 1986.
5   Vgl. Müllers Bestimmung des Mythos als ursprünglich vorliterarische Erzählgattung, zu dessen Merkmalen gehört, daß er in der Urzeit spielt (Mythos – Anpassung, 3-11; Elementarform, 3-9). |

1. Das Problem

Seit das aus dem Ende des 17. Jh. v. Chr. stammende altbabylonische Atramḫasīs-Epos von Lambert und Millard aus bekannten und neuen Tontafelfragmenten 1965 als Keilschriftedition[6] und 1969 als Bearbeitung und Übersetzung[7] – wenn auch immer noch lückenhaft – rekonstruiert werden konnte, wird in der Forschung eine bis heute unentschiedene Kontroverse über seine Gesamtintention geführt. Diese spitzt sich auf die Frage zu, womit in dieser babylonischen Urzeiterzählung nach der Erschaffung des Menschen, die den Konflikt zwischen den Göttern vorläufig gelöst hatte, die Vernichtung der Menschen durch eine Folge von drei Plagen und schließlich durch die Flut motiviert werde.

Die entsprechende Passage, die bisher jeweils nach einer Textlücke als Einleitung für die erste und zweite Plage gleichlautend überliefert war, ließ mehrere Deutungen zu[8]:

I,352 [Nicht vergingen 12]00 Jahre,
I,353 [da wurde das Land immer weiter (*rapāšu* Gtn),] der Menschen wurden immer mehr (*mâdu* Gtn).
I,354 Das Land lärmt (*šappû*) [wie Stiere];
I,355 durch [ihr lautes Tun (*ḫubūrum*)] geriet der Gott in Unruhe.
I,356 [Enlil hörte] nun ihr Geschrei;
I,357 [er sprach] zu den großen Göttern:
I,358 [»Zu lästig wurde mir] das Geschrei (*rigmum*) der Menschen;
I,359 [infolge ihres lauten Tuns (*ḫubūrum*)] entbehre ich den Schlaf.
I,360 [Gebt Befehl, daß ein Käl]tefieber aufkomme ...«

bzw:

II:I,1-8 = I,352-359
II:I,9 »Schneidet ab den Menschen den Lebensunterhalt;
II:I,10 selbst für die dürftigste Hungerstillung sollen Pflanzen zu wenig werden!« |

Der erste Auslegungstyp geht auf Pettinato zurück. Dieser sah das Geschrei der Menschen (*rigmum*) in direkter Parallele zum Geschrei der

---

6 Vgl. CT 46.
7 Vgl. Atra-Ḫasīs; während Lambert/Millard zur Rekonstruktion auch die neubabylonischen und neuassyrischen Rezensionen mit einbezogen, hat von Soden seine Bearbeitung auf die altbabylonischen Texte beschränkt, diese findet sich nach Teilbearbeitungen in ZA 68 und MDOG 111 nun in TUAT III/4, 612-645.
8 Ich folge der Übersetzung von Sodens, TUAT III/4, 626-629. Die Textrekonstruktion erfolgte aus dem Beginn der Tafel II. |

Igigi-Götter, mit dem sie, nachdem ihnen die ganze Last der Kulturarbeit auferlegt war, gegen den Götterkönig Enlil revoltierten (I,77). Nachdem nun den Menschen anstelle der Igigi die Kulturarbeit auferlegt worden sei, würden sie ebenfalls gegen Enlil revoltieren und darum den Göttern durch Verweigerung der Opfer praktisch den Kampf ansagen (I,378f.393f.). Entsprechend deutete er das parallel verwendete seltene Wort *hubūrum* als »einen Lärm, der mit ›bösem Treiben‹ verbunden ist«[9]. Aus dieser philologischen Analyse folgerte er: »Die Menschen wurden deshalb bestraft, weil sie sich der von den Göttern bestimmten Ordnung nicht fügten. Das Wehgeschrei der Menschen, die Klage über das schwere Schicksal entsprach der offenen Rebellion der Igigi. Enlil versuchte mit seinen Strafen, die Menschen gefügig zu machen ... Als die Menschen weiter klagten, wussten die Götter keinen besseren Ausweg als die totale Ausrottung der Menschheit«[10]. Ähnlich wie in Gen 6,5ff. wird nach Pettinato somit auch im babylonischen Atramḫasīs-Epos die Sintflut durch menschliche Bosheit begründet, ja, sogar – vergleichbar mit Gen 3 – durch eine direkte Auflehnung gegen die Götter.

Von Soden modifizierte diese Deutung insofern, als er bestritt, daß dem Wort *rigmum* schon als solchem die Konnotation einer Verfehlung anhafte. Doch aus dem semantischen Gehalt des Wortes *hubūrum*, den er mit »lärmende Aktivität« bestimmte und mit der Planungsfähigkeit in Verbindung brachte, die dem Menschen bei seiner Erschaffung aus dem Blut des geschlachteten Gottes übereignet sei, schloß er, daß die menschliche Verfehlung in einer Übersteigerung seiner Bestimmung gesucht werden müsse: »Das bedeutet aber, dass die Menschen damals bereits über ihren ursprünglichen Auftrag, den Göttern schwere Arbeit abzunehmen, hinausgingen und selbständig viel mehr unternahmen. Die Fähigkeit dazu war ihnen mit dem Blut des planungsfähigen Gottes auf den Weg gegeben worden ... Die ›Schuld‹ der Menschen vor der Sintflut war also nicht einfach ihre ›Sünde‹ ..., sondern ihr Bemühen, durch mannigfache Aktivitäten immer mehr zu erreichen, mehr als die Götter ihnen zugestehen wollten«[11]. Das Hauptproblem des Epos sei, wie von Soden schon in der Überschrift seines Aufsatzes ausdrückt: »Der Mensch bescheidet sich nicht.«

Eine weitere Modifikation dieses Auslegungstyps hat Oden vorgenommen, indem er auch noch die Verwendung des Wortes *rigmum* bei der

---

9 Bestrafung, 192.
10 Bestrafung, 193.
11 Mensch, 353f. = 169. |

Darstellung der Flut in die Überlegungen einbezog: Hier bezeichnet es die krachenden Donnerschläge des Wettergottes Adad (III:II,50) und das furchtbare Brüllen | der Sintflut selber (III:III,23). Meine aber das Wort im Epos eigentlich göttliche Aktivitäten[12], dann stelle der menschliche Lärm die Unterscheidung zwischen Göttern und Menschen in Frage, die durch das vernichtende göttliche Eingreifen wiederhergestellt werde. Indem Oden explizit die Parallele zum »ihr werdet sein wie Gott« in Gen 3,5 zog[13], rückte er Atramḫasīs-Epos und biblische Urgeschichte noch enger aneinander.

Der zweite Auslegungstyp wurde von Draffkorn-Kilmer und Moran begründet. Frau Draffkorn-Kilmer hatte schon gegenüber Pettinato bestritten, daß der Lärm der Menschen im oben zitierten Text als Rebellion interpretiert werden könne. Die Menschen würden keineswegs – wie die Igigi – die Kulturarbeit verweigern; im Gegenteil, im Laufe der Plagen ihren Gottesdienst sogar noch steigern; Adad etwa werde in II:II,20 ein Tempel gebaut. Stattdessen spreche der Kontext von einer Vermehrung der Menschen (*rapāšu, mâdu*). Daraus folgert sie: »I believe that our understanding of man's offense must be based primarily on his numerical increase, and only secondarily on his noisiness, which may be regarded as the natural consequence of many lively beings«[14]. Zur Stützung ihrer These verweist sie zum einen auf die Tatsache, daß die Plagen nach der neuassyrischen Version explizit den Zweck haben, die menschliche Bevölkerungszahl zu dezimieren (*maṭû*)[15], zum anderen auf den Schluß des altbabylonischen Epos, wo die Götter nach der Flut verschiedene Maßnahmen treffen, um die unkontrollierte Vermehrung der Menschen dauerhaft zu verhindern[16]. Nach Draffkorn-Kilmer geht es im Atramḫasīs-Epos folglich um das Problem der Überbevölkerung.

Unabhängig von Frau Draffkorn-Kilmer war Moran zu einer ganz ähnlichen Deutung gekommen: »The obvious meaning is that an ever increasing population had resulted in such a din and racket that sleep became impossible, and this meaning we maintain, is the correct one«[17]. Doch spitzte Moran diese Deutung noch in etwas anderer Richtung zu: Er wi-

---

12 Divine Aspirations, 209.
13 Divine Aspirations, 211-213; daß die dabei vorausgesetzte christliche Deutung von Gen 3 allerdings falsch ist, meine ich nachgewiesen zu haben (Gott, 90-98 [= S. 24-33 im vorliegenden Band]).
14 Concept, 167.
15 Concept, 169, vgl. Tafel S IV,39 bei Lambert/Millard, Atra-Ḫasīs, 108f.
16 Concept, 172.
17 Atrahasis, 56.

dersprach vehement Pettinato, von Soden und Oden[18], daß es eine Schuld des Menschen sei, die Enlils strafende Plagen erklärte. Seiner Meinung nach »man is not guilty at all, and if he provokes ›plague, famine and war‹ he does so innocently, simply a victim of his own powers of procreation. Ever more numerous, he is also, and necessarily, ever more noisy, ever more a nuisance, and finally an intolerable | one, to a god desparately in need of sleep«[19]. Das Problem des Atramḫasīs-Epos sei nicht menschliche Schuld und göttliche Strafe, sondern die »balance of power« zwischen den schöpferischen und zerstörerischen göttlichen Kräften: »Some women are sterile, from others a demon snatches their infants, and there are even women who in the service of gods forego marriage. There are, too, disease and famine. Whence all this? The answer is the order of things established by the gods after the Deluge, an order which represents a compromise agreeable to both parties of the struggle ... «[20]. Es geht nach Moran somit im Atramḫasīs-Epos nicht um die Überbevölkerung als solche, sondern um die Akzeptanz einer häufig leidvollen Realität, zu der das Ausbleiben von Geburten und scheinbar sinnloses Sterben von Kindern und Erwachsenen gehört. Indem es nicht – wie Gen 6,5ff. – die menschliche Bosheit als Grund für die Sintflut benenne, sondern im Unterschied zu Gen 1,28; 9,1.7 die ungehinderte menschliche Mehrung problematisiere, sei es ein Stück weit von der biblischen Urgeschichte abzurücken[21].

In der skizzierten Kontroverse hatte ich mich vor Jahren der Deutung von Draffkorn-Kilmer und Moran angeschlossen[22]. Gegen Pettinatos und von Sodens Deutung hatte ich zusätzlich geltend gemacht, daß die Erschaffung des Menschen, damit er den Göttern die Kulturarbeit abnehme, und die Dezimierung bzw. Vernichtung des Menschen durch Plagen und Flut im Epos zwei verschiedene Erzählbögen und Überlieferungen darstellen[23] und es daher nicht angehe, bestimmte Begriffsbedeutungen (*rigmum* = Protestgeschrei) oder Motive (Arbeitskampf der Igigi) aus dem

---

18 Atrahasis, 53-55; Considerations, 252-255. |
19 Considerations, 251.
20 Atrahasis, 59.
21 Vgl. Atrahasis, 61.
22 Kulturarbeit, 49-54 [= S. 13-19 im vorliegenden Band].
23 Zu einem ähnlichen Ergebnis kamen unabhängig auch Moran, Considerations, 245ff., der zwischen einem »Igigu-myth« und einem »Deluge-myth« unterscheidet, und Burkert, Texte, 71ff., der auf die ursprüngliche Selbständigkeit von Schöpfungs- und Sintflutmythos in der sumerisch-babylonischen Tradition hinweist.

ersten Erzählbogen auf den zweiten zu übertragen[24]. Der Zusammenhang zwischen den beiden Themen Kulturarbeit und Mehrung ist vielmehr ein indirekter (vgl. »das Land wurde weit«): »Die menschliche Kulturarbeit zeitigt über das ungehemmte Bevölkerungswachstum Folgen, die für die Götter unerträglich und damit für den Bestand der Welt bedrohlich werden. Um diesen bedrohlichen Prozeß abzustoppen, greift der Götterkönig Enlil ein, und um ihn zu regulieren, treffen die Götter nach der Flut Maßnahmen für eine wirksame Geburtenkontrolle«[25]. Anders als die biblische Urgeschichte, die menschliche Schuld für die leidvollen Eingrenzungen und Gefährdungen menschlicher Existenz namhaft zu machen sucht, zeichne das Atramḫasīs-Epos »das Bild einer tragischen Verstrickung«[26].

Es spricht für die Originalität Müllers, daß er sich von beiden Auslegungstypen abgrenzte und im Rahmen einer vertieften Reflexion über den Mythos zu einer eigenen Interpretation des Atramḫasīs-Epos vorzustoßen suchte. Gegen die Deutung Pettinatos hat er in z.T. detaillierter Analyse nachgewiesen, daß man weder an der Semantik des »Allerweltswort[s] *rigmum*« noch des selteneren *hubūrum* »einen rebellischen Charakter des Lärmens ... ablesen« kann[27]. Gemeint sei vielmehr zunächst das Schreien und Lärmen, »mit dem auch im heutigen Orient jede Arbeit begleitet wird«[28]. Darüber hinaus sei »allenfalls an eine Konnotation des Klagegeschreis zu denken«[29]. Mit Recht gibt Müller zu bedenken, daß »der Erzähler, wenn an Aufruhr gedacht wäre, ihn nach Analogie der vor der Menschenschöpfung ausgebrochenen Revolte der Igigu zweifellos anschaulich geschildert« hätte[30]. Ähnlich sind auch Müllers Einwände gegen von Sodens Auslegungsvariante: Da die Menschen ja dazu geschaffen worden seien, um den Göttern die Kulturarbeit abzunehmen, hätten sie gar »keine Gelegenheit oder gar Anlaß, des Guten zu viel zu tun«[31].

Aber Müller weist auch die Deutung von Draffkorn-Kilmer und mir in enge Schranken[32]: Die Auffassung, die Sintflut sei »hauptsächlich eine Maßnahme göttlicher ›Bevölkerungspolitik‹«, hält er für eine »rationa-

---

24 Kulturarbeit, 50f. [= S. 14f. im vorliegenden Band]
25 Kulturarbeit, 54. [= S. 18 im vorliegenden Band]
26 Gott, 105ff.; Zitat 106 [= S. 40ff. bzw. S. 41 im vorliegenden Band].
27 Babylonischer und biblischer Mythos, 116f. mit Anm. 23, Zitate 117; Motiv für die Sintflut, 93.
28 Babylonischer und biblischer Mythos, 116.
29 Babylonischer und biblischer Mythos, 117 nach Atr. I,242, doch bleibt das Verb und damit auch die Bedeutung von *rigma ana awīlūti* unsicher.
30 Motiv für die Sintflut, 93.
31 Motiv für die Sintflut, 93.
32 Auf Moran geht Müller nicht ein.

listische Funktionalisierung«, die die tiefere kosmologische Problematik des Mythos zu »banalisieren« drohe[33]. Nur in dem allgemeinen Sinne sei »Überbevölkerung« das Problem des Atramḫasīs-Epos, daß »die Masse Mensch ... vor die Problematik der menschlichen Existenz überhaupt« führe[34]. Denn ginge es um ein konkretes geschichtliches Überbevölkerungsproblem, so nimmt Müller einen Einwand, den schon W. von Soden gegen Frau Kilmer geltend gemacht hatte[35], auf, müßte man eine Beschäftigung damit in der babylonischen Omenliteratur erwarten, was aber nicht der Fall ist.

Für seine eigene Deutung stellte Müller stattdessen das »Schlafbedürfnis Enlils« in den Mittelpunkt, dessen Störung durch den Menschen das eigent|liche Motiv zur Sintflut ausmache. Darin zeige sich die Neigung Enlils, statt Anu die Stellung eines deus otiosus anzutreten[36] und damit ein »Zurückstreben der älteren Götter zu einer vorkosmisch-chaotischen, ungegliederten Einheit, wie sie vor jener Serie von Differenzierungen und Integrationen bestand, die in Mesopotamien und Israel die Schöpfungen ausmachen«[37]. Zur Stützung seiner These verweist Müller dabei einmal auf den Anfang des Epos (»Als die Götter noch Menschen waren«), wo die Differenzierung von Gott und Mensch noch nicht vollzogen war[38], zum anderen auf den ersten Götterkampf in Enūma-eliš (I,25.38-40.50), wo ein ähnliches – hier durch die junge Göttergeneration gestörtes – Schlafbedürfnis »in reinerer Ausprägung den chaosbezogenen Gottheiten« nachgesagt wird[39]. Zwar spiele Enlil im Atramḫasīs-Epos nirgends die Tiāmat-Rolle, aber »sein Schlafbedürfnis ist wie das der Tiāmat-Gruppe Symbol für das Zurückstreben in die ungeteilte Ein-

---

33 Motiv für die Sintflut, 94 Anm. 28.
34 Babylonischer und biblischer Mythos, 132f. Anm. 26.
35 Der Mensch bescheidet sich nicht, 358 = 173. |
36 Vgl. die »Amtsmüdigkeit Enlils« angesichts der Unlösbarkeit des Konfliktes mit den Igigi in Atr. I, 166ff., aus der heraus er zu Anu in den Himmel davongehen will. Aber es gilt zu beachten, daß es aufgrund des Vorschlages, den Menschen zu schaffen, nicht dazu kommt.
37 Motiv für die Sintflut, 93; ähnlich Babylonischer und biblischer Mythos, 117-119.
38 Hier lehnt sich Müller an Überlegungen an, die von Soden in seinem Aufsatz »Als die Götter (auch noch) Menschen waren« geäußert hatte.
39 Babylonischer und biblischer Mythos, 118. Allerdings ist es hier nur Apsu, nicht die »eigentliche Chaosgöttin« Tiāmat, der sich durch das laute und ungezogene Benehmen der jüngeren Götter im Schlaf gestört fühlt; sie versucht sogar aus Mitleid zu ihren Geschöpfen, Apsu von seinem Vernichtungsplan abzuhalten (I,45f.).

heit, die Traumwelt des Chaos«[40]. Es ist also nach Müller weder ein Vergehen, noch übermäßige Mehrung des Menschen, die den Vernichtungsbeschluß Enlils hervorrufen, sondern sein »bloßes Dasein«, das notwendig zu Lasten der Götter gehe[41], was dessen schöpfungsfeindlichen Willen provoziert.

Allerdings gesteht auch Müller zu, daß am Ende des Mythos das menschliche Dasein Beschränkungen unterworfen wird, die die »unmäßige Vermehrung, die einst das Lärmen des Landes verursacht hatte«[42], in Zukunft unmöglich machen sollen. Wenn er zudem abschließend formuliert: »So erzählt der Antimythos von der Flut, um – sei es um den Preis anderweitiger Daseinsminderung – deren Wiederholung zu verhindern«[43], dann kommt er doch dem zweiten Auslegungstyp, etwa in der Ausformung von Moran, wieder nahe. |

2. *Der neue Text aus Sippar*

Es macht den Reiz orientalistischer Forschung aus, daß durch neue Textfunde immer wieder ein echter Fortschritt in der Textdeutung möglich wird. Bei den Grabungen im neubabylonischen Šamaš-Tempel in Sippar durch W. Al-Jadir sind unter anderem auch Tafeln des Atramḫasīs-Epos ans Tageslicht gekommen, von denen drei jüngst veröffentlicht werden konnten[44]. Es handelt sich um die Tafeln I, II und V der wahrscheinlich 10 oder 11 Tafeln umfassenden einkolumnigen spätbabylonischen Standardausgabe des Epos, von der zuvor nur Bruchstücke bekannt waren[45]. Die neuen Texte machen erkennbar, daß im Unterschied zur neuassyrischen

---

40 Babylonischer und biblischer Mythos, 118. In seinem späteren Aufsatz, Mythos als Elementarform religiöser Rede, 5, parallelisiert Müller Enlil und Tiāmat noch direkter.
41 Babylonischer und biblischer Mythos, 117f.
42 Motiv für die Sintflut, 99. Daß der Mensch nach der Flut noch einmal geschaffen werde, wie Müller a.a.O., 98 annimmt, ist im stark beschädigten Text von Tafel III:VI,47f. keineswegs sicher. Die erhaltenen Wörter der Zeile 48 [...] *a-na ni-ši* machen es eher wahrscheinlich, daß Nintu etwas neues »für die Menschen« schaffen soll.
43 Motiv für die Sintflut, 99. |
44 George/Al-Rawi, Tablets from the Sippar-Library VI, 1996.
45 Besonders eng verwandt sind die neuen Tafeln aus Sippar mit der spätbabylonischen Tafel BE 39099 aus Babylon, die Lambert/Millard, Atra-Ḫasīs, 116-121; 166f., unter dem Siglum x bearbeitet hatten, aber auch ihre Tafeln L und Q aus Kuyunjik stehen

Fassung des Epos, die eine Neudichtung darstellt, die spätbabylonische Fassung weitgehend der altbabylonischen Dichtung des Nur-Ajja folgt, so daß von ihr aus relativ sichere Rückschlüsse auf diese möglich sind[46].

Tafel V des neuen Sippar-Textes enthält das Ende der zweiten und den Beginn der dritten Plage, entsprechend den nur sehr lückenhaft erhaltenen Kolumnen II bis IV von Tafel II der altbabylonischen Version. Mit seiner Hilfe läßt sich nun erstmals erkennen, was direkt vor dem Beschluß zur dritten Plage stand, die später dann zur Flut führt. Nachdem die Menschen auf Atramḫasīs' Rat dem Wettergott Adad einen Tempel gebaut, den Gott durch ihre reichen Opfergaben beschämt hatten und damit die furchtbare Dürrenot abwenden konnten, heißt es:

39 Ihre schönen Gesichtszüge kehrten zurück,
40 ihr früheres Geschrei (*maḫru rigimšin*) entstand wieder.
41 Die Tage ihres Glücks kehrten zurück,
42 der Mutterleib ist geöffnet (*rêmu peti*)
    und schafft Babies (*ibanni šerru*).
43 Nicht vergingen 10800 Jahre, |
44 da wurde das Land immer weiter,
    die Menschen wurden immer mehr.
45 Das Land lärmt wie Stiere,
46 durch ihr Geschrei (*rigmu*) geriet der Gott in Unruhe.
47 Enlil machte seine Versammlung,
48 er spricht zu den Göttern, seinen Söhnen:
49 »Zu lästig wurde mir das Geschrei (*rigmu*) der Menschen.
50 Infolge ihres lauten Tuns (*ḫubūru*)
    kann mich der Schlaf nicht ergreifen.
51 Befehlt, daß Anu und Adad oben Wache halten,
52 daß Sin und Nergal die Erde in der Mitte bewachen.
53 Den Riegel, der das Meer (unten) gefangen hält,
54 möge Ea bewachen mit seinen Laḫmu's.«

Abgesehen von der gewaltig verlängerten Zeitperiode folgt der Vernichtungsbeschluß zur dritten Plage in der spätbabylonischen Version mit einigen Variationen den Vernichtungsbeschlüssen zur ersten und zweiten Plage, die in der altbabylonischen Version erhalten sind. Es ist wie dort

---

ihrem Text nahe, auch wenn Q offenbar eine andere Tafeleinteilung voraussetzt, vgl. George/Al-Rawi, Tablets, 148.

46 Von dieser neuen Textevidenz her erscheint die methodische Forderung von Sodens, daß der Text des altbabylonischen Epos nur aus altbabylonischen Texten rekonstruiert werden dürfe, als zu rigoristisch, und das Vorgehen von Lambert/Millard, bei ihrer Edition auch neubabylonische Texte einbezogen zu haben, wird weitgehend rehabilitiert. |

von der Ausweitung des Kulturlandes, der Mehrung der Bevölkerung und dem großen Lärm, den die Menschen im Lande verbreiten, die Rede. Das Aufregende ist nun, daß unmittelbar davor im Zuge der Erholung der Menschen von der vorangegangenen Dürrenot nicht nur von einem Wiedererstehen des Geschreis (*rigmu* Z. 40), sondern explizit auch von ständigen Geburten die Rede ist: Der Mutterleib steht ständig offen (Stativ!) und produziert fortlaufend Babies »wie am Fließband« (Z. 42). Was damit gemeint ist, macht die gegenteilige Formulierung im Plagebeschluß der neuassyrischen Version noch deutlicher: Hier soll die Pest, die auf die Menschen gelegt wird, dazu führen, »daß der Mutterleib zugeknotet werde (*rēmu lū kuṣṣurma*) und keine Babies freigibt (*ul ušešer šerra*)«[47]. Es geht also um ungehinderte, grenzenlose menschliche Fruchtbarkeit.

Daß dieses Motiv grenzloser Fruchtbarkeit nicht nur auf die dritte Plage beschränkt ist, ist schon aus der Wiederholungsfreudigkeit babylonischer Epik im allgemeinen und des Atramḫasīs-Epos im besonderen zu vermuten. Dies läßt sich hinsichtlich der ersten Plage sogar sehr wahrscheinlich machen, wo am Ende der letzten Zeile vor ihrem Auftakt (I,351) im altbabylonischen Text A noch die Zeichen [š]*e-er-ra* und in E noch das Zeichen [r]*a*, d.h. das letzte Wort »Baby« von Zeile V,42 des Sippar-Textes zu lesen sind. Hinsichtlich der zweiten Plage ist die Sachlage unklarer. Die Zeichenspuren des altbabylonischen Textes A in den letzten Zeilen I,413-415 vor deren Auftakt lassen sich wohl teilweise mit den Zeilen V,39-42 des spätbabylonischen Textes in Verbindung bringen, doch ein klarer Anschluß für das Geburtsmotiv fehlt[48]. Hier kann nur eine Kollationierung weiterhelfen.

Auf die vielen weiteren Ergänzungen und Klärungen, die aufgrund des neuen Textes möglich sind, kann ich hier nicht eingehen. Erwähnt werden soll nur, daß nun sicher ist, daß der Gott Anu den rettenden Vorschlag zur Erschaffung des Menschen macht[49]. Von daher wird der Schluß von H.-P. Müller, Anu komme – wie Enlil – als deus otiosus eine schöpfungs- bzw. menschenfeindliche Rolle zu[50], zumindest für das Atramḫasīs-Epos fraglich.

---

47 S IV,51; vgl. die Ausführung Z. 61 bei Lambert/Millard, Atra-Ḫasīs, 108-111.
48 Vgl. die Umschrift bei Lambert/Millard, Atra-Ḫasīs, 70 und die Abzeichung in CT 46, Plate XII. Die letzte Zeile vor der Fangzeile mit dem Auftakt zur zweiten Plage läßt sich nach den Zeichenspuren eher analog zu Z. V,39 der spätbabylonischen Version ergänzen: [*d*]*a-am-qú-t*[*um zi-mu-ši-na it-tu-ra*].
49 Vgl. Tafel II,61-64 des Sippar-Textes für die Lücke des altbabylonischen Textes nach I,170ff. wie vorher schon Text K bei Lambert/Millard, Atra-Ḫasīs, 52f.
50 Babylonischer und biblischer Mythos, 118; Motiv der Sintflut, 94.

3. Die Lösung

Abgesehen von der kleinen Textunsicherheit läßt sich durch den Sippar-Text das oben skizzierte Interpretationsproblem des Atramḫasīs-Epos nun sicher einer klaren Lösung zuführen. Er bestätigt, daß mit dem Lärm der Menschen kein Klagegeschrei über die auferlegte Kulturarbeit und keine Rebellion gegen die Götter gemeint ist, wie Pettinato vermutete; wird doch in Z. V,40 vom Wiedererwachen des »früheren Lärms« im Zusammenhang der Gesundung und des neuen Wohlstandes der Menschen nach der überstandenen Dürrekatastrophe gesprochen. *Rigmu* ist somit ein Kennzeichen der Lebendigkeit, der Lebensfreude und Aktivität der Menschen und hat erst einmal überhaupt keine negative Konnotation. Wenn Müller *rigmum* teilweise als das normale »Arbeitsgeräusch« definierte und feststellte, daß das parallele Wort *hubūrum* etwa im Erra-Epos IV,68 »metonymisch für die Menschen ... in ihrer Menge« stehen kann[51], dann war er durchaus auf der richtigen Fährte. »Das Lärmen der Menschen« steht vielleicht nicht »für deren bloßes Dasein«, wie er meinte[52], aber doch für deren lebenspralle Aktivität.

Was diese an sich positive Vitalität der Menschen für Enlil unerträglich macht, ist ihre Verbindung mit der übermäßigen Mehrung. Wenn ausdrücklich an wichtigen Knotenstellen des Epos, vor der ersten und der dritten Plage, von ständigen Geburten und bei der Lösung des Konflikts nach der Flut von deren Einschränkung die Rede ist, dann ist damit gesichert, daß die Mehrung das Hauptthema des zweiten Erzählbogens des Atramḫasīs-Epos ausmacht. Damit hat sich der zweite der oben skizzierten Auslegungstypen grundsätzlich als richtig erwiesen. Allerdings geht es nicht »um ein konkretes, geschichtliches Bevölkerungsproblem«, wie Müller schon zu Recht klarstellte[53], sondern um eine grundsätzliche anthropologische Problematik. Das Phänomen ständiger ungefährdeter Geburten ist unter den Bedingungen der babylonischen Zivilisation noch weniger als heute vorfindliche Realität, sondern Urgeschehen, mythischer spielerischer Gegenentwurf zur gegenwärtigen Weltwirklichkeit.

Allerdings scheint das Atramḫasīs-Epos nun doch eine konkretere Problematik zu fokussieren, als Müller aufgrund des lückenhaften Textes anzunehmen geneigt war. Es geht nicht allgemein um die »menschliche

---

51 Babylonischer und biblischer Mythos, 132 Anm. 23.
52 Babylonischer und biblischer Mythos, 117.
53 Babylonischer und biblischer Mythos, 132 Anm. 26.

Gattung« als einen »Störfaktor in der Gesamtwirklichkeit«[54]. Störfaktor in der Gesamtwirklichkeit ist vielmehr die überbordende menschliche Fruchtbarkeit.

Dies wird deutlich, wenn man Z. V,42 des spätbabylonischen Textes in den Kontext des Atramḫasīs-Epos einordnet: Die Verwendung des Verbums *banû* »schaffen« für das Gebären der Babies weist klar auf die Erschaffung des Menschen im ersten Teil des Epos zurück. Dort gilt die Göttin Mami/Nintu als »Schöpferin der Menscheit« (I,194: *baniat awīlūti*) und erhält von der Götterversammlung den Auftrag, den Urmenschen zu schaffen (I,195: *bini lullâ*), dessen Ausführung sie, nachdem sie die Unterstützung des Schöpfergottes Enki/Ea erhalten hat, stolz vermerkt (I,289: *abni*). Eigentümlicherweise wird Mami/Nintu in diesem Zusammenhang ausdrücklich als »Geburtsgöttin«, oder wörtlich als »Mutterleib«, bezeichnet (I,190.194.277), was wieder an Z. V,42 erinnert. Zwar wird dabei nicht das Wort *rēmu*, sondern *šassūru* verwendet, was wieder verdeutlicht, daß die Menschenschöpfungserzählung gegenüber der Plagen-Fluterzählung eine ursprünglich eigenständige Tradition darstellt, aber die Motivverwandtschaft ist doch gegeben. Wenn es I,190 in bezug auf Nintu heißt, »der Mutterleib lasse fallen und erschaffe (*šassūru ... libnima*)«, dann soll die Göttin genauso agieren, wie es später in V,42 der menschliche Mutterleib tut (*rēmu ... ibanni*): Als göttlicher Mutterleib repräsentiert sie die göttliche Quelle der Fruchtbarkeit, die sich im menschlichen Mutterleib (*rēmu*) fortsetzt. Und dabei wird die Geburt von Kindern als menschliche Fortsetzung des göttlichen Schöpfungshandelns (*banû*) begriffen.

Der Zusammenhang wird noch enger, wenn man beachtet, daß die Schöpfungserzählung des Atramḫasīs-Epos direkt in eine Begründung von Geburts- und Hochzeitsritualen übergeht (I,249ff.). Leider ist der Text an dieser Stelle immer noch stark lückenhaft und kann auch jetzt nicht geheilt werden, da | Tafel III in der Tempelbibliothek von Sippar nicht überlebt hat[55]. Aber soviel erkennbar ist, setzt Nintu, nachdem sieben Menschenpaare von hilfreichen Geburtsgöttinnen (*šassūrātu* »Mutterleiber«) erschaffen worden waren, die erste Geburt selber in Gang, indem sie nach neun Monaten wie eine Hebamme mit Stangen den Mutterleib öffnet (I,282: *silītam ipte*). Hier wird zwar wieder ein anderes Nomen für Mut-

---

54 Babylonischer und biblischer Mythos, 133 Anm. 26. |
55 Vgl. George/Al-Rawi, Tablets, 172. Die spätbabylonische Version ist weiterhin nur in einigen Resten aus Kuyunjik (Tafel P bei Lambert/Millard und dem Fragment K 17752, das wahrscheinlich zur selben Tafel gehört) bekannt.

terleib verwendet, aber dasselbe Verb *petû* wie in Z. V,42 des Sippartextes. Das Offenstehen des Mutterleibes, d.h. die ungehinderte Gebärfähigkeit und damit das rasante Bevölkerungswachstum hängt direkt mit dem Geburtsritual zusammen, das durch den Schöpfungsmythos begründet wird. Das Ritual funktioniert, aber eben zu gut!

Aus dem Atramḫasīs-Epos wird nur erahnbar, was wir explizit aus anderen babylonischen und assyrischen Geburtsritualen wissen[56], daß die Vergegenwärtigung der urzeitlichen Menschenschöpfung die pragmatische Funktion hatte, einen schwierigen Geburtsvorgang zum glücklichen Abschluß zu bringen. Um die Sicherung menschlicher Fruchtbarkeit ging es wahrscheinlich auch in den auf die Menschenschöpfung bezogenen Hochzeitsritualen (I,299f.; vgl. Gen 2,24). Solche Rituale sind nötig, weil in der vorfindlichen Realität menschliche Zeugung und Geburt ständig von Mißlingen, Krankheit und Tod bedroht sind. Und das Reden von Menschenschöpfung darin hat angesichts dieser bitteren Realität die Funktion, die Kräfte der Fruchtbarkeit und des Lebens zu stärken.

In der Gegenwelt der Urzeit wird nun im Atramḫasīs-Epos durchgespielt, was denn passieren würde, wenn diese durch die göttliche Schöpfung begründeten und rituell immer wieder aktivierten Kräfte menschlicher Fruchbarkeit ungehindert zur Auswirkung kommen könnten. Indem sein Verfasser die dreimalige Abfolge von ungehemmter Mehrung und dezimierenden Plagen erzählt, heischt er bei seinem Hörer und Leser um Zustimmung, daß dies in einer Katastrophe enden müßte. Das Motiv für die Flut, die versuchte totale Ausrottung der Menschen, ist somit nach dem Atramḫasīs-Epos die göttliche Schöpferkraft selber, die an sich positiv dem Menschen Leben, Lebensfreude, Aktivität und Fruchtbarkeit verleiht, aber ungehemmt, ohne Gegenkräfte für den Götterkönig zur unerträglichen Störung wird und damit zerstörerisch umzukippen droht. Indem aber das Epos das ganze Drama von Erschaffung und Vernichtung des Menschen in dieser grundsätzlichen Extremität durchspielt, zielt es darauf ab, die scheinbar sinnlosen Durchkreuzungen göttlicher Schöpferkraft und die oft bitteren Beschränkungen menschlicher Fruchtbarkeit, die die Götter nach der Flut für die Jetztwelt beschließen, als weise göttliche Regelung erkennbar und bejahbar zu machen.

Von den Regelungen, die viel umfangreicher waren, sind aus dem stark zerstörten Text am Ende des Epos nur noch einige zu erkennen: Neben den gebärenden Frauen soll es auch unfruchtbare geben (III:VII,1f.); dann werden verschiedene geistliche Ämter und Orden für Frauen gegründet,

---

56 Vgl. Albertz, Persönliche Frömmigkeit, 51-59.

die Kinderlosigkeit zur religiösen Pflicht machen (Z. 6-11). Und schließlich wird die Dämonin Lamaštu beauftragt, das Baby (*šerru*) auf dem Schoß derer, die es geboren hat, zu packen (Z. 3-5). Mit der Aufnahme des Stichwortes *šerru* lenkt das Epos noch einmal auf die wichtige Zeile zurück, wo unmittelbar vor dem Auftakt zu den Plagen von der ungehinderten Geburt von Babies die Rede war (I,351 in der alt-, V,42 in der spätbabylonischen Fassung). Mit der Dämonin der Kindersterblichkeit und des Kindbettfiebers ist die Gegenkraft eingesetzt, welche die menschliche Fruchtbarkeit und mit ihr die göttliche Schöpferkraft am schärfsten begrenzte. Bis zu 50% der Kleinkinder – und ungezählte Frauen – fielen ihr in der antiken Welt zum Opfer! Doch selbst diese grausame und sinnlose Vernichtung des gerade erst geschaffenen menschlichen Lebens ist, so will das Epos belehren, notwendig, um den Bestand menschlichen Lebens in dieser Welt zu sichern.

Literatur

R. Albertz, Die Kulturarbeit im Atramḫasīs-Epos im Vergleich zur biblischen Urgeschichte, in: ders./H.-P. Müller/H.W. Wolff/W. Zimmerli (Hgg.), Werden und Wirken des Alten Testaments, FS. C. Westermann zum 70. Geburtstag, Göttingen/Neukirchen-Vluyn 1980, 38-57 [= S. 1-21 im vorliegenden Band].
-, »Ihr werdet sein wie Gott«. Gen 3,1-7 auf dem Hintergrund des alttestamentlichen und des sumerisch-babylonischen Menschenbildes, WO 24 (1993), 89-111 [= S. 23-47 im vorliegenden Band].
-, Persönliche Frömmigkeit und offizielle Religion. Religionsinterner Pluralismus in Israel und Babylon, CTM A 9, Stuttgart 1978.
W. Burkert, Literarische Texte und funktionaler Mythos. Zu Ištar und Atraḫasis, in: J. Assmann/ders./F. Stolz, Funktionen und Leistungen des Mythos. Drei altorientalische Beispiele, OBO 48, 1982, 63-82.
A. Draffkorn-Kilmer, The Mesopotamian Concept of Overpopulation and Its Solution as Reflected in Mythology, Or N.S. 41 (1972), 160-176.
CT = Cuneiform Texts, s. W.G. Lambert/A.R. Millard, 1965.
A.R. George/F. N. H. Al-Rawi, Tablets from the Sippar Library VI. Atra-Ḫasīs, Iraq 58 (1996), 147-190.
W.G. Lambert/A.R. Millard, Atra-Ḫasīs. The Babylonian Story of the Flood, Oxford 1969.
-, Cuneiform Texts from Babylonian Tablets in the British Museum XLVI, London 1965. |
W.L. Moran, Atrahasis. The Babylonian Story of the Flood, Bib. 52 (1971), 51-61.
-, Some Considerations of Form and Interpretation in Atra-Ḫasīs, in: F.R. Rochberg-Halton (Hg.), Language, Literature and History. Philological and Historical Studies Presented to Erica Reiner, AOS 67, 1987, 245-255.

H.-P. Müller, Babylonischer und biblischer Mythos von Menschenschöpfung und Sintflut. Ein Paradigma zur Frage nach dem Recht mythischer Rede, in: W. Strolz (Hg.), Vom alten zum neuen Adam. Urzeitmythos und Heilsgeschichte, Freiburg i.Br./Basel/Wien 1986, 43-68 = Ders., Mythos – Kerygma – Wahrheit. Gesammelte Aufsätze zum Alten Testament in seiner Umwelt und zur Biblischen Theologie, BZAW 200, Berlin/New York 1991, 110-135.

-, Bauen – Bewahren – Mit-Sinn-Erfüllen. Von der Bestimmung des Menschen, ZThK 90 (1993), 231-250.

-, Das Motiv für die Sintflut. Die hermeneutische Funktion des Mythos und seiner Analyse, ZAW 97 (1985), 295-316 = Ders., Mythos – Kerygma – Wahrheit, 88-109.

-, Mythische Elemente in der jahwistischen Schöpfungserzählung, ZThK 69 (1972), 259-289 = Ders. (Hg.), Babylonien und Israel, WdF 633, Darmstadt 1991, 114-153 = Ders., Mythos – Kerygma – Wahrheit, 3-42.

-, Mythos als Elementarform religiöser Rede im Alten Orient und im Alten Testament. Zur Theorie der Biblischen Theologie, NZSTh 37 (1995), 1-19.

-, Mythos – Anpassung – Wahrheit. Vom Recht mythischer Rede und deren Aufhebung, ZThK 80 (1983), 1-25.

R.A. Oden, Divine Aspirations in Atrahasis and in Genesis 1-11, ZAW 93 (1981), 197-216.

G. Pettinato, Die Bestrafung des Menschengeschlechts durch die Sintflut, Or N.S. 37 (1968), 165-200.

W. von Soden, »Als die Götter (auch noch) Menschen waren«. Einige Grundgedanken des altbabylonischen Atramḫasis-Mythus, Or N.S. 38 (1969), 415-432.

-, Der altbabylonische Atramchasis-Mythos, O. Kaiser (Hg.), TUAT III/4, 1994, 612-645.

-, Der Mensch bescheidet sich nicht. Überlegungen zu Schöpfungserzählungen in Babylonien und Israel, in: M.A. Beek u.a. (Hgg.), Symbolae biblicae et mesopotamicae, FS. F.M.Th. de Liagre Böhl, 1973, 349-358 = H.-P. Müller (Hg.), Bibel und Alter Orient. Altorientalische Beiträge zum Alten Testament von Wolfram von Soden, BZAW 162, 1985, 165-173.

-, Die erste Tafel des altbabylonischen Atramḫasīs-Mythus. »Haupttext« und Parallelversionen, ZA 68 (1978), 50-96.

-, Konflikte und ihre Bewältigung in babylonischen Schöpfungs- und Fluterzählungen. Mit einer Teil-Übersetzung des Atramhasis-Mythos, MDOG 111 (1979), 1-33.

TUAT = Texte aus der Umwelt des Alten Testaments s. W. von Soden, 1994.

Die Frage des Ursprungs der Sprache im Alten Testament

I. Altes Testament nicht am Ursprung der Sprache interessiert; das Hebräische als Ursprache erst in frühjüdischer Zeit.

II. Sprache als Menschheitsphänomen innerhalb der biblischen Urgeschichte (Genesis 1 – 11); keine objektive Darstellung sprachgeschichtlicher Entwicklung, sondern Frage nach dem Sinn von Sprache im Zusammenhang der Grundgegebenheiten menschlicher Existenz.

III. Sprache als positive Möglichkeit menschlicher Existenz im Zusammenhang der Grundbedingung »Gemeinschaft« (Genesis 2, 19 – 23). Die Benennung des lebendig Begegnenden als fundamentale Sprachhandlung.

IV. Die Annahme einer gemeinsamen »Ursprache« (Genesis 11, 1) ist eine die gegenwärtige Realität der Sprachenvielfalt transzendierende Projektion.

V. Die Sprache als Gefährdung menschlicher Existenz im Zusammenhang politischer Großreichsbildung und technischer Großprojekte (Genesis 11, 1 – 9); Sprachenvielfalt wird als Schutz vor totalitärer politischer und hybrider technischer Selbstübersteigerung des Menschen begriffen. Erst unter der Perspektive der Gottesherrschaft bekommt die Utopie einer Überwindung der Sprachenvielfalt positive Funktion (Zephania 3, 9).

I.

So sehr das Alte Testament von der Antike bis in das vorige Jahrhundert hinein die entstehende Sprachwissenschaft bei der Frage nach dem Ursprung der Sprache geleitet und – das muß man wohl sagen – weitgehend fehlgeleitet hat,[1] so wenig ist es selber an dieser Frage interessiert. Dies ist um so erstaunlicher, als in Kultur, Kult und Religion des alten Israel die sprachliche Äußerung gegenüber der bildhaften Darstellung eindeutig | dominiert. Hat Israel auf dem Gebiet der Erzählung, der Geschichtsschreibung, der Kultlyrik und Dichtung Werke hervorgebracht, die bis heute zur

---

1 Dieser Eindruck drängt sich auf, wenn man das Material betrachtet, das A. Borst in seinem vierbändigen Kompendium (*Turmbau*) zusammengetragen hat. |

Weltliteratur gehören,[2] so sind seine Beiträge zur Architektur und bildenden Kunst, wie uns die Archäologie immer wieder enttäuschend bestätigt, eher bescheiden.[3]

Dennoch spielte für das alte Israel die Frage nach dem Ursprung der Sprache nur eine untergeordnete, die nach der Herkunft der eigenen Sprache gar keine Rolle. Der Versuchung, die eigene Sprache zur Ursprache zu erheben, ist es – im Unterschied zu manchen deutschen romantisch und national gestimmten Gemütern[4] – nie verfallen. Die Behauptung, daß das Hebräische die heilige Ursprache sei, wie sie das ganze Mittelalter hindurch bis in die frühe Neuzeit bei uns gängig war, wird an keiner Stelle des Alten Testaments erhoben. Sie begegnet erstmals im frühjüdischen Jubiläenbuch (2. Jh. v. Chr.),[5] als die Juden selbst längst die Weltsprachen des persischen und hellenistischen Vorderen Orients, das Aramäische[6] und Griechische, übernommen hatten und das Hebräische zu einer reinen Kultsprache geschrumpft war. Im Alten Testament fehlt sogar noch eine Bezeichnung für das Hebräische,[7] selbst eine Bezeichnung wie »Sprache Israels« o. ä. kommt nicht vor.[8] Dagegen begegnet der Ausdruck »Sprache Kanaans«,[9] d. h. aber: Das alte Israel war sich offensichtlich bewußt, keine spezifische eigene Sprache, sondern einen kanaanäischen Dialekt zu sprechen, der sich nur geringfügig von den Dialekten der um-

---

2 Man denke nur an die »Josephserzählung« (Gen 37 – 50*), die »Erzählung von der Thronnachfolge Davids« (2. Sam 9 – 1. Kön 2), eine Reihe von Psalmen (wie etwa 8; 23; 90; 103) und die Hiobdichtung, die u.a. sogar zu Nachdichtungen angeregt haben (vgl. Th. Mann, S. Heym, J. Roth u.a.).

3 Das AT selbst spricht ungeniert davon, daß man sich bei repräsentativen Großbauten, so etwa beim Bau des Salomonischen Tempels, der Hilfe ausländischer Handwerker und Künstler bediente (1. Kön 5, 15ff.). Das weitgehende Fehlen einer eigenen israelitischen Kunst hat neben wirtschaftlichen und gesellschaftlichen Gründen (vgl. die Kritik der Propheten an den Luxusgegenständen der Oberschicht) sicher auch mit religiösen Abgrenzungen zu tun (vgl. Bilderverbot).

4 Vgl. A. Borst, *Turmbau*, S. 1551ff.

5 XII, 25 – 27; in der Edition von K. Berger, *Jubiläen*, S. 395f.

6 Vor allem der Sprachwechsel ins Aramäische im 5./4. Jh. zeigt, daß die jüdische Identität nicht an der hebräischen Sprache hing. Später konnte das Aramäische so sehr als eigene Sprache angesehen werden, daß man im Babylonischen Talmud die These vertreten konnte, Adam habe aramäisch gesprochen, Sanh. 38b vgl. L. Goldschmidt, *Talmud*, Bd. 8, S. 610.

7 *'Ibrīt* bzw. *'ibrijjā* für die hebräische Sprache sind erst mittelhebräisch bezeugt, vgl. KBL³ 739a.

8 So zu Recht W. Zimmerli, *Geschäft der Sprache*, S. 278.

9 Jes 19, 18 *śfat kᵉna'an*; das Hebräische kennt kein Abstraktum »Sprache« und verwendet dafür die Konkreta *śāfā* »Lippe« und *lāšōn* »Zunge«. |

liegenden | Völker, vom Phönizischen, Moabitischen und Edomitischen unterschied. Die Dialektform, die im Südreich der späten Königszeit gesprochen wurde, kann auch als das »Jüdische« bezeichnet werden.[10] Aus dieser Eingebundenheit des Hebräischen in eine größere Sprachfamilie ist es gut verständlich, daß die eigene Sprache für die Ausbildung einer israelitischen Identität über die längste Zeit der alttestamentlichen Geschichte keine Rolle spielte; dies leistete die gemeinsame Geschichte, Moral und Religion.[11] Erst in der nachexilischen Zeit, angesichts der Gefahr der Überfremdung der kleinen jüdischen Gruppen in Palästina, bekommt – neben dem Mischehenverbot – auch die gemeinsame »jüdische« Sprache eine für die Gemeinschaft lebenswichtige Funktion.[12] Auf dem Hintergrund dieser mannigfach bedrohten jüdischen Identität der nachexilischen Zeit sind dann auch die späteren Spekulationen des Jubiläenbuches zu verstehen, daß Abraham von einem Engel die hebräische Sprache, »die Sprache der Schöpfung«, offenbart wurde, die nach dem Sündenfall »aus dem Munde aller Menschen« gewichen war.[13] Hier erst wird auch die Sprache in den Erwählungsglauben einbezogen und das Hebräische zur Ursprache erklärt. Allerdings konnte sich diese Theorie unter den Rabbinen keineswegs voll durchsetzen,[14] auch wenn dann die Mischna dem Hebräischen als »heiliger Sprache« Heilsbedeutung verlieh[15] und der Midrasch Bereschit Rabba behauptete, die Tora und die Welt seien durch das Hebräische geschaffen.[16] Diese Auslegungstradition sollte dann unter christlicher Ägide erst richtig Furore machen.

Dem Alten Testament selber sind solche Spekulationen völlig fremd. Wo es – mehr nebenbei – auch einmal auf die Herkunft und die Funktion

---

10 2. Kön 18, 26: $j^eh\bar{u}d\bar{\imath}t$ neben $^{\,a}r\bar{a}m\bar{\imath}t$ als der jüdische Dialekt der Bevölkerung neben dem Aramäischen, das nur die Beamten verstehen; vgl. Neh 13, 23 – 25.
11 Hier sehe ich einen der Hauptunterschiede zur deutschen Situation am Anfang des vorigen Jh., wenn etwa E. M. Arndt zur Schaffung einer deutschen Identität in den Befreiungskriegen das Deutsche als Ursprache über die romanischen »zusammengeschwemmten Mischlingssprachen« erhebt, vgl. A. Borst, *Turmbau*, S. 1554.
12 Vgl. Neh 13, 23 – 25. Nehemia schilt seine Landsleute, deren Kinder aus Mischehen nicht mehr »jüdisch« sprechen können.
13 S.o. Anm. 5.
14 So überliefert der Palästinische Talmud (Meg. I, 8) ein Streitgespräch zwischen Rabbi Eliezer und Rabbi Joḥanan, wonach ersterer die Meinung vertrat, daß man in der Urzeit 70 Sprachen redete, die alle verstanden, während letzterer behauptete, man habe »in der Sprache der Einzigen der Welt, das ist in der heiligen Sprache« gesprochen, zitiert nach A. Borst, *Turmbau*, S. 191.
15 Sota 7, 1 – 5, vgl. W. Zimmerli, *Geschäft der Sprache*, S. 278.
16 A. Wünsche, *Bereschit Rabba*, S. 79; vgl. 163 – 172. |

der Sprache zu sprechen kommt, da geht es ihm nicht um das Hebräische, sondern um die Sprache als Menschheitsphänomen. |

II.

Der Textbereich, in dem sich das Alte Testament überhaupt einmal etwas grundsätzlicher mit der Sprache beschäftigt, ist die sog. »Biblische Urgeschichte« (Gen 1 – 11). Dies geschieht einmal im Zusammenhang der Erschaffung des Menschen (Gen 2, 19 – 23), sodann in der Schilderung der Ausbreitung und Verzweigung der Menschheit nach der Flut (in der sog. »Völkertafel« Gen 10, bes. V. 5.20.31) und schließlich – parallel dazu – in der Erzählung vom »Turmbau zu Babel« (Gen 11, 1 – 9). Und es ist kein Zufall, daß es besonders immer wieder diese Stellen der Bibel waren, die zur Beantwortung der Frage nach dem Ursprung der Sprache herangezogen wurden, hielt man doch zum Teil noch bis in das 19. Jh. hinein das, was die Bibel in ihren ersten elf Kapiteln berichtete, für die älteste und historisch zuverlässige Darstellung der Frühgeschichte der Menschheit.

Doch wurde dieser mehr aus dem Offenbarungscharakter der Bibel als ganzer gefolgerten als aus den Texten der Genesis selbst gewonnenen Einschätzung durch die Entdeckungen der sich emanzipierenden modernen Sprachwissenschaft, Geschichtsforschung und Naturwissenschaft auf der einen Seite und durch die Ergebnisse der modernen Bibelkritik auf der anderen Seite seit dem Ende des 18. Jh. zunehmend der Boden entzogen. Es gab, so erkannte man, nicht nur sehr viel ältere Sprachen als das Hebräische,[17] sondern auch sehr viel ältere Darstellungen der Urzeit, der Schöpfung und der Flut als die, welche man aus der Bibel kannte.[18] Lehrte die | literarkritische Hypothese von K. H. Graf, A. Kuenen

---

17 Zu erinnern ist an die ab dem Ende des 18. Jh. entstehende Indogermanistik, die Entzifferung der ägyptischen Hieroglyphen durch Champollion im beginnenden 19. Jh. und die Auffindung und Entzifferung der babylonischen, assyrischen und sumerischen Keilschrifttafeln in der 2. Hälfte des 19. Jh.

18 Großes Aufsehen machte vor allem die Entdeckung des babylonischen Schöpfungsepos *Enūma-eliš* (ca. 1550 v. Chr.) und des *Gilgamesch-Epos* (neubabylonische Fassung ca. 1200 v. Chr. mit sumerischen Vorläufern), das auf Tafel XI eine Fluterzählung enthält, die z. T. bis in die Details mit der biblischen übereinstimmt. Erst 1964 konnte das altbabylonische *Atramhasīs-Epos* rekonstruiert werden (ca. 1700 v. Chr.), das sich als die engste Parallele zur »Biblischen Urgeschichte« herausstellte. Die Erschütterungen, welche die orientalischen Entdeckungen für das Bibelverständnis im allgemeinen und für das Verständnis der »Biblischen Urgeschichte« im besonderen

und J. Wellhausen Gen 1 – 11 als Teil zweier literarischer Werke verstehen, von denen das eine, der sog. »Jahwist«, frühestens aus dem 9., das zweite, die sog. »Priesterschrift«, erst aus dem 5. Jh. v. Chr. stamme, so erkannte die mit H. Gunkel einsetzende form- und traditionsgeschichtliche Forschung die Zugehörigkeit dieser ersten elf Kapitel der Bibel zu dem weiten Kreis der Mythen und Urzeiterzählungen der Völker, von denen sich eine Vielzahl von Parallelen zu den Erzählungen und Motiven der »Biblischen Urgeschichte« beibringen läßt.[19] Unter Einbeziehung der Fülle des inzwischen zusammengetragenen religionsgeschichtlichen Vergleichsmaterials hat vor allem C. Westermann in neuester Zeit betont, daß die »Biblische Urgeschichte« selbst weder als »Offenbarung« noch als »Historie« verstanden werden will, sondern als »Urgeschehen«, das jenseits der mit Abraham einsetzenden Geschichte Israels steht. Die »Urgeschichte« will nicht von einer längst vergangenen Frühzeit, sondern von den Grundbedingungen der Welt und des Menschen berichten, die die gegenwärtigen Welt- und Selbsterfahrungen des Menschen begründen; sie steht damit jenseits der Geschichte und jeder geschichtlichen Epoche gleich nah und gleich fern.[20] Indem die Urzeiterzählungen von einem Woher der vorfindlichen Wirklichkeit erzählen, transzendieren sie diese im Hinblick auf einen Sinn, sind sie ein existentialer Protest und ein spielerischer Gegenentwurf gegen eine Welt, die von Zerstörung, Leid, Nicht-Verstehen und Sinnlosigkeit gezeichnet ist. Im Zusammenhang einer solchen existentiellen Vergewisserung der Grundgegebenheiten menschlicher Existenz- und Welterfahrung sind nun auch die Bemerkungen der »Biblischen Urgeschichte« zur Sprache zu verstehen. Auch hierbei geht es ihr nicht um das Nachzeichnen einer »objektiven« sprachgeschichtlichen Entwicklung, von der sie noch weniger weiß als wir heute, sondern

---

heraufbeschwor, traten im sog. »Babel-Bibel-Streit« am Anfang unseres Jh. vehement zutage; typisch für den Umbruch ist eine Äußerung von F. Delitzsch: »Wie haben die Zeiten sich doch geändert! David, Salomo 1000 v. Chr., Moses gar 1400 und noch acht Jahrhunderte früher Abraham und von all diesen Männern bis ins einzelne gehende Nachricht – das erschien so einzigartig und so übernatürlich, daß man auch die Erzählungen von den Anfängen der Welt und der Menschheit gläubig hinnahm – selbst große Geister standen, ja stehen noch unter dem Bann des das 1. Buch Moses umgebenden Mysteriums. Jetzt, da die Pyramiden sich geöffnet und die assyrischen Paläste sich aufgetan, erscheint das Volk Israel und sein Schrifttum als der jüngsten eines unter den Nachbarn«, *Babel und Bibel* I, 6f. Vgl. zum Ganzen H.-J. Kraus, *Erforschung*, S. 265ff. |
19 Vgl. ebd. S. 222ff.; 309ff. und C. Westermann, *Genesis 1 – 11*, S. 3ff.
20 Vgl. den zusammenfassenden Aufsatz von C. Westermann, *Die theologische Bedeutung der Urgeschichte*, S. 96ff. und seinen Kommentar *Genesis I*, 89ff.

um ein Nachdenken über den Sinn von Sprache als Grundgegebenheit menschlicher Existenz. Nach heutiger Einsicht kann die Bibel nicht mehr unsere Frage nach dem Ursprung der Sprache beantworten, sie kann uns höchstens zeigen, auf welche Weise, aus welchen Prämissen und in welcher Absicht antike Menschen im alten Israel diese Frage gestellt und für sich beantwortet haben.

III.

In der Schöpfungserzählung des Jahwisten (Gen 2, 5 – 3, 24)[21] werden die Grundbedingungen des Menschen in ihrer ganzen Zwiespältigkeit dargestellt: Der Mensch ist auf der einen Seite von Gott geschaffen mit | allen Möglichkeiten des Lebens und der Sinnerfüllung seiner Existenz (2, 5 – 24), auf der anderen Seite ist er jedoch auf vielfache Weise von Gott begrenzt, wodurch seine Möglichkeiten, echte Lebens- und Sinnerfüllung zu finden, stark eingeschränkt werden (3, 14 – 24). Die Ambivalenz menschlicher Existenz wird dabei in der Erzählung so erklärt, daß die negativen Grundbedingungen, unter denen der Mensch jetzt leidet, erst im nachhinein von Gott über ihn verhängt worden sind, weil sich der Mensch im Ergreifen seiner Autonomie gegen seinen Schöpfer vergangen hat. Doch dieses erzählerische Nacheinander wäre gröblich mißverstanden, wollte man es im Sinne der frühjüdischen und christlichen Lehre vom Sündenfall als zeitliche Abfolge ausdeuten, so als habe sich der Mensch »im Paradies« in einer höheren Existenzform, dem status integritatis, befunden und sei erst dann aufgrund seines Vergehens in eine niedrigere Existenzform, den status corruptionis, »gefallen«. Denn auch das, was von den positiven Möglichkeiten des Menschen, etwa auch von seiner Sprache, in Gen 2 erzählt wird, beschränkt sich keineswegs auf ein »verlorenes Paradies«, sondern bestimmt bis in die Gegenwart des Erzählers die menschliche Existenz. Das erzählerische Nacheinander ist sachlich als ein Nebeneinander gemeint, als ein Widerspruch, der quer durch jeden einzelnen Menschen verläuft. Daß der Jahwist zuerst von den positiven und erst dann von den negativen Grundbedingungen erzählt, will nur festhalten, daß die mannigfachen Begrenzungen der menschlichen Existenz, unter denen die

---

21 Die folgende Auslegung ist vor allem C. Westermann verpflichtet (vgl. *Genesis I*, 245ff.), geht aber auch eigene Wege, vgl. R. Albertz, *Verantwortung vor dem Schöpfer*, S. 7ff. |

Menschen jetzt leiden, nicht auf die ursprüngliche Absicht des Schöpfers zurückgehen, sondern vom Menschen verursacht und darum auch von ihm zu verantworten sind.

Wichtig für die Einschätzung menschlicher Sprache und Sprachfähigkeit im Alten Testament ist es nun, daß von ihnen zuerst und betont innerhalb der Entfaltung der positiven Grundgegebenheiten menschlicher Existenz geredet wird (Gen 2, 5 – 24*). Nachdem der Schöpfer den Menschen geschaffen und ihm das Leben geschenkt hat (2, 7), stattet er ihn fürsorglich mit einem Lebensraum, dem Garten (2, 8), und mit Lebensmitteln, den Fruchtbäumen (2, 9), aus. Zu diesen beiden grundlegenden positiven Grundbedingungen menschlicher Existenz kommt als dritte die Bestimmung zur Arbeit hinzu: Gott setzt den Menschen in einen Garten, daß er ihn bebaue und bewahre (2, 8.15). Doch damit ist die Menschenschöpfung noch nicht voll gelungen; es fehlt, wie der Schöpfer in 2, 18 selbst reflektierend feststellt, noch etwas Wesentliches: die Gemeinschaft, »die Hilfe, die zu ihm paßt«. Der Menschenschöpfer kümmert sich darauf rührend darum, dem Menschen die Möglichkeit zur Gemeinschaft zu schaffen: Er erschafft zuerst die Tiere (2, 19), aber dieser Versuch schlägt fehl: Der Mensch findet unter den Tieren nicht den ihm wirklich entsprechenden Partner (2, 20); darauf erschafft Gott die Frau (2, 22), und diese wird vom »Menschen« freudig als die zu ihm passende Partnerin akzeptiert (2, 23). Erst damit ist die Menschenschöpfung nach Meinung des biblischen Erzählers voll gelungen.

Wichtig ist hier wiederum, daß der biblische Erzähler erst im zweiten Teil seiner Erzählung, dort wo es um die Gemeinschaft des Menschen geht, auf die menschliche Sprachfähigkeit eingeht: Der Mensch benennt die Tiere, die Gott zu ihm bringt (2, 19f.), und er benennt und begrüßt die Frau, die Gott ihm entgegenführt (2, 23). Solange der Mensch noch allein ist (2, 7 – 15), bleibt er stumm; die Grundbedingungen Lebensraum, Lebensmittel und Arbeit akzeptiert er wortlos. Erst wo es um die Grundbedingung der Gemeinschaft geht, wo der Mensch mit anderen Lebewesen konfrontiert wird, da beginnt er zu reden.

Dabei reflektiert der Erzähler nicht über das Problem, wie der Mensch die Sprache gelernt hat.[22] Alle Spekulationen, aus Gen 2, 20 zu erfahren, wie die Ursprache entstanden oder beschaffen gewesen sei, ob Gott sie »Adam« gelehrt[23] oder dieser sie aus der Nachahmung von Tierlau-

---

22 So mit Recht auch W. Zimmerli, *Geschäft der Sprache*, S. 279.
23 So schon der Koran, Sure 2, 32 – 35 und später z.B. Ph. Melanchthon, CR Bd. 13, Sp. 781.

ten entwickelt[24] habe, oder ob seine Sprache entwickelter[25] oder primitiver[26] als heutige Sprachen gewesen sei, gehen am biblischen Text vorbei. Für den Erzähler ist die Sprache des Menschen plötzlich da; sie ist, wenn man so will, eine dem Menschen als Geschöpf Gottes zuhandene Ausdrucksmöglichkeit. Immerhin kann man soviel aus dem Text ablesen, daß der Erzähler die Sprache nicht ausdrücklich zu den Grundgegebenheiten der menschlichen Existenz rechnet, die der Mensch wie das Leben, den Lebensraum, die Lebensmittel, die Bestimmung zur Arbeit und die Gemeinschaft von seinem Schöpfer geschenkt bekommt; das Benennen der Tiere wird von ihm vielmehr als erster autonomer Akt des Menschen dargestellt, mit dem er selber über die ihm von Gott angebotene Gemeinschaft entscheidet. Die Sprache ist für den biblischen Erzähler eine zutiefst menschliche Handlungsmöglichkeit,[27] sie ist für ihn ein notwendiger Aspekt der Gemeinschaft, und sie erwächst für ihn aus der Begegnung mit anderen Lebewesen.

Nach der Erzählung Gen 2 ist Sprache somit zuerst und vornehmlich Kommunikation.[28] Das Besondere ist nur, daß in ihr auch die Beziehung des Menschen zu außermenschlichen Lebewesen unter den Aspekt sprachlicher Kommunikation gestellt wird.[29]

Hier nimmt der Erzähler wahrscheinlich uralte Menschheitserinnerungen auf, daß die Menschen auf früheren Stufen ihrer Entwicklung einmal sehr viel intensiver mit den Tieren zusammengelebt haben, als es zu seiner Zeit der Fall war. Noch deutlicher als in Gen 2 hat sich diese Erinnerung im babylonischen Gilgamesch-Epos erhalten, wo wir davon hören, daß Enkidu nach seiner Erschaffung als eine Art Wildmensch mit den Tieren im Gebirge zusammenlebte, bis ihn eine Frau zur menschlichen Kultur

---

24 So etwa der Schwager Tiecks, A. F. Bernhardi, *Sprachlehre* I, S. 18.
25 So in der Nachfolge platonischer Philosophie Philo, *De opificio mundi*, 148 – 150; Augustin, MPL Bd. 45, Sp. 1432 u.a.
26 So z.B. J. A. Comenius, *Linguarum methodus novissima* I, S. 12ff., der aus Gen 2, 19f. die Bildungsfähigkeit des Menschen herausliest.
27 Insofern stand J. G. Herder mit seiner Sicht von der Entstehung der Sprache der biblischen Sicht sicher näher als sein frommer Kontrahent J. P. Süßmilch (vgl. *Abhandlung über den Ursprung der Sprache*, S. 34ff.).
28 Beispielhaft für in ähnliche Richtung gehende sprachwissenschaftliche Ansätze sei hier nur auf den amerikanischen »Klassiker« L. Bloomfield, *Language* von 1933 verwiesen.
29 Die märchenhafte Vorstellung von Gen 3, 1ff., daß ein Tier sprechen kann, ist hier sicher nicht vorauszusetzen; F. Schleiermacher engte die biblische Sicht ein, wenn er das Erwachen der Sprachfähigkeit des Menschen in Gen 2 unter Übergehung der Tiere sogleich auf die Frau bezog (*Über die Religion*, Werke Bd. 4, S. 263).

verführte und damit den Tieren entfremdete.³⁰ Für den biblischen Erzähler liegt diese Epoche aber schon in weiter Ferne; für ihn ist klar, daß die Tiere nicht die dem Menschen entsprechenden Partner sein können. Aber dieser Erzählzug wäre nicht entstanden, wenn nicht auch noch für ihn und die Menschen seiner Zeit die Tiere zumindest mögliche hilfreiche Partner des Menschen sein könnten.

Die Weise nun, wie der Mensch die Gemeinschaft zu den Tieren aufnimmt, ist die, daß er sie mit Namen benennt. Damit gibt der Erzähler uns einen weiteren Hinweis auf sein Verständnis von Sprache: So wie für ihn die Sprache aus der Begegnung erwächst, ist für ihn die Benennung des lebendig Begegnenden der fundamentale menschliche Sprechakt. Indem der Mensch den Tieren Namen gibt, ordnet er sie seiner Welt zu; die Tiere als Geschöpfe Gottes haben noch keine Namen; diese erhalten sie erst vom Menschen. »Die Sprache erst macht die Welt menschlich, in der Sprache entsteht Menschenwelt.«³¹ Nun wird in der Auslegung dieser Stelle häufig einseitig betont, daß der Mensch sich durch die Benennung der Tiere diese verfügbar mache.³² Dies ist aber nur zum Teil zutreffend. C. Westermann hat demgegenüber zu Recht auf die hohe Bedeutung der Tiernamen in den Sprachen der Naturvölker erinnert, die mit großer Genauigkeit und Differenziertheit bestimmte Eigenschaften und Verhaltensweisen von Tieren selbst ein und derselben Gattung festhalten und damit bewahren, »was sich in langen Generationen an Wissen über die Tiere und an Ergebnissen aus der Begegnung mit den Tieren und Leben mit den Tieren angesammelt hat.«³³ Aus der intensiven Tierbeobachtung, die sich in dieser hochdifferenzierten Namengebung spiegelt, lernt aber | der Mensch, wie wir aus den vielen Tiervergleichen in den Sprichwörtern früher Kulturen wissen und von der modernen Verhaltensforschung neu erfahren können, sein eigenes Menschsein begreifen. Die Sprachform der Benennung stiftet also in der Tat mit den Tieren eine für den Menschen hilfreiche Gemeinschaft, von der in Gen 2, 18 die Rede war. Wichtig und auch für die moderne Sprachwissenschaft vielleicht nicht ganz ohne Bedeutung scheint mir zu sein, daß für den biblischen Erzähler die Benen-

---

30 Vgl. 1. Tafel II, 29 – V, 11, in der Übersetzung von A. Schott/W. v. Soden, S. 21 – 26.
31 C. Westermann, *Genesis I*, S. 311.
32 Z.B. G. v. Rad, *Genesis*, S. 67; W. Zimmerli, *Geschäft der Sprache*, S. 280 u.a.
33 C. Westermann, Schöpfung, S. 122. |

nung des lebendig Begegnenden die grundlegende Form sprachlicher Äußerung ist.³⁴

Dies gilt nun auch für die Weise, wie der Mensch die Gemeinschaft zur Frau aufnimmt, d. h. für die zwischenmenschliche Kommunikation: Nachdem Gott – nicht ohne die Zeugenschaft des Menschen zuvor auszuschließen – die Frau geschaffen und dem Menschen zur Begutachtung gebracht hat, bricht dieser in den Ruf aus:

> 2, 23 Diese ist endlich Gebein von meinem Gebein
> und Fleisch von meinem Fleisch,
> diese wird man ’iššā (Frau) nennen,
> denn vom īš (Mann) ist sie genommen.

Auch hier benennt der Mensch die Frau; er ordnet damit dieses neue Geschöpf Gottes seiner Welt zu, wobei – neben der Verwandtschaftsformel³⁵ – die Klangähnlichkeit³⁶ zwischen den hebräischen Wörtern für »Mann« und »Frau« die enge, sozusagen wesensmäßige Zuordnung unterstreichen soll. Gleichzeitig lernt der Mensch bei der Benennung etwas über sich selber: Er entdeckt in der Begegnung mit der Frau seine geschlechtliche Identität als Mann. Doch sind diese Sätze mehr als eine nüchterne Benennung; sie sind zugleich »jauchzende Bewillkommnung«, wie Herder sie nannte, mit der der Mann die Frau begrüßt und als die ihm entsprechende Partnerin annimmt. Die freudige Erregung, endlich den gesuchten Partner gefunden zu haben, spricht sich in einem rhythmischen Ausruf aus, formt die Sprache zu Poesie. Auch die Wurzeln der poetischen | Sprache ruhen für den biblischen Erzähler in der personalen Begegnung, im Ereignis erfüllter Gemeinschaft.³⁷

---

34 Ich sehe hier vor allem Beziehungen zu dem, was die sprachpsychologische Forschung zum ontogenetischen Sprachursprung herausgefunden hat, vgl. etwa C./W. Stern, *Die Kindersprache*, S. 319ff. (Überwiegen der »natürlichen Symbole« gegenüber den »konventionellen« in der Kindersprache, Vorherrschen des Substantivs, das dabei dem Eigennamen noch nahesteht, Ausbildung von Individualbegriffen vor den Gattungsbegriffen); H. Hörmann, *Meinen und Verstehen*, S. 347ff. (Begriffsbildung als Konstantisierung im Sprachspiel, »Einerspruch« (Ein-Wort-Sätze) und Eigennamen als »gezielte Aufmerksamkeitserreger« stehen am Anfang des Spracherwerbs); H. Lübbe, *Spracherwerb*, S. 216ff. (Spracherwerb in der Interaktion, frühes Erlernen der Funktionswörter wie »da« u.a. in pragmatisch richtiger Verwendung) u.a.m.
35 Vgl. Gen 29, 14; Ri 9, 2.3; 2. Sam 5, 1; 19, 13f.
36 Etymologisch gehen die Wörter nicht auf eine Wurzel zurück. |
37 Zu vergleichen sind die poetischen Liebeslieder der Cantica, von denen eine Gruppe noch unmittelbar erkennen läßt, wie die Schönheit des geliebten Partners unmittelbar

Durch die Anlage der Erzählung, die speziell auf die Liebesgemeinschaft von Mann und Frau hinausläuft (2, 24), ist die kommunikative Funktion der Sprache hier vor allem auf diese Form der Gemeinschaft bezogen. Sie geht aber nach der Meinung des Erzählers insofern nicht darin auf, als er auch diese Gemeinschaftsform unter den Aspekt der »passenden Hilfe« (2, 18.20) gestellt hatte. So ist, wenn auch nicht erzählerisch ausgeführt, die kommunikative Funktion der Sprache im gemeinschaftlichen Arbeitsprozeß ebenfalls im Blick.

Die negativen Möglichkeiten, die von der Sprache als Kommunikation ausgehen, sind in Gen 3, 1 – 5 eben nur angedeutet: Die Sprache bietet mit ihren vielfältigen Möglichkeiten, Sachverhalte darzustellen und Menschen zu beeinflussen, auch die Möglichkeit der Verfälschung und Verführung. Die Schlange – anders als die Tiere in Gen 2, 19f. sprechend vorgestellt – bedient sich in ihrem Gespräch mit der Frau der Mittel der Übertreibung (3, 1.4) und der Unterstellung (3, 5). Damit hat aber die Sprache Anteil an der Gefährdung, die dem Menschen aus der positiven Grundbedingung der Gemeinschaft erwächst. Vom negativen Aspekt von Gemeinschaft und Sprache wird dann noch einmal am Ende der Urgeschichte, in der Turmbauerzählung Gen 11, 1 – 9, die Rede sein.

IV.

Die Exposition der Turmbauerzählung geht davon aus, daß »einst alle Welt einerlei Sprache hatte und die gleichen Wörter [benutzte]« (Gen 11, 1). Daraus hat man immer wieder geschlossen, die Bibel vertrete die Konzeption einer einheitlichen Ursprache, die auf das »erste Menschenpaar Adam und Eva« zurückgehe und bis zum Turmbau gesprochen worden sei, bis sie von Gott in eine Vielzahl von Sprachen »verwirrt« wurde. Doch damit liest man in die Texte mehr hinein, als sie bei genauerer Prüfung wirklich aussagen. Denn die Annahme von Gen 11, 1 bleibt ja völlig in der Schwebe; sie knüpft weder explizit an die »Sprache Adams« an, noch wird sie von der voraufgehenden Urgeschichte irgendwie vorbereitet. Wohl berichtet die Urgeschichte unter Aufnahme des genealogischen Prinzips, das eigentlich aus der frühen »Geschichtsschreibung« tribaler Gesellschaften stammt, in unterschiedlichen Entwürfen ansatzweise von

---

aus der Begegnungssituation heraus gepriesen wird (Cant 4, 1 – 7; 5, 9 – 16; 6, 4 – 7; 7, 2 – 6.7 – 11); vgl. dazu M. Augustin, *Der Schöne Mensch*, S. 26ff. |

einer weiteren Fortpflanzung und Ausbreitung der Menschen, wohl weiß sie im Zusammenhang damit auch von einem gewissen Kulturfortschritt der Menschheit zu | berichten (Gen 4, 3.17 – 24; 5, 29), aber weder wird dabei über eine entsprechende sprachgeschichtliche Entwicklung überhaupt reflektiert, noch läßt sich die Urgeschichte mit ihren beiden Polen Schöpfung und Flut überhaupt als eine irgendwie greifbare geschichtliche Epoche verstehen. »Adam« ist ja nur scheinbar eine Einzelgestalt, sein »Name« ist der hebräische Kollektivbegriff für »Mensch, Menschheit«. Und so will alles, was von ihm, dem »ersten Paar«, ja, von allen Gestalten zwischen Schöpfung und Flut erzählt wird, Aussagen über den Menschen machen, jenseits aller geschichtlichen, ethnischen, politischen und sprachlichen Differenzierungen.[38] Erst nach der Flut (Gen 6 – 9) ändert sich die Darstellungsweise: Von den Söhnen *des* Menschen, der durch die große Urzeitkatastrophe gerettet wurde, zerteilt sich die zuvor als Einheit vorgestellte Menschheit in Völker und Sprachen und breitet sich über die Erde aus (Gen 10f.). Erst dieser Vorgang leitet über vom Jenseits der Urgeschichte in das Diesseits der Geschichte. In der Geschichte aber findet sich die Menschheit immer schon zerteilt in eine Vielzahl von Völkern und Sprachen vor (Gen 10, 5.20.31).

Dann ist aber die Exposition der Turmbauerzählung, die sich über die bereits vollzogene Teilung der Völker in Gen 10 auf die eine Menschheit des Urgeschehens zurückbezieht, genauso zu verstehen wie die Urgeschichte als ganze: Genauso wie das Reden von *dem* Menschen jenseits der geschichtlich erfahrenen Wirklichkeit steht, so auch die Konzeption einer einzigen, von der ganzen Welt gesprochenen Sprache. Soweit menschliche Erinnerung überhaupt reicht, gibt es Menschen nur in verschiedene Gruppen differenziert und Sprachen nur in der Vielzahl. Das heißt aber: Die urgeschichtlichen Konzeptionen von der einen Menschheit und der einen Sprache[39] entspringen überhaupt nicht einer irgendwie

---

38 Beweis dafür sind die urgeschichtlichen Ätiologien, die *allgemein*-menschliche Tatbestände erklären wollen (Gen 2, 24; 3, 14 – 19; 11, 9); erst nach der Flut werden auch konkretere geschichtlich-politische Sachverhalte erklärt (9, 26f.).

39 Die Konzeption einer einheitlichen Ursprache ist keineswegs auf die Bibel beschränkt, wie das ethnologische Material zeigt, auf das C. Westermann, *Genesis I*, S. 715f. hinweist. Besonderes Interesse fand ein sumerischer Text, den S. N. Kramer und J. Dijk als direkte Parallele zur »babylonischen Sprachverwirrung« der Bibel ausmachen wollten. Es handelt sich um eine Passage aus dem sumerischen Epos »Enmerkar und der Herr von Aratta« (Z. 141 – 155). Doch hat inzwischen B. Alster eine Deutung vorgelegt, die den Passus aus dem Kontext des Epos erklärt und damit ein gutes Stück von Gen 11, 1ff. abrückt: Es geht in ihm nicht um die Schilderung eines »goldenen Zeitalters« in der Vergangenheit, in dem die Menschheit noch

gearteten geschicht|lichen Erfahrung, sondern sind gegen die erfahrbare Wirklichkeit entworfene, diese transzendierende Projektionen in Richtung auf eine vollkommenere Realisierung menschlicher Existenz.

V.

Während die jüngere Konzeption, die priesterschriftliche Urgeschichte, die vorfindliche Sprachenvielfalt der Menschen völlig undramatisch aus ihrer Aufteilung in Völker (Gen 10, 5.20.31) und damit letztendlich als Folge des göttlichen Segenswirkens (9, 1.7) erklärt, widmet die ältere Konzeption, die sog. »jahwistische Urgeschichte«, dem gleichen Thema eine dramatische Erzählung, die die Sprachenvielfalt auf ein strafendes und eingrenzendes Handeln Jahwes zurückführt (11, 1 – 9).

Die Turmbauerzählung[40] ist deutlich eine ätiologische Erzählung, die in V. 9 auf eine ausdrückliche Erklärung des gegenwärtigen Tatbestandes einer Vielzahl der Sprachen zuläuft und dazu in V. 1 von einem im Gegensatz dazu projektierten Urzustand der Spracheinheit ausgeht. Ver-

---

eine Sprache sprach (so S. N. Kramer), sondern um die Darstellung eines zukünftigen idealen Friedensreiches, wenn die Barbarenvölker, deren Sprache sich jetzt noch vom Sumerischen unterscheidet (Z. 142) einmal in einer – und das heißt in der sumerischen – Sprache zum sumerischen Gott Enlil sprechen werden (Z. 146), weil Enki, der Gott der Weisheit, ihrer aller Sprachen so verändern wird, daß die Sprache der Menschheit eine sein wird (Z. 154f.). Der Text ist also eher | eine Parallele zur diesbezüglichen alt- und neutestamentlichen Zukunftshoffnung (Zeph 3, 9; Apg 2; s.u.). Doch bleibt zu bedenken, daß diese Zukunftsvision im Kontext des Epos den Herrn von Aratta auf dem iranischen Hochland dazu bringen will, sich bedingungslos wirtschaftlich und kulturell den Sumerern zu unterwerfen (vgl. B. Alster, *Enmerkar*, S. 103f.). Die Vorstellung gehört hinein in die preisende Darstellung der allen weit überlegenen sumerischen Kultur, welche das Epos durchzieht. Der gefährliche Aspekt eines politisch totalitären Anspruchs und kultureller Hybris, welcher der Vision von einer Spracheinheit der Menschheit immer auch innewohnt, kommt in diesem sumerischen Text sehr deutlich heraus. Dieser wird auch in der biblischen Turmbauerzählung gesehen; aber nicht positiv, sondern negativ als Grund für das strafende Eingreifen Gottes.

40 Neben der Auslegung von C. Westermann, *Genesis I*, S. 707ff. sei auf die von K. Seybold, *Turmbau*, S. 453ff. verwiesen; ersterer nimmt ein kompliziertes überlieferungsgeschichtliches, letzterer ein mehrfaches literarisches Wachstum der Erzählung an; ich meine, daß die – durchaus vorhandenen – Ungereimtheiten im Erzählduktus nicht ausreichen, um ältere Vorformen der Erzählung zu rekonstruieren und lege sie darum in ihrer vorliegenden Jetzt-Gestalt aus.

bunden mit dem Motiv der Sprachvielfalt ist eine volksetymologische Erklärung des Namens der Stadt Babel (abgeleitet von hebr. *bālal* »vermischen«, hier im Sinn von »verwirren«) und das Motiv der Zerstreuung der Menschheit, das auch in anderen Zusammenhängen vorkommt.[41] Die erzählerische Entfaltung der Ätiologie folgt dem Schema von Schuld und Strafe, das mehrfach in der jahwistischen Urgeschichte vorkommt.

Es wird davon erzählt, wie eine Gruppe, die in V. 5b einfach als »die Menschen« bezeichnet wird, nachdem sie, von Osten kommend, in der Ebene des Landes Sinear (gemeint ist die Mesopotamische Flußebene) Fuß | gefaßt hatte (V. 2), sich entschließt, eine Stadt und einen Turm zu bauen. In V. 3a wird der gemeinsame Beschluß zur Ziegelherstellung,[42] in V. 4a der Beschluß zum Bau ausdrücklich zitiert. Dem Baubeschluß ist eine Reihe von Motivationen angefügt: Der Turm soll mit seiner Spitze den Himmel erreichen; es geht also um ein gewaltiges Bauwerk, mit dem die Menschen – zumindest symbolisch – die Sphäre ihrer irdischen Begrenztheit hinter sich lassen wollen. Damit wollen sie sich 2. einen Namen schaffen, d. h. einen Ruhm,[43] der die Begrenztheit ihres Lebens überdauert. Und 3. soll die Stadt – wohl als Mittelpunkt eines Großreiches gedacht – die Zerstreuung der Menschheit verhindern und damit die Zusammenfassung aller kulturellen, technischen und politischen Potenz der menschlichen Gesellschaft für die Zukunft sichern.

Die Ausführung dieses gewaltigen Vorhabens wird nicht eigens erzählt, aber im folgenden V. 5 vorausgesetzt. Es geht dem biblischen Erzähler darum, sogleich die Reaktion Gottes auf die geballte menschliche Aktion darzustellen. Jahwe fährt herab, um sich das Bauvorhaben der Men-

---

41 Vgl. Gen 9, 19 verbunden mit der Flut (so auch im ethnologischen Vergleichsmaterial mehrfach) und 10, 25 im Rahmen der »Völkertafel«. |

42 V. 3b ist eine Zwischenbemerkung für den palästinischen Hörer, um ihm die fremdartige babylonische Bautechnik (Blendwerk aus gebrannten Ziegeln und Asphalt) zu erklären.

43 Die Wendung »einen Namen machen« (*'śh šem*) begegnet sonst nur bezogen auf den König (2. Sam 8, 13) und Jahwe (Jes 63, 12; Jer 32, 20; Neh 9, 10). Wenn F. W. J. Schelling (*Einleitung in die Philosophie der Mythologie*, S. 148f.) die Wendung im Sinne einer Volkwerdung interpretierte, mit der Teile der Menschheit den Verlust ihrer Einheit zumindest teilweise abwenden wollten, dann dachte er an Wendungen wie Gen 12, 2 (»ich werde dich zu einem großen Volk machen [...] und deinen Namen großmachen«). Doch steht hier im Hebräischen eine Formulierung (*gdl* (pi.) *šem*+suff.), die von der in Gen 11, 4 deutlich geschieden ist; Schellings Deutung entbehrt somit einer sprachlichen Basis. Wohl ist in Gen 11, 4 eine Großreichbildung im Blick, aber sie bezieht sich auf die ganze Menschheit, noch nicht auf die Völker. |

schen anzusehen (V. 5), sicher ein ironischer Erzählzug, der die lächerliche Kleinheit des gewaltigen menschlichen Projekts aus göttlicher Perspektive aufdecken will. Dennoch ist Jahwe aufgrund seiner Inspektion besorgt (V. 6): Die einheitliche politische Organisation (»ein Volk«), basierend auf einer gemeinsamen Sprache, hat, so reflektiert Jahwe, der Menschheit ein Handlungspotential geschaffen, das – rechnet man den gemachten Anfang hoch – ihr in Zukunft ermöglichen wird, jedes Projekt, was sie plant, zu verwirklichen. Damit aber würde sie eine wesentliche Begrenztheit der menschlichen Existenz (vgl. Gen 3, 18) hinter sich lassen. Darum beschließt Gott in V. 7, bewußt parallel formuliert zu den Beschlüssen der Menschen in V. 3 und 4, der Menschheit die Voraussetzung für eine solche ihre Begrenztheit übersteigende gemeinsame technisch-zivilisatorische Anstrengung zu entziehen: die einheitliche Sprache. Er will ihre Sprache verwirren, so daß sie einander nicht mehr verstehen können. Die Ausführung dieses göttlichen Beschlusses wird wiederum nicht extra erzählt. In V. 8 hält der | Erzähler nur noch das Ergebnis des göttlichen Eingriffs fest: Die Menschen zerstreuen sich vom Ort des Geschehens – doch wohl, weil sie sich nicht mehr verstehen – und lassen so von ihrem Bauvorhaben ab. Daraus zieht der Erzähler die ätiologische Folgerung für seine Hörer: Deswegen heißt der Ort des Geschehens Babel, »weil dort Jahwe die Sprache der ganzen Welt verwirrte und weil Jahwe von dort sie (d. h. die Menschen) über die ganze Erde zerstreute.« Die nach Meinung des Erzählers uralte Metropole[44] im fernen Zweistromland mit ihrer verwirrenden Sprachenvielfalt und mit ihrer imposanten Bauruine der Ziqqurat »Etemenanki«[45] ist für die Israeliten Ausgangspunkt und

---

44 Er sitzt hier wohl der Geschichtskonstruktion der babylonischen Priesterschaft auf (vgl. Enūma elîš V, 119ff.; VI, 57ff.: Gründung gleich nach der Weltschöpfung); in Wirklichkeit war Babylon im Vergleich mit Städten wie Eridu, Uruk, Ur und Kiš eine relativ junge Stadt in Mesopotamien, geschichtlich bezeugt ab 1830 v. Chr.; vgl. dazu W. v. Soden, *Etemenanki*, S. 254.

45 Der Tempelturm »Etemenanki« (»Grundstein von Himmel und Erde«), der vom (sehr viel älteren) Hochtempel »Esangila« zu unterscheiden ist, wurde nach einer ansprechenden Rekonstruktion W. v. Sodens (ebd., S. 253ff.) wahrscheinlich unter Nebukadnezar I (1123 – 1101) konzipiert und im Bau begonnen, konnte aber nach einer Pause von einem halben Jahrtausend erst von Nebukadnezar II (604 – 562) fertiggestellt werden; die Ausmaße seiner Grundfläche (91, 50 × 91, 50 m) waren selbst für mesopotamische Verhältnisse außergewöhnlich; ich halte es mit W. v. Soden und K. Seybold, *Turmbau*, S. 465f. für wahrscheinlich, daß es Nachrichten von diesem speziellen, in Ruinen liegenden riesigen Tempelturm Babylons waren, die in Palästina zur Ausbildung der Turmbauerzählung geführt haben; dies erklärt ihre – für Urzeiterzählungen ungewöhnlichen – konkreten geographischen Anspielungen.

Sinnbild für die vorfindliche sprachliche und örtliche Gespaltenheit der Menschheit, mit der sie Gott für ihre Hybris strafte.

Die Sprache erscheint – ähnlich wie auch in Gen 2 – unter dem Aspekt der Gemeinschaft in ihrer Funktion als Kommunikation. Aber anders als in Gen 2 geht es in Gen 11 nicht mehr um die kleine personale Gemeinschaft, sondern um die große Masse, und deutlicher als in Gen 2 steht in Gen 11 die Arbeit als Funktion der Gemeinschaft im Vordergrund. Die Sprache wird in Gen 11 erstens als Bedingung der Möglichkeit für die Ausbildung einer politisch-gesellschaftlichen Großorganisation angesehen (»ein Volk« V. 6) und zweitens als wesentliche Voraussetzung für das Funktionieren eines komplizierten gemeinschaftlichen Arbeitsprozesses. Nur die von allen Mitgliedern einer Gesellschaft gesprochene und verstandene Sprache ermöglicht in Großgruppen die politische Willensbildung und sichert die Zusammenarbeit im arbeitsteiligen Produktionsablauf.[46] Der Verlust der Möglichkeit zur sprachlichen Kommunikation in der Großgruppe führt | deswegen zum Scheitern des Gemeinschaftsprojektes (V. 8b) und zur Auflösung des politischen Zusammenhalts (V. 8a).

Der Eingriff Gottes, mit dem er die gesellschaftliche Kommunikation stört, richtet sich dabei nicht gegen die Sprache als solche. Die Möglichkeit sprachlicher Kommunikation wird von Gott nicht verurteilt und auch nicht generell aufgehoben: Gott macht die Menschen nicht zu Taubstummen, nimmt ihnen nicht ihre Sprachfähigkeit, sondern erschwert nur ihre Verständigungsmöglichkeit. Gottes Eingriff gegen die Sprache richtet sich nur gegen ihre gesellschaftliche Verwendung zur Planung, Organisation und Durchführung hybrider Großprojekte, mit denen die Menschen meinen, der Begrenztheit ihrer Existenz entfliehen zu können.

In Gen 11 werden darum zugleich die ungeahnten Möglichkeiten als auch die nicht zu übersehenden Gefahren der Sprache für die menschliche Gemeinschaft vor Augen geführt. Die Sprache setzt mit ihrer kommunikativen Funktion in höher entwickelten, arbeitsteiligen Gesellschaften enorme Kräfte frei, die die Möglichkeit des einzelnen weit übersteigen; aber diese Kräfte können eine Dynamik entwickeln, welche den Bestand der Menschheit und der Welt bedroht.

Um diese gefährliche zivilisatorische Dynamik abzustoppen, so sagt der biblische Erzähler, hat Gott die Menschheit in Völker mit unterschiedlichen Sprachen aufgeteilt. Damit gibt er der Sprachenvielfalt unter den Menschen, die man offensichtlich schon unter den politischen und kul-

---

46 Vgl. die von L. Noiré ausgehende Linie der Sprachursprungstheorie (*Der Ursprung der Sprache*, Mainz 1877) und die marxistische Sicht der Sprachentstehung. |

turellen Bedingungen des Israel der frühen Königszeit als schmerzliche Behinderung internationaler Kommunikation und Zusammenarbeit empfunden hat,[47] eine bedingt positive Funktion: So hinderlich und schmerzlich die Sprachgrenzen zwischen den Völkern auch sind, sie sind nötig, um eine noch stärkere und möglicherweise selbstzerstörerische Zusammenballung des kulturellen und technischen Potentials der Menschheit zu verhindern. Die Grenzen, welche eine weltweite Kommunikation der gesamten Menschheit verhindern, tragen mit dazu bei, den Bestand der Menschheit und den Bestand der Welt zu sichern. Die Spracheinheit, so sehr man sie sich auch wünschen mag, hätte unter den gegenwärtigen Bedingungen der Gesellschaft und des Menschseins durchaus gefährliche Konsequenzen.

So nüchtern und realistisch diese Einschätzung der Sprachenvielfalt in Gen 11 auch ist, der Traum von einer gemeinsamen Ursprache aller Menschen, der in V. 1 aufscheint, behält in der Bibel eine positive und produktive Funktion: In der späten Prophetie seit Deuterojesaja findet sich immer wieder die Erwartung, daß die Grenzen, die die Völker von Israel trennen, überwunden werden und sich die Völker Israel anschließen und an seiner Gottesverehrung teilnehmen werden.[48] An einer Stelle des Zephania-Buches wird diese Erwartung mit der Wandlung der Sprache der Völker durch Gott verbunden:

Zeph 3, 9   Jedoch, alsdann schaffe ich den Völkern eine klare Sprache,[49]
            daß sie den Namen Jahwes anrufen
            und ihm einträchtig dienen.

Und das Pfingstwunder von Apg 2 hebt zwar die Sprachenvielfalt der Völker nicht auf, bewirkt aber, daß die Botschaft von Jesus Christus über die Sprachgrenzen hinweg verstanden und angenommen wird. Beiden Stellen ist gemeinsam, daß die endzeitliche Überwindung der Sprachgrenzen auf die gemeinsame Gottesverehrung bezogen wird; d. h. aber, die Spracheinheit der Menschheit wird nicht mehr zur Selbstdarstellung menschlicher

---

47 Zu erinnern ist an das enge Netz internationaler politischer Beziehungen, das für Israel mit dem davidisch-salomonischen Großreich entsteht; hinzu kommt der Fernhandel, der mit dem Königtum beginnt und von ihm gefördert wird (1. Kön 5, 15 ff.; 9, 26 – 28; 10, 1 – 10.22.28). |
48 Vgl. Jes 45, 20ff.; Sach 8, 20 – 22.23; Jer 3, 17; 16, 19; Ps 102, 23 u.ö.
49 Mit śāfā bᵉrūrā »reine Lippe« ist hier wohl kaum eine kultische bzw. moralische Qualität gemeint (etwa im Gegensatz zu den »unreinen Lippen« Jesajas, Jes 6, 5), sondern die klare Verständlichkeit der Sprachen der Völker für die Israeliten. |

Macht und Größe mißbraucht, sondern dient dem Lob und der Verehrung Gottes. Erst durch diese Umorientierung, die, wenn sie konsequent ist, ein erhebliches kritisches Potential bildet, um die Dynamik politischer Herrschaft und der zivilisatorischen Entwicklung zu bändigen und in neue Bahnen zu lenken, verliert die Spracheinheit der Menschheit die Gefahr totalitärer und hybrider Selbstübersteigerung. Unter diesen neuen Bedingungen der hereinbrechenden Gottesherrschaft kann der Traum von der Ursprache zur produktiven Utopie für eine Menschheit werden, sich über die jahrtausendealten Grenzen der Sprachen, Völker und politischen Systeme zusammenzufinden, um gemeinsam an der Überwindung der weltweiten Gefährdung des Bestands von Mensch und Welt, zu der die technisch-zivilisatorischen Errungenschaften der Menschheit trotz ihrer Gespaltenheit geführt haben, zusammenzuarbeiten.

Literaturverzeichnis

Albertz, Rainer: *Verantwortung vor dem Schöpfer. Die Bibel als Anleitung für einen neuen Umgang mit unserer Umwelt*, Konstanz 1985 (Konstanzer Theologische Reden Bd. 1)

Alster, Bendt: »An Aspect of ›Enmerkar and the Lord of Aratta‹«, in: *Revue d'Assyriologie et d'Archéologie orientale* 67, 1973, S. 101 – 109

Augustin, Matthias: *Der schöne Mensch im Alten Testament und im hellenistischen Judentum*, Frankfurt a. M. – Bern – New York 1983 (Beiträge zur Erforschung des Alten Testaments und des antiken Judentums Bd. 3)

Augustinus, Aurelius: *Opus imperfextum in Julianum*, in: *Patrologiae cursus completus. Series Latina. Accurante J.-P. Migne*, 221 Bde., Bd. 45, Parisiis 1865 |

Berger, Klaus (Hrsg.): *Das Buch Jubiläen*, Gütersloh 1981 (Jüdische Schriften aus hellenistisch-römischer Zeit II, 3)

Bernhardi, August Ferdinand: *Sprachlehre*, 2 Bde., Berlin 1801 – 1803

Bloomfield, Leonard: *Language*, New York 1933 (= London 1976)

Borst, Arno: *Der Turmbau von Babel. Geschichte der Meinungen über Ursprung und Vielfalt der Sprachen der Völker*, 4 Bde., Stuttgart 1957 – 1963

Comenius, Johannes A.: *Linguarum methodus novissima*, in: J. Kvacala (Hrsg.), *Veskeré Spisy*, 8 Bde., Bd. I, Brünn 1910

Delitzsch, Friedrich: *Babel und Bibel* I, Leipzig 1902; [5]1905

Dijk, Johannes: »La ›confusion des langues‹. Note sur le lexique et sur la morphologie d'Enmerkar 147 – 155«, in: *Orientalia. Neue Serie* 39, 1970, S. 302 – 310

Goldschmidt, Lazarus (Hrsg.): *Der Babylonische Talmud*, 12 Bde., Berlin 1929 – 1936

Herder, Johann Gottfried: »Abhandlung über den Ursprung der Sprache« (1772), in: *Sämmtliche Werke*, hrsg. von B. Suphan, Bd. 5, Berlin 1891 (= Hildesheim 1967), S. 1 – 156

Hörmann, Hans: *Meinen und Verstehen. Grundzüge einer psychologischen Semantik*, Frankfurt a. M. 1976

Köhler, Ludwig und Baumgartner, Walter: *Hebräisches und Aramäisches Lexikon zum Alten Testament*, Leiden [3]1967ff.

Kramer, Samuel Noah: »Man's Golden Age. A Sumerian Parallel to Genesis XI, 1«, in: *Journal of the American Oriental Society* 63, 1943, S. 191 – 194

Kramer, Samuel Noah: »The ›Babel Tongues‹. A Sumerian Version«, in: *Journal of the American Oriental Society* 88, 1968, S. 108 – 111

Kraus, Hans-Joachim: *Geschichte der historisch-kritischen Erforschung des Alten Testaments von der Reformation bis zur Gegenwart*, Neukirchen 1956

Lübbe, Henning: *Soziologische Aspekte einer Theorie des Spracherwerbs. Eine empirische Studie über den verzögerten Spracherwerb eines Zwillingspaares*, Freiburg i. Br. 1984 (Hochschulsammlung Philosophie Sozialwissenschaft 17)

Melanchthon, Philipp: *In obscuriora aliquod capita Geneseos annotationes*. Corpus Reformatorum, 101 Bde., Bd. 13, Braunschweig u.a. 1934 – 1959

Noiré, Ludwig: *Der Ursprung der Sprache*, Mainz 1877

Philo Judaeus: *De opificio mundi*, in: L. Cohn und P. Wendland (Hrsg.), *Philonis Alexandrini opera*, Bd. I, Berlin 1896

von Rad, Gerhard: *Das erste Buch Mose. Genesis*, Göttingen [7]1964 (Das Alte Testament Deutsch Bd. 2 – 4)

Schelling, Friedrich Wilhelm Joseph: »Einleitung in die Philosophie der Mythologie. Erstes Buch: Historisch kritische Einleitung in die Philosophie der Mythologie«, in: *Schellings Werke*, hrsg. von M. Schröter, Bd. 6, München 1927 (= 1965)

Schleiermacher, Friedrich: »Über die Religion. Reden an die Gebildeten unter ihren Verächtern« (1799), in: E. O. Braun und J. Bauer (Hrsg.), *Schleiermachers Werke*, Bd. 4, Leipzig 1911, S. 207 – 399

Seybold, Klaus: »Der Turmbau zu Babel. Zur Entstehung von Genesis XI 1 – 9«, in: *Vetus Testamentum* 26, 1976, S. 453 – 479

von Soden, Wolfram: »Etemenanki vor Asarhaddon nach der Erzählung vom Turmbau zu Babel und dem Erra-Mythos«, in: *Ugarit-Forschungen* 3, 1971, S. 253 – 263

von Soden, Wolfram (Hrsg.): Das *Gilgamesch-Epos*. Übersetzt und mit Anmerkungen versehen von Albert Schott, Stuttgart 1982 |

Stern, Clara und William: *Die Kindersprache. Eine psychologische und sprachtheoretische Untersuchung*, Leipzig 1928 (= Darmstadt 1975)

Westermann, Claus: *Genesis*. 1. Teilband: *Genesis 1 – 11*, Neukirchen 1974 (Biblischer Kommentar I, 1)

Westermann, Claus: *Genesis 1 – 11*, Darmstadt ^{2}1976 (Erträge der Forschung Bd. 7)

Westermann, Claus: *Schöpfung*, Stuttgart-Berlin 1971 (Themen der Theologie Bd. 12)

Wünsche, August (Übers. und Hrsg.): *Der Midrasch Bereschit Rabba. Das ist die haggadische Auslegung der Genesis*, Leipzig 1881

Zimmerli, Walther: »Die Weisung des Alten Testamentes zum Geschäft der Sprache«; in: W. Schneemelcher (Hrsg.), *Das Problem der Sprache in Theologie und Kirche*, Berlin 1959, S. 1 – 20 [= ders., Gottes Offenbarung. Gesammelte Aufsätze zum Alten Testament, München 1969 (Theologische Bücherei Bd. 19)]

Ludlul bēl nēmeqi – eine Lehrdichtung zur Ausbreitung und Vertiefung der persönlichen Mardukfrömmigkeit

Im Jahr 1970 hatte ich die Freude, gemeinsam mit dem Jubilar ein Seminar am Wissenschaftlich-theologischen Seminar in Heidelberg durchzuführen, das unter dem Thema »Weisheit in Israel und Babylon« die unter der Rubrik »Leidender Gerechter« laufenden mesopotamischen Texte[1] mit dem biblischen Hiobbuch in Beziehung setzen sollte. Darunter befand sich – aus damaliger Sicht – natürlich auch die Dichtung *Ludlul bēl nēmeqi*, und ich erinnere mich noch lebhaft daran, mit welch' großem Einsatz K. Deller ihren Text mit der ihm eigenen Akkuratesse für die Theologiestudenten philologisch aufbereitet hatte und mit welcher Begeisterungsfähigkeit er sie mit seinen Interpretationen der Dichtung in Bann zog. Nachdem ich eine frühe Frucht dieser Zusammenarbeit schon vor Jahren veröffentlicht habe[2], möchte ich diese Festgabe zum Anlaß nehmen, mit | den folgenden Überlegungen zu *Ludlul* eine späte nachzureichen, um damit dem verehrten Jubilar noch einmal für all' das zu danken, was ich über die vielen Jahre von ihm lernen durfte[3].

---

1 Vgl. den sog. »sumerischen Hiob«, S. N. Kramer, ›Man and His God‹. A Sumerian Variation on the ›Job‹-Motif, VT.S 3, 1955, 170-182 und bei J. B. Pritchard, ANET[3], 1969, 589-591; die aB Tafel AO 4462, J. Nougayrol, Une version ancienne du ›juste souffrant‹, RB 59, 1952, 239-250, teilübersetzt von W. v. Soden, Das Fragen nach der Gerechtigkeit Gottes im Alten Orient, MDOG 96, 1965, 47f., neu bearbeitet von J. Bottéro, Le problème du mal en Mésopotamie ancienne. Prologue à une étude du ›juste souffrant‹, Recherches et documents du Centre Thomas More, Document 77,7, 1977; das mB Fragment aus Ugarit RS 25.460, J. Nougayrol, Ugaritica 5, 1968, 265-273, verbessert bearbeitet durch W. v. Soden, UF 5, 1968, 265-273; die sog. ›Babylonische Theodizee‹, B. Landsberger, ZA 43, 1936, 32-76 und W. G. Lambert, BWL 63-91, 302-310; und *Ludlul bēl nēmeqi*, dazu s.u.

2 R. Albertz, Der sozialgeschichtliche Hintergrund des Hiobbuches und der ›Babylonischen Theodizee‹, Die Botschaft und die Boten, FS H. W. Wolff, 1981, 349-372 [= S. 107-134 im vorliegenden Band]. |

3 Daß ich hier manches aus seiner damaligen Bearbeitung mit einfließen lasse, wird mir K. Deller hoffentlich verzeihen.

Ein Jahr nach dem besagten Seminar hat D. J. Wiseman ein weiteres Exemplar der 1. Tafel veröffentlicht[4], das uns erstmals dazu in die Lage versetzt, deren Lücken, die noch seit W. G. Lamberts grundlegender Bearbeitung[5] bestanden[6], fast vollständig zu schließen. Von besonderer Bedeutung ist vor allem die Vervollständigung des einleitenden Hymnus (Z. 1-40). Wohl ist er uns wegen einiger textlicher und semantischer Probleme noch nicht in allen Einzelheiten verständlich, doch wird aufgrund der Verbesserungsvorschläge, welche vor allem W. L. Moran den Lesungen und Interpretationen Wisemans beifügen konnte[7], auch jetzt zumindest schon so viel sichtbar, daß der Hymnus zu einer nicht unerheblichen Verschiebung in der Gesamtsicht der Dichtung führt. Sowohl ihre kompositorische Fügung als auch ihre theologische Intention werden nunmehr sehr viel präziser greifbar. Die folgende Untersuchung soll darum ein erster Versuch sein, ausgehend von einer Auslegung des Hymnus dessen kompositorische Funktion zu beschreiben, um von da aus Schlußfolgerungen für die Gesamtinterpretation der Dichtung zu ziehen. |

I. Der einleitende Hymnus I,1-40

Es mag einem Nichtfachmann gestattet sein, auf eine explizite Bearbeitung zu verzichten und gleich eine kommentierte Übersetzung anzubieten[8]:

1 Ich will den Herrn der Weisheit loben, den umsichtigen[9] Gott,
2 zornig[10] bei Nacht, verzeihend[11] bei Tage,

---

4 A New Text of the Babylonian Poem of the Righteous Sufferer, AnST 30, 1980, 101-107. Es handelt sich um die Tafel aus Kalḫu ND 5485.
5 BWL 21-62; 283-302; 343-345; in seinen Nachträgen konnte W. G. Lambert schon Teile des fehlenden Anfangs und Schlusses der Tafel (Z. 1-12; S. 343f. und Spuren von Z. 111-120; S. 30) ergänzen.
6 Z. 13-42; 111-120.
7 Notes on the Hymn to Marduk in *Ludlul bēl nēmeqi*, JAOS 103, 1983, 255-266. |
8 Dies gilt um so mehr, als ich nicht wesentlich über Morans Ergänzungsvorschläge hinausgekommen bin. Eine Übersetzung scheint mir jedoch nötig zu sein, da die Erstübersetzung z.T. am Text vorbeiführt.
9 Die Ergänzung *mus-ta-lu* ist jetzt durch das Zeichen MUŠ in ND 5489,1.3 völlig gesichert, vgl. auch die literarische Mardukhymne CT 44,21,19' und AfO 19, 56, Z. 26.
10 Lies mit Moran 256 [e]-ziz.
11 Die Textüberlieferung schwankt zwischen ptz. D und N von *pašāru* und ist von Moran 256f. ausführlich diskutiert worden; ich entscheide mich für die – etwas unge-

3 Marduk, den Herrn der Weisheit, den umsichtigen Gott,
4 zornig bei Nacht, verzeihend bei Tage;

5 Dessen Zorn gleich einem stürmischen Tage einer Steppe[12] ist,

6 doch dessen Wehen lieblich ist wie eine Morgenbrise.

7 Sein Zorn ist ohne Widerpart, sein Zürnen eine Sintflut,
8 (doch) sein Herz ist freundlich zugewandt, sein Gemüt ist barmherzig.

9 Das Ausstrecken (?)[13] seiner Hände können die Himmel nicht | aufheben,
10 (doch) seine Handfläche ist sanft, sie retten[14] den Todgeweihten.
11 Marduk, dessen Ausstrecken (?) seiner Hände die Himmel nicht aufheben können,
12 (doch) dessen Handfläche sanft ist, sie retten den Todgeweihten.

13 Bei [seinem[15]] Zorn werden die Gräber weit geöffnet,
14 (doch) in seiner Freundlichkeit ließ er in der Not den Gefallenen aufstehen.

15 Blickt er böse, entfernen sich *Lamassu* und *Šēdu*,
16 blickt er (freundlich) an, dann wendet er sich dem zu, den sein Gott verworfen hatte.

17 Schwer hat es [x x x x[16]], seine Strafe zu lösen,
18 (doch) erbarmt er sich, gleicht (?)[17] er schnell seiner göttlichen (?) Mutter,
19 eilt er sich (?)[18] und umsorgt den, den er liebt, |
20 und wie die Kuh eines Kalbes wendet er sich andauernd nach ihm um.

21 Stechend sind seine Schläge, sie durchbohren den Leib,
22 (doch) kühl sind seine Verbände, sie heilen den Tod.

---

wöhnliche – N-Stamm-Bildung *mu-up-pa-šir* von ND 5485; sachlich nahe stehen die Parallelen mit dem Nomen *napšuru* in AfO 19,64,80ff. und BMS 11,1f.; damit erübrigt sich die Ergänzung *ur-pi* AHw 843a.
12 ND 5485 stützt die Lesung *na¹-mu-u*, so schon AHw 771b.
13 *naq-bi/be* bleibt weiter unerklärt. W. v. Soden schlägt brieflich in Anschluß an LKA 24 die Konjektur *nak-bat* (!) »Die Schwere | seiner Hände...« vor. Jedoch wäre derselbe Schreibfehler in zwei Zeilen auffällig.
14 *ú-kaš-šu* stelle ich mit Moran 258 zu *kâšu* II »helfen«, obgleich an dieser Stelle auch eine Herleitung von *kâšu* III »(Tod) aufhalten« möglich wäre.
15 In die Lücke nach *lib-ba-ti* paßt noch ein Suffix, ergänze *-šú*.
16 Ich vermute in der Lücke am Ende der Zeile ein feminines Subjekt zu *ak-ṣa-at*; lies *a-na paṭa-ri* (KVKV).
17 Moran 257 ergänzt *ma-šil* DINGIR *a-lit-tuš*, doch bleibt das angesichts der kopierten Spuren unsicher.
18 *edēdu* »spitz sein« hat eigentlich nur in D diese Bedeutung, im Text steht dagegen G. |

23 Befiehlt er, dann läßt er Sünde zukommen (?)[19],
24 (doch) am Tag seiner Wiedergutmachung[20] werden Schuld und Sünde gelöst.

25 Er ist es, der dem Traumdeuter (?)[21] Verwirrung (?)[22] bereitet,
26 (doch) durch seine reine Formel werden gelöst[23] Kälte- und Fieberschauer.
27 Der die Hiebe Adads und die Schläge Erras heilt[24], |
28 der den sehr zornigen Gott und die sehr zornige Göttin versöhnt.

29 Der [erhabene][25] Herr durchschaut die Herzen der Götter,
30 niemals[26] erkennt [ein Gott] seinen [Weg]!
31 Der [erhabene] Marduk durchschaut die Herzen der Götter,

32 kein Gott versteht seinen Plan!

33 Wie schwer ist seine Hand, wie erbarmungsvoll sein Herz!

34 Wie grausam sind seine Waffen, wie lebensfördernd[27] ist sein Gemüt!

---

19 So Moran, der 258 *gíl-la-ta uš-raš-ši* liest; obwohl sachlich ganz ungewöhnlich, bietet diese Lesung grammatisch noch die geringsten Schwierigkeiten. Es ist nur nötig, von dem Verb *rašû* einen ŠD-Stamm anzunehmen. Der Š-Stamm ist mit dem Objekt *šertu* »Strafe« immerhin belegt, vgl. AHw 962b. Die alternative Lesung *uš-kaš-ši* (ŠD von *kašû* »zudecken«) hat den Nachteil, daß zu diesem Verb nicht einmal ein Š-Stamm belegt ist; außerdem spricht der Aufbau des Hymnus eher für eine negative Aussage an dieser Stelle. Wisemans Übersetzung »is delayed« bleibt mir völlig uneinsichtig (wohl von *kâšu* III Š, doch was sollen der überhängende Vokal und die transitive Bedeutung?).
20 *i-šar-tu* wörtlich »Gedeihen, Rechtschaffenheit«; man könnte auch an den Tag denken, wo Marduk zu seinem rechtschaffenen, d.h. »ordentlichen« oder »normalen« Verhalten wieder zurückfindet.
21 Kopiert ist *ša-i-na*, nicht *ša-i-la*, und auch das Aleph ist nicht angedeutet; so bleibt diese Übersetzung ganz unsicher. Morans Vorschlag 258 muß eine für den Text ungewöhnliche logographische Schreibung und eine Konjektur annehmen und hilft so auch nicht viel weiter.
22 In dieser Deutung von *tuk-tuk-ka* folge ich B. R. Forster RA 75, 189; auch sie bleibt unsicher.
23 Statt mit semantisch sinnlosem *pâru* »suchen« N zu operieren, ist es wohl einfacher, die Form zu *ip-pa-<ṭa/ša>-ru* zu konjizieren; vgl. Moran 259.
24 Lies mit Moran 259 *muš-niš ṭi-⌈ra⌉-ti*, obwohl eine Ableitung | *ṭīru* (von *ṭerû*) mit der Bedeutung »Schlag, Prügel« (par. zu *meḫiṣtu*) von AHw nicht belegt ist und auch das Verb *nêšu* Š »am Leben erhalten« nicht besonders gut zu diesem Objekt paßt.
25 Lies mit Moran 259 ṣ[*i-i-ru lìb*]-*bi*; der waagerechte Keil vor *lìb-bi* Z. 31 kann dann aber nicht, wie Moran es tut, als RU, sondern muß als RÙ gelesen werden.
26 Ich vermute parallel zu Z. 32 *ma-te*ʾ-*m*[*a* DINGIR *a-lak*]-*ta-šú*.
27 Lies nicht wie Wiseman *muš-ni-lat* (*niālu* Š »niederwerfen«), sondern mit Moran 259 *muš-ni-šat* (*nêšu* Š »am Leben erhalten«).

35 Ohne seinen Willen, wer wollte seinen Schlag beruhigen?
36 Außer ihm selber, wer wollte [seinen Hieb[28]] erleichtern?
37 Ich will seinen Zorn verherrlichen, der wie ein Fisch [plötzlich verschwand (?)[29]]. |
38 Er hat mich bestraft[30], doch wie schnell machte er mich gesund!
39 Ich will die Menschen belehren, daß sie ständig verehren [x x ....]
40 Seine gute Erwähnung [will ich dem Lande lehren (?)[31]].

Der Aufbau des Hymnus ist ausgesprochen kunstvoll. Die 40 Zeilen sind durchweg in Zweier- oder Vierergruppen angeordnet. Ein doppelter Rahmen bindet den Text zu einer Einheit zusammen: Der Selbstaufforderung zum Lob (*ludlul*) Z. 1 entspricht der persönliche Schlußteil Z. 37-40, der Entschluß zur Verkündigung (*lušapi*) und zur Belehrung der Menschen (*lušalmid*). Und das grundsätzliche Lob des Zürnens und Verzeihens Marduks von Z. 1-4 findet in dem volltönenden allgemeinen Schlußteil Z. 29-36 seine Entsprechung, in welchem Z. 33f. noch einmal das Staunen über die lebenszerstörende und lebensfördernde Macht des Gottes aufbricht. Nur hier am Anfang (Z. 2/4) und am Schluß (Z. 33f.) werden die beiden Pole des göttlichen Wesens und Wirkens, welche den ganzen Hymnus durchziehen, in einer einzigen Zeile zusammengebunden. Die in den Rahmenteilen verdichtete Polarität wird im Korpus des Hymnus in drei Durchläufen entfaltet: Die Teile Z. 5-12, 13-20 und 21-23 sind alle gleich lang. Sie bestehen jeweils aus zwei antithetischen Zweizeilern und einem abschließenden, eine Fermate bildenden Vierzeiler. Auffällig bleibt nur, daß die drei Vierzeiler nicht gleich gebaut sind; während der erste Z. 9-12 – der sumerischen Poesie folgend – zwei Aus|sagen leicht variiert wiederholt (A,B,A',B) und damit formal den Vierzeilern der Rahmenteile entspricht (1-4; 29-32), laufen in dem zweiten und dritten vier verschiedene Aussagen durch, wobei nur die letzten beiden sich in Parallelismus befinden (A,B,C//D). Ich möchte diese Formdifferenz so interpretieren,

---

28 Lies mit Moran 259 *ṭ*[*i-ra-ti-šú*], vgl. V. 27; *kabtatu* ist laut CAD = *kabattu*.
29 Nur aus dem Zusammenhang erschlossen; die Tafel zeigt nur das Zeichen AK und Spuren eines weiteren Zeichens, bevor sie ganz abbricht. |
30 *i-nu-nam-ma* ist zu *enēnu* II »bestrafen« zu stellen, das laut CAD E 164a nicht nur Präterita auf i (so AHw), sondern auch auf u bildet.
31 Ergänze vielleicht mit Moran 259 [*ma-ta lu-ša-ḫi-iz*], *ḫi-is-sa-as-su* bedeutet in diesem Zusammenhang nicht die Intelligenz Marduks, wie Wiseman meint, sondern seine lobende Erwähnung wie im Mardukhymnus AfO 19, 65, Z. 5; 66, Z. 9. |

daß der erste Durchführungsteil 5-12 stärker an das Eingangslob angebunden[32] und von den beiden übrigen abgehoben werden soll. Dem entspricht inhaltlich, daß es V. 5-12 mehr um das imposante zornige und gnädige Wesen Marduks geht, während V. 13-20 und 21-28 dessen Auswirkungen für die Menschen im Auge haben.

Der Aufbau des Hymnus läßt sich somit folgendermaßen schematisch darstellen:

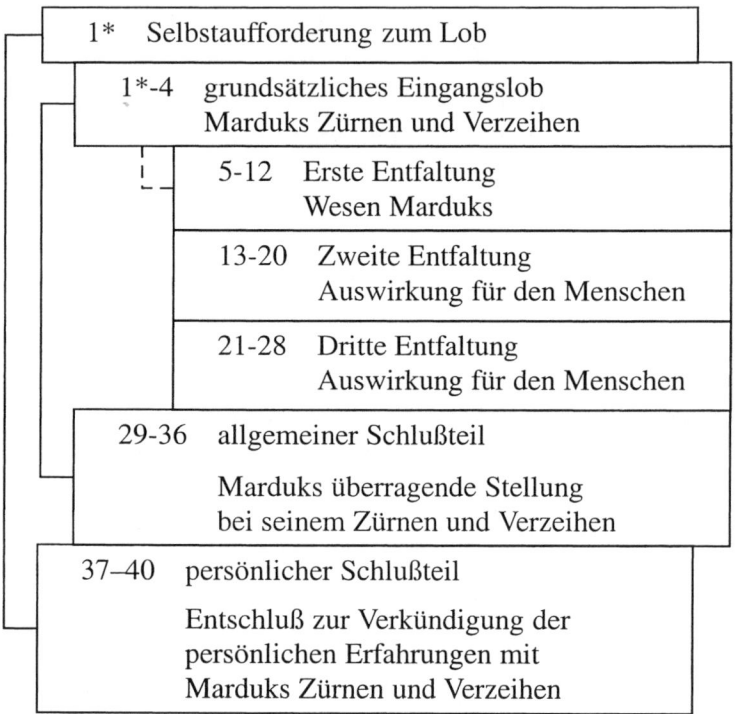

| Wie schon bei der Beschreibung des Aufbaus sichtbar wurde, kreist der Hymnus fast ausschließlich um das Gegenüber von Marduks Zorn und Erbarmen. Solche Gegenüberstellungen finden sich auch sonst in Marduk-hymnen[33], aber auffällig sind die Ausschließlichkeit und die Vehemenz, mit denen hier in immer neuen Wendungen neben dem verzeihenden, er-

---

32 Vgl. die nochmalige Namensnennung Z. 11 und die syntaktische Anbindung mit *ša* Z. 9; eine solche findet sich auch in Z. 5, fehlt dann aber im übrigen Hymnus. So könnte man sogar erwägen, ob Z. 1-12 nicht als ein einziger Satz und insgesamt als Einleitungsteil aufzufassen ist. |

33 Vgl. AfO 19,55,1-4.10f.; 64,80-84; BMS 11,1f.

barmenden und lebensrettenden Handeln des Gottes sein Zürnen, Strafen und seine lebenszerstörende Gewalt zur Sprache kommen[34].

Alle sonstigen Themen, die in der babylonischen Hymnik eine Rolle spielen, fehlen, etwa alle kosmischen und politischen Funktionen des Gottes[35]. Die Stellung des Gottes in der Götterwelt, sonst ein beliebtes Thema in babylonischen Hymnen, kommt nur am Rande insoweit zur Sprache, wie es die unentrinnbare Gewalt seines Strafens zu beschreiben gilt. Die Himmel können die Last seiner Hand nicht aufheben (Z. 9/11), er ist der ^{d}ŠÀ.ZU[36], der die Herzen aller übrigen Götter durchschaut, dessen Planen und Handeln aber von keinem anderen Gott begriffen werden kann (Z. 29-32); darum kann es auch keine Abwendung seiner Schläge ohne seinen Willen oder an ihm vorbei geben (Z. 35f.); dagegen kann er sehr wohl die Schläge anderer Götter, genannt werden Adad und der Pestgott Erra, heilen (Z. 27). |

Die thematischen Ausblendungen und die faktisch monolatrische Stellung, in der Marduk hier erscheint, sprechen dafür, daß der Hymnus nicht nur, wie der persönliche Rahmen zeigt, auf persönliche Gotteserfahrungen hinzielt, sondern auch inhaltlich von ihnen herkommt. Es sind Erfahrungen und Probleme der persönlichen Frömmigkeit – nicht die der offiziellen Religion –, die hier theologisch durchdacht und vertieft werden sollen. Ich hatte an anderer Stelle zu zeigen versucht[37], daß auf der Ebene der persönlichen Frömmigkeit in der babylonischen Religion eine Tendenz zum Mono- bzw. Ditheismus[38] erkennbar ist: Der persönliche Gott und die persönliche Göttin, denen sich der einzelne besonders verbunden fühlte, repräsentierten für ihn mehr oder minder Gott überhaupt, mochten sie auch heißen, wie sie wollten. Das Besondere des *Ludlul*-Hymnus ist es nun, daß er betont und massiv Marduk[39] als den einzigen nur möglichen persönlichen Gott eines jeden Menschen präsentiert. Er ist es, von dem

---

34 Vgl. die ganze Kaskade von Begriffen für Zorn bzw. zürnen: *ezēzu* Z. 2/4; *uzzu* Z. 7; *uggatu* Z. 5.37; *rūbu* Z. 7; *libbātu* Z. 13; für Strafe bzw. strafen *ennettu* Z. 17; *enēnu* Z. 38.
35 Vgl. zum Unterschied nur das *Šu'illa*-Gebet »Marduk, Herr der Länder« BMS 12,17ff. und das literarische Mardukgebet Nr. 2, AfO 19,61f.
36 Vgl. Ee VII,35. |
37 R. Albertz, Persönliche Frömmigkeit und offizielle Religion. Religionsinterner Pluralismus in Israel und Babylon, CTM A9, 1978, 137ff.
38 Wenn man das übliche Nebeneinander von Gott und Göttin in Betracht zieht.
39 Das unterscheidet *Ludlul* von den früheren vergleichbaren Dichtungen, dem sog. »sumerischen Hiob« und AO 4462, die den Gott unbenannt lassen und wahrscheinlich den persönlichen Gott meinen; ebenfalls betont Marduk hat der mB Text aus Ugarit RS 25.460 im Auge.

das Leben eines jeden auf Gedeih und Verderb abhängt. Ihm werden darum auch die Schutzgötter des einzelnen konsequent untergeordnet: Wenn sie ihren Schützling verlassen, ist es allein die Folge der Abwendung Marduks, und umgekehrt kann er sich dem zuwenden, den sein Schutzgott verworfen hat (Z. 15f.; vgl. Z. 41-44). Für eine Vermittlung des Schutzgottes bei Marduk[40] ist da kein Raum mehr. |

Ist erst einmal erkannt, daß der Hymnus dem Leser der Dichtung Marduk gleich zu Anfang als den persönlichen Gott vorstellen will, dann wird die starke Betonung seines Zornes noch auffälliger. In den biblischen Klagen des einzelnen etwa ist vom Zürnen und Strafen Gottes nur selten die Rede; hier begegnet häufiger die Vorstellung, daß Gott den einzelnen verlassen hat und so unheilvolle Mächte auf ihn einstürzen konnten[41]. Wenn der Verfasser der *Ludlul*-Dichtung hier andere Wege geht, dann ist er offensichtlich um eine schärfere theologische Klärung der Ursachen menschlichen Leides bemüht. Scheinbar unerklärliche menschliche Leiderfahrungen, von denen dann in der Dichtung in aller Extremität die Rede sein wird, so will er gleich am Anfang klarstellen, haben ihre Ursache allein im Zorn Marduks, von dem als persönlichem Gott auch einzig die Rettung erwartet werden kann[42]. Alle übrigen Ursachen, von denen die babylonische Religion ja vielfache kennt, seien es widerstreitende Götter, Dämonen oder Zauber und Verwünschungen, sind seinem Zorn gegenüber sekundär. Marduk selbst ist es letztlich, der mit seinen Schlägen Leid, Krankheit und Tod zufügt (Z. 13.21.34f.); er ist es sogar – wenn ich die schwierigen Zeilen 17 und 25 richtig verstehe –, der eine Lösung seiner Strafe durch Ritualexperten verhindert (vgl. I,49.51f.; II,6-9.82.108-111). Ja, in seinem Bemühen, alle nur möglichen Ursachen des Leides Marduk unterzuordnen, schreckt der Verfasser, wenn die Interpretation von Z. 25 richtig ist, selbst nicht vor der theologisch problematischen Aus|sage zurück, daß sogar die Zuweisung von Sünde auf seinen Befehl zurückgeht. Berücksichtigt man nun noch, daß all' diese Aussagen nicht etwa Sätze der Klage, sondern des Gotteslobes sind, dann ist deutlich das seelsorgerliche Anliegen zu erkennen, selbst schwerstes Leid

---

40 So etwa noch im aB Gottesbrief YOS 2,141,8-11, neu bearbeitet bei W. Sommerfeld, Der Aufstieg Marduks. Die Stellung Marduks in der babylonischen Religion des zweiten Jahrtausends v.Chr., | AOAT 213, 1982, 127f.
41 Vgl. R. Albertz, Persönliche Frömmigkeit, 38ff.
42 Man könnte fragen, ob nicht dieses für die persönliche Frömmigkeit so ungewöhnliche Bild vom zornigen Gott, der über zerstörerische Waffen verfügt (Z. 34), aus dem Mardukbild der offiziellen Religion übernommen worden ist, wie es uns etwa in *Enūma eliš* entgegentritt. |

erklärbar und bejahbar zu machen. Auch in tiefer Not hat es der Leidende noch mit seinem persönlichen Gott Marduk zu tun; die widersprüchlichen menschlichen Existenzerfahrungen werden voll in die spannungsreiche Gestalt dieses Gottes hineingenommen, um sie damit erträglicher zu machen.

Bei der Ausmalung dieses gewaltigen lebenszerstörenden Zorns Marduks bleibt der Verfasser natürlich nicht stehen, sondern er kontrastiert ihn durchlaufend mit der Beschreibung seiner immer wieder plötzlich[43] vorbrechenden lebenserhaltenden Güte. Auf dieser Seite des Wesens liegt sogar eindeutig das Übergewicht, wie es für die persönliche Frömmigkeit typisch ist: Es ist nur seine Hand, die schlägt (Z. 9.33); doch sein Herz (*libbu*) und sein Gemüt (*kabattu* »Leber«) sind freundlich zugewandt und barmherzig (Z. 8.34f.). Die zweite und dritte Entfaltung setzen jeweils mit einer Zeile bei Marduks zornigem Handeln ein (Z. 17.25), um dann volle drei Zeilen zu benutzen, sein erbarmendes, fürsorgliches und heilendes Handeln auszumalen (Z. 18-20.26-28). Das heißt: Eigentlich ist Marduk wie eine Mutter bzw. eine Kuh, die gerade ein Kalb geboren hat, rührend um den Menschen bemüht; seine Gnade setzt sich immer wieder durch, und dadurch bleibt sein Zorn, so schwer er auch treffen mag, immer begrenzt. Das ist die tröstende Lehre, die der Verfasser durch den Hymnus vermitteln will und die er dann in der Dichtung an einem persönlichen Lebensschicksal exemplifizieren wird. Es ist nicht ein »lieber Gott«, den er seinen Lesern als persönlichen Gott präsentiert. Vielmehr erweist sich Marduk dadurch als »weiser Herr und umsichtiger Gott« (Z. 1/3)[44], daß er bei aller abgründigen Spannweite seines Wesens seinen zerstörerischen Zorn immer wieder durch sein aufhelfendes Erbarmen zu bändigen vermag. Wer sich ihm anvertraut, braucht in seinem Leid nicht zu verzweifeln, sondern kann auf letztendliche Rettung hoffen.

---

43 Vgl. *zamar* Z. 18.38.

44 Das Epitheton *ilu muštālu* findet sich in dem literarischen Mardukgebet Nr. 1 (AfO 19,55ff.) bzw. dessen Vorläufer CT 44,21 aus spätbabylonischer Zeit noch bezogen auf die lebensbewahrende Funktion Marduks (*nāṣir napšāti ilu muštālu* Z. 26 bzw. Z. 19'), im *Ludlul*-Hymnus faßt es dagegen Zorn und Verzeihen zusammen. Handelt es sich um eine bewußte Uminterpretation, um das Mardukbild in der persönlichen Frömmigkeit zu erweitern?

II. Die kompositorische Funktion des Hymnus

Der einleitende Hymnus steht nun aber nicht etwa alleine, sondern hat eine ganze Fülle sprachlicher, struktureller und inhaltlicher Beziehungen zum Ganzen der Dichtung. Besonders direkt sind die Bezüge zum Anfang der dritten und zur vierten Tafel.

Vor den Träumen, welche die Wende der Not einleiten, findet sich in III,1-8 noch einmal ein kurzer Klagebericht, dessen Funktion nach den ausführlichen Klagen, welche den Rest der ersten (I,41ff.) und die ganze zweite Tafel ausfüllen, bisher noch nicht klar genug erkannt werden konnte. Das Besondere an ihm ist, daß er erstmals nach I,46[45] – wenn auch ohne Namensnennung – wieder auf Marduk Bezug nimmt. Durch den neuen Text wird nun klar erkennbar, daß dieser Bezug mit einem expliziten terminologischen Rückbezug auf den Einleitungshymnus verbunden ist. |

Hieß es dort:

> I,9/11   *ša naq-bi qa-ti-šu la i-na-aš-ša šá-ma-'u*
> Das Ausstrecken (?) seiner Hände können die Himmel nicht aufheben

und in:

> I,33   *a-na ki-i kab-ta-at qat-su ...*
> Wie schwer ist seine Hand ...

so setzt die III. Tafel ein:

> III,1   *kab-ta-at qat-su ul a-le-'i na-šá-šá*
> schwer ist seine Hand (auf mir), ich vermag sie nicht aufzuheben.

Hinzu kommt ein weiterer terminologischer Bezug:

> I,7   *uz-zu-uš-šú la ma-ḫar a-bu-bu ru-ub-šu*
> Sein Zorn ist ohne Widerpart, sein Zürnen eine Sintflut
> III,3   [*en*]-*nes-su ez-zi-ta a-bu-ba-ma*[   ]
> Seine zornige Strafe ist eine Sintflut ...

Dazu kommen das Nomen *ennettu* und das Verb *enēnu* im Hymnus Z. 17 bzw. Z. 38 vor. Diese erkennbaren[46] terminologischen Anspielungen

---

[45] Erst jetzt wird erkennbar, daß Marduk das Subjekt der transitiven Verben von Z. 45f. ist, s.u.; ihre immer schwierige intransitive Umdeutung, um so die Schutzgötter zu Subjekten der Sätze zu machen, wird damit überflüssig. |

[46] III,1-8 ist der Text nicht voll erhalten.

haben die Funktion, dem Leser den Einleitungshymnus wieder in Erinnerung zu rufen[47]. Ihm soll erkennbar werden, daß in all' dem Leid, das in Tafel I und II zur Sprache kam, die schwere Hand Marduks wirksam wurde, von der im Hymnus die Rede war. Auch da, wo | sich Feinde und Dämonen in den Vordergrund gedrängt hatten, war letztlich der gewaltige Zorn Marduks am Werk. Der Abschnitt III,1-8 bildet somit zusammen mit dem Hymnus einen Rahmen um die ersten beiden Tafeln. Ihr langer Klagebericht ist als Explikation der einen Seite des polaren Marduklobes, des Preises seines unbändigen Zorns, gemeint, so wie es im persönlichen Schlußteil des Hymnus geheißen hatte:

> I,37 *lu-šá-pi ug-gat-su* ...
> 38   *i-nu-nam-ma* ...
>   Ich will verherrlichen seinen Zorn ...
>   Er hat mich bestraft...

Eine ganze Reihe terminologischer Rückbezüge auf den Hymnus findet sich auch in der IV. Tafel[48]:

> IV,6 [*ina ka-ra*]-*še-e id*-[*kan*] «*an*»-*ni*
>   In der Not ließ er mich aufstehen
> vgl. IV,106 ^{d}*Ṣar-pa-ni-tum ina ka-ra-še-e e-ṭe-ra am-rat*
> (36) Ṣarpānītum weiß, aus der Not zu retten
> I,14 *e-nu-uš-šú ina ka-ra-še-e ú-šat-bi ma-aq-tú*
>   In seiner Gnade läßt er den in Not Gefallenen aufstehen
> IV,45 *ina* KÁ.NAM.TAG.GA.DU$_8$.A *e'-il-ti ip-pa-ṭir*
> (85) Im Tor der Schuldvergebung wurde meine Schuld gelöst
> I,24 *ina* UD *i-šar-ti-šú up-ta-aṭ-ṭa-ru e'-il-tu$_4$ u an-nu*
>   Am Tage seiner Wiedergutmachung sind Schuld und Sünde | gelöst.
>
> IV,99 *i-mu-ru-ma* -<*mar*> KÁ.DINGIR.RA^{KI}
> (29) *ki-i u-bal-la-ṭu* ^{d}AMAR.UTU
>   Die Babylonier sahen, wie Marduk wieder gesund macht.
> I,38 *i-nu-nam-ma za-mar ki-i u-bal-li*-[*ṭa*]-[*an-ni*]
>   Er strafte mich, doch wie schnell machte er mich gesund!
>
> IV,103 *šá la* ^{d}AMAR.UTU *man-nu mi-tu-ta-šú u-bal-liṭ*
> (33)

---

47 So schon richtig Moran 259 Anm. 18. |
48 Die Teile der immer noch nicht voll rekonstruierten Tafel sind mit M. Vogelzang, The Reconstruction of *Ludlul* IV, RA 73, 1979, 180 gegenüber der Anordnung in BWL umzustellen. Die erste Zeilenzahl gibt die neue Numerierung an, die zweite, in Klammern gesetzte, die von BWL. |

104 e-la ᵈE₄.RU₆ ᵈiš-tar-tu₄ a+a-i-tu₄ i-qí-ša nap-šat-su
(34) Ohne Marduk, wer konnte seinen Tod wieder zum Leben verwandeln?
     Außer Ṣarpānītum, welche Göttin konnte (ihm) sein Leben schenken?

I,35 ša la lìb-bi-šú man-nu me-hi-iṣ-ta-šu li-šap-[ši-ih]
36   e-la kab-ta-ti-šú ja-ú li-qal-lil ṭ[i-ra-ti-šú]
     Ohne seinen Willen, wer wollte seinen Schlag beruhigen?
     Außer ihm selber, wer wollte [seinen Hieb] erleichtern?

Zu I,35 vergleiche man auch aus dem Rettungsbericht der III. Tafel Si 55 rev. 21:

ú-pa-áš-ši-ih mi-hi-iṣ-ta-šu-ma a-nap-pu-uš
Er beruhigte seinen Schlag, da atmete ich auf ... |

Nimmt man alle diese terminologischen Bezüge zusammen, dann können wir die lange Zeit umstrittene Frage, ob die IV. Tafel überhaupt zur Dichtung hinzugehört, endgültig mit Sicherheit positiv entscheiden. Der Preis der Güte Marduks im Hymnus am Anfang, die sich immer wieder gegen seinen Zorn durchsetzt, findet seine Entsprechung im Lob des Geretteten am Ende, in das seine Mitbürger einstimmen. Der Eingangshymnus bildet zusammen mit Tafel IV, die ganz vom Dank und Preis für Marduk beherrscht ist, nochmals einen Rahmen um die gesamte Dichtung. Wie die erste Seite seines polaren Gotteslobes, der Zorn Marduks, im Leidensbericht der ersten und zweiten Tafel realisiert wurde, so expliziert der Bericht von der Wende der Not der dritten (ab III,9ff.) und vom Lob und den Dankriten des Geretteten der vierten Tafel dessen zweite Seite, das Erbarmen Marduks[49].

Diese Entsprechung wird noch klarer, wenn man sich den Aufbau der vierten Tafel verdeutlicht. Leider ist dieser noch nicht vollständig zu erkennen, da immer noch knapp die Hälfte der Tafel fehlt. Doch immerhin werden die Strukturen nach der von M. Vogelzang gegenüber BWL vorgenommenen Umstellung[50] sehr viel deutlicher:

IV,1-15.. Danklied des Geretteten an Marduk als persönlichem Gott
          (dazu vielleicht die Kommentarzeilen l-n)[51] |

---

[49] Diese Strukturierung der Dichtung wird auch noch dadurch gestützt, daß der Leidensbericht (I,41ff.) und der nach den Träumen, welche die Wende ankündigen, einsetzende eigentliche Rettungsbericht III,50ff. beide mit temporalen *ultu*-Sätzen beginnen.
[50] RA 73, 1979, 180.
[51] S. BWL 54f.; Moran hat 257 Anm. 12 die ansprechende Vermutung geäußert, daß sich die Kommentarzeile k auf den Schluß von Ta|fel III bezieht.

[Lücke von 20 Zeilen]
(davor vielleicht Kommentarzeile o)

..IV,36-61 (76-101)	Dankritus des Geretteten für Marduk und Ṣarpānītu am Heiligtum von Esangila:
36 f	Weg zum Tempel mit Gebeten
36-48	Umwandlung der Tempelmauern Dabei Vergegenwärtigung der Stationen der Rettung in den Tempeltoren
49-50	Begegnung mit der Marduk(statue) im »Tor des Heiles« und Dankritus für Ṣarpānītu(statue) im »Tor des Überflusses«
51-55	Gebet, Räucheropfer, Opfergaben für den Tempel, Spende von Schlachtopfern Libation von Wein und Bier für Marduk und Ṣarpānītu
56-61	Öl-Libation für die Schutzgenien am Tempeltor

[Lücke von 34 Zeilen]
(darin wahrscheinlich Kommentarzeilen p-r[52]
Einladung der Babylonier zum Gastmahl)

..IV,94-28 (24-28)	Vorbereitung des Gastmahles
IV,99-106 (29-36)	staunendes Marduk-Lob der Babylonier über Rettung des Leidenden |
IV,107-120 (37-50)	Aufruf an alle Menschen, in das Lob Marduks einzustimmen.

Soweit erkennbar, zeigt sich im Aufbau der IV. Tafel eine schrittweise Erweiterung des Personenkreises, der in das Marduklob einbezogen wird: Die Tafel beginnt mit einem persönlichen Danklied des Geretteten. Er nennt Marduk »mein Herr« (*be-lí*); Marduk ist somit durch die Rettungserfahrungen zu seinem persönlichen Gott geworden bzw. hat sich ihm erneut als solcher erwiesen[53]. Das Danklied ist in der 3. Person gehalten, bezeugt also vor anderen die Rettungstaten Marduks, die der Leidende erfahren hat[54]. Ob diese Zeugen einmal im Text genannt waren oder ob der

---

52 S. BWL 56. |
53 Dies kommt in Lamberts Übersetzung »the Lord« BWL 59 nicht heraus.
54 Bei den alttestamentlichen Dankliedern gibt es Du- und Er-Formen, vgl. F. Crüsemann, Studien zur Formgeschichte von Hymnus und Danklied, WMANT 32, 1969, 225ff., wobei er deutlich macht, daß der anredende Typ seinen Sitz im Leben wahrscheinlich bei der Opferhandlung, der erzählende Typ wahrscheinlich beim Einzug ins Heiligtum oder beim anschließenden Opfermahl hatte. Die Überlieferung eines solchen persönlichen Dankliedes ist eine Besonderheit der *Ludlul*-Dichtung; sonst scheint in Babylonien diese Gattung schon weitgehend durch die des Hymnus ersetzt zu sein, vgl. W. Mayer, Untersuchungen zur Formensprache der babylonischen »Ge-

Leser angesprochen ist, kann wegen der Textlücke nicht festgestellt werden. In jedem Fall stehen hier die ganz persönlichen Erfahrungen eines einzelnen Menschen im Mittelpunkt.

Mit dem Vollzug des Dankritus am Marduktempel von Babylon bekommen die persönlichen Erfahrungen schon eine gewisse Öffentlichkeit. Wie immer man sich diesen Ritus vorstellen und seinen kultischen Realitätsgehalt bestimmen mag[55], gedacht ist auf jeden Fall an | eine Art von privatem kasuellem Gottesdienst, der vor aller Augen geschieht und Marduks Wohltaten als persönlicher Gott eines einzelnen am Ort seiner offiziellen kultischen Verehrung bezeugt. Dabei werden auch Marduks Gefährtin Ṣarpānītu und die Schutzgenien des Tempels in die Verehrung einbezogen.

Daran schließt sich ein Gastmahl an, zu dem der Gerettete die Bewohner Babylons eingeladen hat, um sie an seiner Freude teilnehmen zu lassen und vor ihnen von seinem wunderbaren Schicksal Zeugnis abzulegen. Dabei entspricht der große Kreis der Teilnehmer wohl der hohen sozialen Stellung, die der Gerettete einmal innehatte[56]. Im erhaltenen Text stimmen die geladenen Einwohner Babylons staunend in das Lob des Gottes Marduk ein (99-106 [29-36]).

Schließlich ruft diese ganze große Festversammlung alle Geschöpfe auf, in das Lob des Gottes Marduk einzustimmen (107-120 [37-50]).

IV 112(42) [a-pa]-a-tu$_4$ ma-la ba-šá-a ^{d}AMAR.UTU dul-la
 Ihr Sterblichen, soviele es gibt, lobet Marduk!

Das persönliche Danklied eines einzigen Menschen soll sich ausweiten zum universalen Gotteslob[57].

---

betsbeschwörungen«, Studia Pohl, Series Maior 5, 1976, 350ff. Auch das Gastmahl (qerētu Z. 97 [27] ff.) erinnert an die privaten zebaḥ-Feiern in Israel.

55 Selbst wenn der Privatmann zum Staatstempel keinen Zutritt hatte, bleiben private Riten an oder in den Toren möglich. Ein ähnlicher Öl-Libationsritus am Tor wie in Ludlul IV,56-59 [96-|99] ist auch in dem literarischen Mardukgebet 1 (AfO 19,59,63f.) erwähnt.
56 Vgl. I,55f.77f.80ff.
57 Eine vergleichbare Ausweitung des Marduklobes hat auch das literarische Mardukgebet Nr. 1 (AfO 19,60,180ff.) im Auge. Dieser schon aus der späten altbabylonischen Zeit stammende Text scheint mir den Dichter des Ludlul nicht unwesentlich beeinflußt zu haben. Weiter ist auf den mB Text RS 25.460, Ugaritica 5,268,25-33 zu verweisen, der ebenfalls eine Vorform der Ludlul-Dichtung zu repräsentieren scheint. |

Diese über das Einzelschicksal hinausdrängende Bewegung ist nun auch im Eingangshymnus zu erkennen. Ein einzelner beginnt mit sei|ner Selbstaufforderung zum Lob:

> I,1   lud-lul be-lu₄ né-me-qi DINGIR muš-[ta-lu₄]
>
> Ich will den Herrn der Weisheit loben, den umsichtigen Gott.

Er berichtet aber nicht sogleich von seinen persönlichen Erfahrungen, sondern generalisiert diese im allgemeinen Teil des Hymnus (Z. 1-36) zu Lobaussagen über das Zürnen und Verzeihen Marduks, wie es einem jeden Menschen gilt. Erst im persönlichen Schlußteil des Hymnus (Z. 37-40) kommt er zusammenfassend auf seine eigenen Erfahrungen mit Marduk zu sprechen.

> I,37   lu-ša-pi ug-gat-su ša ki-ma nu-ú-ni ak x[   ]
>   38   i-nu-nam-ma za-mar ki-i u-bal-li-⌈ṭa⌉-[an-ni]
>
> Ich will verherrlichen seinen Zorn, der wie ein Fisch (plötzlich verschwand??).
> Er hat mich bestraft, (doch) wie schnell machte er mich gesund!

Diese beiden Zeilen entsprechen sachlich in etwa dem Danklied IV,1-15, man vergleiche nur die ebenfalls zusammenfassenden Zeilen

> IV,9   [ša] im-ḫa-ṣa-an-ni
>   10   [ᵈAMAR-U]TU ú-ša-qi re-ši
>
> Er, der mich schlug;
> Marduk erhöhte meine Haupt.

Doch auch schon im Eingangshymnus wird sichtbar, daß er einzelne seiner persönlichen Erfahrungen mit Marduk nicht für sich behalten, sondern anderen mitteilen will, um sie durch sein Schicksal | zu belehren und zur lobenden Verehrung Marduks anzuhalten:

> I,39   lu-šal-mid-ma UKÙᴹᴱᏚ kit-ru-ba x x[   ]
>   40   ḫu-is-sa-as-su MÍ.SIG₅-[x ma-ta lu-ša-ḫi-is]
>
> Ich will die Menschen belehren, daß sie ständig verehren ...
> Seine gute Erwähnung [will ich dem Lande lehren (?)].

Das entspricht der Einbeziehung der Einwohner Babylons in das Gotteslob beim Gastmahl:

IV,100(30) *pa-a-tu* DÙ-*ši-na ú-ša-pa-a nar-bé-e-*[*šu*]
Alle ihre Stadtteile verherrlichen seine Größe,

und schließlich dem Aufruf zum Lob an alle Menschen. Die lobende Verkündigung und Belehrung, die am Ende des Hymnus angekündigt war, kommt am Ende der Dichtung zu ihrem Ziel. Und gleichzeitig vollzieht sich im Einleitungshymnus das allgemeine Marduklob, in das am Schluß alle Menschen einfallen sollen. Anfang und Ende der Dichtung bilden somit eine Kreisbewegung, die vom Leser immer wieder durchlaufen werden kann und soll[58]. Die Komposition der Dichtung läßt sich somit folgendermaßen graphisch verdeutlichen[59]: |

---

58 Weitere motivliche Entsprechungen zwischen Hymnus und Dichtung kommen hinzu: W. L. Moran hat 255-258 gezeigt, wie die Nacht/Tag-Symbolik von I,2/4 in der Dichtung weiter entfaltet wird (vgl. I,119f.; II,117-120; III,7f.;46); die Entfernung der Schutzgeister I,15 wird I,41-44 ausgeführt; die vielleicht in I,25 angesprochene Verwirrung des Traumdeuters findet in der Ratlosigkeit der Omenexperten und Exorzisten (I,49.51f.; II,6-9.82.108-111) ihre Realisierung. Marduks erlösende magische Formel von I,26 wird Si 55, rev. 4 wirksam.

59 Das Schema zeigt, daß die von alttestamentlicher Seite vorgeschlagenen Formbestimmungen, so das »Klage-Erhörungs-Paradigma« von H. Gese (Lehre und Wirklichkeit in der alten Weisheit, 1958, 51-78) oder die »gewendete Klage« von H.-P. Müller (Keilschriftliche Parallelen zum biblischen Hiobbuch. Möglichkeiten und Grenze des Vergleichs, Or 47, 1978, 360-375, bes. 362ff.) dem Aufbau von *Ludlul* nicht voll gerecht werden. Sie tragen der Tatsache nicht genügend Rechnung, daß am Anfang der Dichtung | nicht die Klage, sondern das Gotteslob steht. |

Ludlul bēl nēmeqi

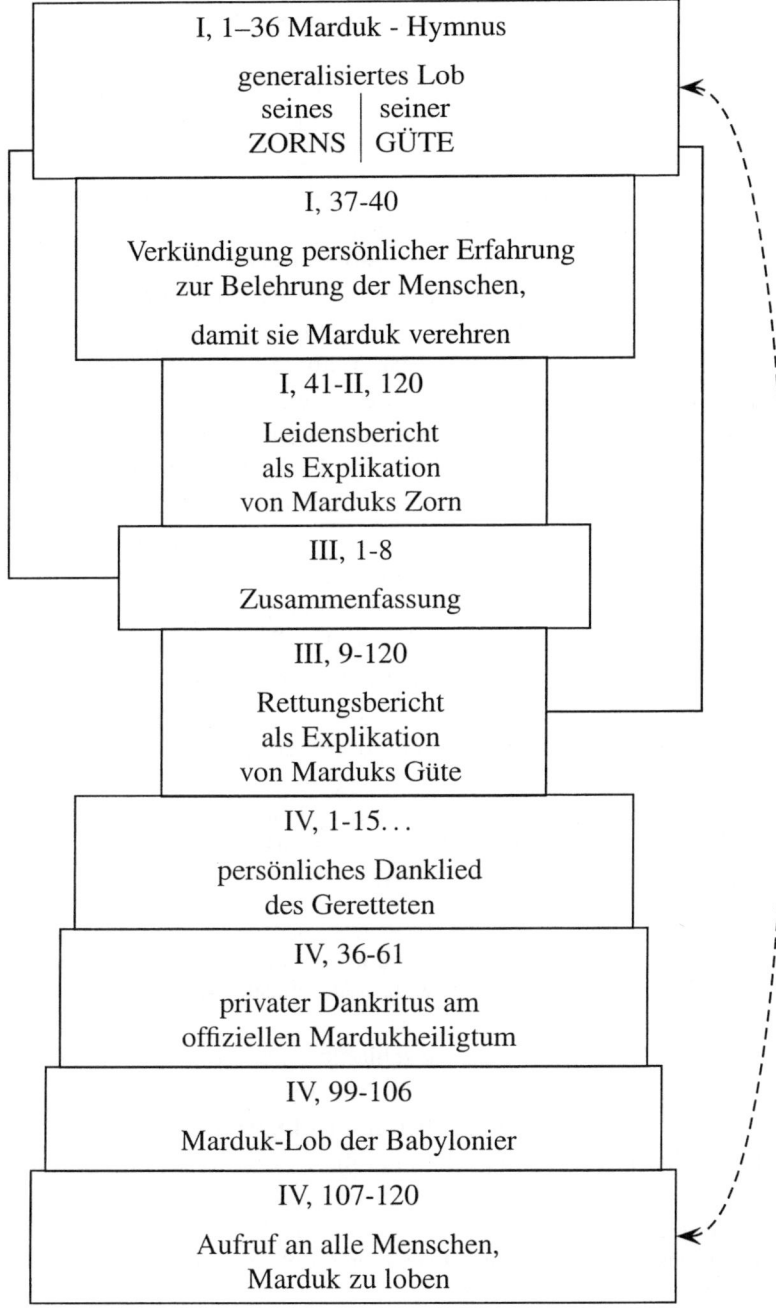

III. Schlußfolgerungen für die Gesamtinterpretation

Die tiefere Einsicht in die Komposition der Dichtung kann nicht | ohne Auswirkungen auf ihr Gesamtverständnis bleiben. Traditionellerweise sieht man den Leidenden in ihrem Mittelpunkt, der von seiner Not und Rettung berichtet. Und wohl in Anlehnung an die biblische Hiobdichtung hat man sich daran gewöhnt, ihn als unschuldig Leidenden bzw. leidenden Gerechten zu bezeichnen. W. G. Lambert etwa nennt *Ludlul bēl nēmeqi* »the poem of the righteous sufferer«[60]. Doch wird durch die nunmehrige Kenntnis des ganzen hymnischen Einleitungsteils fraglich, ob eine solche Überschrift wirklich zutreffend ist. Während das Hiobbuch nach seinem Helden benannt ist und diesen schon im ersten Vers einführt (Hi 1,1), beginnt die babylonische Dichtung mit einem breiten Gotteslob und führt den Leidenden nicht namentlich ein. Seine Vorstellung, die man lange Zeit in der Lücke der ersten Tafel vermutet hat, findet nicht statt; sein Name *Šubši-mešrê-Šakkan* wird bezeichnenderweise erst viel später da erwähnt, wo ihm Marduk im Traum durch einen *āšipu* die Rettung »namentlich« zuspricht. Stattdessen ist es der Gott Marduk, der am Anfang der babylonischen Dichtung vorgestellt wird. Und dieser streng theologischen Perspektive wird, wie der erst jetzt rekonstruierbare Anfang der Leidensgeschichte zeigt, der menschliche Erfahrungshorizont des Helden der Dichtung ausdrücklich zu- und untergeordnet:

I,41   Als der Herr den Tag [zur Nacht gemacht hatte (?)][61]
 42   und der Held Marduk sich zornig [von mir] abgewandt hatte,
 43   da verwarf mich mein Gott, suchte das Weite,
 44   da stellte meine Göttin ihre Tätigkeit ein, entfernte sich ins Abseits. |
 45   Er (!)[62] schnitt den guten Schutzgeist ab, der an meiner Seite (war),
 46   er (!) erschreckte meine Schutzgöttin, so daß sie sich einen anderen sucht.
 47   Meine Lebenskraft wurde weggenommen, sie ließ mich im Stich . . . .

Es geht also nicht um die Geschichte eines Leidenden als solche, sondern darum, wie sich der Zorn Marduks im Leben eines Menschen ausgewirkt hat. Unter einer solchen betont theologischen Perspektive kann darum auch das Theodizee-Problem gar nicht aufkommen[63]. Wohl fühlte sich

---

60 So BWL 21ff.
61 So die ansprechende Ergänzung von Moran 259, lies *ul-tu u₄-ma* ᵈEN [*iš-ku*]-*nu* [*a-na mu-ši*]. |
62 S.o. Anm. 45.
63 So schon – wenn auch mit anderer Begründung – H.-P. Müller, Keilschriftliche Parallelen, 362f.

der Leidende in der aktuellen Not unschuldig (II,23-32) und fälschlicherweise wie ein Gottloser behandelt (II,11-22), aber aus der rückschauenden Perspektive der Dichtung hat er den strafenden Zorn Marduks längst als berechtigt anerkannt (vgl. I,37!).

Wenn man nun weiter noch berücksichtigt, daß die Dichtung mit einer großen Grauzone unbewußter Sünden rechnet (II,33ff.), ja vielleicht sogar der Meinung ist, daß Marduk selber Sünde auf einen Menschen bringen kann (I,23[64]), dann kann das Problem ungerechten Leides nicht im Zentrum ihres Interesses stehen. Dafür spricht auch, daß bei der Rettung des Leidenden mehrfach ganz selbstverständlich von einer ausdrücklichen Sündenvergebung die Rede ist (III,25-28.57-60; IV,45[85].48[88]). Die Dichtung kreist somit keineswegs um das Thema des leidenden Gerechten.

Versucht man, die Intention von *Ludlul bēl nēmeqi* sachgerechter zu bestimmen, so muß man von der einfachen Tatsache ausgehen, daß ein Drittel der ersten Tafel und – soweit erkennbar – so gut wie die ganze vierte Tafel Lob des Gottes Marduk sind. Das sind nicht weniger als ca. 160 von 480 Zeilen oder ein Drittel des gesamten Textumfangs. Und wie oben gezeigt wurde, handelt es sich bei diesem Gotteslob nicht etwa um ein schmückendes Beiwerk, sondern um den Rahmen, der die ganze Dichtung kompositionell und auch theologisch trägt. Sie kommt vom Gotteslob her und läuft auf das Gotteslob zu. Das bedeutet aber: Im Zentrum der Dichtung steht nicht ein leidender Mensch, sondern der Gott Marduk; seinem Ruhm will sie dienen, wie es ja auch die ersten und die letzten Zeilen der Dichtung explizit aussagen. Das erschütternde menschliche Schicksal, von dem sie im Mittelteil erzählt, ist nur Exemplum, an dem das Handeln Marduks aufgezeigt, durch das andere Menschen für die Markdukverehrung gewonnen und so der Ruhm Marduks gemehrt werden soll.

Man kann somit die Intention von *Ludlul bēl nēmeqi* durchaus mit der von *Enūma eliš* vergleichen, die mit der preisenden Proklamation der 50 Thronnamen Marduks endet. Doch ging es dort darum, auf der Ebene der offiziellen Theologie Marduk in die Mythologie einzuzeichnen und zum König des Pantheons zu erheben, so geht es hier auf der Ebene der persönlichen Frömmigkeit um das Ziel, die Anerkennung Marduks als persönlichen Gott eines jeden Menschen auszubreiten und zu vertiefen[65].

---

64 Die Interpretation ist nicht ganz sicher, s.o. Anm. 19.
65 W. Sommerfeld, Der Aufstieg Marduks, hat die These aufgestellt, daß Marduks Popularität auf der Ebene der privaten Frömmigkeit in der aB und mB Zeit seinem Aufstieg an die Spitze des Pantheons vorangegangen sei (125; 180 u.ö.). Die hier vorgelegte

Die Intention der Ausbreitung der Mardukfrömmigkeit läßt sich direkt im Text greifen:

> I,39 Ich will die Menschen belehren, daß sie ständig verehren ...
> 40 Seine gute Erwähnung [will ich das Land lehren]
> IV,112(42) Sterbliche, soviele es gibt, lobt Marduk ... !
> 114(44) [   ]möge er über alle Menschen herrschen!

Und noch massiver zeigt sie sich in der Kommentarzeile p, die vielleicht einmal Teil der Einladung an die Einwohner von Babylon zum Gastmahl war:

> BWL 56, p Wer gegenüber Esangila nachlässig ist, lerne aus meinem Beispiel!

Das heißt, auch die rituellen Verpflichtungen des einzelnen gegenüber dem Marduk-Tempel in Babylon sollen gefördert werden[66]. Daraus kann man folgern, daß der Verfasser der Dichtung der babylonischen Mardukpriesterschaft nicht allzu fern gestanden haben kann.

Die Intention zur Vertiefung der Mardukfrömmigkeit läßt sich indirekt in dem Bemühen greifen, auch extreme menschliche Leiderfahrungen durch eine Erweiterung der Spannweite dieses persönlichen | Gottes als zornigen und gnädigen aufzufangen[67]. Alle persönliche Not hat in seinem Zorn ihre Ursache und ist in ihm aufgehoben. Ob hinter dieser theologischen Vertiefung ein konkreter sozialgeschichtlicher Anlaß stand, läßt sich nicht feststellen, solange die Datierung von *Ludlul* nicht gesichert ist[68]. Mit einiger Sicherheit kann man nur erheben, daß die ursprünglichen Adressaten der Dichtung unter den Gebildeten der babylonischen Oberschicht zu suchen sind[69]. Die theologische Durchdringung und Vertiefung der persönlichen Frömmigkeit seiner Zeit, um die der Verfasser

---

Deutung spricht nicht unbedingt für sie. Leider läßt er die für seine Thematik sicher nicht unwichtige *Ludlul*-Dichtung wegen der Unsicherheit ihrer Datierung (S. 2) fast ganz unberücksich|tigt.

66 Da die Dichtung darauf anspielt, daß es die Pflicht reicher Gutsbesitzer wie *Šubši-mešrê-Šakkan* war, seine Untergebenen zur Frömmigkeit anzuhalten (vgl. II,18.29f.), könnte man fragen, ob dies ein konkreter Ort war, an dem die Ausbreitung der Mardukfrömmigkeit stattfinden konnte. |

67 S.o.

68 Die bisher bekannten Abschriften stammen alle erst aus dem 1. Jt.; doch nimmt man meist ein mB Entstehungsdatum an. Sachliche Datierungskriterien fehlen.

69 Vgl. die Beschreibung des sozialen Milieus, aus dem *Šubši-mešrê-Šakkan* stammt (I,55f.60f.77f.81-83.90f.100-103); auch die hochliterarische Sprache spricht für ein gebildetes Publikum, vgl. W. v. Soden, Das Fragen nach Gerechtigkeit, 55f.

von *Ludlul bēl nēmeqi* bemüht ist, hat somit das weitere Ziel, den gebildeten Angehörigen der babylonischen Oberschicht angesichts scheinbar unerklärlicher Leiderfahrung Marduk als den verläßlichen persönlichen Gott anzubieten bzw. sie dazu anzuhalten, selbst in krisenhaften Lebenslagen unbeirrt an ihm festzuhalten[70].

Die vorgelegte Interpretation rückt die babylonische Dichtung weiter vom Hiobbuch ab, als mir dies im eingangs erwähnten interdisziplinären Seminar bewußt geworden ist. So fruchtbar die Zusammenarbeit von Assyriologie und alttestamentlicher Wissenschaft immer wieder gewesen ist, sie barg doch auch immer wieder die Gefahr, vorschnelle Parallelisierungen vorzunehmen. Es war stets ein Anliegen K. Dellers, vor solchen vorschnellen Parallelisierungen zu warnen, solange die Textgrundlage nicht ausreichend rekonstruiert | und philologisch gesichert werden kann. Diese Warnung hat sich auch hinsichtlich *Ludlul bēl nēmeqi* als berechtigt erwiesen. Wenn es mir gelungen sein sollte, diesem babylonischen Text gegen seine biblische Bevormundung ein Stück weiter zu seinem eigenen Recht zu verhelfen, dann hoffe ich – obwohl es mich als Alttestamentler etwas schmerzt – dem Anliegen des Jubilars ein wenig entsprochen zu haben.

---

70 Dabei scheint der Verfasser des *Ludlul* an Vorläufer angeknüpft zu haben, wie das spätaltbabylonische Mardukgebet CT 44,21 und der mB Text aus Ugarit zeigen. |

Der sozialgeschichtliche Hintergrund des Hiobbuches und der »Babylonischen Theodizee«

1. Die Fragestellung

Die Frage nach dem sozialgeschichtlichen Hintergrund des Hiobbuches ist bisher kaum gestellt worden.[1] In seinem Forschungsüberblick von 1978 kann H.-P. Müller hierzu nur auf einige vereinzelte und zudem noch divergierende Äußerungen hinweisen und feststellen, »daß eine gründliche Untersuchung des soziokulturellen Hintergrundes des Buches Hiob noch zu den Aufgaben der Zukunft gehört«.[2]

Erst in jüngster Zeit hat F. Crüsemann einen ersten umfassenderen Vorstoß in dieser Richtung unternommen und mit Recht betont, wie wichtig eine genauere sozialgeschichtliche Ortung des Hiobbuches nicht nur zum besseren Verständnis des Buches selbst, sondern auch für einen tieferen Einblick in die Geschichte der nachexilischen Zeit sein könnte.[3]

Und in der Tat läßt ja die bisher übliche rein geistesgeschichtliche Einordnung des Hiobbuches viele Fragen offen: Man sieht üblicherweise im Hiobbuch eine tiefe »Krise der Weisheit«, das Zerbrechen der traditionellen weisheitlichen Vergeltungslehre oder das plötzliche Aufbrechen des Theodizeeproblems. Doch warum die Weisheit auf einmal in die Krise geriet, warum nicht früher und warum nicht später, warum das Theodizeeproblem plötzlich in Israel aufbrach und von welchen Gruppen das Zerbrechen der Vergeltungslehre so unausweichlich erfahren wurde, ist damit noch keineswegs geklärt. Damit stellt sich aber die Aufgabe, weiterzufragen, ob hinter dem Hiobbuch nicht doch ganz konkrete sozialge-

---

1 Dem Aufsatz liegt meine Heidelberger Antrittsvorlesung zugrunde, bei der auch der verehrte Jubilar anwesend war. Sie geht auf ein interdisziplinäres Seminar zurück, das ich zusammen mit Prof. K. Deller (Seminar für Sprachen und Kulturen des Vorderen Orients in Heidelberg) im Sommer 1979 durchgeführt habe.
2 Das Hiobproblem, EdF 84 (1978) 128.
3 Hiob und Kohelet. Ein Beitrag zum Verständnis des Hiobbuches, in: Werden und Wirken des Alten Testaments. Festschrift C. Westermann (1980) 373–393; 386; allerdings scheint mir seine Sicht der sozialgeschichtlichen Konstellation noch nicht differenziert genug zu sein, dazu s.u. S. 126.

schichtliche Entwicklungen erkennbar sind, die diese »Krise der Weisheit« ausgelöst haben könnten.[4] |

Nun ist aber die Zurückhaltung der Forschung an dieser Stelle nicht zufällig. Denn der Lösung der gestellten Aufgabe stehen ganz erhebliche methodische Probleme entgegen: Der bewährte, methodisch gesicherte Zugang zum sozialen Hintergrund, den uns die formgeschichtliche Methode gewährt, ist uns im Falle des Hiobbuches versperrt. Das Hiobbuch ist keine Gattung im ursprünglichen Sinn, sondern ganz sicher ein literarisches Werk, das – wie die traditionsgeschichtliche Forschung zeigen konnte – schon eine ganze Fülle verschiedenster Gattungen in sich aufgenommen hat und recht frei verwendet. Ein institutioneller Sitz im Leben der Gemeinschaft ist darum von vornherein nicht mehr zu erwarten.

Dann bleibt allein die Möglichkeit, inhaltliche Anspielungen und Motive sozialgeschichtlich auszuwerten. Doch ob und wieweit das möglich ist, ist noch keineswegs gesichert.[5] Denn es ist ja unübersehbar, daß das Hiobbuch kein historisches oder autobiographisches Werk sein will, das sich direkt zeitgeschichtlich auswerten ließe, sondern ein literarisches Werk, in dem die konkreten Erfahrungen schon deutlich auf eine paradigmatische, allgemein-menschliche Ebene gehoben worden sind. Was hier an sozialgeschichtlich auswertbaren Motiven erscheint, könnten auch geprägte literarische Topoi sein, die längst keinen Anhalt mehr in der Lebenswirklichkeit des Autors und seiner Adressaten haben. Und in dieser Richtung wurden sie ja auch bisher weitgehend verstanden.

Angesichts dieser methodischen Schwierigkeiten, einen einigermaßen gesicherten Zugang zum sozialgeschichtlichen Hintergrund des Hiobbuches zu finden, soll hier ein Weg eingeschlagen werden, der bis jetzt noch von niemandem gegangen worden ist: der Weg über den religionsgeschichtlichen Vergleich. Wie allgemein bekannt, hat das Hiobbuch ei-

---

4 Auch C. Westermann, der gegenüber der hier angesprochenen problemgeschichtlichen Sicht mit einigem Recht stärker die existentielle Betroffenheit, aus der heraus in der Hiobdichtung geredet wird, betont (Der Aufbau des Buches Hiob, BHTh 23, 1956, 7ff. = CThM A 6, 1977, 33ff.), fragt nicht weiter, welche realen Erfahrungen zur Gestaltung dieses außerge|wöhnlichen »Dialogs des Tröstens« geführt haben könnten. Mir geht es darum, an die realen Erfahrungen, die sich in den extremen Klagen Hiobs aussprechen, heranzukommen und sie in der geschichtlichen Wirklichkeit genauer festzumachen.

5 So stellt H.-P. Müller im Hinblick auf die von ihm referierte Forschung mit Recht fest: »Nicht einmal der Quellenwert, den die Hiobdichtung für die Wirtschafts- und Sozialgeschichte des nachexilischen Israel hat oder nicht hat, (ist) eigentlich zum Problem geworden« (aaO [Anm. 2] 128).

ne Reihe von Parallelen in der Literatur des antiken Zweistromlandes.[6] Auch in der Geschichte der babylonischen Weisheit hat es also Krisen gegeben, auch hier wurde der Glaube an eine gerechte Vergeltung in Frage gestellt, auch hier | brach das Theodizeeproblem auf. Wenn sich nun aber für diese babylonischen Texte – und ich wähle hier die sogenannte »Babylonische Theodizee« aus[7] – etwas über ihren sozialgeschichtlichen Hintergrund ausmachen ließe, dann besteht immerhin die Möglichkeit, daß auch das Hiobbuch einen konkreteren Anlaß hatte, als man bisher gemeint hat. Die angesprochenen methodischen Schwierigkeiten werden durch einen solchen Zugang zwar nicht beseitigt, aber die Möglichkeiten und Grenzen einer sozialgeschichtlichen Ausdeutung des Hiobbuches werden doch besser kalkulierbar und die Gefahr einer völligen Fehlinterpretation eingeschränkt.

2. Der soziale Hintergrund der »Babylonischen Theodizee«

Der Aufbau und Inhalt des babylonischen Textes kann hier nicht in extenso dargestellt werden.[8] Es seien hier nur die wichtigsten Punkte ge-

---

6 Die wichtigsten Texte sind: 1. der sogenannte »Sumerische Hiob«, vgl. S.N. Kramer, ›Man and His God‹. A Sumerian Variation on the ›Job‹-Motif, VT.S. 3 (1955) 170–182 und bei J.B. Pritchard, ANET (^{3}1969) 589–591; 2. *Ludlul bēl nēmeqi*, vgl. W.G. Lambert, Babylonian Wisdom Literature (= BWL) (1960) 21–62; 283–302; 343–345 und R.D. Biggs in ANET (^{3}1969) 596–600; 3. die »Babylonische Theodizee«, vgl. B. Landsberger, ZA 43 (1936) 32–76 und W. G. Lambert, BWL 63–91; 302–310. – Leider nur schlecht erhalten und bis heute nicht befriedigend bearbeitet ist der interessante aB Text AO 4462, vgl. J. Nougayrol, Une version ancienne du ›Juste Souffrant‹, RB 59 (1952) 239–250, teilübersetzt von W. v. Soden, Das Fragen nach der Gerechtigkeit Gottes im Alten Orient, MDOG 96 (1965) 47f. Fragmentarisch ist auch der Text aus Ugarit RS 25.460, vgl. J. Nougayrol, Ugaritica 5 (1968) 265–273, verbessert bearbeitet durch W. v. Soden, UF 1 (1969) 191–193. |
7 Die Auswahl hat rein praktische Gründe; ich meine, daß sich auch für den »Sumerischen Hiob« und *Ludlul bēl nēmeqi* ein sozialgeschichtlicher Anlaß ausmachen läßt.
8 Ausführlichere Würdigungen des babylonischen Textes im Vergleich zum Hiobbuch finden sich bei H.-P. Müller, Keilschriftliche Parallelen zum Hiobbuch. Möglichkeit und Grenze des Vergleichs, Or. NS 47 (1978) 360–375; 365ff.; J. Lévêque, Job et son dieu, Bd.1 (1970) 23–29; vgl. auch J.J. Stamm, Das Leiden des Unschuldigen in Babylon und Israel, AThANT 10, 1946 und J. Gray, The Book of Job in the Context of Near Eastern Literature, ZAW 82 (1970) 251–269, bes. 258. Von orientalistischer Seite ist zu vergleichen W. v. Soden, Das Fragen nach der Gerechtigkeit Gottes im Alten Orient, MDOG 96 (1965) 41–59, bes. 51ff.; v. Soden macht auf eine Reihe re-

nannt, die für den Vergleich mit dem Hiobbuch wesentlich sind: Auch die »Babylonische Theodizee« ist ein Wechselgespräch, ein Dialog zwischen einem Leidenden und seinem Freund. Dabei beklagt der Leidende seine Not, in die er, wie er immer wieder beteuert, trotz seiner großen Frömmigkeit geraten ist, während der Freund von der Position der theologisierten Weisheit aus die Klagen und Argumente des Leidenden zu entkräften sucht.[9] Noch stärker als Hiob in Kap. 21 brandmarkt der babylonische Leidende neben seinen persönlichen Klagen auch noch ganz allgemein die ungerechten Zustände in der Gesellschaft. Und wie im Hiobbuch wird aus dem »Dialog des Tröstens« je länger je mehr ein Streitgespräch, in dessen Verlauf der Freund den Leidenden der Gottlosigkeit bezichtigt.[10]

Die Hauptdifferenz zum Hiobbuch besteht darin, daß Gott bzw. die Götter nicht direkt am Streitgespräch beteiligt sind. Von ihnen ist nur in der 3. Pers. die Rede, eine direkte Anklage gegen sie fehlt. Die Klage des Leidenden ist fast durchweg Ich-Klage.[11] Dadurch ist in der Theodizee mehr das | Element der Diskussion, des Streitgesprächs ausgeprägt, während gegenüber dem Hiobbuch das Klageelement zurücktritt.[12]

---

ligionsgeschichtlicher Voraussetzungen für das Aufkommen des Theodizeeproblems in Babylonien und Israel aufmerksam, geht aber auf mögliche sozialgeschichtliche Voraussetzungen nicht ein.

9 Das Argument vom baldigen Unglück des Frevlers findet sich Z.20; 59–64; 235–238, vom Glück des Frommen Z.19; 21f.; 188–198; 215–216; 240.

10 Vgl. die Beschuldigungen Z.78–81; 214; 239; 255.

11 Z.8–11; 27–32; 74–77; 251–253; 275. Eine Anklage in der 3. Pers. findet sich Z.75; als weitere Formen des Gebets kommen vor: die Bitte Z.295–297 und das Unschuldsbekenntnis Z.54–55; 72–73. |

12 Umgekehrt tritt in *Ludlul bēl nēmeqi*, dem »Sumerischen Hiob«, AO 4462 und RS 25.460 das Element der Klage noch beherrschender als im Hiobbuch hervor, stattdessen fehlt hier das Element des Streitgesprächs. H. Gese hat für diese Texte den Begriff »Klage-Erhörungs-Paradigma« geprägt (Lehre und Wirklichkeit in der alten Weisheit, 1958, 51–78), und H.-P. Müller hat sie mit der »gewendeten Klage« im AT verglichen (aaO [Anm. 8] 362ff.). *Ludlul* und par. entsprechen also mehr der Struktur: Klagen Hiobs – Antwort Gottes (Hi 3; 29–31; 38ff.), während die Theodizee eigentlich nur eine Parallele zu dem Streitgespräch Hiob – Freunde ist. (Hi 4–27). Man könnte daher fragen, ob die Hiobdichtung nicht eine bewußte Kombination beider mesopotamischer Traditionslinien ist. Doch auch in Mesopotamien lassen sich die Elemente Klage und Streitgespräch nicht völlig trennen: In der Theodizee kommen im Streitgespräch viele Gebetsformen vor (s.o. Anm. 11), und im »Klage-Erhörungs-Paradigma« kann auch ein Freund zu Wort kommen (so in AO 4462). Die genauen traditionsgeschichtlichen Zusammenhänge zwischen den beiden mesopotamischen Linien einerseits und dem Hiobbuch andererseits sind noch nicht wirklich aufgeklärt.

2.1 Die Klagen des Leidenden über seine Not und die gesellschaftlichen Zustände

Der Leidende beginnt mit der Klage über den frühen Verlust seiner Eltern (Z. 8–11). Diese ganz persönliche Eingangsklage ist aber nur Hinführung zu der Hauptklage, die im Folgenden den Dialog durchzieht: die Klage über seinen sozialen Abstieg, seine soziale Deklassierung. Ihm fehlt die Solidarität der Familie, so ist er schutzlos der Verarmung ausgeliefert:

27 Meine Gestalt ist bedeckt, Mangel verdüstert mich (?).[13]
28 Mein Erfolg ist verschwunden, vorbei ging mein Wohlstand.
29 Meine Kraft wurde schwach, es hat aufgehört mein Gewinn.
30 Depression und Klage hat mein Gesicht geschwärzt.
31 Die Nahrung von meinen Feldern ist weit davon entfernt, mich zu ernähren.
32 Das Feinbier, das Lebenselixier des Menschen, ist zu wenig, um mich zu erquicken.

Der Klagende hat seinen einstigen Wohlstand verloren, die Erträge seiner Felder reichen nicht mehr aus, um ihn zu ernähren. Hineingewoben in die soziale Klage ist auch eine Klage über eine körperliche Schwächung, wobei nicht ganz sicher ist, ob sie Anlaß oder Folge der wirtschaftlichen Not ist. Aufs Ganze gesehen muß man jedoch sagen, daß in der Theodizee das körperliche Leid nur eine geringe Rolle spielt, das ganze Gewicht liegt auf der sozialen Notlage. In diese Notlage geriet der Leidende trotz seines frommen Lebenswandels, dessen er sich von Jugend an befleißigt hatte:

72 Im frühesten Keime schon forschte ich nach dem Willen Gottes,
73 in Demut und Andacht suchte ich nach meiner Göttin.
74 (Doch) eine Lehnslast ohne Gewinn ziehe ich als Joch.
75 Es gab mir Gott statt Reichtum Dürftigkeit.
76 Über mir (steht) der Krüppel, vor mir (steht) der Tölpel,
77 der Räuber (ḫarḫaru) wurde erhöht, ich aber wurde erniedrigt.

Seine Frömmigkeit hat sich nicht ausgezahlt. Gott selber hat ihm seinen Reichtum entzogen und ihm Armut zugeteilt. Das wird auch in der babylonischen Dichtung in dieser Klarheit ausgesprochen, auch wenn es Gott nicht, wie bei Hiob, direkt ins Gesicht geschleudert wird. Die Verarmung führt zur einschneidenden sozialen Deklassierung, selbst der Dorfdepp

---
13 So nach der Lesung von W.G. Lambert, BWL 72; anders W. v. Soden, AHw 336b; 591a: *ha-a-*[*ti!*] »Mangel ist mein Schrecken«. Ich versuche, wo es geht, der noch immer klassischen Übersetzung von B. Landsberger, ZA 43, 45ff. zu folgen; wo Lambert neue Lesungen bringt, biete ich eine eigene Übersetzung. |

steht noch über dem Leidenden. Und zum sozialen Abstieg kommt der Spott:

251   Der ich mich vor meinem Vordermann[14] demütigen muß, was kann ich noch gewinnen?
252   Selbst unter meinen »Troßknecht«[15] muß ich mich beugen!
253   Der Allerverachtetste spottet meiner wie ein Reicher und Korpulenter!

Wir haben damit das Bild eines ehemals begüterten Mannes vor uns, der Felder, Knechte und Reichtum besaß, und der trotz seiner Frömmigkeit und peinlich genauer religiöser Observanz verarmte und bis an das unterste Ende der sozialen Stufenleiter abstieg.

Es läßt sich nun zeigen, und das ist wichtig für unsere Feststellung, daß dieses persönliche Schicksal des Leidenden eng mit den ungerechten gesellschaftlichen Zuständen zusammenhängt, die er allgemein brandmarkt.

Schon in seiner persönlichen Klage (Z.77) hatte der Leidende davon gesprochen, daß im Unterschied zu ihm »der Räuber« sozial aufsteigt. Auf den gleichen sozialen Umschichtungsprozeß kommt er nun Z.180–187 allgemein zu sprechen. Leider ist hier der Text teilweise zerstört, voll lesbar sind aber noch die Zeilen 185–187:

185   Derjenige, der ehemals nur Grünzeug fressen konnte, der (verschlingt) jetzt ein fürstliches Mahl.
186   Der Sohn des Vornehmen und Reichen (hat) jetzt (dagegen) nur noch Johannisbrot zu seiner Speise.
187   Gefallen ist der Reiche, fern (von ihm) ist . . .

Johannisbrot ist eigentlich Tierfutter; es wurde auch vom verlorenen Sohn auf dem Tiefpunkt seines sozialen Abstiegs gegessen (Lk 15,16). Das ist die Situation, die dem Leidenden offenbar in seiner Gesellschaft vor Augen steht: Reiche verarmen und müssen Viehfutter fressen, während Leu|te, die sich zuvor kein Fleisch leisten konnten, jetzt Fürstenmähler veranstalten. Sein persönliches Schicksal ist ganz offensichtlich kein einmaliger Fall.

Auch an anderer Stelle beklagt der Leidende den sozialen Aufstieg einer Gruppe, die er Z.77 »Räuber« genannt hatte und die er anderwärts mit dem Terminus »bēl pāni«, d.h. »einer, der sich vordrängt«, »Emporkömmling«, »Neureicher« bezeichnen kann (Z.52.275). Was ist das für eine Gruppe?

---
14   So B. Landsberger; anders W.G. Lambert, der *qadmu* als eine Bezeichnung für Gott versteht (BWL 87; 309).
15   *ašpaltu* »eine niedrige Menschenklasse« (AHw 82a). |

Diese Emporkömmlinge zeichnen sich dadurch aus, daß sie meinen, auf die traditionelle Frömmigkeit und religiöse Observanz verzichten zu können. So stellt der Leidende seiner Frömmigkeit die fehlende Frömmigkeit der sozialen Aufsteiger gegenüber:

52 Hat wirklich der Emporkömmling, dem sich gemehrt hat der Überfluß,
53 kostbares Gold abgewogen der Göttin Mami?

Der Emporkömmling ist damit der Gottlose (*ša lā ili* Z.237), der trotz seiner Gottlosigkeit reich wird und aufsteigt. Das ist die Anfechtung für den Leidenden, während er, der Fromme, verarmt und absteigt. So kann er grundsätzlich das Theodizeeproblem formulieren:

70 Es gehen den Weg des Glücks, die Gott nicht suchen,
71 es verarmen und verkümmern, die andächtig beten zur Göttin.

Auch der Freund kann diesen gesellschaftlichen Tatbestand nicht leugnen. Er bestreitet nur, daß dieser soziale Aufstieg der Gottlosen von Dauer sein wird:

63 Der mit Reichtum Beschenkte, der Emporkömmling (*bēl pāni*), der gescheffelt hat Vermögen,
64 im Feuer, noch bevor seine Zeit gekommen ist, verbrennt ihn der König.

237 Der Gottlose, der Schurke, der Vermögen erworben hat,
238 des Mörders Waffe verfolgt ihn.

Zu ihrer Gottlosigkeit kommt noch ihr frevelhaftes Tun, was von einer wankelmütigen öffentlichen Meinung auch noch honoriert wird, wodurch sich der Abstieg des verarmten Gerechten noch einmal beschleunigt:

267 Man hebt in den Himmel das Wort des Mächtigen, der geübt ist im Morden,
268 und setzt herab den Armseligen, der nie Unrecht getan hat.
269 Man gibt Recht dem Bösewicht, dem Wahrheit ein Greuel ist,
270 und jagt den Ehrlichen fort, der auf Gottes Weisung achtet.
271 Man füllt (mit) Feingold das (Schatzhaus) des Übeltäters
272 und entfernt aus dem Speicher des Dürftigen den Mundvorrat.
273 Man stärkt den Mächtigen, an dem alles Sünde ist,
274 und ruiniert den Schwachen, stürzt den Kraftlosen zu Boden.
275 Auch mir, dem sehr Geschwächten, sitzt der Emporkömmling auf den Fersen. |

Die letzte Zeile beweist, daß es sich um den gleichen Umschichtungsprozeß handelt: Der mächtige Böse[16] ist der *bēl pāni*, der Emporkömmling, der arme Gerechte[17] ist der verarmende Absteiger. Es ist nicht ganz deutlich, ob man Z.275 so interpretieren darf, daß die Emporkömmlinge den sozialen Abstieg des ehemals reichen Leidenden direkt hervorgerufen haben; sicher ist jedenfalls, daß sie seine wirtschaftliche Schwäche zu ihren Gunsten ausnutzen.

2.2 Ein krisenhafter sozialer Umschichtungsprozeß als Hintergrund der babylonischen Dichtung

Auch wenn nicht alle Äußerungen des Leidenden als objektive Beschreibung der sozialen Realität gewertet werden dürfen, sondern übertreibende und möglicherweise auch schematisierende Aussagen eines existentiell zutiefst Betroffenen sind, so ergibt sich aus ihnen doch ein in sich stimmiges Gesamtbild einer krisenhaften sozialen Entwicklung: Eine alte, traditionell reiche Oberschicht, die sich zugleich als fromm versteht, sieht sich offensichtlich zunehmend der Gefahr eines wirtschaftlichen Niedergangs und sozialen Abstiegs ausgesetzt, während sie gleichzeitig mit ansehen muß, daß andere Gruppen nach oben drängen und vermehrt ihre Position einnehmen, über deren religiöses und ethisches Verhalten sie, die alteingesessene Oberschicht, nur ihre ganze Verachtung ausdrücken kann. Die angeschlagene ehemalige Oberschicht geriet dabei möglicherweise sogar direkt unter den wirtschaftlichen Druck der Neureichen, jedenfalls fühlt sie sich so bedroht, daß sie ein regelrechtes Feindbild für sie ausbildet. Die Welt schien für sie aus den Fugen geraten zu sein, der Zusammenhang von Frömmigkeit und Wohlergehen grundsätzlich in Frage gestellt. So scheint doch die »Krise der Weisheit«, das Aufbrechen des Theodizeeproblems, in Babylon einen ganz konkreten sozialgeschichtlichen Anlaß gehabt zu haben.

---

16 Z.269 *raggu*, hebräisch רַע, entspricht sachlich weitgehend dem hebräischen רָשָׁע, s.u. S. 122ff.

17 Z.270 *kīnu* entspricht sachlich dem hebräischen צַדִּיק; die gleiche Gegenüberstellung von *raggu* und *kīnu* findet sich auch im Erra-Epos V 10; vgl. IV 105. |

2.3 Versuch einer Ortung der sozialen Krise in der Geschichte Babyloniens

Es stellt sich natürlich sogleich die Frage, ob sich die eben vollzogenen sozialgeschichtlichen Rückschlüsse in irgendeiner Weise durch andere Quellen bestätigen und in der babylonischen Geschichte festmachen lassen.

Zum Glück können wir die »Babylonische Theodizee« heute ziemlich genau datieren. Ihr Dichter *Saggil-kīnam-ubbib* (»Esangila reinige den Ge|rechten«), der seinen Namen in den Anfangszeichen seiner akrostichischen Dichtung verborgen hat, gilt der späteren literarischen Überlieferung als Gelehrter zur Zeit des Königs *Adad-apla-iddina*, der von 1069–1048 regierte.[18] Aufgrund seines Namens stammt er sicher aus Babylon (Esangila = Marduktempel in Babylon), und damit schildert seine Dichtung sehr wahrscheinlich auch zentralbabylonisches Milieu.

Was war das für eine Zeit? J.A. Brinkman[19] zeichnet das Bild eines fortwährenden politischen und wirtschaftlichen Niedergangs Babyloniens, nachdem 1158 die Elamiter der relativ stabilen Kassitenherrschaft ein Ende gesetzt hatten. Ein Faktor dafür war eine Reihe schwerer Hungersnöte, die das Land im 11. und 10. Jh. heimsuchten – eine besonders schwere ist uns für das Jahr 1083 bezeugt; ein weiterer Faktor waren die ab 1083 einsetzenden Überfälle durch die noch halbnomadischen Aramäer und Sutäer, die von der Hungersnot getrieben in das babylonische Kernland vordrangen, um sich dort mit Gewalt ihren Lebensunterhalt zu verschaffen. Die babylonischen Könige dieser Zeit waren politisch und militärisch zu schwach, um sie daran zu hindern. So hören wir aus der neubabylonischen Chronik, daß, wie schon unter seinem Vorgänger, so auch unter *Adad-apla-iddina* selber Raubzüge der Aramäer und Sutäer durch Babylonien stattfanden. Möglicherweise kam es dabei schon recht bald zu einer dauerhaften Infiltration aramäischer Bevölkerungselemente in die babylonische Gesellschaft, jedenfalls behauptet die neubabylonische Chronik, daß *Adad-apla-iddina*, der als Usurpator den Thron bestieg, aramäischer Herkunft gewesen sein soll, was Feindseligkeit anderer, nachrückender aramäischer Gruppen offensichtlich nicht ausschloß.

---

18 Das ist jetzt durch die seleukidische Liste aus Uruk W 20030,7,17 (UVB 18, 44–52) gesichert; danach ist im neuassyrischen Katalogtext K 10802 (BWL 63) [*Adad-ap*]*la-iddina* zu ergänzen (so W.G. Lambert, A Catalog Text and Authors, JCS 16, 1962, 59–77, bes. 66f.76) und BWL zu korrigieren.

19 A Political History of Post-Kassite Babylonia, AnOr 43 (1968) 130ff.

Es war also eine Epoche großer politischer Unsicherheit und wirtschaftlicher Depression. Eine krisenhafte soziale Umschichtung wird von den historischen Quellen nicht direkt belegt (Brinkman wertet leider nicht die schlecht und verstreut edierten mittelbabylonischen Rechtsurkunden aus), aber ist doch unter diesen Umständen nicht unwahrscheinlich:

1. könnten die schweren Hungersnöte eine Schwächung der alteingesessenen Oberschicht hervorgerufen haben.

2. könnte ihr sozialer Abstieg durch die aramäischen Raubzüge und Plünderungen bewirkt sein, wobei man fragen kann, ob die in der Theodizee u.a. als »Räuber« charakterisierten Emporkömmlinge nicht solche aramäischen oder sutäischen Bevölkerungselemente gewesen sind. Jedenfalls stellt das etwas später geschriebene Erra–Epos dem armen Akkader (Babylonier) den reichen Sutäer gegenüber.[20] |

3. könnte die soziale Umschichtung durch eine ganz bestimmte babylonische Verwaltungspraxis hervorgerufen oder zumindest verstärkt worden sein: Sie bestand darin, daß die Könige in großem Umfang Land aus Staatsbesitz an verdiente Untertanen verschenkten, wie uns die Kudurrus, die babylonischen Grenzsteine, bezeugen.[21] Ein Grund für solche Landschenkungen waren u.a. hervorragende Kriegsdienste, die ja in dieser politisch unsicheren Zeit verstärkt benötigt wurden. Kriegsdienste konnten vom König auch durch Steuerbefreiung belohnt werden. Wie dieses Verwaltungsinstrument im einzelnen wirkte, ist noch nicht völlig klar. Wenn wir nun davon hören, daß die mächtigen örtlichen Scheichs des kassitisch besiedelten Osttigrislandes durch freigiebige Angebote von Landschenkung und Steuerbefreiung dazu veranlaßt werden sollten, dem babylonischen König Heerfolge zu leisten (239), dann haben wir hier ein Beispiel dafür, wie ganz neue Gruppen in der babylonischen Gesellschaft zu reichen Latifundienbesitzern aufsteigen konnten. Wieweit das auch auf das babylonische Kernland übertragen werden kann, wissen wir nicht; an sich blieb Privatbesitz unangetastet, auch wenn man annehmen muß, daß unter bestimmten Bedingungen (vielleicht bei hoher Verschuldung?) privates Land an die Krone fiel. Aber man könnte sich vorstellen, daß der Zwang,

---

20 V 27 »der verkrüppelte Akkader möge den starken Sutäer zu Fall bringen«, vgl. L. Cagni, L'Epopea di Erra, SS 34, 1969. Daß Erra den Gerechten mit dem Frevler zusammen untergehen | läßt, beklagt IV 104–107; V 10. Wenn in Hi 1,15.17 von einem räuberischen Überfall der noch nomadischen Sabäer und Chaldäer gesprochen wird, dann könnte das darauf hinweisen, daß die Hiobrahmenerzählung auf ähnliche leidvolle Erfahrungen aus der Zeit der aramäischen Wanderung zurückweist, die den Hintergrund der babylonischen Theodizee bilden.

21 Vgl. J.A. Brinkman, aaO (Anm. 19) 289ff. |

unter dem die Könige dieser Zeit standen, durch verstärkte Landverteilung und Steuerbefreiung aus einem wirtschaftlich ausgebeuteten Land doch noch an Mittel für die ständig nötige Kriegsführung zu gelangen, mit zu einer tiefgreifenden sozialen Umschichtung in dieser Zeit beigetragen hat.

Nimmt man alle diese Überlegungen zusammen, dann ist es relativ wahrscheinlich, daß der Dichter der »Babylonischen Theodizee« mit seinem Werk auf eine krisenhafte soziale Entwicklung reagiert, die zu seiner Zeit wirklich stattgefunden hat.

3. Der soziale Hintergrund des Hiobbuches

Wenn sich für die »Babylonische Theodizee« ein doch recht konkreter zeitgeschichtlicher Hintergrund wahrscheinlich machen ließ, dann besteht für die in vielem ähnliche biblische Hiobdichtung zumindest die Möglichkeit, daß auch sie einen viel konkreteren sozialgeschichtlichen Hintergrund hat, als man bisher angenommen hat. Diese Vermutung verstärkt sich noch einmal, wenn man sieht, daß zwischen den gesellschaftlichen Konstellationen beider Dichtungen gewisse Übereinstimmungen bestehen.

3.1 Hiob, der Angehörige einer reichen und frommen Oberschicht

Wie der babylonische Leidende, so gehört Hiob ganz eindeutig einer ehemals reichen Oberschicht an. Das gilt schon für die Rahmenerzählung, die uns Hiob als reichen Nomadenscheich zeichnet, der über riesigen Herdenbesitz verfügt (Hi 1,3; 42,12), das gilt sogar noch mehr für die Dialogdichtung, in welcher uns Hiob – nun im städtischen Milieu – als wohlhabender, hochangesehener Aristokrat entgegentritt.

Am deutlichsten wird das in der großen Schlußrede Kap. 29–31, in der Hiob auf sein früheres glückliches Leben zurückblickt, als er noch unter dem Schutz und Segen Gottes stand und – wie es 29,6 bildhaft heißt – mit seinen Füßen durch Dickmilch watete und seine Kelter von Öl überfloß. Damals besaß Hiob noch ganz erheblichen Besitz (תְּבוּאָה 31,12), der nach 31,25 unter seiner glücklichen Hand sogar noch zunahm. Er besaß Gold (31,24), Felder und Herden (31,20; 30,1) und verfügte über ein großes Personal von Sklaven, Sklavinnen (19,15f.; 31,13) und Hirten (30,1). Der Überschuß seiner landwirtschaftlichen Produktion war so groß, daß er es sich leisten konnte, ständig Gäste einzuladen und sie sogar mit Fleisch zu bewirten (31,31). Freigiebig konnte er Wolle aus seiner Schafschur an Arme verschenken (31,19f.), und sein Haus stand für jeden durchreisenden Fremden offen (31,32). Er konnte es sich leisten, גֵּרִים als seine Schutzbürger aufzunehmen (19,15) und Waisenkinder in seinem Haus aufzuziehen (31,18).

Zum Reichtum hinzu kam ein hohes Maß an gesellschaftlicher Integration: Hiob hatte einen großen Kreis von Freunden und Bekannten, die normalerweise damals dauernd bei ihm vorbeischauten (19,13f.), was dafür spricht, daß er nicht fernab auf seinen Gütern saß, sondern ein Haus in der Stadt hatte, von dem aus er am städtischen gesellschaftlichen Leben teilnehmen konnte wie schon die Großgrundbesitzer zur Zeit des Amos und Jesaja.

Aber mehr noch, das Ansehen, das der reiche Hiob genoß, war nicht auf seine Privatsphäre beschränkt, sondern erstreckte sich in die breite Öffentlichkeit: Der Hiobdichter schilderte ihn als Mann, der eine hohe Position im Gemeinwesen der Stadt einnahm und dem verehrende Hochachtung entgegengebracht wurde:

Hi 29, 7   Ging ich hinaus zum Tor über der Stadt, stellte ich auf dem Platz meinen Stuhl auf,
    8   sahen mich die jungen Leute und hielten sich scheu zurück, und die Alten erhoben sich und blieben stehen.
    9   Die Beamten unterbrachen sich in (ihren) Reden und legten die Hand auf ihren Mund.
   10   Die Vorsteher hielten ein mit Reden, und ihre Zunge blieb ihnen am Gaumen kleben.
   21   Auf mich lauschten sie und warteten sie,[22] verhielten sich still gegenüber meinem Rat. |
   22   Nach meinen Worten fügten sie nichts mehr hinzu, und auf sie träufelte meine Rede.
   23   Sie harrten auf mich wie auf (einen erquickenden) Regen, sperrten ihren Mund (wie nach) Spätregen auf.
   24   Lächelte ich ihnen zu, so[23] . . . faßten sie Vertrauen, durch das Leuchten meines Antlitzes machte ich sie nie niedergeschlagen.
   25   Wählte ich ihren Weg, saß ich oben an, ich residierte wie ein König inmitten der Kriegsschar . . .
   11   Ja, sooft ein Ohr (mich) hörte, beglückwünschte es mich, und sooft mich ein Auge sah, legte es (lobend) Zeugnis für mich ab.

---

22 Zur Umstellung von v.21–25 vgl. G. Fohrer, Das Buch Hiob, KAT XVI (1963) 402f. |
23 Streiche das erste לֹא mit G. Fohrer z.St.

An welche öffentliche Funktion hier genau gedacht ist, wird nicht recht deutlich. Aufgrund der folgenden Verse 12–20 könnte man an eine Richterfunktion denken, aber möglicherweise ist auch an eine hohe politische Funktion im Rat der Stadtgemeinde gedacht (v.25 »wählte ich ihren Weg ...«). In jedem Fall wird uns Hiob hier als hervorragendes Mitglied einer Aristokratenschicht beschrieben, die sowohl über großen privaten Besitz verfügte als auch hohe öffentliche Funktionen wahrnahm und sich eines großen Ansehens in der Gesellschaft erfreute.

Hiob wird nun aber nicht nur als reicher und angesehener, sondern auch vorbildlich frommer Aristokrat gezeichnet. Das Erstaunliche dabei ist, daß diese Frömmigkeit nicht so sehr als korrektes Gottesverhältnis beschrieben wird – in seinem langen Unschuldsbekenntnis Hi 31 geht Hiob nur in ganzen zwei Versen darauf ein[24] –, sondern die Frömmigkeit Hiobs entscheidet sich vor allem im sozialen Bereich, daran, wie er zu seinem Reichtum und den mit ihm gegebenen sozialen Verpflichtungen steht:

Hi 31,24 Wenn ich das Gold zu meiner Zuversicht gemacht und zum Gold gesagt hätte: »Mein Vertrauensgrund!«
25 Wenn ich mich gefreut hätte, weil mein Besitz wächst und meine Hand großen Reichtum erlangt ...
28 Wäre auch das eine Schuld, die vor den Richter gehört, denn ich hätte ja Gott in der Höhe verleugnet.

Sein Reichtum ist für Hiob kein höchster, kein absoluter Wert. Er hat ihn nicht zu seiner ausschließlichen Lebensgrundlage gemacht und damit an die Stelle Gottes gesetzt, wie er in Aufnahme des Bekenntnisses der Zuversicht formuliert; eine solche Lebenshaltung wäre für ihn Abfall von Gott.

Die gleiche Gegenüberstellung von Vertrauen auf Gott und Vertrauen auf Reichtum findet sich übrigens auch in Ps 62,9–11: |

Ps 62,9 Vertrauet auf ihn (Jahwe), ›ganze Volksgemeinde‹[25], schüttet vor ihm euer Herz aus, denn ›Jahwe‹ ist unsere Zuflucht ...
11 Vertrauet nicht auf erpreßtes Gut, auf Raub setzt nicht euren nichtigen Eifer, an den Besitz, wenn er wächst, hängt nicht euer Herz.

---

24 Hi 31,26f.; Hiob beteuert hier, sich nicht an dem babylonischen (und persischen?) Gestirnkult zu beteiligen (vgl. dazu auch Zeph 1,5; Jer 8,2; Ez 8,16f.; Dtn 4,19; 17,2–7); mit der v.27b erwähnten »Kußhand« ist wohl der babylonische Gebetsgestus des *labān appi* gemeint, der nicht die Proskynese bezeichnet, wie man lange Zeit meinte, sondern das »Plattdrücken«, d.h. das Berühren der Nase mit der erhobenen Hand. |
25 Lies mit LXX כָּל־עֲדַת עָם, vgl. BHS.

Und damit wird sogleich klar, wovon Hiob sich hier absetzt, nämlich von der Lebenshaltung der Frevler, denen ihr Reichtum über alles geht und den sie darum mit erpresserischen Methoden zu mehren suchen.[26]

Für Hiob dagegen ist sein Reichtum Segensgabe Gottes (29,5f.), und darum besteht für ihn die ganz selbstverständliche Verpflichtung, die armen Gruppen der Gemeinschaft freigiebig daran partizipieren zu lassen: Hiob leidet solidarisch mit dem Armen (אֶבְיוֹן), den die Härte des Tages getroffen hat (30,25). Darum hat er nie einem sozial Schwachen (דַּל) oder einer Witwe einen Wunsch abgeschlagen (31,16), darum teilt er mit den Waisenkindern sein Essen (31,17). Er bekleidet den wirtschaftlich Ruinierten (אֹבֵד), dem selbst noch sein Kleid gepfändet worden ist, und verschafft dem Verarmten (אֶבְיוֹן) eine Zudecke für die Nacht (31,19).[27]

Hiob spielt seine wirtschaftliche Macht nicht gegen die gesellschaftlich schwachen Gruppen aus (31,21, vgl. v.13), ganz im Gegenteil: In Kap. 29 schildert er, wie er früher im Gericht für die Rechtsansprüche der Armen (עָנִי v.12) und Ruinierten (אֹבֵד v.13) eingetreten ist:

Hi 29,16 Ein Vater war ich für die Armen (אֶבְיוֹנִים), und die Rechtssache des mir Unbekannten prüfte ich genau.
17 Aber ich zerschmetterte die Kinnladen des Frevlers (עַוָּל) und aus seinen Zähnen ›riß‹[28] ich den Raub.

Hiob hat also die Armen gerade – ohne Rücksichtnahme auf die eigene Klasse – gegen die Übergriffe der Frevler[29] verteidigt.

Es ist ganz erstaunlich, welchen großen Raum in der Schilderung der Frömmigkeit Hiobs sein soziales Verhalten einnimmt. Es sind nur wenige Punkte seines Unschuldsbekenntnisses in Kap. 31, die unmittelbar nichts damit zu tun haben (v.5–6 lügen, 7–8 begehren, 9–12 ehebrechen). Aber zB auch der letzte Punkt in Kap. 31, daß Hiob sein Ackerland nicht bis zum letzten wirtschaftlich ausbeutet, sondern die vorgeschriebenen Brachezeiten einhält (v.38–40), fügt sich nahtlos in das gezeichnete Bild: das

---

26 S.u. S. 123; vgl. Ps 52,3–6.9; 94,3–7; Mal 3,5.
27 אֹבֵד im absoluten Gebrauch für den wirtschaftlich Zugrundegerichteten kommt noch einmal in Hi 29,13 und Prov 31,6 vor. Möglicherweise weist das Auftauchen dieses Begriffes neben den traditionellen Bezeichnungen für den Armen darauf hin, daß die Armen zur Zeit des Hiobdichters noch weiter als in vorexilischer Zeit abgestiegen sind und jetzt unter das Existenzminimum zu sinken drohen.
28 Lies אֶשְׁלֹף.
29 Das Wort עַוָּל meint nicht einfach den Übeltäter, der das Recht zu Ungunsten der Armen beugt, sondern bezeichnet hier wie an allen anderen Stellen im Hiobbuch (18,21; 27,7; 31,3) konkret die Gruppe der Frevler, so auch in der Glosse Zeph 3,5. |

Bild ei|nes reichen Aristokraten, der aber in deutlicher Distanz zu seinem Reichtum steht, seinen Besitz nicht um jeden Preis zu mehren sucht, sondern stattdessen seine wirtschaftliche und gesellschaftliche Position für die sozial schwachen Schichten einsetzt.

Vor allem aufgrund dieser seiner sozialen Verdienste meinte Hiob nun, den Bestand seiner Position, Glück, Gesundheit, langes Leben erwarten zu können (29,18–20), ganz im Sinne der Vergeltungslehre der theologisierten Weisheit. Und in dieser – wie er meinte berechtigten – Erwartung wurde er von Gott bitter enttäuscht: Er verlor seine hohe gesellschaftliche Position trotz seiner Verdienste, ähnlich wie der babylonische Leidende:

Hi 30,15 Jäher Schrecken hat sich gegen mich gewandt. Wie Wind ist verjagt meine Adelsstellung (נְדִיבָה)[30] und wie Wolken ist verschwunden mein Heil.

Das steht im Hintergrund all seiner bitteren Klagen, auch wenn explizite Klagen über den sozialen Abstieg im Hiobbuch weitaus seltener sind als in der babylonischen Dichtung. Sie kommen aber durchaus vor, etwa:

Hi 30,1 Doch nun lachen über mich, die jünger sind als ich an Jahren,
deren Väter ich mich geweigert hätte, (als Hirten) zu meinen Hütehunden zu gesellen.

Zu vergleichen sind auch die Klagen über seine soziale Isolierung Hi 19,13–19. Und auch die Gegenüberstellung von einstiger und jetziger Position in Kap. 29 und 30 machen den sozialen Abstieg hinreichend deutlich. Möglicherweise ist auch der Verlust des Besitzes, der in der Rahmenerzählung berichtet wird (1,13–17), ebenfalls für die Dialogdichtung

---

30 נְדִיבָה bezeichnet hier nicht, wie Ps 51,14; Jes 32,8 eine edle Gesinnung, sondern offensichtlich die frühere hohe soziale Stellung Hiobs als eines נָדִיב. נָדִיב ist ursprünglich ein soziologischer Begriff, der allerdings meist eine ethische Komponente einschließt (so H. Wildberger, Jesaja, BK X/3, 1978, 1258f.; G. Gerleman, VT 24, 1974, 157: »der ... gunsterweisende Herr, der Gönner«), und bezeichnet immer Angehörige der Oberschicht (Num 21,18; Prov 8,16 par. zu שַׂר; Hi 34,18 par. zu מֶלֶךְ; vgl. auch Hi 12,21), wenn sich auch eine bestimmte amtliche Funktion für sie nicht festlegen läßt (so Gerleman). Im Hiobbuch zeigt sich nun, daß die hohe soziale Stellung und die ethische Verpflichtung, die im Begriff נָדִיב verbunden waren, auseinandertreten können. Es gibt jetzt Angehörige der Oberschicht, die keine freigiebigen Gönner mehr sind: Die Frevler (Hi 21,28) werden auch als נְדִיבִים bezeichnet; s.u. 122. Vgl. auch die negative Wertung der נְדִיבִים Ps 146,3 und die Verheißung Jes 32,5.(8), daß künftig einmal wieder hohe soziale Stellung und edelmütiges Verhalten zusammenfallen werden.

vorauszusetzen. Dabei scheint aber in der Dialogdichtung die soziale Isolierung und Ächtung Hiobs als Folge seiner langanhaltenden Krankheit aufgefaßt zu sein.[31]

Hier stellt sich die Frage, ob das, was Hiob widerfährt, nur ein völlig singuläres Schicksal ist oder Teil eines größeren sozialgeschichtlichen Prozesses. Um das zu klären, soll untersucht werden, wie sich Hiobs gesellschaftliche Position zu der der Frevler verhält.

3.2 Die Frevler, die Angehörigen einer reichen »unfrommen« Oberschicht

Auch die Frevler gehören nach den Schilderungen des Hiobbuches ganz eindeutig der reichen Oberschicht an, genauso wie ehemals Hiob. An vielen Stellen ist von ihrem Besitz und Reichtum die Rede.[32] Ja, sie leben, wie einst Hiob, in der Fülle des Überflusses (20,22), in Strömen von Honig und Dickmilch (20,17), von denen sie fett geworden sind (15,27). Auch sie gehören zu den נְדִיבִים, den Edlen, den Aristokraten (21,28). Hinsichtlich ihrer wirtschaftlichen und gesellschaftlichen Position besteht also kein Unterschied zu Hiob.

Und doch besteht ein diametraler Unterschied: nämlich hinsichtlich der Frömmigkeit, die ihnen fehlt. Und diese fehlende Frömmigkeit zeigt sich nun auch bei den Frevlern vor allem in ihrem Sozialverhalten, wie Hi 22,5–9 schlagend deutlich macht, wo Eliphas Hiob beschuldigt, selber zu den Frevlern zu gehören:

Hi 22,5 Ist nicht deine Bosheit vielfältig, sind nicht deine Sünden ohne Ende?
     6 Ja, du pfändetest deine Brüder ohne (wirklichen) Grund, sogar die Kleider der Nackten zogst du noch aus!

---

31 So Hi 19,13–19; nicht so sicher Hi 30,9–14.17.30; 6,15–23; 7,5. In der Theodizee scheint der soziale Abstieg der Krankheit vorauszugehen, Z.27–32, s.o. 111; sehr viel deutlicher ist diese Reihenfolge in *Ludlul bēl nēmeqi*: I 55–104 Klage über sozialen Abstieg und Isolierung; II 49–113 Klage über die Krankheiten (II 114–118 noch einmal Klage über die scha|denfrohe Reaktion der Mitmenschen). F. Crüsemann weist mit Recht auf den Tatbestand hin, daß sich in der Hiobdichtung auffällig wenig explizite Hinweise auf Krankheit finden (aaO [Anm. 3] 385; 387), was auch schon C. Westermann aufgefallen war (aaO [Anm. 4] 43 bzw. 69); zu nennen sind: Hi 7,5; 19,17.20.27; 30,17.30. So vorherrschend, wie man immer wieder meint, ist die Krankheitssituation im Hiobbuch nicht; vgl. 30,28.
32 Hi 8,15f.; 15,19; 20,15.18.20–22; 21,9f.

7 Den Erschöpften tränktest du nicht mit Wasser, und vor dem Hungernden hieltest du das Brot zurück.
8 Wo ja dem »Mann mit Ellbogen« (אִישׁ זְרוֹעַ) das Land gehört, und der (beim Herrscher) Angesehene darin sichere Wohnung hat.
9 Witwen hast du mit leeren Händen fortgejagt, und die (bettelnd erhobenen) Arme der Waisen ›hast du‹ heruntergeschlagen!³³

Es geht also wieder um das Verhalten gegenüber den sozial schwachen Bevölkerungsschichten. Dem als Frevler verdächtigten Hiob wird vorgeworfen, er hätte die zahlungsunfähigen Gemeindeglieder absichtlich, ohne echten Grund, in die Verarmung getrieben, hätte sie rücksichtslos bis auf das letzte Hemd gepfändet, den so Ruinierten auch noch die Speise verweigert und die bettelnden Witwen und Waisen mit leeren Händen fortgejagt. | Auch an anderen Stellen wird vor allem dies den Frevlern vorgeworfen, daß sie sich auf Kosten der sozial Schwachen bereichern und sie schonungslos in den Ruin treiben:

Hi 20,19 Denn er (der Frevler) zerschmetterte ›das Überbleibsel‹³⁴ der Geringen (דַּלִּים), raubte ein Haus, das er nicht gebaut.
24,3 Sie treiben den Esel der Waisen fort und nehmen den Stier der Witwe zum Pfand.
24,9 Sie reißen von der Mutterbrust die Waise weg und pfänden den Säugling des Armen.³⁵

Das alles ist ein ziemlich genaues Gegenbild zu dem, was Hiob in seinem Unschuldsbekenntnis von seinem Verhalten gezeichnet hatte. Damit wird aber nun deutlich, daß dieses Unschuldsbekenntnis nicht einfach eine traditionelle Zusammenstellung frommer Verhaltensweisen ist, wie man weithin vermutet hat, sondern Hiob will darin ganz konkret Punkt für Punkt nachweisen, daß er nicht zu der Gruppe der Frevler gehört.³⁶ Im Gegenteil, er hat ganz bewußt dem unsozialen Verhalten der Frevler entgegengesteuert: Er hatte den bis auf die nackte Haut Verpfändeten wieder Kleider gegeben (31,19f.), er hatte Witwen und Waisen gestützt, so gut es ging (31,16f.), er hatte versucht, die sozial Schwachen gegen die Übergriffe der reichen Frevler zu verteidigen (29,17).

---

33 Lies mit den Versionen תִּדְכָּא. |
34 Lies mit J. Reider, HUCA 24 (1952/53) 103f. עָזַב.
35 Vgl. Hi 15,34; 20,10.15.18f.; vgl. 6,23. Der Frevler ist der Gewalttätige (עָרִיץ) Hi 6,23; 15,20; 27,13; vgl. auch Jes 29,20; Ps 35,37; 54,4.
36 Vgl. die übereinstimmende Frontstellung gegen die Frevler in Hi 31,24f. und Ps 62,9–11; s.o. S. 119f.

Die Frevler dagegen haben jede Solidarität mit den wirtschaftlich schwachen Gemeindegliedern aufgegeben, sie weiten ihren Reichtum, vor allem durch rücksichtslose Anwendung des Pfandrechts, auf deren Kosten aus. Darin zeigte sich aber für die betroffenen Armen und für den ihnen noch beistehenden Teil der Oberschicht, daß sie sich auch aus der Gottesbeziehung gelöst haben. So sind die Aussagen über ihre Gottlosigkeit zu verstehen:

Hi 21,15   Was ist Šaddaj, daß wir ihm dienen sollten, was nutzt es, daß wir ihn bittend angehen?[37]

Gott hat für sie keinen wirtschaftlichen Nutzen, sie kommen gut auch ohne ihn aus. Sie stützen sich auf die Sicherheit, die ihnen ihr Reichtum bietet, und vielleicht auch auf das Ansehen, das sie bei der Besatzungsmacht genießen (22,8); sie erkennen eine religiös begründete soziale Verpflichtung des Eigentums nicht mehr an. Und sie fahren ganz offensichtlich gut dabei: ihnen, den »Männern des Ellbogens«, gehört schon der größte Teil des Landbesitzes (22,8), ihr Besitz prosperiert (21,9–12), ausgerechnet sie | werden von Schicksalsschlägen verschont (21,9) und werden in Pomp und Würden bestattet (21,32f.). Das aber steht im genauen Kontrast zu dem Schicksal, das Hiob als Angehöriger einer noch frommen und sozial denkenden Oberschicht erfahren mußte. So fügt sich Hiobs Leid recht gut in das Bild einer größeren, das gesamte Gemeinwesen umfassenden sozialen Entwicklung.

3.3 Die gesellschaftliche Konstellation im Hintergrund der Dichtung

Die Hiobdichtung setzt eine Gesellschaft mit einem sehr starken sozialen Gefälle voraus. Am unteren Ende der sozialen Stufenleiter steht eine offenbar immer weiter in die Verarmung gedrängte Unterschicht, die mit den Begriffen אֶבְיוֹן, דַּל oder עָנִי bezeichnet wird. Auffällig ist, daß diese Begriffe im Hiobbuch häufig parallel zu den Witwen und Waisen genannt werden.[38] Noch im 8. und 7. Jh. bezeichneten sie ja den durchaus noch selbständig wirtschaftenden Kleinbauern, der zwar gegenüber den Großgrundbesitzern der »Arme« war, aber doch deutlich über den

---

37 Vgl. Hi 5,2; 12,6; 25,25f.28; 21,14. |
38 Hi 24,3f.9; 29,12f.; 31,16f.19.21.

Witwen und Waisen stand, die keinen Grundbesitz hatten.[39] Das bedeutet aber, daß zur Zeit des Hiobdichters sich die Kleinbauern in ihrer sozialen Stellung schon weitgehend den notorischen Almosenempfängern angenähert haben; sie haben ihre wirtschaftliche Selbständigkeit wohl schon häufig verloren und leben vom Existenzminimum.[40] Tagelöhner und Sklaverei scheinen so verbreitet, daß sie vom Hiobdichter zum Vergleich für das Menschenschicksal überhaupt herangezogen werden können (Hi 7,2–3).[41] Dagegen wird die familiäre Loskaufverpflichtung (פָּדָה), die der Schuldsklaverei entgegenwirken soll, zur Zeit des Hiobdichters offenbar nur noch als ärgerliche Zumutung bewertet (Hi 6,22f.). Das alles deutet doch darauf hin, daß sich die Schere zwischen arm und reich gegenüber der Zeit der vorexilischen Propheten noch erweitert hat.

Dieser weitgehend verelendeten Unterschicht stehen nun zwei Gruppen einer reichen aristokratischen Oberschicht gegenüber, die sich darin grundlegend voneinander unterscheiden, wie sie sich zur Unterschicht verhalten: Die eine – größere – Gruppe sind die Frevler. Sie haben jegliche Solidarität mit ihren verarmten Volksgenossen aufgekündigt und setzen ihnen gegenüber mit Hilfe des Pfand- und Schuldrechts rücksichtslos ihre wirtschaftlichen Interessen durch. Damit haben sie den sozialen Hiatus in der Gemeinschaft wenn nicht hervorgerufen, so doch entscheidend verschärft.

Für dieses Gegenüber von reichen Frevlern und armen Frommen, die von den Frevlern unterdrückt werden, haben wir ja auch sonst viele Zeugnisse im Alten Testament.[42] Meiner Meinung nach ist diese Konstellation auch verantwortlich für die Ausbildung der vielen Frommer-Frevler-Sprüche im Proverbienbuch und damit der schroffen und zweiseitigen Vergeltungslehre in der theologisierten Weisheit.[43]

---

39 Vgl. K. Koch, Die Entstehung der sozialen Anklage bei den Profeten, in: Probleme biblischer Theologie. Festschrift G. v. Rad (1971) 236–257, bes. 243ff.

40 Zu einer ähnlichen Einschätzung kommt auch M. Schwantes, Das Recht des Armen, Diss.theol.(Masch.) Heidelberg (1974) 278ff.; s. auch o. Anm. 27.

41 F. Crüsemann sieht in diesem Vergleich eine Verharmlosung der sozialen Unterdrückung (aaO [Anm. 3] 388f.). Die Stelle ist ihm Beweis dafür, daß die judäische Aristokratie, aus der das Hiobbuch stammt, die Solidarität mit der Unterschicht aufgegeben hat. Diese Einschätzung wird meiner Meinung nach durch die Zeichnung Hiobs als Schützer und Gönner der Armen in Kap. 29–31 eindeutig widerlegt. |

42 Vgl. etwa Ps 37; 49; 73.

43 Gegen C.A. Keller (Zum sogenannten Vergeltungsglauben im Proverbienbuch, in: Beiträge zur Alttestamentlichen Theologie. Festschrift W. Zimmerli, 1977, 223–228), der die Frommer-Frevler-Sprüche wieder in die vorexilische Zeit setzt und in ihrem Vergeltungsglauben die realen gesellschaftlichen Erfahrungen der aufsteigenden

Doch um diese Konstellation geht es im Hiobbuch nicht, jedenfalls nicht primär. Im Unterschied zu den meisten anderen Weisheitstexten des Alten Testaments steht im Hiobbuch den reichen Frevlern nicht nur der Arme gegenüber, über dessen religiöse Qualifikationen hier gar keine Aussagen gemacht werden, sondern auch und vor allem eine zweite Gruppe innerhalb der reichen Oberschicht, die durch Hiob repräsentiert wird. Der Gerechte ist hier also ebenfalls ein Reicher, allerdings einer, der im Gegensatz zu dem Frevler die Solidarität mit seinen verarmten Volksgenossen aufrechterhält, der die soziale Verpflichtung seines Reichtums anerkennt und seine wirtschaftliche und gesellschaftliche Position selbstlos dazu einsetzt, der fortschreitenden Verarmung der Unterschicht entgegenzuwirken und ihre Not zu lindern. In dieser Gruppe der judäischen Aristokratie ist das Hiobbuch anzusiedeln.[44]

Der sozialgeschichtliche Vorgang nun, der hinter der Hiobdichtung steht, ist, daß die Gruppe der Oberschicht, welche an der traditionellen Frömmigkeit festhielt und sich so große Verdienste um den armen Teil der Gemeinde erworben hatte, offensichtlich zunehmend selber unter die Räder geriet, möglicherweise gerade wegen ihres starken sozialen Engagements, während die andere Gruppe, die die wirtschaftliche Lage clever und ohne religiöse Sentimentalitäten für sich ausnutzte, weiterhin prosperierte. Die großen Verdienste, welche sich die fromme Oberschicht er-

---

Oberschicht wiederfinden will. Ob das von ihm dabei vorausgesetzte soziologische Modell der »Transaktion«, das vor allem aufgrund ethnologischer Beobachtungen an melanesischen Gesellschaften entwickelt worden ist, zur Beschreibung der altisraelitischen Gesellschaft taugt, die weitgehend auf die Autarkie der wirtschaftenden Familien aufbaut und in der Handel nur eine ganz untergeordnete Rolle spielt, wage ich zu bezweifeln.

44 An dieser Stelle liegt wohl der größte Unterschied meiner Sicht der Dinge zu der sozialgeschichtlichen Ortung des Hiobbuches, die F. Crüsemann unternommen hat. Crüsemann fragt in seiner Untersuchung nicht nach der sozialen Stellung der Frevler und differenziert darum die Oberschicht nicht. Auch er ordnet das Hiobbuch der Oberschicht zu, doch beschreibt er diese als eine aristokratische Klasse, die sich schon »von den Interessen wie vom Glauben des übrigen Volkes« weitgehend abgelöst hat (aaO [Anm. 3] 392). Diese Charakterisierung mag für das Buch Kohelet zutreffen (vgl. auch seine Arbeit: Die unveränderbare Welt, in: W. Schottroff/W. Stegemann, Der Gott der kleinen Leute, Bd. 1, Altes Testament, 1979, 80–104), scheint mir aber für das Hiobbuch, das ich gegen Crüsemann doch ein ganzes Stück von Kohelet abrücken möchte, nicht zutreffend zu sein. Hiob setzt sich noch für die verarmten Gemeindeglieder ein, er stemmt sich gegen die soziale Entwicklung, die die Frevler für sich ausnutzen, will also die Welt durchaus noch verändern. Nur verzweifelt er fast daran, daß es sich nicht auszahlt. |

worben hatte, hatten sich nicht ausgezahlt. Das ist der Auslöser für das Aufbrechen des Theodizeeproblems in Israel.

Die soziale Konstellation hinter dem Hiobbuch hat durchaus Ähnlichkeiten mit der aus der »Babylonischen Theodizee« herausgearbeiteten. Nur wird man nicht so sehr von einer sozialen Umschichtung sprechen, die Frevler des Hiobbuches steigen ja nicht erst auf, sondern gehören von vornherein der Oberschicht an; auch bedrohen sie die frommen Reichen nicht direkt. Aber die zunehmende Gefahr des sozialen Abstiegs für eine reiche, alteingesessene fromme Oberschicht ist hinter beiden Dichtungen zu erkennen. Ihre Frömmigkeit ist allerdings in der babylonischen Dichtung ganz auf die Gottesbeziehung beschränkt, in der biblischen jedoch stark auf das soziale Verhalten zur verarmenden Unterschicht zugespitzt.

3.4 Versuch einer Ortung in der sozialen und politischen Geschichte Israels

Leider läßt sich das Hiobbuch nicht so exakt datieren wie die »Babylonische Theodizee«. So gestaltet sich die Suche nach einer Epoche, in der die postulierte soziale Konstellation verankert werden kann, weitaus schwieriger. Ausgeschlossen ist auch aus allgemein sozialgeschichtlichen Erwägungen die vorexilische Zeit. In der nachexilischen Geschichte wären es durchaus mehrere Epochen, die in Frage kommen könnten, wobei wir uns im Klaren sein müssen, daß weite Strecken dieses Geschichtsabschnitts für uns im Dunkeln liegen.

Ich möchte jedoch einmal versuchsweise bei der gängigen Datierung des Hiobbuches in die persische Zeit (5./4.Jh.)[45] bleiben und gehe davon aus, daß es in Palästina entstanden ist, da alle anderen Herleitungen, etwa aus der ägyptischen Diaspora,[46] mir jeder Grundlage zu entbehren scheinen.

Schon in persischer Zeit gab es ja, wie uns Neh 5 schlaglichtartig verdeutlicht und jüngst von H.G. Kippenberg plastisch herausgearbeitet worden ist,[47] eine schwere soziale Krise im judäischen Gemeinwesen. Kippenberg hat gezeigt, daß es vor allem die neue persische Steuerpolitik war, welche die kleineren Familienbetriebe in den Ruin führte. Die Steu-

---
45 Vgl. G. Fohrer, aaO (Anm. 22); H.-P. Müller, aaO (Anm. 2) 124f.
46 So zB E. Ruprecht, Leiden und Gerechtigkeit bei Hiob, ZThK 73 (1976) 424–445; 434.
47 H.G. Kippenberg, Religion und Klassenbildung im antiken Judäa, StUNT 14, 1978.

ern mußten seit Darius in Münzgeld abgeführt werden, was die bis dahin auf Selbstversorgung eingestellten Familienbetriebe dazu zwang, einen surplus zu produzieren, um durch Verkauf von Naturalien an das nötige Geld zu gelangen.[48] | Dazu aber war häufig die Parzellierung zu klein und die zu ernährende Familie zu groß. In Neh 5 erfahren wir, daß ein großer Teil der judäischen Kleinbauern aus wirtschaftlicher Not gezwungen war, zuerst ihre Kinder, d.h. ihre Arbeitskräfte, dann ihre Felder, Weinberge und Häuser, d.h. ihre Produktionsmittel, zu verpfänden, und schließlich sogar ihre Kinder in die Fremdsklaverei zu verkaufen, einfach um nicht zu verhungern und die Königssteuer bezahlen zu können (v.1–5). Ihre Kreditore und Pfandnehmer sind dabei die »Vornehmen und Vorsteher«, d.h. die judäischen Aristokraten, die sich als Großgrundbesitzer der neuen wirtschaftlichen Lage weit besser anpassen konnten, ja, von dem durch die Überschußproduktion entstehenden Handel auch noch profitierten und darum als Geldleiher auftreten konnten. In Neh 5 sehen wir, daß ein Großteil dieser Aristokratie offensichtlich keinerlei moralische Skrupel hatte, die Zahlungsschwierigkeiten der Kleinbauern für sich auszunutzen und sie immer tiefer in die Verschuldung und wirtschaftliche Abhängigkeit zu treiben.

Das aber entspricht doch recht genau der sozialen Konstellation im Hiobbuch: eine reiche Oberschicht, die eine verarmende Unterschicht rücksichtslos ausbeutet. Und dabei wurde ja auch in Hi 22,6 die extensive Ausnutzung des Pfandrechts gegeißelt, genauso wie in Neh 5:

Hi 22,6   Ja, du pfändetest deine Brüder ohne echten Grund, sogar die Kleider zogst du ihnen noch aus.

Auch das Reden von »deinen Brüdern« erinnert an die Solidaritätsappelle der sich beschwerenden Kleinbauern in Neh 5,1.5.

Aber auch für den frommen Teil der Oberschicht des Hiobbuches finden wir im Nehemiabuch einige Anhaltspunkte: sie wird hier durch Nehemia und die kleine Gruppe von Gefolgsleuten um ihn repräsentiert. Auch Nehemia ist ein reicher Aristokrat, aber er ist solidarisch mit dem verarmten Teil der Gemeinde. Er setzt sich für sie ein und erwirkt einen Schuldenerlaß. An Hiob erinnert auch Nehemias generöser Verzicht auf die ihm zustehende Statthaltersteuer und seine uneigennützige große Gastfreundschaft (Neh 5,14ff.; vgl. Hi 31,31f.), und zwar unter ausdrücklichem Rückverweis auf seine Frömmigkeit (יִרְאַת אֱלֹהִים 5,15). Und wenn

---

48 S. 55ff. |

man sich die Frömmigkeit Nehemias näher anschaut, die sich in den kurzen Gebetswünschen seiner Denkschrift äußert, dann ist diese genauso wie die Frömmigkeit Hiobs von einem völlig selbstverständlichen Vergeltungsglauben geprägt, so zB

Neh 5,19 Gedenke mir, mein Gott, zum Besten alles, was ich für dieses Volk getan habe.[49]

Auch Nehemia rechnet ganz selbstverständlich damit, daß ihm sein selbstloses Eintreten für die Armen in Kap. 5 von Gott positiv vergolten wird. Man ist versucht zu fragen: Wenn Nehemia gescheitert wäre, wenn er hätte erfahren müssen, daß sich sein frommes Verhalten nicht auszahlt und er stattdessen von seinen aristokratischen Gegnern an die Wand gespielt wird, hätte er da nicht ganz ähnlich enttäuscht und bitter klagen können wie Hiob?[50]

So möchte ich die These aufstellen, daß hinter dem Hiobbuch die sozialgeschichtliche Situation Judas im 5.Jh. steht, die von einer tiefen Zerklüftung der Sozialstruktur der Gemeinde geprägt ist. Das Hiobbuch spiegelt das Auseinanderbrechen der judäischen Oberschicht in einen größeren Teil, der die wirtschaftliche Situation rücksichtslos für sich ausnutzt und nicht mehr die Solidarität der Gemeinde wahrt, und in einen kleineren Teil, der an der Gruppensolidarität festhält und sich für den armen Teil der Gemeinde einsetzt, jedoch trotz seines selbstlosen Einsatzes erleben muß, daß er nun selbst von der Gefahr des sozialen Abstiegs bedroht ist.

---

49 Vgl. Hi 29,18. |

50 Ein weiterer Beleg für die gleiche gesellschaftliche Konstellation ist möglicherweise Jes 29,17–21: Hier ist wieder von Gewalttätigen (עָרִיץ) und Zynikern (לֵץ) die Rede, die die Armen (עֲנָוִים, אֶבְיוֹנִים v.19) im Prozeß schamlos unterdrücken (v.20). Daneben wird noch eine dritte Gruppe genannt: Rechtshelfer oder Schiedsrichter (מוֹכִיחַ v.21), die für die Armen vor Gericht eintreten. Man fühlt sich an Hi 29,12–17 erinnert und man könnte fragen, ob der מוֹכִיחַ nicht den »frommen« Teil der Oberschicht repräsentiert. In Jes 29,21 wird nun gesagt, daß die Frevler auch die Rechtshelfer der Armen zu Fall zu bringen versuchen, sie haben offensichtlich Mittel und Wege, sie kalt zu stellen. Damit könnte ein ähnliches Scheitern der solidarischen Oberschicht angesprochen sein, wie es hinter dem Hiobbuch steht. |

4. Die Stellung der beiden Dichtungen in ihrem jeweiligen sozialgeschichtlichen Kontext

Abschließend bleibt noch die Frage zu klären, wie nah oder wie fern die beiden behandelten Dichtungen zu ihrem sozialgeschichtlichen Hintergrund stehen.

4.1 Die Stellung der »Babylonischen Theodizee«

Die babylonische Dichtung ist recht eng auf den sozialen Umschichtungsprozeß bezogen, der sie veranlaßt hat. Der Leidende ist direkt von diesem Prozeß betroffen, er ist sozial abgestiegen und steht unter dem unmittelbaren Druck der sozialen Aufsteiger (Z.275).

In dieser sozialen Krise hat die »Babylonische Theodizee« eine klar erkennbare Funktion: Sie will junge Angehörige der alten Oberschicht, der nun die Verarmung droht, davor bewahren, an ihrer Zukunft zu verzweifeln und aus der Gesellschaft auszubrechen. Auf dem Höhepunkt der Dichtung, in der Mitte des Dialogs, entschließt sich der Leidende nämlich zu einem solchen Ausbruchsversuch: |

133 Das Haus will ich preisgeben ...
134 nach Besitz will ich nicht mehr trachten.
135 Die Kultriten Gottes will ich verachten, (seine) Kultordnungen mit Füßen treten.
136 Einen Jungstier will ich schlachten ... zur Speise.
137 Die Straße will ich ziehen, das Weite suchen,
138 den Quell will ich öffnen, der Flut freien Lauf lassen.[51]
139 Über das weite Feld will ich wie ein Dieb umherschweifen,
140 von Haus zu Haus will ich eintreten, meinem Hunger wehren.
141 Hungrig will ich umhergehen, die Straße absuchen.
142 Wie ein Bettler will ich in ...
143 Fern ist das Glück ...

Angesichts der Ungerechtigkeit der Gesellschaft, die der Leidende erfahren hat, will er alles wegwerfen, was ihm sonst lieb und wert war, seinen Besitz und seine Frömmigkeit. Er will wie ein Dieb und Bettler umherschweifen, die bürgerliche Gesellschaft hinter sich lassen.

Eben aus dieser verzweifelten Protesthaltung will der ältere Freund den jungen Leidenden herausführen. Er verteidigt die gerechte Weltordnung,

---

51 Ist gemeint, daß er Sabotageakte gegen das komplizierte babylonische Bewässerungssystem unternehmen will?

gibt aber auch zu, daß diese Welt nicht vollkommen ist, vielmehr die Menschen schon von ihrer Schöpfung her mit Bosheit ausgestattet worden sind (Z.276–286). Er versucht, den Leidenden dahinzuführen, die Begrenztheit der menschlichen Existenz und Erkenntnisfähigkeit anzuerkennen, er kann das Tun der Götter letztendlich nicht durchschauen (Z.58.82–84.256f.264). Und er erreicht wahrhaftig sein Ziel: In der letzten Strophe kehrt der Leidende wieder zu seiner demütigen Daseinshaltung zurück und wendet sich wieder an Gott, um von ihm selbst Rettung zu erflehen (Z.287–297).

Schon die hochpoetische Sprache und die künstlerische Gestaltung der Dichtung als Akrostichon sprechen dafür, daß sie nur für einen begrenzten Kreis von Gebildeten geschrieben worden ist.[52] Am ehesten wird man an das *bīt ṭuppi*, das »Tafelhaus«, denken müssen, in dem ja nicht nur Lesen und Schreiben gelernt, sondern auch eine literarische und wissenschaftliche Bildung vermittelt wurde. Ich möchte vermuten, daß die meisten Schüler, die die höhere Schreiberausbildung erhielten, aus ebender alteingesessenen Oberschicht kamen, die in der Dichtung angesprochen ist. Um ihnen im Unterricht in der tiefen sozialen und politischen Krise Orientierung und Lebenshilfe zu geben, wurde die »Babylonische Theodizee« meiner Meinung nach verfaßt.

4.2 Die Stellung der Hiobdichtung

Auch die Hiobdichtung zeichnet sich ja durch eine schwierige, hochpoetische Sprache aus und war damit sehr wahrscheinlich ebenfalls nur einer gebildeten Schicht überhaupt verständlich. So kann man vermuten, daß auch die Hiobdichtung sich an die fromme Oberschicht wendet, deren Schicksal im Hintergrund ihrer Entstehung steht.

Damit stellt sich die Frage, inwieweit die Hiobdichtung als ein aktuelles, hilfreiches Wort für die in der Krise befindliche fromme Oberschicht verstanden werden kann. Ich möchte dazu drei Gesichtspunkte nennen:

1. läßt sich auch im Hiobdialog eine Entwicklung erkennen. Am Anfang, in der großen Verfluchung des Tages seiner Geburt (Hi 3), hat Hiob sich unter dem Druck des erfahrenen Leides total aufgegeben. Er wirft sein Leben weg, ansonsten das höchste Gut des alttestamentlichen Menschen; er will nicht mehr leben, er will sterben (6,8–10); und das einzige, was er sich noch wünscht, ist, dabei von Gott in Ruhe gelassen zu werden

---

52 Darauf hat besonders W. v. Soden, aaO (Anm. 6) 55f. hingewiesen.

(7,16; 10,20f.). Hiob befindet sich hier in der Haltung eines verzweifelten Selbstmörders.[53]

Am Ende des Dialogs, in der großen Schlußrede Kap. 29–31, hat sich die Haltung Hiobs total gewandelt. Er will wieder leben, er will wieder gesund, reich und glücklich werden wie in vergangenen Zeiten (29,2);[54] er wendet sich in aller Intensität wieder Gott zu – ähnlich wie der babylonische Leidende am Schluß –, nur daß er ihn nicht demütig um Rettung bittet, sondern selbstbewußt sein Recht fordert (31,35–37), aber immerhin! Auch im Hiobbuch wird der Leidende aus einer Haltung des Aussteigen-Wollens in eine Haltung der Lebensbejahung hinübergeführt. Ich möchte darin die seelsorgerliche Absicht des Hiobdichters erblicken, die Angehörigen der total verunsicherten frommen Aristokratie aus ihrer selbstzerstörerischen Verzweiflung herauszuführen.

2. läßt der Dichter des Dialogs Hiob in einer Wildheit klagen, die beispiellos für das ganze Alte Testament ist. Es gibt nur ganz wenige Beispiele aus der Frühzeit (Gen 25,22) oder aus den Klagen Jeremias (Jer 20,14–18), die den Klagen Hiobs an Schärfe nahekommen. In den gottesdienstlichen Klagen des Psalters ist ein solcher Ton gegenüber Gott nicht mehr möglich, erst recht nicht in der Auffassung vom Gebet, die in der frommen Weisheit zuhause war, und d.h. in der Schicht, aus der Hiob stammt. Nach der Meinung Eliphas' ist Gebet überhaupt nur aus einer demütigen, unterwürfigen Haltung heraus möglich (5,8.17f.; 22,21ff.).[55]

D.h. aber: Der um die gerechte Vergeltung ihrer Verdienste betrogenen frommen Oberschicht stand ihre eigene Frömmigkeit im Weg, um ihre ganze Verzweiflung und ihren Protest überhaupt gegenüber Gott artikulieren zu können. Es ist nun ein hohes Verdienst des Hiobdichters, daß er diesem berechtigten Protest gegen Gott Raum gibt. Er lenkt die am An-

---

53 Daß Hiob sich Kap. 3 in der Verfassung eines Selbstmörders befindet, hat schon H. W. Wolff (Anthropologie des Alten Testaments, ³1977, 169) klar herausgestellt.

54 Wenn F. Crüsemann von Hiob sagt: »Niemals bittet er um das Naheliegendste: die Wiederherstellung, die Rettung aus der Not« (aaO [Anm. 3] 375), dann gilt das nur für den ersten Teil des Dialogs bis Kap. 10. In Kap. 13 tritt an die Stelle der Wünsche, in Ruhe sterben zu dürfen, der Wunsch nach einem Rechtsstreit mit Gott (v.3.20–22); damit erwacht Hiobs Lebenswille wieder, wie die große Schlußklage Hi 29–31 zeigt. Daß sich die ersten Klagen Hiobs (bes. Kap. 3) diametral von den Psalmenklagen unterscheiden, hat jedoch Crüsemann richtig gesehen, und das muß wohl auch gegenüber C. Westermann (aaO [Anm. 4]) stärker betont werden, dessen formgeschichtliche Bestimmungen diese Differenz etwas überdecken.

55 Vgl. Prov 3,11f.; eine ähnliche Lehre erteilt auch die Rahmenerzählung: Hiob besteht die Probe, weil er trotz größter Not nicht klagt (1,22; 2,11b); eine wilde Klage wäre für sie Sünde. Das ist auch die Meinung von Elihu: Hi 35,9–12. |

fang (Kap. 3) noch ungerichtete, lebenszerstörerische Klage Hiobs in eine an Gott gerichtete Anklage um und bezieht damit die krisenhaften Erfahrungen, die die Angehörigen der frommen Aristokratie machen mußten, in die Gottesbeziehung mit ein. Auch das ist eine große seelsorgerliche Leistung, die von der Kraft des israelitischen Gottesverhältnisses zeugt. Für den babylonischen Dichter wäre eine solche scharfe Anklage gegen die Götter ganz undenkbar.[56]

3. zeigt der Hiobdichter auf, daß von der in der nachexilischen Zeit gängig gewordenen Vergeltungslehre hier die schwere soziale und religiöse Krise der frommen Oberschicht nicht gelöst werden kann. Er tut dies auf doppelte Weise: Einerseits zeigt er, daß die Lehre von dem baldigen Ende der Frevler, die die Freunde Hiobs unablässig vertreten, in dieser Situation nicht greift. Sie stimmt weder mit der erfahrenen Wirklichkeit überein: Die Frevler prosperieren ja gerade und erhalten soziale Anerkennung, wie Hiob Kap. 21 den Freunden entgegenhält. Darin besteht ja gerade die Not. Noch kann die Lehre Hiob trösten, sondern sie prallt an der Realität seines Leides ab. Der Glaube, daß die Frevler bald zugrunde gehen, mag die frommen Armen trösten, die nicht mehr viel zu verlieren haben und in den Frevler-Fromme-Sprüchen sich gegen die sie bedrückende Oberschicht zur Wehr setzen; ihnen hilft diese Lehre, doch noch auf ihren Aufstieg zu hoffen. Den reichen Frommen aber, die ihre hohe gesellschaftliche Position verlieren, obwohl sie nachweisbare Verdienste erworben haben, kann sie nicht helfen.

Andererseits zeigt der Hiobdichter, daß der Vergeltungsglaube, den ja Hiob mit seinen Freunden durchaus teilt, auch ihn selbst in eine unmögliche Position treibt. Er verführt ihn nämlich zu der Annahme, er könne den Lohn für sein gemeinschaftsgerechtes Verhalten bei Gott quasi juristisch einklagen. Doch das ist ein Irrtum. Damit übersteigt Hiob die Grenze der menschlichen Existenz, und deswegen läßt der Dichter Gott in einer großen bestreitenden Rede antworten, die bei aller Schwierigkeit ihrer Interpretation[57] doch zumindest das eine Ziel hat, Hiob in die Begrenztheit

---

56 Vgl. die vergleichsweise verhaltenen Anklagen in *Ludlul bēl nēmeqi* I 44–48; II 4f.112f.; III 1–4.
57 Darauf kann ich hier nicht eingehen; der neueste Versuch, in der Gottesrede doch auch eine positive Funktion zu entdecken, stammt von O. Keel, Jahwes Entgegnung an Ijob, FRLANT 121, 1978. Der Versuch von H.D. Preuß, Theophanie und Gottesrede gerade als ein Spezifikum des biblischen Hiobbuches gegenüber den babylonischen Paralleltexten zu erweisen (Jahwes Antwort an Hiob und die sogenannte Hiobliteratur des alten Vorderen Orients, in: Beiträge zur Alttestamentlichen Theologie. Festschrift W. Zimmerli, 1977, 323–343, bes. 333ff.), ist doch wohl apologe-

seiner Existenz zurückzuverweisen. Nach der Meinung des Hiobdichters sind also die | bitteren Proteste der um ihren Lohn betrogenen Aristokratie durchaus berechtigt, aber es ist seiner Meinung nach eine gefährliche Fehleinschätzung, wenn diese meint, sie könne Gott auf die Anklagebank zitieren, um ihren Lohn zu erzwingen. Was ihr bleibt, ist trotz aller bitteren Erfahrungen zu hoffen, daß sie einen Zeugen und Fürsprecher bei Gott hat (Hi 16,19–21).

Es ist also deutlich, daß sich das Hiobbuch wie die »Babylonische Theodizee« ein ganzes Stück weit als ein aktuelles, helfendes Wort an die Betroffenen in ihrer sozialen und religiösen Krise verstehen läßt. Doch transponiert der Hiobdichter die aktuellen Probleme stärker als sein babylonischer Kollege ins Grundsätzliche hinein. Die konkrete Krise ist ihm Anlaß, auch ganz allgemein über das Los der Menschen, sein Leiden und seine Stellung vor Gott in Verweiflung, Auflehnung und Hoffnung nachzudenken. So steht aufs Ganze gesehen die Hiobdichtung ihrem sozialen Hintergrund ferner als die babylonische Dichtung. Das aber ist kein Nachteil. Vielmehr wurde es dadurch möglich, daß sich immer wieder, auch in ganz anders gearteten Krisensituationen, Menschen mit ihren Nöten in den Klagen Hiobs wiederfinden konnten. Dennoch stammt ihre Brisanz und ihre Kraft aus einer konkreten krisenhaften sozialgeschichtlichen Situation.[58]

---

tisch. Der Unterschied besteht vielmehr darin, daß in *Ludlul bēl nēmeqi* und AO 4462 Heilsorakel vorliegen, im Hiobbuch dagegen eine Streitrede Gottes. |

58 Der verehrte Jubilar hat uns jüngeren »Heidelbergern« immer wieder – vor allem in seiner Auslegung der Propheten – in bewundernswerter Weise vorgeführt, daß ein plastisches Herausarbeiten der zeitgeschichtlichen Situation den Texten der Bibel eine ungeahnte Lebendigkeit und Aktualität verleiht. Ich hoffe, mit diesem Aufsatz, durch den ich ihn herzlich grüßen möchte, etwas von diesem seinem Anliegen aufgenommen und weitergeführt zu haben.

Der »Weise« und die »fromme Weisheit« im Hiobbuch aus der Perspektive der »Freunde«

Ob und auf welche Weise die Freunde der Hiobdichtung den »Typus des Weisen« repräsentieren, ist in der Forschung umstritten. Gerne sieht man in ihnen die Vertreter eines Standes der Weisen,[1] welche den leidenden Hiob mit ihrer dogmatisch verfestigten Lehre in die Verzweiflung treiben. Dagegen hat R. N. Whybray geltend gemacht, »that the dialogue in Job is represented as taking place not between ›learnedmen‹ belonging to a professional class, but between a (once) wealthy landowner and his friends: that is, between educated farmers«.[2]

I. Der exegetische Befund

Der exegetische Befund scheint erst einmal Whybray recht zu geben. Das Adjektiv חָכָם »weise« kommt im umfangreichen Hiobbuch im Vergleich zu Proverbien und Kohelet nur selten (8mal) vor;[3] zieht man den auf Gott bezogenen Beleg ab, so verbleiben ganze fünf Stellen für den substantivierten[4] und zwei für den adjektivischen Gebrauch.[5] Selbst wenn man noch die verwendeten Synonyma hinzunimmt wie עָרוּם »klug, listig«,[6] מַשְׂכִּיל »der Fähige, Kluge«,[7] יֹדְעִים »die Wissenden«[8] oder אַנְשֵׁי לֵבָב »Männer des Verstandes«,[9] kann man wohl kaum von einem terminolo-

---

1 So wieder V. Maag, Hiob. Wandlung und Verarbeitung des Problems in Novelle, Dialogdichtung und Spätfassungen, FRLANT 128, Göttingen 1982, 125.
2 The Intellectual Tradition in the Old Testament, BZAW 135, Berlin-New York 1974, 65.
3 Hi 5,13; 9,4; 15,2.18; 17,10; 34,2.34; 37,24.
4 Hi 5,13; 15,2.18; 17,10; 34,2.
5 Hi 34,34; 37,24.
6 Hi 5,13; 15,5.
7 Hi 22,2.
8 Hi 34,2.
9 Hi 34,10.34.

gisch verfestigten Sprachgebrauch reden, der auf einen »Stand der Weisen« oder gar auf eine spezielle Berufsgruppe hindeutete. Nur einmal werden die Freunde Hiobs als Weise bezeichnet, doch dies geschieht erst in der literarisch sekundären Partie der Elihu-Reden (34,2).[10] Wir müssen also aufgrund dieses ersten Überblicks über den exegetischen Befund festhalten: Eliphas, Bildad und Zophar – bei Elihu liegen die Dinge etwas anders[11] – werden uns in der Hiobdichtung nicht als Standesvertreter, und das heißt nicht als Weisheitslehrer, sondern eben als Freunde Hiobs präsentiert.

Doch bei diesem negativen Ergebnis können wir nicht stehenbleiben. Sehen wir uns die Belegstellen genauer an, so wird deutlich, daß sich die Freunde durchaus einem weisheitlichen Bildungsideal verpflichtet sehen: Wenn Eliphas Hiob vorhält:

> Hi 15,2 Äußert ein Weiser windiges Wissen,
> und füllt er seinen Leib mit Ostwind,
> 3 weist er zurecht mit Worten, die nichts nützen,
> und mit Reden, die keinen Nutzen haben?

dann schwebt ihm hier ein Idealtyp des Weisen vor Augen, der jeden, der ihm entsprechen möchte, mit einem bestimmten Anspruch hinsichtlich seines Verhaltens konfrontiert. Wer dem Anspruch des Bildungsideals genügen möchte, kann nicht einfach seine Worte herausschreien, wie es Hiob getan hat, sondern muß den Sinn und den Zweck seiner Worte bedenken. Wichtig an dieser Stelle ist, daß Eliphas Hiob hier auf ein ihnen gemeinsames Bildungsideal anspricht. Der Weise als normativer Bildungstypus ist nicht etwa etwas, was die Freunde von Hiob unterscheidet, sondern beide miteinander vereint.[12]

---

10 Hi 34,10.
11 Bei Elihu hat man eher den Eindruck, einen professionellen Weisen vor sich zu haben: Er fühlt sich den traditionellen Trägern der Weisheit, den Alten, überlegen (33,6ff.), er verhandelt in seiner zweiten Rede den Fall Hiob vor einem Forum der Weisen (34,2-4), die nach einer förmlichen Widerlegung der »Thesen« Hiobs (34,5.9) ein negatives Urteil über ihn fällen und ihm die Weisheit absprechen (34,34f.). Dies könnte auf einen Kreis von Weisen deuten, die sich schulmäßig mit dem Fall Hiob beschäftigen. Wenn R. N. Whybray dagegen geltend macht, daß Elihus Berufung auf eine göttliche Inspiration den Horizont konventioneller Weisheit sprenge (Intellectual Tradition, 66), dann übersieht er, daß sich eine solche auch in der idealtypischen Beschreibung des professionellen Weisen von JesSir 38f. findet (39,6).
12 Vgl. den umgekehrten Fall in Hi 17,10, wo Hiob den Freunden vorhält, sie würden seinen Ansprüchen an einen Weisen nicht genügen; der Vers ist möglicherweise Teil eines Zusatzes, s. G. Fohrer, Das Buch Hiob, KAT XVI, Gütersloh 1963, 281. – Daß

Die Verpflichtung gegenüber diesem Bildungsideal ist nun aber nach Eliphas nicht nur eine Entscheidung des Augenblicks, sondern steht schon in einer längeren Tradition:

Hi 15,17 Ich will dich in Kenntnis setzen, höre mir zu!
Was ich erfahren habe, will ich dir erzählen,
18 was die Weisen (immer wieder) mitteilten[13]
und ›ihnen‹[14] ihre Väter nicht verhehlten,
19 denen noch allein das Land gegeben war
und kein Fremder in ihrer Mitte weilte.

Eliphas stellt hier seine Erfahrungen zum Zweck verstärkter Autorisierung in eine Linie mit Äußerungen der Weisen der vorexilischen Zeit. Der Begriff des Weisen ist an dieser einen Stelle der Dialogdichtung nicht Typus-, sondern eindeutig Gruppenbezeichnung.[15] Wie auch immer Stellung und Funktion dieser Weisen zu bestimmen sein mögen,[16] zumindest aus dem Rückblick der nachexilischen Zeit erscheinen sie als eine benennbare Gruppe und Träger einer besonderen Tradition, auf die sich derjenige, der zur Zeit der Hiobdichtung sich dem Bildungsideal des Weisen verpflichtet fühlte, beziehen konnte.

Nun läßt der Hiobdichter Eliphas die überkommene Weisheitstradition auf eine merkwürdige Art charakterisieren, die bis heute noch nicht genügend Beachtung gefunden hat.[17] Wenn er V. 19 sagt, daß den Vätern damals noch das Land alleine gehörte und noch nicht von Fremden durchsetzt war, dann projiziert er hier offensichtlich gegen die gesellschaftlichen Zustände seiner Zeit, die durch die Einflußnahme von Frem-

---

חָכָם im Hiobdialog weitgehend Bezeichnung eines Typus und nicht eines Standes ist, hat schon G. v. Rad, Weisheit in Israel, Neukirchen 1970, 34 gesehen.
13 Das impf. יַגִּידוּ neben dem perfektischen כִּחֲדוּ ist als Iterativ aufzufassen.
14 Lies מֵהֶם אֲבוֹתָם.
15 Schwanken kann man bei den Belegen in den Elihu-Reden Hi 34,2.34; anders zu bewerten ist der negative Gebrauch 5,13, s.u. S. 139.
16 Dies gesteht auch R. N. Whybray, Intellectual Tradition, 46 zu; wenn er aber S. 53f. behauptet, Hi 15,18f. sei keine spezielle Weisheitstradition im Blick, sondern meint, »that ›wisdom‹ of this kind has always been the property of the nation Israel as a whole«, dann ist das eher eine *petitio principii* als die Aussage des Textes.
17 Soweit ich sehe, hat allein S. Terrien, Job, CAT XIII, Neuchâtel 1963, 128 klar herausgearbeitet, daß hier eine der faktischen Internationalität altorientalischer Weisheitsliteratur widerstreitende These vertreten wird. Doch wenn er fortfährt: »Le poète s'amuse à faire parler un sage, étranger à l'alliance yahviste, comme s'il était un représentant du nationalisme religieux à tendance xenophobe«, dann wird dies der Funktion einer solchen Sicht kaum gerecht.

den auf die verschiedensten Ebenen des jüdischen Gemeinwesens gekennzeichnet war,[18] das Idealbild einer geschlossenen und homogenen Gesellschaft, in der die früheren Weisen wirkten. Dabei sieht der Autor völlig davon ab, daß Eliphas im vorgegebenen Hiobstoff aus Theman stammt und somit selber Ausländer ist.[19] Die Weisheitstradition, auf die er Eliphas sich berufen läßt, ist keine internationale, sondern eine betont national-israelitische Überlieferung. Die Hervorkehrung dieser homogenen gesellschaftlichen Bedingungen, unter denen die frühere Weisheitstradition entstand, hat im Kontext die Funktion, ihre Dignität gegenüber gegenwärtigen Ansichten zu betonen: Wenn schon die früheren Weisen unter solchen idealen gesellschaftlichen Bedingungen zu bestimmten Überzeugungen kamen, etwa daß der Frevler und Gewalttäter sein Leben nur in Angst fristen kann (V. 20), dann gelten sie jetzt erst recht! Diese Vorstellung von einer überlegenen, auf nationaler Identität Israels beruhenden Weisheitstradition läßt vermuten, daß in nachexilischer Zeit, nach dem Verlust des geschlossenen Siedlungsraumes und der politischen Selbständigkeit, das weisheitliche Bildungsideal wohl beanspruchte, eine Identität im jüdischen Gemeinwesen zu schaffen, daß es dazu aber aufgrund der gesellschaftlichen und politischen Zustände immer weniger in der Lage war.

Diese Vermutung wird durch die dritte wichtige Stelle gestützt, an der חָכָם in den Freundesreden vorkommt. In seiner ersten Rede preist Eliphas Gott als einen,

> Hi 5,12 der die Pläne der Klugen (עֲרוּמִים) zerbricht,
> so daß ihre Pläne keinen Erfolg bewirken,
> 13 der die Weisen (חֲכָמִים) in ihrer Klugheit (עָרֹם) fängt,
> so daß der Plan der Hinterlistigen überstürzt.

Die Begriffe חָכָם und עָרוּם erhalten im letzten Parallelbegriff פתל ni. »hinterlistig sein« eine negative Konnotation; עָרוּם wird sogar im Hiobbuch – anders als im Proverbienbuch – generell negativ gebraucht.[20] Kann

---
18 Vgl. nur die Schilderungen Esr 4f.; Neh 4,1ff.; 5,17; 6,1ff.; 13,4ff.15ff.23ff.
19 Wenn F. Horst, Hiob, I. Teilband, BK XVI/1, Neukirchen ³1974 aufgrund der ausländischen Herkunft des Eliphas feststellt: »Auf vor- und nachexilische Verhältnisse Israels ist aber in keiner Weise angespielt« und stattdessen auf »beduinische Ideale« zurückschließt, dann ist damit die Assoziation, welche die jüdischen Leser des Hiobbuches bei einem Satz wie Hi 15,19 haben *mußten*, völlig verkannt. Auch Hiob verkörpert ja trotz seiner ausländischen Herkunft einen Typus der jüdischen Gesellschaft.
20 Vgl. 15,15 im Unterschied zu Prov 12,16.23; 13,6; 14,8.15.18; 22,3; 27,13.

חָכָם im alttestamentlichen Sprachgebrauch auch sonst eine nicht ganz legitime »cleverness« bezeichnen,[21] so unterscheidet sich Hi 5,13 jedoch davon, daß hier der Begriff sogar als eine negative Gruppenbezeichnung verwendet wird. Der Sprachgebrauch wird noch auffälliger, wenn man fragt, welche Gruppe damit gemeint ist. Die Antwort ergibt sich eindeutig aus den folgenden Versen: Die cleveren Weisen, denen Gott ihr Tun vereitelt, sind die Starken (חזק, V. 15), welche die Armen (אֶבְיוֹן) und Geringen (דַּל, V.16) in ihrer Gewalt haben; dies sind aber, wie sich aus anderen Stellen des Hiobbuches ergibt, ganz eindeutig die Frevler.[22]

Das bedeutet aber: Der Begriff חָכָם vereint nicht nur die Freunde und Hiob hinsichtlich eines positiven Bildungsideals, sondern er übergreift auch die beiden Gruppen, die sich sonst im Hiobbuch diametral gegenüberstehen. Auch die Gruppe, die sonst mit dem antitypischen Gegenbild des Frevlers, Toren und Gewaltmenschen belegt wird,[23] kann in irgendeinem Sinn auch חָכָם genannt werden. Und selbst wenn man einen bitterironischen Sinn in Rechnung stellt, etwa daß die Frevler sich nur einbilden, Weise zu sein, wenn sie clever und hinterlistig ihre Machenschaften vollführen, so kann man der Möglichkeit eines solchen Sprachgebrauchs doch soviel entnehmen, daß es zwischen den Gruppen, die Hiob und seine Freunde repräsentieren, und denen, die sie mit dem Feindbild des Frevlers belegen, strittig war, was als »wahre« Weisheit zu gelten hat. Offensichtlich konnte man in der Gesellschaft, in der der Hiobdichter schreibt, auch in ganz anderer Weise von den Beobachtungen und Lebensregeln der Weisheit Gebrauch machen, als es Hiob und seinen Freunden vorschwebt. Ja, wenn man den utilitaristischen Charakter der älteren Weisheit in Rechnung stellt und bedenkt, daß die Frevler im Hiobbuch als die ausgesprochen Erfolgreichen gelten (Hi 21), dann könnte man sogar vermuten, daß die sogenannten Frevler sich selber für die eigentlich Weisen hielten. Das Bildungsideal des Weisen, das Hiob aufgrund seiner Erfahrungen zusammenbricht und das die Freunde nicht müde werden, ihm gegenüber zu vertreten, ist somit weit davon entfernt, gesamtgesellschaftlich akzeptiert zu sein. Es ist unter mindestens zwei Gruppen umstritten und nicht in

---

21 So zum Beispiel 2. Sam 13,4; vgl. dazu B. Lang, Wisdom and the Books of Proverbs. An Israelite Goddess Redefined, New York 1986, 14f.
22 Vgl. Hi 20,19; 22,5-9; 24,3.9; 29,16f.
23 Vgl. die Zusammenstellung der Begriffe bei E. Würthwein, Gott und Mensch in Dialog und Gottesreden des Buches Hiob, Habilitationsschrift Tübingen 1938 = Ders., Wort und Existenz. Studien zum Alten Testament, Göttingen 1970, 217-295, 228f.; Würthwein notiert 229 Anm. 16 den auffälligen Sprachgebrauch in Hi 5,12f., macht aber keinen Versuch, ihn zu deuten.

der Lage, im frühjüdischen Gemeinwesen eine übergreifende Identität zu stiften.

II. Die Trägergruppe

Eine erste Durchsicht des exegetischen Befundes hat ergeben, daß die drei Freunde im Hiobbuch nicht als Weisheitslehrer angesprochen werden können und keine Schulweisheit repräsentieren, daß sie sich aber dennoch einem – auf eine bestimmte Sicht der Tradition abgestützten – Bildungsideal verpflichtet fühlen, welches, obgleich es mit dem Anspruch allgemeiner Gültigkeit auftritt, als gruppenspezifisch bestimmt werden muß.

Damit stellt sich die Frage nach der Gruppe, in welcher das von den Freunden vertretene Bildungsideal zu Hause war. Nun werden über die Freunde Hiobs keine verwertbaren Angaben hinsichtlich ihrer Gruppenzugehörigkeit gemacht. Die stereotypen Angaben über ihre ausländische Herkunft[24] gehören dem aufgenommenen Hiobstoff an und spielen in der Dichtung keine Rolle mehr; für den Hiobdichter und seine Adressaten repräsentieren sie, wie der ausländische Hiob auch, längst eine einheimische Gruppierung.

Nun hatten wir gesehen, daß nach Darstellung der Dichtung Hiob einmal das Bildungsideal seiner Freunde geteilt hatte (Hi 15,2).[25] Von Hiob aber macht die Dichtung eine ganze Fülle soziologisch auswertbarer Angaben: Er erscheint in der Rahmenerzählung als reicher und frommer Gutsbesitzer (Hi 1,2f.; 42,12); und die Dialogdichtung zeichnet von ihm das Bild eines reichen, hochangesehenen städtischen Aristokraten mit öffentlichen Funktionen im Gemeinwesen (Hi 19,13ff.; 29; 30,1.28), der seine Frömmigkeit vor allem dadurch beweist, daß er seine Position und seinen Besitz rückhaltlos für die Besserung der Lebenslage der verarmten Bevölkerungsgruppen einsetzte (29,12-17; 31).[26] Dabei stand er in einem ständigen Abwehrkampf gegen einen anderen Teil der Oberschicht, der seine gesellschaftliche Position clever und unsentimental, ohne Rücksicht

---

24 Zur neueren Diskussion vgl. V. Maag, Hiob, 14ff.
25 Vgl. auch Hi 4,3-5; 16,4.5; 30,25.
26 Ausführlicher begründet habe ich diese Zuordnung in meinem Aufsatz: Der sozialgeschichtliche Hintergrund des Hiobbuches und der ›Babylonischen Theodizee‹, Die Botschaft und die Boten, Festschrift H. W. Wolff, Neukirchen 1981, 349-372, 358ff. [= S. 117ff. im vorliegenden Band].

auf die verheerenden gesellschaftlichen Schäden, auf Kosten der ärmeren Bevölkerungsschichten ausnutzte und dabei auch noch prosperierte (29,17; 22,5-9; 20,19; 21).[27]

Es ist somit wahrscheinlich, daß das Bildungsideal, das die Freunde unablässig propagieren, in eben dieser frommen Gruppierung der Oberschicht des frühjüdischen Gemeinwesens gepflegt wurde. Es stand konträr gegen die – wahrscheinlich ebenfalls weisheitlich orientierte – Lebensphilosophie anderer Oberschichtgruppen, die als Frevler disqualifiziert werden. Und es wurde wahrscheinlich auch von den verarmenden Unterschichtsgruppen nicht geteilt, die stärker eschatologisch orientiert waren und ihre Rettung von einem von Gott herbeigeführten großen gesellschaftlichen Umsturz erwarteten.[28] Die völlige Ausblendung der spätprophetischen Zukunftsperspektive in den Auffassungen Hiobs und seiner Freunde zeigt noch einmal die schichtspezifische Gebundenheit ihres Denkhorizonts.[29]

III. Die Funktionen »des Weisen«

Versuchen wir nun, das Bildungsideal der frommen Oberschichtskreise näher zu bestimmen, indem wir zuerst nach den Funktionen fragen, die demjenigen, der sich ihm verpflichtet fühlt, beigelegt bzw. von ihm erwartet werden. Hier läßt sich erst einmal ein breites erzieherisches Anliegen greifen: »Der Weise«, so wie ihn die Freunde Hiobs verkörpern, berät (יעץ),[30] belehrt (ירה hi.),[31] vermittelt Wissen (ידע, בין),[32] leitet an, erzieht und weist zurecht (יסר hi., יכח hi.).[33] Er will und soll somit

---

27 Vgl. a.a.O., 362ff.
28 Vgl. dazu prophetische Texte wie Jes 29,17-24; 66,5 u.a.
29 Interessant ist dazu, daß ein Text wie Jes 58,5-9a, der ein ganz ähnliches Frömmigkeitsideal wie Hi 22,5-9; 31,13ff. vertritt, in V.8 die großen nationalen Verheißungen Deutero- und Tritojesajas (52,12; 60,1) zu individuellen Schutzverheißungen für den frommen Reichen umdeutet. Solche individuellen Verheißungen finden sich wiederum auch im Hiobbuch (5,19-26; 8,21f.; 11,15-19; 22,26-28); vgl. R. Albertz, Die ›Antrittspredigt‹ Jesu im Lukasevangelium auf ihrem alttestamentlichen Hintergrund, ZNW 74, 1983, 182-206, 191ff.
30 Hi 26,3; vgl. עֵצָה 29,21.
31 Hi 6,24; 8,10.
32 Hi 6,24; 26,3; 27,11.
33 Hi 4,3; vgl. מוּסָר 20,3; 6,25.26; 15,2; 19,5; 32,12; vgl. תּוֹכַחַת 13,6.

anderen, die in Schwierigkeiten sind, Orientierung und Lebenshilfe bieten. Diese pädagogische Abzweckung ist mehr oder minder direkt allen Überlieferungsstadien der israelitischen Weisheit, angefangen vom Volks-Sprichwort, inhärent und nicht speziell für das im Hiobbuch vertretene Bildungsideal typisch; sie erhält hier nur, wie auch in Prov 1-9, einen besonderen Nachdruck.

Auffällig und für das Hiobbuch typisch ist nun jedoch eine hinzukommende zweite Funktion, nämlich die des Tröstens (נחם),[34] Stärkens (חזק pi., אמץ pi., קום hi.),[35] Helfens (עזר, ישׁע hi.)[36] und Heilens (רפא).[37] Hiermit erhält die erzieherische Funktion der Freunde die Dimension der Seelsorge und damit einen deutlich religiösen Unterton.[38]

Nun könnte man denken, diese Besonderheit sei nur eine Folge der Form der Hiobdichtung, die als »Dialog des Tröstens«[39] angelegt sei. Doch reicht eine solche Erklärung nicht aus. Der Hiobdichter gibt nämlich selbst zu erkennen, daß er den Versuch einer tröstenden Belehrung Hiobs durch seine Freunde nicht als einmaligen Fall sieht: In seiner ersten Rede erinnert Eliphas Hiob daran, daß er selbst einmal an einer solchen tröstenden Belehrung teilgenommen hatte:

> Hi 4,3 Siehe, du hast (doch selber) viele angeleitet (יסר pi.)
> und schlaffe Hände wieder gestärkt (חזק pi.).
> 4 Den Strauchelnden haben deine Worte aufgerichtet (קום hi.),
> und die zusammensinkenden Knie hast du gekräftigt (אמץ pi.).
> 5 Doch nun, da es über dich kommt, wirst du selbst schwach,
> da es dich trifft, gerätst du außer dich?

Diese Sätze haben im Kontext die Funktion, den lebensmüden Hiob von Kap. 3 an seine frühere Lebensstärke zu erinnern. Doch sind sie nicht nur psychologische Strategie, wie Hiobs eigene Schilderungen zeigen:

---

34 Hi 16,2; 21,34.
35 Hi 4,3.4; 16,5.
36 Hi 26,2.
37 Hi 13,4.
38 Alle hier genannten Verben haben ihren festen Ort in den Kleinkultgattungen (Klage des einzelnen, Danklied, Heilsorakel) bzw. den theophoren Personennamen und haben dort Gott zum Subjekt, vgl. meine Aufstellungen in R. Albertz, Persönliche Frömmigkeit und offizielle Religion. Religionsinterner Pluralismus in Israel und Babylon, CTM A9, Stuttgart 1978, 61ff.
39 Diesen Aspekt hat C. Westermann, Der Aufbau des Buches Hiob, BHTh 23, Tübingen 1956, 9 besonders hervorgekehrt.

Hi 30,25   Oder weinte ich nicht um den, den die Härte des Tages (traf),
war ich nicht bekümmert um den Armen?

Hi 29,24   Lächelte ich ihnen zu, ›...‹[40] so faßten sie Vertrauen.
Das Leuchten meines Antlitzes machte sie nicht niedergeschlagen.

Hiob hat sich also selber mitleidend und stärkend um diejenigen bemüht, die von »der Härte des Tages« vernichtend getroffen wurden. Er stand mit seinen Freunden Seite an Seite, um den Opfern der Krise seiner Zeit belehrend und tröstend zu helfen, mit ihrem schweren Schicksal fertig zu werden. Doch nun, da ihn der Schicksalsschlag selber getroffen hat, er von sozialem Abstieg, Krankheit und gesellschaftlicher Isolierung bedroht ist, haben für ihn die seelsorgerischen Erklärungsmuster, die er einst mit seinen Freunden teilte, ihre Überzeugungskraft verloren, ja, sie vergrößern, da er sie jetzt von seinen Freunden hört, nur seine Pein.

Wohl stellt es der Hiobdichter so dar, daß die tröstende Lebenshilfe, die die Freunde Hiob geben wollen, scheitert; doch vertritt auch er mit seiner ganzen Dichtung ein seelsorgerliches Anliegen, Hiob und mit ihm alle vom Schicksalsschlag getroffenen Angehörigen der frommen Oberschicht aus ihrer verzweifelten, lebensmüden Haltung herauszuführen.[41] Dies setzt aber in der Gruppe, in der und für die er schreibt, eine seelsorgerliche Ausrichtung der Weisheit voraus.

Diese Ausrichtung hängt wahrscheinlich ursächlich mit der krisenhaften gesellschaftlichen Lage in dem frühnachexilischen jüdischen Gemeinwesen zusammen, das, wie ich andernorts dargelegt habe,[42] von tiefgreifenden sozialen Umschichtungsprozessen gekennzeichnet war. Dem »Weisen« fällt in dieser Krise die Aufgabe zu, den Opfern belehrend und tröstend sinnstiftende Erklärungsmodelle anzubieten, die ihnen eine Zukunftsperspektive eröffnen können.

---

40 Streiche לא.
41 Diese seelsorgerliche Intention des Hiobbuches wird häufig nicht gesehen: Sie wird aber sofort erkennbar, wenn man die Haltung Hiobs in der Anfangs- (Hi 3) und Schlußklage (Hi 29-31) miteinander vergleicht: Der Lebensmüde (Hi 3,11ff.; 6,8ff.; 7,21b; 10,18-22) will wieder leben (29,2ff.); ausführlicher dazu R. Albertz, Der sozialgeschichtliche Hintergrund, 370f. [= S. 131-133 im vorliegenden Band].
42 Zur sozialen Krise in der Perserzeit vgl. H. G. Kippenberg, Religion und Klassenbildung im antiken Judäa. Eine religionssoziologische Studie zum Verhältnis von Tradition und gesellschaftlicher Entwicklung, StUNT 14, Göttingen 1978; R. Albertz, Der sozialgeschichtliche Hintergrund, 366ff. [= S. 127ff. im vorliegenden Band]; W. Schottroff, Arbeit und sozialer Konflikt im nachexilischen Juda, L./W. Schottroff (Hg.), Mitarbeiter der Schöpfung, München 1983, 104-108.

IV. Die »Quellen der Weisheit«

Der zweite Näherungsversuch soll der Frage nachgehen, woher die Freunde ihre hilfreichen Lebensmaximen beziehen. Da ist erst einmal die Erfahrung, auf welche die Freunde verweisen (ראה, חזה, שמע)[43] und an die sie Hiob erinnern (זכר).[44] Ihr gesellen sich noch die eigene Nachforschung (חקר)[45] und die kritische Prüfung (בחן)[46] hinzu, welche die Erfahrungen auswerten und das für den Menschen Lebensfördernde herausfiltern. Doch diese Basis aller Weisheit von den Volkssprichwörtern bis zu Kohelet hat zur Zeit des Hiobdichters in der Gruppe, für die er schreibt, ihre Überzeugungskraft verloren. Hiob kann dagegen seine genau entgegengesetzten Erfahrungen stellen (ראה, שמע)[47] und den Realitätsgehalt der von den Freunden behaupteten Erfahrung in Frage stellen (21,17). Er kann auf die Erfahrung der Reisenden verweisen, die denen der Freunde genau widersprechen (21,29f.). Es ist darum kein Wunder, daß Eliphas in 4,8 seine Erfahrung durch ein Sprichwort und 15,17f. durch eine angeblich uralte Weisheitstradition absichert.

Dem Erfahrungsgrundsatz entspricht es, daß die Alten den Freunden als besondere Träger der Weisheit gelten (15,10). Doch wird von Hiob auch diese traditionelle Ansicht in Frage gestellt (12,12[48]), und der nachträglich eingeführte Elihu widerspricht ihr vehement (32,4.7.9).

Der Strittigkeit der Erfahrung in der krisenhaften Situation der Hiobdichtung entspricht es, daß der Autor die Freunde mehrfach Sprichwörter aufnehmen[49] und sich auf eine ehrwürdige Tradition berufen läßt (8,8; 15,18; 20,4). Er mag in 8,9 eine wirklich existierende, deprimierende Selbsteinschätzung formuliert haben, daß die Erfahrungen der eigenen nichtigen Generation nicht ausreichen, um Orientierung für die Zukunft zu gewinnen. Wenn wahrscheinlich auch das Proverbienbuch in der frühnachexilischen Zeit seine vorliegende Gestalt gefunden hat, so mag dies in der Hinwendung zur Tradition seine Ursache haben, die sich in den Freundesreden des Hiobbuches abzeichnet. Dahinter stehen der Plau-

---

43 Hi 4,8; 15,17; 5,27b.
44 Hi 4,7.
45 Hi 5,27a; 8,8.
46 Hi 12,11; 34,3.4.
47 Hi 13,1.
48 Ergänze mit G. Fohrer, 237 לֹא.
49 Hi 4,8; 5,2; 8,11; 11,12; im Stil des Makarismus 5,17; zum Teil andere Stellen nennt V. Maag, Hiob, 129.

sibilitätsverlust der Erfahrung und der Legitimationsdruck, denen sich die fromme Oberschichtsgruppe ausgesetzt sah.

Wie groß dieser Legitimationsdruck gewesen sein muß, läßt sich daran erkennen, daß sich die Freunde im Hiobbuch neben Erfahrung und Tradition auf eine dritte Quelle ihrer Einsichten berufen, welche den traditionellen Vorstellungshorizont der älteren Weisheitsüberlieferung endgültig überschreitet: auf göttliche Offenbarungen. Geradezu manieristisch ausgestaltet findet sich dieses Motiv in der 1. Eliphasrede 4,12-21; es findet sich knapper – und schon lehrhaft generalisiert – auch noch in den Elihureden (33,14-18; 36,7-12). Dabei ist es keineswegs eine besondere Einsicht, die Eliphas durch göttliche Offenbarung in der Nacht empfängt: Die generelle Sündigkeit und Nichtigkeit menschlicher Existenz Gott gegenüber (4,17ff.) kann an anderer Stelle des Dialogs auch als ganz »normale« menschliche Einsicht eingeführt werden (15,14-16; 25,2-6). Die Stilform der Offenbarung ist nur Mittel, um eine Einsicht zusätzlich zu unterstreichen und zu legitimieren. Dieses gilt letzten Endes auch für die Stilform der Theophanie, in welche die große Gottesrede am Schluß gefaßt ist (38ff.; vgl. 11,5-6).

Ist in der ursprünglichen Dialogdichtung der Anspruch auf Teilhabe an einem übermenschlichen, göttlichen Wissen durchaus noch umstritten (15,7f.; 26,4), so wird in den etwas späteren Elihureden generell alle echte Weisheit des Weisen auf göttliche Inspiration zurückgeführt, die in der Erschaffung des Menschen begründet ist (32,8.18).[50] Dabei führt Elihu seinen Anspruch, vom Geist seines Schöpfers inspiriert zu sein, gegen die Erfahrung des Alters ins Feld (32,7.9). Bloße Erfahrung reicht nicht mehr aus, um die rechte Belehrung des Weisen zu begründen.[51]

So läßt sich im Hiobbuch klar erkennbar die Tendenz einer zunehmenden theologischen Fundierung weisheitlicher Erkenntnis greifen. Sie hängt wohl direkt damit zusammen, daß die Erfahrungen in der gesellschaftlichen Krise der frühnachexilischen Zeit zu widersprüchlich waren, um für den frommen Teil der jüdischen Oberschicht eine eindeutige Orientierung zu ermöglichen. Die gesellschaftlichen Erfahrungen sprachen ja eher für die »Frevler«, das heißt den Teil der Oberschicht, der mit seiner cleveren und eigennützigen Auslegung weisheitlicher Maximen offenbar ausgesprochen erfolgreich war (Hi 21). Die religiöse Ausrichtung (Seel-

---

50 Auf dem Weg zu dieser Ansicht ist schon Zophar in Hi 20,3; zur Zeit Jesus Sirachs gehört sie offensichtlich schon zum festen Repertoire (39,6).
51 Diese neue Situation wird von R. N. Whybray, Intellectual Tradition, 66 nicht gewürdigt.

sorge) und theologische Fundierung, welche die weisheitliche Lebensphilosophie in den Freundesreden des Hiobbuches erhält, weist auf das Anliegen ihrer Trägergruppe, eine theologische Klammer um die Weisheit zu legen, um sie vor dem Mißbrauch, den ihrer Meinung nach die »Frevler« mit ihr trieben, zu schützen.

V. Die Lebensphilosophie der frommen Weisheit

Die bewußte religiöse Einbindung der Weisheit wird nun noch deutlicher, wenn wir in einem dritten Schritt versuchen, das Bildungsideal, das die Freunde Hiobs propagieren, inhaltlich zu beschreiben. Wir können es regelrecht als »fromme Weisheit« bezeichnen.

Das zeigt sich schon in der breiten Aufnahme religiöser Sprache, etwa von Begriffen wie כֶּסֶל/מִבְטָח »Vertrauen«[52] und תִּקְוָה »Hoffnung«,[53] die sonst im Bekenntnis der Zuversicht der Klage des einzelnen und damit in der persönlichen Frömmigkeit zu Hause sind.[54] Sie wird weiter deutlich in der Verwendung religiöser Formen wie der bedingten Verheißung[55] und

---

52 Hi 8,14; 31,24; 4,6; 8,14.
53 Hi 4,6; 8,13; 11,18.20; vgl. auch מָנוֹס »Zuflucht« 11,20.
54 Vgl. Ps 22,10; 71,5; 62,6; Thr 3,24 u.ö.; zum Begriff der »persönlichen Frömmigkeit« als einer Religionsschicht, die dem familiären Lebenskreis zugeordnet ist und von der auf die Gesamtgesellschaft bezogenen »offiziellen Religion« unterschieden werden muß, vgl. R. Albertz, Persönliche Frömmigkeit, 23ff. Daß diese auch im Proverbienbuch greifbar wird, hatte ich damals noch nicht gesehen, ist aber inzwischen von verschiedener Seite herausgearbeitet worden, vgl. schon B. Lang, Die weisheitliche Lehrrede, SBS 54, Stuttgart 1972, 73ff. und explizit bezogen auf meine These C. V. Camp, Wisdom and the Feminine in the Book of Proverbs, Bible and Literature Series 11, Sheffield 1985, 247ff. Auch die Beziehungen, die insbesondere zwischen Weisheitstexten und dem »Lament-Thanksgiving Cycle« bestehen, auf die L. G. Perdue, Wisdom and Cult. A Critical Analysis of the Views of Cult in the Wisdom Literatures of Israel and the Ancient Near East, SBL Dissertation Series 30, Missoula 1977 hinweist, deuten in die gleiche Richtung. Nur würde ich anders als er zwischen offiziellem Großkult und familiärem Kleinkult differenzieren. Terminologische Bezüge zum Bekenntnis der Zuversicht finden sich auch in Prov 2,7; 14,26; 22,19; 23,17f.; 30,5; sie sind somit keine Neuerung des Hiobdichters, bei ihm jedoch stärker in ein systematisches gedankliches Gebäude integriert. Die persönliche Frömmigkeit wird in der »frommen Weisheit«, die sich in etwas anderer Spielart auch in Prov 1-9 findet, zur Theologie ausgestaltet.
55 Hi 5,19-26; 8,6bf.21f.; 11,15-19; 22,21.26-28.

in der Reflexion über religiöse Vorgänge wie das Gebet.[56] Überall ist das Bemühen spürbar, Bildung und Frömmigkeit miteinander zu verbinden.

Die apologetische Tendenz dieser Synthese wird zum Beispiel in der Beschuldigung sichtbar, die Eliphas gegen Hiob erhebt:

Hi 15,4 Du zerstörst sogar die Frömmigkeit (יִרְאָה)
und schmälerst die Besinnung vor Gott.
   5 Ja, deine Sünde lehrt dein Mund,
und du bedienst dich der Sprache der Listigen (עֲרוּמִים).
   6 Dein Mund spricht dich schuldig (רשע hi.), nicht ich,
und deine Lippen zeugen gegen dich.

Mit seinen wilden Protesten gegen Gott, in denen er ihn der Willkür zieh, hat Hiob die Übereinkunft der frommen Weisheit, demütige Besinnung (שִׂיחַ)[57] vor Gott zu sein, aufgekündigt und sich auf die Seite der falschen Weisen, der Listigen (vgl. 5,12) begeben und sich damit als Frevler erwiesen, die meinen, ihr Leben ohne oder gegen Gott gestalten zu können (vgl. 21,15). Das Anliegen der Freunde ist es, trotz schreienden gesellschaftlichen Unrechts Gott vor Beschuldigungen zu schützen und die Frömmigkeit gegen jeden zu verteidigen.[58]

Wie Lebenspraxis und Frömmigkeit für die Freunde zusammenhängen, wird am deutlichsten an den Stellen, wo sie die traditionelle Formulierung des Bekenntnisses der Zuversicht aufnehmen und charakteristisch abwandeln.

In seiner ersten Rede, in der Eliphas Hiob noch trösten möchte, versucht er, ihm mit folgender Formulierung Hoffnung auf baldige Wende seiner Not zu vermitteln:

Hi 4,6 Ist nicht deine Frömmigkeit (יִרְאָה) dein Vertrauen (כִּסְלָ)
und deine Hoffnung (תִּקְוָה) ›...‹ die Vollkommenheit (תֹּם) deines Lebenswandels?

An der Stelle von »Frömmigkeit« und »vollkommenem Lebenswandel« stand im Bekenntnis der Zuversicht Gott selber: Er ist in den Klagen des einzelnen der Vertrauens- und Hoffnungsgrund, auf den hin sich der Beter in seiner Not ausstreckt.[59] Nun würde man sicher der frommen Weisheit

---

56 5,1ff.; 5,8.17ff.; 8,5-7; 11,13-19; 22,21-28; 35,9-16.
57 Im Sinne von »Andacht, Meditation« auch Ps 119,97.99.
58 Vgl. Hi 8,3.20; 11,6 und mit besonderer Vehemenz bei Elihu Hi 33,12; 34,10.12.17.29.31-33; 35,15f.; 36,3.5ff.
59 Vgl. Ps 22,10f.; 71,5; die Abwandlung macht eindeutig, daß die reflektierte Lebensphilosophie der frommen Weisheit von der »normalen« persönlichen Frömmigkeit

unrecht tun, wollte man ihr unterstellen, sie wolle Gott durch religiöse und ethische Verdienste ersetzen. Gemeint ist vielmehr, daß ein bewußtes Festhalten an Gott und ein aktives Bemühen, seinem Anspruch zu genügen, überhaupt erst die Basis bilden, auf der eine Zuwendung Gottes mit Fug und Recht erwartet werden kann. Hiob, der nach Ausweis seines großen Unschuldsbekenntnisses (Hi 31) so vorbildlich seinen religiösen und sozialen Verpflichtungen nachgekommen ist, kann, so meint Eliphas, berechtigte Hoffnung haben, daß Gott seine Not wenden wird.

Die Front, gegen die dieses abgewandelte Bekenntnis formuliert ist, wird deutlich, wenn man die gegenteilige Aussage Bildads über die Frevler hinzuzieht:

> Hi 8,13 So ist ›das Ende‹,[60] all' derer, die Gott vergessen,
> und so geht die Hoffnung des Gottlosen zugrunde.
> 14 ›Sonnenfäden‹[61] sind seine Zuversicht (כֶּסֶל),
> und ein Spinnennetz ist sein Vertrauen (מִבְטָח).
> 15 Er stützt sich (שׁען ni.) auf sein Haus, doch bleibt er nicht stehen,
> hält sich an ihm fest, doch hat keinen Bestand.

Die Frevler, die sich extrem unsozial gebärden (20,19; 22,5-9) und meinen, ihre Verpflichtungen Gott gegenüber aufkündigen zu können, haben nichts, worauf sie ihre Zuversicht und ihr Vertrauen gründen könnten. Zwar glauben sie, sich auf ihren Besitz, bzw. das Ansehen ihrer Familie stützen zu können,[62] aber das ist eine gefährliche Illusion, ein Spinnennetz, das schon bald durchreißen wird. Hiob dagegen bekennt wiederum, daß er sich dieser illusionären Haltung der Frevler nicht hingegeben hat:

> Hi 31,24 Wenn ich das Gold zu meiner Zuversicht (כֶּסֶל) gemacht
> und zum Gold gesagt hätte: »Mein Vertrauen (מִבְטָח)!«,
> 25 wenn ich mich gefreut hätte, weil mein Besitz wächst
> und meine Hand großen Reichtum erlangt ...
> 28 wäre auch das eine Schuld, die vor den Richter gehört,
> denn ich hätte Gott in der Höhe verleugnet.

---

abgerückt werden muß, auch wenn sich in dieser, vor allem in den Alltagswünschen, ein ganz selbstverständlicher Vergeltungsglaube findet (vgl. 1. Sam 24,20; 26,23f.; 2. Sam 2,5f.; Ruth 1,8f.; 2,12; Neh 5,19; 6,14; 13,14.22.31 und R. Albertz, Gebet. II. Altes Testament, TRE XII, Berlin-New York 1983, 34-42, 37.).

60 Lies אַחֲרִית mit LXX.
61 Lies mit G. Fohrer, 185 קִשְׁרֵי קַיִט.
62 Zu שׁען vgl. in der Sprache des Bekenntnisses der Zuversicht מִשְׁעֶנֶת »Stütze, Stab« Ps 23,4; dazu das Verb in Jes 31,1 und das gleichbedeutende סמך ni. Ps 71,6. – Bei ihrer Haltung konnten sich die »Frevler« durchaus auf die ältere Sprichwort-Weisheit stützen; vgl. Prov 10,15; 13,8; 14,20a; 19,4.

Die Frevler haben ihren Reichtum zu ihrer letzten Lebensgrundlage gemacht und haben damit Gott verleugnet bzw. vergessen.[63] Darum werden sie untergehen bzw. dem Gericht Gottes anheimfallen. Gegen eine solche Lebensmaxime, die vor allem an dem unsozialen Verhalten der Frevler sichtbar wird, setzen die frommen Gruppen der Oberschicht ihre Lebensphilosophie, daß nur einer Lebenspraxis, die auf Gott ausgerichtet ist, und das heißt insbesondere die soziale Verpflichtung des Eigentums anerkennt, von Gott eine Zukunft eröffnet wird.

Man mag dieser Sicht vorwerfen, sie rationalisiere die Vertrauensbeziehung zu Gott auf unzulässige Weise und schränke das freie Erbarmen Gottes gefährlich ein. Und wirklich verführt ja diese Theologie Hiob zu der Meinung, aufgrund seiner großen Verdienste bei Gott einen quasi juristisch einklagbaren Anspruch auf Zukunft und Glück zu haben.[64] Doch muß man berücksichtigen, daß es der frommen Weisheit darum geht, gegenüber der Lebenspraxis, die die Frevler vorleben, die Gefahr einer »billigen Gnade« abzuwehren.

Es soll die Möglichkeit ausgeschaltet werden, sich im Religiösen und Kultischen der Gnade Gottes versichern zu können, ohne in der gesellschaftlichen Praxis seinen Ansprüchen zu genügen. Frömmigkeit und Lebenspraxis sollen zu einer untrennbaren Einheit zusammengebunden werden.

Das gleiche Anliegen wird auch in der Auffassung deutlich, welche die Freunde vom Gebet vertreten. Zum einen ist für sie die Erhörung des Gebets durch Gott generell an das moralische Verhalten des Betenden gebunden:

Hi 8,5 Wenn du selber nach Gott suchst
und zu Šaddaj (um Gnade) flehst,
6   wenn du lauter und recht bist,
ja, dann wird er über dir wachen.

Hi 22,30 Er rettet den unschuldigen ›Mann‹,[65]
er wird gerettet wegen der Reinheit ›seiner‹[66] Hände.[67]

---

63 Daß die Alternative Vertrauen auf Gott oder Vertrauen auf Reichtum für die nachexilische Gemeinde den Charakter eines status confessionis hatte, wird aus Ps 62,9-11 erkennbar.
64 Hi 13,13ff.; 23; 31,35-37; daß auch der Hiobdichter diese Konsequenz negativ beurteilt, zeigt die Gottesrede.
65 Lies אִישׁ.
66 Lies כַּפָּיו.
67 Vgl. auch Hi 11,13-15; 22,23.

Auch hier wird man die Bedingung nicht so verstehen dürfen, daß die moralische Qualifikation automatisch Gottes Zuwendung und Rettung nach sich ziehe. Sie ist eine Voraussetzung, welche die Erhörung des Gebets überhaupt erst ermöglicht: Wo jene fehlt – wie bei den Frevlern –, ist sie sowieso ausgeschlossen.

Zum anderen unterscheiden die Freunde zwischen legitimem und illegitimem Gebet: Der wilde Protest, mit dem Hiob Kap. 3 sein Leid herausgeschrien hat, ist für Eliphas illegitim: Er wird nicht erhört werden und im Himmel keinen Fürsprecher finden (5,1). Eliphas vergleicht ein solches falsches Gebet mit dem Verhalten des Toren, den sein Unmut und Eifer schließlich selbst umbringen (5,2-5).

Wenn Eliphas im Folgenden Hiob selber den Rat gibt, zu Gott zu beten (5,8), dann hat er dabei eine andere Art von Gebet im Auge, die in V.17f. erkennbar wird:

> Hi 5,17 Siehe: Glücklich der Mann, den Gott zurechtweist!
> Und die Zucht des Allmächtigen lehne nicht ab!
> 18 Denn er ist's, der Schmerzen verursacht, der aber auch verbindet,
> der Wunden schlägt, dessen Hände aber auch heilen.

Es geht um ein Gebet, in dem Hiob sein Leid als Erziehungsmaßnahme Gottes akzeptiert, trotz seiner Verdienste seine Schuld eingesteht und im Bewußtsein eigener Unzulänglichkeit um Vergebung bittet. Für eine Anklage oder gar Beschuldigung Gottes ist in dieser Auffassung von Gebet kein Raum. Legitimes Gebet ist in der Sicht der frommen Weisheit nur aus einer demütigen Haltung heraus möglich, die Gott nicht zwingen will, sondern darauf vertraut, daß Gott, der aus erzieherischen Gründen Wunden schlägt, auch wieder heilen wird.[68]

So sehr die Freunde die moralische Qualifikation zur sichernden Voraussetzung für eine intakte Gottesbeziehung machen, so wehren sie mit

---

68 Vgl. Hi 22,21 und ausführlich in den Elihureden 35,9-16. Elihu beschreibt hier das Schreien der Menge wegen der Gewalt der Unterdrücker (V.9), das von Gott nicht erhört werden wird (V.12f.), »wegen der Anmaßung des Bösen«. Eine solche anmaßende Klage vergleicht Elihu mit dem Verhalten der Tiere. Dem stellt er die – fast – von niemandem gewählte alternative Möglichkeit gegenüber, sich vertrauensvoll an seinen Schöpfer zu wenden, der selbst in der Not noch Lobgesänge ermöglicht (V.10). Noch einen Schritt weiter war schon der Autor der Rahmenerzählung gegangen, für den sich wahre Frömmigkeit darin äußert, daß sie selbst noch in der Not Gott loben kann (1,21; 2,10). Die Klage (תְּפִלָּה) ist für ihn generell etwas Anstößiges (תִּפְלָה, 1,22) bzw. Sünde. So sehr sich solche Ansichten auch in der christlichen Frömmigkeit durchgesetzt haben, für das Alte Testament sind sie ganz ungewöhnlich!

dieser Gebetsauffassung die Möglichkeit ab, die eigene Frömmigkeit als Waffe gegen Gott einsetzen zu können. Eine schroffe Vergeltungslehre vertreten sie nur gegenüber den Frevlern; dagegen ist gegenüber den Frommen, das heißt den Angehörigen der eigenen Gruppe, das deutliche Anliegen erkennbar, zu platte Vergeltungsvorstellungen religiös zu korrigieren. Nur innerhalb einer demütigen Daseinshaltung zu Gott, die ihm das eigene Glück anheimstellt, bleibt der Nutzen weiser Lebensgestaltung gewahrt.

Damit stellt sich abschließend die Frage, was die betont fromme Lebensphilosophie, wie sie in einem Teil der judäischen Oberschicht ausgebildet wurde, ihren Mitgliedern an hilfreichen Verstehensmodellen in der Krisensituation der frühnachexilischen Gesellschaft anbieten konnte. In dieser Krisensituation mußten ja immer wieder Angehörige der frommen Oberschicht die bittere Erfahrung machen, daß sich ihre bewußt fromme Lebensführung, die sich vor allem in einem hohen sozialen Engagement für die verarmende Unterschicht äußerte, gerade nicht auszahlte. Sie wurden selber von sozialem Abstieg und gesellschaftlicher Isolation bedroht,[69] während die Gruppe der Oberschicht, welche sich nicht weiter um religiöse Verpflichtungen im Wirtschaftsleben scherte, sondern rücksichtslos die Unterschicht zu eigenem Vorteil in die Verarmung und Abhängigkeit trieb, wirtschaftlich prosperierte und in geachtete gesellschaftliche Positionen einrückte.[70] Unter diesen gesellschaftlichen Bedingungen brach mit aller Macht die Frage nach dem Nutzen der Frömmigkeit auf, wie wir auch aus anderen zeitgenössischen Quellen wissen.[71] Nützlichkeitserwägungen haben ja in der Weisheitsüberlieferung schon immer eine wichtige Rolle gespielt,[72] doch auf dem Hintergrund der von der frommen Weisheit vollzogenen Synthese mußten sie sich zu einer tiefen religiösen Anfechtung auswachsen. Nicht nur bestimmte vernünftige Verhaltensgrundsätze, sondern die Gottesbeziehung des einzelnen insgesamt stand jetzt auf dem Spiel.

---

69 Vgl. Hi 30,1.15.28; 8,22; 11,19; 19,9f.13-20; 21,25f. und R. Albertz, Der sozialgeschichtliche Hintergrund, 361f. [= S. 122f. im vorliegenden Band].
70 Vgl. Hi 21,7-13.23f.28-30.31-33; 22,8; 34,29f.
71 So sehr deutlich in Mal 3,14f.; Ps 73,13. Zur zeitlichen und gesellschaftlichen Einordnung des Psalms vgl. jetzt H. Irsigler, Psalm 73 – Monolog eines Weisen, Arbeiten zu Text und Sprache im Alten Testament 20, Münchener Universitätsschriften, St. Ottilien 1984, bes. 366ff.
72 Vgl. Prov 13,14; 16,16; 21,22; 24,5; bei Kohelet wird sie zu der entscheidenden Fragestellung, vgl. Koh 2,11.13.15; 3,9 u.ö.

Die »Frevler«, die sich gegen religiöse Verpflichtungen in der gesellschaftlichen Lebenspraxis wehrten, konnten die Frage nach dem Nutzen von Frömmigkeit schlichtweg verneinen (Hi 21,15).[73] Die Träger der frommen Weisheit konnten dies nicht tun, wollten sie nicht ihre Lebensphilosophie verraten; sie konnten nur versuchen, die Fragestellung umzuinterpretieren.

Dies tut der Autor der Rahmenerzählung, der ebenfalls in den Kreisen der frommen Weisheit der frühnachexilischen Zeit anzusiedeln ist,[74] indem er den sozialen Abstieg Hiobs als Prüfung Gottes interpretiert, ob Hiobs Frömmigkeit mehr ist als ein auf Nützlichkeitserwägungen basierendes Geschäft, ob er auch »umsonst« (חִנָּם) fromm sein kann (Hi 1,9), das heißt ob er in der Lage ist, auch nach Verlust von Reichtum und Gesundheit demütig an Gott festzuhalten und auf eine gerechte Vergeltung seiner Frömmigkeit – jedenfalls eine Zeitlang – zu verzichten.

Der Autor der Dialogdichtung läßt Eliphas die Unsachgemäßheit der Fragestellung aufdecken:

> Hi 22,2 Kann ein Mann Gott Nutzen bringen?
> Nein, ›sich selber‹[75] nützt der Weise!
> 3 Ist es etwa für Šaddaj ein Geschäft, wenn du gerecht bist,
> oder ein Gewinn, wenn du deinen Wandel vollkommen machst?

Indem Eliphas die Frage nach dem Nutzen von Frömmigkeit auf Gott bezieht, weist er ihre unmöglichen Implikationen auf: Sie impliziert nämlich die Vorstellung, als würde der Fromme Gott etwas Gutes tun, so daß dieser zu einer entsprechenden Gegenleistung verpflichtet wäre. In einen solchen billigen Handel läßt sich aber Gott nicht hineinziehen, sein Handeln bleibt unverfügbar. Der Weise kann sich mit seinen Verdiensten nur selber nützen, indem er – so muß man wohl diesen Satz im Zusammenhang der Dichtung verstehen – überhaupt nur dadurch die Chance hat, dem sicheren Strafgericht Gottes über die Frevler zu entgehen.

---

73 Für Elihu, der Hiob unterwegs sieht zur Gemeinschaft mit den Frevlern (34,8), hat auch Hiob die Frage nach dem Nutzen von Frömmigkeit verneint (34,9; 35,3).
74 Ich kann diese Zuordnung hier nicht im einzelnen begründen, deshalb nur einige Hinweise: Hi 1f.;42,7ff. ist keine »Volkserzählung«, sondern eine hochtheologische Lehrerzählung, welche in ihrer Intention der Theologie der Freunde im Dialog durchaus nahesteht. Für eine frühnachexilische Ansetzung spricht neben dem Sprachgebrauch die Figur des Satans (vgl. Sach 3,1ff.). Für die Herkunft aus der Oberschicht spricht neben der Zeichnung Hiobs als reicher Gutsbesitzer auch das Gotteslob in 1,21 und 2,10: Ein solches Lob kann nur der sprechen, der zuvor reichlich von Gott beschenkt worden war!
75 Lies עָלָיו.

Positiv läßt der Autor der Dialogdichtung die Freunde drei Verstehensmodelle anbieten, um den wie Hiob an der offensichtlichen Nutzlosigkeit ihres frommen Engagements leidenden Mitgliedern der frommen Oberschicht über ihre Anfechtung hinwegzuhelfen:

Erstens betonen sie wortreich immer wieder, daß das Glück der Frevler nicht von langer Dauer sein wird, sondern diese schon bald ein schreckliches Schicksal erleiden werden, das ihrem unsozialen Verhalten entspricht.[76] Diese schroffe Vergeltungslehre ist allerdings nur ein theoretisches Postulat, das darum von Hiob auch leicht widerlegt werden kann (Hi 21). Immerhin hält dieses Postulat den Widerspruchswillen der frommen Oberschicht fest, sich mit den ungerechten gesellschaftlichen Zuständen ihrer Zeit nicht abzufinden.

Zweitens interpretieren die Freunde das Leid des Frommen als Erziehungsmaßnahme Gottes.[77] Damit versuchen sie, die völlig unverständlichen Schicksalsschläge, welche die Angehörigen der frommen Oberschicht trotz ihrer großen Verdienste erdulden müssen, rational verständlich zu machen und ihnen einen positiven Sinn zu geben. Indem Gott den Frommen dem Leid ausliefert, hat er sich nicht etwa von ihm abgewandt,[78] sondern hat etwas ganz Besonderes mit ihm vor: Er will ihn auf dem Weg seiner Frömmigkeit weiter voranbringen.[79] Darum kommt alles darauf an, die Züchtigung Gottes lernbereit und demütig anzunehmen. Dann besteht die berechtigte Hoffnung, daß dieses Leid wie jede Erziehungsmaßnahme begrenzt bleibt und schon bald von Gott gewendet wird.[80] Es wird somit von den Trägern der frommen Weisheit versucht, den bedrückenden Fehlschlag ihrer Lebensphilosophie durch eine Pädagogisierung der Gottesbeziehung aufzufangen.[81]

---

76 Vgl. Hi 4,7-11; 5,3-5.12-14; 8,12-19; 11,20; 15,20-27; 18,5-21; 20,4-29.
77 Hi 5,17 mit יכח hi. und מוּסָר; 22,22 mit תּוֹרָה.
78 Daß die Not des einzelnen als Verlassenheit von Gott aufgefaßt wird, ist in der persönlichen Frömmigkeit gängig, vgl. Ps 22,2; 71,11 u.ö.; vgl. R. Albertz, Persönliche Frömmigkeit, 38ff.
79 Darum der paradoxe Makarismus Hi 5,17.
80 Vgl. die bedingten Verheißungen Hi 5,19-26; 8,6bf.21f.; 11,15-19; 22,21.26-28.
81 Die Deutung von Krankheit als Erziehungsmaßnahme Gottes findet sich auch Prov 3,11f. Breit aufgenommen wird dieses Deutungsmuster durch Elihu; er verwendet es nicht nur in bezug auf Krankheit (33,19-28), sondern auch in bezug auf das politische Geschehen wie den Sturz der Machthaber (36,7-12) oder auf soziales Leid (36,15). Hier ist mit Händen zu greifen, wie aus einem seelsorgerlichen Deutungsmuster eine – nicht unproblematische – allgemeine theologische Erklärungstheorie wird. Gott wird von Elihu regelrecht zum Lehrer (מוֹרֶה) gemacht (36,22).

Schließlich greifen die Freunde auf die Einsicht einer kreatürlichen Sündig- und Nichtigkeit des Menschen zurück, die ihn weit von Gott trennen.[82] Diese steht ein Stück weit im Widerspruch zu dem sonst propagierten optimistischen frommen Bildungsideal und hat die Funktion, jegliches Anspruchsdenken gegenüber Gott auszuschalten. Mögen auch die eigenen Verdienste noch so groß sein, vor Gott reichen sie niemals aus, den Menschen rein und gerecht erscheinen zu lassen (4,17). Somit kann niemand aus den Kreisen der frommen Oberschicht vor Gott eine gerechte Vergeltung seiner Verdienste einklagen, wie Hiob es dann tut (Hi 13; 31,35-37). Vielmehr muß er sogar demütig die Berechtigung Gottes anerkennen, den Frommen durch leidvolle Schicksalsschläge immer wieder neu zu erziehen.

VI. Schlußbemerkungen

Die Lebensphilosophie, wie sie die Freunde des Hiobbuches vertreten und wie sie von Teilen der frühjüdischen Oberschicht entwickelt und gepflegt wurde, ist somit eine durchaus gewichtige Theologie. Man kann sie als bewußte Synthese von weisheitlicher Lebensbewältigung und Frömmigkeit beschreiben bzw. als rationale Durchdringung der persönlichen Frömmigkeit aus der Oberschichtperspektive. Daraus erklärt sich vollauf das Fehlen einer nationalen, auf Israel als ganzes bezogenen Dimension, aber auch das Fehlen eines prophetisch-eschatologischen Erwartungshorizontes. Dennoch ist diese Theologie nicht unbeeinflußt von den nationalen Heilstraditionen Israels. Der Ernst, mit dem hier versucht wird, die religiöse Dimension im alltäglichen Lebensvollzug zu verankern, und das hohe soziale Pathos, Frömmigkeit und Gerechtigkeit vor allem im Einsatz für die Armen zu verwirklichen, zeigt durchaus Berührungspunkte mit dem Anliegen der deuteronomischen Reformbewegung, die vor dem Exil zum großen Teil ebenfalls von Angehörigen der Oberschicht getragen worden

---

82 Wahrscheinlich liegt hier wieder ein Einfluß aus der religiösen Vorstellungswelt, nämlich aus der Vergänglichkeitsklage bzw. dem Schuldbekenntnis vor; vgl. Ps 39,6-7.12; 51,7; 143,2; 144,3f. u.ö. Es ist übrigens die gleiche Einsicht, mit der schon der Leidende im sogenannten »sumerischen Hiob« (ca. 2000 v.Chr.) getröstet und dazu gebracht wird, sich seinem Gott wieder demütig zu unterwerfen (Z.101f.; ANET[3] 590). Sie wird hier als eine uralte Erkenntnis der Weisen eingeführt.

war.[83] So sind diese Beziehungen nicht zufällig. Nach dem Tode Josias 609 war es um die Frage der Realisierung der sozialen Gesetzgebung des Deuteronomiums erstmals zu einer Aufspaltung der Oberschicht in einen »frommen« und einen »unfrommen« Teil gekommen,[84] die sich in der nachexilischen Zeit fortsetzt. So ist es verständlich, daß, ausgehend von der spätvorexilischen Zeit, sich der Teil der Oberschicht, der sich im öffentlichen Leben dem deuteronomischen Reformanliegen verpflichtet wußte, auch für seinen privaten Lebensbereich eine Lebensphilosophie schuf, die in Synthese von persönlicher Frömmigkeit und weisheitlicher Lebensbewältigung ähnlichen Zielen Rechnung trug. Dies geschah in bewußter Alternative zur Lebenspraxis des anderen Teils der Oberschicht, der eine besondere soziale Verpflichtung leugnete und bei dem Frömmigkeit und eine rein erfolgsorientierte Anwendung weisheitlicher Maximen auseinanderfielen bzw. erstere ganz aufgegeben wurde.

In dem krisenhaften gesellschaftlichen Umschichtungsprozeß, welcher im Hintergrund des Hiobbuches steht, geriet die Lebensphilosophie der frommen Weisheit in eine Krise. Dies geschah aber nicht, wie häufig gesagt wird, weil sie zu sehr dogmatisch erstarrt war, sondern weil sie nicht verhindern konnte, daß viele ihrer Anhänger trotz – und vielleicht sogar wegen – ihres frommen sozialen Engagements unter die Räder gerieten. Der Erfolg dieser Lebensphilosophie wurde durch die gesellschaftlichen Entwicklungen selbst in Frage gestellt. Dennoch war sie durchaus in der Lage, auf diese Herausforderungen zu reagieren, wie das Hiobbuch in seinen verschiedenen Fassungen (Rahmenerzählung, Dialogdichtung, Elihureden, Hi 28) zeigt. Die rationalisierenden Erklärungsmodelle (Prüfung, Erziehung etc.), die sie ihren in Not und Anfechtung geratenen Anhängern anbietet, sind von einem hohen religiösen und ethischen Anspruch getragen. Allerdings – und das macht der Autor der Dialogdichtung deutlich – überforderte dieser hohe Anspruch wohl häufig die Betroffenen. Und so stellt er neben das auf fromme Selbstverleugnung hinauslaufende Seelsorgekonzept der Rahmenerzählung sein dialogisches Konzept, das die Positionen der frommen Weisheit mit den verzweifelten Klagen eines Betroffenen konfrontiert. Realistisch deckt er auf, daß ihre Belehrung,

---

83 Ich kann dies hier nur andeuten; ausführlich begründet habe ich diese These in meiner »Religionsgeschichte Israels in vorexilischer Zeit«, die im Bildband von E. Lessing, Die Bibel. Das Alte Testament in Bildern, München 1987, 285-360 erschienen ist. Zu den weisheitlichen Elementen im Deuteronomium vgl. M. Weinfeld, Deuteronomy and the Deuteronomic School, Oxford 1972.
84 Vgl. Jer 5,26, wo zum ersten Mal die Reichen, welche die Armen unterdrücken, mit dem Titel רְשָׁעִים »Frevler, Gottlose« belegt werden.

mag sie theologisch noch so richtig sein, Hiob in seinem Leid gar nicht erreicht. Daneben macht er auch die Gefahren deutlich, welche die Rationalisierung der persönlichen Frömmigkeit mit sich bringt: Sie verführt Hiob zu der verständlichen, aber völlig unmöglichen Vorstellung, Gott vor die Schranken zu fordern und seinen Anspruch auf Glück aufgrund seiner Verdienste gerichtlich durchzusetzen. Und sie verführt die Freunde dazu, ihn wegen seines Ausbrechens aus der demütigen Daseinshaltung sogleich als Frevler zu verurteilen. Aber das sind Gefahren, denen nicht nur die Theologie der Freunde, sondern jede Theologie, die versucht, die lebendige Beziehung zwischen Gott und Mensch rational zu durchdringen, unterliegt.

Hintergrund und Bedeutung des Elterngebots im Dekalog[1]

1. Die Bedeutung des Elterngebots im Lichte der Forschung

Die Frage, was mit dem Gebot »Du sollst Vater und Mutter ehren!« nun eigentlich gemeint sei, ist bis heute nicht endgültig geklärt. In der gegenwärtigen alttestamentlichen Forschung stehen sich vielmehr drei divergierende Auslegungstypen gegenüber:

a) In dem ersten Auslegungstyp wird das Elterngebot in dem allgemeinen Bezugsrahmen von elterlicher Autorität und kindlichem Gehorsam interpretiert. Es bekommt dabei auf dem Hintergrund der patriarchalischen israelitischen Gesellschaftsordnung eine besondere Prägnanz: Es soll die patria potestas absichern, indem es die Kinder grundsätzlich zum Gehorsam gegenüber ihren Eltern verpflichtet.

Vertreter dieser Auffassung sind z. B. H. Graf Reventlow[2], H. van Oyen[3], H. Gese[4], W. Keßler[5] und z. T. L. Köhler[6], auch die ausführlichste Arbeit zum Thema von dem kath. Exegeten J. Gamberoni[7] gehört über weite Strecken hierher.

Der Grad kindlichen Gehorsams kann von den einzelnen Forschern dieser Gruppe durchaus unterschiedlich beurteilt werden, je nachdem wie

---

1 Dem Aufsatz liegt ein Probevortrag zugrunde, den ich anläßlich meiner Habilitation vor der Theologischen Fakultät in Heidelberg am 29. 6. 77 gehalten habe.
2 Gebot und Predigt im Dekalog, 1962, 61–66.
3 Ethik des Alten Testaments, 1967, 115–119.
4 Der Dekalog als Ganzheit betrachtet, ZThK 64 (1967), 121–138.
5 Die literarische, historische und theologische Problematik des Dekalogs, VT 7 (1957), 1–16; 10f.
6 Der Dekalog, ThR NF 1 (1929), 161–184; bes. 181f.; anders in: Der hebräische Mensch, 1953, 95f.
7 Das Elterngebot im Alten Testament, BZ NF 8 (1964), 161–191; J. Gamberonis Auslegung zeichnet sich dadurch aus, die Bedeutung des Elterngebots so offen wie möglich zu halten, versteht es aber letztlich doch in dem Begriffsfeld von »elterlicher Autorität« und »Kindespflicht« (181 u. ö.).

hoch sie die patriarchalische Autorität in Israel einschätzen[8], gemeinsam ist ihnen allen jedoch die Zurückweisung aller Versuche, das Elterngebot auf eine speziellere Bedeutung einzuengen[9]. |

Sie verweisen dafür auf die allgemeine Formulierung des Gebots, den grundsätzlichen Charakter der Dekaloggebote überhaupt[10] und zur Illustration der kindlichen Gehorsamspflicht gerne auf die Anweisung zur Steinigung des widerspenstigen Sohnes Dtn 21 18–21 und die apodiktischen Rechtssätze, welche die Todesstrafe für die Verfluchung der Eltern vorsehen (Ex 21 17 Lev 20 9)[11].

Von dem Gebot angesprochen werden bei diesem Auslegungstyp vor allem die heranwachsenden Kinder, die am unmittelbarsten der elterlichen Gewalt unterstehen, doch beeilen sich seine Vertreter zu betonen, daß in der israelitischen Großfamilie das Gebot »den Sohn jeglichen Lebensalters« betrifft[12].

b) Der zweite Auslegungstyp geht auf K. Barth[13] zurück und wurde von H. Kremers[14] exegetisch breiter begründet. K. Barth schreibt: »... die von den Kindern verlangte Ehrung ihrer Eltern meint nicht die äußere und formale Unterwerfung des Willens der jüngeren unter den der älteren Generation, sondern deren Respektierung als die Trägerin und Übermittle-

---

8 So spricht H. Graf Reventlow etwa von »absoluter Gehorsamspflicht« und »magisch gültiger Ordnung« (65), während H. van Oyen meint: »So wirkungsvoll war auch in Israel die patria potestas nicht, daß sie ex opere operato funktioniert hätte« (116).
9 So etwa J. Gamberoni: »Konkrete Einzelinterpretationen mögen bestimmte kultur- und zeitgeschichtliche Verdichtungen treffen, geben aber nicht den möglichen Gesamtsinn wieder« (174); ähnlich H. Graf Reventlow 65f.; W. Keßler 10f. |
10 So W. Keßler: »aber die Eruierung eines praktischen Sinnes von *kābbed* ist nicht notwendig bei dem schon mehrfach bemerkten grundsätzlichen Charakter der Dekalogformulierungen« (10f.).
11 So L. Köhler 182; W. Keßler 10f.; H. Graf Reventlow hat sogar aus diesen Stellen eine Urform des Elterngebots zu rekonstruieren versucht, s. u. 163.
12 H. Graf Reventlow 65; L. Köhler 181f.; W. Keßler 11; H. Gese 134f. Mit dieser Ausweitung des Geltungsbereichs auf alle Lebensstufen des Kindes schwächen sie die Schwierigkeit ab, die darin liegt, daß sich die anderen Dekaloggebote ja nicht an Kinder, sondern an erwachsene Menschen richten; das Problem war zum ersten Mal bewußt geworden, als H. Schmidt das Elterngebot aus dem »Urdekalog« ausgliedern wollte u. a. mit dem Argument, daß sonst immer der Hausvater angeredet sei (Mose und der Dekalog, Eucharisterion, Festschr. H. Gunkel, 1923, 78–119; 82); dagegen L. Köhler 181f.; J. J. Stamm, Dreißig Jahre Dekalogforschung, ThR 27 (1961), 189–239 + 281–305; 295 (Dekalogforschung).
13 Kirchliche Dogmatik, III/4 1951, 269–281.
14 Die Stellung des Elterngebots im Dekalog. Eine Voruntersuchung zum Problem Elterngebot und Elternrecht, EvTh 21 (1961), 145–161.

rin der dem Volke hinsichtlich seiner Existenz gegebenen Verheißung«[15]. Hier geht es nicht mehr um die Autorität der Eltern im allgemeinen, sondern um ihre spezielle Funktion als Tradenten des für die Kinder lebensnotwendigen Wissens, und das nun wieder eingeschränkt auf die Weitergabe der religiösen Traditionen des Volkes. Pointiert formuliert H. Kremers: »Die Eltern ehren bedeutet, daß man sie als Stellvertreter Gottes, als Prediger, Lehrer und Priester gewichtig sein läßt«[16].

Die exegetische Begründung für diese Deutung beruht weniger auf dem Gebot als solchem als auf seinem engeren und weiteren Kontext. So hat K. Barth etwa auf die »Kinderfragen« Ex 12 26 13 14 | Dtn 6 20 u. ö. hingewiesen[17], und H. Kremers hat nachzuweisen versucht, daß sich der Segenshinweis des Elterngebots auf die ganze erste Tafel des Dekalogs beziehe und dieses damit zu den Geboten gehöre, welche die Beziehung des Menschen zu Gott betreffen[18]. Auch auf die Zusammenordnung von Eltern- und Sabbatgebot in Lev 19 3 ist hingewiesen worden[19].

In diesem Auslegungstypos wird die elterliche Autorität zurückgenommen zugunsten einer zentralen pädagogischen Funktion. Damit wird noch deutlicher als im vorangegangenen Auslegungstyp das Gebot primär auf die heranwachsenden Kinder bezogen; denn es sind ja gerade die noch unwissenden kleinen Kinder, die von ihren Eltern in den religiösen Traditionen des Volkes unterrichtet werden. Das Elterngebot hat eine religionspädagogische Absicht.

c) Im Unterschied zu den beiden geschilderten Auffassungen wird im dritten Auslegungstyp das Gebot ausschließlich auf das Verhältnis der erwachsenen Kinder zu ihren alten Eltern bezogen. So z. B. von M. Noth: »Das Elterngebot ... wendet sich nicht an die Kinder, die der patria potestas unterstehen, sondern an Erwachsene, die selbst die patria potestas ausüben und ihren alt werdenden Eltern die schuldige Ehre erweisen sollen«[20].

---

15 KD III/4, 271f.
16 161. |
17 KD III/4, 273; daneben auf die weisheitliche Belehrung Prov 1 8 u. ö.
18 Seine weitgespannte Hypothese beruht auf einem Verständnis und einer traditionsgeschichtlichen Bewertung des »Segenshinweises« (N. Lohfink), die ich nicht teilen kann, vgl. R. Albertz, Persönliche Frömmigkeit und offizielle Religion. Religionsinterner Pluralismus in Israel und Babylon, Habil. (Masch.) Heidelberg 1977, 170 bis 173; (erscheint 1978 in den Calwer Theologischen Monographien).
19 So z. B. von H. W. Wolff, Anthropologie des Alten Testaments, 1977³, 267.
20 Das zweite Buch Mose. Exodus, ATD 5, 1968⁴, 133; ähnlich schon H. Greßmann, Mose und seine Zeit, 1913, 477.

Eine Reihe von Exegeten konkretisieren diese Auffassung auf die Altersversorgung der Eltern hin, so etwa schon M. Caspari[21], dann | G. Beer[22], und durch das zustimmende Referat von J. J. Stamm in seinen Forschungsübersichten[23] hat diese Auslegung eine relativ weite Verbreitung gefunden[24], sich aber gegenüber den anderen nie voll durchsetzen können[25]. Den Grund dafür muß man wohl darin sehen, daß ihr eine wirkliche exegetische Begründung fehlt. Daß mit »Vater und Mutter ehren« die Altersversorgung gemeint sei, geht nicht aus der Formulierung des Gebots selbst hervor, sondern wird vor allem aus dem Tatbestand gefolgert, daß sich auch die anderen Dekaloggebote an den erwachsenen Hausvater richten.

Die neuesten alttestamentlichen Äußerungen zum Thema sind darum wohl nicht zufällig dadurch charakterisiert, daß sie die verschiedenen

---

21 Die Bedeutung der Wortsippe *kbd* im Hebräischen, 1908; M. Caspari folgert diesen Sinn des Elterngebots aus seinem Verständnis der Pi'el-Bedeutung von *kabăd* (intensiv-kausativ): »die eigene Schwere auf jemanden zu dessen Gunsten wirken lassen« (32), das von neueren Untersuchungen nicht mehr geteilt wird, vgl. E. Jenni, Das hebräische Pi'el im Alten Testament, 1968, 40f.; C. Westermann, *kbd* schwer sein, THAT, I 1971, 794–812, s. u. – M. Caspari sieht darin ein Spezifikum der nomadischen Wirtschaftsform, in der der Herdenbesitz schon früh auf den Sohn übergegangen sei und damit die Notwendigkeit einer Absicherung der nun ›besitzlosen‹ Eltern bestanden habe. Im Kulturland sei dann das Gebot auf die »rechte Sohnesgesinnung« hin erweitert worden (44f.). Auch diese kulturgeschichtliche Sicht M. Casparis läßt sich heute nicht mehr aufrechterhalten, ethnologisch gesehen ist die Altersversorgung eine der universalsten Funktionen der Familie, die von wirtschaftlichen und sozialen Unterschieden weitgehend unabhängig ist, vgl. L. W. Simmons, The Role of the Aged in Primitive Society, 1945 = 1970, 212–216. |
22 Vgl. seine anschauliche Formulierung, die immer wieder zitiert wird: »Die bejahrten Eltern, die über 60 Jahre alten, deren Arbeitskraft und Lebenswert gering geworden ist . . ., soll der Israelit nicht rauh behandeln, ihnen das Gnadenbrot gönnen, sie nicht zur Auswanderung aus dem Haus oder zum Freitod drängen, oder sie gar selbst töten«, G. Beer/K. Galling, Exodus, HAT I 3, 1939, 102.
23 Dekalogforschung 295 (s. Anm. 12); Der Dekalog im Lichte der neueren Forschung, 1962², 51f.
24 Vgl. etwa die Aufnahme bei L. Köhler, Der hebräische Mensch, 1953, 95f.; A. Jepsen, Beiträge zur Auslegung und Geschichte des Dekalogs, ZAW 79 (1967), 275–304; 293f.; B. Reicke, Die zehn Worte in Geschichte und Gegenwart, 1975, 57; z. T. auch von B. S. Childs, Exodus, 1974, 418.
25 Als typisch dafür können die einschränkenden Bemerkungen gelten, die M. E. Andrew an dieser Stelle an der englischen Fassung des Stamm'schen Forschungsberichtes anbringt, J. J. Stamm/M. E. Andrew, The Ten Commandments in Recent Research, SBT 2 (1967), 96f. Von einer communis opinio der alttestamentlichen Forschung (so H. Kremers 145) kann man nicht sprechen.

Auslegungstypen nebeneinander stehen lassen (so z. B. H. W. Wolff[26]), oder traditionsgeschichtlich hintereinander ordnen (so z. B. Helen Schüngel–Straumann[27] und A. Phillips[28]).

Aber ist das schon die Lösung des Problems? Oder lassen sich neue Argumente finden, die eine eindeutige Entscheidung ermöglichen?

2. Der alttestamentliche Tatbestand

Das Elterngebot ist an drei Stellen des Alten Testaments überliefert:

Ex 20 12 Ehre *(kăbbed)* deinen Vater und deine Mutter,
damit deine Lebenstage lange währen
in dem Lande, das Jahwe, dein Gott, dir gibt! |

Dtn 5 16 Ehre *(kăbbed)* deinen Vater und deine Mutter,
wie Jahwe, dein Gott, dir befohlen hat,
damit deine Lebenstage lange währen
und damit es dir gut gehe
im Lande, das Jahwe, dein Gott, dir gibt!

Lev 19 3 Ihr sollt, ein jeder, seine Mutter und seinen Vater fürchten *(jareʾ)*,
und meine Sabbate sollt ihr einhalten!
Ich bin Jahwe, euer Gott.

Die Exodus- und Deuteronomiumfassung stimmen weitgehend überein; letztere weist noch einmal ausdrücklich auf Jahwes Befehl hin[29] und fügt in den Segenshinweis noch den Satz: »und damit es dir gut gehe« ein, der auch sonst häufig in den dtn. Segenshinweisen begegnet[30].

Stärker weicht die Leviticus-Fassung ab, nicht allein durch die pluralische Formulierung und die Kombination mit Sabbatgebot und Selbst-

---

26 Anthropologie des Alten Testaments, 1977³, 267f. (Typ B und C); auch B. S. Childs erkennt neben der sozialen Interpretation des Elterngebots der Erklärung K. Barths eine »biblische Berechtigung« zu, Exodus, 1974, 419.
27 Der Dekalog – Gottes Gebote?, 1973, 70: Zuerst Typ C, dann Typ B.
28 Ancient Israel's Criminal Law. A New Approach to the Decaloge, 1970, 81: Reihenfolge: Typ C, B und A. |
29 Ebenso beim Sabbatgebot Dtn 5 12. 15; vgl. das Banngebot Dtn 20 17 und häufig im Dtn.
30 Vgl. Dtn 4 40 5 29 6 3. 18 12 25. 28 22 7; mit *ṭôb lᵉ* Dtn 6 24 10 13 19 13 5 33; diese Erweiterung kann darum nicht auf das Elterngebot beschränkt interpretiert werden, wie H. Kremers es tut (150f.), sondern auf dem Hintergrund der weitgehenden Austauschbarkeit der Elemente in den Segenshinweisen des Dtn, vgl. dazu N. Lohfink, Das Hauptgebot, 1963, 81–85.

vorstellungsformel, sondern insbesondere durch die Wahl eines anderen Verbs (*jare'* statt *kibbed*) und die Voranstellung der Mutter vor den Vater. Wie auffällig, ja anstößig später diese Reihenfolge war, zeigt die Tatsache, daß die alten Übersetzungen sie ändern[31].

Diese erheblichen Unterschiede machen es wohl unmöglich, Lev 19 3 auf die Exodus/Deuteronomiumfassung zurückzuführen. Einfacher ist die Annahme, daß es sich um eine zweite, selbständige Tradition des Elterngebots handelt. Das Elterngebot ist uns also in zwei verschiedenen Traditionen überliefert, einmal mit *kabăd* pi., ein andermal mit *jare'*, einmal in der Reihenfolge Vater–Mutter, ein andermal in der Reihenfolge Mutter–Vater.

Ausgangspunkt meiner Überlegungen ist die methodische Einsicht, daß dem Stadium der Reihenbildung das Traditionsstadium des Einzelgebotes vorausgeht. Die »kleinste Einheit« und damit der unmittelbare Interpretationsrahmen ist nicht der Dekalog, sondern erst einmal allein das Elterngebot selber.

Durch diesen konsequent form- und traditionsgeschichtlichen Ansatz ist erst einmal einer Reihe von Argumenten der Boden entzogen, welche die Bedeutung des Elterngebots aus seinem engeren und weiteren Kontext erschließen wollten. So etwa das Argument W. Keßlers u. a., das Elterngebot müsse eine umfassende Bedeutung haben, weil auch die anderen Dekaloggebote grundsätzlichen Charakters seien (Typ | A)[32]; dann die These H. Kremers, daß das Elterngebot zur ersten Tafel und damit zu den religiösen Geboten gehöre (Typ B)[33]. Auch die Verbindung von Sabbat- und Elterngebot Lev 19 3 gehört einer späteren Traditionsstufe an und kann nicht für eine religiöse Interpretation des Elterngebots im ursprünglichen Sinn in Anspruch genommen werden (Typ B)[34]. Das gilt natürlich erst recht für Hinzuziehung der »Kinderfragen« (Typ B), durch die die Einheit des Dekaloges überschritten wird und die eigentlich erst auf literarischer Stufe (Dtn) möglich ist[35]. Aber auch das Hauptargument des dritten Auslegungstyps (C), daß sich das Elterngebot wie alle anderen Dekaloggebote an den erwachsenen israelitischen Hausvater richten müsse, verliert seine Grundlage[36].

Zum Gebot gehört der Segenshinweis nicht notwendig hinzu, was schon sein Fehlen in Lev 19 3 erweist. Zudem kommt er so häufig im Dtn vor[37], daß ich ihn bis zum Beweis des Gegenteils für deuteronomisch

---

31 So LXX, Syr, Vulg. |
32 VT 7, 10f.
33 EvTh 21, 155.
34 So z. B. H. Kremers, EvTh 21, 158f.; H. W. Wolff, Anthropologie, 267.
35 K. Barth, KD III/4, 273; H. Kremers, EvTh 21, 160.
36 H. Greßmann, Mose, 477 u. a.
37 Vgl. die Zusammenstellung bei N. Lohfink, Das Hauptgebot, 305f.

halten möchte; ich verweise zu seinem Verständnis auf meine Habilitationsschrift[38].

Es bleiben also als unmittelbare Interpretationszusammenhänge nur die kurzen Sätze: »Ehre deinen Vater und deine Mutter« und »Ihr sollt ein jeder seine Mutter und seinen Vater fürchten«, wobei wahrscheinlich auch für Lev 19 3 eine singularische Vorform postuliert werden kann.

Den in der Vergangenheit zuweilen beschrittenen (bes. Typ A) Weg, zu einer Bedeutungsbestimmung des Elterngebots über ältere zu postulierende Vorformen zu gelangen[39], halte ich heute nicht mehr für gangbar. Denn die *Môt-jûmăt*-Sätze Ex 21 15. 17 und der Fluch Dtn 27 16 konnten nur so lange als mögliche Vorformen und damit als unmittelbarer Interpretationszusammenhang des Elterngebots gelten, als man sie alle mit A. Alt der einen Gattung »apodiktisches Recht« unterordnete[40]. Seitdem aber G. Liedke für die *Môt-jûmăt*-Sätze[41] und W. Schottroff für die Flüche[42] eigenständige Gattungen geltend gemacht haben, sind diese methodisch von der Gattung der Gebote bzw. Prohibitive abzusetzen[43], und das Verhältnis zwischen den genannten Stellen ist erst einmal wieder offen[44]. Ex 21 15. 17 und Dtn 27 16 können eine gegebene Bedeutung des Elterngebotes höchstens erläutern, nicht aber begründen.

Das gilt ebenfalls von Dtn 21 18–21, eine Stelle, die besonders von H. Graf Reventlow zur Rekonstruktion einer Vorform des Elterngebots herangezogen worden ist[45]. Denn sie gehört einer anderen Gattung (Kasuistischer Rechtssatz) an als dieses und steht ihm terminologisch und inhaltlich keineswegs so nah[46], daß es von vornherein klar wäre, daß in beiden Texten dasselbe gemeint sei.

---

38 Persönliche Frömmigkeit und offizielle Religion 170ff.
39 Schon A. Alt hatte gemeint, das jetzt positive Elterngebot gehe auf ein Verbot der Verfluchung der Eltern zurück (Die Ursprünge des israelitischen Rechts, Kleine Schriften, I 1963³, 278–332; 318. 321f.); am weitesten geht in dem Versuch, eine Urform zu rekonstruieren, H. Graf Reventlow, Gebot und Predigt, 61–65; einen engen Interpretationszusammenhang zwischen den Stellen nehmen auch L. Köhler, ThR NF 1, 182, und W. Keßler, VT 7, 10f., an, zurückhaltender ist J. Gamberoni, BZ NF 8, 175ff.
40 Kleine Schriften I, 307–322.
41 Gestalt und Bezeichnung alttestamentlicher Rechtssätze, 1971, 101ff.
42 Der altisraelitische Fluchspruch, 1969, 125ff.
43 Vgl. E. Gerstenberger, Wesen und Herkunft des ›apodiktischen Rechts‹, 1965, 20ff.
44 So kehrt etwa W. Schottroff die seit A. Alt übliche Verhältnisbestimmung um: »Sofern die *Môt-jûmăt-* und die *'arûr*-Sätze das in diesen Sätzen zum Ausdruck kommende Ethos in geltendes Recht umsetzen, sind sie also den Geboten und Prohibitiven gegenüber als sekundär zu betrachten« (125); vgl. auch A. Jepsen, ZAW 79, 294.
45 Gebot und Predigt im Dekalog 62: *ben sôrer ûmôræ môt jûmät* »Ein widerspenstiger und störrischer Sohn soll unbedingt getötet werden«.
46 In Dtn 21 18f. begegnet *šāmaʿ* »gehorchen«, das in den Formulierungen des Elterngebots gerade nicht vorkommt, vgl. J. Gamberoni, BZ NF 8, 1964, s. u. 176f.

Damit können die Texte Ex 21 15. 17 Dtn 27 16 und 21 18–21 nicht mehr als methodisch gesicherter unmittelbarer Interpretationsrahmen des Elterngebots gelten.

Dann hängt aber die Interpretation des Elterngebots und damit die Entscheidung, welchem Auslegungstyp der Vorzug zu geben ist, allein an dem Verständnis der verwendeten Verben *kibbed* und *jare'*.

Die generelle Bedeutung von *kibbed* ist klar: Es handelt sich nach E. Jenni[47] um ein deklarativ-ästimatives Pi'el, bezogen auf das Adjektiv *kabed* »schwer, gewichtig«. Seine Bedeutung ist etwa: »jemanden für gewichtig halten, als gewichtig anerkennen, ihn in Ehren halten«, wobei, wie C. Westermann betont, nicht ein Auszeichnen, sondern ein »Anerkennen des anderen an seinem Platz in der Gemeinschaft« gemeint ist[48].

Doch im einzelnen überstreicht *kibbed* ein breites Spektrum von Verhaltensweisen: Auf der einen Seite bezeichnet es, besonders gegenüber Gott und König, ein Sich-Unterwerfen und das Bezeugen von Ergebenheit (Jes 25 3 I Sam 15 30), ist also mehr ein demütiges Reagieren. Auf der anderen Seite kann der Ton mehr auf einer aktiven Handlung liegen, die der Anerkennung und Achtung entspringt; man vergleiche etwa Prov 3 9 *kăbbed 'æt-jhwh mehônæka* »ehre Jahwe von deinem Vermögen, d. h. gib ihm einen angemessenen Anteil an deinem Vermögen« (gemeint sind die Erstlingsopfer), oder Num 22 17 u. ö., wo | *kibbed* soviel wie »angemessen belohnen, bezahlen« bedeutet (»honorieren«)[49].

Die Bedeutungsbreite von *jare'* ist noch erheblich größer. Sie reicht von der erschreckten Reaktion bis hin zur ehrfürchtigen, verehrenden Aktion. Eine semantische Einengung ist nur insofern möglich, als J. Becker[50] nachgewiesen hat, daß *jare'* in den Fällen, in denen ein echtes Sich-Fürchten gemeint ist, überwiegend mit der Präposition *min* »vor« konstruiert ist. Da Lev 19 3 akkusativisch konstruiert ist, ist aller Wahrscheinlichkeit nach nicht die Angst vor den Eltern gemeint, sondern irgendeine Bedeutung aus dem Bereich »ehrfurchtsvolle Scheu hegen«. Damit könnte durchaus der Gehorsam der Kinder bezeichnet sein[51], eine Bedeutung, die

---

47 Das hebräische Pi'el. Syntaktisch-semasiologische Untersuchung einer Verbalform im Alten Testament, 1968, 41.
48 *kabăd* schwer sein, THAT, I 1971, 794–812; 797–801, dort weitere Literatur, Zitat 798. |
49 Diese Bedeutung von *KBD* pi. ist wahrscheinlich auch in der westsemitischen Kilamuwa-Inschrift (Z. 14f.) belegt, vgl. S. Gevirtz, West-Semitic Curses and the Problem of Origines of Hebrew Law, VT 11 (1961), 137–158; 141, bes. Anm. 5.
50 Gottesfurcht im Alten Testament, 1965, 59.
51 So H. W. Wolff, Anthropologie, 267.

im religiösen Sprachgebrauch deuteronomisch-deuteronomistischer Texte vorherrscht[52]. Aber notwendig ist das nicht. *jare'* kann nämlich auch der pi'el-Bedeutung von *kabăd* recht nahe kommen, so etwa Lev 19 30: *miqdašî tîra'û* heißt ja wohl kaum »mein Heiligtum fürchtet«, sondern »mein Heiligtum respektiert, achtet, haltet in Ehren«; vergleiche Prov 13 13 »Gebot achten« in Opposition zu *bûz* »verachten«[53].

Mit dieser Wortuntersuchung ist erwiesen, daß beide Fassungen des Elterngebots trotz verschiedenen Sprachgebrauchs etwa dasselbe meinen können, nämlich »achte deine Eltern, respektiere sie, halte sie in Ehren!«.

Diese Untersuchung hat aber auch gezeigt, daß von den Wortbedeutungen her keiner der oben genannten Auslegungstypen auszuschließen ist:

Betont man die Seite des ehrfurchtsvollen Reagierens, dann kann man zum Gehorsam der Kinder kommen (Typ A), wobei man sich allerdings im klaren sein muß, daß das normale hebräische Verb für »gehorchen« *šamă'* ist. Betont man die Seite des aus dem Respekt erwachsenen Agierens, dann kann man zur Altersversorgung kommen (Typ C). Und die Vertreter des 2. Auslegungstyps (B) könnten sich darauf berufen, daß beide Verben auch für die Beziehung des Menschen zu Gott gebraucht werden und damit ein religiöser Sinn mitschwinge, was natürlich nicht notwendig der Fall sein muß.

Aus diesem negativen Ergebnis kann man zwei Folgerungen ziehen: Entweder ist der Sprachgebrauch absichtlich so allgemein und das im Gebot Gemeinte ganz vage und offen gehalten. Oder aber die Verben hatten im damaligen kulturellen Kontext einen völlig eindeutigen Sinn, der nur uns verlorengegangen ist. Dieser zweiten Möglichkeit soll im folgenden heuristisch nachgegangen werden.

3. Der religionsgeschichtliche Hintergrund

Der Erforschung des kulturellen Kontextes sind im Alten Testament quellenmäßig enge Grenzen gezogen. Es gibt aber die Möglichkeit, indirekt an ihn heranzukommen, indem man nach vergleichbaren Tatbeständen in

---

[52] Vgl. etwa Dtn 10 12 und J. Becker, Gottesfurcht, Kap. III.
[53] Vgl. Ex 9 20 Jos 4 14 I Sam 14 26 I Reg 1 50f. und J. Becker, Gottesfurcht, 59f. 187; vgl. auch H. P. Stähli, *jare'* sich fürchten, THAT, I 1971, 765–778; 768; KBL³, 413f., 2c. d.

den Kulturen des Vorderen Orients fragt. Diesen Weg ist, soweit ich sehe, für das Elterngebot noch keiner gegangen[54]; ich möchte mich dabei auf Mesopotamien und seine Randgebiete beschränken.

Dem hebräischen *kabăd* entspricht im Akkadischen etymologisch und auch semantisch weitgehend *kabātu*. Für den Dopplungsstamm *kubbutu* gibt W. v. Soden in AHw die Bedeutungen »schwer machen, ehren und achtungsvoll behandeln« an[55].

Dem hebräischen *jareʾ* entspricht im Akkadischen semantisch weitgehend *palāḫu*, das »Angst haben, sich fürchten« bedeutet[56]. Es hat dann aber eine ähnliche Bedeutungsentwicklung wie hebräisch *jareʾ* mitgemacht und kann dann die Bedeutungen »respektvoll behandeln, verehren, dienen« haben[57].

Beide akkadischen Verben entsprechen den hebräischen auch darin, daß sie sowohl auf Menschen als auch auf Gott bezogen werden können[58]. Diese beiden Verben begegnen in den Keilschrifttexten häufig auch, um eine Beziehung der Kinder zu ihren Eltern auszudrücken, und zwar in Gattungen, die dem Elterngebot nicht allzu fern stehen: in familienrechtlichen Urkunden und in Weisheitstexten.

---

54 A. Alt hat an verborgener Stelle auf die zum Elterngebot parallelen Formulierungen in der ugaritischen Urkunde RS 8. 145 aufmerksam gemacht, ohne daraus Schlüsse für die Interpretation zu ziehen (Eine neue Provinz des Keilschriftrechts, Kleine Schriften III, 141–157; 153). Ein vereinzelter Hinweis auf eine Nuzi-Urkunde (ANET 220 = HSS 5, 67) findet sich bei J. Gamberoni, BZ NF 8, 186 Anm. 168; er wertet diese Parallele sofort ab. – Die Abkürzungen im orientalistischen Teil richten sich nach R. Borger, Handbuch der Keilschriftliteratur, I–III 1967–1975.

55 416bf.; vgl. CAD K 17bf., Nr. 6b.

56 Vgl. AHw 812f.; KBL^3 413b; THAT I, 765; J. Becker, Gottesfurcht, 2. Zu vergleichen ist etwa die akkadische Entsprechung zu *ʾăl-tîraʾ* »du brauchst keine Angst zu haben« *lā tapallaḫ*, AHw 812b; daneben begegnet im Akkadischen noch *ē/lā tādar* von *adāru* »sich fürchten«, das W. v. Soden mit *adāru* »finster sein« zusammenstellt (AHw 11); anders als *palāḫu* ist bei *adāru* die Komponente der erschreckten Reaktion immer beherrschend geblieben. *pᵉlăḫ* begegnet als akkad. Lehnwort in den aram. Teilen des AT.

57 Vgl. AHw 813a; zur Diskussion dieses Bedeutungsspektrums von *palāḫu* vgl. P. Koschaker, Über einige griechische Rechtsurkunden aus dem östlichen Randgebiete des Hellenismus . . ., ASAW 42, 1, 1931, 54; M. David, Die Adoption im altbabylonischen Recht, 1927, 110; E. Cassin, L'Adoption à Nuzi, 1938, 37; J. Klíma, Untersuchungen zum altbabylonischen Erbrecht, 1940, 84. |

58 Zu *kubbutu* s. AHw 417a; häufig sind die Totengeister Objekt; zu *palāḫu* vgl. die häufige Selbstbezeichnung der babylonischen Könige als *pāliḫ* GN »Verehrer des Gottes NN« und *jᵉreʾ jhwh*, bzw. *jirʾê jhwh* »der/die Jahwe-Verehrer«.

Der Text CT 2, 35 ist ein altbabylonischer Erbschaftsvertrag *(aplūtu)*, den die Priesterin Tabni-Ištar, die aus religiösen Gründen kinderlos bleiben muß, ihrer adoptierten Nichte Belessunu ausstellt:

CT 2, 35[59]

(1–2) Erbvertrag der Tabni-Ištar, Tochter des Nabi-Sin.
(3–8) Belessunu, Tochter des Nur-ilišu, ihres Bruders[60] –
Solange Tabni-Ištar lebt, wird Belessunu Tabni-Ištar respektvoll behandeln und sie in Ehren halten.
(9–14) Wenn sie ihr Respekt erweist, (gehört) das Haus im Gagûm und all ihr Besitz, soweit er im Gagûm ist, der Belessunu.
(15–18) Bei Šamaš, Marduk und Sumu-la-el (schworen sie), daß sie den Inhalt dieser Urkunde nicht ändern wollen.

(5) a-di Tab-ni-Iš$_8$-tár (6) ba-al-ṭì-at (7) Be-le-sú-nu Tab-ni-Iš$_8$-tár (8) i-pa-la-aḫ ú-ka-ba-sí (9) šum-ma pa-la-ḫi-ša <ip-la-aḫ>[61]

In diesem Vertrag nimmt Belessunu die Verpflichtung auf sich, ihre Adoptivmutter bis an ihr Lebensende zu respektieren und in Ehren zu halten (Z. 8). Hier erscheinen die beiden Verben *kubbutu* und *palāḫu* nebeneinander, womit erwiesen ist, daß sie in diesem Zusammenhang Synonyme sind. An die Erfüllung dieser Verpflichtung ist das Eintreten in die Erbschaft geknüpft (Z. 9–14).

Deutlich wird schon aus dieser Urkunde, daß *kubbutu* und *palāḫu* das Verhalten eines schon voll handlungs- und rechtsfähigen Kindes bezeichnen gegenüber seiner Adoptivmutter, die auf ihren Tod zugeht[62]. |

Das bestätigt sich auch in der zweiten Urkundenart, in der *palāḫu* altbabylonisch vorkommt. Hierbei handelt es sich um die Schenkung des Ehemannes an seine Ehefrau *(šeriktu)*, mit der er ihre Existenz über seinen Tod hinaus absichern will[63]. So heißt es in der Schenkungsurkunde des Awil-Anum für seine Frau Munawirtum:

---

59 Bearbeitungen von M. Schorr, Urkunden des altbabylonischen Zivil- und Prozeßrechts, 1913, Nr. 13A; J. Kohler/A. Ungnad, Hammurabi's Gesetz III (HG III), Übersetzte Urkunden, Erläuterungen, 1909, Nr. 674; zur Gattung der *aplūtu*-Verträge vgl. J. Klíma a. a. O. 81ff.
60 Das Subjekt des Hauptsatzes ist in einer Art casus pendens vorangestellt.
61 Zu dieser Ergänzung s. W. v. Soden, AHw, 813.
62 Ein weiterer, wenn auch textlich leider unsicherer Beleg für eines der Verben in einem *aplūtu*-Vertrag liegt vielleicht CT 6, 30a, 21 vor, vgl. die Interpretation von J. Kohler/A. Ungnad, HG III, 675; anders die Deutung der Zeichenspuren bei M. Schorr a. a. O. Nr. 13 und J. Klíma a. a. O. 82. |
63 Vgl. dazu J. Klíma a. a. O. 100ff.

CT 8, 34b[64]

(17–20) Unter den Söhnen des Awil-Anums darf sie es dem, der sie respektvoll behandelt und ihr Herz erfreut, geben.

(17) i-na DUMU^MEŠ A-wi-il-AN (18) a-na ša i-pa-al-la-ḫu-ši
(19) ù li-ib-ba-ša ú-ṭá-ab-bu (20) i-na-ad-di-in

Diese Schlußklausel über die Weitervererbung der *šeriktu* regelt zweierlei: Sie bestimmt erstens, daß das an die Ehefrau geschenkte Gut nur innerhalb der Familie vererbt werden darf. Aber indem zweitens die zukünftige Witwe das Auswahlrecht erhält, welchem der Söhne sie es geben will, soll diesen ein Anreiz gegeben werden, sich gegenseitig in der respektvollen Behandlung ihrer alten Mutter zu übertreffen. Dabei ist vorausgesetzt, daß die Söhne schon erwachsen sind[65]. Ähnliche Klauseln finden sich auch in aB Schenkungsurkunden aus Susa[66].

Was mit dieser respektvollen Behandlung konkret gemeint ist, geht aus den genannten Urkunden noch nicht hervor. Doch finden sich in ähnlichen Urkunden an entsprechender Stelle entweder Verben wie *našû* Gtn »dauernd unterstützen, versorgen«[67] und *paqādu* »sich kümmern um, versorgen«[68] oder aber genau aufgeschlüsselte Angaben über Versorgungsleistungen[69]. So könnte man immerhin vermuten, | daß mit *kubbutu* und

---

64 Bearbeitungen von M. Schorr a. a. O. 202; J. Kohler/A. Ungnad, HG III, 456.
65 In der entsprechenden Klausel von CT 6, 38a, 17f. steht *râmu* »lieben«; ein besonderer Fall sind die Schenkungen an Töchter (häufig Hierodulen), vgl. J. Klíma a. a. O. 96ff.; in einer solchen Urkunde (CT 4, 1b) kann *palāḫu* auch die ehrenvolle Behandlung der Brüder gegenüber ihrer Schwester bezeichnen (Z. 20 parallel zu *râmu*).
66 V. Scheil, MDP 24, 379, 19–22; negativ MDP 28, 402, 10–13; der Vollzug einer Weitervererbung der *šeriktu* liegt wohl MDP 28, 400, 7–13 vor; im Sinn unsicher ist MDP 28, 399, 13–15.
67 Wörtlich »tragen«, s. AHw 763b unter II 1g und 765a unter 6; so häufig belegt in Adoptionen eines Sklaven gegen lebenslängliche Unterhaltsverpflichtung, z. B. VS 8, 55 (VAB 5, 24): (6) *adi PN balṭiat* (7) *ittanaššūši*; in einer echten Adoption CT 6, 30a, 27 (lies *i-ta*[!]-*na*[!]-*ši*), J. Klíma a. a. O. 82. Vgl. zum Vorkommen auch M. Schorr a. a. O. 542f.
68 So CT 6, 30a, 27 *i-pa-qí-sí*.
69 So z. B. M. Schorr a. a. O. 6, 27–32; 11, 14f.; HG IV, 1425 u. ö. Interessant ist in diesem Zusammenhang ein Prozeßprotokoll (CT 2, 31; M. Schorr a. a. O. 258; HG III, 738), das über eine Enterbung berichtet, weil bestimmte Versorgungs|leistungen nicht erbracht worden sind: (4) *lu-bu-ša-am pí-ša-tam* (5) *pí-qí-ša ú-ul id-di-im-ma* ... PN (1) ... PN (2) ... (13) *i-na ap-lu-ti-ša* (14) *i-sú-uḫ* »Weil PN (2) Kleidung, Öl und Lebensunterhalt nicht gegeben hat, hat PN (1) PN (2) aus ihrer Erbschaft verstoßen.« Hier ist genau der Fall eingetreten, der in dem Erbvertrag CT 2, 35, 9-14 mit *palāḫu* konditioniert gewesen war.

palāḫu ebenfalls – sozusagen in nicht spezifizierter, umfassender Formulierung – eine angemessene Altersversorgung gemeint ist[70].

Diese Vermutung läßt sich zur Gewißheit erheben, wenn man die Urkunden aus mB Zeit hinzuzieht. Hier haben wir aus Nuzi eine große Fülle familienrechtlicher Urkunden überliefert, und in ihnen begegnet *palāḫu* überaus häufig. Ich zähle weit über 50 Belege! Sie verteilen sich auf zwei Gattungen: auf die (echten) Adoptionsverträge, die *ṭuppi marūti*[71] und auf die »letztwilligen Verfügungen« oder Erbverträge, die *ṭuppi šimti*[72].

Als Beispiel für ein *ṭuppi marūti* sei hier der Text JEN 59 angeführt:

JEN 59[73]

(1–4)   Adoptionsvertrag des Ḫanadu, Sohn des Kuššija.
         Ḫutija, seinen Kompanion/Bruder hat er adoptiert.
(5–11) Folgendermaßen (hat) Ḫanadu (erklärt):
         »Alle Felder, alle Häuser, alle Güter, mein Erbteil, das Kuššija, mein Vater, mir gegeben hatte, gebe ich jetzt hiermit – (indem) ich meinen Anspruch aufhebe – an Ḫutija (meinen Bruder).«
(12–13) Solange Ḫanadu lebt, wird Ḫutija ihn respektvoll behandeln.
(14–18) Ḫutija wird Jahr für Jahr ein Gewand zu seiner Bekleidung, 5 imēru Gerste (und) 2 imēru Weizen zu seiner Ernährung an Ḫanadu geben.
(19–23) Wenn Ḫanadu stirbt, wird Ḫutija ihn beweinen und begraben.
(24–25) Folgendermaßen (hat) Ḫanadu (erklärt):
         »Meine Erbschaftsurkunde habe ich an Ḫutija ausgehändigt.«

---

70 Vgl. J. Klíma a. a. O. 84: »oder es wird von dem Bedachten ganz allgemein Dankbarkeit *(palāḫu)* verlangt, worunter man zweifellos ebenfalls eine dingliche Leistung verstand«.
71 Gadd 9, 13; HSS 5, 7, 20; 57, 21; 60, 17; 66, 14. 20; 67, 13. 38; HSS 19, 37, 6. 8; 39, 8. 15; 40, 8; 45, 10; 47, 10; 49, 15; 52, 5; 54, 8; 101, 13 (?); 106, 6 (?); JEN 59, 13; 410, 10; 571, 10. 12. 15; 572, 10. 27; 600, 14; vgl. ohne *palāḫu,* aber mit Ausdrücken, die sonst dazu parallel stehen: Gadd 51, 6f.; HSS 19, 38, 18–26; JEN 18, 9–12 (= JEN 405); 404, 17 (?); 595, 10–12; HSS 9, 22, 11–15.
72 HSS 5, 73, 13; 19, 1. 9; 2, 21; 6, 13; 7, 10. 23. 41; 9, 11 (neg.); 11, 22; 17, 22; 18, 22; 19, 18. 27; 20, 37; 22, 10'; 28, 21; 32, 9 (?) (neg.); 36, 2'; ein Protokoll über eine Enterbung wegen mangelnder Versorgung scheint HSS 19, 55 vorzuliegen (vgl. Z. 9'f.); auch in Nuzi begegnet *palāḫu* in einer Schenkung an die Ehefrau: HSS 5, 71, 31; unklar ist HSS 14, 15, 10. Außerhalb der beiden Gattungen nur in einem *ṭuppi aḫūti* HSS 19, 64, 19 (?); daneben in Sklavenverträgen: JEN 456, 15; 613, 6 (?).
Ich möchte Herrn Prof. K. Deller und dem Seminar für Sprachen und Kulturen des Vorderen Orients in Heidelberg an dieser Stelle danken, daß ich die Umschriften der Nuzitexte, die in diesem Seminar angefertigt worden sind, benutzen durfte; sie waren mir, besonders für den noch unbearbeiteten Band HSS 19, sehr hilfreich.
73 Bearbeitung von E. Cassin, L'Adoption à Nuzi, 278f.; vgl. M. David, Adoption im altbabylonischen Recht, 110.

(12) a-di-i ᴵḪa-na-du ba-al-ṭù (13) ᴵḪu-di-ja i-pal-la-aḫ-šu
(14) ù ᴵḪu-di-ja i-na MU ù MU (15) 1 TÚG ki-ma lu-bu-ši-šu
(16) 5 ANŠE ŠE 2 ANŠE GIG (17) ki-ma ŠE.BA-šu (18) a-na ᴵḪa-na-du i-na-an-dì-nu
(19) im-ma-ti-mé-e (20) ᴵḪa-na-du im-tù-ut (21) ù ᴵḪu-di-ja (22) i-bá-ak-ki-šu-ma
(23) ù uq-te-bi-ir-šu

Hier adoptiert Ḫanadu seinen offensichtlich jüngeren Geschäftspartner und Bruder und vermacht ihm seine vom Vater vererbten Güter. Als Gegenleistung übernimmt der Adoptivsohn ihm gegenüber die Verpflichtung, ihn bis zu seinem Lebensende in Ehren zu halten, so wie in der aB *aplūtu*-Urkunde CT 2, 35. Aber im Unterschied dazu wird hier einmal expliziert, was damit gemeint ist: nämlich die jährliche Versorgung mit Kleidung und Nahrung bis zu seinem Tode und danach ein würdiges Begräbnis[74]. Mit letzterem ist wohl auch die Sorge um den rechten Vollzug der Totenopfer gemeint[75], wie es ein anderer mB Text explizit belegt:

BE 14, 40[76]

(11–12) Solange Ina-Uruk-rišat lebt, wird Eṭirtum sie respektvoll behandeln.
(13–15) Stirbt Ina-Uruk-rišat, dann wird Eṭirtum als ihre Tochter für sie Wasser ausgießen (libieren).

(11) a-di ᴹᴵI-na-URUKᴷᴵ-ri-šat ba-al-ṭa-tu (!) (12) ᴹᴵE-ṭi-ir-tum i-pa-al-la-aḫ-ši
(13) ᴹᴵI-na-u-ruk-ri-šat i-ma-at-ma (14) ᴹᴵE-ṭi-ir-tum DUMU.MÍ-sa (15) me-e i-na-aq-qí-ši

Doch das mit *palāḫu* Gemeinte beschränkt sich keineswegs auf die nackte Sicherung der leiblichen Existenz, sondern geht darüber hinaus. Das kann eine konditionale Strafbestimmung aus einem anderen Adoptionsvertrag verdeutlichen: |

---

74 Vgl. *lubušta nadānu* Gadd 51, 6f.; HSS 19, 42, 17f.; JEN 18, 12; 571, 23f.; 595, 10f.; *lubbušu*: HSS 5, 60, 18 (G für D); HSS 19, 11, 23 (Dt). – *ŠE.BA (ipra) nadānu* Gadd 51, 6f.; HSS 19, 38, 20f.; JEN 18, 11; 595, 10f.; *NINDA(MEŠ) akālu* Š: HSS 19, 11, 22; – *nadānu* ohne Objekt: HSS 9, 22, 13; – *bakû*: Gadd 9, 16; HSS 9, 22, 14; 19, 11, 24; 18, 24; 28, 23; 39, 10; 101, 14; JEN 410, 12; 595, 12; – *qebēru*: HSS 9, 22, 15; 19, 11, 25; 28, 24; 39, 11.
75 Zum Totenopfer (*kispu*) in Mesopotamien s. M. Bayliss, The Cult of Dead Kin in Assyria and Babylonia, Iraq 35 (1973), 115–125.
76 Bearbeitung von A. Ungnad, Eine Adoptionsurkunde aus der Zeit der Kassitendynastie, OLZ 9 (1906), 533–538. |

HSS 5, 7, 18–30[77]

(18–20) Solange Akapšenni und Bekušḫe leben, wird Šelluni sie respektvoll behandeln (i-pal-la-aḫ-šu-nu-ti).

(21–30) Wenn Šelluni auf das Wort des Akapšenni und der Bekušḫe nicht hört, wenn er sie vor die Richter zitiert, wenn er sie zum zweiten Mal, wenn er sie zum dritten Mal (vor die Richter) zitiert[78],
dann werden Akapšenni und Bekušḫe den Vertragsklumpen (kirbanu) des Šelluni zerbrechen.

(21) šum-ma ᴵŠe-el-lu-ni i+na pí-i (22) ša ᴵA-kap-še-en-ni ù ᴹᴵBe-ku-uš-ḫe (23) la i-še-em-me šum-ma a-na pa-ni DI.KU₅ᴹᴱŠ (24) ú-še-el-lu-šu-nu-ti (25) šum-ma ša-ni-a-na šum-ma 3-ši-šu (26) ú-še-el-lu-šu-nu-ti (27) ù ki-ir-ba-an-šu ša ᴵŠe-el-lu-ni (28) ᴵA-kap-še-en-ni (29) ù ᴹᴵBe-ku-uš-ḫé (30) i-ḫé-ep-pì-šu-nu-ti

Als unvereinbar mit der Haltung des *palāḫu* wird hier die Möglichkeit bestimmt, daß der Adoptivsohn gegen seine Eltern prozessiert, und zwar nicht nur einmal, sondern immer wieder. Man könnte an Erbschafts- und Versorgungsstreitigkeiten denken. Hier und auch in anderen Texten[79] wird u. a. der Ungehorsam gegenüber den Eltern als Gegenteil von *palāḫu* angeführt, aber das ist nicht der Ungehorsam des heranwachsenden Kindes, das die Eltern zwingen könnten sich zu fügen, sondern des erwachsenen Mannes, der, wie man hier sieht, die rechtlichen und wirtschaftlichen Mittel hat, um seine alten Eltern an die Wand zu spielen[80].

Was hier von der Beziehung zwischen Adoptivkindern zu ihren Adoptiveltern gesagt wird, gilt natürlich nicht nur für sie, sondern ist eigentlich eine Verhaltensnorm der natürlichen Familie. Das erweisen nun die Belege in den *ṭuppi šimti,* in denen der Vater seine letzten Verfügungen über seine Familie trifft. Ein Beispiel dafür ist der Text:

HSS 19, 1[81]

(1–3) Testament des Zige, Sohn des Tamarta'e.
Letztwillige Verfügungen hat er für seine Frau Tataja getroffen.

(4–6) Über seine Kinder Alla'iduraḫe, Tallili und Teššuperwe hat Zige ihr die Vaterstellung übertragen.

---

77 Bearbeitung bei E. Cassin, L'Adoption, 292f.; E. A. Speiser, New Kirkuk Documents relating to Family Laws, AASOR 10 (1930), Nr. 4.
78 Zum Ausdruck s. CAD E 127b (8b).
79 Vgl. *ina pî lā šemû* HSS 5, 73, 20; 19, 6, 18; 7, 41; 16, 33; 17, 25; 18, 26; 19, 27f.; 28, 26f.; 32, 8f.; 37, 36f.; 39, 16; 106, 11.
80 Von daher ist die Schwere der angedrohten Strafen zu verstehen, die von der Aufhebung des Sohnesstatus über Verstoßung in den Sklavenstand, Fesselung und Gefängnis bis zur völligen Enterbung reichen, vgl. dazu E. Cassin, Pouvoirs de la femme et structures familiales, RA 63 (1969), 121–148; bes. 133f.
81 Bisher unbearbeitet. |

(7–9a) Solange Tataja lebt, werden Kibta'e und Puḫišenni (sie) respektvoll behandeln. |
(9b–14a) Wenn Tataja stirbt, werden Alla'iduraḫe, Tallili und Teššuperwe, Kibta'e und Puḫišenni, alle fünf, das Erbe (unter sich) aufteilen.
(14b–15) Wenn Tataja, die Frau des Zige, ausziehen sollte, werden sie ihr die Kleider abreißen und sie fortjagen.

(7) ù a-di ᴹᴵTa-ta-a+a bal-ṭa-at (8) ᴵKi-ib-ta-e ù ᴵPu-ḫi-še-ni (9) i-pal-la-ḫu

Hier bestimmt ein gewisser Zige, daß nach seinem Tode seine Ehefrau quasi in Vaterstellung eingesetzt wird[82] und bis zu ihrem Tod von zweien der Kinder versorgt wird. Erst nach ihrem Tod wird das Erbe an die Söhne aufgeteilt. Der Ehefrau wird eine Wiederverheiratung verboten.

Diese in den Nuzitexten so dicht belegte familiäre Verhaltensnorm begegnet etwa zur gleichen Zeit auch in mA Urkunden, für die hier der Text KAJ 1, ein mA Adoptionsvertrag, angeführt werdet soll:

KAJ 1[83]

(1–6) Siegel des Azukija.
Anija, der Sohn des Šamaš-ameri, hat mit dessen Zustimmung seinen Sohn Gimillu/a an Azukija, den Sohn seines Vaters Šamaš-ameri, zur Adoption gegeben.
(7) Azukija ist sein Vater und NN (ist seine Mutter).
(8–11) Solange sie leben, wird er sie respektvoll behandeln (und) sie versorgen. Überall[84] wird er sie respektvoll behandeln ...

(8) a-di bal-ṭú-ni i-pal-la-aḫ-šu-nu (9) it-ta-na-bal-šu-nu (10) A.ŠÀ ù ŠÀ a-lim (11) ša pa-la-ḫi-šu-nu e-pa-aš

Ähnlich wie *našû* Gtn in den aB Urkunden steht hier *wabālu* Gtn »immer wieder tragen, versorgen« parallel zu *palāhu* und verdeutlicht das damit Gemeinte auf eine aktive materielle Unterstützung der Adoptiveltern hin[85].

Und schließlich ist *kubbutu* in zwei akkadischen Urkunden aus Ugarit belegt. Damit wird deutlich, daß trotz mancher rechtlicher Differenzen[86] auch im nordwestsemitischen Raum ganz ähnliche familiäre Nor-

---

82 Zu *ana abbūti epēšu* s. E. Cassin, Pouvoirs, 124ff.
83 Bearbeitet von M. David, Die Adoption ..., 101; M. David/E. Ebeling, Assyrische Rechtsurkunden, 1929, Nr. 2.
84 Wörtlich: »(Auf) dem Feld und inmitten der Stadt.«
85 Vgl. die Adoptionsurkunde KAJ 6, 12. 19; neu ist in den mA Urkunden *palāha epāšu* auch für die gegenseitige Unterstützung von Eheleuten verwendet, so KAJ 7, 13; TIM 4, 8f.
86 Dazu vgl. A. Alt, Kleine Schriften III, 141–157.

men herrschten. Es handelt sich wieder um die Gattung einer Schenkung des Ehemannes an seine Frau[87]; sehr eindrücklich ist der Text:

RS 8. 145[88]

(1–3) Einleitung der Erklärung des Jarimanu
(4–11) Aufzählung der Güter, die er seiner Frau Bidawa schenkt.
(14–23) Nun meine beiden Söhne Jatlinu, der erstgeborene, (und) Janḫamu, der zweitgeborene, – derjenige von beiden, der in einem Prozeß gegen Bidawa auftritt und der Bidawa, ihre Mutter, verächtlich behandelt (ú-qa-al-li-il), muß 500 Šeqel Silber an den König zahlen
und muß sein Gewand an den Türriegel hängen und sich auf die Straße begeben.
(24–26) Aber dem von beiden, der seine Mutter Bidawa in Ehren hält, dem wird sie (die geschenkten Güter) vererben.

(16) ma-an-nu-um-me-e i-na ŠÀ-šu-nu (17) ša iz-zi-iz i-na di-ni (18) it-ti ^{MÍ}Bi-da-wa ù ša (19) ú-qa-al-li-il ^{MÍ}Bi-da-wa (20) AMA-šu-nu ... (24) ù ma-an-nu-um-me-e i-na ŠÀ-šu-nu (25) ša ú-kab-bi-it ^{MÍ}Bi-da-wa (26) AMA-šu a-na šu-wa-ti ta-na-an-din

Das Ziel der Schenkung ist es, die Frau über den Tod des Mannes abzusichern, und zwar auch gegenüber den eigenen Söhnen. Das wird einerseits dadurch erreicht, daß die Witwe das Recht erhält, das geschenkte Gut an den Sohn zu vererben, der sie in ihrem Alter anständig behandelt, andererseits dadurch, daß die Söhne mit einer hohen Geldstrafe und der Vertreibung aus dem Elternhaus bedroht werden, wenn sie gegen ihre Mutter gerichtlich vorgehen und sie verächtlich behandeln (Z. 17–23). Hier in Z. 19 taucht der Gegenbegriff zu *kubbutu qullulu* auf wie *qillel* in Ex 21 17[89].

In den nicht sehr zahlreichen nA und nB familienrechtlichen Urkunden habe ich bisher keine Belege für die Verben gefunden; hier herrschen detaillierte Angaben über die Versorgungsleistungen vor[90].

Doch daß auch noch in dieser Zeit die würdige Behandlung der alten Eltern eine selbstverständliche – wenn auch immer gefährdete – Norm in der Familie war, können zwei Weisheitstexte belegen. So ein Sprichwort:

---

[87] Vgl. aB CT 8, 34b; MDP 28, 402; 400; mB HSS 5, 71, 29–32; vgl. 73, 39f.
[88] Syria 18, 246 + 249f.
[89] Der zweite Text ist RS 15. 89, dessen Z. 15 allerdings von J. Nougayrol in PRU III, 53, falsch gelesen wird; lies *ša ú-kab-bi-it-ša* vgl. G. Bucellati, Due note ai teste accadi di Ugarit, AnOr 2 (1963), 223-228, und CAD K 17b.
[90] Vgl. etwa VS 5, 21, S. Nicolò/A. Ungnad, Neubabylonische Rechts- und Verwaltungsurkunden, I 1935, 20f.; VS 5, 47, 33 u. ö.

KAR 300 Rs 7 [šumma amēlu] a-ba-ša la i-pa-la-aḫ ar-ḫi-iš in-ni-bit[91]
Wenn ein Mann seinen Vater nicht ehrt, geht er schnell zugrunde.

oder auch die Mahnung in den »Counsels of Wisdom«, die nach der Meinung beider Lexika auf die Eltern zu beziehen ist: |

BWL 102 (61) šu-kil a-ka-lu ši-qí ku-ru-u[n-n]u
(62) e-riš-ti qí-i-ši e-pir ù ku-ub-bit
(63) a-na/i-na an-nim-ma ìl-šú ḫa-di-iš[92]
Gib Brot zu essen und Bier zu trinken,
erfülle jeden Wunsch, versorge und halte in Ehren!
Darüber freut sich eines jeden Gott . . .

Ich mache darauf aufmerksam, daß auch hier im Zweistromland ein religiöser Hintergrund hereinkommt.

Damit bin ich am Ende meiner religionsgeschichtlichen Übersicht. Es war mir hier nicht möglich, das ganze Material zu entfalten und in allen seinen rechtlichen und sozialen Dimensionen zu erläutern. Ich hoffe aber doch, daß das zitierte Material den Eindruck vermittelt, daß es sich hier nicht um einen eng begrenzten Vorstellungs- und Sprachgebrauch handelt. Die Verben *palāḫu* und *kubbutu* bezeichnen vielmehr eine zeitlich und örtlich weit verbreitete familiäre Verhaltensnorm, die von Persien über Mesopotamien bis nach Nordsyrien und vom Beginn des 2. Jt. bis in das 1. Jt. hinein bezeugt ist[93]. Ja, man kann sagen, daß in familienrechtlichem Kontext *palāḫu* zumindest in Nuzi ein terminus technicus gewesen ist, um das Verhalten der erwachsenen Kinder gegenüber ihren alten Eltern zu bezeichnen[94].

---

91 Zu dieser Ergänzung vgl. E. Ebeling, Reste akkadischer Weisheitsliteratur, 1928, MAOG 4, 20–29. |
92 W. G. Lambert, Babylonian Wisdom Literature, 1960, 102; Les Religions du Proche-Orient asiatique . . ., 1970, 346ff. (R. Labat); ANET[3] 595f.; vgl. CAD K 17f.; AHw 417a.
93 *kubbutu* kann sogar in der nA Banquet-Stele Aššurnaṣirpals II (883–859 v. Chr.) aus Kalḫu die Bewirtung und Versorgung der Gäste durch den König zusammenfassen (Z. 151–153); Hinweis von K. Deller.
94 19mal ist die (Adoptiv-)Mutter, 18mal der (Adoptiv-)Vater und 4mal sind beide (Adoptiv-)Eltern in den Nuzi-Urkunden Objekt(e) von *palāḫu*. Nur ganz selten ist die mit dem Verb gemeinte Haltung auf andere Familienverhältnisse übertragen, so auf die Tochter HSS 19, 17, 20–22 (vgl. 37, 31–38); den Sohn HSS 19, 64, 16–19 (?); JEN 571, 13–15 oder den Bruder HSS 5, 7, 18–20; hier liegen jeweils ganz besondere Familienkonstellationen vor. Für das Verhalten des Sklaven gegenüber seinem Herrn wird *palāḫu* benutzt in JEN 456; 613; HSS 19, 54; unsicher ist der Bezug HSS 14, 15, 10. |

4. Der traditionsgeschichtliche Hintergrund

Wenn die akkadischen Äquivalente zu *kibbed* und *jareʾ* in einem so großen Teil des vorderorientalischen Kulturraumes eine solche feste, ja, z. T. technische Prägung bekamen, dann kann man wohl mit Recht die Frage stellen, ob auch die hebräischen Verben im Elterngebot auf diesem kulturgeschichtlichen Hintergrund interpretiert werden dürfen.

Die Frage soll so beantwortet werden, daß geprüft wird, ob es eindeutige Belege aus dem traditionsgeschichtlichen Umfeld des | Elterngebotes gibt, die einer solchen Interpretation entgegenstehen; denn rein sprachlich wäre sie, wie ich schon gezeigt habe, durchaus möglich.

Nun gibt es im Proverbienbuch Sprüche, die eine solche Interpretation stützen würden, denn sie geißeln, ähnlich wie das zitierte akkadische Sprichwort, die Nichtachtung der alten Eltern:

Prov 19 26   Wer unterdrückt (austreibt[95]?) den Vater,
             vertreibt die Mutter,
             ein schandbarer und schändlicher Sohn.
Prov 28 24   Wer seinen Vater und seine Mutter beraubt
             und denkt: Das ist keine Sünde,
             der ist ein Genosse des Zerstörers.

Hier geht es wohl ganz konkret darum, daß der Sohn sich weigert, seine Eltern zu versorgen und sie stattdessen aus dem Hause drängt.

Prov 30 17   Ein Auge, das über seinen Vater spottet
             und geringschätzt ›das Alter‹[96] seiner Mutter,
             werden die Raben vom Bach aushacken,
             und fressen die jungen Adler.

Man vergleiche dazu das akkadische Sprichwort:

Wenn einer auf seinen Vater oder seine Mutter mit dem Finger zeigt,
wird ihn der Fluch (?) von Vater und Mutter treffen[97].

---

95 So hat W. Thomas, VTS 3, 289, nach dem Äthiop. vorgeschlagen, dann ist der Parallelismus glatter; möglich ist aber auch die übliche Übersetzung.
96 MT liest *lîqqᵃhăt* »den Gehorsam gegen die Mutter verachtet« in ungewöhnlicher Vokalisation. LXX liest *gēras*, mit ihr nach äth. lehqa »alt« lies *lihᵃqăt*, so W. Thomas, OTMSt, 243, vgl. KBL³ 411a.
97 Vgl. F. R. Kraus, Ein Sittenkanon in Omenform, ZA 43 (1936), 76–113; 92f., Z. 28'f.

Hier geht es allgemeiner um die Respektlosigkeit der sich in der Blüte ihres Lebens befindenden Kinder gegenüber ihren gebrechlich und wunderlich gewordenen Eltern[98].

Eine wichtige Beobachtung kommt hinzu. Diese Gruppe von Sprüchen läßt sich ziemlich klar von einer anderen Gruppe abgrenzen, in der es um den Gehorsam des Sohnes gegenüber der Zurechtweisung seiner Eltern geht, etwa

> Prov 1 8   Höre (*š^emă'*), mein Sohn, auf die Zurechtweisung (*mûsar*) des Vaters, verwirf nicht deiner Mutter Weisung!

In dieser Gruppe geht es eindeutig um Kindererziehung, also um das Verhalten jugendlicher Kinder gegenüber ihren Eltern[99]. Auch die Steinigung des widerspenstigen Sohnes Dtn 21 18–21 gehört in diesen Zusammenhang[100]. Hier geht es um den Fall eines schwer erziehbaren Jugendlichen, der das Vermögen seiner Eltern verpraßt. Die Warnung vor der Prasserei ist auch sonst ein fester Erziehungsgrundsatz in den Proverbien[101].

Wenn es im Elterngebot primär um Kindererziehung ginge, dann müßte man erklären können, warum es nicht lautet:

> *š^emă' mûsăr 'abîka* ...
> Höre auf die Zurechtweisung deines Vaters ...

oder ähnlich, wie die Erziehungssprüche im Proverbienbuch. Die Tatsache zweier, auch terminologisch unterschiedener Spruchgruppen[102] ist meiner Meinung nach ein deutlicher Hinweis dafür, daß das Verhalten gegenüber den alten Eltern ein eigenes Kapitel ist, das von der Kindererziehung getrennt werden muß.

Die häufig im Zusammenhang mit dem Elterngebot genannten apodiktischen Rechtssätze

---

98 Vgl. Prov 23 22.
99 Bezeichnend für diese Gruppe sind Verben und Nomina des Erziehens und Gehorchens, so *šamă' mûsar* Prov 4 1 19 27; *mûsar* Prov 13 24 15 5. 32 23 13; *tôkăḥăt* Prov 15 5. 32 29 15; *naṣăr tôrā* o. ä. Prov 6 20f. 28 7; *jisser* Prov 19 18 29 17; *ḥanăk* »anleiten« Prov 22 6.
100 Vgl. die Verben *jisser* v. 18 und *šamă'* v. 18. 20.
101 Prov 23 19–21 28 7 JesSir 18 33.
102 Der einzige Spruch, in dem der Gehorsam gegenüber dem Vater (*šamă'*) und die Achtung gegenüber der alten Mutter (*bûz* neg.) miteinander kombiniert vorkommen, ist Prov 23 22; da hier aber *mûsar* o. ä. bezeichnenderweise fehlt, kann man hier an den besonderen Fall des Gehorsams des schon erwachsenen Sohnes denken.

Ex 21 15 Wer seinen Vater oder seine Mutter schlägt, soll unbedingt getötet werden.

Ex 21 17 Wer seinen Vater oder seine Mutter verflucht (?) (*qalăl* pi.), soll unbedingt getötet werden[103].

und der Fluch:

Dtn 27 16 Verflucht ist, wer Vater oder Mutter verächtlich behandelt (*qalā* hi.) !

sind in ihrem Sinn nicht eindeutig und sprechen zumindest nicht gegen eine Beziehung auf die alten Eltern. Der Satz vom Schlagen setzt zumindest voraus, daß die Kinder an Körperkraft ihre Eltern überflügelt haben. Unsicher ist, ob *qillel* Ex 21 17 wirklich »fluchen« bzw. »als Verfluchte bezeichnen« bedeutet, ebenso möglich wäre die Übersetzung »verächtlich behandeln« wie Dtn 27 16. Das akkadische Äquivalent trat in der ugaritischen Urkunde RS 8. 145, 19 ebenfalls in Opposition zu *kabātu* D auf, und zwar im Zusammenhang eines gerichtlichen Vorgehens gegen die alte Mutter. So ist es immerhin möglich, daß es sich hier um autoritativ gesetztes Stammesrecht[104] handelt, das den Entzug der Altersversorgung[105] und die gewaltsame Vertreibung[106] aus dem Haus unter schwerste Strafe stellt.

---

103 Vgl. Lev 20 9 und auch Ez 22 7. |

104 So möchte ich die These G. Liedkes über den Sitz im Leben des apodiktischen Rechtssatzes variieren; seine These, daß dieser vom pater familias gesetzt sei (Gestalt und Bezeichnung alttestamentlicher Rechtssätze 131ff.), halte ich nicht für überzeugend, weil dann die Differenz zur Gattung der Prohibitive, als deren Sprecher ja auch der Familienvater angenommen wird, nicht erklärt werden kann. Dtn 27 16 läßt sich gut in der Linie des Fluches als Rechtsmittelbehelf verstehen, wenn andere Rechtsmittel versagen, wie es W. Schottroff, Der altisraelitische Fluchspruch, 216. 225ff. herausgearbeitet hat, denn die Mißhandlung der alten Eltern auf dem Hof ihrer Kinder konnte sich durchaus verborgen vor der Öffentlichkeit vollziehen.

105 So könnte man *qillel* durchaus verstehen; aber auch wenn man bei der Bedeutung »fluchen« bleiben will, so ist auf die soziale Funktion des Fluches hinzuweisen, die J. Pedersen, Der Eid bei den Semiten, 1914, herausgearbeitet hat: Nach ihm bedeutet *qillel* einmal ein Ausstoßen aus der Gemeinschaft und dann die Herabsetzung vor anderen, die Beraubung von Ehre und Glück (80). Ähnlich auch W. Schottroff: *qillel* »meint im pi. die geringschätzige Behandlung und schmähende Herabsetzung, durch die ein anderer in seinem Ansehen und in seiner Geltung geschmälert und in seinem Gedeihen und in seiner Kraft gelähmt wird« (Fluchspruch 29); in die gleiche Richtung sind dann auch Prov 20 20 und 30 11 zu interpretieren.

106 So könnte man das *nakā* hi. interpretieren.

Auch in dem bestreitenden Vergleich, den Maleachi seinen Zeitgenossen vorhält:

> Mal 1 6 Ein Sohn achtet seinen Vater,
> und ein Knecht ›respektiert‹ seinen Herrn.
> Bin ich Vater, wo ist die mir zukommende Achtung,
> bin ich Herr, wo ist der mir zukommende Respekt[107]?

könnte als tertium comparationis gut die angemessene Versorgungsleistung gemeint sein, denn im Folgenden geht es ja um die Jahwe angemessenen Opfer.

Und schließlich unterstützt im Nachhinein Jesus Sirach dieses Verständnis des Elterngebots:

> JesSir 3 1 Hört, ihr Kinder, auf die ›Verfügung‹[108] des Vaters,
> und tut danach, damit ihr gerettet werdet! |
> 2 Denn der Herr hat die Ehrung des Vaters den Kindern zur Pflicht gemacht,
> und die Verfügung der Mutter hat er festgestellt bei den Söhnen.
> 3 Wer den Vater in Ehren hält, wird Sünden sühnen,
> 4 und wie einer, der Schätze sammelt, ist der, der seine Mutter
> in Ehren hält.
> 5 Wer seinen Vater in Ehren hält, wird erfreut durch Kinder
> und am Tag seines Gebets wird er erhört werden.
> 6 Wer den Vater in Ehren hält, wird lange leben,
> und wer auf den Herrn hört, wird seine Mutter erquicken.
> 7 ›. . .‹ und wie Herren wird er denen dienen, die ihn gezeugt haben.
> 8 In Tat und Wort ehre deinen Vater,
> damit von ihm aus Segen über dich komme,
> 9 denn der Segen des Vaters macht die Häuser der Kinder beständig,
> der Fluch der Mutter aber reißt die Fundamente ein.
> 10 Suche nicht deine Ehre in der Herabwürdigung deines Vaters,
> denn die Herabwürdigung des Vaters kann dir nicht zur Ehre
> gereichen.

---

107 Auch in einigen Nuzitexten ist *palāḫu* auf das Verhältnis Sklave–Herr angewandt (JEN 456; 613; HSS 19, 54); auch an die vielen Adoptionen von Sklaven zum Zwecke der eigenen Versorgung (vgl. aB z. B. VS 8, 55 [VAB 5, 24] und mB HSS 19, 39; 40; 45 u. ö.) könnte man denken.

108 V. 1 ist textlich unsicher; ich lese *akoýsate tékna krísin patrós* mit der syr. und einem Teil der griechischen Textüberlieferung; diese Lesart ist durch *krísin mētros* v. 2 gestützt, und ich verstehe unter *krísis* (vgl. hebr. *mišpaṭ* oder *miṣwā*) die Verfügung, die Vater oder Mutter bei der Übergabe des Hofes an den Sohn, bzw. vor ihrem Tod treffen, dazu s. u. 180ff.; die Lesart *élegmon* (hebr. *tôkăḥăt*) ist durch die Angleichung an die Erziehungssprüche der Proverbien hineingekommen. – V. 7a wird allgemein als Glosse betrachtet. |

11 Denn der Ruhm eines jeden Menschen hängt von der Ehre seines
            Vaters ab,
    und eine Schande ist für die Kinder eine herabgewürdigte Mutter.
12 Kind, unterstütze deinen Vater im Alter
    und kränke ihn nicht, solange er lebt.
13 Wenn sein Verstand nachläßt, übe Nachsicht
    und entwürdige ihn nicht in deiner ganzen Kraft.
14 Denn Barmherzigkeit (Almosen) am Vater wird nicht vergessen werden,
    und anstelle von Sünden wird dir auferbaut werden.
15 Am Tage der Trübsal wird deiner gedacht werden,
    wie das Eis beim heiteren Wetter werden deine Sünden
            wegschmelzen.
16 Wie ein Gotteslästerer ist der, der den Vater im Stich läßt,
    und wie ein vom Herrn Verfluchter, der seine Mutter erzürnt.

Der Text ist der ausführlichste Kommentar, den wir zum Elterngebot haben. Der erste Teil v. 1–9 ist mehr eine Variation auf die Verheißung des Gebotes[109] und sagt wenig darüber, worin die Achtung der Eltern besteht. Wo er aber im zweiten Teil (v. 10–16) substantiell darauf zu sprechen kommt, da geht es eindeutig um das angemessene Verhalten gegenüber den alten Eltern. Ich hebe hervor: |

v. 12   spricht von der Versorgung des alten Vaters,
v. 13   von der Rücksichtnahme gegenüber dem Abnehmen seiner Verstandeskräfte,
v. 10f. warnen vor der Versuchung, das eigene Ansehen zu verbessern,
         indem man die Eltern vor anderen schlecht macht.
         Hier geht es um die schützende Solidarität.

Den Hintergrund des Elterngebotes trifft genau v. 13b: »Entwürdige ihn nicht in deiner ganzen Kraft!« Der Sohn steht in der Blüte seiner Lebenskraft, während die Lebenskraft der Eltern unweigerlich abnimmt. Das bedeutet für die Eltern potentiell eine Bedrohung. Darum ist das Gebot so wichtig, das sichern will, daß die Kinder ihre physische und psychische Überlegenheit nicht gegenüber ihren Eltern rücksichtslos ausspielen, denn sie bleiben, trotz ihrer Gebrechen und Sonderlichkeiten, eben doch ihre Eltern.

---

109 Es ist erstaunlich, wie viele religiöse Motive aufgeboten werden, um die respektvolle Behandlung der alten Eltern zu sichern: v. 1 Rettung; v. 3. 14f. Sündenvergebung; v. 5. 14f. Gebetserhörung. Die Altersversorgung wird zur *eleēmosýnē* (v. 14), eine Tat der Barmherzigkeit, so wie das Almosen-Geben, die höchste religiöse Tugend dieser Zeit, vgl. Tob 4 7ff. Daraus muß man wohl schließen, daß zur Zeit des Siraciden – aus was für Gründen auch immer (Verstädterung?) – die familiäre Norm ihre Selbstverständlichkeit verloren hat. – Vgl. auch JesSir 7 27–30. |

Die Durchsicht der alttestamentlichen Stellen hat gezeigt, daß keine einzige einer Interpretation des Elterngebots auf dem zuvor aufgezeigten religionsgeschichtlichen Hintergrund widerstreitet. Im Gegenteil, es ist von ihm aus möglich, im Alten Testament einen relativ geschlossenen Traditionszusammenhang zu erkennen. Dann ist es aber nicht nur möglich, sondern auch recht wahrscheinlich, daß *kibbed* und *jare'* im Elterngebot genauso wie ihre akkadischen Äquivalente ein Verhalten der erwachsenen Kinder gegenüber ihren alten Eltern bezeichnen.

5. Der Lebenshintergrund

Eine solche Interpretation, die auf dem Vergleich von Texten zweier verschiedener Sprach- und Kulturbereiche beruht, ist aber nur dann methodisch voll abgesichert, wenn auch die sozialen Verhältnisse, auf die sich die verglichenen Texte hier und dort beziehen, miteinander vergleichbar sind. Damit stellt sich die Frage nach dem Lebenshintergrund, nach dem Sitz im Leben des Elterngebots.

Sein allgemeiner sozialer Hintergrund ist wohl klar: Trotz aller Differenzen zwischen dem – auch in sich nicht einheitlichen – keilschriftlichen Familienrecht und den familienrechtlichen Gebräuchen in Israel oblag auch hier den Kindern die Versorgung ihrer alten Eltern. Das belegen explizit Ruth 4 15[110] und die Josephsgeschichte (Gen 45 10f.), indirekt aber auch z. B. die in der Vätergeschichte so zentrale Verheißung eines Kindes (Gen 15. 16. 18)[111]. Differenzen gibt es | vor allem hinsichtlich der Stellung der Witwe, die in Israel nicht erbberechtigt war und im Fall, daß sie keine Kinder hatte, von der Familie ihres Vaters versorgt wurde[112]. Ob zur Versorgung die Adoption von Kindern möglich war, wie es extensiv die Keilschrifttexte bezeugen, ist zumindest sehr fraglich[113].

---

110 Er wird dich erquicken und dein Greisenalter versorgen (*kûl* pilp.); die besondere Situation der Familie der No'omi führt dazu, daß hier das Enkelkind die Sohnespflichten übernehmen wird. Zu *kûl* pilp. vgl. Gen 45 11 47 12 50 21.

111 Zu der hohen Bedeutung der Kinder (bes. der Söhne) für die israelitische Familie, die sich auch in den Personennamen spiegelt, vgl. R. Albertz, Persönliche Frömmigkeit und offizielle Religion, 50–55. Vgl. auch, wie in Ruth 4 16 diese traditionelle | Hochschätzung durch die Treue Ruths überboten wird: »sie ist für dich mehr wert als sieben Söhne«.

112 Vgl. R. de Vaux, Das Alte Testament und seine Lebensordnungen, I 1960, 98.

113 Kritisch z. B. H. Donner, Adoption oder Legitimation, OrAnt 8 (1969), 87–119; H. J. Boecker, Anmerkungen zur Adoption im Alten Testament, ZAW 86 (1974), 86–

Doch läßt sich über diesen allgemeinen sozialen Hintergrund hinaus etwas genaueres über den Sitz im Leben des Elterngebotes herausfinden. E. Gerstenberger hat für die sozialen Prohibitive im Dekalog wahrscheinlich gemacht, daß sie ursprünglich nicht im Kult, sondern im Sippenethos beheimatet gewesen sind. Er denkt dabei speziell an die Unterweisung der jungen Männer durch den Vater, die möglicherweise der Erklärung ihrer Volljährigkeit vorausging[114]. Aus dieser Situation heraus lassen sich gut Gebote verstehen wie »Du sollst nicht stehlen!« oder »Du sollst nicht ehebrechen!«, welche die grundlegenden Verhaltensnormen der Familienmitglieder nach außen zum Inhalt haben. Für das Elterngebot, das ein Verhalten innerhalb der Gruppe regeln will, wird man dagegen nach spezifischeren Lebenssituationen in der Familie Ausschau halten müssen.

Hier können die familienrechtlichen Urkunden aus Mesopotamien weiterführende Hinweise geben. Die Adoptionsurkunden, in denen sich die Adoptiveltern ihre Altersversorgung sichern wollen, setzen zumindest eine teilweise[115] Übertragung des Besitzes und der Produktionsmittel an den Adoptivsohn schon zu Lebzeiten der Adoptiveltern voraus, auch wenn die volle Übereignung des Erbes erst nach ihrem Tode stattfindet. Solche Übertragungen des Hofes und der Rückzug auf das Altenteil waren bis in unser Jahrhundert hinein auch in Europa wichtige Ereignisse in der agrarischen Gesellschaft, die sich – rechtlich ungeregelt und von der jeweiligen Konstellation in den Familien abhängig – oft unter erheblichen Erschütterungen für die Familien vollzogen[116]. Im Alten Testament fehlen, soweit ich sehe, direkte Belege für einen solchen Vorgang[117], doch ist er per analogiam | wohl doch zu vermuten. So könnte das Gebot, die Eltern angemessen zu versorgen und auch sonst respektvoll zu behandeln, bei solchen Übertragungen von Hof und Besitz an den (ältesten) Sohn[118]

89; positiver: A. Phillips, Some Aspects of Family Law in Pre-exilic Israel, VT 23 (1973), 349–361, bes. 358ff.

114 Wesen und Herkunft des ›apodiktischen Rechts‹ 116f.

115 Es gibt z. B. in aB Adoptionsverträgen Klauseln über den Nießnutz (*akālu*) und den Besitzvorbehalt (*qātam kullu*) bis zum Tod, vgl. J. Klíma a. a. O. 84.

116 Vgl. die eindrucksvolle Schilderung in dem »polnischen Nationalepos« von W. S. Reymont, Die Bauern. Eine polnische Familienchronik, dt. 1926 = 1975.

117 Es ist aber Voraussetzung für die recht eigenständige wirtschaftliche Position, die etwa die Söhne Jakobs und Hiobs schon zu Lebzeiten ihres Vaters innehaben. | Daß Teile des Erbes schon längere Zeit vor dem Tod des Vaters an die Kinder übertragen werden konnten, belegen die – allerdings späten – Stellen Tob 8 21 JesSir 33 20-24.

118 L. Delekat hat vermutet, daß ursprünglich nur der älteste Sohn die Verpflichtung hatte, die Mutter zu versorgen (vgl. Assyr. Gesetz § 46) und daß sich daraus sein doppelter Erbanteil erkläre (BHH I, 424).

zu einem Zeitpunkt, da die Eltern sich auf Grund ihres Alters aus dem aktiven Wirtschaftsleben weitgehend zurückziehen mußten, zur Sprache gekommen sein.

Einen zweiten Fingerzeig geben die *ṭuppi šimti* aus Nuzi: In ihnen kommt die respektvolle Behandlung der Eltern, meist des Ehepartners, in testamentartigen Verfügungen vor dem Tode des Vaters zur Sprache. Auch in Israel gab es solche letztwilligen Verfügungen, nur wurden sie nicht schriftlich niedergelegt, sondern waren mündlich. So rät Jesaja dem kranken Hiskia: »Befiehl betreffs deines Hauses (deiner Familie), denn du wirst sterben!«[119] Das verwendete Verb *ziwwā* läßt, folgt man der terminologischen Untersuchung von G. Liedke[119a], die Gattung eines Gebotes oder einer Mahnung erwarten.

In den kanonischen Texten des Alten Testaments wird nur einmal der Inhalt einer solchen letztwilligen Verfügung berichtet: Gen 47 29f. befiehlt der dem Tode nahe Jakob seinem Sohn Joseph: »Begrabe mich nicht in Ägypten ...« (*'ăl-na' tiqbᵉrēnî*); es begegnet also in der Tat ein Prohibitiv, der von positiven Anweisungen fortgesetzt wird. Und das Begräbnis gehört in den Nuzitexten zum Ehren der Eltern hinzu.

Weiter führt eine Weisung des alten Tobias, der seinen Sohn auf eine Reise schickt und nicht weiß, ob er seine Rückkehr noch erleben wird:

Tob 4 3f. Mein Sohn, wenn ich sterbe, begrabe mich!
Und mißachte nicht deine Mutter!
Halte sie in Ehren (tíma) alle Tage deines Lebens
und tue das Beste für sie und kränke sie nicht!
Erinnere dich daran, Kind, daß sie viele Gefahren wegen dir ausgestanden hat, (als du) im Mutterleib (warst)[120]!
Wenn sie stirbt, so bestatte sie neben mir in einem Grabe[121]!

Hier erscheint das Gebot »Halte deine Mutter in Ehren!« in der letzten Anweisung des Vaters an seinen Sohn, der den Lebensabend seiner Frau auch über seinen Tod hinaus sichern will. Eine entsprechende Anweisung der Mutter »Halte deinen Vater in Ehren!« ist Jub 35 1ff., wenn auch etwas verändert[122], von der sterbenden Rebekka erwähnt. Das Dekaloggebot ließe sich als Zusammenfassung beider Ausformungen erklären.

---

119 I Reg 20 1 = Jes 38 1; vgl. v. 2; II Sam 7 23 Gen 49 23 JesSir 14 13.
119a Gestalt und Bezeichnung alttestamentlicher Rechtssätze 191 u. ö.
120 Vgl. JesSir 7 27.
121 Vgl. Tob 14 10–13; hier ist die Verbindung vom Erfüllen der Sohnespflicht des Begräbnisses und dem Eintritt in das Erbe belegt.
122 Neben den Vater tritt hier auch der Bruder; zur Illustration dessen, was man zu dieser Zeit unter »Eltern ehren« verstand, vgl. v. 12: »... bis auf diesen Tag hat er

Mir ist klar, wie hypothetisch beide Bestimmungen des Sitzes im Leben sind. Für die erste fehlt die textliche Evidenz völlig, für die zweite ist nur eine schmale Textbasis aus später Zeit vorhanden, und es ist nicht ganz unproblematisch, sie ins Alte Testament zurückzuprojizieren. Dennoch möchte ich die These wagen, daß das Dekaloggebot ursprünglich in zwei Lebenssituationen der Familie zur Sprache kam: 1. bei der Übertragung des »Hofes« auf den Sohn und dem Rückzug der Eltern aus dem aktiven Erwerbsleben, 2. als Einzelgebote in den letztwilligen Verfügungen des jeweils sterbenden Elternteils.

Mit dieser doppelten Herleitung wäre noch einmal bestätigt, daß sich das Gebot wirklich nur an die erwachsenen Kinder richtet, denn zu dem Zeitpunkt, an dem es zur Sprache kam, waren eben die Kinder normalerweise schon erwachsen. Damit ließe sich auch erklären, warum in Lev 19 3 die Mutter voranstehen kann. Von der patriarchalischen Gesellschaftsordnung her ist das nicht zu verstehen, und viele Forscher, die das Elterngebot von da aus deuten wollten, konnten über diese Reihenfolge nur ihre Verwunderung ausdrücken[123]. Sie wird aber sofort verständlich, wenn man sie auf dem Hintergrund der familiären Altersversorgung sieht: In den keilschriftlichen Gattungen der *šeriktu* (Schenkung an die Ehefrau) und z. T. auch des *ṭuppi šimti* war das Bemühen der Ehemänner zu erkennen, die Versorgung ihrer Frauen über ihren Tod hinaus zu sichern. Das setzt vor|aus, daß auch im Altertum die Frauen häufig ihre Männer überlebt haben[124]. Und gerade weil sie in ihrer rechtlichen Stellung un-

---

(Jakob) es uns an nichts fehlen lassen, sondern bringt uns je nach seiner Zeit an jedem Tag und freut sich mit seinem ganzen Herzen, wenn wir (es) aus seiner Hand annehmen, und segnet uns und hat sich nicht von uns getrennt ... und bleibt immer bei uns im Hause, indem er uns ehrt«. Es ist also nicht nur die nackte Versorgung gemeint, sondern auch ein entsprechendes Taktgefühl, daß sich die Eltern nicht als Almosenempfänger vorkommen müssen, und ein umfassendes Sich-Kümmern.

123 Vgl. etwa H. van Oyen, Ethik des AT, 115: »Es fällt auf, daß in diese Ehrung auch die Mutter einbezogen wird. Das exklusiv Patriarchalische scheint hier ein wenig reduziert zu sein.« Von einer religiösen Deutung her verwundert sich A. Phillips: »Since women were not members of the covenant community, it may seem surprising that the mother was given equal status with the father« (Ancient Israel's Criminal Law 82). |

124 Dabei wird man nicht nur an die besondere biologische Konstitution der Frau denken dürfen, die ihr eine höhere Lebenserwartung als dem Mann einräumt, sondern auch an die Tatsache, daß früher häufiger als heute ältere Männer junge Frauen geheiratet haben, einmal weil sie häufig ihre frühere Frau bei der Geburt der Kinder verloren, ein andermal weil sie sich dadurch ihre Pflege im Alter sichern wollten, vgl. L. W. Simmons, The Role of the Aged, 177ff.

gesicherter waren, war die Absicherung ihres Lebensabends wahrscheinlich sogar der wichtigere Fall. Und schließlich ließe sich ein Grund angeben, warum das Elterngebot gegenüber der Reihe der sozialen Prohibitive in den Dekalogen eine Sonderstellung einnimmt. Es gehört ursprünglich einfach in andere familiäre Situationen als diese.

Damit hätten wir für das Elterngebot einen Sitz im Leben wahrscheinlich gemacht, der in etwa dem der keilschriftlichen Urkunden entspricht. Die Analogie der Lebenssituationen, in denen diese familiäre Norm zur Sprache kam, bestätigt noch einmal die Vergleichbarkeit beider Textkomplexe.

Über den engeren familiären Bereich hinausgehend spricht sich dann die Norm in beiden Kulturbereichen im Sprichwort aus (Dorfgemeinschaft)[125] und gelangt in beiden Bereichen in die literarisch geformte weisheitliche Mahnung und kann hier – in Israel wie in Mesopotamien – durchaus schon einen religiösen Hintergrund erhalten[126].

Das Besondere der israelitischen Entwicklung liegt darin, daß die familiäre Norm, die alten Eltern bis zu ihrem Tod zu versorgen und würdig zu behandeln[127], zu einem Teil des Dekalogs und damit zu einem grundlegenden Gebot Jahwes für das ganze Volk Israel wird. Wie man diesen Vorgang interpretiert, hängt in hohem Maße davon ab, wie man sich die Entstehung des Dekalogs im Ganzen vorstellt. Das ist heute sehr umstritten, und eine Diskussion der Positionen würde den Rahmen dieses Aufsatzes sprengen. Doch wie man sich den Prozeß der Eingliederung des Elterngebots in den Dekalog auch im einzelnen vorstellen mag, fest steht, daß damit die würdige Behandlung der alten Eltern in Israel einen ganz besonderen Nachdruck bekam. Sie entsprang jetzt nicht mehr allein dem Gefühl der Achtung | und Dankbarkeit des Kindes gegenüber seinen Eltern, die es geboren, ernährt und erzogen hatten, die ihm Vertrauen und Lebensmut eingeflößt hatten, sondern sie entsprang jetzt auch der Dankbarkeit gegenüber Jahwe, der sein Volk aus der ägyptischen Sklaverei befreit und ihm

---

125 Vgl. Prov 19 26 23 22 28 24 30 17 – KAR 300, RS 7; ZA 43, 92f., 28'f.
126 Vgl. JesSir 3 1–16 und BWL 102, 61ff.
127 Diese familiäre Norm ist natürlich nicht auf das antike Zweistromland beschränkt, sie findet sich z. B. ebenfalls im Islam (Sure 17, 24) und bei den Stoikern (vgl. die Hieroklos-Fragmente bei Stobäus, Anth. IV 25. 53; vgl. K. Weidinger, Die Haustafeln. Ein Stück urchristliche Paränese, 1928). Es handelt sich, ethnologisch gesehen, überhaupt um eine der universalsten Normen der menschlichen Gesellschaft, die weitgehend unabhängig von den verschiedenen Kulturstufen und familiären Organisationsformen ist, vgl. L. W. Simmons, The Role of the Aged in Primitive Society, 213ff. |

einen neuen Lebensraum geschenkt hatte, dessen Segensgüter nun auch es, das nachgeborene Kind, genießen durfte.

Damit kann als erwiesen gelten, daß das Elterngebot sich an die erwachsenen Kinder richtet und ihr Verhalten gegenüber ihren alt gewordenen Eltern regeln will. Es meint konkret die angemessene Versorgung der alten Eltern mit Nahrung, Kleidung und Wohnung bis zu ihrem Tod, darüber hinaus einen respektvollen Umgang und eine würdige Behandlung, die trotz der Abnahme ihrer Lebenskraft ihrer Stellung als Eltern entspricht. Dazu gehört schließlich eine würdige Beerdigung. Damit ist der dritte Auslegungstyp (C) bestätigt und nun auch exegetisch begründet.

Die Bedeutung des Elterngebots war bisher kontrovers. Eine sichere Entscheidung ist vom AT her nicht möglich. Weiter führt eine Untersuchung der entsprechenden akkad. Verben *kubbutu* und *palāḥu*. Sie bezeichnen in keilschriftlichen familienrechtlichen Urkunden und Weisheitstexten die angemessene Altersversorgung und würdige Behandlung der alten Eltern durch ihre erwachsenen Kinder. Diese Bedeutung ist auch für das atl. Elterngebot wahrscheinlich. Sein ursprünglicher Sitz im Leben war möglicherweise die Übergabe des Hofes an den Sohn und die letztwillige Verfügung des sterbenden Elternteils.

Die Theologisierung des Rechts im Alten Israel

Ein wichtiges Feld, auf dem die wechselseitige Beeinflussung von Religion und Sozialstrukturen im Alten Israel beobachtet werden kann, stellt die israelitische Rechtsgeschichte dar. In ihr läßt sich ein Prozeß greifen, den man mit dem Stichwort »Theologisierung des Rechts« benennen kann[1]. In dessen Verlauf wurde das Recht so sehr in das Zentrum der Gottesbeziehung Israels gerückt, daß die Tora, die von Jahwe selber am Sinai geoffenbarten und von Mose vermittelten Gebote, Rechtssätze und Gesetze, bis heute das Herzstück der jüdischen Religion darstellt. Wie ist es zu dieser unter den antiken vorderorientalischen Kulturen auffälligen Entwicklung gekommen und welche gesellschaftlichen Auswirkungen hat sie gehabt?

1. Die übliche theologische Einbindung des Rechts im antiken Vorderen Orient

Überall im antiken Vorderen Orient hatte das Recht selbstverständlich eine religiöse Basis. Auch im Mesopotamien des 2.JT. z.B. waren die Götter für das Recht zuständig, insbesondere der Sonnengott Schamasch[2]. Ja, *kittu*, die beständige Wahrheit und Rechtlichkeit, und *mēšaru*, die alle Rechtsprechung leitende Gerechtigkeit, wurden als eine kosmische Ord-

---

1 Der Begriff taucht, soweit ich sehe, erst in der neueren Forschung auf; vgl. z.B. bei Otto 1988, 72; ders. 1994, 85; Crüsemann 1992, 225. Er konnte erst aufkommen, seit man nicht mehr selbstverständlich von einer ursprünglichen Verankerung des israelitischen (apodiktischen) Rechts im Kult ausgeht.
2 Vgl. von Soden 1985, 124; wenn er aber daraus folgert: »Im strengen Sinn gibt es kein weltliches Recht, sondern nur ein religiöses«, dann scheint er mir aber die hier im einzelnen notwendigen Differenzierungen zu schnell zu übergehen. Paul 1970, 8, kann genau das Gegenteil pointiert formulieren: »Hence law in Mesopotamia is a strictly secular institution.« |

nung vorgestellt, in die so|gar die Götter eingebunden waren³; die Götter waren somit weniger Quellen als Hüter des Rechts⁴.
Die eigentliche Zuständigkeit, Recht und Gerechtigkeit auf Erden aufzurichten, lag nun aber wie überall im Vorderen Orient auch in Mesopotamien beim König, den die Götter als Sachwalter des Rechts einsetzten. Und dieser kam seiner von den Göttern übertragenen Aufgabe unter anderem darin nach, daß er Gesetzbücher veröffentlichte. So heißt es etwa in dem Prolog des Codex Hammurabi:

> I,27-49 ... damals haben mich, Hammurabi,
> den ehrfürchtigen Fürsten, den Verehrer der Götter,
> um Gerechtigkeit im Lande sichtbar zu machen,
> um den Bösen und Hasser auszurotten,
> damit der Starke den Schwachen nicht unterdrückt,
> um wie Schamasch über den Schwarzköpfigen aufzugehen
> und das Land zu erleuchten,
> Anu und Enlil,
> um die Menschen zu erfreuen,
> meinen Namen genannt⁵.

Hammurabi sieht sich hier von den Göttern Anu und Enlil berufen, Gerechtigkeit (*mi-ša-ra-am*) im Lande sichtbar zu machen (*a-na šu-pí-im*), bzw. – wie es am Ende des Prolog V.14-23 heißt – von Marduk beauftragt, Recht und Gerechtigkeit (*ki-it-tam ù mi-ša-ra-am*) »in den Mund des Landes« zu legen. Eingeschlossen ist dabei die Ausrottung der Bösen und der Rechtsschutz für die Schwachen gegenüber den Starken. Indem der König diese Rechtsprinzipien durchsetzt, geht er gleichsam wie Schamasch, der göttliche Hüter des Rechts, über dem Lande auf.
Innerhalb dieses prinzipiellen göttlichen Auftrags, sind es jedoch Hammurabis eigene Gesetze (XLVII,1-8), die er auf seiner Stele erläßt und deren er sich als »König der Gerechtigkeit« rühmt, nicht etwa Offenbarung der Götter. Von Schamasch hat er dazu nur die Befähigung geschenkt bekommen (XLVIII,96-98)⁶. Und so muß wohl seine ganze Gesetzesstele,

---

3 Vgl. die Bauinschrift Jachdun-Lims aus Mari, nach der auch Schamasch *mēšarum* und *kinātum* zugeteilt bekommt, worauf Paul 1970, 6, hinweist. Er bezeichnet die Prinzipien darum als »metadivine realm« (6f.).
4 So in Anlehnung an Paul 1970, 100, der aber m.E. die mesoptamischen Verhältnisse zu schroff von den israelitischen abgrenzt, wenn er S. 7 formuliert: »In a society where *kittum* is metadivine, there can be no devine revelation of law.«
5 Vgl. Borger 1982, 40.
6 So wird man wohl *ki-na-tim* (Z. 97) wörtlich als »Wahrheiten« zu interpretieren haben. |

die im Tempel Esangila Aufstellung fand, über ihre – umstrittene – gesetzgeberische Kompetenz hinaus am ehesten als königlicher Rechenschaftsbericht vor den Göttern verstanden werden, daß Ham|murabi seinem göttlichen Auftrag auf vorbildliche Weise nachgekommen ist (XLVII,3-58)[7].

Auffällig ist aber nun, daß im eigentlichen Gesetzeskorpus von der theologischen Fundierung des Rechts, die Prolog und Epilog feierlich ausführen, gar nichts mehr zu spüren ist. Hier herrscht vielmehr eine rationale – man möchte fast sagen – säkulare Geistigkeit der juristischen Tradition des Tafelhauses. Die kasuistischen Regeln, die hier für verschiedene Lebensbereiche zusammengestellt wurden, verstehen sich nicht als Inhalt eines geoffenbarten Gotteswillens, sondern sind ganz Ausdruck menschlicher juristischer Gelehrsamkeit.

Dies wird materialiter z.B. auch daran erkennbar, daß dem religiösen Anspruch im Prolog, das Recht des Schwachen zu schützen, in den Gesetzen kaum entsprochen wird[8]. Diese schreiben weithin, wie im Recht üblich, die gesellschaftlichen Herrschaftsverhältnisse einfach fest. Und selbst da, wo ein königlicher Reformwille zu erkennen ist, etwa in der Einführung körperlicher Talio anstelle von Ersatzzahlungen, zielt er auf eine Stärkung der Rechtsposition der obersten *awīlum*-Klasse und nicht etwa auf deren Begrenzung (§ 195-223).

Zwar haben auch die sumerisch-babylonischen Könige soziale Reformmaßnahmen zur Schaffung gerechterer Zustände durchgeführt, deren sie sich auch teilweise in den Prologen ihrer Gesetze rühmen[9], aber diese stehen außerhalb ihrer Gesetzeswerke und setzen teilweise – wie die *mīšarum*-Edikte zugunsten der Überschuldeten – die geltenden Gesetze zeitweise außer Kraft. Auffällig ist auch, daß Hammurabi im Epilog seiner Stele zwar die Absicht bekundet, durch seine »Rechtssatzungen der Gerechtigkeit« (*di-na-at mi-ša-rim*), »feste Sitte« (*u-sa-am ki-nam*) und »gute Lebensführung« (*re-dam dam-qa-am*) zu fördern (XVIII,1-8; vgl. *ki-ib-sa-am* XLVIII, 80), jedoch moralische Appelle in seiner Gesetzgebung völlig fehlen. Eine ethische Normsetzung hat in der ganz auf das positive Recht beschränkten staatlichen Gesetzgebung keinen Platz; sie taucht in Mesopotamien an ganz anderer Stelle, nämlich in der Weisheits-

---

7 Vgl. den Lobpreis vor Marduk, den der geschädigte Bürger, der durch Gesetz des Königs zu seinem Recht kommt, bzw. die Schutzgötter und das Ziegelwerk von Esangila über Hammurabi sprechen sollen.
8 Darauf hat Otto 1993, 74f., zu Recht aufmerksam gemacht.
9 Vgl. schon im Prolog der Gesetze Urnammus von Ur, Römer 1982, 18f. und Lipit-Ischtars von Isin, a.a.O. 24f.; Hammurabi rühmt sich allgemeinerer Wohltaten für verschiedene Städte seines Reiches, vor allem seiner Tempelrenovierungen.

literatur auf¹⁰. Erst recht fehlen in den königlichen Gesetzen alle Kultregeln (*parṣu*).

Auch wenn unklar bleibt, wieweit die Gesetze Hammurabis die tatsächliche Rechtsprechung Babyloniens widerspiegeln, so stimmen sie mit letzterer doch hinsichtlich der sie beherrschenden rationalen Geistigkeit überein. Rechtsprechung war nach Ausweis der vielen Rechtsurkunden in Mesopotamien ein weitgehend weltliches Geschäft. Nur in besonderen Fällen, wenn Beweismittel fehlten, bedien|ten sich die Gerichte religiöser Hilfsmittel wie etwa des Reinigungseides vor einem Gottesemblem¹¹ oder des Flußordals¹² zu ihrer Rechtsfindung.

Es läßt sich nun zeigen, daß auch das Alte Israel bis in das 8.Jh. hinein an dieser vorderorientalischen Rechtskultur Anteil hatte. In seinem ältesten Rechtsbuch, dem sog.»Bundesbuch«, findet sich eine Sammlung kasuistischer Rechtssätze (Ex 21,18-22,16), die nicht nur den gleichen rationalen Geist wie die mesopotamischen Rechtscorpora atmet, sondern auch manche inhaltliche Ähnlichkeiten zu ihnen aufweist. Wohl wissen wir nicht, ob es sich hier ursprünglich um ein Dokument königlicher Rechtsprechung handelt, doch läßt die durchdachte Kompositionstechnik an die Herkunft aus einer Schreiberschule im Umkreis des Hofes denken¹³.

Auch in Israel beanspruchte der König, Hüter von Recht und Gerechtigkeit (*mišpāṭ ūṣᵉdāqā*, bzw. *mīšōr*) zu sein (Ps 45,7f.), insbesondere Rechtshelfer der Armen und Schwachen (Ps 72,2.4.12f.; vgl. Jes 11,4). Wohl können wir nicht genau abschätzen, wieweit es dem Königtum in Israel gelang, diesen Anspruch gegenüber der Ortsgerichtsbarkeit durchzusetzen¹⁴, da hier die vorstaatliche Rechtsorganisation des Ältestengerichts im Tor noch stärker als in Mesopotamien nachlebte. Doch nahm es zumindest die Funktion einer Appellationsinstanz wahr (2 Sam 14,4-12; 15,1ff.; 2 Kön 6,26ff.; 8,3ff.) und konnte in Sonderfällen auch in die Ortsgerichtsbarkeit eingreifen (1 Kön 21). Eine direkte gesetzgeberische Funktion des Königs ist immerhin für das Heerwesen belegt (1 Sam 30,20-25) und für

---

10 Vgl. Lambert 1975, 92ff., besonders den unter dem Titel »Counsels of Wisdom« publizierten Text (96ff.); dazu Gerstenberger 1965, 130ff. |
11 Vgl. z.B. Codex Hammurabi § 9; 20.
12 Vgl. z.B. Codex Hammurabi § 2.
13 Crüsemann 1992, 195-198; Osumi 1991, 140-145, leiten es schon aus dem Jerusalemer Obergericht her (dazu s.u. S. 200f.), doch fände dessen auffällige Zusammensetzung aus weltlichen und priesterlichen Richtern in seiner Rechtsmaterie keine Entsprechung.
14 Vgl. Macholz 1972a, 158ff. |

den engeren Bereich der staatlichen Verwaltung (Steuerwesen; Festungsstädte) anzunehmen.

Schließlich ist auch Jahwe – vor allem in der Jerusalemer Kulttradition – eng mit Recht und Gerechtigkeit verbunden: *ṣædæq* und *mišpāṭ* bilden hier die Stützen seines Throns (Ps 89,15; 97,2), *ṣædæq* bzw. *ḥæsæd* und *'æmæt* gehen ihm voran (Ps 89,15; 85,14), so wie *mēšaru* und *kittu* hypostasiert im Gefolge von Schamasch auftauchen.

D.h. es bildeten sich in Israel mit der Staatlichkeit ganz ähnliche Konstellationen wie in Mesopotamien heraus: Ein weitgehend profanes Recht, das religiöse Elemente nur in den Sonderfällen des Reinigungseides (Ex 22,10) und des Ordals kannte (Ex 22,7f.; Num 5); eine nur ganz allgemeine religiöse Fundierung des Rechtes über die mit Jahwe verbundenen Prinzipien von Wahrheit, Recht und Gerechtigkeit und dazwischen ein Königtum, das für sich in Anspruch nahm, diese göttlichen Prinzipien auf Erden zu verwirklichen, auch wenn es für eine Vermittlung – im Unterschied zu Mesopotamien – keine expliziten Zeugnisse mehr gibt. Auch in Israel bestand also ein gewisser Hiatus zwischen einem weithin profanen positiven Recht und der religiösen Rechtslegitimation, auch in Israel gehörte die | ethische Normsetzung in die Weisheit[15] und auch in Israel gab es Ansätze zur Ausbildung eines staatlichen Rechtes. Wenn diese Ausgangsposition korrigiert und diese Entwicklung hin zu einer Theologisierung des Rechtes abgebrochen wurde, dann muß dies ganz besondere Gründe haben.

2. Die spezielle Theologisierung des Rechts in Israel

Soweit wir erkennen können, liegen die Gründe für die Theologisierung des Rechts in der tiefen sozialen und politischen Krise, in die Israel in der 2. Hälfte des 8.Jh. v.Chr. hineingeriet[16].

---

15 Vgl. den Nachweis von Gerstenberger 1965, 110ff., daß zumindest die ethischen Prohibitive ursprünglich nicht im Kult, sondern im weisheitlichen Sippenethos zu Hause waren.
16 Vgl. dazu zusammenfassend Albertz 1992, 248ff.

2.1 Die gesellschaftlich-politische Krise Israels im 8.Jh.

Schon im 2. Drittel des 8.Jh. hatte sich in den beiden Teilreichen Israel und Juda eine schleichende wirtschaftliche und soziale Entwicklung krisenhaft zugespitzt: Die traditionellen Kleinbauern gerieten zunehmend unter den Druck einer expandierenden Schicht von Großgrundbesitzern, Beamten, Militärs und Kaufleuten und wurden von dieser unter Ausnutzung des antiken Schuldrechts auf breiter Front in deren Abhängigkeit und in die Verarmung getrieben. Dabei zeigten sich weder die familiäre Loskaufverpflichtung (g^{e}'$ull\bar{a}$), noch die lokale und staatliche Rechtsprechung in der Lage, diesen Verdrängungsprozeß aufzuhalten.

Zu dieser sozialen Krise gesellte sich seit dem Regierungsantritt Tiglat-Pilesers III. 745 eine immer bedrohlicher werdende politische Krise: Die Kleinstaaten Israel und Juda gerieten unter den massiven militärischen Druck des nach Westen expandierenden neuassyrischen Großreiches und taumelten, zwischen den Großmächten Assur und Ägypten hin- und herlavierend, in ihren Untergang hinein. 722 wurde das Nordreich vollständig aufgelöst und in das assyrische Provinzsystem eingegliedert und durch Deportation seiner Eliten und Ansiedlung fremder Bevölkerung seiner nationalen Identität beraubt. Das Südreich konnte sich zwar als assyrischer Vasallenstaat halten, wurde allerdings – nach einem Aufstandsversuch Hiskias – 701 von Sanherib mit einer verheerenden Strafaktion überzogen.

Es gehört zu den Besonderheiten Israels, daß in dieser Krisenzeit Männer auftraten, die im Namen Jahwes schonungslos die gesellschaftlichen Mißstände anprangerten und den beiden Teilstaaten ein vernichtendes Strafgericht ihres Gottes ankündigten[17]. Die Propheten Amos, Jesaja und Micha klagten z.B. das soziale Unrecht an, das den Kleinbauern mit der unbarmherzigen Anwendung des Schuldrechtes angetan wurde (Am 2,6; 5,11; Mi 2,1f.9), sie deckten die Unfähigkeit der Gerichte (Am 2,7; 5,10. 12) und Gesetzgebung (Jes 10,1f.) auf, den Armen und Schwachen zu ihrem Recht zu verhelfen, und legten den Finger auf den Bruch, der zwischen dem sozialen Unrecht und Jahwes Anspruch auf Recht und Gerechtigkeit bestand (Jes 5,1-7). Amos und Jesaja kritisierten einen Jahwekult, der dazu mißbraucht wurde, das soziale Unrecht und Elend in der Gesellschaft zuzudecken (Am 5,21-27; Jes 1,10-17). Und Hosea stellte daneben einen selbstgenügsamen, Jahwe-vergessenen Kultbetrieb bloß, den er als Baalskult geißelte (4,4-10; 8,11-13), und kritisierte die prinzipienlo-

---

17 Vgl. dazu genauer Albertz 1992, 255ff.

se, wechselhafte Bündnispolitik (Hos 5,12-14) der politischen Eliten, die nicht vor dem Bruch internationaler Verträge (Hos 10,3f.) und Königsmorden (Hos 7,3-7) zurückschreckten.

Der Schock, den der Untergang des Nordreiches auslöste und der die Botschaft der Propheten immerhin teilweise bestätigte, setzte in Juda gegen Ende des 8.Jh.s einen Prozeß des Nachdenkens darüber in Gang, wie die Existenz der judäischen Gesellschaft angesichts bedrohlicher innerer und äußerer Auflösungserscheinungen gesichert werden könne. Dies war die Geburtsstunde der Theologisierung des Rechts in Israel.

2.2 Die beginnende Theologisierung des Rechts im Bundesbuch

Das sog. »Bundesbuch« (Ex 20,23-23,19), das nach neuerer Forschung in das 8.-7.Jh. zu datieren ist[18], reagiert schon auf die erste Welle der prophetischen Kritik. In ihm läßt sich der Prozeß der Theologisierung des Rechts noch deutlich greifen. Denn in das Rechtsbuch ist in Ex 21,12-22,16 *en bloc* weitgehend unverändert eine bestehende Sammlung von Rechtssätzen eingestellt worden, die zuerst in apodiktischen Rechtssätzen das Todesrecht regelt (22,12-17*)[19], dann in kasuistischen Rechtssätzen schwere Körperverletzungen mit und ohne Todesfolge abhandelt, in denen zwischen Fällen von Todesstrafe und Ersatzzahlungen differenziert wird (21,18-36*)[20], um schließlich Eigentumsdelikte zu regeln, wo Ersatzleistung oder Strafverschonung festgelegt wird (21,37-22,16*)[21]. Dieses Recht entspricht in seiner objektiven Formulierung (3.Pers.) und in seinem weltlichen Charakter den Codices in Mesopotamien; wo von Gott gesprochen wird, wie beim Gottesurteil (22,7f.) oder beim Reinigungseid (22,10), geschieht das in der 3.Person.

Um dieses positive Recht herum ist nun aber ein Rahmen gelegt worden, der fast durchgängig in der Anrede der 2.Pers. sing. oder plur. for-

---

18 So mit einigen Variationen jetzt Crüsemann 1988, 28-35.41; ders. 1992, 133-135; Albertz 1992, 283-285; Osumi 1991, 177.182; Schwienhorst-Schönberger 1990, 271, für seine »gottesrechtliche Redaktion«; ähnlich auch Otto 1988, 50ff. Ich selbst habe das Bundesbuch mit der – zugegeben – sonst nur schwach bezeugten Hiskianischen Reform in Verbindung gebracht. Dabei gehe ich von der Endgestalt des Buches Ex 22,23-23,19 aus.
19 Ohne den Einschub Ex 21,13f.
20 Als Überarbeitung auf der Ebene des Bundesbuches sehe ich Ex 21,20f.; 23,23b.24-27 an.
21 Eine generalisierende Überarbeitung liegt hier nur in 22,8a vor.

muliert ist (Ex | 20,23-26; 22,17[22]-23,19). Da die Du-Anrede an einigen Stellen in die objektiv formulierten Rechtssätze des Kerns hineinreicht (21,13-14.23) und dort literarische Einschübe markiert[23], kann mit Sicherheit gesagt werden, daß der Rahmen gegenüber dem Kern jünger ist[24].

Formal handelt es sich bei den Rahmenstücken um Ge- und Verbote oder um eigentümliche Mischgebilde aus kasuistischem Rechtssatz und Gebot bzw. Verbot (Wenn-du-Formulierung: Ex 20,25; 22,24.25; 23,24f.)[25], die zudem durch begründende und motivierende Sätze aufgelockert sind. Inhaltlich geht es um Kultanweisungen (20,23.24.26; 22,28-

---

22 Nur das Todesrecht gegen Sodomie und Fremdgötteropfer in Ex 22,18 und 19 sind in der 3.Pers. sing. formuliert. Hier liegt eine bewußte Rahmenbildung zum Todesrecht in 21,12-17 vor.

23 Die literarkritischen Argumente sind zwingend für Ex 21,13f., wo die Todesstrafe für Tötung von 21,12 nach Totschlag und Mord differenziert wird und die Formulierung »mein Altar« auf 20,24f. zurückverweist. Aber auch in 21,23b, wo der Übergang zur 2.Pers. die Talionsformel V.24f. einleitet, ist eine Überarbeitung wahrscheinlich. Nicht sicher ist, ob die 2.Pers. in Ex 21,2 anzeigt, daß es sich beim Sklavenrecht 21,2-11 um eine Neubildung handelt, oder ob sie erst durch den Einschub der Überschrift Ex 21,1, die das Bundesbuch nochmals auf den Kontext der Sinaiperikope bezieht (vgl. Ex 19,7bα), veranlaßt wurde.

24 Crüsemann nimmt im Anschluß an Halbe 1975, 449f., Ex 34,11-26* als zweite Quelle des Bundesbuches an, die er ins 9.Jh. datiert. Doch ist das Alter dieses Textes umstritten; von Blum 1990, 369-375, wird er bis in die nachexilische Zeit herabdatiert. Aber selbst wenn er älteres Material enthält, so beziehen sich die sprachlichen Parallelen zum Bundesbuch nur auf den Festkalender (vgl. Ex 34,18.20b.22-23 mit Ex 23,14-17), das Ruhetagsgebot (vgl. Ex 34,21 mit Ex 23,12) und einige Opferbestimmungen (vgl. Ex 34,25f. mit Ex 23,18f.). Alle weiteren sachlichen Entsprechungen (Erstlinge, vgl. Ex 34,19-20a mit Ex 22,28f.; Bilderverbot, vgl. Ex 34,17 mit Ex 20,23; Fremdgötterverbot, vgl. Ex 34,11-16 mit Ex 22,19; 23,13) weichen sprachlich so weit ab, daß von einer generellen Herleitung der religiös-kultischen Gebote des Bundesbuches aus einem »Privilegrecht« Jahwes nicht gesprochen werden kann. Wohl verwendet das Bundesbuch im persönlich formulierten Rahmen ältere Gebots- und Verbotsformulierungen, aber diese, das macht Ex 34,11-16* deutlich, beschränken sich nur auf priesterliche Kultanweisungen. Und nur solche können in Hos 8,12 gemeint sein, da Hosea ein Bilder- und Fremdgötterverbot ganz offensichtlich noch nicht kennt. Hinzu kamen ethische Verbote aus der Weisheit. Die Sätze, die eine alleinige und bilderlose kultische Jahweverehrung durchsetzen wollen, sind von ihrer Gattung in ihrer Formulierung so verschieden (Ex 20,23.24b; 22,19; 23,13), daß hier gerade noch keine vorgeprägte Tradition angenommen werden kann. Vielmehr beginnt das Bundesbuch erst damit, religiöse Gebote zum Zweck der gottesdienstlichen Rechtsverkündigung zu formulieren.

25 In Ex 20,25; 21,14; 22,24.25; 23,4f. wird der Fall, in Ex 22,22f.26 die »Rechtsfolge« mit einem Bedingungssatz gestaltet. |

30; 23,10-13.14-19), religiöse Gebote (22,17.27; 23,13b), soziale Gebote (22,20-26; 23,4f.9) und Anweisungen zur Prozeßführung (23,1-3.6-8).

Das für unseren Zusammenhang Entscheidende ist nun: Subjekt der anredenden Rahmenstücke ist eindeutig Jahwe selber (vgl. 20,23-26; 21,14; 22,23.26.28-|30; 23,7.13.14). Dadurch wird das gesamte Rechtsbuch – einschließlich des inkorporierten profanen Rechts – materialiter als unmittelbare Rechtsforderung Gottes stilisiert. Es ist nach dem Bundesbuch Jahwe selber, der als Quelle allen Rechts zu gelten hat.

Angesprochen werden durch Gott teilweise die für das Recht (21,13; 23,1-3.6-8) und den Kult Verantwortlichen (20,24-26), d.h. die Ältesten, Richter und Priester; meist aber ganz allgemein die rechts- und kultfähigen Männer. Fragt man nach dem Sitz im Leben dieses Rechtsbuches, bei dem die genannten Personengruppen versammelt waren und mit der Willenskundgabe Gottes konfrontiert werden konnten, dann wird man am ehesten an die großen Gottesdienste zu den Wallfahrtsfesten zu denken haben, mit deren Anweisung das Bundesbuch auch endet (23,14-19).

Mit der im Bundesbuch erstmals vollzogenen Theologisierung des Rechts reagierten seine Verfasser gleich auf mehrfache Weise auf die tiefe soziale und politische Krise ihrer Gesellschaft: Angesichts der drohenden Auflösungserscheinungen des Staates und der Glaubwürdigkeitskrise seiner politischen und rechtlichen Institutionen, schafften sie eine neue unmittelbare theologische Legitimation des Rechts, die am Königtum vorbeiging und der Rechtsmittlerschaft des Königs nicht mehr bedurfte[26]. Angesichts des Auseinanderfallens von Kult und Alltagswelt, das die Propheten beklagt hatten, banden sie mit ihrem Rechtsbuch den religiös-kultischen und den alltäglich-profanen Lebensbereich bewußt zusammen und suchten beide Bereiche, für die real durchaus unterschiedliche menschliche Rechtsträger zuständig waren (Priester, Älteste, Richter), in ein und denselben Rechtswillen Jahwes zu integrieren.

Angesichts des Auseinderklaffens von Recht und Gerechtigkeit, das die Propheten zu Bewußtsein gebracht hatten, griffen sie zu der ganz ungewöhnlichen Lösung, positives Recht und ethische Rechtsnorm in einem

---

26 Wenn mit dem sonst nur in exilisch-nachexilischen Texten in Ex 22,27 erwähnten *nasî'* der König gemeint ist, wofür spricht, daß in 1 Kön 21,10.13 die Verfluchung des Königs als sakrales Delikt gilt, dann wird im Bundesbuch – anders als im dtn. Gesetz – auch noch der König unter den Schutz göttlichen Rechtes gestellt und damit auch seine Rechtsmittlerschaft noch nicht grundsätzlich bestritten.

Rechtsbuch zu vereinen[27]. Wenn sie etwa das Verbot, die Schwächsten der Gesellschaft, den Fremdling, die Witwe und die Waise zu unterdrücken, mit der Warnung einschärften, daß Jahwe den Schrei der Gepeinigten erhören und selber den Tätern vergelten werde (22,20-23), dann war mit diesem Hinweis auf den himmlischen Richter die Übertretung des Verbots zwar nicht justitiabel gemacht, aber doch eine Rechtsnorm unterstrichen, die bei der Anwendung und Auslegung des positiven Rechts durch die irdischen Gerichtshöfe zu beachten war. Das Argument, daß Jahwe ein gnädiger Gott sei (22,26), der einseitig für die Schwachen Partei nehme, sollte auch bei Prozessen zwischen ungleichen Kontrahenten bedacht sein (23,6)[28]. |

Schließlich ging es den Verfassern des Bundesbuches darum, angesichts des Mißbrauchs der Rechtsinstitutionen im sozialen Konflikt die dem Recht von Natur aus anhaftende Äußerlichkeit durch seine Pädagogisierung aufzubrechen und seine Verinnerlichung zu überwinden: Alle sollten das von ihnen erlassene Recht in seiner Berechtigung einsehen; darum gaben sie ihren Geboten und Verboten religiöse und vernünftige Begründungen bei. Alle sollten sich das Recht als Jahwes persönliche Forderung zu Herzen nehmen. Nicht nur die Experten, die Ältesten, Richter und Priester, sondern jeder Angehörige des Volkes sollte durch die regelmäßige Verlesung des Rechtsbuchs im Kult rechtlich und ethisch erzogen werden und für die Einhaltung der Rechtsordnung Gott persönlich verantwortlich sein.

Entscheidend ist aber nun, daß die Theologisierung des Rechts den Verfassern des Bundesbuches die Basis lieferte, mit der Autorität Gottes im Rücken und seiner besseren Gerechtigkeit vor Augen, über das Recht verändernd in die Gesellschaft einzugreifen und der sozialen und politischen Krise zu wehren[29]. Die Theologisierung gab dem von Hause aus konservativen Recht einen reformerischen Impuls.

Der Gefahr der staatlichen Auflösung suchten die Gesetzgeber im Gefolge des Propheten Hosea durch eine Stärkung der Bindung des Volkes an Jahwe zu begegnen, um seine Identität auf religiöser Basis zu sichern: Jeder Israelit wurde verpflichtet, dreimal im Jahr zu den Jahresfesten vor Jahwe zu erscheinen (23,14-17). Legitimer Opferkult sollte nur noch an

---

27 Es geht nicht um eine »Ausdifferenzierung eines Ethos aus dem Recht«, wie Otto 1994, 81ff., es darstellt, sondern um seine Einbeziehung, vgl. Crüsemann 1992, 224-228.
28 Allerdings warnt Ex 23,3, sofern der Text richtig ist (oder *gādōl* für *dal*?), auch vor einer ungerechtfertigten Bevorzugung des Geringen. |
29 Vgl. dazu ausführlicher Albertz 1992, 285-290; Crüsemann 1992, 199-234.

solchen Orten ausgeübt werden, die offiziell zu Jahwekultstätten deklariert worden waren (Ex 20,24), Opfer für andere Götter subsidiär neben Jahwe, die damals noch üblich waren, wurden mit dem Tod und dem Einzug des Vermögens bedroht (22,19); selbst die Erwähnung anderer Götter im Jahwekult wurde untersagt (23,13).

Der Gefahr des sozialen Auseinanderbrechens der Gesellschaft versuchten die Reformer durch eine ganze Anzahl von Schutzgesetzen für die sozialen Randgruppen einzudämmen. Die Schuldsklaverei wurde unabhängig von der Schuldforderung in Anlehnung an den kultischen Siebenjahresrhythmus auf maximal sechs Jahre begrenzt und der Übergang in Dauersklaverei der öffentlichen Kontrollen »vor Gott« unterworfen (Ex 21,2-6). Der Rechtsgrundsatz, daß der Sklave Besitz seines Herrn sei (21,21) wurde zumindest bei Totschlag außer Kraft gesetzt (21,20); und für eine schwere Körperverletzung sollte der Sklave die Freiheit erhalten (21,26f.)[30]. Es wurde verboten, für Kredite an Arme Zinsen zu nehmen (22,24)[31] oder dem völlig Überschuldeten den Mantel auf Dauer zu pfänden (22,15) und anderes mehr. Interessant ist, daß aus bestehenden kultischen Institutionen heraus sogar erste Schritte für eine Armenfürsorge und einen Arbeitsschutz entwickelt wurden: Der Wildwuchs des Brachejahres für die Äcker sollte neben den wilden Tieren den Armen zu ihrer Ernährung zustehen (23,10f.), der wöchentliche Ruhetag auch den abhängigen Arbeitern, den Sklaven und Fremden, zur Erholung dienen (23,12).

Diese Reformmaßnahmen gehen noch nicht allzu weit; doch bewertet man die Reformgesetzgebung des Bundesbuches im ganzen, dann ist für antike Verhältnisse schon bemerkenswert, welch entschlossener Versuch hier gemacht wird, unter Berufung auf den Rechtswillen Jahwes der politischen und sozialen Krise Judas entgegenzusteuern und die Gesellschaft zu erneuern. Wieweit diese Reform gesellschaftlich wirksam wurde, wissen wir allerdings nicht; da es Hiskia nicht gelang, das assyrische Joch abzuschütteln, wird man vermuten müssen, daß sie in den Anfängen stecken blieb.

---

30 Ich halte das Sklavengesetz Ex 21,2-11 und die Bestimmungen für Sklaven 21,20f.26f. für eine Neuerung der Verfasser des Bundesbuches. Ersteres steht vor der mit 21,12ff. beginnenden Komposition; 21,26f. hängt mit dem Einschub des Talionsrechtes zusammen. Nicht sicher ist die Entscheidung für 21,20f.; literarkritische Kriterien fehlen; doch will die Bestimmung ähnlich wie in 21,2-11 die Rechte des Sklavenhalters einschränken.
31 Im Text jetzt auf das ganze Volk ausgedehnt.

2.3 Die fortgeschrittene Theologisierung des Rechts im Deuteronomium

Nach langer Periode der Vasallität bot sich für Juda mit dem Niedergang des assyrischen Weltreiches im letzten Drittel des 7.Jh.s erneut die Chance für einen Neubeginn. Und es ist erstaunlich zu sehen, eine wie breite Koalition aus Teilen der judäischen Bauernschaft (ʿam hāʾāræṣ), der jerusalemer Beamten (Schafan) und Priester (Hilqia) und einiger Propheten (Hulda, Jeremia) sich formierte (vgl. 2 Kön 22), um mit Hilfe des jungen Königs Josia ein Reformwerk zu starten, das weit über die Ansätze des Bundesbuches hinausgehen sollte[32]. Grundlage dieser sog. »Josianischen Reform« war wieder ein Gesetzbuch, auf das das ganze Volk 622 feierlich verpflichtet wurde (23,1-3). Dieses ist – nach einer alten Hypothese – im Grundbestand des Buches Deuteronomium, insbesondere in dessen Gesetzeskorpus Kap.12-26 greifbar.

Schon formal zeigt sich, daß im dtn. Gesetz der Prozeß der Theologisierung des Rechts gegenüber dem Bundesbuch weiter vorangetrieben ist: Die älteren Rechtsgattungen sind weitgehend aufgelöst, objektiv formulierte kasuistische Rechtssätze, die noch den Kern des Bundesbuches ausgemacht hatten, begegnen nur noch am Rande[33]. Fast das ganze Gesetz ist in der Anrede der 2.Pers. sing. oder plur. formuliert, wobei die Mischform aus kasuistischer Fallbeschreibung (»Wenn du/ihr«) und Gebot bzw. Verbot zur Regel geworden ist. Die Rechtssätze sind stark paränetisch mit begründenden und motivierenden Elementen aufgelockert[34]. Verfahrensrechtliche Belehrungen drängen sich in den Vordergrund[35], während – abgesehen von der Todesstrafe[36] – explizite Strafbestimmungen[37] ge-

---

32 Zu den Trägern der dtn. Reform vgl. Albertz 1992, 313-321; etwas anders gewichtend Crüsemann 1992, 248-251.
33 Dtn 18,16; 19,11.16; 21,15.18; 22,13ff.; 22,22ff.28f.; 24,1-5.7; 25,1-3.
34 So religiöse: Dtn 12,8f.; 13,4b.6.11; 14,1f.21.23; 15,9.15; 16,3.22; 17,1.13.16.17; 18,3.12.14; 19,10.20; 20,9.17; 21; 22,5; 23,15.18.22f.; 24,4.13.18.22; 25,16; rationale: 15,11.18; 16,18; 19,6f.; 20,19; 22,18.21.24.26f.; 23,5.8; 24,6.9.15; 25,3.6.17f.; dazu die »Segenshinweise«: 12,25.28; 13,18; 14,29; 15,10.13.18; 16,10.15.19; 17,20; 19,13; 22,6f.; 23,21; 24,13.19; 25,15.
35 Rechtliche: Dtn 17,2-7.8-13; 19,15-21; 21,10-14; 18-21.22-23; 22,13-21; 25,1-3.5-9; kultische: 21,1-9; 23,2-8.10-15; 26,1-11.12-15. Auch in vielen Gesetzen werden Verfahrensregelungen mitgegeben.
36 Dtn 13,6.10.11.(16f.); 17,5.6.12; 18,10; 19,12; 21,21; 22,21.22.24; 24,7; dabei wird die Sippenhaft ausgeschlossen (24,12).
37 Dtn 19,18; 22,18f.29; 25,3.(8-10).12; in 22,18.29 handelt es sich um eine Geldstrafe, deren Höhe im Unterschied zum Bundesbuch festgeschrieben ist; in 25,3.12 handelt es sich um Körperstrafen; 25,8-10 um eine öffentliche Entehrung.

genüber der ethischen Normsetzung ganz in den Hintergrund treten. Kein Zweifel: Das dtn. Rechtsbuch hat den Charakter eines »gepredigten Gesetzes«. Es ist noch weit stärker als das Bundesbuch von einem pädagogischen Duktus bestimmt; es will nicht nur neues Recht setzen, sondern auch eine umfassende Rechtserziehung leisten[38].

Diesem Eindruck einer fortgeschrittenden Theologisierung, den die Form der dtn. Gesetze vermittelt, scheint aber nun auf den ersten Blick der Tatbestand zu widersprechen, daß das dtn. Rechtsbuch – anders als das Bundesbuch – nicht als Gottes-, sondern als Moserede stilisiert ist. Ist damit, so könnte man fragen, nicht die unmittelbare Einbindung des Rechtes in den Gotteswillen wieder zurückgenommen zugunsten eines Vermittlungsmodells, wie es schon in der vorderorientalischen Konzeption von der Rechtsmittlerschaft des Königs gegeben war?

Doch sieht man genauer hin, dann ergeben sich erhebliche Unterschiede: Mose ist nicht Gesetzgeber wie die mesopotamischen Könige, die entsprechend dem Auftrag der Götter, Recht und Gerechtigkeit auf Erden zu verwirklichen, eigene Gesetze erließen, sondern er ist nur Sprachrohr Gottes, als das er dem Volk kurz vor der Einwanderung ins verheißene Land die Gebote und Gesetze mitteilt, die ihm Jahwe zuvor am Horeb offenbart hat (Dtn 5,23ff.). Anders als die Könige ist Mose zudem keine aktuelle politische Größe, sondern eine ferne Gestalt der Vergangenheit jenseits der staatlichen Geschichte Israels. Er ist streng genommen nur eine Fiktion, die den Platz des Gesetzgebers freihält. Und fragt man schließlich, wie sich königliche und mosaische Gesetzgebungskompetenz nach dtn./dtr. Sicht zueinander verhalten, so fällt die Antwort eindeutig aus: Es ist das dtn. Gesetz als Anweisung des Mose, das für sich in Anspruch nimmt, auch das Königsamt neu – und zwar restriktiv – zu regeln (Dtn 17,14-20); und es ist das »Gesetz des Mose«, das, nach dem dtr. Bericht von der josianischen Reform bei einer Tempelrenovierung scheinbar zufällig aufgefunden, vom Priester Hilqia und dem Schreiber Schafan dem König Josia übergeben und von diesem gehorsam zur Grundlage seiner Reformmaßnahmen gemacht wird (2.Kön 22f). Der König hat das Gesetz nicht selber geschaffen, sondern nur demütig in Kraft gesetzt. Die Rechtsautorität des Mose ist der des Königs klar übergeordnet, der König selber wird an das mosaische Gesetz gebunden. |

---

38 Vgl. *lāmad* »lernen« Dtn 14,23; 17,19; 18,9; *šāmaʿ* »hören« 13,12; 17,13; 19,20; 21,21; meist geht es um Gottesfurcht: 13,5; 14,23; 17,19 im Sinne einer Generalprävention; vgl. dazu Weinfeld 1972, 274ff.; 298ff. |

Damit wird aber die Absicht erkennbar, warum das dtn. Gesetz als Moserede stilisiert und damit ein menschlicher Vermittler in das israelitische Konzept des Gottesrechts eingefügt wurde: Mose hat die Funktion, die neue Konzeption des theologisierten Rechts gegen den konkurrierenden Anspruch der israelitischen Königstheologie, daß der König im göttlichen Auftrag für die Verwirklichung von Recht und Gerechtigkeit zuständig sei, durchzusetzen und abzusichern: Als Empfänger direkter Offenbarung Jahwes aus der Frühzeit Israels, in der es noch gar kein Königtum gab, war seine Rechtsvermittlung der königlichen weit überlegen und höher legitimiert. Sein überragendes Ansehen eröffnete dem theologisierten Recht einen Schutzraum der Unabhängigkeit und sicherte es gegenüber allen staatlichen Eingriffen ab. Durch seine unbestreitbare religiöse Autorität wurde dem König seine theologisch fundierte Gesetzgebungskompetenz dauerhaft entzogen. Damit waren aber nicht nur alle staatlichen Institutionen, sondern auch alle Rechtsorgane der alleinigen Rechtskompetenz des Mose unterstellt.

Gleichzeitig eröffnete die Mittlerschaft des Mose die Möglichkeit für eine menschliche Interpretation des göttlichen Rechtswillens; mit seiner Gestalt war der Spielraum für eine autorisierte Rechtsauslegung und Rechtsbelehrung gegeben.

Aus dem dtn. Gesetz läßt sich noch ablesen, daß die dtn. Konzeption einer mosaischen Vermittlung und Auslegung des göttlichen Rechtswillens nicht einfach nur eine theologische Fiktion darstellte, sondern durchaus eine reale gesellschaftliche Basis hatte: Diese war das Jerusalemer Obergericht, dessen Kompetenzen in Dtn 17,8-13 neu geregelt werden.

Ursprünglich war dieses ein königlicher Gerichtshof gewesen, der nach 2 Chr 19,8-11 schon unter Josaphat im 9.Jh. eingerichtet worden sein soll, um bei schwierigen Fällen und Normenkollisionen im sakralen und weltlichen Bereich den örtlichen Gerichten Entscheidungshilfe zu leisten[39]. Möglicherweise hatte dieses aus priesterlichen und weltlichen Richtern bestehende Gremium schon etwas mit dem sakrales und weltliches Recht zusammenbindenden Bundesbuch zu tun gehabt, hatte aber damals die königliche Rechtshoheit noch nicht grundsätzlich bestritten[40]. Das dtn. Gesetz erhob nun dieses Obergericht zu der zentralen, vom Königtum völlig unabhängigen Rechtsfindungs- und Rechtsschöpfungs-Institution, deren Rechtsentscheidungen und Rechtsbelehrungen die örtlichen Gerichte

---

39 Vgl. dazu grundlegend Macholz 1972b, 318ff.
40 Vgl. Ex 22,27.

unbedingt Folge zu leisten hätten (Dtn 17,10-12)[41]. Berücksichtig man nun, daß dabei der Gehorsam gegenüber den Weisungen des Obergerichts auf ganz ähnliche Weise – sogar unter Androhung der Todesstrafe – gefordert wird wie gegenüber den Gesetzen des Dtn. überhaupt[42], so ist es relativ wahrscheinlich, daß die gesamte dtn. Reformgesetzgebung eben diesem Obergericht selber oder seinem engsten Umfeld entstammt[43].

Wenn diese zentrale Rechtsinstitution Recht im Namen Moses sprach und durch ihn autorisierte Rechtsauslegung leistete, dann beanspruchte sie nichts weniger als die höchste Rechtsautorität im Staat, mit der es ihr allein zustand, den Rechtswillen Jahwes für die ganze Gesellschaft verbindlich zu formulieren und durchzusetzen. Somit versinnbildlichte und legitimierte Mose zugleich die Institution einer vom Königtum unabhängigen und ihm übergeordneten Gesetzgebungs- und Rechtsauslegungsbehörde. Über das Konzept der mosaischen Vermittlung wurde im Prozeß der Theologisierung des Rechts in Israel die Trennung von richterlicher und staatlicher Gewalt und damit die institutionelle Sicherung des Rechtswillens Gottes vollzogen.

Von dieser theologisch und institutionell gesicherten Basis aus konzipierten die dtn. Gesetzgeber nun eine umfassende Reform der judäischen Gesellschaft an Haupt und Gliedern[44]. Wieder ging es wie schon im Bundesbuch um eine Stärkung der alleinigen Bindung des ganzen Volkes an Jahwe und seiner sozialen Bindung untereinander. Aber die Lösungen, die die dtn. Reformgesetzgebung anstrebte, waren viel weitreichender und viel radikaler:

Der gesamte Opferkult wurde auf Jerusalem konzentriert, um die alleinige Verehrung Jahwes kontrollierbar zu machen (Dtn 12). Um jegliche Verehrung anderer Götter selbst im privaten Bereich auszuschließen, wurde jede Verführung zu Synkretismus mit der Todesstrafe bedroht, Anzeigepflicht angeordnet und damit sogar die religiöse Gesinnung dem Recht unterworfen (13). Hier zeigt die Theologisierung des Rechts unübersehbar gefährliche Konsequenzen. Mit der Zentralisierung des Kultes wa-

---

41 Wenn Dtn 17,11 ausdrücklich zwischen *pī hattōrā* und *hammišpāṭ* unterscheidet, dann ist das am ehesten auf die Doppelfunktion des Obergerichts zu deuten, sowohl rechtsschöpfende Weisung zu erteilen als auch konkrete Urteile zu fällen. Mit dieser juristischen Detailierung ist der Vers keine Doublette zu V.10 und braucht nicht mit Rüterswörden 1987, 47, als dtr. Bearbeitung ausgeschieden werden.
42 Für die Einzelnachweise vgl. Albertz 1992, 318, Anm.53.
43 So meine These, Albertz 1992, 317-319; etwas zurückhaltender Crüsemann 1992, 280, der dem Volk eine höhere Mitwirkung einräumt, vgl. 273ff.
44 Dazu ausführlicher Albertz 1992, 321-348; Crüsemann 1992, 251-322.

ren eine Fülle von Neuregelungen verbunden, die von der Freigabe des profanen Schlachtens bis hin zur Einrichtung profaner Asylstädte reichen (12,15f.; 19,1-13). Wichtig darunter ist vor allem die Neuregelung des Zehnten, die schon in die Sozialgesetzgebung herüberreicht: Die einstige Steuer sollte zwei Jahre lang den Familien selber für ihre Opfermahlzeiten bei den Wallfahrtsfesten zur Verfügung stehen, an denen auch die Besitzlosen teilhaben sollten; jedes dritte Jahr sollte sie als Armenspeisung dienen (Dtn 14,22-27).

Aus der Vielzahl der Sozialgesetze seien nur die beiden erwähnt, die das Übel der Schuldsklaverei eindämmen sollten: Dtn 15,1-11 wurde die Ackerbrache in einen Schuldenerlaß umgewandelt, den die reichen Kreditgeber den verarmten Kleinbauern alle sieben Jahre gewähren sollten. Hier wird besonders deutlich, was die Theologisierung des Rechts im sozialen Bereich leisten kann: Die Entlastung der Verschuldeten war nicht mehr wie in Mesopotamien ein königlicher Gnadenakt, sondern eine religiös motivierte regelmäßige Verpflichtung für alle Kreditgeber; damit wurde sie aber zu einem Rechtsanspruch der Armen erhoben. Zudem wurde das Sklavenrecht weiter humanisiert: Den Schuldsklaven sollte bei ihrer Entlassung ein Startkapital für den wirtschaftlichen Neuanfang bezahlt werden (15,12-18).

Am weitesten gingen die dtn. Gesetzgeber damit, daß sie erstmals in einem regelrechten »Verfassungsentwurf« die staatlichen Institutionen neu regelten[45]. Dabei ist eine durchgehende herrschaftskritische Tendenz zu beobachten: Die Richter (Dtn 16,18-20), die Priester (18,1-8), die Propheten (18,15-20) und sogar die Kriegsführung (20) wurden allesamt der königlichen Aufsicht entzogen und allein dem mosaischen Gesetz unterstellt. Sogar der König wurde dem mosaischen Gesetz unterworfen, ihm war aufgegeben, es täglich zu lesen und zu studieren (17,18-20). Zudem wurden ihm übermäßige militärische Macht- und Prachtentfaltung, die in der Vergangenheit die Bevölkerung mit Steuern und Frondiensten belastet hatten, untersagt (17,16f.).

Kein Zweifel, die dtn. Reformgesetzgebung griff tief in die kultischen, sozialen und staatlichen Strukturen der judäischen Gesellschaft ein und zielte auf ihre weitreichende Umwandlung. Die Theologisierung des Rechts setzte hier ein Reformpotential aus sich heraus, das die gesellschaftliche Realität weit hinter sich ließ, so daß man den dtn. Gesetzen

---

45 Rüterswörden 1987, 89ff., hat durch Vergleich mit griechischen Parallelen gezeigt, daß zumindest ein breiter Grundbestand der Ämtergesetze entgegen weit verbreiteter Meinung durchaus als noch vorexilisch angesehen werden kann.

geradezu utopische Züge bescheinigt hat[46]. Damit stellt sich die Frage, was wurde davon verwirklicht?

3. Die gesellschaftlichen Auswirkungen der theologischen Reformgesetzgebung

Allerdings, so utopisch, wie einige Forscher mit einer gewissen christlichen Häme meinen, war die dtn. Reformgesetzgebung nicht. Entgegen einer wieder modern werdenden Forschungstendenz, das dtn. Gesetz großenteils oder gar insgesamt als rein theoretischen Zukunftsentwurf in eine unbestimmte Zeit nach dem Untergang des judäischen Staates abzuschieben, bleibt zu beachten, daß die dtn. Gesetzgeber selber ihre Forderungen keineswegs als unerfüllbar betrachtet haben (Dtn 30,11-14), sondern mit vielfachen paränetischen Motivationen und theologischen Konstruktionen geradezu vehement auf deren Realisierung drängten. Zu erinnern ist z.B. daran, daß sie sich extra einer Rechtsfigur aus dem zwischenstaatlichen Recht, nämlich der neuassyrischen Vasallenverträge bedienten[47], um über die Rechtskonstruktion eines Bundes zwischen Jahwe und Israel ihrem Gesetzeswerk sogar eine quasi staatsrechtliche Basis zu seiner Verwirklichung zu schaffen: Ihre Gesetze sollten Juda gegenüber Jahwe genauso real binden wie zuvor die Vasallenverpflichtungen gegenüber dem assyrischen Oberherrn. Auch wenn das Problem der literarischen Schichtung des Dtn und damit die genaue zeitliche Einordnung seiner Texte bis heute noch nicht mit Sicherheit gelöst ist, muß meiner Meinung nach schon aus der Tatsache, daß das Deuteronomium in der dtr. Literatur der Exilszeit eine derartige Breitenwirkung | zeitigte, angenommen werden, daß zumindest Teile der dtn. Gesetzgebung in der vorexilischen Zeit gesamtgesellschaftlich wirksam geworden sind.

Nach einem zu vermutenden Vorlauf während der ersten 17 Regierungsjahre Josias wurde das dtn. Gesetz nach Ansicht der Autoren des Deuteronomistischen Geschichtswerks, die nicht mehr als zwei Generationen von den Ereignissen getrennt sind, im Jahr 622 von Josia im Jerusalemer Tempel tatsächlich feierlich promulgiert. Wenn es dabei in ihrer Darstellung 2 Kön 23,1-3 heißt, daß sich zuerst Josia in einem öffentlichen Bundesschluß vor Jahwe verpflichtete, die im Gesetzbuch verzeich-

---

46 Vgl. Hölscher 1922, 228f.; Kaiser 1984, 132ff.; vgl. dagegen Albertz 1992, 310f.
47 Vgl. schon Frankena 1965; und neuestens Steynmans 1995. |

neten Gesetze aufzurichten (*hēqīm*), und erst dann das Volk diesem Bunde beitrat, dann entspricht das dem Tenor des dtn. Gesetzes, vor allem dem König seine Rechte zu beschneiden. Auf seine Unterordnung unter das mosaische Gesetz kam darum bei seiner Inkraftsetzung alles an; und diese wurde in der Tat durchgesetzt.

Will man die Historizität dieses Textes nicht völlig bestreiten, dann kommt man nicht an der Einschätzung vorbei, daß ab 622 der dtn. Reformentwurf in Juda den Rang eines Staatsgesetzes erhielt, das den König und alle übrigen Gruppen der Gesellschaft band. Diesen Rechtsstatus verlor das dtn. Gesetz jedoch schon bald wieder, als Josia im Jahr 609 im Kampf gegen Pharao Necho fiel und Juda zuerst in ägyptische und dann in babylonische Vasallität geriet[48]. Um die nationale Erneuerung des Kleinstaates vor seiner Haustür zu stoppen, deportierte Necho den reformbereiten Josia-Sohn Joahas und ersetzte ihn durch dessen älteren Bruder Jojakim, der von der Reformfraktion in der Erbfolge bewußt übergangen worden war, offensichtlich weil keine Gewähr bestand, daß er sich wie sein Vater auf das mosaische Gesetz verpflichtete. So kam die gesellschaftliche Umsetzung des Reformgesetzes unter Jojakim zum erliegen; die Koalition, die es getragen hatte, brach auseinander; Teile von ihr, wie die Beamtenfamilie der Schafaniden wanderte in die Opposition (Jer 26,24; 36). Diese versuchten nach der Eroberung Jerusalems 586 unter Führung des Schafan-Enkels Gedalja, den die Babylonier zum Statthalter eingesetzt hatten, eine Wiederaufnahme des Reformwerkes, doch scheiterte dieser Versuch mit der Ermordung Gedaljas[49].

Es waren also mehr die ungünstigen politischen Rahmenbedingungen, weniger »der utopische Charakter« der dtn. Gesetze, die dem ehrgeizigen Projekt, die judäische Gesellschaft nach dem Rechtswillen Gottes umzugestalten, ein baldiges Ende setzten. Dennoch wurden wesentliche Elemente der dtn. Kultreform in den wenigen zur Verfügung stehenden Jahren weitgehend realisiert. Die Zentralisierung des Jahwekultes auf Jerusalem etwa wurde von fast allen jüdischen Gruppen der Exilszeit akzeptiert und beim Wiederaufbau des Tempels 520 als selbstverständlich vorausgesetzt[50]. Nicht allgemein durchgesetzt werden konnten dagegen | die

---

48 Dazu im einzelnen Albertz 1992, 360-373.
49 Ich rechne damit mit einer Weiterarbeit am dtn. Gesetz bis in die frühexilische Zeit hinein.
50 Die einzige Ausnahme ist der Tempel der jüdischen Söldnerkolonie in Elephantine, der vor 525 gegründet worden sein muß, deren Religiosität aber auch sonst synkretistische Züge aufweist. Wie AP 30/31 (Porten/Yardeni 1986, 68-75) belegen, wurde ihr Bittgesuch wegen ihres zerstörten Tempels von den Offiziellen in Jerusalem mit

dtn. Sozialgesetze[51]; sie scheiterten nach dem Tod Josias an den massiven materiellen Interessen der Wohlhabenden und der Härte wirtschaftlicher Sachzwänge[52]. Dennoch haben – wenn man den Prozeß der Theologisierung des Rechts über die priesterlichen Gesetze[53] bis hin zur Kanonisierung der Tora ins Auge nimmt – die vom Bundesbuch und dem dtn. Gesetz eingeleiteten Reformimpulse eine erhebliche Fernwirkung gehabt. Die religiöse Fundierung der nationalen Identität ermöglichte Israel sein Überleben über den Verlust seiner staatlichen Existenz hinaus. Die Sozialgesetze schufen im frühen Judentum ein ganzes System der Armenversorgung[54], das in der griechischen und römischen Antike auffiel. Letztlich geht auch die diakonische Arbeit der Kirche darauf zurück. Aufs Ganze gesehen, ist also die Theologisierung des Rechts in Israel nicht folgenlos geblieben.

Literaturverzeichnis:

Albertz, R.
1992   Religionsgeschichte Israels in alttestamentlicher Zeit, Grundrisse zum Alten Testament 8,1-2, Göttingen.
1995   Die Tora Gottes gegen die wirtschaftlichen Sachzwänge. Die Sabbat- und Jobeljahrgesetzgebung Lev 25 in ihrer Geschichte, in: Ökumenische Rundschau 44, 290-310.
Borger, R.
1982   Akkadische Rechtsbücher, in: Kaiser, O. (ed.), Texte aus der Umwelt des Alten Testaments, I,2: Rechtsbücher, Gütersloh, 32-95.

Nichtachtung gestraft. | Entscheidend ist, daß die babylonische Gola auf den Bau eines Tempels verzichtete, obgleich es wahrscheinlich auch in ihr Bestrebungen dazu gab (vgl. Ez 20,32).
51 Vgl. die soziale Anklage Jeremias nach 609, Jer 5,26-28; 6,6f. u.ö., dazu Albertz 1992, 361ff.
52 Vgl. die mögliche Auswirkung des Schulderlaß-Gesetzes, daß kurz vor dem Erlaß-Jahr keine Kredite mehr gegeben werden, gegen die die dtn. Gesetzgeber sich gezwungen sehen, wortgewaltig anzupredigen (Dtn 15,7-11).
53 Vgl. vor allem das »Heiligkeitsgesetz« Lev 17-26, das mit dem noch »utopischeren« Jobeljahr-Gesetz, Lev 25, endet; vgl. die Verpflichtung der Jerusalemer Gemeinde in der Zeit nach Nehemia (Neh 10). Dennoch haben wir Belege, daß z.B. das Sabbatjahr (Kombination aus Schuldenerlaß nach Dtn 15,1-11 und Ackerbrache nach Lev 25,1-7) – zumindest von den Frommen und z.T. unter furchtbaren Opfern – mehrfach zwischen dem 2.Jh. v.Chr. und dem 2.Jh. nach Chr. eingehalten worden ist; vgl. Albertz 1995, 307f.
54 Vgl. Bolkestein 1939. |

Blum, E.
1990   Studien zur Komposition des Pentateuch, Beiheft zur Zeitschrift für die alttestamentliche Wissenschaft 189, Berlin/New York.

Bolkestein, H.
1939   Wohltätigkeit und Armenpflege im vorchristlichen Altertum, Utrecht = Groningen. |

Crüsemann, F.
1987   Recht und Theologie im Alten Testament, in: Schlaich, K. (ed.), Studien zu Kirchenrecht und Theologie, Band 1, in: Texte und Materialien der Forschungsstätte der Evangelischen Studiengemeinschaft, Reihe A, Nr. 26, Heidelberg, 11-81.
1988   Das Bundesbuch – Historischer Ort und institutioneller Hintergrund, in: Vetus Testamentum. Supplement 40, 27-41.
1992   Die Tora. Theologie und Sozialgeschichte des alttestamentlichen Gesetzes, München.

Frankena, R.
1965   The Vassal Treaties of Esarhaddon and the Dating of Deuteronomy, in: Oudtestamentische Studiën 14, 122-164.

Gerstenberger, E.
1965   Wesen und Herkunft des »apodiktischen Rechts«, Wissenschaftliche Monographien zum Alten und Neuen Testament 20, Neukirchen-Vluyn.

Halbe, J.
1975   Das Privilegrecht Jahwes Ex 34,10-26. Gestalt und Wesen, Herkunft und Wirken in vordeuteronomistischer Zeit, Forschungen zur Religion und Literatur des Alten und Neuen Testaments 114, Göttingen.

Hölscher, G.
1922   Komposition und Ursprung des Deuteronomiums, in: Zeitschrift für die alttestamentliche Wissenschaft 40, 161-255.

Kaiser, O.
1984   Einleitung in das Alte Testament, Gütersloh 5.Aufl.

Lambert, W.G.
1975   Babylonian Wisdom Literature, Oxford.

Macholz, G.Chr.
1972a   Die Stellung des Königs in der israelitischen Gerichtsverfassung, in: Zeitschrift für die alttestamentliche Wissenschaft 84, 157-182.
1972b   Zur Geschichte der Justizorganisation in Juda, in: Zeitschrift für die alttestamentliche Wissenschaft 84, 314-340.

Osumi, Y.
1991   Die Kompositionsgeschichte des Bundesbuches Exodus 20,22b-23,33, Orbis Biblicus et Orientalis 105, Fribourg/Göttingen.

Otto, E.
1988   Wandel der Rechtsbegründungen in der Gesellschaftsgeschichte des antiken Israel. Eine Rechtsgeschichte des »Bundesbuches« Ex XX 22 - XXIII 13, Studia Biblica 3, Leiden/New York/Kopenhagen/Köln.

1993 Recht und Gerechtigkeit. Die Bedeutung alttestamentlicher Rechtsbegründungen für eine wertplurale Moderne, in: Hahn, F./ Hoßfeld, F.-L./Jorissen, H./ Neuwirth, A. (eds.), Zion. Ort der Begegnung, FS Laurentius Klein, Bonner Biblische Beiträge 90, Bodenstein, 63-83.
1994 Theologische Ethik des Alten Testaments, Theologische Wissenschaft 3,2, Stuttgart/Berlin/Köln. |

Paul, Sh.M.
1970 Studies in the Book of the Covenant in the Light of Cuneiform and Biblical Law, Vetus Testamentum. Supplement 18, Leiden.

Porten, B./Yardeni, A.
1986 Textbook of Aramaic Documents from Ancient Egypt 1, Jerusalem.

Römer, W.H.Ph.
1982 Aus den Gesetzen des Königs Urnammu von Ur, in: Kaiser, O. (ed.), Texte aus der Umwelt des Alten Testaments, I,2: Rechtsbücher, Gütersloh, 32-95.

Rüterswörden, U.
1987 Von der politischen Gemeinschaft zur Gemeinde. Studien zu Dt 16,18-18,22, Bonner Biblische Beiträge 65, Frankfurt.

Schwienhorst-Schönberger, L.
1990 Das Bundesbuch (Ex 20,22-23,33), Beiheft zur Zeitschrift für die alttestamentliche Wissenschaft 188, Berlin/New York.

Soden, W. von
1985 Einführung in die Altorientalistik, Darmstadt.

Steynmans, H.U.
1995 Eine assyrische Vorlage für Deuteronomium 28,20-44, in: Braulik, G. (ed.), Bundesdokument und Gesetz, Herders Biblische Studien 4, Freiburg u.a., 119-141.

Weinfeld, M.
1972 Deuteronomy and Deuteronomic School, Oxford.

Jer 2–6 und die Frühzeitverkündigung Jeremias

1. Das Problem

Die Frühzeitverkündigung des Propheten Jeremia gehört nach wie vor zu den nur unbefriedigend gelösten Problemen alttestamentlicher Forschung. Weder hinsichtlich ihrer zeitlichen Ansetzung, noch ihres Inhalts und ihres Adressaten ist es bisher zu einer konsensfähigen Klärung gekom|men. Einig scheint man sich nur zu sein, daß die »älteste Sammlung« Jer 2–6 und die authentischen Prophetenworte aus Jer 30–31 der Frühzeitverkündigung des Propheten zuzurechnen seien[1].

1.1 Die bis heute diskutierten Probleme seien hier nur kurz skizziert: Folgt man dem Datierungssystem des Jeremiabuches, nach welchem Jeremia seine Verkündigung im Jahr 627 begonnen (1 2) und 609 sein berühmtes Tempelwort gesprochen habe (26 1) und weist die zwischen dem Berufungskapitel und der Tempelrede (7 1–15) angeordneten Prophetenworte Kap 2–6 eben dieser Frühzeitperiode zu[2], dann ergeben sich zwei erhebliche chronologische Schwierigkeiten.

Erstens stellt sich das Problem, wie sich die Verkündigung Jeremias zu der in die gleiche Periode gehörenden josianischen Reform verhält. Was

---

[1] Vgl. die Übersicht über den Forschungsstand in der neuesten Einleitung: R. Smend, Die Entstehung des Alten Testaments, 1978, 162 und H.H. Rowley, The Early Prophecies of Jeremiah, BJRL 45, 1962–63, 198–234 = Men of God, 1963, 133–168.

[2] Eindeutige, für eine Datierung auswertbare Hinweise fehlen in den Prophetenworten, doch läßt sich der Rückbezug auf die Assyrer in 2 18. 36 besser aus einer frühen Zeit erklären, als den Hörern die Realität der assyrischen Besatzung noch in unmittelbarer Erinnerung war, als aus einer späteren Zeit, nachdem schon Jahre politischer Selbständigkeit dazwischen lagen. Beide Belege liegen übrigens nicht auf der gleichen zeitlichen und sachlichen Ebene: 2 18 nennt die Bündnispolitik mit Ägyptern und Assyrern im selben Atemzug. Das kann man doch wohl nur als zusammenfassenden geschichtlichen Rückblick verstehen, denn was hier nebeneinander genannt wird, waren in der aktuellen geschichtlichen Situation alternative Möglichkeiten. Jer 2 36 stellt dagegen die vergangene Bindung an die Assyrer einer neuen, jetzt möglichen mit den Ägyptern gegenüber. Diese Stelle scheint auf eine konkrete Möglichkeit zeitgenössischer Politik anzuspielen. Zur Schwierigkeit, diese zu orten vgl. J. Milgrom, The Date of Jeremiah Chapter 2, JNES 14, 1955, 65–69, meinen Vorschlag s.u. 230.

Jeremia, besonders in Kap 2 und 3, alles an synkretistischen Mißständen aufdeckt, will überhaupt nicht dazu passen. Und eine positive Bezugnahme auf diese Reform, die man doch erwarten sollte, scheint überhaupt zu fehlen[3].

Diesem Manko versucht man nun dadurch abzuhelfen, daß man die gesamte Frühzeitverkündigung Jeremias in den engen Zeitraum vor die josianische Reform, also in die Jahre 627–622[4], verweist und annimmt, daß der Prophet, dessen positive Beurteilung Josias aus Jer 22 15f. bekannt ist, während der gesamten Reformperiode geschwiegen habe. Das ist sicher keine unmögliche, aber doch recht künstliche Hypothese, die darum manchen Spott geerntet hat[5]. Sie beruht, so muß man sich doch ehrlich eingestehen, eher auf einer Verlegenheit der Forschung, als daß sie eine Stütze in der Jeremiaüberlieferung selbst hätte.

Zweitens stellt sich das Problem des Feindes aus dem Norden: Welchen militärischen Gegner sollte Jeremia gemeint haben, wenn seine Worte vom Feind aus dem Norden in die zwanziger Jahre des 7. Jh. gehören? Eine Identifizierung mit den Neubabyloniern, die sachlich gut passen würde, scheint ausgeschlossen, denn zu diesem frühen Zeitpunkt war selbst für einen politisch hellsichtigen Menschen in Palästina von den Neubabyloniern noch nichts zu ahnen, 626 bestieg ja erst der Gründer der später so erfolgreichen Dynastie, Nabopolassar, den Thron. Lange Zeit behalf sich die Forschung mit den Skythen, von deren Einfall bis nach Ägypten in etwa dieser Zeit Herodot zu berichten weiß[6]. Doch erstens passen die Schilderungen Jeremias nur schlecht auf dieses asiatische Reitervolk[7], und zweitens wird immer klarer, daß der gesamte Skytheneinfall Herodots, von dem keine einzige vorderorientalische Quelle berichtet, in das

---

3 Doch s. dazu u. 232f. und 235f.
4 Der Zeitraum wird noch enger, wenn man berücksichtigt, daß die Reformmaßnahmen Josias nicht erst mit der »Auffindung« des Gesetzbuches 622 angefangen haben können, sondern schon früher angelaufen sein müssen, vgl. H. Barth, Die Jesaja-Worte der Josiazeit, WMANT 48, 1977, 252f.
5 Vgl. die Bemerkung F. Horsts vom »prophetischen Winterschlaf« (Die Anfänge des Propheten Jeremia, ZAW 41, 1923, 94–153; 95), die bis heute genüßlich kolportiert wird.
6 Die bis ins 18. Jh. zurückgehende Hypothese wurde besonders von B. Duhm aufgegriffen, der Jer 4–6 regelrecht »Skythenlieder« nannte; sie gründet auf Herodot I, 103–106.
7 Besonders die in Jer 6 6 erwähnten Belagerungsrampen weisen auf eine hoch entwickelte Militärtechnik des Feindes; vgl. zur Diskussion H. Graf Reventlow, Liturgie und prophetisches Ich bei Jeremia, 1963, 99–101; W. Rudolph, Jeremia, HAT I, 12, 3. Aufl. 1968, 47–49.

Reich der Legende gehört[8]. So ist die Frage der Identifizierung wieder offen, und P. Volz und W. Rudolph versuchen, aus dieser Not eine Tugend zu machen. Nach ihrer Meinung habe Jeremia anfangs, als er seine Feind-aus-dem-Norden-Worte sprach, noch keinen konkreten Feind im Auge gehabt, erst später habe er erkannt, daß die Neubabylonier dieser Feind seien[9]. Wieder wird man sagen müssen: keine unmögliche Lösung, aber eben doch eher eine Verlegenheitslösung, deren Künstlichkeit H. Graf Reventlow wohl zu recht angreift[10]. Doch auch seine kultmythologische Erklärung des Feindes, mit der er alle Fragen nach einer historischen Identifizierung radikal abschneiden möchte, hält der kritischen Überprüfung nicht stand[11]. |

So verwundert es nicht, daß eine ganze Reihe von Forschern die Konsequenz ziehen, das Datierungssystem des Jeremiabuches in Frage zu stellen und die Existenz einer Frühzeitverkündigung vor dem Tode Josias überhaupt zu leugnen[12]. Sie verlegen den Beginn der Verkündigung Jeremias und damit auch die in Kap 2–6 gesammelten Prophetenworte kurzerhand in die Zeit nach 609 oder sogar nach 605. Doch bleibt bei einer solchen radikalen Lösung die Schwierigkeit, zu erklären, wie es zu der

---

8 So schon überzeugend F. Wilke, Das Skythenproblem im Jeremiabuch, Alttestamentliche Studien für R. Kittel, BWANT 13, 1913, 222–254; bes. 228.
9 P. Volz, Der Prophet Jeremia, KAT X, 2. Aufl. 1928, 58; W. Rudolph, (A.7), 49.
10 (A.7), 101 im Anschluß an A.C. Welch, Jeremiah. His Time and His Work, 1928, 109.
11 (A.7), 101ff. in Anlehnung an A. Lauha, Zaphon, 1943. Die Sprache dieser Texte ist, was auch Reventlow durchaus sieht, eindeutig militärisch-politisch und nicht mythologisch. Es ist meiner Meinung nach unzulässig, die spätere mythologisierende Ausdeutung von Ez 38f. auf die Jeremiatexte vorzudatieren. Auch kann das ביום ההוא in Jer 4 9 wohl kaum den Schluß auf den Vorstellungskreis vom Tag Jahwes tragen, und gegenüber der Auffassung G. v. Rads, daß dessen möglicher Hintergrund, der »Heilige Krieg«, eine kultische Institution gewesen sei, ist man ja inzwischen mit Recht zurückhaltend geworden, vgl. M. Weippert, »Heiliger Krieg« in Israel und Assyrien. Kritische Anmerkungen zu Gerhard | von Rads Konzept des »Heiligen Krieges im alten Israel«, ZAW 84, 1972, 460–493. – K. Kochs jüngster Rückgriff auf die mythologische Vorstellung vom Gottesberg im Norden (Propheten II, UB 281, 1980, 27) krankt daran, daß vom Gottesberg in den Jeremiatexten nicht die Rede ist.
12 So neben F. Horst, (A.5); J.P. Hyatt, The Peril from the North in Jeremiah, JBL 49, 1940, 499–513; Jeremiah and Deuteronomy, JNES 1, 1942, 156–173; The Beginning of Jeremiah's Prophecy, ZAW 78, 1966, 204–214; W.L. Holladay, The Background of Jeremiah's Self-Understanding. Moses, Samuel, and Ps 22, JBL 83, 1964, 153–164; bes. 160f.; Jeremiah and Moses, JBL 85, 1966, 17–27; bes. 17; C.F. Whitley, The Date of Jeremiah's Call, VT 14, 1964, 467–483; Carchemish and Jeremiah, ZAW 80, 1968, 38–49.

Tradition kommen konnte, daß Jeremia schon unter Josia aufgetreten sei
(36 2; 1 2; 3 6; 25 3). Wenn dahinter ein ideologisches Anliegen stand, wie
vor allem J.P. Hyatt glauben machen wollte, Jeremia mit der dtn Reform
in Verbindung zu bringen, dann muß man doch fragen, warum sich dieses
Anliegen in den Texten nicht deutlicher ausdrückte.

Es bleibt der auffällige Tatbestand, daß wir in den Prophetenworten
Jeremias nur kritische Bezugnahmen auf das dtn Gesetz (5 4; 8 7. 8) finden, während positive Bezugnahmen auf die josianische Reform zu fehlen scheinen.

1.2 Probleme bestehen auch hinsichtlich des Inhalts und des Adressaten der Frühzeitverkündigung Jeremias. Üblicherweise versteht man Kap 2–6 als Unheilsverkündigung gegen Juda. Diese Sicht wurde gestützt durch eine Untersuchung von L. Rost zur Verwendung des Israel-Titels bei den Propheten[13]. Rost meinte zeigen zu können, daß Jeremia den Israel-Titel auf das Südreich als Rechtsnachfolger des untergegangenen Nordreiches beziehe, daß also auch überall dort, wo wie etwa häufig in Kap 2–4 die Israel-Bezeichnung begegne, Juda angesprochen sei[14]. Nun ist jedoch seit langem unumstritten, daß Jeremia sich auch in der Sammlung Kap 30f. ursprünglich nur an das Nordreich gewandt habe (vgl. die drei sehr wahrscheinlich authentischen Jeremiaworte 31 2–6. 15–17. 18. 20)[15]. Diese Nordreichverkündigung Jeremias war Heilsverkündigung, die man nun ebenfalls häufig der Frühzeit des Propheten zuweist, etwa mit der Expansion Josias nach Norden in Zusammenhang bringt[16]. Ungelöst bleibt bei dieser Sicht, wie denn das beides nebeneinander denkbar sein soll: Zur gleichen Zeit Unheilsverkündigung für das Südreich und Heilsverkündigung für das ehemalige Nordreich. Erschwerend hinzu kommt der Tatbestand, daß auch in Kap 2–6, die sich an Juda richten sollen, ei-

---

13 Israel bei den Propheten, BWANT 71, 1937, 54ff.
14 Bes. 61; die Untersuchung krankt daran, daß Rost die literarischen Schichten im Jeremiabuch nicht unterscheidet.
15 Vgl. P. Volz (A.9), 277: »Heilsweissagungen für das Nordreich«; W. Rudolph, (A.7), 188: »Entscheidend für die Beurteilung ist die Erkenntnis, daß die Kapitel von Haus aus nur vom Nordreich handeln«. Kontrovers ist nur, ob nur die exilierten Nordisraeliten (so P. Volz und W. Rudolph) oder auch die im Lande gebliebenen (so W. Hertzberg, Jeremia und das Nordreich Israel, ThLZ 77, 1952, 595–602 = Beiträge zur Traditionsgeschichte und Theologie des Alten Testaments, 1962, 91–100 und S. Böhmer, Heimkehr und neuer Bund, 1976, 51f.) gemeint sind.
16 Vgl. W. Rudolph, (A.7), 189; S. Böhmer, (A.15), 52–56; W. Hertzberg, (A.15), 91f.

nige Heilsworte vorkommen (3 12f. 21–4 4). Hat dann Jeremia auch dem Südreich in seiner Frühzeit sowohl Heil als auch Unheil verkündigt[17]?

Aufgrund dieser Schwierigkeiten hat W. Hertzberg gegen L. Rost zu erwägen gegeben, ob nicht möglicherweise Teile der Frühzeitsammlung Kap 2–6, in denen von Israel die Rede ist, doch besser auf das Nordreich zu beziehen seien[18]. Er denkt besonders an 3 1–4 4, deutet aber vorsichtig auch die Möglichkeit für Kap 2 an, ohne sich klar zu entscheiden[19]. Auch wenn diese Überlegungen von W. Hertzberg, wohl wegen ihres nur andeutenden Charakters, bisher in der Forschung kaum aufgegriffen worden sind, so wird man doch heute die Fragen stellen müssen: War die Frühzeitverkündigung Jeremias Verkündigung an das Südreich oder an das Nordreich oder beides? War sie Heils- oder war sie Unheilsverkündigung oder beides? Und wie läßt sich das alles zeitlich und sachlich zuordnen?

Damit dürften die chronologischen und sachlichen Schwierigkeiten bezeichnet sein, die sich heute einer angemessenen Beschreibung der Frühzeitverkündigung Jeremias entgegenstellen. Eine Lösung des vielschichtigen Problems scheint mir möglich zu sein, wenn man den einzigen, bisher kaum bezweifelten Konsens in Frage stellt, daß – neben den authentischen Worten in Kap 30f. – die Kap 2–6 *insgesamt* der Frühzeitverkündigung zuzurechnen seien. Es lassen sich nämlich innerhalb dieser gemeinhin als »älteste Sammlung« verstandenen Kapitel durchaus Unterschiede erkennen, die ihre Zuweisung zu ein und derselben Verkündigungsperiode des Propheten fraglich erscheinen lassen.

Einen ersten Schritt in Richtung einer Aufteilung von Kap 2–6 hat C. Rietzschel gemacht: Ohne genauere Gründe zu nennen, rechnet er nur Jer 2 1–4 4 der Frühzeitverkündigung zu (627–621), dagegen gehören 4 5–6 30 seiner Meinung nach in eine spätere Zeit (vor 605). So kann Rietzschel den Feind aus dem Norden mühelos mit den Neubabyloniern identifizieren[20].

Einen zweiten Schritt hat P.K.D. Neumann in seiner redaktionsgeschichtlichen Arbeit zu den Prophetenbüchern getan[21]: Er differenziert Jer

---

17 Die meisten Autoren reflektieren darüber nicht explizit; doch wenn etwa S. Böhmer, (A.15), 27 formuliert: »Worte ähnlichen Gehalts wie Kap. 3 12f. hat Jeremia mutatis mutandis in seiner ersten Zeit auch an Juda gerichtet« (gemeint ist 3 19–4 2), so deutet sich darin eine gewisse Verlegenheit an.
18 S. den A.15 genannten Aufsatz.
19 96f.
20 Das Problem der Urrolle, 1966, 130f.
21 Hört das Wort Jahwäs. Ein Beitrag zur Komposition alttestamentlicher Schriften, 1975, 349–362. Ich habe meine Beobachtungen angestellt, bevor mir die Erwägun-

2–6 entsprechend den Adressaten, die er in den seiner Meinung nach kompositorischen Höraufrufen dieser Kapitel findet: 2 4ff. sind an den Nordstaat, 4 5ff. an den Südstaat und 5 20ff. an Nord- und Südstaat gerichtet[22]. Neumann kann auch schon auf einige sachliche Unterschiede zwischen den in 2 4–4 4 und 5 5–5 19 zusammengestellten Prophetenworten hinweisen[23]. Er bleibt allerdings bei seiner Argumentation auf der redaktionsgeschichtlichen Ebene und wertet seine Beobachtungen noch nicht für die Frühzeitverkündigung Jeremias aus.

Diese meiner Meinung nach weiterführenden Beobachtungen von W. Hertzberg, C. Rietzschel und P.K.D. Neumann sollen im folgenden geprüft und weiterverfolgt werden, um das Problem der Frühzeitverkündigung Jeremias einer besseren Lösung zuzuführen.

2. Die Verteilung der Adressaten in Jer 2–6

Das erste, was jedem unbefangenen Leser von Jer 2–6 auffällt, ist eine merkwürdige Verteilung der in diesem Kapitel genannten Adressaten der | Verkündigung Jeremias. Eine Tabelle soll eine erste Übersicht vermitteln[24]:

---

gen von Hertzberg, Rietzschel und Neumann dazu bekannt waren. Das ist für mich ein Zeichen, daß der Textbefund offensichtlich zu dieser Fragestellung drängt.

22 Eine parallele Aufteilung nach Adressaten nimmt Neumann auch für die Kap 7–10 vor (7–9 an Jerusalem, 10 an das Nordreich). Sie scheint mir weit weniger gesichert zu sein, denn im zweiten Teil von Jer 10 ist wieder eindeutig von Juda die Rede (10 22; 10 19-21 ist eine Klage Zions; die Nennung Jakobs in der exilischen Klage 10 25 (= Ps 79 7!) ist anders zu beurteilen). Angeredet ist Israel nur in 10 1-16, doch dieser Text scheint doch erst nach der dtr. Redaktion des Jeremiabuches eingeschoben zu sein. Daß dieser Text authentische Nordreichverkündigung Jeremias sei, wie M. Margaliot, Jeremiah X 1-16. A Re-Examination, VT 30, 1980, 295–308, wieder beweisen möchte, halte ich weiterhin für ganz unwahrscheinlich. Um diesen Text wie Margaliot für einheitlich halten zu können, muß man seine Ansprüche an eine »logische Struktur« doch ganz erheblich herabschrauben. Aber was wichtiger ist: entsprechende Götzenpolemiken kommen sonst in authentischen Jeremiaworten nicht vor; die nächsten Parallelen in Jes 40–66 sind sogar dort noch nachträgliche Einschübe, wie C. Westermann, Das Buch Jesaja. Kap 40–66, ATD 19, 1966, 27 gezeigt hat.

23 (A.21), 356f. |

24 Vgl. P.K.D. Neumann, (A.21), 352; eine Übersicht über das Vorkommen von Israel in Jer 1–45, nach literarischen Schichten gegliedert, gibt auch W. Thiel, Die deuteronomistische Redaktion von Jeremia 1–25, WMANT 41, 1973, 212f.

Adressaten[25]	2 1–4 2	4 3–6 30
Jerusalem	2 2	4 3. 4. 5. (10). 11. 14. 16; 5 1; 6 1. 6. 8
Zion/Tochter Zion	–	4 6. 31; 6 2. 23
Juda/Haus Juda	2 28	4 3. 4. 5. 16; 5 11. 20
Benjaminiten	–	6 1
Israel	2 3. 14. 31; 4 1	–
Haus Israel	2 4. 26; 3 20	5 11. 15
Israeliten	3 21	–
Haus Jakob	2 4	5 20
Rest Israels	–	6 9

Wohl steht an der Spitze des ganzen in 2 2 ein Auftrag an Jeremia zur Verkündigung an Jerusalem, doch in den nachfolgenden Prophetenworten ist durch das ganze 2. und 3. Kapitel hindurch dann von Jerusalem nicht mehr die Rede. Stattdessen häufen sich hier ganz andere Bezeichnungen: Israel, Haus Israel, Israeliten und Haus Jakob. Nur ein einziges Mal kommt dazwischen auch Juda vor (2 28). Erst mit 4 3 setzt dann ein massierter Gebrauch von Jerusalem, Juda und Zion ein, und einmal sind auch die zum Südreich gehörenden Benjaminiten angesprochen (6 1). Dafür ist hier von Israel und Jakob nur noch sporadisch die Rede. Zieht man einmal, wie in der Tabelle angedeutet, zwischen 4 2 und 4 3 eine Trennungslinie, dann ergibt sich eine recht signifikante Verteilung der Adressaten: In 2 1–4 2 steht einem neunmaligen Vorkommen von Israel/Jakob u.ä. ein zweimaliges Vorkommen von Juda/Jerusalem gegenüber, dagegen ist das Verhältnis in 4 3–6 30 genau umgekehrt: Juda/Jerusalem u.ä. kommen insgesamt 22mal[26] vor, Israel/Jakob nur 4mal. |

---

25 Unberücksichtigt bleibt in dieser Übersicht erst einmal der Abschnitt Jer 3 6–18, der einen deutlichen Einschub zwischen 3 1–5 und 3 19–4 2 darstellt. Ich werde weiter unten darauf zurückkommen 222f. Nicht erwähnt ist auch die Nennung von Dan und Ephraim in 4 15, da sie hier nicht Adressaten, sondern Aufmarschgebiet des Feindes aus dem Norden sind. Die Bezeichnung Jahwes als »Rettung Israels« in 3 23 ist eine geprägte Wendung der Psalmensprache und kann deswegen auch nicht zur Bestimmung des Adressaten hinzugezogen werden.

26 Textlich unsicher ist nur die Nennung Jerusalems in 4 10, die hier wohl aus 4 11 hergeraten sein dürfte; dagegen ist die ungewöhnliche Adressierung in 4 3 (לאיש יהודה ולירשלים), die | gern gestrichen wird, zu belassen; die erneute Adressierung

Schon aufgrund dieses ersten groben Befundes kann man sagen: die Prophetenworte in 2 1–4 2 sind überwiegend an Israel/Jakob gerichtet, die in 4 3–6 30 überwiegend an Juda/Jerusalem, was auch immer mit diesen Bezeichnungen gemeint sein mag. Damit zeigt sich eine ähnliche Abgrenzung, wie sie schon C. Rietzschel und P.K.D. Neumann vorgenommen hatten. Nur, die Trennungslinie verläuft nicht zwischen 4 4 und 4 5, sondern zwischen 4 2 und 4 3. 4 3 setzt mit Botenformel und neuer Adressatenangabe neu ein: »Ja, so spricht Jahwe zum Mann Judas und zu Jerusalem«, und daß diese dtr. bearbeitete Mahnung mit bedingter Unheilsankündigung an Juda und Jerusalem (4 3f.) nicht mit der bedingten Heilsankündigung an Israel 4 1f. zusammengezogen werden darf, wie es traditionell häufig geschieht, hat W. Thiel schon ganz unabhängig von dem Problem der verschiedenen Adressatenangaben einleuchtend nachgewiesen[27].

Der aufgezeigte Befund wird sogar noch eindeutiger, wenn man sich die Stellen in den beiden Teilen von Kap 2–6 genauer ansieht: Im ersten Teil gehört die Erwähnung Jerusalems 2 2 nicht zur eigentlichen Spruchsammlung, sondern ist ein nachträgliches Interpretament. Die Wortgeschehensformel samt dem Botenbefehl 2 1–2aα sind eine redaktionelle Überleitung, die das dtr. geformte Berufungskapitel mit der nachfolgenden Sammlung verknüpfen soll[28]. Dabei erinnert die in Botenbeauftragungen singuläre Wendung הלך וקראת באזני ירושלם an Jer 36, wo קרא באזני häufig gebraucht wird, um die Verlesung der Urrolle zu bezeichnen[29]. Sollte sich in | 2 2 die Erinnerung an die Neuinterpretation bewahrt

---

in 4 4 geht auf die dtr. Überarbeitung zurück (vgl. W. Thiel, A.24, 93–97) und kann nur eingeschränkt für die Verkündigung Jeremias in Anspruch genommen werden.

27 (A.24), 93f. mit Hinweis auf Hitzig, Graf, Giesebrecht und Skinner. Thiel verweist auf den Stilwechsel von der 2.sg. in die 2.plur., auf das Verlassen der 3 1–4 2 beherrschenden שוב-Thematik und die Heranziehung ganz neuer Bilder (Neubruch, Herzensbeschneidung). Jer 4 3f. ist für ihn eine unter Aufnahme jeremianischer Elemente (V.3) dtr. geformte Einleitung zu 4 5ff.

28 Vgl. die parallelen Wortgeschehensformeln im Stil des Selbstberichtes V.4. 11. 13; deswegen 2 1–3 noch zum Berufungsbericht zu zählen, wie P.K.D. Neumann vorgeschlagen hat (Das Wort, das geschehen ist... Zum Problem der Wortempfangsterminologie in Jer I–XXV, VT 16, 1976, 171–217; bes. 182ff.), ist nicht möglich. Neumann übersieht die doch erheblichen formalen Differenzen, die 2 1–3 gegenüber den übrigen Teilen des Berufungskapitels hat: nach den Botenaufträgen in 1 7 und 1 17 wird die Botschaft gerade nicht zitiert. Dazu die sicher zusammengehörenden Visionen aufzuteilen, ist doch zu gewalttätig. – Der kürzere LXX-Text ist kaum ursprünglicher, wie W. Schottroff, Jeremia 2 1–3, ZThK 67, 1970, 263–294; 247f. gezeigt hat.

29 Jer 36 6. 10. 13. 14. 15. 21; vgl. 29 29. קרא באזני heißt somit im Jeremiabuch immer »vorlesen«. Sollte man dann Jer 2 2 übersetzen: »Geh und lies Jerusalem vor!«? Al-

haben, die Jeremia im Jahr 605/4 nach der Schlacht von Karkemisch seiner Frühzeitverkündigung für die Jerusalemer gegeben hat[30]? Auf jeden Fall sagt die redaktionelle Adressierung in 2 2 noch nichts über den ursprünglichen Adressaten der nachfolgenden Jeremiaworte aus. Diese beginnen, da 2 2αβb-3 doch wohl als Heilswort gedeutet werden muß, das nachträglich der Unheilsprophetie Jeremias vorangestellt wurde[31], sehr wahrscheinlich erst mit dem Höraufruf in 2 4, der programmatisch das Haus Jakob/Israel anspricht.

Auch der Juda erwähnende Vers 2 28 ist mit großer Wahrscheinlichkeit ein Zusatz zu dem Prophetenwort 2 26–27. Es fehlt ihm eine klare metrische Gliederung, so daß man ihn trotz des Druckes im BHS richtiger als Prosa auffassen muß. Er geht von der Rede über Israel in der 3.P.plur. plötzlich in die Anrede der 2.P.sing. über und verändert zudem die V.27 erhobene Anklage deutlich: Wurde dort den Israeliten vorgeworfen, daß sie sich in ihren privaten Nöten an Baum und Stein und nur in nationa-

---

lerdings fehlt in 2 2 das sonst immer genannte Objekt (Buchrolle, Brief), so ist es nicht auszuschließen, daß קרא באזני hier »laut rufen« bedeutet wie z.B. Jdc 7 3, Ez 8 13. Wenn P.K.D. Neumann, (A.28), 188 A.1 aus dieser Wendung herauszulesen sucht, es handele sich hier um eine nicht-öffentliche Heilsverkündigung Jeremias an einige Vertraute im Unterschied zu der | 2 4ff. beginnenden öffentlichen Verkündigung, dann ist das durch nichts zu begründen. Er hat die Ansicht auch in seiner Dissertation stillschweigend wieder aufgegeben (A.21), 360f. A.2; doch seine neue Erklärung, es handele sich in 2 1–3 um eine Verkündigung an die personifizierte Stadt im Unterschied zur Verkündigung an das Volk (2 4ff.), ist ebensowenig überzeugend; ist doch schon 2 3 von Israel die Rede. Die gezwungenen Erklärungsversuche Neumanns zeigen, daß der Botenbefehl 2 2 und der Höraufruf 2 4 nicht auf derselben traditionsgeschichtlichen Ebene liegen.

30 Dann könnte 2 1f. sogar einmal die redaktionelle Einleitung der Urrolle gebildet haben, an deren Spitze möglicherweise nur die Visionen 1 11–14 gestanden hätten. Sie passen jedenfalls gut in das Jahr 605, in dem sich ja Jahwe mit dem Sieg der Neubabylonier in Karkemisch wirklich anschickte, seine Worte vom Feind aus dem Norden zu realisieren. Das übrige Berufungskapitel ist meiner Meinung nach dtr.

31 Diese Lösung, die von R. Bach, Die Erwählung Israels in der Wüste, Diss.theol. Bonn, 1954, 2–8 schon einmal erwogen worden war, ist neuerdings von P.K.D. Neumann, (A.28), 187 und (A.21), 360f. wieder vorgeschlagen worden. Sie scheint mir dem Tempusgebrauch in V.2f. (2αβ performatorisches Perfekt, 3b futurisches Imperfekt) besser zu entsprechen, als wenn man die Verse als Rückblick auf die Heilsgeschichte, bzw. geschichtliche Rechtfertigung Gottes interpretiert (so W. Schottroff, A.28). Dafür sprechen auch die Sachparallelen in 30 16 (אכל) und 3 20 (זכר). Auch die doch recht schwierige Annahme Schottroffs eines kompositionell konzipierten poetischen Textes wird dann überflüssig. Ein Heilswort zur Einleitung der Unheilsverkündigung der vorexilischen Propheten ist nicht undenkbar, wie die Parallele Jes 2 2–5 zeigt.

len Nöten an Jahwe um Hilfe wenden[32], so wird in V.28 vorausgesetzt, daß sich die Israeliten gerade in Zeiten nationaler Not an Fremdgötter gewandt haben, denen nun ihre Macht, dabei helfen zu können, bestritten wird. In V.28b ist es die große Zahl der Fremdgötter in Juda, die beklagt wird. Da nun 2 28 von den dtr. Redaktoren in Jer 11 12f. offensichtlich | schon vorausgesetzt wird, muß es sich um eine vordtr. Neuinterpretation des Jeremiawortes handeln[33]. Man kann sogar erwägen, ob sie nicht möglicherweise von Jeremia selbst vorgenommen wurde, als er seine Frühzeitverkündigung im Jahr 605/4 für seine Jerusalemer Hörer neu aktualisierte. Liegt doch auch in 2 16 deutlich ein aktualisierender Zusatz Jeremias aus dieser Zeit vor[34]. Damit wären in der ursprünglichen Teilsammlung 2 4–3 5. 19–4 2 Juda und Jerusalem überhaupt nicht erwähnt gewesen.

Auf der anderen Seite sind die 4 Vorkommen von Jakob/Israel u.ä. in der zweiten Teilsammlung 4 3–6 30 keineswegs über jeden Zweifel erhaben. Der Vers 5 11, wo das Haus Israel neben dem Haus Juda genannt wird, ist überlang, sodaß häufig der Vorschlag gemacht worden ist, eine der Bezeichnungen zu streichen. Meist hält man »Juda« für einen Zusatz[35], da jedoch im Kontext davor nur von Jerusalem die Rede war (5 1), wird man eher das »Haus Israel« in Zweifel ziehen müssen. Eine Zufügung von »Haus Israel« ließe sich einmal von 5 15 her erklären, wo es fest verankert ist, zum anderen dadurch, daß in 3 20 gegen es der gleiche Vorwurf der Treulosigkeit (בגד) erhoben worden war.

Auch der zweite Beleg, der Israel – hier als Haus Jakob bezeichnet – neben Juda nennt, der Höraufruf 5 20, unterliegt hinsichtlich seiner Authentizität erheblichen Zweifeln. Denn dieser Höraufruf ist funktionslos, ihm folgt in 5 21 ein erneuter Höraufruf an das törichte und unverständige Volk. Da in 5 18–19 die Hand der dtr. Redaktion sichtbar wird[36], und auch der Text 5 21–25 in seiner Authentizität nicht unumstritten ist[37], liegen an dieser Stelle der Sammlung deutlich redaktionelle Eingriffe vor, de-

---

32 Zu dieser Interpretation vgl. R. Albertz, Weltschöpfung und Menschenschöpfung. Untersucht bei Deuterojesaja, Hiob und in den Psalmen, CThM A 3, 37f.; 152–154. |
33 Vgl. den Wechsel in die 2.P.sing. V.13, der nur aus dem Formzwang von 2 28 erklärt werden kann. Das macht das Urteil von P.K.D. Neumann, 2 28b sei ein nachdtr. Nachtrag eines Lesers aus 11 13, unwahrscheinlich (A.21), 354.
34 2 16 unterbricht den syntaktischen Zusammenhang von 2 15 und 2 17; der Vers nimmt wahrscheinlich auf die Bündnispolitik Jojakims mit Ägypten Bezug.
35 So z.B. P. Volz, W. Rudolph, z.St. unter Hinweis auf בגודה יהודה in 3 7ff.; vgl. auch W. Thiels Erwägungen, (A.24), 213 A.10f.
36 W.Thiel, (A.24), 97–99.
37 So z.B. von P. Volz, (A.9), 65f.; der Text steht thematisch in Kap 4–6 isoliert da und der Vorwurf mangelnder Gottesfurcht begegnet sonst nicht bei Jeremia; es könnte

nen wohl auch der Vers 5 20 seine Entstehung verdankt. Daß dieser Vers einen neuen Sammlungsteil einleiten soll, der sich an das Nord- *und* das Südreich wendet, wie P.K.D. Neumann behauptet, läßt sich durch nichts erweisen[38], danach wird so gut wie ausschließlich nur noch von Juda und Jerusalem gesprochen. Eher kann man vermuten, daß auch diese doppelte | Adressierung durch den voraufgehenden Kontext, besonders 5 15, veranlaßt worden ist.

Vom »Rest Israels« wird dann noch in 6 9 gesprochen. Dieser bei Jeremia sonst nicht mehr vorkommende Ausdruck ist wahrscheinlich einfach durch das Bild von der Nachlese in diesem Vers veranlaßt. Vom Zusammenhang des Wortes 6 9–12 wie auch vom vorausgehenden Kontext her, kann eigentlich damit nur Juda bezeichnet sein[39].

So bleibt innerhalb von 4 3–6 30 nur eine einzige Stelle, in der die Anrede Israels einigermaßen sicher verankert ist: Jer 5 15. Es handelt sich um einen Feind-aus-dem-Norden-Text (5 15–17), der allerdings gegenüber den übrigen, die sich an Jerusalem und Juda richten (4 5–31; 6 1–8; 6 22–26), eine ganze Reihe von Besonderheiten hat, die aber nicht ausreichen, den Text Jeremia abzusprechen[40]. Möglicherweise hängen diese Besonderheiten mit dem anderen Adressaten zusammen.

Damit wird der Wechsel der Adressaten innerhalb von Jer 2–6 noch auffälliger: in 2 4–4 2 hat Jeremia ursprünglich überhaupt nur von Israel bzw. Jakob gesprochen, in 4 3–6 30 redete er ganz überwiegend von Juda und Jerusalem. Es fragt sich nun, wie dieser Tatbestand zu deuten ist. We-

---

sich um eine exilische Bestreitung aus Anlaß einer Dürre handeln, die sich an Jer 3 3 und 4 22 anschließt.

38 (A.21), 349f.; wenn er S. 357 schreibt: »Eventuelle inhaltliche Differenzen zwischen 4 5–15 und 5 20–6 30 könnten nur durch dezidierte Einzelexegese herausgearbeitet werden«, dann gesteht er selbst zu, daß evidente Unterschiede zwischen den beiden von ihm postulierten redaktionellen Einheiten offenbar nicht zu erkennen sind. |

39 Von der Erfolglosigkeit seines Wirkens in Jerusalem hören wir auch in 5 4–6; 6 28f.; Jerusalem ist direkt im vorangehenden Vers (6 8) genannt.

40 Es fehlen die sonst typischen dramatischen militärischen Schilderungen. Es wird auch nicht explizit vom Norden als Herkunftsgebiet des Feindes, sondern nur von einem Volk aus der Ferne gesprochen (vgl. aber 4 16); nicht seine militärischen Aktionen, sondern seine Wesensart wird geschildert (vgl. aber 6 22f.). Und schließlich ist 5 15–17 innerhalb von Kap 4–6 der einzige Feind-aus-dem-Norden-Text, auf den keine Reflexion über das Ausmaß der Schuld folgt, wie es 5 1–6; 6 9–14; 6 27–30 der Fall ist. Die deutlichen Anklänge an Dtn 28 49–51 brauchen nicht unbedingt gegen eine jeremianische Verfasserschaft zu sprechen (gegen P. Volz), da auch eine umgekehrte Beeinflussung möglich ist. Das Motiv vom Verzehren des Arbeitsertrages durch den Feind begegnet sowohl bei Jeremia (3 24; 8 16), als auch in exilischen Texten (10 25 = Ps 79 7).

gen der Mehrdeutigkeit des Israel-Namens ist es nicht völlig ausgeschlossen, daß Jeremia trotz der wechselnden Bezeichnungen sachlich immer das gleiche meint: Der Begriff Israel kann durchaus das ganze Gottesvolk der Vergangenheit, er kann auch das Südreich alleine bezeichnen, wie es W. Thiel, die These L. Rost's differenzierend, darstellt[41]. Doch sollte man, wenn es sich um ein rein terminologisches Problem handelte, eigentlich erwarten, daß der wechselnde Sprachgebrauch einigermaßen gleichmäßig gestreut ist. Das ist aber, wie wir gesehen haben, nicht der Fall! Sollte Jeremia, obgleich er immer von Juda reden will, seinen Sprachgebrauch ab 4 3 urplötzlich verändert haben? Wenn er, wie L. Rost behauptet, den Ehrennamen Israel für das Südreich okkupiert, warum tut er es nicht generell, sondern fast nur im ersten Teil seiner Sammlung? Die häufige Nennung Jerusalems ab 4 3 mag man noch von der besonderen Stellung der Hauptstadt aus erklären, doch daß Jeremia daneben auf einmal auch noch recht häufig von Juda spricht, ist von der These L. Rost's her nicht mehr zu verstehen[42].

So liegt doch die Annahme näher, daß es sich nicht um ein terminologisches, sondern um ein sachliches Problem handelt. Jeremia spricht im ersten Teil seiner Sammlung von »Israel«, weil er damit, noch den exakten staatsrechtlichen Sinn des Namens der vorexilischen Zeit aufgreifend, das ehemalige Nordreich bezeichnen will. Daß dieses Nordreich 722 seine staatliche Selbständigkeit eingebüßt hatte, braucht kein Gegenargument zu sein. Denn die Deportationen der Assyrer betrafen ja nur einen geringen Teil der Bewohner. Die Masse der israelitischen Bevölkerung blieb – neben den von den Assyrern verpflanzten fremdländischen Gruppen – auf dem Gebiet des ehemaligen Nordreichs wohnen. Wenn wir in Jer 41 5 von einer Gruppe von 80 Mann aus Sichem, Silo und Samaria hören, die selbst noch nach der Zerstörung Jerusalems durch die Neubabylonier in den Ruinen des Tempels einen Fastengottesdienst abhalten will, dann muß es auch in den Zeiten davor auf dem Territorium des ehemaligen Nordreichs eine größere Anzahl von Menschen gegeben haben, die Israeliten waren und sich als Israeliten fühlten. Sie konnten von Jeremia ohne wei-

---

41 Vgl. seine Übersicht (A.24), 212f.; der Stämmebund der Vergangenheit ist seiner Meinung nach in 2 3; 7 12 und in den geprägten Wendungen 3 23; 14 8; 17 13; 29 23 gemeint, das Volk Juda, »das offenbar den alten Namen ›Israel‹ nach der Zerstörung des Nordreichs übernommen hat«, sieht Thiel in 2 14. 26. 31; 5 15; 6 9; 18 6. 13 angesprochen. Immerhin bezieht auch schon W. Thiel, anders als L. Rost, einen Teil der Israel-Belege in Kap 2–6 auf das Nordreich: 3 12. 20. 21; 4 1; 5 11.

42 Vgl. sein Eingeständnis: »Kompliziert wird die Sache aber dadurch, daß 4 16; 9 10; 13 19; 14 2. 19 in echten Stellen / Juda auftritt« (A.13), 61f.

teres, erst recht natürlich seit die assyrische Besatzungsmacht im letzten Drittel des 7. Jh. aus Palästina zurückwich, als »Israel« angeredet werden.

Dafür, daß Jeremia mit der in 2 4–4 2 so gehäuft auftretenden Bezeichnung Israel/Jakob wirklich die Bewohner des ehemaligen Nordreiches meint, sprechen mehrere positive Argumente:

1. findet sich die Israelbezeichnung auch in authentischen Heilsworten Jeremias in Kap 30f., deren Adressierung an das Nordreich von niemandem bestritten wird. So kann mit »Israel« (31 3) bzw. »Jungfrau Israel« (31 4) nur das Nordreich gemeint sein, da im gleichen Zusammenhang von den Bergen Samariens und dem Gebirge Ephraim (31 5f.) die Rede ist. Die These von L. Rost, daß Jeremia nur »Ephraim« sage (so 31 18–20), wo er das Nordreich meine, ist nicht haltbar[43]. Richtig ist vielmehr, daß in so gut wie allen Fällen, in denen »Israel« in authentischen Jeremiaworten vorkommt, der Bezug auf das Nordreich möglich, ja sogar wahrscheinlich ist[44].

2. hat die prophetische Bußliturgie 3 21–4 2, in welcher auf die reumütige Klage der Israeliten hin ihnen ein Heilswort Gottes zugesprochen wird, eine exakte Form- und Sachparallele in 31 18–20, wo der gleiche Vorgang für Ephraim dargestellt wird[45]. Daß in beiden Texten das gleiche Subjekt gemeint ist, ist auf alle Fälle die näher liegende Annahme als die

---

43 60f.

44 Sieht man einmal von den geprägten Wendungen (3 23 »Rettung Israels«; 14 8; 17 13 »Hoffnung Israels«; 29 23 »Torheit in Israel«) ab, wo Israel wirklich das Gottesvolk der Vergan|genheit bezeichnet (so auch in dem Ausdruck »Rest Israels« für Juda 6 9), so bleiben in der Aufstellung W. Thiels (A.24), 212f. außerhalb von 2 1–4 2 und Kap 30–31 nur drei Israel-Belege in authentischen Jeremiaworten übrig: 18 6; 18 13 und 23 13. Davon meint »mein Volk Israel« in 23 13, falls את־ישראל nicht sowieso eine erklärende, aber richtige Glosse ist, eindeutig das Nordreich, da im gleichen Vers von den Propheten Samarias die Rede ist. In 18 13 wird die »Jungfrau Israels« in einer anklagenden Klage Gottes genannt, die so eng verwandt ist mit den Klagen Gottes in Kap 2, (vgl. die gleiche Anklage des Vergessens in 2 31f.), daß sich die Annahme aufdrängt, es handele sich hier um ein – versprengtes – Jeremiawort aus der Frühzeitverkündigung, das die dtr. Redaktoren an dieser Stelle eingefügt haben. Schwanken kann man allein in 18 6 innerhalb des Selbstberichts vom Besuch beim Töpfer. Hier könnte mit »Haus Israel« – im Sinne eines besonderen Ehrennamens – auch Juda gemeint sein. Doch da der Selbstbericht dtr. bearbeitet wurde (vgl. V.1), wovon auch V.6 nicht verschont geblieben ist (vgl. die Verdoppelung V.6b), ist unsicher, ob »Haus Israels« wirklich auf Jeremia zurückgeht.

45 Vgl. die gleiche Abfolge von: Schildernder Einleitung der Klage (3 21; 31 18aα), Zitat des Bußliedes (3 23b-25; 31 18bβ-19) und Heilswort (4 1f.; 31 20). Das Bekenntnis zu Jahwe stimmt wörtlich überein (3 23; 31 18b), das Sündenbekenntnis hat enge sprachliche Anklänge (כלם, בוש 3 25; 31 19b).

Erklärung, Jeremia habe das gleiche Heilsangebot an die verschiedenen Teilreiche gemacht.

3. hat auch der Autor[46], der seine Geschichtsreflexion 3 6–13 in die erste Teilsammlung einschob, das dort genannte Israel als das Nordreich verstanden. Denn er stellt die beiden Teilreiche, die »Abtrünnige Israel« und die »Treulose Juda«, explizit einander gegenüber, um darüber zu reflektieren, warum Jeremia dem Nordreich im Unterschied zum Südreich Heil verkündigen konnte. Dazu wäre überhaupt kein Anlaß gewesen, wenn im Kontext nicht vom Nordreich die Rede gewesen wäre. Die Wende zur Heilsverkündigung, die sich in der Wortsammlung 3 21ff. vollzieht, wird in dem reflektierenden Kommentar dadurch begründet, daß sich das Nordreich vergleichsweise geringere Schuld aufgeladen hat als das Südreich (3 11), und durch einen ausdrücklichen Befehl Gottes, ein Heilswort nach Norden zu sprechen (3 12), legitimiert. Wenn der Kommentar auch noch in 3 12f. ein jeremianisches Heilswort an Israel zitiert, das eine ganz ähnliche Tendenz wie die prophetische Liturgie 3 21–4 2 hat, dann ist es absolut sicher, daß er diese als an das Nordreich gerichtet verstanden hat. W. Thiel traut dem Urteil dieses Kommentators immerhin soviel zu, | daß er zumindest die Israel-Belege in Kap 3f. (V.12. 20. 21; 4 1) auf das ehemalige Nordreich bezieht[47]. Wenn W. Rudolph trotz 3 6–13 daran festhält, daß in 3 1–5; 3 20–4 2 mit Israel Juda gemeint sei, dann nur um den Preis der Annahme, daß ein Redaktor 3 6–13 aus einem anderen, nicht mehr zu erkennenden Zusammenhang mißverständlicherweise hierher gesetzt habe[48]. Doch bevor man den biblischen Tradenten dergleichen unvernünftiges Verhalten unterstellt, sollte man doch lieber erst einmal die eigenen exegetischen Theorien hinterfragen. Gegen die Annahme einer Umstellung von 3 6–13 aus einem anderen Kontext spricht schon die Tatsache, daß dieser Text eine ganze Fülle von Rückbezügen auf seinen jetzigen Kontext hat[49]. Man kommt um die Einsicht nicht herum, daß 3 6–13 als

---

46 S. Herrmann, Die prophetischen Heilserwartungen, BWANT 85, 1965, 223–230 und W. Thiel, (A.24), 83–93 denken an die dtr. Redaktion. Doch gesteht W. Thiel ehrlicherweise ein, daß die sprachlichen Indizien für diese Zuweisung eher kärglich sind (89), sie betreffen nur 3 6b. 13bβ; so möchte ich hier die Frage offen lassen. |

47 (A.24), 212; die Israel-Belege in Kap 2 (es fehlt in seiner Aufstellung 2 4) bezieht er dagegen – L. Rost folgend – weiterhin auf Juda.

48 (A.7), 25–29.

49 Die Bezeichnungen משובה ישראל und בגודה יהודה sind aus 3 12 bzw. 3 20 gewonnen. Zum Verstoßen und zum Scheidebrief V.8 vgl. 3 1 (Dtn 24 1–4); zum Entweihen des Landes durch Hurerei V.9 vgl. 3 2b, zum Ehebruch mit Baum und Stein V.9 vgl. 2 27. Das לא אטור לעולם V.12 bezieht sich auf 3 5 zurück. Der dtr. Vorwurf des Hu-

Kommentar für seinen jetzigen Kontext verfaßt wurde. Man kann nur die Richtigkeit dieses Kommentars bestreiten.

4. behauptet die Prophetenerzählung Jer 36, daß die frühere Verkündigung, die Jeremia im Jahr 605 auf Geheiß Gottes aufschreiben sollte, um sie gesammelt den Judäern zu Gehör zu bringen, sich »an Israel, an Juda und an alle Völker« gerichtet habe (V.2). Gegen die Nennung der Völker mag man begründete Bedenken haben[50], doch auch Israel aus dem Text zu eliminieren, wie es im Anschluß an den Vaticanus und den Sinaiticus gerne geschieht, besteht kein Anlaß[51]. Nun meinen ja viele Exegeten, den Inhalt der Urrolle gerade in Kap 2–6 wiederfinden zu können. Wenn diese Hypothese richtig ist, dann sollte man von Jer 36 2 her in diesen Kapiteln auch Worte an das Nordreich erwarten.

Nimmt man alle diese Argumente zusammen, dann ergeben sie doch eine ausreichende Grundlage, positiv die Fragen zu stellen, ob sich die an | Israel adressierten Worte im ersten Teil von Jer 2–6 wirklich als an die Bewohner des ehemaligen Nordreichs gerichtet verstehen und von seinen an das Südreich gerichteten Worten im zweiten Teil unterscheiden lassen. Ich versuche darum einmal, die gemeinhin der Frühzeitverkündigung zugerechneten Kap 2–6 entsprechend der Verteilung der Adressaten aufzuteilen und zwei verschiedenen Phasen der Verkündigung Jeremias zuzuweisen. Die Hypothese lautet:

A 2 4–4 2 ist eine Sammlung von Prophetenworten Jeremias an die Bewohner des ehemaligen Nordreiches. Nur sie gehören der Frühzeit des Propheten, und zwar von 627–609, an.

B 4 3–6 30 ist eine Sammlung von Prophetenworten Jeremias, in denen er sich überwiegend an das Südreich wendet. Sie gehören in

---

rens auf den Höhen 3 6b.13bβ hat seine Entsprechung in der ebenfalls dtr. Bearbeitung von 2 20.

50 W. Thiel schreibt sie, wie auch die nachfolgende erste Zeitangabe, dem nachdtr. Bearbeiter zu, der 25 1–13 für den Einschub der Völkersprüche umarbeitete (so in: Die Deuteronomistische Redaktion von Jeremia 26–45. Mit einer Gesamtbeurteilung der deuteronomistischen Redaktion des Buches Jeremia, WMANT 52, 1981, 49 A. 1. Für die Überlassung des Manuskriptes möchte ich W. Thiel an dieser Stelle ganz herzlich danken). Außerdem: Der älteste im Jeremiabuch überlieferte Fremdvölkerspruch stammt überhaupt erst frühestens aus der Zeit nach der Schlacht von Karkemisch (46 1–12), von daher wird die Angabe in 36 2 auch vom Sachlichen her fraglich.

51 Die Lesart »Jerusalem« ist schlechter bezeugt, und die Reihenfolge Jerusalem-Juda wäre für das Jeremiabuch ungewöhnlich. G. Wanke, Untersuchungen zur sogenannten Baruchschrift, BZAW 122, 1971, 61 kann für sie nur noch auf 31 31 (dtr!) verweisen. |

die Zeit nach den dramatischen Ereignissen 609, möglicherweise bis zur Aufzeichnung der Urrolle im Jahr 605/4.

Eine solche Hypothese ist natürlich erst dann verifiziert, wenn sich zwischen den Worten in A und B deutliche Differenzen aufweisen lassen, die durch die unterschiedliche Adressierung und die verschiedenen zeitgeschichtlichen Situationen erklärt werden können. Das soll im Folgenden versucht werden. Daß sich die Argumentation dabei in einem Zirkel bewegt, ist mir bewußt, aber nicht zu umgehen.

3. Sachliche Differenzen zwischen der Verkündigung Jeremias in 2 4–4 2 (A) und 4 3–6 30 (B)

Für einen wirklichen Nachweis der Differenzen müßte ich eigentlich meine Auslegung von Jer 2–6 in extenso vorführen. Das würde aber den Rahmen dieser Untersuchung sprengen. Ich muß mich hier darauf beschränken, nur die wichtigsten Ergebnisse zu nennen.

3.1 Die Gerichtsankündigungen

Es ist schon häufig aufgefallen, daß die Gerichtsankündigung in Jer 2 und 3 auffällig zurücktritt. In vielen Texten fehlt sie ganz, es handelt sich hier um reine bestreitende Anklagen (2 10–13. 20–22. 23–25; 3 2–5) bzw. um regelrechte Bestreitungen (Disputationsworte) (2 14–19; 3 1), und wo vollständige prophetische Gerichtsworte begegnen (2 4–9; 2 26–27. 33–35. 36–37), da ist die Gerichtsankündigung auffallend kurz und erstaunlich allgemein:

2 9   Daher werde ich noch weiter mit euch rechten – Spruch Jahwes – noch mit euren Enkeln werde ich rechten.
2 35 Ich werde mich mit dir gerichtlich auseinandersetzen, weil du gesagt hast: ›Ich habe nicht gesündigt‹.
2 26 Wie ein Dieb, wenn er ertappt wird, so werden blamiert dastehen die vom Haus Israel. |
2 36f. Auch Ägypten wird dich blamieren, wie dich Assur blamiert hat, auch daraus wirst du kommen mit deinen Händen auf deinem

Kopf! Denn Jahwe verwirft deine Sicherheitsgaranten, du wirst mit ihnen kein Glück haben!

Das sind alle Gerichtsankündigungen in 2 Kapiteln! Bis auf die letzte, die etwas konkreter ist, ist darin nur das gesagt, daß Jahwe mit Israel ins Gericht gehen wird bzw. Israels Hoffnungen enttäuscht werden. Wenn man weiter berücksichtigt, daß Jeremia in 2 14f. 17 eindeutig auf ein schon in der Vergangenheit liegendes Gericht zurückblickt und in 2 9 explizit sagt, daß Gott »noch weiter« (עוד) mit Israel rechten will, dann wird einem deutlich: Jeremia kündigt hier in A gar kein neu hereinbrechendes Gerichtshandeln Gottes an, sondern nur das Weitergehen eines offensichtlich schon eingetretenen Gerichts[52]. Und dabei befindet er sich im Gegensatz zu seinen Hörern, die wie 2 35 zeigt, die feste Hoffnung hegen, daß sich der Zorn Jahwes nun endlich von ihnen abgewandt hat und damit ihre Schuld gesühnt ist. Dies paßt aber vorzüglich auf die Situation des Nordreiches, das ja in der Tat das Gericht Gottes schon lange hinter sich hatte und das nun, im ausgehenden 7. Jh., mit dem Zurückweichen der assyrischen Besatzungsmacht, neue Hoffnungen schöpfte.

Ein ganz anderes Bild ergibt sich in B. Diese Sammlung ist durchzogen von langen dramatischen Gerichtsankündigungen, in denen Jeremia visionär-realistisch das Kommen eines übermächtigen Feindes aus dem Norden schildert (4 5–31; 5 6. 10. 15–17; 6 1–8. 22–26). Diese Texte lassen an Konkretheit nichts vermissen, im Gegenteil, Jeremia nimmt in ihnen die Verwüstung des Landes und die Eroberung Jerusalems bis in alle Einzelheiten vorweg. Hier, gegenüber Juda, hat Jeremia offensichtlich ein neues, schreckliches Gerichtshandeln Jahwes anzukündigen. Anlaß dafür waren wahrscheinlich die dramatischen Ereignisse des Jahres 609, der plötzliche Tod Josias, die Gefangennahme Joahas', die Beugung Judas unter die ägyptische Vorherrschaft. Jedenfalls würden die enttäuschten Heilshoffnungen, die Jeremia 4 8. 10 zitiert, gut in diese Situation passen. In dieser bewegten Zeit tritt Jeremia plötzlich in Jerusalem auf (5 1), um seine Landsleute vor der noch viel größeren Gefahr, die er dem Südreich von Norden her drohen sieht, zu warnen (4 3. 14; 6 8). Das völlige Fehlen dieser so dramatischen Feind-aus-dem-Norden-Verkündigung in A, obgleich sie ja an sich schon durch die Visionen des redaktionellen Eingangskapitels (1 11–14) vorbereitet ist, läßt sich meiner Meinung nach nur verstehen, wenn man annimmt, daß die Worte 2 4–4 2 in eine andere Verkündigungsphase Jeremias gehören. |

---

52 Diese Besonderheit der Nordreichverkündigung war auch schon P.K.D. Neumann, (A.21), 356f. aufgefallen. |

3.2 Die Heilsankündigungen

In der Sammlung A läßt sich eine klare Bewegung auf die Heilsankündigung hin erkennen. Nachdem Jeremia in Kap 2 mit den Israeliten gerungen hatte, daß sie ihre Schuld endlich einsehen (2 17–19. 23. 29f. 35), steht das ganze 3. Kapitel unter dem Thema der Möglichkeit einer Umkehr[53]. Zweimal lehnt er die voreiligen Umkehrversuche der Nordreichbewohner ab (3 1. 2–5), weil sie noch nicht mit einer Änderung der schon in Kap 2 beklagten Fehlhaltungen einhergehen[54]. Doch als sich die Israeliten auf eine Klage Gottes hin (3 19–20) in Einsicht ihrer Schuld wieder Jahwe zuwenden (3 21–25), da stellt er ihnen sofort ein überschwengliches Heilsangebot Jahwes in Aussicht (3 22a; 4 1f.; vgl. 3 12f.). In dieser Heilsverkündigung für Israel findet die Sammlung A ihren eindeutigen Ziel- und Höhepunkt. Sie gehörte zu ihr offensichtlich so unabdingbar hinzu, daß sie auch später nicht mehr getilgt werden konnte und es zu dem seltsamen Überlieferungsbestand gekommen ist, daß wir mitten in den Unheilsworten Jeremias plötzlich Heilsworte vorfinden.

Diese Bewegung aber von der Unheils- zur Heilsverkündigung in A läßt sich wiederum gut auf dem Hintergrund der geschichtlichen Entwicklungen verstehen, die das ausgehende 7. Jh. für das Nordreich brachte: die assyrische Macht wich nach Norden zurück, für die frei werdende Bevölkerung des ehemaligen Nordreiches eröffnete sich zum ersten Mal seit 100 Jahren die Möglichkeit einer grundlegenden politischen und religiösen Neuorientierung. Zur gleichen Zeit expandierte Josia den judäischen Einfluß nach Norden und wurde dabei von der Hoffnung auf die Wiedererrichtung eines Davidischen Großreiches unter Einschluß des Nordreiches getragen[55]. Das ist die Situation, in der auch Jeremia eine Rückkehr der Nordreichbevölkerung zu Jahwe und eine neue große Heilschance für sie unmittelbar erwartete.

In der Sammlung B fehlt dagegen die Heilsankündigung fast ganz. Nur noch an einigen wenigen Stellen bietet Jeremia den Jerusalemern die Möglichkeit einer Rettung vor der drohenden Gefahr aus dem Norden an (4 14; 5 1). Die unbedingte Gerichtsankündigung herrscht in dieser Phase

---

53 שוב bildet in diesem Kapitel ein regelrechtes Leitwort: 3 1 (2 ×). 12. 14. 22; 4 1.
54 Diese Übereinstimmung der in Jer 2 und 3 1–5 erhobenen Anklagen (zu זנה 3 1f. vgl. 2 20; zum Sich-Anbieten an Fremde 3 2 vgl. 2 23ff. 33; zu חנף 3 1f. vgl. טמא 2 7b; zu רעה 3 2 vgl. 2 33) macht die Lösung von W. Thiel (A.24), 212f. unwahrscheinlich, daß in Kap 3 das Nordreich, in Kap 2 aber das Südreich angesprochen sei.
55 Vgl. Jes 8 23b–9 6, dazu H. Barth, (A.4), 250ff. |

der Verkündigung Jeremias vor; ja, es läßt sich sogar eher eine umgekehrte Bewegung erkennen: vom noch möglichen Heilsangebot (5 1) zur verpaßten Heilschance (5 7). Die Sammlung B gipfelt – genau konträr zu A – in einem totalen Verwerfungsurteil Gottes (6 30). |

3.3 Die Anklagen

Anklagen finden sich gleichermaßen reichlich in beiden Sammlungen. Dennoch lassen sich auch bei ihnen deutlich Unterschiede erkennen:

Eigentümlich für A sind eine Reihe von Anklagen, in denen Jeremia schon auf ein länger anhaltendes Fehlverhalten Israels zurückblickt:

2 20   Ja, seit alters hast du dein Joch zerbrochen!
2 32   Doch mein Volk hat mich vergessen seit unzähligen Tagen!
2 5   Was fanden eure Väter Unrechtes an mir, daß sie sich von mir entfernten?
2 7   Kaum kamt ihr hinein, da verunreinigtet ihr das Land!

Es sieht so aus, als habe Jeremia hier schon eine lange Geschichte des Abfalls vor Augen, die bis zu den Vätern der Angesprochenen, ja, sogar bis zur Landnahme Israels zurückreicht. Auch da, wo er zusammenfassend die Bündnispolitik mit Ägypten und Assur (2 18), oder den Prophetenmord (2 30) geißelt, scheint er schon auf eine längere Geschichte zurückzublicken[56]. D.h. hier in A klagt Jeremia weniger aktuelle, neue Verfehlungen an, obgleich auch solche Anklagen nicht ganz fehlen (2 33f. 36a), sondern stellt ihnen schon lang andauernde Fehlentwicklungen in ihrer Geschichte vor Augen, die bis in ihre Gegenwart anhalten. Dem entspricht es, daß auch die reumütig umkehrenden Israeliten ihre Väter mit in ihre Klage einbeziehen (3 24)[57].

---

56 Aktuell ist ja immer nur ein Bündnis mit einer der beiden Großmächte möglich; statt an legendäre Prophetenmorde unter Manasse (so Rudolph, A.7, 22) sollte man lieber an die Ermordung der Jahwepropheten zur Zeit Elias denken (II Reg 19 14).

57 »Die Blamage fraß den Arbeitsertrag unserer Väter seit unserer Jugend auf«. Mit הבשת kann in diesem Kontext nicht Baal, sondern nur die assyrische Fremdmacht gemeint sein, die die politischen Hoffnungen des Nordreichs enttäuscht und seit Generationen ausgebeutet hat; vgl. Jer 5 17; 8 16; 30 16, wo immer ein politischer Feind Subjekt von אכל ist, dazu 2 3. Daß die Assyrer ihre Vasallenstaaten bzw. fremdländischen Provinzen hemmungslos ausbeuten, wirft schon Jesaja ihnen vor (10 13f.). – Der Rückverweis auf die Väter im Sündenbekenntnis 3 25aβ ist möglicherweise ein späterer Zusatz. |

Diese zeitliche Prolongierung der Anklage paßt wieder gut zu der Situation, in der sich speziell die Nordreichbevölkerung zur Zeit Jeremias befand: Für sie lagen die Fehlentwicklungen, die zum Verlust der staatlichen Existenz geführt hatten, in der Tat schon weit zurück. Jeremia geht es darum, der gegenwärtigen Nordreichgeneration die weit zurückliegenden Fehlhaltungen aufzudecken, die sowohl zu dem vergangenen politischen Desaster des Nordreiches geführt haben (2 14–19), als auch einen wirklichen Neuanfang in der Gegenwart verhindern (3 1. 2–5). Erst wenn sie diese als solche erkennen, erst wenn sie ihre geschichtliche Schuld anerkennen (2 23. 35), ist für sie ein Neuanfang möglich (3 12f.). Nehmen wir die Beobachtung hinzu, wie gering in A die Rolle der Gerichtsankündigung ist, | dann werden wir sagen müssen: Jeremia spricht hier gar nicht so sehr als ein Prophet, der etwas Neues anzukündigen hat, sondern als ein Seelsorger, der mit seinen Hörern um das richtige Verständnis ihrer Geschichte ringt, der mit ihnen die Geschichte ihrer Schuld aufarbeiten will, um ihnen einen neuen Anfang zu ermöglichen[58].

Ganz anders klingen die Anklagen gegen Juda und Jerusalem in der Sammlung B. Hier fehlt die für A so charakteristische zeitliche Prolongierung der Anklage völlig[59]. Stattdessen geißelt Jeremia hier aktuelle Mißstände in der judäischen Gesellschaft. Charakteristisch für diese Phase seiner Verkündigung ist eine ganz andere Abwandlung der Anklage: Die Reflexion über das Ausmaß der Schuld. Es ist wohl eine bewußte kompositorische Absicht, daß diese Reflexionsstücke jeweils nach den Feind-aus-dem-Norden-Ankündigungen angeordnet sind (5 1–6; 6 9–14; 6 27–30). D.h., Jeremia sieht sich angesichts des grauenhaften und totalen Gerichts, das er gegen Juda und Jerusalem anzukündigen hat, zu der Frage gezwungen, ob denn deren Verschuldung wirklich so groß und total ist, daß ein solches Gericht gerechtfertigt ist. Die Theodizeefrage, die sich hier ankündigt, bricht für ihn erst in dieser Phase seiner Verkündigung auf, wo er ein neues Gerichtshandeln Gottes anzukündigen hat. Sie fehlt noch völlig in seiner Frühphase, wo das Gerichtshandeln Gottes am Nordreich schon weitgehend der Vergangenheit angehört.

---

58 Das entspricht in etwa der Funktion, die auch die dtr. Prediger nach der Exilierung des Südreiches haben, auch wenn sie noch nicht so klar eine heilvolle Wendung erkennen können wie Jeremia in seiner Zeit. Die dtr. Redaktoren können sich bei ihrer Interpretation der Verkündigung Jeremias unmittelbar auf seine Funktion in seiner Frühzeit berufen.

59 Ein Rückverweis auf die Geschichte findet sich nur 6 16–19; er dient hier aber nicht dem Aufweis geschichtlicher Schuld, sondern im Gegenteil als mögliche, aber von den Jerusalemern abgelehnte Richtschnur zum rechten Handeln in der Gegenwart.

3.31 Die politischen Anklagen

Ein wichtiger Typ der Anklage Jeremias in A ist die politische Anklage: Einer der wesentlichen Fehler Israels war (2 18) und ist (2 36) seine Schaukelpolitik zwischen den Großmächten, die immer wiederkehrende Versuchung, sich durch Anlehnung an fremde politische Mächte größere Eigenständigkeit und Handlungsfreiheit zu gewinnen (2 20[60]. 25. 33). Dabei geht die politische Anklage häufig in die religiöse über (2 23; 3 1. 2). Die politische und religiöse Überfremdung Israels gehen für Jeremia Hand in Hand.

Auch diese Charakteristik paßt gut auf die Geschichte des Nordreiches. Seine konspirative Bündnispolitik mit Ägypten hatte ja wirklich die Assyrer zu ihrem vernichtenden Schlag gegen Samaria provoziert (II Reg 17 1–6). In 2 36f. wendet sich Jeremia möglicherweise gegen Gruppen innerhalb der Nordreichbevölkerung, die wieder ihre neu gewonnene politische Selbständigkeit – wohl doch gegen Juda – sichern wollen, indem sie die Ägypter als Schutzmacht ins Land rufen[61]. Das würde jedenfalls erklären, warum sich Josia 609 den Ägyptern in den Weg stellt: er mußte verhindern, daß unter der Nordreichbevölkerung die Gruppen die Oberhand gewannen, die unter ägyptischem Schutz wieder einen eigenständigen nordisraelitischen Staat schaffen wollten, wenn seine Bemühungen um einen Anschluß des Nordreiches an Juda nicht von vornherein scheitern sollten.

In B begegnet dagegen die politische Anklage nur ein einziges Mal in 4 30, gegen eine Anbiederung Jerusalems an seine politischen Freunde. Diese Stelle gehört möglicherweise schon in eine etwas spätere Zeit[62],

---

60 In der jetzigen dtr. Überarbeitung handelt es sich um eine religiöse Anklage gegen den Götzendienst auf den Höhen; möglicherweise war aber ursprünglich eine politische Anklage gemeint (vgl. Zerbrechen des Joches); eine ähnliche Umdeutung haben die dtr. Redaktoren in 3 13b vorgenommen, vgl. W. Thiel, (A.24), 87.

61 Wenn man den Spruch in die Zeit Jojakims verlegt, wie W. Rudolph es tut (A.7), 23, ist der direkte Rückbezug auf die Fremdherrschaft der Assyrer nicht recht verständlich. Für Juda lag ja zwischen der assyrischen und ägyptischen Fremdherrschaft mindestens ein Jahrzehnt politischer Unabhängigkeit. Daß an eine sonst nicht bezeugte Fühlungnahme Josias mit den Ägyptern zu denken sei (so P. Volz, J. Bright, Jeremiah, AncB 21, 1965 z.St.; J. Milgrom, (A.2), 66f. ist schon deswegen unwahrscheinlich, weil Juda und Ägypten natürlicherweise als Konkurrenten um das assyrische Erbe auftreten mußten, was sich dann ja auch in der Schlacht von Megiddo 609 zeigt.

62 Daß 4 27–31 ein Nachtrag zur Komposition 4 5–22 ist, zeigt noch die neue Einleitung mit einer Botenformel, außerdem findet 4 5ff. mit der Klage Jeremias V.19–21 und der Klage Gottes V.22 einen deutlichen Schlußpunkt. Eine Aktualisierung seiner früheren Feind-aus-dem-Norden-Verkündigung noch kurz vor der Verlesung der Urrolle

als Nebukadnezar 604 gegen Askalon vorrückte und sich dadurch auch für Juda die Frage einer politischen Neuorientierung stellte. Ansonsten ist in dieser Verkündigungsphase die Bündnispolitik kein zentrales Thema[63]. Das läßt sich dadurch erklären, daß von 609–605 die Ägypter die unumstrittenen Herren über Palästina waren und sich für Juda die Möglichkeit einer Schaukelpolitik gar nicht bot.

3.32 Die sozialen Anklagen

Genau umgekehrt ist der Befund bei der sozialen Anklage. Sie begegnet nur ein einziges Mal in A, in 2 33f., wo es um einen nicht mehr klar erkennbaren Fall von Selbstjustiz in Zusammenhang mit der schwankenden außenpolitischen Orientierung geht[64]. |

Dagegen wird in B die soziale Anklage zum Hauptinhalt der Kritik Jeremias an Juda und Jerusalem: Schon in 5 1 fordert er positiv die Jerusalemer auf, Recht zu tun (עשה משפט), und auf Wahrhaftigkeit (בקש אמונה) aus zu sein. In 5 7f. geißelt er den hemmungslosen Ehebruch[65], in 6 6b-7 Bedrückung, Gewalt und nackte Brutalität in der Jerusalemer Gesellschaft. Er hat offensichtlich eine tiefgreifende Zerrüttung (שבר) der Volksgemeinschaft vor Augen, in der jeder rücksichtslos allein auf seinen eigenen Gewinn aus ist (6 13a) und den anderen durch Verleumdung gesellschaftlich fertig zu machen sucht (6 28; vgl. 9 3ff.). Eine rücksichtslose Oberschicht, die hier bei Jeremia zum ersten Mal wie dann häufig in der nachexilischen Zeit[66] als Frevler (רשעים) bezeichnet wird, läßt alle Gruppensolidarität fahren und beutet die unteren Schichten der Bevölke-

---

im Jahr 604 ist also durchaus denkbar. 4 23–26 halte ich für einen apokalyptischen Einschub.

63 Sie begegnet auch später nur noch relativ selten: einmal in der Zeit des Abfalls Jojakims von Nebukadnezar (601/600) vgl. Jer 13 20–22. 25–27; 22 20–23(?); dann noch einmal 594 zur Zeit der antibabylonischen Konspiration unter Zedekia vgl. 27 2–4.

64 Das Verständnis hängt davon ab, ob man das »Liebesglück suchen« 2 33 als religiöse oder politische Anklage versteht; ich meine, der parallele Vers 36 und auch 4 30 spricht für die zweite Möglichkeit. Ist dann mit der Selbstjustiz ohne ordentliches Gerichtsverfahren V.34 an eine Liquidierung von Kollaborateuren mit den Assyrern gedacht? |

65 V.7 ist in Richtung auf religiöse Hurerei umgearbeitet worden; doch V.8 »jeder wiehert nach der Frau seines Nächsten« ist nur im Sinne realen Ehebruchs zu verstehen, vgl. Jer 9 2.

66 Vgl. Ps 37; 73 3–14; 94 3–7 u.ö.; Jes 29 20f.; 59 12–15 u.ö.; Mal 3 5. 13–21; dazu die Frevler im Hiobdialog z.B. Kap 20. 21.

rung mit allen Mitteln aus (5 26–29). Hier in B ist damit an vielen Stellen eine verhängnisvolle soziale Entwicklung angesprochen, die in Juda offenbar nach dem Scheitern der dtn. Reform mit ihren sozialen Appellen in Gang kommt. Daß davon in A noch überhaupt nichts zu erkennen ist, spricht noch einmal dafür, daß diese Worte eine ganz andere politische und geschichtliche Lage voraussetzen.

3.33 Die religiösen Anklagen

Religiöse Anklage gibt es sowohl in A als auch in B. Sie sind das deutlichste Kontinuum zwischen beiden Sammlungen; und daß es natürlich auch eine Kontinuität in der Verkündigung ein und desselben Propheten in verschiedenen Phasen seines Lebens gibt, ist ja nicht weiter verwunderlich.

Völlig übereinstimmend ist die Anklage der Treulosigkeit (בגד) in 3 20 und 5 11; der Vorwurf, Gott nicht zu kennen (לא ידע), in 4 22 erinnert an 2 8[67].

Dennoch lassen sich zwischen den übrigen religiösen Anklagen der beiden Sammlungen feinere Unterschiede erkennen:

In A kreist die religiöse Anklage Jeremias um eine personale Abwendung Israels von Jahwe: Israel hat Jahwe verlassen (עזב 2 13. 17; vgl. 3 1), die Väter haben sich von ihm entfernt (רחק 2 5); das Volk hat seinen Gott vergessen (שכח 2 32; vgl. 3 21), weder es noch seine Priester erinnern sich an die Heilstaten, die er für sein Volk getan hat (2 6. 8), weswegen Jeremia immer wieder auf sie hinweist (2 6f.; 2 21; 3 19). Israel wendet sich in seinen Nöten Jahwe nicht mehr zu (2 6. 31)[68], jedenfalls nicht mehr ungeteilt zu (2 27). | Stattdessen hängt es und seine Propheten anderen Göttern an (2 8. 11. 13. 20. 23–25), treibt religiöse Hurerei (3 1. 2), wobei hier die religiöse Anklage des Synkretismus und die politische Anklage der Anlehnung an fremde Mächte eng zusammengehen (2 20. 25; 3 2). Durch dieses religiöse und politische Fremdgehen hat Israel nach Jeremias Meinung seine Identität verloren, hat sein Land entweiht (2 7; 3 1f.).

Diese religiöse Anklage, die der Forschung so viel Schwierigkeiten machte, weil sie so gar nicht auf das Juda der josianischen Reformperiode zu passen scheint, wird sofort verständlich, wenn man sie auf das Nord-

---

67 Doch weist die weisheitliche Begrifflichkeit in 4 22 schon auf eine unterschiedliche Nuancierung hin, s.u. A.70.
68 Zur Frage »Wo ist Jahwe?« 2 6 in den Klagen vgl. Jes 63 11; Ps 89 50; Hi 35 10. |

reich bezieht, von dessen synkretistischen Verhältnissen ja II Reg 17 24–33 ein anschauliches, wenn auch polemisch überzeichnetes Bild gibt. Für diese Zuweisung spricht auch ein einzelnes Motiv dieser Anklage: Der Vorwurf, daß die Propheten im Namen Baals weissagen (2 8), wird von Jeremia noch einmal in 23 13 speziell gegen die Propheten Samarias erhoben, während er den Propheten des Südreichs moralisches Fehlverhalten und lügnerische Heilsprophetie vorwirft (23 14; 7 4 u.ö.). Auch die starken Anklänge, die gerade diese Anklagen Jeremias an die Prophetie Hoseas haben, finden so eine bessere Erklärung als bisher: Jeremia nimmt bewußt auf, was schon Hosea über hundert Jahre vor ihm als Fehlverhalten des Nordreiches aufgedeckt hatte[69].

Die religiöse Anklage, die Jeremia in B gegenüber Juda und Jerusalem erhebt, hat trotz einiger Gemeinsamkeiten einen anderen Akzent: Jeremia sieht hier den Abfall von Jahwe konkret im Ungehorsam gegenüber seinen Geboten: Weder die ungebildete Unterschicht, noch die Oberschicht, die es eigentlich besser wissen müßte, nimmt den von Jahwe geforderten Lebenswandel (דרך יהוה) und die Rechtsforderung Gottes (משפט אלהים) zur Kenntnis (5 4f.). Der Vorwurf des »Nicht-Kennens« (לא ידע) ist damit anders als in 2 8 nicht auf die Heilsgeschichte[70], sondern auf das Gesetz bezogen (8 7; 4 22). Diese Differenz erklärt sich am einfachsten dadurch, daß Jeremia nicht die Israeliten des Nordreiches, wohl aber die des Südreiches, das ja die josianische Reform hinter sich hatte, auf das Deuteronomium ansprechen konnte, in welchem der von Gott geforderte Lebenswandel für jedermann erkennbar niedergelegt war (vgl. 8 8); wobei er auf die Jerusalemer Oberschicht anfangs wohl deswegen besondere Hoffnungen setzte (5 5), weil diese der Träger der dtn. Reformbewegung gewesen war[71]. Doch er mußte erkennen, daß auch diese sich in ihrem

---

69 Er nimmt auch die späte Heilsprophetie Hoseas auf; 3 22 ist ein Zitat aus Hos 14 2. 5. Die Heilswende für das Nordreich, die Hosea angekündigt hatte, scheint sich für Jeremia zu realisieren.
70 So ja auch bei Hosea, vgl. H.W. Wolff, »Wissen um Gott« bei Hosea als Urform der Theologie (1955), Gesammelte Studien zum AT, ThB 22, 1964, 182–205.
71 Dieser seit K. Marti häufig vorgeschlagenen Identifizierung der תורת יהוה Jer 8 8 mit einer Frühform des Deuteronomiums steht nach der von mir vorgeschlagenen Spätdatierung von | 4 3–6 30 nichts mehr im Wege. Sie wird dadurch unterstützt, daß M. Weinfeld auch vom Dtn her die in Jer 8 8 genannten Weisen und Schreiber als Autoren und Tradenten der dtn. Gesetzgebung wahrscheinlich machen konnte (Deuteronomy and the deuteronomic School, 1972, 158–178). Dann ist aber auch mit משפט יהוה/אלהים 5 4f.; 8 7f. nichts anderes als eine Frühform des dtn. Gesetzes gemeint, vgl. auch die hier und noch stärker in 4 22 aufgenommene weisheitliche Begrifflichkeit, die an 8 8 erinnert. Jer 5 4f. macht erstens deutlich, daß die חכמים

konkreten sozialen Verhalten nicht mehr an die dtn. Gebote hält (5 5b); ja, ein Teil dieser Oberschicht, den er als Frevler brandmarkt, scheint sich nach dem Tode Josias um die dtn. Solidaritätsverpflichtungen überhaupt nicht mehr zu scheren (5 26-28). So ist in dieser Periode der Verkündigung Jeremias die religiöse Anklage nicht mehr wie in A auf die politische, sondern auf die soziale Anklage hin ausgerichtet.

In einer weiteren Gruppe von Stellen deckt Jeremia mit seiner religiösen Anklage den Widerspruch auf, der zwischen einem äußerlich legitimen religiösen Verhalten und einer falschen tatsächlichen Gesinnung besteht: Die Jerusalemer schwören zwar im Namen Jahwes, aber in betrügerischer Absicht (5 2); sie nehmen am Opfergottesdienst im Tempel teil, ohne ihr soziales Fehlverhalten zu ändern (6 20; vgl. 7 1-15). Jeremia wendet sich gegen die Priester und Propheten, die den sozialen Bruch der Gesellschaft kultisch und religiös übertünchen (6 13-14; 5 30f.). Der Vorwurf des Synkretismus spielt keine beherrschende Rolle mehr wie in A, der Jahwekult war ja durch die josianische Reform erst einmal gereinigt[72]. Der religiöse Vorwurf Jeremias in B kreist darum, daß diese Reform nicht tief genug ging, daß sie sich nicht im konkreten Gebotsgehorsam, in ehrlicher Gesinnung und in einem solidarischen Zusammenleben äußert.

Eine religiöse Anklage, die in A noch ganz fehlte, ist in B die Anklage wegen der Ablehnung der Gerichtsbotschaft Jeremias (5 12f.; 6 28; vgl. 6 10. 16f.). Die Jerusalemer lassen sich von seinen dramatischen Schilderungen des drohenden Unheils nicht warnen, das ist die bittere Erfahrung, die Jeremia in dieser Phase seiner Verkündigung machen muß (6 10). Dagegen scheint er mit seiner Verkündigung gegenüber dem Nordreich

---

und סופרים, die Träger der dtn. Reformbewegung, in der Jerusalemer Oberschicht zu suchen sind, wozu auch das Bild paßt, das die Quellen von der an der Reform besonders beteiligten Familie Schafan zeichnen (II Reg 22 7ff.; Jer 26 24; 36 12ff.; 40 5ff.), zweitens daß Jeremia sich – nach anfänglicher Sympathie – ein Stück weit von diesen frommen Aristokratenkreisen getrennt hat (gegen M. Weinfeld, 161), was aber nicht dazu führte, daß diese nicht weiter schützend ihre Hand über ihn hielten, vgl. Jer 26 24; 36 25; 40 5ff.

72 Wenn 2 28 wirklich ein Einschub Jeremias aus dieser Zeit ist, müßten wir allerdings damit rechnen, daß nach dem Tod Josias der Synkretismus in Juda wieder aufgelebt ist. Man könnte an die Kinderopfer im Ben-Hinnom-Tal denken (7 30ff.; 19 4ff.; 32 35) oder an den Kult für die Himmelskönigin (7 18; 44 15-19), die allerdings nur in dtr. Kontexten bezeugt sind. Die Anklage des Synkretismus gegen die »Tochter Israel« 18 13-15 erinnert dagegen so stark an die Verkündigung an das Nordreich (vgl. 2 32), daß sie wahrscheinlich der Frühzeitverkündigung zuzuweisen ist. Das Wort 18 13-15a wurde von den dtr. Redaktoren hierhergesetzt, weil für sie ja auch für Juda der Fremdgötterkult die eigentliche Sünde war.

gewisse Erfolge gehabt zu haben: Er sieht die reumütige Rückkehr der Nordisraeliten zu Jahwe unmittelbar bevorstehen (3 21–4 2). |

3.4 Klagen Jeremias und Klagen Gottes

Mit diesen bitteren Erfahrungen hängt es zusammen, daß in B erstmals Klagen Jeremias auftauchen. Sie sind einmal hervorgerufen durch das neue schreckliche Unheil, das er anzukündigen hat, und schon real in seinem Innern erleiden muß (4 19–21), zum anderen durch die Erfolglosigkeit seiner Verkündigung (6 10). In A fehlen solche Klagen des Propheten noch völlig. Stattdessen finden sich hier häufig Anklagen, die in Klagen Gottes übergehen (2 11. 13. 21b. 27aβb. 29f. 31f.; 3 19f.). In den späteren Phasen seiner Verkündigung sind solche Klagen Gottes sehr viel seltener (4 22; vgl. 8 7)[73], ihre Häufung in A erklärt sich dadurch, daß Jeremia die Nordreichbevölkerung zur Umkehr zu Jahwe bewegen will: Die Klagen des von seinem Volk verlassenen und betrogenen Gottes sollen bei seinen Hörern ein emotionales Potential mobilisieren, diesen Zustand der Trennung so schnell wie möglich zu beenden.

4. Schlußfolgerungen

Zwischen den Prophetenworten in 2 4–4 2 auf der einen und 4 3–6 30 auf der anderen Seite haben sich neben den differierenden Adressatenangaben so viele sachliche Unterschiede ergeben, daß es doch wohl berechtigt ist, die gemeinhin insgesamt der Frühzeitverkündigung zugeschriebenen Kapitel 2–6 auf zwei verschiedene Verkündigungsphasen Jeremias aufzuteilen. Noch dazu ließen sich die Unterschiede, die sich ergaben, recht gut aus der unterschiedlichen religiösen, politischen und sozialen Lage verständlich machen, in welcher sich die Bewohner des ehemaligen Nordreichs während der Zeit der josianischen Expansionspolitik auf der einen Seite, und die Judäer und Jerusalemer nach dem Tod Josias auf der anderen Seite befanden. Die sachlichen Differenzen hängen somit unmittelbar mit den verschiedenen Adressatenangaben zusammen. Damit ist meiner Meinung nach die oben aufgestellte Hypothese so weit verifiziert, daß

---

73 Z.B. 23 10f.; die Klage Gottes in 18 15 gehört wahrscheinlich der Frühzeitverkündigung an, s.o. A.71. |

sie bei der künftigen Jeremiaforschung ernsthaft in Erwägung gezogen werden sollte. Die Folgerungen, die sich aus ihr für das Verständnis der Prophetie Jeremias, der Geschichte der Prophetie und für die Geschichte Israels ergeben, kann ich hier nicht im einzelnen ausarbeiten, ich will mich nur auf einige zusammenfassende Bemerkungen beschränken.

Wenn meine Hypothese richtig ist, dann hat sich Jeremia in seiner Frühzeit (627–609) mit seiner Verkündigung zuerst an die Bewohner des ehemaligen Nordreichs gewandt. Das ist gar nicht so verwunderlich, wie es auf den ersten Blick erscheint. Jeremia war Benjaminit (1 1) und gehörte damit einer Stammesgruppierung an, die sich früher einmal zu den mittel-|palästinensischen Stämmen gezählt (Ps 80 3), dann aber beim Auseinanderfallen des davidisch-salomonischen Reiches Juda angeschlossen hatte (I Reg 12 21). Daß dennoch manche Beziehungen über die Jahrhunderte zu den Brüdern im Norden erhalten blieben, ist zu vermuten, ist hinsichtlich der religiösen Traditionen sogar bei Jeremia nachweisbar: Er greift wohl die besonders im Nordreich beheimatete Exodus- und Landnahmetradition auf, die Kulttraditionen Jerusalems sind ihm dagegen immer fremd geblieben. Neben den geistigen und alten verwandtschaftlichen Beziehungen sind die rein örtlichen zu nennen. Sein Heimatort Anatot lag im Grenzgebiet zum Nordreichterritorium, so konnte er von hier aus die dramatischen geschichtlichen Entwicklungen, die sich dort im ausgehenden 7. Jh. abzeichneten, das Zurückweichen der Assyrer aus ihren israelitischen Provinzen und die Expansionsbestrebungen Josias von Süden her aus nächster Nähe mitverfolgen.

Es ist darum nur gut zu verstehen, daß Jeremia von der brennenden Frage nach dem weiteren Schicksal der Brüder im Norden umgetrieben war und daß er, wahrscheinlich noch von Anatot aus, an sie – jedenfalls an die, die in seiner näheren Umgebung lebten und vielleicht sogar nach Anatot kamen – sein prophetisches Wort richtete. Es war ihm darum zu tun, in bewußter Aufnahme der Prophetie des letzten großen Nordreichpropheten Hosea, ihnen von Jahwe her die langanhaltenden Fehlentwicklungen ihrer Geschichte aufzudecken und sie zu einer grundsätzlichen Neuorientierung ihres politischen und religiösen Verhaltens zu gewinnen. Das bedeutete in religiöser Hinsicht eine Abkehr von der verbreiteten synkretistischen Jahweverehrung entsprechend den schärferen Kriterien der deuteronomischen Reformbewegung im Südreich (Dtn 6 4), und das hieß nach der Zerstörung des nationalen Nordreichheiligtums Bethel durch Josia für Jeremia wohl ganz konkret die religiöse Wiedervereinigung durch die Teilnahme der Nordreichbevölkerung am einzigen noch legitimen Jahwekult in Jerusalem (31 6). Insoweit hat Jeremia die Reformpolititik Josias aufgenommen und klar unterstützt. Wieweit er auch dessen politische Wiedervereinigungsbestrebungen aufgenommen hat, ist nicht mit Sicherheit zu erkennen. Er forderte wohl eine Abkehr von der verhängnisvollen Politik einer Anlehnung an fremde politische Mächte (2 35f.), doch das braucht nicht notwendig einen politischen Anschluß an Juda bedeuten. Ich möchte darum eher vermuten, daß sich Jeremia in dieser Hinsicht in einer gewissen Distanz zu den nationalen Hoffnungen auf ein Wiedererstehen des davidischen Großreiches befand (Jes 8 23b–9 6). Sicher ist, daß er gegen vorschnelle religiöse und nationale Einigungsbestrebungen seiner Zeit daran festgehalten hat, daß es eine neue Zukunft für das Nordreich nur dann geben kann, wenn seine Bevölkerung die schuldhaften Verstrickungen ihrer Geschichte einsieht. So verstanden, ist die Frühzeitverkündigung Jeremias nicht nur vor, sondern gerade während der Periode der josianischen Reform gut verständlich. Die Bezüge auf diese Reform, die man lange Zeit vermißte, sind vorhanden, man hat sie nur übersehen, weil man die Frühzeitverkündigung auf den falschen Adressaten bezog. Damit wird die schwierige Annahme einer Pause der Verkündigung Jeremias von 622–609 überflüssig. Diese Frühzeitverkündigung an das Nordreich Jeremias findet sich in Jer 2 4–4 2 (ohne 3 6–18) gesammelt, dazu noch in den authentischen Worten der Heilswortsammlung Jer 30f.

Erst in einer späteren Phase, wahrscheinlich erst nachdem Josia 609 in Megiddo gegen die Ägypter gefallen und die mit seiner Politik verbundenen national-religiösen Heilshoffnungen zerstoben waren (4 10), hat sich Jeremia mit seiner Verkündigung an seine Mitbürger in Juda und Jerusalem gewandt. Möglicherweise ist er dazu in die Hauptstadt übergesiedelt, wir treffen ihn jedenfalls in 5 1 in Jerusalem an. Jeremia nimmt die dramatischen Ereignisse des Jahres 609 zum Anlaß, den Judäern und Jerusalemern die furchtbare Gefahr vor Augen zu stellen, die nach seinen Visionen nun ihrem Staat von Norden her drohten. Eine parallele Unheilsverkündigung an das Nordreich läuft offenbar anfangs noch mit (5 15–17; 5 11?), doch die viel dramatischer gestalteten Feind-aus-dem-Norden-Ankündigungen gegen Jerusalem zeigen, daß Jeremia jetzt zunehmend von der Frage nach dem Schicksal des Südreiches gefangen genommen wird. Er rechnet zuerst noch damit, daß die drohende Gefahr durch eine Neubesinnung der Südreichbevölkerung abgewendet werden kann (4 3. 14; 5 1; 6 8), und hofft dabei besonders auf die Oberschicht als Träger der dtn. Reform (5 5f.), doch er muß einsehen, daß die religiöse Erneuerungsbewegung im Südreich nicht tief genug ging (8 7. 8), sondern schon kurz nach dem Tod Josias von Teilen der Oberschicht ein extrem unsoziales Verhalten vorexerziert wird (5 26–29), das allgemein Schule macht (6 13) und die Jerusalemer Gesellschaft heillos zerrüttet. Der gereinigte Jahwekult ändert überhaupt nichts daran (6 13f. 20; vgl. 7 1–15). So wird sich Jeremia des Verwerfungsurteils Jahwes über das Südreich gewiß (6 30). Diese Unheilsverkündigung an das Südreich, in ihrer ersten Phase von 609 bis wahrscheinlich 605, findet sich in Jer 4 3–6 30 gesammelt[74].

Durch diese Aufteilung von Jer 2–6 auf zwei Phasen löst sich wie von selbst das chronologische Problem, mit dem die Forschung bei der Auslegung dieser Kapitel gerungen hatte: Sie ermöglicht es, an dem überlieferten frühen Beginn der Verkündigung Jeremias im Jahr 627 festzuhalten, ohne für den Feind aus dem Norden einen legendären Skytheneinfall bemühen zu müssen, bzw. auf eine mythologische Deutung des Feindes auszuweichen. Mit dem Feind aus dem Norden meint Jeremia von Anfang an die Neubabylonier. Im Jahr 609 war für jeden, der mit wachen Augen die Geschichte des Vorderen Orients verfolgte, zu erkennen, daß die Neubabylonier sich anschickten, das Erbe der Assyrer auch im Westen anzutreten.

Es fragt sich nun noch, wie es möglich war, daß in der Überlieferung die prophetische Verkündigung Jeremias an ganz verschiedene Adressaten und aus ganz verschiedenen Phasen so eng zusammengestellt werden konnte, daß ihre Unterschiede bis heute kaum aufgefallen sind. Zur Beantwortung dieser Frage ist daran zu erinnern, daß nach dem Zeugnis der Prophetenerzählung Jer 36 Jeremia unter dem Eindruck der Schlacht von Karkemisch im Jahr 605, die die Vorherrschaft der Neubabylonier über

---

[74] In die gleiche Zeit gehört nach 26 1 die Vorlage zur Tempelrede 7 1–15; auch die authentischen Worte in 8 4–10 25 gehören z.T. noch in die gleiche Zeit, reichen aber teilweise schon bis in die Zeit vor der ersten Exilierung 598 hinab (z.B. 8 18–23; 10 17f. 19–21). Daß sie durch die dtr. Rede 7 1–8 3 von 4 3–6 30 getrennt werden konnten, läßt sich am besten verstehen, wenn man annimmt, daß in 8 4–10 25 eine gegenüber 4 3–6 30 eigenständige Sammlung vorliegt, die die dtr. Redaktoren an ihre Interpretation der jeremianischen Verkündigung 7 1–8 3 einfach anfügten. Dafür sprechen auch andere Indizien: die Doppelüberlieferung von 6 13–15 in 8 10aβ-12 und die stärkere kompositorische Einschmelzung der Prophetenworte. Die vielen Klageelemente in dieser Sammlung (8 14. 15. 18–23; 9 9. 16–21; 10 19–21) und die Volksklage am Schluß (10 23–25 mit Entsprechungen zu Ps 79 6f.) deuten darauf hin, daß es sich um eine Komposition von Jeremiaworten handelt, die für den exilischen Klagegottesdienst zusammengestellt worden ist. – Hinzu kommen noch einige Worte aus der Sammlung über die Könige (22 10. 13–19) und Propheten (23 9–12. 13–15). Diese Sammlungen beweisen übrigens, daß nicht alle Prophetenworte einer Epoche in der gleichen Sammlung stehen müssen. – Alle anderen Prophetenworte in Jer 11–25 gehören deutlich in eine spätere Zeit, meist wohl zwischen 600 und 598 (so etwa 12 7–13 oder die kleine Sammlung 13 15–27).

Syrien und Palästina einleitete, daran ging, seine frühere Verkündigung, und d.h. seine frühere Verkündigung an das Nord- und das Südreich (V.2), aufzuschreiben, um sie den Judäern und Jerusalemern geballt als ultimative letzte Warnung zu Gehör zu bringen. Das Unheil aus dem Norden, von dem Jeremia vier Jahre lang gesprochen hatte, bahnte sich ja jetzt für jeden unübersehbar an. Da unter den zahllosen Urrollen-Hypothesen immer noch die die wahrscheinlichste ist, daß die Urrolle den Grundstock für Jer 2–6 geliefert hat, geht auch die Zusammenfügung der beiden Sammlungsteile 2 4–4 2 und 4 3–6 30 und damit die Verbindung der so verschiedenen Verkündigungsphasen auf dieses Ereignis der Neuaktualisierung der Botschaft durch Jeremia selbst zurück. Dabei hat Jeremia seine frühere Nordreichverkündigung einer Umadressierung auf Juda unterzogen. Sie läßt sich möglicherweise noch in der redaktionellen Einleitung 2 2 greifen. Auch einige aktualisierende Zusätze zu seiner Frühzeitverkündigung gehen wohl darauf zurück (2 16. 18). Wahrscheinlich hat Jeremia den Judäern seine Verkündigung an die Brüder im Nordreich als Beispiel dafür vor Augen stellen wollen, daß Jahwe durchaus, auch nach einer langen Zeit des Gerichts, seinen Zorn abwenden kann, wenn es zu einer echten Umkehr, zu einer wirklichen Neuorientierung seines Volkes kommt. Sie bekam jetzt angesichts der zu erwartenden neubabylonischen Invasion nach Palästina die Funktion einer letzten, ultimativen Aufforderung[75]. |

So findet der komplizierte Überlieferungsbefund von Jer 2–6 eine einigermaßen schlüssige Erklärung.

Die gemeinhin der Frühzeit Jeremias zugewiesenen Kap 2–6 sind in zwei Teilsammlungen aufzuteilen: Nur die Teilsammlung 2 4–4 2 (ohne 3 6-18) gehört der Frühzeit Jeremias (627–609) an. Es handelt sich um Unheils- und Heilsprophetie an die Bewohner des ehemaligen Nordreichs, für die sich mit dem Zurückweichen der assyrischen Besatzungsmacht wieder die Chance einer religiösen und politischen Neuorientierung ergibt. 4 3–6 30 ist eine Sammlung von Unheilsworten gegen Juda aus der Zeit nach 609, wahrscheinlich bis zur Aufzeichnung der Urrolle 605/4. Mit dieser Aufteilung lösen sich eine Reihe terminologischer, sachlicher und chronologischer Probleme in Kap 2–6, z.B. wird die Annahme einer Pause in der Verkündigung Jeremias zur Zeit der josianischen Reform (622–609) überflüssig.

---

[75] Vgl. die Mahnung 4 3 »Brecht einen Neubruch, sät nicht auf Dornen aus!«, die zwar jetzt dtr. überarbeitet ist, mit der aber möglicherweise schon Jeremia selber von der Heilsverkündigung an das Nordreich zur Unheilsverkündigung an das Südreich übergeleitet hat. |

Das Deuterojesaja-Buch als Fortschreibung der Jesaja-Prophetie

In seiner »Einführung« hat R.Rendtorff klarer als manch' anderer das alte Dilemma wieder aufgedeckt, in dem sich die historisch-kritische Forschung zu Jes 40–55 noch immer befindet:

»Es ist heute fast allgemein anerkannt, daß die Kapitel 40ff. des Jesaja-Buches nicht von demselben Propheten herrühren können, von dem die Kapitel 1–39 handeln ... Aber wer ist der Verfasser dieser Kapitel? Nirgends wird ein Name genannt oder ein Hinweis auf eine *Person* gegeben. Es findet sich auch, im Unterschied zu allen selbständigen Prophetenbüchern, keine Überschrift, die den Namen und die Zeit der Wirksamkeit nennt. So ist die Bezeichnung ›Deuterojesaja‹ kaum mehr als eine Chiffre für den völlig im dunkeln bleibenden Autor der Kapitel 40–55.«[1]

Daß heißt, für die kritische Nachfrage, welche die Kapitel 40–55 des Jesaja-Buches als eine eigene literarische Einheit separierte und durch historische Situierung in die ausgehende Exilszeit in ihrem besonderen unverwechselbaren Aussageprofil verstehen lehrte, blieb es bis heute letztlich ein Rätsel, warum sie anonym und gerade als Teil der Überlieferung des Propheten Jesaja tradiert wurden. Wir tun weithin so, als sei die Gestalt »Deuterojesaja«, die wir hinter Jes 40–55 vermuten, eine der großen Propheten-Persönlichkeiten der israelitischen Geschichte, die wir auf eine Ebene mit Jeremia oder Ezechiel stellen könnten, ohne ernsthaft zu berücksichtigen, daß die biblische Überlieferung eine solche nicht kennt. Und wir tun weithin so, als sei »das Deuterojesaja-Buch« Jes 40–55 ein Prophetenbuch wie andere auch, ohne ernsthaft zu berücksichtigen, daß es uns als Teil der Überlieferung eines anderen Propheten tradiert worden ist. Doch setzen wir uns damit nicht – so verstehe ich Rendtorffs berechtigte Anfrage – über eine wesentliche Eigentümlichkeit *dieser* prophetischen Tradition eigenmächtig hinweg? Müssen wir uns nicht ernsthaft die Frage stellen, warum dieses Buch anonym und warum es als Teil des Jesaja-Buches überliefert worden ist? |

---

1 Einführung 205. |

R. Rendtorff ist dieser Frage selber schon ein Stück weit nachgegangen, indem er – auf der Linie des canonical criticism – die Komposition des Jesaja-Buches in seiner vorliegenden Endgestalt zum Thema gemacht hat[2]. Wenn er dabei nicht nur herausfand, daß die drei Teile des Jesaja-Buches – Jes 1–39, 40–55 und 56–66 – durch eine Fülle von Leitwort- und Motiv-Ketten zu einem sinnvollen komplementären Gesamtgefüge verbunden sind, sondern auch zu der Vermutung gelangte, daß gerade der anonyme Mittelteil »den Kern der jetzigen Komposition« ausgemacht habe, »von dem her und auf den hin die beiden anderen Teile gestaltet und redigiert worden sind,«[3] dann fordert dies geradezu dazu heraus, nun umgekehrt die historische und redaktionsgeschichtliche Frage zu stellen, wie und wann es dazu gekommen ist. Die vorliegende Untersuchung, mit der ich hoffe, ein Anliegen des Jubilars dankbar aufzunehmen, möchte ein – zugegeben begrenzter – Beitrag zur Beantwortung dieser Fragestellung sein.

1. Die Präsentation der Botschaft durch Jes 40,1–11

Ausgehen möchte ich von der Teilfrage, ab wann die kompositionellen Bezüge zwischen dem Deuterojesaja-Buch und irgendeiner Gestalt der Jesaja-Überlieferung hergestellt sein können. Sie wird in der Forschung kontrovers beantwortet. Während O.H. Steck, der sich in den letzten Jahren intensiv mit dem Problem der Redaktionsgeschichte des Jesaja-Buches beschäftigt hat[4], davon ausgeht, der Textkomplex Jes 40–55, ja sogar ausgeweitet bis in die älteren Schichten des »Tritojesaja-Buches« (Jes 60–62*) hinein, habe »beträchtliche Zeit als prophetische Überlieferung für sich bestanden neben anderen, auch neben Protojesaja«[5] und sei erst im Übergang von der persischen in die hellenistische Zeit mit letzterem

---

2 Komposition 295ff.; meinte er noch, eine »nicht zu den allgemein anerkannten Themen der alttestamentlichen Wissenschaft« gehörende Fragestellung anzusprechen, so wird sie inzwischen von verschiedener Seite angegangen, vgl. die Arbeiten von P.R. Ackroyd, R.E. Clements und M.A. Sweeney, Isaiah 1–4, mit einer Forschungsübersicht 1–9.
3 Komposition 318; seine These wurde von M.A. Sweeney, Isaiah 1–4 186f. weitgehend bestätigt.
4 Vgl. seine Arbeiten zu Jes 35; 56–59 und 60.
5 Heimkehr 90; vgl. die Übersicht 80.

zusammengefügt worden⁶, so hat B.S. Childs gegen | eine solche redaktionsgeschichtliche Sicht erhebliche Zweifel angemeldet: »In the light of the present shape of the book of Isaiah the question must be seriously raised if the material of Second Isaiah in fact ever circulated in Israel apart from its being connected to an earlier form of First Isaiah.«⁷ Seiner Vermutung nach läge der Zeitpunkt einer Verbindung zwischen Deutero- und Protojesaja nicht Jahrhunderte nach, sondern schon bei der Ausbildung der Deuterojesaja-Überlieferung.

Da über die Redaktionsgeschichte des Protojesaja-Buches, noch dazu über deren zeitlichen Rahmen heute wenig Sicheres auszumachen ist, läßt sich eine Klärung der Kontroverse nur vom Deuterojesaja-Buch selber aus gewinnen, das in seiner Ausformung Jes 40–55 spätestens in der frühnachexilischen Zeit im wesentlichen vorgelegen haben muß⁸. Und in diesem ist wiederum am ehesten Auskunft vom sog. Prolog Jes 40,1–11 zu erwarten, der nicht nur die Nahtstelle zur Jesaja-Überlieferung bildet, sondern anerkanntermaßen eine wichtige kompositionelle Funktion für das gesamte Deuterojesaja-Buch⁹ und damit für die Präsentation seiner Botschaft übernimmt.

Betrachtet man nun Jes 40,1–11 unter dem Aspekt der Bucheinleitung, so stößt man auf eine auffällige Beobachtung, die in der Forschung zwar als Not gespürt, aber in ihrer positiven Bedeutung noch nicht genügend

---

6 Diese Einschätzung hängt an der Datierung von Jes 35 und mit der Auffassung von Steck zusammen, daß Jes 40ff. erst über diese Kapitel redaktionell mit dem Protojesaja-Buch verklammert worden sind; möglich bleibt aber, daß Jes 35 erst als nachträgliche Klammer in das Jesaja-Deuterojesaja-Buch eingefügt wurde. |
7 Introduction 329.
8 Die mehrfachen Abschlüsse 48,20f.; 52,7–12 und 55,6–13* weisen auf ein sukzessives Wachstum des Deuterojesaja-Buches hin, wobei die beiden letzten mit Jerusalem beschäftigten Teile schon die Probleme der Rückwanderungen und der Wiederbesiedlung des Landes vor Augen haben (49,8–12; 49,16ff.; 54,1ff. u.ö.), wie sie nach 538 akut wurden. K. Kiesow, Exodustexte 165ff., versuchte in diesem Sinne erstmals eine exilische Grundschicht 40,3–5*; 40,12–48,20 von zwei frühnachexilischen Jerusalemer Redaktionsschichten (40,1f.9f.; 49,1–52,10 und 40,6–8; 52,13–55,13) literarkritisch zu trennen. Auch wenn über die Abgrenzung im einzelnen vielleicht noch nicht das letzte Wort gesprochen ist, hat er damit meiner Meinung nach grundsätzlich den richtigen Weg gewiesen; zu einer ähnlichen zeitlichen Ansetzung gelangte pauschaler auch schon J. Becker, Isaias 37f.
9 Vgl. die Rahmenbildung zu den Abschlüssen 40,3–5 > 48,20f.; 40,1f.9–11 > 52,7–10; 40,6–8 > 55,10–11 und C. Westermann, Sprache und Struktur 164–167; R.F. Melugin, Formation 82–87; T.N.D. Mettinger, Farewell 21–23; K. Kiesow, Exodustexte 159–165; ob Kiesows Beobachtungen allerdings ausreichen, 40,1–11 auf die drei Redaktionsstufen des Buches aufzuteilen, halte ich für fraglich. |

erkannt worden ist: Es fehlt nämlich nicht nur eine Buchüberschrift, die das ganze in einen biographischen und geschichtlichen Rahmen stellte, und es fehlen nicht nur jegliche Spuren, daß eine solche nachträglich – etwa bei der Zusammenfügung mit Protojesaja – getilgt sein sollte, sondern es fehlt überhaupt jegliche situative Einbindung des Textes. Der Leser wird vom Text mit einer Kaskade von Aufrufen (V. 1.2.3f.6.9) konfrontiert, ohne daß ihm klar mitgeteilt wird, | wer hier eigentlich zu wem und unter welchen Umständen geredet hat[10]. Auffällig sind dabei besonders die in V. 3 und 6 auftauchenden anonymen Stimmen, auf deren szenische Einbindung völlig verzichtet wird.

Die Schwierigkeiten, die die Auslegung an diesem Punkt hat[11], zwingen meiner Meinung nach zu der Einsicht, daß die programmatische Einleitung zum Deuterojesaja-Buch nicht voll aus sich selbst heraus verstanden werden kann. Viele Ausleger projizieren darum in sie die Szenerie des himmlischen Thronrates hinein, um den wechselnden Stimmen aus dem Umkreis Gottes eine situative Verankerung zu geben[12]. Aber von einer solchen Szenerie ist im Text nichts zu erkennen, jedenfalls nicht im Text von Jes 40.

---

10 40,1f. wird zwar als Gottesrede eingeführt, da aber V. 2 von Jhwh in der 3.Pers. die Rede ist, könnte es auch jemand anders sein, der die Gottesrede zitiert; eine solche Zitation ist eindeutig V. 3–5 gemeint, wo sich »ein Rufender« auf eine persönliche Aussage Jhwhs (פי יהוה) beruft. Angesprochen ist V. 1f. eine Gruppe (imp. plur., אלהיכם), die vom Volk unterschieden wird (Himmlische? Träger der Deuterojesaja-Tradition?), V. 3–5 eine unbenannte Vielzahl (imp. plur.; das Volk? Jhwhs himmlische Diener? vgl. Ps 103,20f.; 148,2). V. 6–8 tritt ein »Sprechender« mit einem unbenannten einzelnen in einen angedeuteten Dialog. Wenn man unter ersterem einen Himmlischen verstehen möchte, so ist es zumindest auffällig, daß dieser sich mit dem Angeredeten – wie auch der Rufende von V. 3–5 – Gott gegenüber zu einer Gruppe (אלהינו »unser Gott«; V. 3.8) zusammenschließt. V. 9–11 wird erstmals der Adressat eindeutig: Angesprochen ist Zion/Jerusalem (oder die Botenschaft für Zion?, so wieder K. Kiesow, Exodustexte 58f.); unbenannt bleibt dafür der Sprecher (Prophet bzw. Prophetengruppe?).

11 Vgl. schon die LXX, die aus den Angeredeten von V. 1f. »Priester« und den Sprecher von V. 3 zu einem »Rufer in der Wüste« macht (vgl. Mt 3,5; Joh 1,23); dazu nur die Diskussion bei B. Duhm, Jesaja 289–292; P. Volz, Jesaja 1–6; C. Westermann, Jesaja 30–41; K. Elliger, Deuterojesaja 12–37; J.M. Vincent, Studien 197–251; K. Kiesow, Exodustexte 23–66; O. Loretz, Gattung 215–220.

12 So bis auf Vincent, der hinter V. 3–8 den Niederschlag eines kultischen Geschehens sieht (Studien 336ff.), die meisten neueren Ausleger seit P. Volz mit Verweis auf Jes 6; 1.Kön 22 und Sacharja (vgl. F.M. Cross, Council 274ff.; O. Loretz, Prolog 284f.); zurückhaltend C. Westermann, Jesaja 44; doch wenn er formuliert, »absichtlich wird nicht gesagt, wessen Stimme hier ruft«, dann versucht er, aus der Interpretationsnot eine Tugend zu machen.

Nun ist schon häufiger darauf aufmerksam gemacht worden, daß es Anklänge zwischen Jes 40,1–11 und der Jesaja-Vision Jes 6 gibt[13]; doch hat man sie meist nur für die Frage ausgewertet, ob Jes 40 als Berufungsbericht anzusprechen ist. Dies war aber eine ins Abseits führende Perspektive; weder in Jes 6[14] noch in Jes 40 geht es um Berufung. Viel wichtiger ist, daß Jes 6 die Leerstellen der Szenerie von Jes 40 ausfüllt: Dort sind es im Thronrat Jhwhs die Serafim, die rufen: Sie rufen sich (קרא) gegenseitig das Trishagion zu (V. 3). Von der Stimme des Rufenden (מקול הקורא) erbeben die Zapfen der Tempeltore (V. 4), und Jesaja hört die Stimme Adonajs im Thronrat sprechen (קול אדני אמר; V. 8). Die Parallelen von Jes 40 gehen bis in die Formulierung hinein: V. 3 ist von der »Stimme eines Rufenden« (קול קורא)[15] par. Jes 6,4 (vgl. V. 3), V. 6 von »der Stimme eines Sprechenden« (קול אמר) par. Jes 6,8) die Rede. Hinzu kommen noch zwei weitere thematische Entsprechungen: Ging es Jes 6,3f. im Rufen der Serafim um den Preis Gottes, dessen Herrlichkeit (כבוד) die ganze Erde füllt, so geht es im Rufen der ersten Stimme Jes 40,3–5 um die Ankündigung der Epiphanie Gottes, der seine Herrlichkeit (כבוד) allem Fleisch offenbaren werde. Und war es Gott bei seinem Reden Jes 6,8 um die Ausrichtung seiner Gerichtsbotschaft gegangen, so zielt auch das Reden der zweiten Stimme Jes 40,6–8 auf die Verkündigung der göttlichen Heilsbotschaft (דבר אלהינו V. 8)[16].

Diese Parallelen können kaum zufällig sein. Auch wenn Jes 40,1–11 weithin seine eigene Sprache spricht[17] und der Text im Unterschied zu Jes 6 keine ursprüngliche Einheit, sondern ein erst kompositorisch zusammengefügtes Gebilde ist[18], so sind diese Bezüge der Einleitung des

---

13 So, abgesehen von den pauschalen Verweisen, detaillierter von K. Kiesow, Exodustexte 66; O. Loretz, Gattung 220, verbunden mit der These einer nachträglichen redaktionellen Angleichung an eine Prophetenbeauftragung.

14 So mit Recht O.H. Steck, Jesaja 6 203f./167.

15 So mit den Versionen und der Akzentsetzung von MT V. 3aα (nicht so eindeutig V. 6aα), vgl. auch Jes 52,8; auch die Parallele zu Jes 6,4 empfiehlt es, die Wendung als constructus-Verhältnis und nicht als zweigliedrigen Nominalsatz (so K. Elliger; C. Westermann z.St. u.a.) aufzufassen; vgl. K. Kiesow, Exodustexte 43; möglich ist auch eine Interpretation als Injektion und appositionellem Genitiv: »Horch, ein Rufender/Sprechender«; vgl. KBL³, 1015a.

16 S. unten S. 245.

17 S. unten S. 246.

18 Dies ergibt sich schon aus den unterschiedlichen Adressaten 40,1f.3–5.6–8.9–11; hier scheint mir die Berechtigung der Versuche von K. Kiesow, Exodustexte 27ff., und O. Loretz, Prolog 287ff.; ders., Gattung 215ff., zu liegen, ältere literarische Vorstufen von 40,1–11 zu rekonstruieren, auch wenn ihre Ergebnisse wegen mangelnder hand-

Deuterojesaja-Buches offensichtlich bewußt hergestellt worden, um beim Kenner des Jesaja-Buches die Erinnerung an Jes 6 wachzurufen. | Nicht nur wird die Kenntnis dieses Kapitels in der Jes 40 nur angedeuteten Szenerie vorausgesetzt, sondern es werden auch die dort gemachten theologischen Aussagen z.T. prolongiert, z.T. kontrastierend fortgeschrieben. Von daher bekommen die Rückbezüge, die R. Rendtorff zwischen Jes 40 und Jes 1 aufgewiesen hat[19], erhöhtes Gewicht. Der Einleitungsteil des Deuterojesaja-Buches will an zwei zentrale Kapitel des Protojesaja-Buches anknüpfen.

Versucht man einmal, Jes 40,1–11 auf dem Hintergrund von Jes 1 und 6 zu lesen, dann werden in der Tat die theologischen Konturen dieses Einleitungsteils erheblich schärfer:

Jes 1 hatte Gott die Sünde (חטא; עון V. 4) seines Volkes bzw. Zions (V. 21f.) beklagt, und Jes 6 hatte er im himmlischen Thronrat sein unabwendbares Gericht über es beschlossen. Auf Nachfrage Jesajas hin hatte er die Zeit dieses Gerichts bis zur völligen Verwüstung und Entvölkerung des Landes festgesetzt. Nachdem diese Gerichtsprophetie Jesajas mit der Exilierung Israels eingetroffen war, will Jes 40,1ff. seine Leser wieder in den himmlischen Thronrat versetzen. Sie sollen V. 1f. eine neue Entscheidung erfahren, die Gott über sein Volk bzw. seine Stadt gefällt hat: Ihre Sünde und ihre Schuld (עון; חטאת V. 2) sind nun abgetragen, ja, doppelt vergolten, die Zeit des Gerichts ist vorbei. Gott ruft im Thronrat impulsiv dazu auf, sein geschlagenes Volk zu trösten (V. 1).

Jes 6 hatten die Serafim die weltumspannende Herrlichkeit (כבוד) Jhwhs gefeiert (V. 3), und Jesaja war angesichts dieser andringenden Majestät des Gottkönigs schlagartig seine und seines Volkes Unreinheit und Sündigkeit zu Bewußtsein gekommen (טמא; עון; חטאת V. 5). In Jes 40,3–

---

fester literarkritischer Kriterien fragwürdig bleiben. Wir müssen damit rechnen, daß die Elemente ehemals eigenständiger Einheiten, die in 40,1–11 verwandt wurden, beim Kompositionsvorgang stillschweigend abgewandelt wurden. Mit der Einsicht in den kompositionellen Charakter von 40,1–11 erübrigt es sich, nach einer Gattung für den Text zu suchen; es liegt eindeutig kein Berufungsbericht vor, und auch die Gattung »Heroldinstruktion« (Loretz u.a.) trifft höchstens für 40,9–11 zu. |

19 Komposition 298; neben dieser thematischen Entsprechung stehen auch einige Gemeinsamkeiten hinsichtlich der Zitationsformeln, vgl. יאמר יהוה 1,11.18 mit אמר 40,21) יאמר יהוה; 40,25 יאמר קדוש) und כי פי יהוה דבר 1,20 mit אלהיכם 40,1 40,5bβ. Allerdings ist die zeitliche Priorität dieser unter dtr. Vorstellungen vollzogenen Zusammenfassung der jesajanischen Botschaft nicht über alle Zweifel erhaben, vgl. jetzt M.A. Sweeney, Isaiah 1–4 186; für die Komposition 1,2–20 (vgl. Rahmen V. 2.20) läßt sich meiner Meinung nach aber durchaus ein exilisches Datum wahrscheinlich machen.

5 ruft nun ein Himmlischer dazu auf, alle Vorbereitungen zu treffen, damit sich die Herrlichkeit Jhwhs (כבוד יהוה) für alle Sterblichen sichtbar offenbaren kann. Was Jes 6 nur im himmlischen Gottesdienst Realität war, soll nun geschichtliche Realität werden. Der Gottkönig wird seine ganze Majestät für sein geschlagenes Volk[20] und gegen die selbstherrliche Weltmacht einsetzen. |

In Jes 6,8ff. ging es im Thronrat darum, einen Boten zu finden, der die Gerichtsbotschaft Gottes ausrichtet, und damals hatte sich Jesaja gemeldet. Und so ruft auch V. 6aα ein Himmlischer zur Ausrichtung des neuen heilvollen Beschlusses auf.

> Der Fortgang des Textes V. 6aβ ist textlich[21] und im Verständnis unsicher, weswegen er auch schon früh glossiert worden ist (V. 7b). Häufig versteht man V. 6aβ.7 als Einwand des Propheten und V. 8 als Entgegnung des Himmlischen. Doch wäre der Wortwechsel nicht markiert, und der Verweis auf das Schema des Berufungsberichts entbehrt der Stringenz, weil in Jes 6 gerade *kein* Berufungsbericht vorliegt und ein Einwand des Propheten gerade fehlt[22]. Folgt man der lectio difficilior des MT (ואמר מה אקרא: »und wenn jemand sagt: Was soll ich predigen«), dann bleibt das fragende ›Ich‹ zudem in der Schwebe und ist nicht auf eine bestimmte Einzelperson festzulegen[23].

Und wie Jes 6,11 Jesaja, so fragt Jes 40,6aβ eine menschliche Stimme spezifizierend nach, allerdings nicht nach der Dauer, sondern nach dem Inhalt der Verkündigung. Wenn nun aber dieser Inhalt eigenartigerweise als der Gegensatz von der Vergänglichkeit allen Fleisches und der dauerhaften Durchsetzungskraft des Gotteswortes beschrieben wird (V. 6b-8), dann ist auch dies aus dem Rückbezug auf die Prophetie Jesajas zu erklären. Sein göttliches Gerichtswort hatte sich gegen alle scheinbar noch so starken irdischen Mächte durchgesetzt[24]. Und so würde sich auch das neue, im Thronrat verkündete göttliche Heilswort gegen alle irdischen

---

20 Zu dem die Flüchtlinge anderer Völker hinzugerufen wurden, die wie Israel Opfer der Weltmacht gewesen waren (Jes 45,20–25). |
21 V. 6aβ überliefert MT eine 3.pers.perf. (ואמר), LXX, Vulgata und wahrscheinlich auch 1QIs^a eine 1.pers.impf.cons. (ואומרה); V. 7b.8a fehlen in LXX und 1QIs^a (am Rand nachgetragen, Homoioteleuton?).
22 Vgl. Jes 6,8b; 6,5 ist kein Einwand gegen eine Beauftragung, sondern ein Erschrecken des Propheten angesichts der andringenden Majestät Gottes.
23 Vgl. D. Michel, Deuterojesaja 521; für seine Ansicht, in »Deuterojesaja« keine Einzelpersönlichkeit, sondern eine »Prophetenschule« zu sehen, spricht neben vielem anderen die pluralische Anrede 40,1f.
24 Zu קום vgl. Jes 7,7; 8,10; 14,24; 28,18; 46,10. Die politischen Mächte bzw. ihre strategischen Bündnisse werden, so hatte Jesaja verkündet, keinen Bestand haben (7,7; 28,18); und die Assurredaktion hatte den Plänen und Worten der Völker,

Widerstände[25] durchsetzen. In Jes 40,6b–8 ist somit auf einen Nenner gebracht, was die Verkündigung Jesajas und Deute|rojesajas über die von Kap. 40,1ff. markierte Zeitenwende hinweg verbindet.

Der positive Inhalt der Botschaft, mit dem das Deuterojesaja-Buch über die Verkündigung Jesajas hinausgehen will, wird erst im Anschluß daran, in V. 9–11, entfaltet. Darum fehlen hier die Bezüge zu Jes 6. Doch auch dieses neue Wort von der triumphalen Rückkehr Jhwhs zum Zion steht insofern in einer gewissen Kontinuität zur Jesajaprophetie, als gerade dieser Prophet wie kein anderer – trotz der Gerichtsbotschaft, zu der er sich gezwungen wußte – nie die Hoffnung auf eine neue Zuwendung Jhwhs zum Zion aufgegeben hat (Jes 1,26; 8,17f.; 28,16.17a).

Wenn aber die programmatische Einleitung des Deuterojesaja-Buches in dieser Weise auf zentrale Texte des Protojesaja-Buches ausgerichtet ist, dann hat die Vermutung von B.S.Childs, daß es von vornherein – spätestens auf der Stufe der Komposition von Jes 40–55 – als dessen Fortsetzung konzipiert worden ist, viel an Wahrscheinlichkeit gewonnen.

2. Terminologische und inhaltliche Anknüpfungspunkte

Die Bezüge zur Jesaja-Prophetie bleiben nun aber nicht auf der redaktionellen Ebene, sondern reichen bis in den Inhalt der Deuterojesaja-Botschaft hin.

Da ist zuerst – wie häufig vermerkt – die Aufnahme der für Protojesaja charakteristischen Jhwh-Prädikation »der Heilige Israels« (קדוש ישראל), die das ganze Deuterojesaja-Buch durchzieht[26]. Sie wird hier aber charakteristisch abgewandelt: Bezeichnete sie bei Jesaja Jhwh in seiner distanzierenden Majestät, dessen Ansprüchen Israel nicht gerecht wird, so steht sie bei Deuterojesaja häufig mit der Prädikation »dein (unser) Erlö-

---

die nicht zustandekommen (8,10), den Bestand des Planes Jhwhs gegenübergestellt (14,24); neben 40,8 wird dies in 46,10 aufgegriffen.

25 Daß mit der Gras-Metapher nicht auf die allgemeine Sterblichkeit im Sinne der Vergänglichkeitsklage angespielt werden soll (so Westermann, Jesaja 37), sondern speziell auf die Nichtigkeit der prahlenden politischen Mächte (so B. Duhm, Jesaja 292; K. Elliger, Deuterojesaja 24f.), läßt die Nachinterpretation Jes 51,12 erkennen, vgl. 37,27; Ps 129,6. Die Glosse 40,7b trifft somit nicht den ursprünglich gemeinten Sinn. |

26 Vgl. Jes 1,4; 5,19.24; [10,20; 12,6; 17,7; 29,19]; 30,11.12.15; 31,1; 37,23; 41,14.16.20; 43,3.14; 45,11; 47,4; 48,17; 49,7; 55,5.

ser« (גאלך/נו) parallel und bezeichnet somit den Gott, der sich in seiner ganzen Majestät dem zerschlagenen Volk zuwendet und seine Macht für dessen Rettung einsetzt[27]. Eine ähnliche Abwandlung hatten wir ja schon bei der Verwendung des כבוד-Begriffs feststellen können[28], der noch an weiteren Stellen des Buches eine Rolle spielt[29].

Wichtiger jedoch noch und in das Herz der deuterojesajanischen Botschaft hineinreichend ist das Aufgreifen der Vorstellung von einem göttlichen Geschichtsplan (עצה)[30]. Schon Jesaja hatte von einem Plan oder Werk Jhwhs gesprochen, der von jedem, der mit aufmerksamem Verstande die Geschichte verfolgte, begriffen werden konnte, aber von seinen Zeitgenossen mißachtet und beiseitegeschoben wurde (Jes 5,12.18; 28,1; 30,1). Sie, die meinten, mit ihren eigenen strategischen Planungen den Geschichtsverlauf in ihrem Sinne lenken zu können (30,1), verspotteten den Propheten mit seinen dauernden Reden von einem göttlichen Plan (5,18), weswegen ihnen Jesaja ankündigte, daß Gott sich in seinem Plan ihrem politischen Kalkül entziehen (29,14), ihre militärischen Planungen vereiteln (30,1f.; vgl. 19,3) und in völligem Desaster enden lassen werde (31,2f.). Das Reden vom Plan bzw. Werk Gottes war für Jesaja somit gegen diese gottvergessene, eigenmächtig und stolz betriebene menschliche Militär- und Machtpolitik seiner Zeit gerichtet gewesen.

Nun war die Geschichte nicht ganz so verlaufen, wie Jesaja angekündigt hatte; Jerusalem blieb bei der assyrischen Strafaktion 701 wie durch ein Wunder noch einmal verschont, Juda wurde nicht ganz vernichtet, sondern nur erneut Vasall des assyrischen Weltreiches. Als nun dieses Reich ab der Mitte des 7. Jh. Schwächen zeigte und unter dem Druck der neu aufziehenden babylonischen Weltmacht zusammensank, da erhielt die Jesaja-Prophetie eine erste heilsprophetische Fortschreibung. Die Gruppe, der H. Barth die sogenannte »Assurredaktion« zugeschrieben hat, dachte angesichts der sich abzeichnenden weltpolitischen Wende erneut über den Geschichtsplan Gottes nach und bezog den spektakulären Zusammenbruch des assyrischen Reichs in sie ein[31]. Der göttliche Geschichtsplan, von dem schon Jesaja gesagt hatte, so erkannte sie, hatte nicht nur das unsolidarische Nordreich zerstört und Juda gedemütigt,

---

27 Vgl. R. Rendtorff, Komposition 310–312.
28 S. oben 244ff.
29 Vgl. Jes 42,8.12; 43,7; 48,11. |
30 Jes 40,13; 44,26; 46,10.11; vgl. 47,13. Eigenartiger Weise wird dieser klare terminologische und sachliche Bezug von R.E. Clements, Beyond 101ff. übersehen; die Bezüge, die er aufführt, sind weit weniger spezifisch.
31 Assurredaktion, vgl. bes. 266–269. |

sondern bezog nun auch das selbstherrliche Assur in die Zerstörung ein (9,7–20; 5,25–30; 10,5–19; 14,6–21). Jetzt, aus dem Abstand, fügten sich die anfangs unverständlichen Einzelaktionen Gottes zu einem klaren rational einsichtigen Gesamtplan zusammen (29,23–29): Jhwh hatte grundsätzlich menschliches militärpolitisches Planen, menschliche Eigenmächtigkeit und menschliche Hybris zu Fall gebracht, nicht nur des eigenen Volkes, sondern auch der anderen Völker (8,10) und sogar der Weltmacht Assyrien, derer er sich zuvor noch als Werkzeug bedient hatte (10,5ff). Der Plan Jhwhs, so erkannte die Gruppe, zielte auf die Vernichtung jeglicher menschlicher Hybris zur Rettung seiner Stadt und seines Volkes (30,27–33; 31,5.8b–9).

Aber auch diese heilvolle Fortschreibung des göttlichen Geschichtsplans war nicht ganz aufgegangen; erst einmal hatte sich das Gericht Jhwhs über Juda und Jerusalem realisiert, wie es Jesaja angekündigt hatte; die Hoffnungen auf eine Rettung Zions blieben ein noch uneingelöstes Angeld auf die Zukunft.

Die wechselvolle Geschichte eines Redens und Nachdenkens über den göttlichen Geschichtsplan in der Tradition der Jesaja-Prophetie muß nun aber auch in der Botschaft des Deuterojesaja-Buches mitgehört werden. Wenn gleich am Anfang des Buches Jhwh bestreitend als der überlegene Lenker der Weltgeschichte präsentiert wird (40,12–17), dann stellt es sich mit seiner Botschaft voll in diese Tradition hinein. Souverän bestimmt er den »Pfad des Rechts« (ארח משפט) und den »Weg der Einsicht« (דרך תבונה), d.h. den Lauf der Weltgeschichte nach moralisch und rational einsichtigen Kriterien, ohne daß irgend jemand ihm raten oder ihn belehren könnte (40,13f.). Menschliche Machthaber macht er zunichte (40,22), deren Omenexperten und Weisen narrt er (44,25), doch den Geschichtsplan, den seine Propheten ankündigen, läßt er in Erfüllung gehen (44,26). Sowohl in der Verbindung von göttlichem Geschichtsplan und prophetischer Verkündigung als auch in der polemischen Ausrichtung gegen menschliche politische Eigenmächtigkeit entspricht dies ganz dem Reden vom Geschichtsplan Gottes in der Jesaja-Tradition.

Es ist nun die aus dem Jesaja-Buch erkennbare Kontinuität des göttlichen Geschichtshandelns, auf die die Verfasser des Deuterojesaja-Buches zurückgriffen, um Vertrauen für ihre verwegene These zu schaffen, daß auch der sich abzeichnende weltpolitische Umsturz ihrer exilischen Gegenwart Teil des Geschichtsplans Jhwhs zur Rettung seines Volkes ist. Am deutlichsten wird dies aus der Bestreitung Jes 46,5.9–13 erkennbar[32]:

---

32 Die Götzenpolemik V. 6–8 bildet einen deutlichen Einschub; V. 5 ist gegen C. We-

Hier lassen sie Jhwh sich vor ihren verzagten[33] Mitbürgern als den Gott präsentieren, der seinem Plan Bestand verleiht (תקום) und seinen Willen (חפץ) ausführt (V. 10b)[34]. Dies geschah in der Vergangenheit dadurch, daß Jhwh zukünftige Ereignisse ankündigte (V. 10a), die dann folgerichtig eintrafen. Darum sollen sich die Israeliten an ihre frühere Geschichte erinnern (V. 9). Was aber in der Vergangenheit galt, so versuchen die Tradenten ihren Mitbürgern plausibel zu machen, das muß auch für die eigene Gegenwart und Zukunft gelten. Jhwh beruft den Perserkönig Kyros, um seinen Geschichtsplan auszuführen (V. 11a), er kündigt seinen Siegeszug jetzt an, um ihn schon bald eintreffen zu lassen (V. 11b). Sie können darum darauf vertrauen, daß ihre | Rettung nicht verzieht, sondern schon in naher Zukunft Realität werden wird (V. 13). An dieser planvollen Geschichtsmächtigkeit läßt sich nach Ansicht der Deuterojesaja-Tradenten die unvergleichliche, alleinige Göttlichkeit Jhwhs erkennen (V. 5.9b).

Wie Jes 46,10 belegt, gehört das Reden vom Plan bzw. Willen Jhwhs unmittelbar mit der im Deuterojesaja-Buch weit verstreuten Motivkette vom »Früheren« bzw. »Alten« (ראשון, ‎[קדמן]ות‎) und »Zukünftigen« bzw. »Kommenden« (האתיות, הבאות, אחרית) zusammen[35]. Daß Jhwh in Vergangenheit[36] und Gegenwart[37] das Zukünftige ankündigen konnte, ja, daß er als der Erste und Letzte den ganzen Geschichtsverlauf bestimmend umfaßt[38], ist für die Tradenten des Deuterojesaja-Buches das entscheidende Argument, mit dem sie gegenüber den scheinbar geschichtsbestimmenden mächtigen Völkern und ihren Göttern[39] und gegenüber der Kritik aus den eigenen Reihen[40] die alleinige Geschichtsmächtigkeit und Göttlichkeit Jhwhs erweisen. Es handelt sich somit um ein Herzstück der deuterojesajanischen Botschaft.

Im Unterschied zum Reden vom Plan Gottes scheint es sich hierbei um eine terminologische Neuprägung der Deuterojesaja-Tradenten zu handeln, die kaum Anhalt im Protojesaja-Buch hat[41]. Allerdings begegnet eine ähnliche Formulierung in Jes 37,26 in-

---

stermann, Jesaja 148 zu V. 9–13 hinzuzunehmen.
33 Lies statt אבירי mit LXX אבדי.
34 Vgl. Jes 44,28; 48,14. |
35 Vgl. Jes 41,4.22f.26f.; 42,9; 43,9.12.18; 44,6f.; 45,21; 46,9.10; 48,3.5.7f.12.15.
36 So Jes 41,22aβ (zum Text vgl. A. Schoors, Saviour 215); 42,9a; 43,9aγ.12; 44,7; 45,21; 46,10; 48,3.5.
37 So Jes 42,22bf.; 41,26f.; 42,9b; 43,9aβ; 44,7; 48,7f.15; vgl. 42,23.
38 So Jes 41,4; 44,6; 48,12.
39 Vgl. Jes 41,4.22f.26f.; 43,9; 44,6f.; 45,21.
40 Vgl. Jes 42,9; 43,12; 46,9f.; 48,3.12.15.
41 Terminologische Anklänge finden sich höchstens Jes 1,26; 8,23; 30,8.

nerhalb einer Ergänzung zur Jesaja-Hiskia-Erzählung. Hier wird die stolze Weltmacht Assyrien mit dem Argument konfrontiert:

> Jes 37,26 Hast du es nicht gehört?
> Vor langer Zeit habe ich es gewirkt,
> vor Urzeiten (מימי קדם) habe ich es gebildet,
> und jetzt habe ich es kommen lassen (הבאתיה).

Und gemeint ist im Kontext ihr von Jhwh schon längst vorbestimmter Siegeszug. Dies erinnert sachlich und sprachlich stark an Deuterojesaja, besonders an Jes 40,21; 45,21; 46,10; 48,3, und dies ist für E. Würthwein schon Grund genug, V. 26aβb einfach zu streichen[42]. Doch der Versteil unterbricht mitnichten den Zusammenhang, und H. Wildberger hat mit Recht herausgestellt, daß sich die Formulierung insofern von Deuterojesaja unterscheidet, als hier von einem Vor|ausschaffen bzw. –bilden (עשה, יצר) des Zukünftigen, nicht wie dort von einem Vorhersagen (נגד hi.) die Rede ist[43]. So ist eine Abhängigkeit von Deuterojesaja ziemlich unwahrscheinlich. Eher kann man vermuten, daß die Ergänzungsschicht der nach Chr. Hardmeier spät-vorexilischen Hiskia-Jesaja-Erzählung, die auch Bezüge zu Ezechiel aufweist (vgl. zu V. 29 Ez 19,4), ebenfalls aus der exilischen Zeit stammt und parallel zu Deuterojesaja zu einer vergleichbaren Ausformulierung des jesajanischen Theologumenons vom Geschichtsplan Jhwhs durchgestoßen ist[44].

Es ist in der Forschung breit diskutiert worden, was mit dem »Früheren«, dessen vorausgesagtes Eintreffen im Deuterojesaja-Buch als Argumentationsbasis für Jhwhs zukünftiges Heilswerk an Israel verwandt wird, konkret gemeint sei. Es wird in den Texten einmal mit dem Exodus gleichgesetzt (Jes 43,18f.), doch kann dieser in den übrigen Texten kaum gemeint sein[45]. In einem isoliert interpretierten Deuterojesaja-Buch bleibt der realgeschichtliche Bezug vollständig in der Schwebe, und die Behauptung, das eingetroffene »Frühere« sei auf frühere Siege des Kyros zu beziehen[46], ist nicht erweisbar[47] und die Annahme, daß ent-

---

42 Könige 426; O. Kaiser, Jesaja 314, meint, der Vers bewege sich im »Sprachfeld« Deuterojesajas. |
43 Jesaja 1433.
44 Polemik 183ff.; s. unten S. 251ff.
45 Es fehlt hier nämlich gerade das Motiv der Ankündigung; außerdem wird genau konträr zu 46,9 dazu aufgefordert, sich nicht mehr an das Frühere zu erinnern, damit nicht der Blick für Jhwhs ganz neues Heilshandeln (43,19) verstellt wird.
46 So C.R. North, ›Former Things‹ 120ff. im Anschluß an J. Fischer und J. Skinner; North denkt insbesondere an die frühen Triumphe bis zum Sieg in Sardes 547/6.
47 Wohl lassen sich Jes 41,1–5 auf diese Ereignisse beziehen, wie North es tut, doch werden sie in diesem Text gerade nicht mit »dem Früheren« gleichgesetzt, und in Jes 41,21–29 gehört die »Erweckung des Kyros« – ohne jede Periodisierung seines Auftretens – gerade zum »Künftigen« (V. 23.25–27). Auch ist sich North bewußt,

sprechende Orakel verlorengegangen seien[48], eine Verlegenheitsauskunft. Ist jedoch das Deuterojesaja-Buch von vornherein als Fortsetzung des Jesaja-Buches gedacht, dann sind diese Rückverweise völlig eindeutig: Gemeint ist das frühere Funktionieren des Geschichtsplans Gottes, wie es das Jesaja-Buch in der Assur-Redaktion bezeugt: die Realisierung der jesajanischen Gerichtsverkündigung über Juda und Jerusalem (Jes 1,4–8; 6,1–12; 22; 30,12–14 u.ö.) und – vielleicht für exilische Heilshoffnung noch wichtiger – die Realisierung der in der Nachfolge Jesajas ausformulierten Gerichtsverkündigung über das assy|rische Weltreich (10,5–19; 14,6–21.24–27 u.ö.)[49]. Gleich zweimal hatte sich in dem voraufgehenden Jahrhundert der Geschichtsplan Jhwhs gegen noch so mächtige Widerstände realisiert; das war in der Tat eine überzeugende Basis, von der man die Geschichtsmächtigkeit und alleinige Göttlichkeit des israelitischen Gottes Jhwh erweisen und auf die man die Hoffnung auf den baldigen Sturz der Weltmacht Babylon zur Befreiung Israels gründen konnte.

3. Kontinuität und Diskontinuität der Überlieferungsträger

Wenn aber die Bezüge bis tief in die theologische Argumentation des Jesaja-Buches hineinreichen, dann gehen sie nicht erst auf das literarische Stadium der Komposition zurück, sondern leiten sich aus dem geschichtlichen Umstand her, daß die Verfasser des Deuterojesaja-Buches ihr theologisches Denken nicht zuletzt an der literarischen Hinterlassenschaft dieses Propheten geschult haben. Wenn wir uns vorstellen, daß die Trägergruppe, die hinter diesem Buch steht, in ihrem intensiven Studium der Jesaja-Prophetie und im Nachsinnen über den darin erkennbaren Geschichtsplan Jhwhs zu der entscheidenden und sie elektrisierenden »Offenbarung« kam, daß Jhwh in den Siegeszügen des Perserkönigs Kyros seinen Plan zur letztendlichen Rettung seines Volkes erneut in Gang setzte, dann wird sofort verständlich, warum sie von vornherein ihre Botschaft als Fortschreibung der Jesaja-Prophetie begriff und konzipierte und

---

daß seine zeitgeschichtliche Ausdeutung höchstens für einen kleinen Teil der Belege (Jes 41,22; 42,9; 48,3) geltend gemacht werden kann.
48 So z.B. J. Skinner, Isaiah XX; vgl. die Kritik B.S. Childs, Introduction 329. |
49 Dieser wichtige Aspekt ist, soweit ich sehe, bisher ganz übersehen worden; vgl. J. Becker, Isaias 37f.; C. Westermann, Jesaja 76; B.S. Childs, Introduction 328f; R.E. Clements, Beyond 106.

warum sie selber anonym blieb: Sie wollte gar nicht ihr eigenes Wort verkünden, sondern die Prophetie Jesajas in dem weltpolitischen Umbruch ihrer Zeit neu zu Gehör bringen.

Damit stoßen wir auf die alte Frage, ob es so etwas wie eine »Jesajaschule« gegeben hat, die über die Jahrhunderte hin die literarische Hinterlassenschaft des Propheten pflegte und weiter fortschrieb[50]. Es gibt gewichtige Gründe, die gegen eine bruchlose Traditionslinie sprechen: Der Prophet des 8. Jh., die Assur-Redaktion des 7. Jh. und die Verfasser des Deuterojesaja-Buches sprechen trotz mancher Überschneidungen eine deutlich unterscheidbare Sprache. Dies gilt insbesondere für letztere: Das charakteristische Sprachmerkmal des Deuterojesaja-Buches ist bekanntlich die eigentümliche Vermischung von Psalmen- und Prophetensprache. Und der theologische Denkhorizont der Deutero|jesaja-Gruppe ist ja keineswegs nur von Jesaja her, sondern fast noch stärker von der Jerusalemer Kultlyrik geprägt. Hinzu kommen noch Einflüsse aus der vorexilischen Heilsprophetie[51]. Auch ist zu berücksichtigen, daß die Gruppe ja nicht – wie die Assurredaktion – den Weg einer fortlaufenden Kommentierung des zu ihrer Zeit vorliegenden Protojesaja-Buches einschlug, sondern gleichsam ein neues Kapitel hinzuschrieb. Das alles spricht doch dafür, daß es sich um eine neue, eigenständige Gruppe handelte, die sich in der spätexilischen Zeit der Jesaja-Prophetie bemächtigte. Sie wird sich nach Ausweis ihrer Sprache aus den Nachkommen des nichtpriesterlichen Jerusalemer Tempelpersonals, d.h. vor allem der Kultsänger, aber wohl auch der Kultpropheten rekrutiert haben[52].

Aber was veranlaßte diese Gruppe, die – hätte sie im 8. Jh. gelebt – soziologisch eher zu den Gegnern Jesajas gezählt hätte (vgl. Jes 28,7–13), sich ausgerechnet mit diesem Propheten zu beschäftigen und sich in die Fluchtlinie seiner Botschaft zu stellen? Um dies zu verstehen, muß man berücksichtigen, daß Jesaja nicht nur der Prophet war, der – selber Jerusalemer – am intensivsten in den Jerusalemer Kulttraditionen gelebt hatte, sondern daß er schon in dem nationalen Aufbruch der Josiazeit von dessen Promotoren heilsprophetisch okkupiert und fortgeschrieben

---

50 Vgl. S. Mowinckel, Jesaja-disiplene; ders., Komposition; ders., Prophecy; D. Jones, Traditio; J. Becker, Isaias; J. Schreiner, Buch; R. Lack, Symbolique; J.H. Eaton, Origin. |
51 Vgl. z.B. Jes 52,7 mit Nah 2,1; Jes 40,3–5 mit Jer 31,7–9; allerdings ist die zeitliche Priorität der Parallelstellen nicht über jeden Zweifel erhaben.
52 An Tempelsänger dachte schon C. Westermann, Jesaja 11. Auch wenn J.M. Vincent, Studien, sicher einen viel zu engen Bezug zu kultischen Vorgängen herstellt, so hat er doch die Beziehung zur Jerusalemer Kultprophetie richtig gespürt (256f.).

worden war (Assur-Redaktion)[53]. Auch der Jesaja-Hiskia-Erzählung galt er als Heilsprophet auf dem Boden der Zionstheologie (Jes 37,33); und Chr. Hardmeier hat ja jüngst diese Erzählung als Propagandaschrift der nationalreligiösen Partei aus der Zeit der Belagerung Jerusalems verstehen gelehrt[54], zu der nachweislich führende Mitglieder des Jerusalemer Tempels gehört hatten[55]. Jesaja war somit schon in spätvorexilischer Zeit zum »Hausprophet« des überwiegend national gesinnten Jerusalemer Kultpersonals avanciert. So war es nur zu verständlich, daß sich in spätexilischer Zeit Nachfahren der Tempelsänger und Kultpropheten gerade mit ihm beschäftigten. Doch stieß die Deuterojesaja-Gruppe bei ihrem Schriftstudium in Aufnahme des stark herrschaftskritischen Potentials, das der Jesaja-Prophetie innewohnte[56], zu Positionen vor, die sie weit vom national-religiösen Background ihres eigenen Herkommens und vieler ihrer Kollegen trennte[57].

Literaturverzeichnis

Ackroyd, P.R., Isaiah 36–39: Structure and Function, in: Von Kanaan bis Kerala, FS J.P.M.van der Ploeg, AOAT 211 (1982) 3–21.
Ackroyd, P.R., The Death of Hezekiah – A Pointer to the Future, in: De la Tôrah au Messie. Études d'exégèse et d'herméneutique bibliques, FS H. Cazelles (1979) 219–226.
Barth, H., Die Jesaja-Worte in der Josiazeit. Israel und Assur als Thema einer produktiven Neuinterpretation der Jesajaüberlieferung, WMANT 48 (1977).
Becker, J., Isaias. Der Prophet und sein Buch, SBS 30 (1968).

---

53 Vgl. die zeitliche und traditionsgeschichtliche Einordnung durch H. Barth, Assur-Redaktion 226ff.
54 Polemik 482ff.
55 Vgl. den Oberpriester Seraja aus dem Geschlecht der Hilkijaden (25,18; 2.Kön 22,4ff.; 23,2.4; 1.Chr 5,39f.; Esr 7,1); den Priester Paschhur Jer 20,1–6 und den zweiten Priester Zephanja (Jer 29,25ff.); dazu Tempelpropheten wie Hananja (Jer 28); wenn dem Hilkijaden Eljakim gerade im Jesaja-Buch ein Denkmal gesetzt wurde (Jes 22,20–23), dann spricht das dafür, daß dieses in spätvorexilischer Zeit im Kreise dieser Familie besonders gepflegt wurde; s. dazu Chr. Hardmeier, Polemik 520ff.
56 Vgl. z.B. Jes 2,10.12–17; 7,4–9; 10,27b–11,5; 30,1–5.15–17; 31,1–3.
57 Dies zu entfalten, ist hier nicht der Raum; ich erinnere nur an die bekannte Tatsache, daß die Durchsetzung der Königsherrschaft Jhwhs (Jes 52,7–10) für die Deuterojesaja-Gruppe eine Restitution der davidischen Monarchie ausschließt (vgl. 42,1–4; 55,4f.); Näheres dazu in meiner bald erscheinenden Religionsgeschichte Israels.

Bentzen, A., On the Ideas of »the Old« and »the New« in Deutero-Isaiah, StTh 1 (1948/49) 183–187.
Childs, B.S., Introduction to the Old Testament as Scripture (1979).
Clements, R.E., Beyond Tradition History: Deutero-Isaianic Development of First Isaiah's Themes, JSOT 31 (1985) 95–113.
Clements, R.E., The Unity of the Book of Isaiah, Interp. 36 (1982) 117–129.
Cross, F.M., The Council of Yahwe in Second Isaiah, JNES 12 (1953) 274–277.
Duhm, B., Das Buch Jesaja, HK III,1 (^{4}1922 = ^{5}1968).
Eaton, J.H., The Isaiah Tradition, in: Israel's Prophetic Tradition, FS P. Ackroyd (1982) 58–76.
Eaton, J.H., The Origin of the Book Isaiah, VT 9 (1959) 138–157.
Elliger, K., Deuterojesaja (40,1–45,7), BK XI/1 (1978).
Haran, M., The Literary Structure and the Chronological Framework of the Prophecies Is. XL–XLVIII, VT.S 9 (1963) 127–155.
Hardmeier, Chr., Die Polemik gegen Ezechiel und Jeremia in den Hiskija-Jesaja-Erzählungen. Studien zur Funktion und zur Rhetorik der historischen Tendenzerzählungen in II Reg 18–20 und in Jer 37–40 mit einer erzähltheoretischen Grundlegung, Habil.theol. (masch.) Bethel (1987).
Jones, D.R., The Traditio of the Oracles of Isaiah of Jerusalem, ZAW 67 (1955) 226–246.
Kaiser, O., Das Buch des Propheten Jesaja. Kapitel 13–39, ATD 18 (^{2}1976).
Kiesow, K., Exodustexte im Jesajabuch. Literarkritische und motivgeschichtliche Analysen, OBO 24 (1979).
Lack, R., La Symbolique du Livre d'Isaïe. Essai sur l'image littéraire comme élément de structuralisme, AnBib 59 (1963).
Loretz, O., Die Gattung des Prologs zum Buche Deuterojesaja (Jes 40,1–11), ZAW 96 (1984) 210–220.
Loretz, O., Mesopotamische und ugaritisch-kanaanäische Elemente im Prolog des Buches Deuterojesaja (Jes 40,1–11), Or. 53 (1984) 284–296.
Melugin, R.F., The Formation of Isaiah 40–55, BZAW 141 (1976).
Mettinger, T.N.D., A Farewell to the Servant Songs. A Critical Examination of an Exegetical Axiom, SMHVL 1982/83,3 (1983).
Michel, D., Art. Deuterojesaja, TRE VIII (1981) 510–530.
Michel, D., Das Rätsel Deuterojesaja, ThViat 13 (1975/76) 115–132.
Mowinckel, S., Die Komposition des Jesajabuches, AcOr 11 (1933) 267–292.
Mowinckel, S., Jesaja-disiplene. Prophetien frå Jesaja til Jeremia (1926).
Mowinckel, S., Prophecy and Tradition (1946).
North, C.R., The ›Former Things‹ and the ›New Things‹ in Deutero-Isaiah, in: H.H. Rowley (ed.), Studies in Old Testament Prophecy (1950) 111–126.
Rendtorff, R., Das Alte Testament. Eine Einführung (1983).
Rendtorff, R., Zur Komposition des Buches Jesaja, VT 34 (1984) 295–320.
Schoors, A., I am God Your Savior. A Form-Critical Study of the Main Genres in Is XL–LV, VT.S 24 (1973).
Schoors, A., Isaiah, the Minister of Royal Anointment?, OTS 20 (1977) 85–107.
Schoors, A., Les choses antérieures et les choses nouvelles dans les oracles deutéro-isaïens, ETL 40 (1964) 19–47.
Schreiner, J., Das Buch jesajanischer Schule, in: J. Schreiner (Hrsg.), Wort und Botschaft (1967) 158–178.

Skinner, J., Isaiah XL-LXVI, Cambridge Bible (^{2}1922).
Steck, O.H., Beobachtungen zu Jesaja 56–59, BZ NF 31 (1987) 228–246.
Steck, O.H., Bemerkungen zu Jesaja 6, BZ NF 16 (1972) 188–206 = ders., Wahrnehmungen Gottes im Alten Testament. Ges. St., TB 70 (1982) 149–170.
Steck, O.H., Bereitete Heimkehr. Jesaja 35 als redaktionelle Brücke zwischen dem Ersten und dem Zweiten Jesaja, SBS 121 (1985).
Steck, O.H., Der Grundtext in Jesaja 60 und sein Aufbau, ZThK 83 (1986) 261–296.
Sweeney, M.A., Isaiah 1–4 and the Post-Exilic Understanding of the Isaianic Tradition, BZAW 171 (1988).
Vincent, J.M., Studien zur literarischen Eigenart und zur geistigen Heimat von Jesaja Kap.40–55, BET 5 (1977).
Volz, P., Jesaja II, KAT IX/2 (1932).
Westermann, C., Sprache und Struktur der Prophetie Deuterojesajas, in: Forschung am Alten Testament, TB 24 (1964) 92–170 = CThM A 11 (1981) 9–87.
Westermann, C., Das Buch Jesaja. Kapitel 40–66, ATD 19 (^{4}1981, ^{5}1986).
Wildberger, H., Jesaja. 3.Teilband: Jesaja 28–39. Das Buch, der Prophet und seine Botschaft, BK X/3 (1982).
Würthwein, E., Die Bücher der Könige. 1.Kön. 17–2.Kön. 25, ATD 11,2 (1984).

Die Intentionen und die Träger des Deuteronomistischen Geschichtswerks

In seinen Doktorandenkollegs hat C. Westermann seine Schüler immer wieder gewarnt, die alttestamentlichen Traditionen nur vom Gegenstand des Überlieferten her (*traditum*), als Gedankenkomplex, Motivgeschichte bzw. »geistige Strömung« beschreiben zu wollen, und uns gemahnt, den konkreten Vorgang der Tradition (*traditio*), deren Träger und ihre Adressaten in ihrem jeweiligen zeitgeschichtlichen und gesellschaftlichen Kontext im Auge zu behalten.[1]

Daß diese Warnung und Mahnung des verehrten Jubilars immer noch beherzigenswert ist, zeigt sich besonders deutlich am Problemfeld des »Deuteronomismus«. In der alttestamentlichen Forschung dieses Jahrhunderts sind immer größere Textbereiche der Geschichtsbücher,[2] der Prophetie[3] und nun auch des Pentateuchs[4] aufgrund sprachlicher und gedanklicher Merkmale diversen »deuteronomistischen« Schichten, Redaktionen oder »Händen« zugeschrieben worden, ohne daß darüber genügend Rechenschaft abgelegt worden ist, wer denn konkret die Trägergruppen dieser so weit verbreiteten deuteronomistischen Traditionen gewesen sein sollen und wie sie sozialgeschichtlich einzuordnen sind. So bleibt die Bezeichnung »deuteronomistisch« eigenartig schwebend und diffus; sie verdeckt mehr die literaturgeschichtlichen Probleme, als daß sie sie erklärt.

Das angesprochene Defizit gilt nun gerade auch besonders für den Textbereich Dtn - 2. Kön, der Ausgangspunkt[5] und Zentrum der deuteronomistischen (dtr.) Theoriebildung war, das von M. Noth so genannte Deuteronomistische Geschichtswerk (DtrG).[6] Es wird sich zeigen, daß sich die meisten konzeptionellen Probleme dieses Werkes, die seit Jahrzehnten kontrovers diskutiert werden, lösen lassen, wenn man nur konse-

---

1 Vgl. den literarischen Reflex: Westermann, Auslegung, 45f.
2 Vgl. den vorzüglichen Forschungsbericht von Weippert, Geschichtswerk.
3 Vgl. Thiel, Redaktion; neben Jer vgl. Am, Jes 1, Sach 1-8.
4 Vgl. jetzt Blum, Komposition.
5 So terminologisch, sachlich und zeitlich erstmals klar Wellhausen, Prolegomena, 278.
6 Das deuteronomistische Werk (Dtr).

quent genug nach seiner Trägergruppe, ihrer sozialen Einordnung, ihrer politischen Herkunft und ihren Interessen im theologischen Diskurs der zweiten Hälfte des 6.Jahrhunderts fragt.

1. Unausgestandene Kontroversen

Als Ausgangspunkt meiner Überlegungen möchte ich noch einmal an die kontroversen und ungelösten Probleme erinnern, welche die Diskussion um das DtrG seit Jahrzehnten bestimmen. M. Noth hatte, als er seine Hypothese eines von Dtn 1 bis 2. Kön 25 reichenden DtrG entwickelte, dessen Verfasser weitgehend durch negative Abgrenzungen näher zu bestimmen gesucht: |

> »Sein Werk trägt keinerlei offiziellen Charakter; weder ist es aus der geistigen Sphäre des Priestertums heraus geboren – die Interesselosigkeit am eigentlich kultischen Wesen erwies sich als ein besonders bemerkenswerter Zug – noch wurzelt es im Gedankenbereich des offiziellen Staatslebens – die negative Beurteilung der Einrichtung des Königtums und dessen Charakterisierung als einer sekundären Erscheinung in der Geschichte des Volkes gehören zu den wesentlichen Zügen seiner Gesamtgeschichtsauffassung. Aber auch der Geist der »Schrift«-Propheten hat nur die Auffassung der großen abschließenden Katastrophen als eines göttlichen Gerichtes, auf das die Geschichte des Volkes Israel zutrieb, bestimmt, aber nicht als ganzer entscheidend hinter dem Werk von Dtr gestanden, wie das Fehlen jedes Ausblicks in die Zukunft zeigt; dieser Umstand verbietet es auch, Dtr auf die Ideologie der sogenannten nationalen Propheten zurückzuführen.«[7]

Nach Noth ist das DtrG akultisch, antimonarchisch und steht zur Gerichtsprophetie, aber auch zur nationalen Heilsprophetie in deutlicher Distanz. Sein Verfasser war ein Judäer, den er in der Gegend von Bethel und Mizpa lebend vermutete, der keiner der »offiziellen« Gruppierungen, weder priesterlichen, höfischen noch prophetischen Kreisen zugerechnet werden kann.

Doch abgesehen von der Frage, wie denn ein solcher »Privatmann« eine derartige Breitenwirkung in der alttestamentlichen Literaturgeschichte habe entfalten können, birgt diese Charakterisierung Noths erhebliche Probleme:

---

7 AaO 109f.

Das erste Problem betrifft die Stellung des DtrG zum Kult: Wenn das Desinteresse seines Verfassers am Kult zuträfe,⁸ wie ist es dann zu erklären, daß er zumindest die Königszeit als Geschichte dauernder Kultverfehlungen und Kultreformen beschreibt?⁹ J. Wellhausen hatte seine Geschichte des Südreiches noch ganz anders charakterisiert:

> »Die Geschicke des Heiligtums und seiner Schätze, die den Kultus betreffenden Einrichtungen und Maßregeln der Könige sind so ziemlich das einzige, worüber wir immer auf dem laufenden gehalten werden. Auch die wenigen ausgeführten Erzählungen ... spielen im Tempel und drehen sich um den Tempel.«¹⁰

Und A. Jepsen meinte in den Königsbüchern ein Annalenwerk über die Geschichte des Tempelkultes entdecken zu können¹¹ und hielt seinen ersten Redaktor, der um 580 eine kritische Kultgeschichte verfaßt habe, für priesterlich.¹²

Das zweite Problem betrifft die Stellung des DtrG zum Königtum, speziell zur davidischen Dynastie. Hier hatte Noth schon durch G. v. Rad Widerspruch erfahren, der im Blick auf die Dynastieverheißung (2. Sam 7 u.a.) und die Zeichnung Davids als »Urbild des vollkommenen Gesalbten« in den dtr. Königsbeurteilungen neben dem deuteronomischen »Mutterboden« einen »messianischen Vorstellungskreis« im DtrG ausgemacht hatte, der – wie die Begnadigung Jojachins am Schluß (2. Kön 25,27-30) zeige – dem Werk eine hoffnungsvolle Zukunftsperspektive vermittle.¹³ Ist dann aber die Tendenz des Werkes als antimonarchisch zu charakterisieren, und wie verhalten sich zu v. Rads Sicht die königskritischen Texte (1. Sam 8,4-22; 10,17-26*; 12), auf die Noth sich beruft?

Das dritte Problem betrifft die Stellung des DtrG zur Prophetie, speziell zur Gerichtsprophetie. Hier war es H. W. Wolff, der entgegen Noth das DtrG nahe an die Prophetie heranrückte und als »Frucht« bzw. »Kind der Prophetie« bezeichnen konnte.¹⁴ Er bestimmte den »Ruf zur Umkehr als

---

8 Auch Wolff, Kerygma, 321f, betonte den »akultischen Charakter der Umkehr«.
9 Vgl. Hoffmann, Reform, und seine Einschränkung des Urteils von Noth (24). Richtig ist, daß das DtrG das Augenmerk mehr auf die kultpolitische Organisation, nicht so sehr auf die innere Ausgestaltung des Kultes legt.
10 Prolegomena, 279; vgl. 1. Sam 1-3; 4-6; 2. Sam 6f; 1. Kön 6-8; 2. Kön 12; 16,10-18; 22f; 25,13-17; ganz besondere Aufmerksamkeit widmet das Werk dem Tempelschatz: Jos 6,19.24; 2. Sam 8,11f; 1. Kön 7,13-47.48-50.51; 14,25-28; 15,15; 2. Kön 12,18f; 14,35; 24,13f; 25,13-17.
11 Quellen, 54ff.
12 AaO 60ff.
13 Geschichtstheologie, 201ff.
14 Kerygma, 308f.

das eigentliche Anliegen des Werkes«, wobei er mit Noth darin übereinkam, daß er deren »unkultische(n) Charakter« betonte.[15] Doch stellte sich damit nur noch verschärft das Problem, warum das DtrG, das eine Fülle von Propheten auftreten läßt, keinen einzigen der großen Gerichtspropheten erwähnt,[16] obgleich deren Hinterlassenschaft zum Teil nachweislich dtr. redigiert wurde.[17] Wie ist diese selektive Stellung zur Prophetie zu erklären?

Mit dieser Unklarheit hinsichtlich der genannten Tendenzen hängt schließlich das Problem des Hauptanliegens und des Schlusses des DtrG zusammen: Geht es ihm nur darum, eine Erklärung für den staatlichen Untergang Israels zu geben,[18] oder will es darüber hinaus eine – wie auch immer geartete – Hoffnungsperspektive anbieten?[19] Doch wenn erstere zumindest eines der Anliegen ist, was niemand bestreitet, warum bietet das DtrG eine anklagende Reflexion über die Gründe des Untergangs nur am Ende des Nord- und nicht auch am Ende des Südreiches?[20]

2. Literarkritische Scheinlösungen

Es waren nicht zuletzt diese scheinbar unlösbaren konzeptionellen Widersprüche, die viele Exegeten dazu führten, die These eines einheitlichen DtrG aufzugeben und nach einer literarkritischen Lösung zu suchen.

Dies gilt nachweislich für das sogenannte »Blockmodell«, das von F. M. Cross entwickelt[21] und von R. D. Nelson u.a.[22] ausgearbeitet und modifiziert wurde. Cross ging von der Kontroverse zwischen M. Noth und G. v. Rad aus[23] und verteilte deren Positionen auf zwei literarische Ebenen: Eine erste Ausgabe des DtrG, die bis 2. Kön 23,25a gereicht habe,

---

15 AaO 321.
16 Eine Ausnahme ist Jesaja, der aber im DtrG ein Heilsprophet ist (1. Kön 19f), dazu s.u. Anm. 62.
17 Vgl. bes. die breite dtr. Redaktion des Jeremiabuches; dazu s.u. Anm. 63 und Koch, Profetenschweigen.
18 So Noth, DtrG, 109; Macholz, Israel, 139.
19 So v. Rad, Geschichtstheologie, 203f; Wolff, Kerygma, 309ff; Zenger, Rehabilitierung, 29f.
20 Smend, Einleitung, 122: »Einen volltönenden Schluß hat das Werk nicht.« Zum Problem vgl. Weippert, Geschichtswerk, 223.
21 Themes, 274-289.
22 Double Redaction.
23 Themes, 276ff.

sei »ein Propaganda-Werk der josianischen Reform und ihres imperialen Programmes gewesen«;[24] es sei neben der dtn. Theologie stark von der Königsideologie geprägt. Dieses prodavidische Werk habe dann in der Exilszeit eine zweite Ausgabe erfahren, in der ein zweiter Dtr die Ereignisse bis zum Fall Jerusalems und darüber hinaus in lakonischer Kürze nachgetragen (bis 2. Kön 25,30) und königskritische Kommentare eingefügt habe (bes. zu Manasse 2. Kön 21,2-15).[25]

Aber auch das sogenannte »Schichtenmodell«, das von R. Smend und seinen Schülern entworfen wurde,[26] versucht u.a. den divergierenden Tendenzen des DtrG durch Unterscheidung dreier durchlaufender Redaktionsschichten (DtrH, DtrP, DtrN) Herr zu werden. Für T. Veijola etwa ist DtrH königsfreundlich, zentral sei für ihn die Verheißung der »ewigen Dynastie« über die Davididen. DtrP sei demgegenüber königskritisch, während DtrN einen Ausgleich beider Positionen versuche.[27] Für W. Dietrich steht dabei DtrP »unter dem unmittelbaren Einfluß Jeremias und der Baruch-Erzählung«.[28] Doch so verlockend es ist, die proköniglichen und proprophetischen Tendenzen auf verschiedene »Hände« aufzuteilen, so stößt die Einordnung des dtr. »Nomisten« anscheinend auf Schwierigkeiten: Rechnet ihm Smend die königskritischen Zusätze in 1. Sam 8-12 zu,[29] so gilt er Dietrich als derjenige, der in den Königsbüchern »am stärksten auf der Besonderheit des Davidshauses ... insistiert«.[30]

Doch können die literarkritischen Aufteilungen die konzeptionellen Schwierigkeiten des Textes nicht hinreichend lösen. Sie beziehen sich erstens nur auf einen Teil der oben dargestellten Probleme (pro-, antiköniglich, prophetisch) und lassen wesentliche (pro-, antikultisch) außen vor. Zweitens lassen sie beide m.E. eine literarkritische Evidenz vermissen.

Es würde den Rahmen dieses Aufsatzes bei weitem sprengen, wollte ich hier beide Modelle explizit widerlegen. Hier nur einige Anmerkungen. Das Blockmodell krankt daran, daß erstens der Bruch zwischen der josianischen und exilischen Ausgabe des DtrG in 2. Kön 23,25a oder 25b[31] literarkritisch nicht klar markiert werden kann und

---

24 AaO 284.
25 AaO 285ff; zuzüglich der 287 genannten Liste von Texten.
26 Vgl. Smend, Gesetz und Völker; ders., Entstehung, 110-125; Veijola, Dynastie; ders., Königtum; Dietrich, Prophetie; Roth, DtrG.
27 Dynastie, 127ff.
28 Prophetie, 144.
29 Entstehung, 118.
30 Prophetie, 142.
31 Ersteren behauptet Cross, Themes, 283; letzteren Nelson, Double Redaction, 84 u.a. 2. Kön 18,5 und 23,25 sind keine Widersprüche, da sich das erste Urteil auf das beispiellose Gottvertrauen Hiskias, das zweite aber auf die beispiellose totale Umkehr

daß zweitens die kompositionellen Klammern, die zum Schlußteil bestehen,[32] nur um den Preis aufgelöst werden können, daß immer mehr Texte zwischen Dtn 1 und 2. Kön 22 dem zweiten Dtr zugewiesen werden müssen, ohne daß dafür zwingende literarkritische Gründe geltend gemacht werden können.[33] Das Blockmodell verwandelt sich, je genauer es ausformuliert wird, unter der Hand zum Schichtenmodell – mit all dessen methodischen Schwierigkeiten.[34]

Das Schichtenmodell, das bis heute nicht endgültig ausformuliert ist, scheint sich ebenso im Dickicht willkürlicher Textaufteilungen zu verstricken wie weiland die Quellenhypothese des Pentateuchs. Drei durchlaufende Redaktionsschichten zu isolieren, die stilistisch und sachlich eng beieinanderstehen, überfordert bei weitem die recht grobe literarkritische Methodik. Dabei soll gar nicht in Abrede gestellt werden, daß der Text Dtn 1 - 2. Kön 25 an vielen Stellen ein Wachstum erkennen läßt; doch bezweifle ich, daß sich die Ergänzungen durchlaufenden Redaktionen zuordnen lassen. Angemessener ist es, mit einem fortlaufenden Diskussionsprozeß innerhalb der Trägergruppe zu rechnen. Angemessener ist es, mit einem fortlaufenden Diskussionsprozeß innerhalb der Trägergruppe zu rechnen.

Schließlich muß drittens gegen beide Modelle eingewandt werden, daß sie die konzeptionellen Probleme nur verlagern, aber nicht lösen. Denn wie soll man sich konkret vorstellen, daß – wie im Blockmodell – ein königskritischer Redaktor sich eines massiv prodavidischen Werkes bemächtigt, von dessen theologischer Grundlage er nicht mehr überzeugt ist, oder wie soll man sich das vorstellen, daß – wie im Schichtenmodell – die unterschiedlichen Redaktoren, obgleich sie alle von der gleichen theologischen Basis herkommen, in zentralen Fragen, etwa der Bedeutung des da-

---

Josias zu Jahwe bezieht. Somit setzen beide Stellen einen Überblick über die gesamte Königsgeschichte voraus; 23,25a und 25b sind Teile einer zusammengehörenden Wendung. V. 26f stehen zwar sachlich im Kontrast zu V. 25, doch ist dieser syntaktisch vermittelt ('ak | »nur«) und stilistisch explizit überbrückt (vgl. Aufnahme des šāb »er kehrte um« von V. 25 in V. 26). Ein literarkritischer Bruch liegt somit gerade nicht vor. Weippert, Beurteilungen, 332f, scheut sich denn auch, ihn textlich genau dingfest zu machen; sie vermutet ihn zwischen 22,2 und 23,32. Sie hält die Königsbeurteilungen 23,32.37 sachlich nicht mit 22,2.25 vereinbar; doch soll die bewußt pauschale Formulierung »genauso wie seine Väter getan hatten« über das Problem hinweghelfen, wie es unter den beiden Söhnen des vorbildlichen Josia zu einem derart rasanten Niedergang Judas kommen konnte. Auch die von ihr und Vanoni beobachteten stilistischen Differenzen reichen zu einer klaren Abgrenzung von Redaktionen nicht aus.

32 Vgl. 2. Kön 23,26f; 24,3f mit 21,10-16; 24,13 mit 20,17; 1. Kön 7,48-50; 2. Kön 25,13-17 mit 1. Kön 7,13-47.

33 Vgl. die Liste der von Cross zu exilischen Einschüben erklärten Texte, Themes, 287, mit den abweichenden und sehr viel umfangreicheren Textpartien, die Nelson dem zweiten Redaktor zuweist. Hier wird die Hypothese zur *petitio principii* literarkritischer Entscheidungen.

34 So mit Recht kritisch auch Weippert, Geschichtswerk, 240ff.

vidischen Königtums, völlig anderer Meinung sein sollen? D.h. auch die literarkritische Aufteilung bleibt darauf angewiesen, die sozialgeschichtlichen Bedingungen zu klären, unter denen in einem Geschichtswerk eine solche Spannweite unterschiedlicher Interessen zu einer Einheit verbunden werden konnte.

3. Die »Doppelgesichtigkeit« des DtrG als theologisches Programm

Nachdem die kontrovers diskutierten konzeptionellen Probleme des DtrG nicht literarkritisch ausgeräumt werden konnten, soll im folgenden versucht werden, sie einer traditionsgeschichtlichen Lösung zuzuführen.

Auszugehen ist von der zutreffenden Beobachtung G. v. Rads[35] und F. M. Cross',[36] daß das DtrG zwei recht unterschiedliche theologische Grundlagen hat: das Deuteronomium und die davidische Königstheologie. Diese beiden Pole stehen | nun aber nicht beziehungslos nebeneinander, sondern sind – wie bisher nicht genügend beachtet wurde – von den Verfassern des DtrG in ihrer Konzeption der Geschichte Israels bewußt aufeinander bezogen worden. Dem soll im folgenden nachgegangen werden.

Wie allgemein bekannt, unterteilt das DtrG die Geschichte Israels in vier Perioden:[37] Auf die Zeit Moses und Josuas (Dtn 1 - Jos 23.[24]) folgt die Richterzeit (Ri [1].2 - 1. Sam 12) und auf diese die Epoche des vereinten Königreiches (1. Sam 13 - 1. Kön 10) und die der geteilten Reiche (1. Kön 11 - 2. Kön 17/25). Akzeptiert ist auch, daß die Verfasser des DtrG die erste Periode als Heilszeit werten: In ihr erhielt Israel seine beiden grundlegenden Heilsgaben von Jahwe: vermittelt durch Mose das (dtn.) Gesetz und vermittelt durch Josua das Land. Die Möglichkeit des Abfalls von Jahwe kommt erst am Ende dieser Epoche in der großen Abschiedsrede Josuas (Jos 23) warnend in den Blick; davor ist nur von begrenzten Formen des Ungehorsams, etwa die Übertretung des dtn. Banngesetzes (Dtn 20,1-17; vgl. 7,2) bei der Eroberung des Landes die Rede (Jos 7). Diese ruhmreiche vorstaatliche Gründungszeit, in der Israel seine ersten

---

35 Geschichtstheologie, 201f.
36 Themes, 284.
37 Vgl. Noth, DtrG, 5f, der auf die als Gliederungssignale eingesetzten Reden am Ende von Epochen hinwies (Jos 23; 1. Sam 12; 1. Kön 8f).

beiden Heilsgaben erhielt, war nach Meinung der Dtr noch nicht von der Sünde des Synkretismus beeinträchtigt.

Nicht genügend beachtet wurde hingegen, daß es nach der Konzeption des DtrG noch eine zweite solche von keinem Abfall verdunkelte heilvolle Epoche in der Geschichte Israels gegeben hat: die frühe Königszeit. Nachdem die ganze Richterzeit von einer mehrfachen Wellenbewegung von Abfall, Gefährdung, Umkehr, Rettung und erneutem Abfall durchzogen war (Ri 2,10ff), die schließlich – nicht zuletzt deswegen, weil die ordnende Hand des Königs fehlte (Ri 18,1; 19,1; 21,25)[38] – in die anhaltende Philisternot einmündete, kam es nach Auffassung der Dtr unter Samuel zu einer entschlossenen Hinwendung zur alleinigen Jahweverehrung:

> 1. Sam 7,3 Da sprach Samuel zum ganzen Haus Israel:
> Wenn ihr mit eurem ganzen Herzen zu Jahwe umkehren wollt,
> dann entfernt die fremden Götter aus eurer Mitte und die Astarten,
> richtet euer Herz auf Jahwe und dient ihm allein,
> so wird er euch aus der Hand der Philister erretten.
> 4 Da entfernten die Israeliten die Baale und Astarten
> und dienten Jahwe allein.

Von dieser Umkehr am Ende der Richterzeit ab spielt im DtrG während der ganzen frühen Königszeit von Saul bis zum Abschluß des Tempelbaus durch Salomo der Synkretismus keine Rolle mehr.[39] Im Gegenteil, Israel ist nach Meinung der Dtr während dieser Zeit, wie am Ende des Tempelweihgebets Salomos ausdrücklich konstatiert wird, Jahwe und seinen Geboten treu gewesen:

> 1. Kön 8,61 So möge euer Herz ungeteilt bei Jahwe, unserem Gott sein, indem ihr in seinem Gesetz wandelt und seine Gebote beachtet, wie es heute der Fall ist.

Die Möglichkeit des Abfalls kommt – parallel zu Jos 23 – erst in der Antwort Gottes auf das Gebet Salomos 1. Kön 9,1-9 in den Blick und realisiert sich erst in der | zweiten Hälfte der Regierungszeit Salomos (1. Kön

---

38 Zur Frage der Zugehörigkeit von Ri 17-21 zum DtrG vgl. Smend, Einleitung, 117.
39 Die typischen dtr. Formulierungen für Fremdgötterkult wie '*ælohîm* '*ăherîm* »andere Götter« fehlen zwischen 1. Sam 8,8 und 1. Kön 9,9; Saul wird aus diesem Grunde sogar von Dtr 1. Sam 28,3 vom Vorwurf des Okkultismus entlastet. Der Tatbestand ist um so auffälliger, als die aufgenommene Überlieferung den Dtr durchaus Anlaß zum Synkretismusvorwurf geboten hätte, vgl. 1. Sam 19,13; 2. Sam 6,14ff u.a. Daß diese Zeit religionsgeschichtlich eine der Hochzeiten des Synkretismus war, ja, sogar der Jerusalemer Tempel ein ehemalig jebusitisches Heiligtum, wird von den dtr. Autoren bewußt vernebelt, s. Albertz, Religionsgeschichte, 324.

11). Davor kommt es nur zu kleineren Gebotsübertretungen (1. Sam 13-15; 28; 2. Sam 11f), die wohl das Schicksal Sauls und Davids beeinträchtigen, aber nicht den Glanz dieser Epoche verdunkeln können.

Es gibt nun noch weitere Hinweise darauf, daß die Verfasser des DtrG die frühe Königszeit mit der Mose-Josua-Zeit parallelisieren wollten: Der Schlußsegen Salomos im Tempelweihgebet bezieht sich explizit auf diese Epoche zurück:

> 1. Kön 8,56 Gelobt sei Jahwe,
> der seinem Volk eine Ruhe (*měnūḥā*) verschafft hat,
> so wie er verheißen hatte.
> Kein einziges Wort ist hingefallen von all seinem guten Wort,
> das er durch seinen Knecht Mose geredet hatte.

Ganz ähnlich hatte Dtr die Realisierung der Verheißungen am Ende der vorstaatlichen Gründungsepoche konstatiert:

> Jos 21,44 Jahwe hatte ihnen Ruhe verschafft (*nūḥ* hi.) ringsum,
> so wie er es ihren Vätern zugeschworen hatte.
> Keiner widerstand ihnen von allen ihren Feinden,
> alle ihre Feinde hatte Jahwe in ihre Hand gegeben.
> 45 Kein einziges Wort war hingefallen von all' dem guten Wort,
> alles war eingetroffen.[40]

Das heißt doch: Beide Epochen wollen und sollen in einer Fluchtlinie zueinander verstanden werden, die Verheißungen, die Gott Israel durch Mose gegeben hat, kommen erst – nach zwischenzeitlicher Gefährdung – in der frühen Königszeit zu ihrer vollen Realisierung. Zudem kommt der Abfall nach beiden Epochen durch Verführung fremder Frauen zustande (Jos 23,12f; Ri 3,1-6; 1. Kön 11). Es kann also kein Zweifel sein, die frühe Königszeit bis zum Tempelbau Salomos soll nach der Konzeption des DtrG als heilvolle staatliche Gründungszeit neben und in Fortsetzung der ersten vorstaatlichen Gründungsperiode aufgefaßt werden. Auch die staatliche Gründungszeit hat zwei Heilsgaben Gottes: Die Gabe des davidischen Königtums (1. Sam 16 - 2. Sam 7) und – was häufig übersehen worden ist – die Gabe des Jerusalemer Tempels (2. Sam 7; 1. Kön 6-8).[41] Ja, wenn man den Umstand beachtet, daß die Dtr die Epoche eines erneuten Abfalls unmittelbar nach Fertigstellung und Einweihung des Tempels

---
40 Vgl. Jos 23,14.
41 Vgl. die dtr. Erwählungsaussagen: 1. Sam 10,24; 1. Kön 8,16; vgl. 2. Chr 6,5b; 1. Kön 11,34 (Saul, David); 1. Kön 8,16; vgl. 2. Chr 6,5a; 1. Kön 8,44.48; 11,13.32.36; 14,21; 2. Kön 21,7; 23,27 (Jerusalem bzw. Tempel).

beginnen lassen (1. Kön 9; 11), muß man wohl sagen, daß es der Zweck dieser ganzen Periodisierung ist, diese beiden in Israel umstrittenen Institutionen als eindeutige Heilsgaben Gottes erscheinen zu lassen. Obgleich das davidische Königtum gescheitert war und der Jerusalemer Tempel in Trümmern lag, hatten die Verfasser des DtrG offensichtlich das Anliegen, an diesen neben dem dtn. Gesetz und dem Land als unverzichtbaren Grundlagen der Geschichte Israels festzuhalten.

Zwischen den beiden heilvollen Gründungsepochen versuchten die Dtr, neben den kompositorischen auch eine ganze Reihe von motivlichen und theologischen Klammern zu schaffen: Die Lade mit den Gesetzestafeln (Dtn 10,5) fand ihren Ort im Allerheiligsten des Salomonischen Tempels (1. Kön 8,9), und das dtn. Gesetz, das Dtn 31,9-13 den Priestern und Ältesten schriftlich übergeben worden war, wurde | unter Josia schließlich im Tempel wiedergefunden (2. Kön 22,3-10) und öffentlich verlesen (23,1-3). Der Tempelbau Salomos wurde von vornherein unter die Perspektive des dtn. Zentralisationsgesetzes (Dtn 12) gestellt: Er machte die davor noch geduldete kultische Jahweverehrung außerhalb Jerusalems (1. Kön 3,2f) zur entscheidenden Sünde, welche die ganze folgende Geschichte der geteilten Reiche – wenn auch in unterschiedlichem Ausmaß – beeinträchtigte.[42] Wie der Tempel mit dem Gesetz, so wurde das Königtum mit dem Lande verbunden: Die Großreichsbildung Davids wurde in die Fluchtlinie der dtn. Landverheißung gestellt (2. Sam 7,1.11; 1. Kön 5,18; 8,56); den verheißenen Ruheplatz (*měnūḥā*), auf dem es vor seinen Feinden sicher wohnen konnte, hatte Israel nur vorläufig durch die Eroberungen Josuas (Jos 21,45; 23,14), endgültig aber erst durch die Eroberungskriege Davids (2. Sam 7,11) erringen können. Daneben fiel den Königen nach Ansicht der Dtr die entscheidende Verantwortung für den Tempelkult und eine gesetzesgemäße Jahweverehrung zu (2. Sam 7; 1. Kön 8; 2. Kön 23 u.ö.). Es ging den Dtr somit darum, eine direkte Kontinuität zwischen beiden Gründungsphasen der Geschichte Israels darzustellen: Nicht nur das Gesetz und der Landbesitz, sondern auch das davidische Königtum und der Tempel in Jerusalem entsprangen dem gleichen erwählenden Handeln Jahwes, das mit der Herausführung aus Ägypten begann (1. Kön 8,16).

---

42 Die Sünde Jerobeams, d.h. die kultische Trennung des Nordreiches von Jerusalem (1. Kön 12,20-32) führte zum Untergang des Nordreiches (14,15f; 2. Kön 10,31; 17,21-23 u.ö.), der Höhenkult, der unter Rehabeam im Südreich aufkam (1. Kön 14,22-24), führte bis zu seiner Abschaffung unter Hiskia und Josia zu partiellen Beeinträchtigungen des Südreiches und seiner Könige (vgl. 1. Kön 22,43; 12,3f; 14,3f; 15,3f.34f; 16,2-4).

Eine solche harmonisierende Synthese war nun allerdings nicht ganz unproblematisch. Die dtn. Theologie hatte den vorstaatlichen Heilstraditionen Israels eindeutig den Vorrang eingeräumt und die Jerusalemer Tempel- und Königstheologie ganz erheblich gestutzt. Ihr war es nicht nur um eine kultisch-rituelle Reinigung der Jahwereligion gegangen, sondern auch um eine innerliche Hinwendung zu Jahwe (Dtn 5,6f), die sich gleichermaßen auch in einer Neuordnung der sozialen Beziehungen der Gesellschaft auszuwirken habe. Das vorrangige Interesse der Verfasser des DtrG am Jerusalemer Tempel verschob nun die Gewichte wieder stark auf die rituell-kultische Seite: Es sind neben dem Fremdgötter- und Bilderverbot (Dtn 5,6-10) vor allem kultische und rituelle Bestimmungen des dtn. Gesetzes,[43] die sie als Kriterien zur Beurteilung der israelitischen Geschichte anlegten. Dagegen blendeten sie die dtn. Sozialgesetzgebung völlig aus.

Noch schwerwiegender waren die Probleme hinsichtlich des Königtums; das dtn. Königsgesetz (Dtn 17,14-20) hatte die politische Machtentfaltung des Königs weitgehend eingeschränkt und ihn aller seiner sakralen Funktionen beraubt. Das Interesse der Dtr an der davidischen Monarchie, auch und gerade an deren kultischen Funktionen, kollidierte an dieser Stelle eindeutig mit der dtn. Tradition, und es ist darum nur zu verständlich, daß sie sich mit deren königskritischer Tendenz – möglicherweise sogar in ihren eigenen Reihen – auseinandersetzen mußten. Vor diesem Hintergrund möchte ich die eigentümlich inkonsistente dtr. Argumentation von der Einführung des Königtums erklären, in der einerseits der Wunsch Israels nach einem König als Angleichung der Sitten der Völker (1. Sam 8,5; 12,17) und Leugnung des Königtums Jahwes (8,7; 10,19; 12,12.17) kritisiert wird, andererseits aber Jahwe Samuel ausdrücklich den Befehl erteilt, dem Willen des Volkes zu entsprechen (8,7.9.22), und schließlich die Erwählung Sauls selber vornimmt (10,24). Damit soll wohl den negativen Erfahrungen Raum gegeben werden, die Israel auch – besonders im sozialen Bereich (8,10-18) – mit dieser Institution gemacht hat.[44] Dabei handelt es sich nach Meinung der Verfasser des DtrG aber offensichtlich nur um eine begrenzte Einschränkung, die nur die Notwendigkeit der Bindung des Königtums an das Gesetz unterstreicht (12,14.24), wie sie | in der davidischen Monarchie mehrfach verwirklicht wurde (1. Kön 2,3; 2. Kön 23,25), nicht aber den bleibenden Wert dieser Institution in Frage stellt.

Die scheinbar widersprüchlichen Merkmale des DtrG, die in der Forschung zu den Kontroversen führten, ob es kultische oder akultische bzw. pro- oder antikönigliche Interessen verfolge, hängen somit direkt mit der Problematik der von ihm geschaffenen theologischen Synthese zusammen.

Was war aber nun das Interesse der Dtr, in ihrem Geschichtswerk neben dem Gesetz und dem Land das davidische Königtum und den Jerusalemer Tempel als die entscheidenden Heilsgaben Jahwes an Israel hervorzukehren? Dies läßt sich aus dem weiteren Verlauf ihrer Darstellung der

---

43 Es sind dies konkret die Kultzentralisation (Dtn 12) und die Verbote gegen heidnische Praktiken wie Mantik (18,10.14), Kinderweihung (18,10; vgl. 12,31) und Kultprostitution (23,18f).
44 Vgl. 2. Sam 12; 1. Kön 12.

Geschichte des Nord- und Südreiches eindeutig ablesen: Die Dtr weisen hier mehrfach auf, wie die auf David und dem Tempel ruhenden Verheißungen Jahwes in Krisensituationen der Südreichgeschichte in der Lage waren, das drohende Gericht abzumildern oder aufzuhalten. Dies war schon in der Krise der Auflösung des davidisch-salomonischen Großreiches der Fall (1. Kön 11,12f.32.34.39), setzte sich fort in den Bruderkriegen nach der Reichsteilung (1. Kön 15,4), wurde noch einmal in der Zeit der Athalja-Revolution wirksam (2. Kön 8,19) und bewahrte unter Hiskia Jerusalem vor der assyrischen Bedrohung (2. Kön 19,34bβ). Bis auf die letzte waren diese Krisen nach Ansicht der Dtr Folgen schlimmer kultpolitischer Verirrungen (1. Kön 11,5-7 Synkretismus; 14,23f Höhenkult, Kultprostitution; 2. Kön 8,18; vgl. 11,18 Baalskult), die das Nordreich unweigerlich in den Abgrund rissen. Wenn das Südreich in seiner Geschichte solche Krisen wie durch ein Wunder immer wieder überlebt hatte, ohne daß dafür eine Beseitigung von kultischen Mißständen namhaft gemacht werden konnte, wie bei Asa, Hiskia und Josia, dann war dies nach Meinung der Dtr auf die Heil stiftende Funktion von Königtum und Tempel zurückzuführen. Damit boten aber gerade diese beiden Heilsgaben der staatlichen Zeit ein unverzichtbares Hoffnungspotential für die tiefe Krise der exilischen Gegenwart. Wenn die Dtr die Geschichte des Südreiches bewußt offen mit der Begnadigung Jojachins durch Awil-Marduk enden lassen (25,27-30), dann kann dies von ihrer ganzen Geschichtskonzeption her nur bedeuten, daß sie darin ein Zeichen erblickten, daß sich die an der davidischen Monarchie hängende Verheißung tatsächlich wieder – Jahwes Gericht eingrenzend – durchzusetzen begann (vgl. 1. Kön 8,29f.59f; 11,39).

Die positive Bedeutung, welche das davidische Königtum und der Jerusalemer Tempel für die eigene Geschichte hatten und haben, zeigten die Dtr daneben am Gegenbeispiel der Geschichte des Nordreiches. Wohl erhielt auch Jerobeam von Jahwe eine Dynastieverheißung (1. Kön 11,37f), doch verspielte er sie sogleich, weil er nicht dem davidischen Beispiel eines an das Gesetz gebundenen Königtums folgte, sondern sich kultpolitisch vom Jerusalemer Tempel trennte (12,26-33; 13,34; 14.7.11). Damit gab es im Nordreich nichts mehr, was das Gericht Gottes hätte aufhalten können (14,15-16), selbst die Ausrottung des Baalkultes durch Jehu konnte es nicht mehr abwenden (2. Kön 10,29.31). Und es war allein Jahwes freiem Erbarmen zuzuschreiben, daß es nicht noch eher eintraf (2. Kön 14,26f). Die kürzere und turbulenter verlaufende Geschichte des Nordreiches hing nach Ansicht der Dtr damit zusammen, daß es die staatlichen Heilsgaben Jahwes ver|schmäht hatte (2. Kön 17,21-23). Wenn die Dtr am

Ende noch einmal ausführlich alle Verfehlungen des Nordreiches auflisten und polemisch darstellen, wie sich der synkretistische illegitime Jahwekult in Bethel bis in ihre Gegenwart hinein fortsetzte (2. Kön 17), dann wollen sie damit erweisen, daß ein Neuanfang der Geschichte Israels von hier aus nicht mehr zu erwarten ist. Eine Jahweverehrung außerhalb Jerusalems, wie sie die Samarier vorlebten, führt für sie ins Abseits und hat keine Zukunft. Im Insistieren auf den Jerusalemer Tempel zeigt sich somit auch das Interesse der Abgrenzung gegen die Brüder im Norden.

Nun bürdete die Wertschätzung von Davidhaus und Zion den Verfassern des DtrG ganz erhebliche theologische Probleme auf. Nicht nur, daß das Südreich trotz dieser beiden Heilsgaben ein ähnliches Schicksal wie das Nordreich erlebt hatte, sondern es war untergegangen, obwohl Hiskia ansatzweise und Josia endgültig alle Jahweverehrung auf das einzig legitime Heiligtum konzentriert und es von allen fremdreligiösen Praktiken gereinigt hatten (2. Kön 18,4; 23). Waren damit nicht Königs- und Tempeltheologie endgültig desavouiert, war damit die josianische Kultreform als Irrtum erwiesen? Zur Abwehr dieser Zweifel gingen die Verfasser des DtrG einen dreifachen Weg: Sie versuchten erstens, minutiös anhand früherer Epochen zu erweisen, daß die Umkehr zu Jahwe und die Abkehr vom Synkretismus Israel Rettung (Richterzeit), ja, Macht- und Prachtentfaltung (frühe Königszeit) und Überwindung mannigfaltiger Krisen (Asa, Hiskia) gebracht hatten. Sie bauten zweitens die Kultreform Josias zum Zielpunkt aller Reformbemühungen des Südreiches aus (2. Kön 22f), die das Sündenregister des Nordreiches (2. Kön 17) kontrastiert und der Südreichgeschichte einen glanzvollen Höhepunkt verleiht. Und sie erklärten drittens die dennoch eingetroffene Katastrophe durch scheußliche kultische Verirrungen des Königs Manasse (2. Kön 21,2-9.16f), die wie die Jerobeams einen Gerichtsbeschluß Jahwes gegen Juda und Jerusalem provoziert haben, der auch von Josia nicht mehr abzuwenden, sondern nur noch aufzuhalten gewesen sei (2. Kön 21,10-15; 22,16-20; 23,26f; 24,3.20). Ihrer Ansicht nach trieb die Geschichte des Südreiches, anders als die des Nordreiches, keineswegs von Anbeginn auf ein Ende zu; die Katastrophen von 598 und 587 waren vielmehr nur die Folge einer schlimmen, aber eng begrenzten Fehlentwicklung. Diese stehen darum auch gar nicht im Zentrum ihres Interesses, weswegen sie darüber nur recht wortkarg berichteten.[45] Zielpunkt des Werkes ist es

---

45 Die »lakonische« Knappheit der Darstellung für die Zeit nach Josia, die seit Cross, Themes, 288, immer wieder notiert worden ist, hat somit sachliche Gründe und ist kein literarkritisches Indiz.

vielmehr, den Weg der königlichen Kultreformpolitik, wie er unter Josia beschritten worden war, gegen mögliche Zweifel und begründete Einwände aus der voraufgegangenen Geschichte Israels als die allein richtige und zukunftsträchtige Handlungsalternative zu erweisen. Der auf den Jerusalemer Tempel beschränkte und von allen fremdreligiösen Einflüssen gereinigte königliche Staatskult ist die Option, die die Verfasser des DtrG als Lehre aus der Geschichte in die exilische Diskussion um die Bedingungen und Grundlagen eines möglichen Neuanfangs einbringen wollten. |

4. Die Intentionen des DtrG im exilischen Diskurs

Die Besonderheit der Anliegen der Gruppe, die hinter dem DtrG stehen, wird noch deutlicher, wenn man sie in das Ensemble der exilischen theologischen Diskussion einordnet. Mit den meisten anderen Gruppen dieser Zeit teilte sie die Ansicht, daß der staatliche Untergang der beiden israelitischen Reiche die Strafe Gottes für den Abfall Israels war. Doch damit endeten auch schon die Gemeinsamkeiten: Im Unterschied zu den Theologengruppen, welche sich um die Hinterlassenschaft der großen Gerichtspropheten Jeremia und Ezechiel geschart hatten und die Geschichte Israels als totale Abfallgeschichte von Anfang an begriffen (Jer 3,6-11; 11,1-8; 32,23ff; Ez 16; 20; 23), lag es den Dtr am Herzen, innerhalb der Geschichte Israels zu differenzieren und die Sünde zu begrenzen. Es war keineswegs alles grau und düster in der Geschichte Israels, es gab lichte, ja sogar glanzvolle Epochen (Mose, Josua; David, Salomo); es war auch nicht alles gleich falsch und gleich schlecht, sondern es gab schlimmere (Nordreich, bes. Omriden) und bessere Verhaltensweisen (Südreich, bes. Josia).

Im Unterschied zu den dtr. Redaktoren des Jeremiabuches, die weder dem Tempel noch den Davididen irgendwelche Heilsbedeutung beimaßen[46] (Jer 7,1-15; bleibende Verurteilung Jojachins 22,24-29!), waren sie fest entschlossen, an diesen beiden positiven staatlichen Heilsgaben Jahwes festzuhalten. Während jene im Anschluß an den Propheten vor dem Vertrauen auf den Tempel warnten (Jer 7,1-15), setzten sie ihre Hoffnung auf ihn. Und sahen jene Abfall und Ungehorsam nicht nur im religiösen, sondern auch im sozialen Bereich (Jer 34) und forderten darum eine

---

46 Die Verheißungen eines neuen Davididen sind im Jeremiabuch nachdtr. (23,5f; 33,15ff).

Umkehr, die auch das soziale Verhalten mit einschloß (7,3ff; 22,3; 35,15ff u.ö.), so beschränkten sie den Abfall auf die religiös-kultische Seite. Obgleich beide Gruppen durch eine gemeinsame theologische Basis (Dtn), eine ähnliche Sprache und Argumentationsweise verbunden waren, so daß wir sie beide der dtr. Tradition zurechnen, differierten sie deutlich in der Einschätzung des Königtums, des Tempels und der sozialen Verpflichtungen.

Enge Berührungspunkte hinsichtlich der Wertschätzung des Jerusalemer Tempels gab es wiederum mit der Reformfraktion der zadokidischen Priesterschaft, die sich aus dem Schülerkreis Ezechiels herausgebildet hatte. War für diese der Tempel der Ort, der die heilvolle Nähe Jahwes inmitten seines Volkes garantieren würde (Ez 37,26-28; 43,1-9), so war er für die Verfasser des DtrG der Ort, an dem er für Israel auf ganz besondere Weise anrufbar war.[47] Bei allen Differenzen in der Heiligkeitsvorstellung[48] stimmten damit beide Gruppen darin überein, daß der Tempel von Jerusalem die Gottesbeziehung Israels auch in Zukunft wesentlich konstituieren würde. Dennoch bestand ein tiefgreifender Dissens über die Organisation des zukünftigen Kultes. Während die Reformpriesterschaft einen selbstverwalteten Kult anstrebte und dem Königtum jegliche priesterliche Funktion absprach (Ez 46,1-10), hielten die dtr. Geschichtsschreiber an der Organisationsform des königlichen Staatskultes fest. Für sie trugen die Könige die entscheidende Verantwortung für die Sicherung der Reinheit des Jahwekultes (vgl. Josia), und für sie war es eine völlige Selbstverständlichkeit, daß der König priesterliche Funktionen wahrnahm (Salomo). Dem entsprach es, daß die Ezechiel-Schüler den König auch in seiner politischen Machtbasis stark einschränken wollten (45,9f; 46,16-18), während den Dtr seine Bindung an das Gesetz genügte.

Berührungspunkte gab es schließlich auch mit der Deuterojesaja-Prophetengruppe, besonders hinsichtlich des monotheistischen Bekenntnisses (vgl. Dtn 4,35.39; 1. Kön 8,60 mit Jes 45,5f.14.18 u.ö.). Aber während diese daraus eine universale Öffnung Israels folgerte (45,20-25; 55,4f), die ihm eine ganz neue »missionarische« Funktion in der Völkerwelt zu-

---

47 Die Hervorhebung des Gebets in 1. Kön 8,27ff, aus der Noth, DtrG, 104ff u.a. den akultischen Charakter von DtrG folgerten, kann angesichts der rahmenden Opferberichte (8,5.62-65) nicht als Kritik am Opferkult, sondern nur als Anpassung an die verbliebene exilische Funktion des zerstörten Tempels verstanden werden.

48 Die massive Vorstellung einer direkten Anwesenheit Jahwes im Tempel wird von den Ezechielschülern durch die *Kābōd*-Vorstellung (Ez 43,2ff.7), von den Dtr durch die *Šēm*-Vorstellung (1. Kön 8,16.18.20; vgl. 27) korrigiert, vgl. Mettinger, Dethronement.

wies, kam für die Dtr darin nur die einzigartige Sonderstellung Israels in der Völkerwelt zum Ausdruck, die es durch schroffe Abgrenzung zu sichern galt,[49] selbst gegenüber den »laxeren« Brüdern in Samaria. Den engen Kontakt mit Ausländern, den Israel in der Exilszeit erlebte, konnten sie nur als Bedrohung, nicht auch als Chance begreifen. Daß nur ein politisch starkes, siegreiches Israel den anderen Völkern Respekt vor Jahwe und seinem Volk einflößen könnte (vgl. Jos 4,24f; 2. Sam 8,15; 1. Kön 8,45.49.59), blieb von ihnen nicht hinterfragt.[50]

Vor dem Hintergrund dieser exilischen Diskussion, die nicht notwendigerweise gleichzeitig, aber doch in dem engen Zeitraum von maximal vier Jahrzehnten (561-515) geführt wurde, erweist sich die Position der Verfasser des DtrG als ausgesprochen konservativ, nationalstaatlich und staatskultisch. Sie orientiert sich an den staatlichen und kultischen Verhältnissen, wie sie in der spätvorexilischen Zeit, vor allem durch die josianische Reform entstanden waren – allerdings abzüglich deren sozialer Komponenten –, und setzt diese auch als beispielhaft für einen Neuanfang voraus.

5. Die Trägergruppe des DtrG

Von dieser Klärung der Intentionen des DtrG läßt sich nun eine sehr viel klarere sozialgeschichtliche Einordnung seiner Träger vornehmen, als dies bisher geschehen ist. Als völlig unhaltbar hat sich Noths Vorstellung eines abseits aller offiziellen Kreise schaffenden judäischen »Privatgelehrten« erwiesen,[51] da dem Werk gerade die offiziellen politischen und kultischen Institutionen am Herzen liegen. Auch Prophetenschüler aus dem Umfeld Jeremias, die H. W. Wolff namhaft machte,[52] kommen hier nicht in Frage, da sich die dtr. Träger der Jeremiatradition von den Verfassern des DtrG an ganz wesentlichen Punkten unterscheiden. Und

---

49 Vgl. die Darstellung der Josuazeit als Ausrottungskrieg (Vollzug des Bannes nach Dtn 20,16-18) und die dauernden Warnungen vor der Verführung durch ausländische Frauen (Jos 23,7.12f; Ri 3,1-6; 1. Kön 11; 16,31ff; 2. Kön 8,18; 11).
50 Vgl. dagegen die tiefsinnige Reflexion Jes 52,13-53,12, daß der Gottesknecht Israel gerade durch seine tiefe Erniedrigung die Sünden der Völker getragen hat und sie in Erstaunen setzt.
51 S.o. Anm. 7.
52 Kerygma, 323; vgl. auch Dietrich, Propheten, 144.

auch die von W. Roth ins Spiel gebrachte Möglichkeit,[53] die Verfasser des DtrG seien die »in ganz Israel ansässigen«, »aber am Jerusalemer Tempel orientierten Leviten« gewesen, wird zwar der Bedeutung, welche das DtrG dem zentralen Heiligtum einräumt, besser gerecht, scheitert aber, ganz abgesehen von der Unsicherheit, die »Leviten« vorexilisch als eigene Gruppe greifen zu können, an der Tatsache, daß das DtrG diesen – anders als das Chronistische Geschichtswerk – keinerlei prominente Rolle einräumt.[54]

Geht man einmal ganz vordergründig davon aus, welchen Funktionsträgern das DtrG besondere Aufmerksamkeit zuwendet, so stößt man neben den Königen auf die Priester, Propheten und Ältesten. |

Prominent ist vor allem die Rolle der Priester: Sie verpflichten neben Mose das Volk auf das Gesetz (Dtn 27,9f); ihnen ist von Mose das Gesetz übergeben und zur Verlesung anvertraut (Dtn 31,9), und sie sind Träger der Lade (Jos 3,3 u.ö.; 1. Kön 8,3.6). Wohl werden sie in dieser Frühzeit »levitische Priester« (*hakkōhănîm hallĕwîm*) bzw. »Söhne Levis« (*bĕnē lēwî*) genannt, doch daß sich hinter dieser archaisierenden deuteronomischen Bezeichnung die Jerusalemer Priester verbergen,[55] wird spätestens 1. Sam 3,35 klar, wo die Dtr die Zadokiden zur von Jahwe erwählten Priesterschaft erheben. Von daher wird auch der Vorwurf gegen Jerobeam verständlich, er habe in Bethel Priester eingestellt, die nicht von »den Söhnen Levis«, d.h. nicht vom erwählten Jerusalemer Priestergeschlecht stammten (1. Kön 12,31). Auch in der Epoche der geteilten Reiche nahmen Jerusalemer Priester, die nun nur noch *kōhănîm* heißen, wichtige Aufgaben wahr, der Priester Jojada rettet die Daviddynastie in der Athalja-Revolte (2. Kön 11f), und der Priester Hilkia ist führend an der josianischen Reform beteiligt (2. Kön 22,4ff; 23,4.24). Die Priester anderer Heiligtümer werden dagegen als »Höhenpriester« denunziert (2. Kön 23,9).

Eine hervorragende Rolle billigt das DtrG auch den Propheten zu, wie die vielen aufgenommenen Prophetenerzählungen[56] und selbst formulierten Prophetenauftritte[57] beweisen. Sie sind für die Dtr auf der einen Seite Prediger des Gesetzes, die Israel fortlaufend vor dem Abfall warnen und zur Umkehr mahnen (2. Kön 17,13 u.ö.); sie werden darum in eine direkte Kontinuität mit Mose gestellt (Dtn 34,10). Auf der anderen Seite erweisen sie mit ihren Heils- und Gerichtsankündigungen, deren Eintreffen häufig explizit konstatiert wird, die Folgerichtigkeit und Gerechtigkeit des göttlichen Geschichtshandelns. Auffällig bleibt allerdings die Ausblendung der totalen Gerichtsprophetie.

---

53 DtrG, 53.
54 Selbständig handelnd nur Dtn 27,14; 1. Sam 6,15; dagegen sind Jos 3,3; 2. Sam 15,24; 1. Kön 8,4 Korrekturen im Sinne der Chronik.
55 Zur Einzelbegründung vgl. Albertz, Religionsgeschichte, 355.
56 Vgl. 2. Sam 12; 1. Kön 13+2. Kön 23,16-18; 1. Kön 14,1-18; 17-21; 2. Kön 1-6; 8,7-15; 9f; 13,14-21; 18,13-20,21.
57 Vgl. Ri 6,7-10; 1. Kön 11,29-39; 2. Kön 4,25-28; 21,10-15; 22,14-22.

Erstaunlich häufig bringt schließlich das DtrG die »Ältesten Israels« ins Spiel, und zwar nicht nur in der Frühzeit, wo ihnen z.b. neben den Priestern von Mose das Gesetz übergeben wird (Dtn 31,9), sondern auch in der Königszeit, wo es diese tribale Institution gar nicht mehr gab. Sie sind sowohl bei der Einweihung des Tempels (1. Kön 8,1.3) als auch beim Bundesschluß Josias (2. Kön 23,1) die Repräsentanten Israels. Diese anachronistische Sicht erklärt sich wahrscheinlich aus dem Umstand, daß in der exilischen Zeit die Ältesten wieder erneute Bedeutung erlangten.

Von diesem Befund legt es sich nahe, die Verfasser des DtrG unter den genannten Funktionsträgern zu suchen. Die nächste spezifizierende Frage muß nun lauten: Hat es in Israel eine Gruppe aus Jerusalemer Priestern, Propheten und führenden Laien gegeben, die sowohl die josianische Kultreform bejahte als auch die Heilsbedeutung von Königtum und Tempel auf der Linie der älteren Königs- und Zionstheologie betonte? Diese Frage läßt sich eindeutig positiv beantworten. Es gab in der spätvorexilischen Zeit, wie wir vor allem aus den Jeremia-Erzählungen wissen, eine starke national-religiöse Fraktion, die sich nach dem Scheitern der josianischen Reform und dem Auseinanderfallen der sie tragenden Reformkoalition gebildet hatte.[58] Zu ihr gehörten wesentliche Teile der Jerusalemer Priesterschaft, wie der Oberpriester Seraja aus dem Geschlecht der Hilkijaden, dessen Großvater führend an der josianischen Kultreform beteiligt gewesen war (2. Kön 22,4ff; 23,2.24; 25,18[59]); zu ihr gehörten auch Jerusalemer Tempelpropheten wie Hananja, der 594 die baldige Rückkehr Jojachins und der nach Babylon verschleppten Tempelgeräte ankündigte (Jer 28,1-4);[60] und zu ihr gehörten ebenfalls Teile der königlichen Beamtenschaft, wie die Familien Malkia und Schelemja, die Jeremia einsperrten (Jer | 21,1; 38,1-6; 37,3.13; vgl. 36,26), und Teile der judäischen Aristokratie ('*am hā'āræṣ*; vgl. Ez 22,29; 2. Kön 25,19), welche die gesellschaftlichen Unterdrückungspraktiken fortsetzten. Wegen der antibabylonischen Aufstandspolitik, die diese Gruppierung mehrfach betrieb,[61] wurden ihre führenden Köpfe von den Babyloniern nach der Eroberung Jerusalems ganz besonders hart bestraft (2. Kön 25,18-21). Dabei speiste

---

58 Vgl. dazu Malamat, Twilight; Kegler, Prophetisches Reden; Hardmeier, Polemik, 494ff; zur breiten Koalition hinter der josianischen Reform s. Albertz, Religionsgeschichte, 346ff.

59 Zur Genealogie der Hilkijaden vgl. 1. Chr 5,39f; Esr 7,1; falls der Jer 36,26 genannte Seraja die gleiche Person ist, stand er Jeremia vor Antritt des Priesteramtes feindlich gegenüber; vgl. die Disziplinarmaßnahme Paschhurs 20,1-6 und die Vorhaltungen des zweiten Priesters Zephanja Jer 29,25ff.

60 Daß auch die Verfasser des DtrG Interesse an Jojachin (2. Kön 25,27-30) und an den Tempelgeräten haben (s.o. Anm. 10), ist doch zumindest auffällig.

61 Erkennbar wird diese in den Jahren 600, 594 und 589f.

sich die nationale Hochstimmung, die sie anheizte, erwiesenermaßen aus dem Vertrauen auf die mit dem Tempel und der Dynastie verbundenen Heilsgarantien (Jer 7,4; Thr 4,12.20); folgt man einer These C. Hardmeiers, dann verbreitete sie noch während der – zeitweise aufgehobenen – Belagerung Jerusalems die These, daß Jahwe seine Stadt, in der er dank der Kultreform einzig und lauter verehrt wurde (2. Kön 18,12), wunderbar verschonen würde (19,32-34), während Jeremia und die ihn stützende Beamtenfraktion der Schafaniden öffentlich dafür warben, sich den Babyloniern zu unterwerfen (Jer 37,3-8; 38,17f).[62] Dabei gibt es eine Reihe von Hinweisen, daß es nicht nur diese kontroverse außenpolitische Option, sondern innenpolitisch auch die Frage der Verbindlichkeit der sozialen dtn. Reformgesetzgebung war, die sie von ihren ehemaligen Mitstreitern beim josianischen Reformwerk trennte.[63]

Aufgrund dieser personellen Analogien und recht weitgehender theologischer Übereinstimmungen darf man wohl den Schluß wagen, daß die Verfasser des DtrG etwas mit der national-religiösen Partei der spätvorexilischen Zeit zu tun hatten. Natürlich darf man nicht beide einfach gleichsetzen; zwischen beiden lag nicht nur die Zeit von ein bis zwei Generationen, sondern auch die nationale Katastrophe von 587, die sowohl die Politik als auch die Theologie dieser Gruppe drastisch widerlegte. Die Überlebenden dieser Gruppierung mußten erst noch einen harten Lernprozeß durchlaufen, um ihr Scheitern theologisch zu verarbeiten. Sie mußten das Recht der gerichtsprophetischen Botschaft grundsätzlich anerkennen (Thr 2,17) und einsehen, daß göttliche Bestandsgarantien für Tempel und Königtum nicht unbedingt galten (1. Kön 9,1-9). Aber das DtrG läßt sich doch sehr gut als Ergebnis dieses Lernprozesses verstehen, den die Angehörigen dieser Gruppe durchgemacht haben. Sie, die Kinder und Enkel der 587 umgekommenen oder arbeitslos gewordenen Priester, Tempelpropheten und Beamten der national-religiösen Fraktion, die als Geistli-

---

62 Polemik, 335ff; er hat gute Gründe dafür beigebracht, daß es sich bei der Hiskia-Erzählung 2. Kön 18,9-19,37* um einen Propagandatext der national-religiösen Partei handelt, der anhand der geschichtlichen Situation von 701 die Hoffnung auf endgültigen Abzug der Babylonier untermauern und die gegenteiligen Ankündigungen Jeremias und Ezechiels als Feindpropaganda entlarven will. Wenn die Verfasser des DtrG unter den Nachfahren dieser Partei zu suchen sind, findet die Aufnahme dieser Erzählung in ihr Geschichtswerk eine einfache Erklärung.

63 Vgl. die sozialen Anklagen Jeremias, die ab 609 anheben (z.B. Jer 5,26f; 34), und die soziale Reform, die der Schafan-Enkel Gedalja unter babylonischer Oberherrschaft versucht (Jer 39,9; 40,10). So rekrutieren sich die dtr. Bearbeiter des Jeremiabuches wahrscheinlich aus den Nachfahren dieser oppositionellen Beamtenfraktion.

che und Älteste wahrscheinlich weiter Leitungsfunktionen im verwüsteten Juda innehatten,[64] wollten mit ihrem Geschichtswerk auf der Basis des Dtn einen theologischen Kompromiß schaffen, der auf der einen Seite die Gerichtsprophetie insoweit akzeptierte, als sie zur Erklärung der Katastrophe unumgänglich war, der aber auf der anderen Seite die für sie unverzichtbaren Elemente ihrer früheren national-religiösen Überzeugungen – in korrigierter Form – erneut zur Geltung brachte.

Viele Schwierigkeiten bei der Interpretation des DtrG finden von dieser Herleitung ihre einfache Erklärung: die Hochschätzung des Tempelkults und der Daviddynastie bei gleichzeitiger kritischer Anbindung an das Gesetz, die Hochschätzung des dtn. Gesetzes bei gleichzeitiger Ausblendung dessen sozialreformerischen Impulses und die Hochschätzung der Prophetie bei gleichzeitiger Ausblendung der totalen Gerichtsprophetie, welche die Väter und Großväter der Verfasser des DtrG | einmal mit allen Mitteln bekämpft hatten. Die »Doppelgesichtigkeit« des DtrG erklärt sich somit aus der national-religiösen Herkunft seiner Trägergruppe unter den veränderten Bedingungen der Exilszeit. |

Literaturverzeichnis:

R. Albertz, Die Religionsgeschichte Israels in vorexilischer Zeit, E. Lessing (Hg.), Die Bibel. Das Alte Testament in Bildern erzählt, 1987, 288-360; 400-402.

E. Blum, Studien zur Komposition des Pentateuch, Masch. (Habil. theol.) Heidelberg, 1988.

F. M. Cross, The Themes of the Book of Kings and the Structure of the Deuteronomistic History, Ders., Canaanite Myth and Hebrew Epic, 1973, 274-289.

W. Dietrich, Prophetie und Geschichte. Eine redaktionsgeschichtliche Untersuchung zum deuteronomistischen Geschichtswerk, FRLANT 108, 1972.

C. Hardmeier, Die Polemik gegen Ezechiel und Jeremia in den Hiskija-Jesaja-Erzählungen. Studien zur Funktion und zur Rhetorik der historischen Tendenzerzählungen in II Reg 18-20 und in Jer 37-40, Masch. (Habil. theol.) Bethel, 1987. |

H.-D. Hoffmann, Reform und Reformen. Untersuchungen zu einem Grundthema der Deuteronomistischen Geschichtsschreibung, AThANT 66, 1980.

E. Janssen, Juda in der Exilszeit. Ein Beitrag zur Frage der Entstehung des Judentums, FRLANT 69, 1956.

A. Jepsen, Die Quellen des Königsbuches, ²1956.

---

64 Die Gründe, die Noth, DtrG, 97; 110 Anm. 2; Janssen, Juda, 16-18 und Dietrich, Prophetie, 144, für eine Lokalisierung der Trägergruppe in Juda zusammengetragen haben, scheinen mir immer noch überzeugender zu sein als die Einsprüche Soggins dagegen (Entstehungsort, 3-8).

J. Kegler, Prophetisches Reden und politische Praxis Jeremias. Beobachtungen zu Jer 26 und 36, W. Schottroff/W. Stegemann (Hg.), Der Gott der kleinen Leute, Bd. 1, 1979, 67-79.

K. Koch, Das Profetenschweigen des deuteronomistischen Geschichtswerks, J. Jeremias/L. Perlitt (Hg.), Die Botschaft und die Boten, Festschr. H. W. Wolff, 1981, 115-128.

G. Chr. Macholz, Israel und das Land. Vorarbeiten zu einem Vergleich zwischen der Priesterschrift und dem deuteronomistischen Geschichtswerk, Masch. (Habil. theol.) Heidelberg, 1969.

A. Malamat, The Twilight of Judah. In the Egyptian-Babylonian Mealstream, VT.S 28, 1975, 123-145.

T. N. D. Mettinger, The Dethronement of Sabaoth. Studies in the Shem and Kabod Theologies, Coniectanea Biblica OT. Ser. 18, 1982.

R. D. Nelson, The Double Redaction of the Deuteronomistic History, JSOT Suppl. Ser. 18, 1981.

M. Noth, Das deuteronomistische Geschichtswerk (Dtr), Überlieferungsgeschichtliche Studien, 1943 = 1967, 3-110.

G. von Rad, Die deuteronomistische Geschichtstheologie in den Königsbüchern (1947), Gesammelte Studien I, ThB 8, ^{2}1961, 189-204.

W. Roth, Deuteronomistisches Geschichtswerk/Deuteronomistische Schule, TRE 8, 1981, 543-552.

R. Smend, Das Gesetz und die Völker. Ein Beitrag zur deuteronomistischen Redaktionsgeschichte, Probleme biblischer Theologie, Festschr. G. v. Rad, 1971, 494-509.

R. Smend, Entstehung des Alten Testaments, 1978, ^{2}1981.

J. A. Soggin, Der Entstehungsort des Deuteronomistischen Geschichtswerks, ThLZ 100, 1975, 3-8.

W. Thiel, Die deuteronomistische Redaktion von Jeremia 1-25, WMANT 41, 1973.

W. Thiel, Die deuteronomistische Redaktion von Jeremia 26-45, WMANT 52, 1981.

G. Vanoni, Beobachtungen zur deuteronomistischen Terminologie in 2. Kön 23,25-25,30, N. Lohfink (Hg.), Das Deuteronomium, 1985, 357-362.

T. Veijola, Die ewige Dynastie. David und die Entstehung seiner Dynastie nach der deuteronomistischen Darstellung, AASF B/193, 1975.

T. Veijola, Das Königtum in der Beurteilung der deuteronomistischen Historiographie, AASF B/198, 1977.

H. Weippert, Das deuteronomistische Geschichtswerk, ThR 50, 1985, 213-249.

H. Weippert, Die »deuteronomistischen« Beurteilungen der Könige von Israel und Juda und das Problem der Redaktion der Königsbücher, Bibl. 53, 1972, 301-339.

J. Wellhausen, Prolegomena zur Geschichte Israels, ^{6}1927 = 1981.

C. Westermann, Zur Auslegung des Alten Testaments (1968), Ders., Forschung am Alten Testament. Gesammelte Studien Bd. 2, ThB 55, 1974, 9-67.

H. W. Wolff, Das Kerygma des deuteronomistischen Geschichtswerkes, Ders., Gesammelte Studien, ThB 22, 1964, 308-324.

E. Zenger, Die deuteronomistische Interpretation der Rehabilitierung Jojachins, BZ N.F. 12, 1968, 16-30.

Wer waren die Deuteronomisten?

Das historische Rätsel einer literarischen Hypothese*

Seit Martin Noth 1943 erkannte, daß die Bücher Dtn–2 Kön einem einzigen umfangreichen Geschichtswerk zuzurechnen seien, das er das »Deuteronomistische« nannte, hat die Deuteronomismus-Forschung in der alttestamentlichen Wissenschaft einen großen Aufschwung genommen. In weiteren Büchern der hebräischen Bibel, etwa in den Prophetenbüchern Jeremia, Amos, Micha, Sacharja oder Tritojesaja, wurden breitere oder schmalere dtr. Redaktionen entdeckt. Es wurde immer deutlicher, daß »die Deuteronomisten«, die ihre Sprache und Theologie am 5. Buch Mose, dem Deuteronomium, schulten, ab der exilischen, vielleicht auch | schon der spätvorexilischen Zeit große Teile der hebräischen Bibel produziert, formiert und redigiert haben. L. Perlitt hat jüngst »Deuteronomismus« »als das Schlagwort der gegenwärtigen Forschung« bezeichnet.[1] Inzwischen wurde die literarische Hypothese bis in filigrane Verästelungen hinein verfeinert. Durch literarkritische Beobachtungen meinte man, immer neue dtr. Schichten oder Redaktionsstufen differenzieren zu können (Dtr$_1$, Dtr$_2$ in der Cross-Schule; DtrH, DtrP, DtrN in der Smend-Schule; DtrL Lohfink), ohne daß es bisher zu einer breiteren Konsensbildung gekommen ist. Ja, angesichts der Versuche, auch Textbereiche, denen eindeutige dtr. Sprachmerkmale fehlen, über die Vorstellungswelt der dtr. Literatur einzuverleiben (z.B. Jes 7 durch O. Kaiser), muß man heute von der Gefahr eines »Pandeuteronomismus« sprechen, in der sich die literarische Hypothese in der Uferlosigkeit verliert.

Im Blick auf den fröhlichen Wildwuchs dtr. Hypothesenbildung möchte ich hier die schlichte historische Frage stellen, wer denn diese literarisch so einflußreichen Deuteronomisten gewesen sind. Diese Frage ist

---

* Antrittsvorlesung an der Universität Münster am 10. Juni 1996 – Die wichtigsten Abkürzungen: dtr. = deuteronomistisch; DtrG = das deuteronomistische Geschichtswerk; JerD = das deuteronomistische Jeremiabuch. |

1 *L. Perlitt*, Hebraismus – Deuteronomismus – Judaismus, in: G. Braulik (Hg.), Biblische Theologie und gesellschaftlicher Wandel. FS N. Lohfink, Freiburg/Basel/Wien 1993, 279–295, 279.

heute ganz unmodern, herrscht doch zur Zeit in der alttestamentlichen Wissenschaft zwar einerseits ein großes Vertrauen, durch diffizilste Textbeobachtungen zu sicheren literaturgeschichtlichen Ergebnissen zu kommen, anderseits aber eine übergroße Skepsis, auf historischem Gebiet überhaupt noch einigermaßen gesicherte Aussagen machen zu können. Doch bin ich gegenüber diesem modernen »wissenschaftlichen Doketismus« der altmodischen Meinung, daß eine literaturgeschichtliche Hypothese nur dann als voll bewiesen gelten kann, wenn es gelingt, ihr eine plausible realgeschichtliche Basis zu geben. Es könnte ja auch sein, daß erst ein Insistieren auf eine historische und sozialgeschichtliche Verortung die Vorstellungen, die über die dtr. Literaturbildung häufig unreflektiert grassieren, wieder überprüfbar macht und allzu großen Wildwuchs zu beschneiden hilft.

I. Das Rätsel der Deuteronomisten

Auf die Frage, wer denn die Personen gewesen sein sollen, welche die umfangreichen dtr. Literaturwerke schufen und vielen Schriften ihren unverwechselbaren Stempel aufdrückten, erhält man aus der alttestamentlichen Forschung – angesichts der Bedeutung des literarischen Phänomens – merkwürdig diffuse und widersprüchliche Antworten. Die historische Nachfrage scheint wenig zu interessieren.

M. Noth sah bekanntlich im Verfasser des DtrG einen einzelnen Mann, der in Distanz zu allen bekannten israelitischen Gruppen und Institutionen lebte:[2] Er gehörte nicht der »geistigen Sphäre des Priestertums« an, wurzelte nicht »im Gedankenbereich des offiziellen Staatslebens«, stand aber auch sowohl in gewisser Distanz zum »Geist der ›Schrift‹-Prophe|ten« als auch zur »Ideologie der sogenannten nationalen Propheten«. Er habe auch nicht »sein Werk im Auftrage eines einzelnen oder einer bestimmten Gruppe verfaßt«, darum trage auch sein Werk »keinerlei offiziellen Charakter«. Gewirkt habe er nach 560 in Palästina, näherhin in der Region Mizpa-Bethel.

So positiv zu würdigen ist, wie Noth aus seiner – durchaus fragwürdigen – Sicht der Tendenzen des DtrG eine möglichst detailgenaue historische Verortung von dessen Verfasser vornimmt, so kann sein Bild eines gesellschaftlich isolierten, niemandem verpflichteten Historikers nicht

---

2 *M. Noth*, Überlieferungsgeschichtliche Studien, Tübingen 1967³, 109f. |

klären, warum er solche Breitenwirkung in der Exilszeit erlangen konnte. Das heißt: Das fast vollständige Desinteresse Noths an einer sozialgeschichtlichen Vernetzung seines Autors führte dazu, daß das Phänomen des Deuteronomismus ein Rätsel blieb.

Hier setzte schon bald nach Noth eine Gegenbewegung ein, die den Autor des DtrG aus seiner »splendid isolation« befreite und ihn zum Repräsentanten einer räumlich und zeitlich mehr oder weniger ausgedehnten Gruppe machte: Aus dem Deuteronomisten wurde eine Schule oder Bewegung.

Beliebt wurde die Vorstellung von predigenden und lehrenden Leviten als Träger der dtr. Literatur,[3] die schon G. von Rad für das Deuteronomium aus dessen predigthaftem Stil in Analogie zu nachexilischen Verhältnissen entwickelt hatte.[4] H. W. Wolff nahm ein »levitisch-prophetische(s) Oppositionsbündnis« an,[5] das seit den Tagen Hoseas die Ausbildung der dtn. und dtr. Literatur vorangetrieben habe; für ihn stammen die Autoren des DtrG aus dem Schülerkreis Jeremias.[6] Nach O. H. Steck existierte die von judäischen Landleviten getragene dtr. Bewegung sogar bis in die hellenistische Zeit hinein, d.h. über einen Zeitraum von mehr als einem halben Jahrtausend. Der Deuteronomismus ist für ihn eine der großen theologischen »Strömungen« Israels, die seine Literatur- und Geistesgeschichte der exilisch-nachexilischen Zeit nachhaltig bestimmte.[7] Andere, wie et-

---

3 Vgl. etwa *O. H. Steck*, Israel und das gewaltsame Geschick der Propheten. Untersuchungen des deuteronomistischen Geschichtsbildes im Alten Testament, Spätjudentum und Urchristentum (WMANT 23), Neukirchen-Vluyn 1967, 196–199. – *W. Roth*, Art. Deuteronomistisches Geschichtswerk – Deuteronomistische Schule, TRE VIII (1981), 543–552, 547.
4 *G. von Rad*, Deuteronomium-Studien (1947), in: ders., Gesammelte Studien zum Alten Testament II (TB 48), München 1973, 109–153, 143–150. – *Ders.*, Das fünfte Buch Mose. Deuteronomium (ATD 8), 1968^2, 16ff; vgl. Neh 8,1ff. Zur Forschungsdiskussion vgl. *H.-D. Preuß*, Deuteronomium (EdF 164), Darmstadt 1982, 30f.
5 *H. W. Wolff*, Hoseas geistige Heimat (1956), in: ders., Gesammelte Studien (TB 22), München 1964, 232–250, 250.
6 *H. W. Wolff*, Das Kerygma des Deuteronomistischen Geschichtswerkes (1956), in: a.a.O. 308–324, 323.
7 *O. H. Steck*, Strömungen theologischer Tradition (1978), in: ders., Wahrnehmungen Gottes im Alten Testament (TB 70), München 1982, 291–317, 302–315; und noch einmal *ders.*, Der Abschluß der Prophetie im Alten Testament. Ein Versuch zur Frage der Vorgeschichte des Kanons (BThSt 17), Neukirchen-Vluyn 1991, 145 Anm. 313; immerhin gesteht er zumindest für die Spätzeit (Wende vom 3. zum 2. Jh. vChr.) ein: »mit der Identifizierung dieser Träger als ›Leviten‹ wäre ich heute vorsichtiger, ohne eine bessere Lösung zu wissen«.

wa E. Janssen[8] und E. W. Nicholson[9], brachten den Deuteronomismus – zeitlich konkreter, aber weniger gruppenspezifisch – mit der exilischen Predigtpraxis in den entstehenden Synagogen in Verbindung, sei es nun in Palästina oder in Babylon. Die Annahme einer »dtr. Schule« erlaubt R. Smend und seinen Schülern, verschiedenen redaktionellen Schichten, die sie gegenüber Noth im DtrG meinten differenzieren zu können, zeitlich Raum zu geben, doch verzichteten sie weitgehend auf deren sozialgeschichtliche Verortung. Erhellend ist ein Zitat von R. Smend: »Die dtr. Schule – was immer man sich genauer unter ihr vorstellen mag – hat gewiß über Generationen hin bestanden.«[10]

Ja, was soll man sich denn nun genauer unter dtr. Schule oder Bewegung vorstellen? Leviten, Prophetenschüler oder Synagogenprediger? Und was bedeutet die Auskunft, sie habe »gewiß über Generationen hin bestanden«? War sie eine Erscheinung der Exilszeit, oder ragt sie in die persische oder gar hellenistische Zeit hinab? So sehr der Versuch zu würdigen ist, der Breite der dtr. Literatur eine breitere gesellschaftliche Basis zu verschaffen; durch die Annahme einer dtr. Schule oder Bewegung wurde die historische Konkretion, um die es noch M. Noth ging, weitgehend aufgegeben.[11] Das historische Rätsel des Deuteronomismus wurde nur scheinbar gelöst.

Alle bisher genannten Konkretionsversuche hinsichtlich der Trägerkreise der dtr. Schule oder Bewegung sind historisch zutiefst fragwürdig: Die Levitenthese G. von Rads und seiner Nachfolger krankt daran, daß sie nachexilische Verhältnisse, wo die Leviten eine niedere Priesterklasse bildeten, auf die frühere Zeit zurückprojiziert. Doch das Deuteronomium kennt noch gar keine Gruppe von Leviten neben den Priestern; vielmehr vertritt es die archaisierende Vorstellung, daß alle Priester Leviten seien. Und auch im DtrG spielen die Leviten – abgesehen von einigen chroni-

---

8 *E. Janssen*, Juda in der Exilszeit. Ein Beitrag zur Frage der Entstehung des Judentums (FRLANT 69), Göttingen 1956, 123.
9 *E. W. Nicholson*, Preaching to the Exiles. A Study of the Prose Tradition in the Book of Jeremiah, Oxford 1970, 134.
10 *R. Smend*, Die Entstehung des Alten Testaments (ThW 1), Stuttgart 1984², 124.
11 Vgl. die berechtigte Kritik von *N. Lohfink*, Gab es eine deuteronomistische Bewegung?, in: W. Groß (Hg.), Jeremia und die »deuteronomistische Bewegung« (BBB 98), Weinheim 1995, 313–382, 315f; vgl. schon meine Kritik in: *R. Albertz*, Religionsgeschichte Israels in alttestamentlicher Zeit (GAT 8/1-2), Göttingen 1992, 463. 502f.

stischen Retuschen¹² – noch keine Rolle,¹³ in der Frühzeit be|gegnen nur levitische Priester,¹⁴ in der Königszeit überhaupt nur noch Priester. Das macht es aber – gerade im Vergleich zur prominenten Rolle der Leviten im Chronikwerk – ganz unwahrscheinlich, daß Leviten Verfasser der dtr. Literatur gewesen sein können.

Die These von den Prophetenschülern ist insofern begründeter, als man natürlich die dtr. Redaktoren von Prophetenbüchern in weiterem Sinn als späte Schüler der Propheten bezeichnen kann. Allerdings bleibt es fraglich, ob die These für die gesamte dtr. Literatur Gültigkeit beanspruchen kann, da bekanntlich im DtrG – außer dem 2 Kön 18–20 heilsprophetisch umgedeuteten Jesaja – kein einziger der klassischen Gerichtspropheten erwähnt wird. Das von K. Koch notierte »Profetenschweigen des Deuteronomistischen Geschichtswerks« harrt weiter einer plausiblen Erklärung.¹⁵

Die Herleitung der Reden im DtrG und im dtr. Jeremiabuch aus der Predigtpraxis der Synagoge ist mit der Schwierigkeit belastet, daß Synagogen historisch erst aus sehr viel späterer Zeit bezeugt sind.¹⁶ Zwar

---

12 So sicher Dtn 27,9f; Jos 3,3; 2 Sam 15,24; 1 Kön 8,4; wahrscheinlich auch 1 Sam 6,15; es bleiben dann nur noch die Leviten als Verkünder der Fluchreihe Dtn 27,14 und die Reminiszenzen der »historischen« Leviten in Ri 17f; 20,4; Jos 14,3f; 18,7; 21.

13 Vgl. *R. Albertz*, Die Intentionen und die Träger des Deuteronomistischen Geschichtswerks, in: ders./F. W. Golka/J. Kegler (Hg.), Schöpfung und Befreiung. FS C. Westermann, Stuttgart 1989, 37–53 [= S. 257-277 im vorliegenden Band]. |

14 Dtn 27,9f; 31,9; Jos 3,3; 8,33; generell sind im DtrG die Priester Träger der Lade (Jos 3,6.8.13f.17; 4,3.9–11.16.18; 6,4.6.8f.12; 1 Kön 8,3). In 1 Sam 2,35 wird klar, daß für das DtrG die Zadokiden Jahwes erwählte Priesterschaft sind. Auch der Vorwurf gegen Jerobeam, er habe keine Priester von den Söhnen Levis in Bethel und Dan eingestellt, obwohl in Dan nachweislich Leviten amtierten, wird nur verständlich, wenn für die Verfasser des DtrG mit levitischen Priestern letztlich die Zadokiden gemeint sind.

15 In: J. Jeremias/L. Perlitt (Hg.), Die Botschaft und die Boten. FS H. W. Wolff, Neukirchen-Vluyn 1981, 115–128. Wenn *W. Dietrich*, Martin Noth and the Future of the Deuteronomistic History, in: S. L. McKenzie/M. P. Graham (Hg.), The History of Israel's Traditions. The Heritage of Martin Noth (JSOT.S 182), Sheffield 1994, 153–175, 170 Anm. 4, das Problem mit den Worten leugnet: »extensive deuteronomistically redacted books were at the disposal of the deuteronomistic school. Why should they combine everything?«, dann muß er sich die Gegenfrage gefallen lassen, warum denn die Chronisten ohne großen Aufwand Jeremia in ihr Geschichtswerk einbinden konnten (2 Chr 35,25; 36,12), obgleich ihnen natürlich auch die Prophetenbücher zur Verfügung standen. Warum hätte der Autor des DtrG nicht ähnlich verfahren können, wenn er gewollt hätte?

16 Vgl. Albertz, Religionsgeschichte (s. Anm. 11), 390.

ist nicht auszuschließen, daß die Anfänge des Wortgottesdienstes in die Exilszeit zurückgehen, doch ist völlig unsicher, ob dazu »Predigten« gehört haben. Zwar werden im DtrG (1 Kön 8) und JerD (7; 26) dtr. Mahnreden zuweilen am Tempel lokalisiert, aber sie gehören hier nicht zur gottesdienstlichen Handlung. Im Gegenteil, die meisten Reden finden in der Sicht dieser Bücher in profanem Rahmen statt[17] und weisen darum, wenn überhaupt, eher auf eine außerkultische Predigttätigkeit.[18] |

Lohfink hat darum jüngst zu Recht auf die Fragwürdigkeit der meist unreflektiert verwendeten Vorstellung einer dtr. Schule oder Bewegung hingewiesen.[19] Der direkte Schluß von dtr. Formulierungen oder Theologumena, die auf der Textebene beobachtet werden, auf die gesellschaftliche Ebene führe nicht selten zu »pandeuteronomistischen Kettenreaktionen«,[20] indem aus der Verbreitung und zeitlichen Verteilung dtr. Texte eine ebenso breite und langanhaltende Bewegung postuliert werde, wobei deren Etikett »deuteronomistisch« noch deren Einheitlichkeit suggeriere. Er plädiert deswegen dafür, das »Wort ›deuteronomistisch‹ zunächst einmal auf der Textbeschreibungsebene zu lassen«, und fordert für die historische Rekonstruktion eine gesonderte Nachfrage unter Bemühung zusätzlicher Argumente über die sprachlichen und inhaltlichen hinaus.[21]

Lohfink stützt seine methodische Forderung, indem er den häufig unkritisch verwendeten Begriff der »Bewegung« überdenkt: Nach dem Duden-Wörterbuch sei eine Bewegung »eine größere Anzahl von Menschen, die sich zur Durchsetzung eines gemeinsamen [politischen] Zieles zusammengeschlossen haben«.[22] Er hält diesen Begriff mit einigen Einschrän-

---

17 So im Stadttor Jer 17,19ff; im Palasttor Jer 22,1ff; auch das Tempeltor (Jer 7; 26) kann ja kaum Platz für die gottesdienstlichen Predigten gewesen sein; statt dessen soll sich Jeremias »Predigt« explizit an die Besucher richten, die aus dem Umland erst zum Gottesdienst kommen.
18 Vgl. Albertz, Religionsgeschichte (s. Anm. 11), 390ff. Dies muß auch gegen *T. Veijola*, Verheißung in der Krise. Studien zur Literatur und Theologie der Exilszeit anhand des 89. Psalms (AASF B 220), Helsinki 1982, 190ff. 205ff, festgehalten werden, der viel zu pauschal exilische Klagegottesdienste in Mizpa und Bethel zum Hintergrund der gesamten »dtr. Bewegung« machen möchte. Übrigens ist | auch seine Behauptung, Jer 41,5 belege einen Tempel in Mizpa, mehr als fraglich, da die Bezeichnung בית יהוה nicht nur in der Leidensgeschichte (Jer 38,14), sondern auch im ganzen Jeremiabuch immer den Jerusalemer Tempel meint.
19 Bewegung (s. Anm. 11), 313ff.
20 A.a.O. 320.
21 A.a.O. 321.
22 A.a.O. 333, vgl. *G. Drosdowski* (Hg.), Duden. Das große Wörterbuch deutscher Sprache in sechs Bänden, Bd. I, 380.

kungen durchaus für die Beschreibung israelitischer Phänomene für anwendbar. Allerdings sei schon von dieser Definition her die Annahme einer Jahrhunderte überdauernden Bewegung von Landleviten, wie sie Steck vorschwebt, historisch ganz unwahrscheinlich: Eine Bewegung, die auf ein Ziel ausgerichtet ist, sei immer zeitlich begrenzt, egal ob sie Erfolg habe und neue Verhältnisse schaffe oder ob sie keinen Erfolg habe und sich erschöpfe.[23] Wichtiger aber ist Lohfinks Feststellung: »Bewegungen definieren sich eher von Zielvorstellungen als von literarischen Stilen her.«[24] Das bedeutet aber, daß sich die Identifizierung von Bewegungen der spätvorexilischen oder exilischen Zeit nicht – wie methodisch üblich – allein über einen bestimmten dtn. oder dtr. Sprachstil vornehmen läßt. Zwar kann eine Bewegung eine gewisse Rhetorik ausbilden, das Entscheidende aber, was sie definiert, ist nicht jene, sondern ihr Ziel.

Diese klärende methodische Einsicht hat zwei Folgen: Zu Recht folgert Lohfink, daß auch mit der Möglichkeit gerechnet werden muß, daß Gruppierungen, die aus einem anderen Traditionshintergrund kommen, zur gleichen Bewegung gehören. Lohfink denkt z.B. an die Verfasser der Assurredaktion des Jesajabuches, die zur »Restaurationsbewegung der Josiazeit gehören«, obgleich sie keine deuteronomistische Sprache sprechen.[25] Aber über Lohfink hinaus und kritisch gegen ihn muß auch die umgekehrte Folgerung gezogen werden: Auch nicht alle Gruppen, die eine dtr. Sprache sprechen, müssen deswegen derselben Bewegung angehören; sie können, obgleich sie von einem gemeinsamen Traditionshintergrund herkommen und neben der Sprache ähnliche theologische Vorstellungen hegen, sehr wohl differente, ja vielleicht sogar gegensätzliche Ziele verfolgen. Das heißt aber, es ist kurzschlüssig, von der gemeinsamen dtr. Rhetorik auf eine einheitliche dtr. Bewegung oder Schule schließen zu wollen. Vielmehr müssen alle dtr. Schriften der Tendenzkritik unterzogen werden, um ihre religiösen, kultischen, politischen und sozialen Interessen genau herauszuarbeiten und gegeneinander abzugrenzen. Erst dann wird eine genauere historische Verortung der Trägergruppen dtr. Literaturwerke möglich sein.

---

23 Lohfink, Bewegung, 333.
24 A.a.O. 334. |
25 A.a.O. 335. 356f.

II. Müssen wir mit unterschiedlichen deuteronomistischen Gruppen rechnen?

Macht man sich einmal von dem Zwang frei, die Deuteronomisten müßten eine Gruppe bilden, dann fallen sofort gravierende Differenzen in der Tendenz ihrer Werke ins Auge. Ich möchte dies hier ansatzweise anhand der beiden wichtigsten dtr. Textkomplexe, des Deuteronomistischen Geschichtswerks (DtrG) und des deuteronomistischen Jeremiabuchs (JerD) deutlich machen. Dabei gehe ich von der jeweiligen Endgestalt aus.

1. Jojachin und die Zukunft des Königtums

Bekanntlich endet das DtrG mit der Begnadigung Jojachins durch den babylonischen König Awil-Marduk in dessen Akzessionsjahr 562 (2 Kön 25,27–30). Über den Sinn dieses merkwürdigen Schlusses ist viel gestritten worden. Berücksichtigt man, welche hohe Bedeutung das Geschichtswerk David einräumt und wie es aus dem Geschichtsverlauf der Königszeit aufzuweisen sucht, daß die dem davidischen Königshaus gegebene Verheißung mehrfach sein Gericht über Juda abgemildert und herausgeschoben hat,[26] dann läßt sich dieser abschließende Hinweis auf die Begnadigung Jojachins nur als vorsichtiger, aber doch unübersehbarer Hinweis darauf verstehen, daß die Davidverheißung ihre das Gericht begrenzende und vielleicht überwindende Kraft erneut zu entfalten begann. Wenn die Autorengruppe des DtrG es für so wichtig hielt, dies am Schluß ihres Werkes mitzuteilen, dann wird sichtbar, welche Option sie für die sich abzeichnende Zukunft Israels ergriff: Der entscheidende Zukunftsträger blieb für sie die Daviddynastie und aus dieser wiederum der nach Babylon deportierte König Jojachin.

Auch die Autoren des dtr. Jeremiabuches haben sich ausführlich mit Jojachin beschäftigt (Jer 22,24–30). Dabei kommentieren sie einzelne oder auch schon kompositorisch zusammengestellte Gerichtsworte Jeremias über Jojachin, die dieser wahrscheinlich während der Belagerung Jerusalems 598 und während der antibabylonischen Aufstandspläne 594 gesprochen hat.[27] Sie lauteten in etwa:

---

26 Vgl. 2 Sam 7,14–16; 1 Kön 2,4; 8,25; 9,5; 11,12f; 15,4; 2 Kön 8,19; 19,34; zu dieser Sicht Albertz, Religionsgeschichte (s. Anm. 11), 404f. |
27 Vgl. dazu *H.-J. Hermisson*, Jeremias Wort über Jojachin, in: R. Albertz/H.-P. Müller/H. W. Wolff/W. Zimmerli (Hg.), Werden und Wirken des Alten Testaments. FS C. Westermann, Göttingen/Neukirchen 1980, 252–270. Ich folge weitgehend seiner Re-

24 Selbst wenn Konjahu ein Siegelring an meiner rechten Hand wäre,
26 dann würde ich dich von dort abreißen und auf den Boden schleudern.
28 »Ist Konjahu ein gering geachtetes Gefäß oder ein Topf, den keiner haben will? Warum wurde er auf den Boden geschleudert?«
30 Schreibt diesen Mann als kinderlos auf,
als einen Mann, der kein Glück haben wird zu seinen Lebzeiten.

Jojachin, der durch Übergabe der Stadt der Strafe für die riskante Aufstandspolitik seines Vaters meinte entgehen zu können, so hatte Jeremia in unerbittlicher Härte verkündet, wird von Jahwe verworfen; Jojachin, auf den die antibabylonischen Nationalisten sowohl in Juda als auch unter den Deportierten ihre Hoffnung setzten und dessen baldige Heimkehr sie erwarteten (Jer 28,3f), so hatte Jeremia seine Verkündigung erneuert, blieb verworfen, auch in Zukunft ohne Thronerben, eine total gescheiterte Existenz.

Die Redaktoren des dtr. Jeremiabuches erwiesen sich nun als treue Schüler Jeremias, indem sie dies harte Wort nicht nur historisch kommentierten und auf Jojachins Deportation bezogen (22,24f), sondern bis in ihre Gegenwart auszogen und dabei erheblich verschärften: Nie würden Jojachin und seine Mutter wieder nach Juda zurückkehren (26f), auch die Nachkommenschaft Jojachins würde unter das Verwerfungsverdikt Jeremias gestellt (28bα$_2$.30bα), und keiner von ihr würde jemals wieder auf dem Thron Davids sitzen und in Juda herrschen (30b). Wenn die gängige These richtig ist, daß die dtr. Jeremiaredaktion etwas später als der Abschluß des DtrG stattfand,[28] dann läßt sich diese dtr. Fassung des Jojachinwortes nur als schroffe Antithese gegen die Hoffnungen, die die Verfasser des DtrG mit der Schlußnotiz ihres Werkes nährten, verstehen: Begnadigung hin oder her, Jojachin blieb von Gott verworfen, niemals sollte jemand mehr von seinen vielen Kindern, die er entgegen der Ankündigung Jeremias in Babylonien gezeugt hatte (1 Chr 3,17–19), die Königsherrschaft in Juda ausüben. Auf Jojachin lagen keine göttlichen Verheißungen mehr, die Israels Zukunft eröffnen könnten. Das heißt aber:

---

konstruktion, lasse es aber offen, ob der dtr. Redaktion schon eine von Jeremia selber geschaffene Wortkomposition zugrundeliegt. Anders als Hermisson halte ich V. 30b ganz für eine dtr. Bildung, da das Stichwort צלח aus V. 30a wieder aufgenommen wird, זרעו auch in V. 28 deutlich ergänzt ist und die Wendung ישב על־כסא דוד in JerD gut bezeugt ist (Jer 17,25; 22,2; 29,16), vgl. W. Thiel, Die deuteronomistische Redaktion von Jeremia 1–25 (WMANT 41), Neukirchen 1973, 242–246.

28 Um 550 gegenüber um 560 des DtrG, vgl. W. Thiel, Die deuteronomistische Redaktion von Jeremia 26–45 (WMANT 52), Neukirchen 1981, 114. |

Zwischen den beiden dtr. Verfassergruppen bestand in einer wichtigen politischen Zukunftsfrage des spätexilischen Israel ein offener Dissens.

Daß wir es hier mit einer hochbrisanten Auseinandersetzung in der späten Exilszeit zu tun haben, beweist der emphatische Höraufruf, mit dem die Jeremia-Deuteronomisten ihr abschließendes Verdikt über Jojachin und seine ganze Sippe einleiteten:

22, 29   »Land, Land, Land, höre das Wort Jahwes!«[29]

Es ging ihnen ganz offensichtlich um eine entscheidende Botschaft für ihre Heimat! Welche Wichtigkeit ihr zukam, erhellt sich schlaglichtartig aus der frühnachexilischen Zeit: Nachdem die Perser – aus welchen Gründen auch immer – den Jojachin-Enkel Serubbabel zum Verantwortlichen für die erste große Rückwanderung der Exilierten und den Wiederaufbau des Tempels eingesetzt hatten, fand der Heilsprophet Haggai es nötig, das Verwerfungsurteil Jeremias und seiner dtr. Tradenten über die Jojachin-Familie im Namen Jahwes ausdrücklich aufzuheben (Hag 2,20–23), um den heißen Hoffnungen auf eine Restitution der davidischen Monarchie, die ein Teil der Bevölkerung mit der Person Serubbabels verband, Raum und Legitimation zu verschaffen. Zwischen den beiden dtr. Gruppierungen stand also nicht weniger als die politische Gestalt des zukünftigen Israels zur Debatte. Es ging um die Frage: Restitution der vorexilischen Verhältnisse mit davidischer Monarchie oder radikaler Neubeginn mit gewandelten politischen Strukturen, wie er dann später geschah. Und dabei ist es ganz offensichtlich, daß die Verfasser des DtrG der nationalen Option, die Haggai in frühnachexilischer Zeit vertreten sollte,[30] erheblich näherstanden als die Verfasser des dtr. Jeremiabuches.[31]

---

29 Thiel, Redaktion I, 245, kann mit diesem Vers offensichtlich gar nichts anfangen: »Äußerst fragwürdig ist Herkunft und Sinn von V. 29.« Dabei sieht er durchaus, daß der Vers den Höraufrufen in anderen dtr. Predigten (Jer 7,2; 17,20; 19,3; 22,2) entspricht. So ist gegen eine Zuweisung zu JerD nichts einzuwenden.

30 Das Urteil von Noth, Überlieferungsgeschichtliche Studien (s. Anm. 2), 110, das DtrG habe gar nichts mit der »Ideologie der sogenannten nationalen Propheten« zu tun, ist schon von den Bezügen zwischen 2 Kön 25,27–30 und Hag 2,20-23 her zu überprüfen.

31 Daß die Einwände der Jeremia-Deuteronomisten gegen die davidische Monarchie grundsätzlicherer Natur waren, wird daran erkennbar, daß sie nirgends auf die Davidsverheißungen Bezug nehmen, sondern die Könige unter die bedingte Verheißung stellen, die allen gilt: Nur wenn die Könige für Recht und Gerechtigkeit sorgen und schützend für die Schwachen der Gesellschaft eintreten, hat die davidische Monarchie noch eine Zukunftschance (Jer 22,1-5). Wohl rechnen sie verhalten mit einem

2. Die Rolle des Jerusalemer Tempelkults

Es darf heute als erwiesen gelten, daß Noths Diktum, der Verfasser des DtrG zeichne sich durch »Interesselosigkeit am eigentlich kultischen Wesen« aus,[32] insofern irreführend ist, wollte man daraus ein Desinteresse am Jerusalemer Tempelkult folgern.[33] Das genaue Gegenteil ist der Fall: Bau und Zerstörung des Salomonischen Tempels werden im DtrG in allen Einzelheiten verfolgt,[34] die Regierungszeit Salomos wird künstlich in eine frühe positive und eine späte negative Periode zerlegt, um den Tempelbau von jedem Schatten des Abfalls freizuhalten. Neben der Davidverheißung ist es nachweislich die göttliche Erwählung Jerusalems, die Jahwes Gericht über Juda abmildert und aufschiebt.[35] Und wie H.-D. Hoffmann zeigen konnte, ist der eigentliche Höhe- und Abschlußpunkt des DtrG der ausführliche Bericht von der Kultreform Josias (2 Kön 22–23), durch die alle kultischen und religiösen Verirrungen, die in der Geschichte Judas die alleinige Verehrung Jahwes im Jerusalemer Tempel in Frage gestellt hatten, endgültig beseitigt wurden.[36] Auch wenn durch die abscheulichen Sünden Manasses Jahwes Gericht über Juda unwiderrufbar provoziert wurde, der staatlich reformierte und kontrollierte Jerusalemer

---

neuen Königtum in der Zukunft (17,25; 23,1–4), aber sie sprechen nur ganz andeutend im Plural von »Königen« (22,4) und »Hirten« (23,4) und lassen es im Gegensatz zur ähnlichen Verheißung in Ez 34,23f (dort steht ein betonter Singular! Vgl. Ez 37,24f) offenbar bewußt offen, wer einmal »auf dem Thron Davids sitzen wird«, d.h. auch zur exilischen Ezechielschule standen die Jeremia-Deuteronomisten hinsichtlich der Zukunftserwartungen trotz vieler politischer Gemeinsamkeiten ihrer Protagonisten in Distanz. Wenn sie Jer 17,25 ne|ben den Königen auch Beamte auf diesen Thron plazieren, könnte dies im Sinne eines zur »konstitutionellen Monarchie« reformierten Königtums verstanden werden. Wie anstößig diese politischen Ansichten der Jeremia-Deuteronomisten gewesen sein müssen, ist darin zu erkennen, daß sie nachdeuteronomistisch wieder auf die Davididen uminterpretiert worden sind (Jer 23,5f; 33,15f), vgl. dazu *Y. Goldman*, Prophétie et royauté au retour de l'exil. Les origines littéraires de la forme massorétique du livre Jérémie (OBO 118), Fribourg/Göttingen 1992.

32 Überlieferungsgeschichtliche Studien (s. Anm. 2), 109.
33 Die Hervorhebung des Klagegebets bei der Einweihung des Tempels (1 Kön 8,22–53), auf die sich Noth vor allem beruft (a.a.O. 105), entspricht nur der erzwungenen exilischen Reduktion der Kultpraxis.
34 Vgl. 1 Kön 6–8; 2 Kön 24,13f; 25,13–17.
35 Vgl. 1 Kön 8,16; 11,13.32.36; 14,21; 15,4; vgl. 2 Kön 18,34.
36 *H.-D. Hoffmann*, Reform und Reformen. Untersuchungen zu einem Grundthema der deuteronomistischen Geschichtsschreibung (AThANT 66), Zürich 1980, 223ff.

Kult, den Josia geschaffen hatte, bildet für die Verfasser des DtrG die kultpolitische Option für die Zukunft.

Auch hier vertraten die Jeremia-Deuteronomisten eine deutlich abweichende Position: Auch sie rückten ein Wort Jeremias zum Jerusalemer Tempel an wichtige Nahtstellen ihres Buches (Jer 7; 26).[37] Aber sie geißelten im Anschluß an Jeremia das Vertrauen auf den Tempel als falsch (7,4). Es hatte den Tempel Jahwes angesichts der sozialen und religiösen Mißstände zur Räuberhöhle verkommen lassen und so Jahwe zur Zerstörung seines Heiligtums veranlaßt. Einen Neuanfang für Israel konnte es nur dann geben, so führten sie in ihrer predigtartigen Bearbeitung des Jeremiawortes aus (7,3.5–7), wenn alle »ihre Wege und ihren Wandel bessern«, und das hieß umfassend, nicht nur im religiös-kultischen, sondern auch im sozialen Bereich. Anstatt auf eine königliche Kultreform von oben setzten die Jeremia-Deuteronomisten auf eine breite gesellschaftliche Erneuerung von unten. Der gereinigte Jerusalemer Tempel konnte für sie höchstens Begleiterscheinung (17,26), nicht Ermöglichungsgrund eines Neuanfangs sein.[38]

Wieder wird die Bedeutung dieses Dissenses zwischen den beiden dtr. Gruppen erkennbar, wenn man sich die frühnachexilischen Optionen vor Augen stellt: Hier wurde gegen erhebliche Widerstände als erster Schritt des Neuanfangs der Wiederaufbau des Tempels durchgesetzt, und zwar – hauptverantwortlich durch den Davididen Serubbabel[39] – in durchaus traditioneller staatskultischer Konzeption. Es war wieder der Prophet Haggai, der von der Wiederherstellung des Tempels den entscheidenden Durchbruch zu einer neuen Heilszeit erwartete (Hag 1,3–11; 2,15–19). Dies stand in genauem Gegensatz zur Option, für die die Jeremia-Deuteronomisten gekämpft hatten, lag aber durchaus auf der theologischen Linie des Deuteronomistischen Geschichtswerks.[40]

---

37 An die Spitze seiner Verkündigung nach dem Tode Josias (609) und an die Spitze der Erzählsammlung. |
38 Dem entspricht es, daß in der Schilderung der Eroberung Jerusalems Jer 39,4–10 die Zerstörung des Tempels gar nicht erwähnt wird, während diese im parallelen Bericht des DtrG (2 Kön 25,1–21) im Mittelpunkt steht (V. 9.13–17).
39 Vgl. Hag 2,4; die parallele Nennung des Priesters Josua ist, wie schon die Überlänge des Versteils zeigt, wahrscheinlich sekundär. Immerhin wird das Volk beim Tempelbau mitbeteiligt.
40 Es ist kein Zufall, daß nach dem Scheitern der nationalen Prophetie offenbar schon während des Tempelbaus das Haggai- und Sacharjabuch deuteronomistisch überarbeitet und damit theologisch korrigiert wurde (Hag 2,5a; Sach 1,1–6; 6,15b; 7,4–14; 8,14–17.19b). Die Bearbeitung erinnert in ihrer Intention stark an JerD; vgl. Albertz, Religionsgeschichte (s. Anm. 11), 484f. Dies belegt indirekt, daß die Jeremia-

3. Die Bedeutung der sozialen Frage

Es ist ein auffälliger Tatbestand, daß das DtrG das Verhalten Israels und seiner Könige fast ausschließlich nach religiös-kultischen Geboten und Gesetzen des Dtn beurteilt. Das wichtigste Kriterium bildet das Fremdgötter- und Bilderverbot (Dtn 5,6–10), mit dem die Verfasser des DtrG den Abfall von Jahwe in Israels Geschichte immer und immer wieder in schonungsloser Schärfe aufdecken.[41] Dagegen spielt keines der vielen dtn. Sozialgesetze bei der Beurteilung der Geschichte Israels eine Rolle.

Auch an dieser Stelle ist der Befund in JerD deutlich von DtrG unterschieden. Wohl unterstreichen die dtr. Bearbeiter der Jeremia-Prophetie stark die religiöse Anklage des Propheten. Aber auch seine soziale Anklage wird von ihnen voll aufgenommen. Die Verhaltensänderung, die sie fordern, umfaßt, wie schon aus ihrer Bearbeitung der Tempelrede ersichtlich, sowohl den religiös-kultischen als auch den sozialen Bereich (Jer 7,1–15). Wichtigste Aufgabe der Könige ist nach ihrer Ansicht nicht die Kultreform, sondern das Schaffen von Recht und Gerechtigkeit (22,1–6). So ist es auch kein Zufall, daß die Jeremia-Deuteronomisten anders als das DtrG auf die Sozialgesetzgebung des Dtn Bezug nehmen: Sie brandmarken zum Beispiel die zurückgenommene Sklavenfreilassung unter Zedekia als ausdrücklichen Verstoß gegen das dtn. Schemitta- und Sklavengesetz (Jer 34,14; Dtn 15,1ff.12ff).

So wird man wohl sagen müssen, daß sich das Gottesverhältnis Israels in der Sicht der Jeremia-Deuteronomisten auch an der Frage der sozialen Gerechtigkeit entschied.

III. Die historische Einordnung der Deuteronomisten des Jeremiabuches und des Geschichtswerkes

Wenn aber die Autoren bzw. Redaktoren zweier als »deuteronomistisch« qualifizierter literarischer Werke bei drei so zentralen Punkten,[42] die sich

---

Deuteronomisten bzw. deren Nachfahren in frühnachexilischer Zeit weiter in Opposition zu denen standen, die alles Heil vom Wiederaufbau des Tempels erwarteten.

41 Jos 23,7f; Ri 2,11ff passim; 1 Kön 9,6.9; 11,7f; 14,8f; 16,30f; 2 Kön 21,3–7 u.ö.

42 Ich verweise nur auf die völlig unterschiedliche Sicht der Bewohner des ehemaligen Nordreichs, die nach 2 Kön 17,7–23 wegen ihrer vielen Sünden verworfen und deportiert und nach 17,24–34a durch eine fremdländische und synkretistische Bevölkerung ersetzt wurden. Nach dieser Generalabrechnung des DtrG ist damit vom Nord-

noch vermehren ließen, derart unterschiedliche Ziele verfolgen, dann ist es ganz offensichtlich falsch, sich unter den Deuteronomisten eine einheitliche Bewegung vorzustellen. Der »Deuteronomismus« ist nicht als Bewegung oder Schule, sondern als eine »theologische Zeitströmung«[43] des 6. Jahrhunderts zu bestimmen, hinter der sich – ungeachtet eines gemeinsamen sprachlichen und ideellen Rückbezugs auf die dtn. Theologie – recht unterschiedliche Gruppen verbergen.

1. Die Identifikation der Jeremia-Deuteronomisten

Unterwirft man sich der methodischen Forderung Lohfinks, daß die Trägerkreise dtr. Literatur nicht einfach aus sprachlichen Beobachtungen postuliert werden können, sondern durch gesonderte historische Nachfrage rekonstruiert werden müssen, so sind wir auf die historisch verwertbaren Nachrichten aus dem Jeremiabuch verwiesen. Hier sind wir in der glücklichen Lage, daß uns die Jeremia-Erzählungen (26; 27–29; 36; 37,3–43,7) einen detaillierten Einblick in die innerjudäischen Auseinandersetzungen der nachjosianischen Zeit gestatten.

Auch bei vorsichtiger Auswertung wird unter Jojakim und Zedekia eine zunehmende politische Polarisierung der judäischen Führungselite erkennbar: Die breite Reformkoalition der Josiazeit ist zerfallen. Wir sehen prominente Mitglieder der Schafan-Familie, die führend an der jo|sianischen Reform beteiligt gewesen war (2 Kön 22,3.12), in Opposition gegen Jojakim stehen (Jer 36,10.12.25), während andere Beamte seine riskante antibabylonische Außenpolitik stützen und Jeremias Kritik dagegen bekämpfen (36,26). Daß die Reformfraktion um die Schafaniden bei diesen Auseinandersetzungen Jeremia unterstützt, ist historisch nicht zu bestreiten (Jer 26,24; 29,3; 36,9ff.19.25).[44]

---

reich her keine Erneuerung mehr zu erwarten. Erst der wohl frühnachexilische Zusatz 17,34b–41 rechnet überhaupt wieder mit – synkretistisch verführten – Israeliten in diesem Gebiet. Dagegen halten die Jeremia-Deuteronomisten an der werbenden Offenheit gegenüber den Nordreichbewohnern fest (Jer 3,6ff; 30,1ff) und beziehen es auch in den neuen Bund mit ein (31,31–34).

43 So Albertz, Religionsgeschichte (s. Anm. 11), 391. – *C. Hardmeier*, Prophetie im Streit vor dem Untergang Judas (BZAW 187), Berlin/New York 1990, 467, spricht von einem »Epochenphänomen«. |

44 Selbst *H.-J. Stipp*, Jeremia im Parteienstreit (BBB 82), Frankfurt a. M. 1992, der einen Teil dieser Belege einer nachdtr. »Schafanidischen Redaktion« zuweisen will, sieht sich genötigt, in Jer 29,3 und 36,25 eine Kooperation zwischen Jeremia und den Schafaniden anzuerkennen (287f).

Unter Zedekia formierten sich die Gegner Jeremias zu einer einflußreichen national-religiösen Koalition. Sie bestand aus der Spitze der Jerusalemer Priesterschaft wie dem Oberpriester Seraja,[45] dessen Großvater Hilkia noch auf seiten der josianischen Reform gestanden hatte, aus führenden Tempelpropheten wie Hananja (Jer 28) und aus einem Teil der Beamtenschaft (21,1; 37,3.13; 38,1.6). Sie entfachte in Juda und unter den Deportierten von 597 glühende Heilshoffnungen auf eine baldige Rückkehr Jojachins (Jer 28,2–4) und gewann einen so großen innenpolitischen Einfluß, daß sie den schwankenden Zedekia auf antibabylonischen Kurs drängte, ihn zum Abfall bewog und so den Untergang Judas heraufbeschwor. Ihre Anführer wurden darum auch von den Babyloniern besonders hart gestraft (2 Kön 25,18f). Erst durch die Einsetzung des Schafan-Enkels Gedalja zum babylonischen Statthalter erhielt die Reformfraktion erneuten politischen Einfluß (Jer 40,7ff). Sein politisches und soziales Experiment wurde wiederum von Jeremia gestützt (40,6). Doch scheiterte es durch die Mordtat eines unbelehrbaren Nationalisten aus einer königlichen Nebenlinie, der sich eine Gesellschaft ohne davidisches Königtum nicht vorstellen konnte.

Auf dem Hintergrund dieses spätvorexilischen und frühexilischen Parteienstreits muß nun auch die Frage nach den Tradenten des Jeremiabuches gestellt und beantwortet werden. Da in den Jeremia-Erzählungen die Reformfraktion um die Schafaniden gerechtfertigt und der nationalistischen Fraktion klar die Schuld für das Desaster zugewiesen wird, ist es sehr wahrscheinlich, daß sie aus dem Umkreis der Schafan-Familie stammen. Dies gilt besonders für Jer 36*, wo die führenden Angehörigen und Gegner der Beamtengruppe namentlich aufgelistet werden (V. 12.25f). Die Leidensgeschichte Jeremias (Jer 37,3–43,7) stammt wahrscheinlich von Baruch,[46] der, wie der Siegelfund beweist,[47] selber eine höher gestellte Persönlichkeit gewesen sein muß und als Vertrauter Jeremias nach

---

45 2 Kön 25,18; zur Filiation Hilkia, Asarja, Seraja vgl. 1 Chr 5,39f; Esr 7,1. In Jer 36,26 wird ein Seraja ben Asriel erwähnt; sollte er mit dem späteren Oberpriester identisch sein, hätte er schon vor seiner Amtszeit in Gegnerschaft zu den Schafaniden und Jeremia gestanden.

46 So mit Recht wieder Hardmeier, Prophetie (s. Anm. 43), 224. Die Erzählung kann nur von einem Vertrauten Jeremias stammen, der ihn während dieser Zeit begleitet hat. Genau diese Rolle weist die Erzählung selber in 43,3 Baruch zu. Die Vorwürfe, die hier gegen ihn erhoben werden, entsprechen genau der probabylonischen Tendenz der ganzen Erzählung.

47 »Berachja ben Nerijahu«, vgl. *N. Avigad*, Baruch the Scribe and Jerahmeel the King's Son, in: IEJ 28, 1978, 52–56.

Ausweis von Jer 36,10ff über gute Beziehungen zu den Schafaniden verfügte. In Jer 43,3 wird er genauso wie Gedalja der Kollaboration mit den Babyloniern verdächtigt, so gehörte er politisch in die Nähe der Reformfraktion. Da nun Baruch von Jer 36 ausdrücklich auch als Schreiber einer Sammlung von Jeremiaworten benannt wird (V. 17f), haben wir guten Grund anzunehmen, daß in der frühexilischen Zeit ein erheblicher Teil der Jeremiaüberlieferung im Umkreis der verbliebenen Reformbeamten um die Schafaniden gepflegt wurde.

Von diesen relativ sicheren Erkenntnissen ist für die Einordnung der ein bis zwei Generationen später lebenden Jeremia-Deuteronomisten auszugehen. Wichtig dabei ist nun die Tatsache, daß sie nicht nur die proschafanidischen und antinationalistischen Jeremiaerzählungen in aller Breite in ihr Jeremiabuch aufnahmen, sondern deren Tendenzen – wenn auch in einer generalisierenden und theologisierenden Weise – in ihrer Redaktionsarbeit fortschrieben.

Wenn die Jeremia-Deuteronomisten etwa Jer 36 gegen die Chronologie direkt vor die Geschichte vom Leiden Jeremias und dem Untergang Judas (37,3–43,7) anordneten (37,1f), dann wollten sie damit unterstreichen, daß es schon der frivole Angriff auf das Gotteswort Jeremias durch Jojakim war, der die Katastrophe von 587 heraufbeschwor; und indem sie das Kapitel zu einer Lehrerzählung über das falsche und richtige Verhalten gegenüber dem prophetischen Gotteswort ausgestalteten (vgl. den Rahmen 36,1–8.27–32),[48] gaben sie dem Einsatz der Beamtengruppe um die Schafaniden eine paradigmatische Bedeutung. Und wenn sie als Rahmen zu Jer 36 an das Ende der ganzen Unheilsgeschichte in Kapitel 45 ein Heilswort für Baruch stellten, daß er, der treue Begleiter des Propheten

---

48 Die Zuweisung der gesamten Verse an die dtr. Redaktion beruht auf der Einsicht, daß die Verse 3.7.31, die Thiel, Redaktion II (s. Anm. 28), 49–51, ihr aufgrund von stilistischem Vergleich zuordnete, sich bruchlos in den Kontext einfügen, ja im Fall von V. 3.7. eigentlich als Motivation für Jeremias aufwendige Herstellung der Rolle notwendig sind. Es ist nicht auszuschließen, daß der theologische Rahmen von Jer 36, abgesehen von V. 3.7.31, schon auf Vorläufer von JerD zurückgeht, doch standen diese den Jeremia-Deuteronomisten theologisch und sprachlich so nahe, daß deren Akzentuierungen »weich«, d.h. ohne deutliche Brüche erfolgen konnten. Dies würde für eine kontinuierliche Überlieferung der Jeremia-Erzählungen in einem konstanten Milieu sprechen. Bekanntlich hat Nicholson, Preaching (s. Anm. 9), 10ff, aus diesen Gründen das gesamte »prose material« nicht verschiedenen individuellen Autoren bzw. Editoren, sondern einem lebendigen Traditionszirkel zuweisen wollen. Das Verhältnis von JerD zu den vorausliegenden Überlieferungsstufen der Erzählungen bedürfte weiterer Untersuchungen und könnte das Verhältnis der Jeremia-Deuteronomisten zu den ihnen vorangehenden Jeremia-Tradenten noch genauer klären. |

und Tradent der Jeremiaüberlieferung, die Katastrophe überleben werde, dann machten sie unmißverständlich klar, welche bleibende Bedeutung sie der Solidarität eines Teils der judäischen Beamtenschaft zu Jeremia für alle Zukunft beimaßen. Man kann diesen eigenartigen Abschluß des dtr. Jeremiabuches doch wohl nur so verstehen, daß sich dessen Verfasser selber als Erben Baruchs betrachteten. |

Damit bestätigt sich die von N. Lohfink schon vor einiger Zeit geäußerte Vermutung, daß bei den »Deuteronomisten« »noch einmal die Schafanfamilie ihre Hände im Spiel hatte«.[49] Allerdings muß die These gegenüber Lohfink insofern korrigiert werden, daß sie nicht für »die Deuteronomisten« allgemein, sondern nur für die dtr. Bearbeiter des Jeremiabuches Gültigkeit hat.

Als Ort, an dem die Jeremia-Deuteronomisten um 550 vChr. wirkten, kommt – wie meiner Meinung nach W. Thiel überzeugend nachgewiesen hat – wahrscheinlich Palästina in Betracht. Dabei wird man am ehesten an die Region um Mizpa und Bethel denken, die nach dem Zeugnis der Archäologie von Zerstörungen weitgehend verschont geblieben war.[50]

2. Die Identifikation der Deuteronomisten des Geschichtswerkes

Zum DtrG sind anders als zu JerD kaum externe geschichtliche Daten vorhanden, die sich für eine Rekonstruktion seiner Entstehung und der Bestimmung seines Trägerkreises auswerten lassen. So bleiben nur Rückschlüsse aus der Art und Tendenz der Geschichtsdarstellung, die aber – soweit wie möglich – in das historische Szenario eingefügt werden müssen, das wir aus anderen Texten für die spätvorexilische und frühnachexilische Zeit rekonstruieren können.

Das Interesse, das seine Verfasser an der Begnadigung Jojachins haben, verbunden mit der hohen Bedeutung, die sie der Davidverheißung

---

49 *N. Lohfink*, Die Gattung der »Historischen Kurzgeschichte« in den letzten Jahren von Juda und in der Zeit des Babylonischen Exils, in: ZAW 90, 1978, 342; vgl. ders., Bewegung (s. Anm. 11), 359ff.

50 Vgl. *E. Stern*, The New Encyclopedia of Archaeological Excavations in the Holy Land, 4 Vol., Jerusalem 1993, Vol. I, 194; Vol. III, 1101–1103. Diese Region war bekanntlich schon von Noth, Überlieferungsgeschichtliche Studien (s. Anm. 2), 97.110, für den Entstehungsort des DtrG ins Auge gefaßt worden (s.o. 280), doch ist seine Begründung nicht überzeugend. Wenn Dietrich, Future (s. Anm. 15), 169f, dies mit den Informationen aus dem Jeremiabuch weiter abstützen will, dann setzt er unkritisch die Zusammengehörigkeit einer einzigen dtr. Schule voraus.

beimaßen, die Aufmerksamkeit, die sie dem Jerusalemer Heiligtum und seiner Erwählung zuwandten, und das Desinteresse gegenüber der sozialen Frage, d.h. alle die Punkte, in denen sie sich von den Jeremia-Deuteronomisten unterschieden, weisen auf eine eher nationale und staatskultische Position.

Dieser Eindruck verstärkt sich noch, wenn man meine Beobachtung berücksichtigt, daß das DtrG neben der heilvollen Gründungsperiode unter Mose und Josua, in der Israel die Heilsgaben des Gesetzes und des Landes erhielt, noch eine zweite Heilszeit in der Geschichte Israels kennt, in der Israel das davidische Königtum und der Jerusalemer Tempel geschenkt wurden.[51] Diese Periode wird eingeleitet mit einer entschlossenen Hinkehr Israels zu Jahwe in 1 Sam 7,3f; und während der ganzen Periode ist danach von einem Abfall von Jahwe nicht mehr die Rede. Diese Periode wird ausgeleitet durch das Tempelweihgebet Salomos, das abschließend konstatiert, daß die Ruhe (מנוחה), die Jahwe Israel durch Josuas Eroberungen geschenkt hatte (Jos 21,44f), endgültig durch die Staatenbildung und die Eroberungen Davids verwirklicht wurde (1 Kön 8,56). Erst nach dem Tempelbau hebt die Geschichte des Abfalls von Jahwe erneut an (1 Kön 11). Diese doppelte heilvolle Gründungsperiode in der Struktur der dtr. Geschichtsdarstellung läßt sich nun doch wohl nur als Versuch verstehen, neben den vorstaatlichen Heilsgaben (Gesetz und Land), von denen das Deuteronomium sprach, auch die staatlichen Heilsgaben von Königtum und Tempel als konstitutiv für die Existenz Israels festzuhalten.

Mit einer solchen Umwertung der dtn. Theologie nähert sich die Tendenz des DtrG der Theologie der national-religiösen Partei an, die bis in die Zeit der Belagerung Jerusalems hinein ihre Hoffnung auf eine Befreiung vom babylonischen Joch auf die auf dem Zion und dem davidischen König ruhenden Verheißungen Jahwes gestützt hatte (Jer 7,4; 28,3f).

Die Vermutung, daß es einen überlieferungsgeschichtlichen und möglicherweise auch personellen Zusammenhang zwischen der national-religiösen Partei und den Verfassern des DtrG gegeben hat, wird durch die These von C. Hardmeier erhärtet, daß es sich bei der Hiskia-Jesaja-Erzählung 2 Kön 18,9ff* ursprünglich um eine Propaganda-Erzählung der national-religiösen Partei handelt,[52] mit der sie in der Zeit der Belagerung Jerusalems 588, als die Babylonier überraschend abzogen, um einen ägypti-

---

51 Vgl. Albertz, Intentionen (s. Anm.13), 40ff [= S. 263ff im vorliegenden Band]; ders., Religionsgeschichte (s. Anm.11), 404ff. |
52 Vgl. Hardmeier, Prophetie (s. Anm. 43), 287ff. |

schen Entlastungsangriff abzuwehren (Jer 37,5), Jeremias und Ezechiels Gerichtsprophetie von der baldigen Eroberung der Stadt bekämpft hatte. Wie schon 701, so hatte diese argumentiert, würde Jahwe auch diesmal Jerusalem retten und die Angreifer würden endgültig abziehen (2 Kön 19,32aβ–34); dagegen hatte sie Jeremias Aufforderung, zu den Feinden überzulaufen (Jer 38,2.17f), dem assyrischen Heerführer Rabschake in den Mund gelegt (2 Kön 18,31f) und damit als Feindpropaganda denunziert. Und nicht zufällig hatte sie in Eljakim einen Beamten aus dem Geschlecht Hilkias erkoren, der Familie, die in spätvorexilischer Zeit die national-religiöse Partei anführte, um an ihm zu demonstrieren, wie man solche defaitistische Propaganda mit Nichtachtung strafen müsse (2 Kön 18,18.26.36). Wenn aber die Verfasser des DtrG es für notwendig erachtet haben, diese ehemalige Propaganda-Erzählung gegen Jeremia in aller Breite in ihr Werk aufzunehmen, wird es relativ wahrscheinlich, daß sie unter den Nachfahren der national-religiösen Partei zu suchen sind.

Bei einer solchen Einordnung wird nicht nur mit einem Schlage das alte Problem lösbar, warum sie Jeremia und die übrigen radikalen Gerichtspropheten in ihrem Werk notorisch übergingen: Es handelte sich um ihre Gegner, gegen die sie in den letzten Jahren Judas mit aller Schärfe gekämpft hatten. Bei einer solchen Einordnung läßt sich auch der Streit, der zwischen den beiden dtr. Gruppierungen in der späten Exilszeit erkennbar wird, aus dem Dunkel der Geschichte herausheben und historisch an die heftigen theologischen und politischen Auseinandersetzungen anschließen, die in spätvorexilischer Zeit real gelaufen sind.

Aber natürlich war die Position der Verfasser des DtrG nicht mehr mit der ihrer national-religiösen Vorfahren einfach identisch. Die national-religiöse Partei hatte mit dem staatlichen Untergang Judas ein großes Fiasko erlitten. Ihre Anhänger mußten einen langen Lernprozeß durchlaufen und ihre frühere Position korrigieren. So hatten die Verfasser des DtrG aus der dtn. Theologie gelernt, die unbedingten Heilszusagen der älteren Königs- und Tempeltheologie zu konditionieren, sie hatten von den Gerichtspropheten gelernt, die nationale Katastrophe als Gericht Jahwes über den Abfall Israels zu verstehen, aber sie wehrten sich dagegen, die theologische Basis der Tempel- und Königstheologie, auf die schon ihre Väter ihr Vertrauen gesetzt hatten, deswegen aufzugeben. Vielmehr waren sie fest entschlossen, diese gegen die radikale Kritik der totalen Gerichtsprophetie, die auch die Jeremia-Deuteronomisten teilten, als notwendiges Hoffnungspotential für die Zukunft ins Spiel zu bringen.

Auch hinter dem DtrG stehen somit Angehörige der ehemaligen judäischen Führungsschicht. Aber es handelt sich um die Nachfahren der ehemaligen national-religiösen Partei, d.h. der Priester, Beamten und Tempelpropheten um die Familie der Hilkiaden, die in scharfer Opposition zu den Reformbeamten um die Familie der Schafaniden gestanden hatten.

Die politische Differenzierung zwischen den beiden dtr. Trägergruppen macht nun auch eine Entscheidung der leidigen Streitfrage möglich, wo die Verfasser des DtrG zu lokalisieren sind. Bekanntlich hatte M. Noth seinen Deuteronomisten in Palästina, und zwar genau in dem Raum von Mizpa und Bethel angesiedelt, in dem wir die Jeremia-Deuteronomisten verortet hatten,[53] doch waren seine Kriterien dafür, wie besonders E. W. Nicholson gezeigt hat,[54] keineswegs zwingend.

Statt dessen gibt es gleich mehrere Hinweise, daß das DtrG in der babylonischen Gola verfaßt sein könnte: das Gebet in Richtung Jerusalem (1 Kön 8,48),[55] die Vorstellung, daß Israel und Juda vollständig von ih|rem Land exiliert worden wären (2 Kön 17,6.23; 25,21),[56] und vor allem die Abschlußnotiz von der Begnadigung Jojachins in Babylonien

---

53 Vgl. 295 und ebd. Anm. 50.
54 Nicholson, Preaching (s. Anm. 9), 116ff; vgl. schon *P. Ackroyd*, Exile and Restoration. A Study of Hebrew Thought of the Sixth Century BC, London 1968, 65–68, ohne aber eine Entscheidung treffen zu wollen. Die Kritik beider wird aufgenommen von *K.-F. Pohlmann*, Erwägungen zum Schlußkapitel des deuteronomistischen Geschichtswerkes. Oder: Warum wird der Prophet Jeremia in 2 Kön 22–25 nicht erwähnt?, in: A. H. J. Gunneweg/O. Kaiser (Hg.), Textgemäß. Aufsätze und Beiträge zur Hermeneutik des Alten Testaments. FS E. Würthwein, Göttingen 1979, 94–109, 102–105.
55 Die Gebetsrichtung nach Juda wird hier mit der Präposition דרך ausgedrückt, ähnlich bei den Gebeten bei Kriegszügen aus örtlicher Distanz zu Jerusalem (1 Kön 8,44). Dagegen läßt sich die Formulierung התפלל/התחנן אל־המקום/הבית הזה »beten/flehen zu diesem Ort bzw. zu diesem Haus« (V. | 29f.35.38.42) nicht auf eine örtliche Distanz der Betenden zum Tempel hin auswerten, sei es nun aus Richtung Babylonien, wie Nicholson, Preaching (s. Anm. 9), 121, oder sei es aus Richtung Mizpa, wie Veijola, Verheißung (s. Anm. 18), 182, es will. Dagegen spricht erstens, daß in V. 33 bedeutungsgleich von einem Beten »zu Jahwe *in* diesem Hause« (אל־יהוה בבית הזה) die Rede ist, und zweitens, die Präposition אל »zu« bei התפלל/התחנן sonst ohne Ausnahme immer den göttlichen Adressaten angibt. Das Beten »zum« Tempel bezeichnet hier darum ein über den Tempel vermitteltes Gebet zum himmlischen Gott (V. 27), wie es in V. 29 explizit ausgeführt wird: »daß deine Augen geöffnet seien zu (אל) diesem Haus Tag und Nacht, zu (אל) diesem Ort, von dem du gesagt hast: ›Mein Name soll dort sein!‹ und auf das Gebet hörst, das dein Knecht zu (אל) diesem Ort betet«.
56 Dies ist vor allem für Pohlmann, Erwägungen (s. Anm. 54), der Grund, eine Entstehung des DtrG in Babylonien anzunehmen; vgl. *J. A. Soggin*, Der Entstehungsort des Deuteronomistischen Geschichtswerkes. Ein Beitrag zur Geschichte desselben, in: ThLZ 100, 1975, 3–8, 6.

(2 Kön 25,27–30), die Kenntnisse des babylonischen Milieus und sprachliche Anklänge an das Neubabylonische durchschimmern läßt.[57]

Hat man sich erst einmal von dem Gedanken gelöst, daß »die Deuteronomisten« eine Gruppe gewesen sein müssen, dann wird es denkbar, daß zwar die Jeremia-Deuteronomisten in Palästina, aber die Deuteronomisten des Geschichtswerks in Babylonien gewirkt haben.[58]

Die These, daß die Verfasser des DtrG Nachfahren der national-religiösen Partei um die Hilkiaden gewesen sind, bietet nun zusätzliche Argumente für die Annahme einer Entstehung des DtrG in der babylonischen Gola.

Wir wissen, daß schon 594 die National-Religiösen unter den Exulanten in Babylonien eine starke Basis gehabt hatten (Jer 29; Ez 17). Nach der Eroberung Jerusalems 587 haben die Babylonier die Spitzen der national-religiösen Partei hart bestraft. Der Oberpriester Seraja wurde mit weiteren Verantwortlichen hingerichtet (2 Kön 25,18–21), und wir müssen davon ausgehen, daß es schon aus Gründen der inneren Sicherheit vor allem die Mitglieder und Mitläufer dieser antibabylonischen Partei waren, die von den Babyloniern deportiert wurden. Für die führende Familie der Hilkiaden ist dies ausdrücklich belegt: Der Sohn des Oberpriesters Seraja, Jozadak, wurde nachweislich nach Babylonien verschleppt | (1 Chr 5,41). Über das weitere Schicksal der National-Religiösen in Babylonien haben wir keine direkten Nachrichten. Wir wissen aber, daß es ausgerechnet der Jojachin-Enkel Serubbabel und der Seraja-Enkel Josua waren, d.h. ein Davidide und ein Hilkiade, die die Rückwanderergruppe von 520 anführten. Schon daraus kann man schließen, daß die Nachfahren der Hilkia-Familie, die über Jozadak nach Babylon gekommen waren, zusammen mit den Nachfahren Jojachins während der Exilszeit in Babylonien eine

---

57 Vgl. *E. Zenger*, Die deuteronomistische Interpretation der Rehabilitierung Jojachins, in: BZ 12, 1968, 16–30, 18f.
58 Pohlmann, Erwägungen (s. Anm. 54), 107f, ist schon auf der hier beschrittenen Fährte, wenn er auf die Differenz zwischen Gola-orientiertem DtrG und der – ursprünglich – Juda-orientierten Jeremia-Überlieferung verweist. Doch beschränkt er letztere auf das Frühstadium, da er für die späteren Stadien meint, eine umfangreiche Gola-orientierte Redaktion des Jeremiabuches annehmen zu müssen, vgl. *K.-F. Pohlmann*, Studien zum Jeremiabuch. Ein Beitrag zur Frage nach der Entstehung des Jeremiabuches (FRLANT 118), Göttingen 1978. So kommt JerD nicht in den Blick. Ich kann seinen weitreichenden literarkritischen Operationen nicht folgen, höchstens für den Schluß der »Leidensgeschichte« Jer 43,5f könnte man erwägen, ob mit der auffällig langen Aufzählung all derer, die Jochanan nach Ägypten mitnahm, nicht das spätere Bild vom im Exil entvölkerten Juda in die Jeremiaüberlieferung hineinretuschiert werden soll. |

konstant prominente Rolle gespielt haben müssen. Wenn wir nun auch noch aus Sach 6,9–15 hören, daß die babylonische Gola eine Gold- und Silberspende aufbrachte, um die Krönung Serubbabels und Josuas in Jerusalem zu ermöglichen, so wird erkennbar, daß es auch in frühnachexilischer Zeit unter den Exilierten immer noch ein breites national-religiöses Lager gab, das die beiden stützte und sich von ihnen eine Wiedererrichtung der davidischen Monarchie und eines ihr zugeordneten Staatskultes unter persischer Oberhoheit erhoffte.

Für das DtrG mit seiner gemäßigt national-religiösen Position ließe sich somit in der babylonischen Gola ein klarer gesellschaftlicher Background benennen. Wenn meine Kombinationen richtig sind, dann war es nicht das Werk einer exilischen Außenseitergruppe, sondern das Werk einer einflußreichen Gruppe um die führenden Familien der Hilkiaden und Davididen, die mit dem Ende des Exils sogar anfänglich ihren Führungsanspruch beim Wiederaufbau durchsetzen konnte.

Stammt aber das DtrG aus dem Umkreis der beiden führenden exilischen Familien, dann wird der Streit, der zwischen ihr und der einflußreichen Gruppe um die Schafaniden in Juda ausgefochten wurde und von dem oben die Rede war, voll verständlich. Es ging in ihm nicht nur um den Führungsanspruch zwischen einflußreichen Familien, es ging auch um den Führungsanspruch zwischen Exilierten und Daheimgebliebenen. Es ging nicht nur um den Streit über das wahre Erbe der josianischen Reform, der sich beide über ihre Ahnherren verpflichtet wußten, es ging auch um die theologischen, politischen und sozialen Konsequenzen, die aus der Katastrophe gezogen werden mußten. Kurzum: Es ging zentral um die Optionen für Israels Zukunft.

Wenn die Restitution vorexilischer Verhältnisse schließlich doch scheiterte und statt dessen unter dem Dach der persischen Oberhoheit eine nicht-monarchische Regierungsform aus Ältestenrat, Priesterkollegium und Volksversammlung etabliert wurde, die mehr den Optionen des schafanidischen Reformflügels entsprach, dann hat dies nicht zuletzt mit dem theologischen Streit zu tun, der zwischen den beiden beschriebenen deuteronomistischen Gruppierungen in der exilischen und frühnachexilischen Zeit ausgefochten wurde.

IV. Schlußbemerkung

Ich hoffe, es ist deutlich geworden, daß eine historisch-sozialgeschichtlich orientierte Bibelforschung, die sich nicht damit begnügt, von der literarischen Ebene eine dtr. Bewegung oder Schule mehr oder minder blind in einen dunklen geschichtlichen Raum zu projizieren, sondern die Verfasser der dtr. Literatur differenzierend in die historisch rekonstruierbaren Auseinandersetzungen der spätvorexilischen bis frühnachexilischen Zeit einzuzeichnen sucht, trotz spärlicher Quellenlage zu durchaus plausiblen Rekonstruktionen führen kann, die dem Verständnis der Bibeltexte dienen. Und dieses Ziel sollte, so meine ich, bei aller Freude an historischer Dekonstruktion, die sich heute großer Beliebtheit erfreut, nicht aus dem Auge verloren werden.

Die Exilszeit als Ernstfall für eine historische Rekonstruktion ohne biblische Texte: Die neubabylonischen Königsinschriften als ›Primärquelle‹

Von der Schwierigkeit einer historischen Rekonstruktion der Exilszeit

Die Exilszeit stellt in der biblischen Geschichtsdarstellung ein finsteres Loch dar.[1] Etwas Licht fällt nur auf die Ränder, wie es zum Exil kam (2. Kön. 24-25; Jer. 39; 52; 2. Chr. 36) und wie es endete (Esr. 1-6) und auf einige Einzelereignisse, so das Scheitern der Gedalja-Herrschaft und dessen Folgen noch ganz am Anfang der Exilszeit (Jer. 40.1-43.7; 2. Kön. 25.22-26) und die Begnadigung Jojachins durch Awil-Marduk etwa in dessen Mitte (562 v. Chr.). Allein in 2. Chr. 36 wird der Versuch unternommen, das gähnende Loch dieser Epoche zu überbrücken. Doch mehr als zwei Verse vermag auch diese biblische Geschichtsdarstellung über die Exilszeit nicht zu sagen (20-21). An konkreten Ereignissen weiß sie nur zu berichten, daß die von Nebukadnezar Deportierten ›bis zur Errichtung des persischen Königreiches seiner und seiner Söhne Knechte wurden‹ und ihr Heimatland 70 Jahre ›der Verwüstung ruhte‹. Ansonsten füllt sie die Lücke mit einer Reihe von theologischen Deutungen. Der Geschichtsverlauf erstarrt wortwörtlich zur ›Sabbatruhe‹ des Landes.

Dieser Quellenbefund im Alten Testament stellt jede historische Rekonstruktion der Exilszeit vor große Schwierigkeiten. Diejenigen Forscher, die nach wie vor bereit sind, den biblischen Texten nach sorgfältiger literaturgeschichtlicher Analyse und klarer Tendenzkritik einen mehr oder minder großen Quellenwert neben den außerbiblischen | Quellen zur Rekonstruktion der Geschichte Israels einzuräumen, nennen wir sie die Maximalisten, stehen für diese Epoche mit ziemlich leeren Händen da; da sie kaum biblische Quellen haben, wandeln sie sich notgedrungen zu Minimalisten. Aber auch diejenigen Forscher, die den biblischen Texten wegen ihrer späten Entstehung und ihres verzerrenden theologischen Interes-

---

1 Die folgenden Ausführungen stehen im Zusammenhang des Bandes ›Exilszeit‹, den ich für die Biblische Enzyklopädie schreibe. |

ses die historische Glaubwürdigkeit mehr oder minder radikal absprechen und statt dessen den außerbiblischen archäologischen, ikonographischen und textlichen Quellen als ›Primärquellen‹ den Vorzug bei der Rekonstruktion der Geschichte Israels einräumen wollen, nennen wir sie die Minimalisten, stehen vor dem Ernstfall für ihren methodischen Ansatz: Sie können anhand der Exilszeit testen, ob eine Rekonstruktion der Geschichte allein aus außerbiblischen Quellen, wo sie mangels Masse nicht doch heimlich auf die biblische Geschichtsdarstellung schielen können, überhaupt möglich ist.

Machen wir die Probe aufs Exempel! In keiner zeitgenössischen außerbiblischen Quelle aus dem 6. Jh. ist die Exilierung eines wie groß auch immer zu bestimmenden Anteils der judäischen Bevölkerung nach Babylonien erwähnt. Von der Belagerung und Einnahme der ›Stadt Judas‹ (*URU Ja-a-ḫu-du*), worunter wohl Jerusalem zu verstehen ist, durch Nebukadnezar am 2. Adar seines 7. Regierungsjahrs (16. März 597 v. Chr.) erfahren wir aus der babylonischen Chronik (Grayson 1975a: 102: Nr. 5, rev. Z. 11-13). Diese Quelle ist nicht zeitgenössisch, sondern stammt frühestens aus der persischen, vielleicht sogar erst aus der seleukidischen Zeit, d.h. ist jünger als das Deuteronomistische Geschichtswerk in der üblichen Datierung. Sofern man ihr trotz ihres jungen Alters wegen ihrer erkennbaren gelehrten Akribie historische Glaubwürdigkeit zugesteht, belegt sie die Gefangennahme des regierenden Königs (Jojachin) und die Einnahme eines schweren Tributs (*bilassa kabittu*). Der Begriff kann eine Deportation mit umfassen, muß es aber nicht. Die Zerstörung und Brandschatzung der Stadt durch die Babylonier (587/86), die jetzt archäologisch durch die Grabung Y. Shilos am Südosthügel bezeugt ist (*NEAE*, 709), kommt bekanntlich in der babylonischen Chronik Nr. 5 nicht vor, da diese mit dem 11. Regierungsjahr Nebukadnezars (594) abbricht (vgl. Grayson 1975a: 102).

Die einzige außerbiblische Quelle, die von einer Ansiedlung jüdischer Gefangener neben phönizischen, syrischen und ägyptischen ›in den am besten geeigneten Teilen von Babylonien‹ berichtet, ist die Babylonaica des Berossos (c. Ap. I, 137-38, vgl. Burstein 1978: 27). Auch sie stammt erst aus hellenistischer Zeit und ist zudem nur auszugsweise und sekundär bei Josephus überliefert. Da diese Deportation nach der Darstellung des Berossos direkt im Anschluß an die Schlacht von Karkemisch im Jahr 605 stattgefunden haben müßte, noch bevor Nebukadnezar nach der babylonischen Chronik überhaupt in südlichere Gefilde vorstieß (Z. 15-20), ist diese Nachricht historisch unglaubwürdig. Es kann sich entweder nur um eine begrenzte Zahl jüdischer Söldner im ägyptischen Heer gehandelt haben; oder aber Berossos hat spätere, ihm bekannte Deportationen summarisch schon in das Akzessionsjahr Nebukadnezars verlegt.

Auch sonst ist die außerbiblische Evidenz für das babylonische Exil eher kläglich: Aus den sog. Weidner-Tafeln ist belegt, daß ›Jojachin, der König von Juda‹, seine 5 Söhne und weitere 5 namentlich genannte und 8 unbenannte Judäer am Hofe Nebukadnezars Ölrationen bezogen. Eine dieser Rationen wurde im Jahr 592 ausgegeben (Weidner 1939: 924-31; Tafel C); das Datum der anderen ist unbekannt; das Archiv insgesamt soll Texte aus den Jahren 595-570 umfassen. Dies belegt die Exilierung Jojachins und einiger weniger Leute aus seiner Familie und seinem Hofstaat. Aus den vielen neubabylonischen Wirtschaftsurkunden des 6. Jh. hat R. Zadok dagegen nur etwa eine Handvoll Personen als Judäer aufgrund ihres Namens identifizieren können (1979: 38-40; 1984: 294-97). Erst im Murashû-Archiv aus der 2. Hälfte des 5. Jh. wird der Anteil jüdischer Namen erwähnenswert (2,8 Prozent). Aufgrund dieses mageren außerbiblischen Befundes würde niemand auf die Idee kommen, eine nennenswerte Deportation von Judäern in babylonischer Zeit anzunehmen.

Wenn es nach den außerbiblischen Texten eine Exilierung Judas gegeben hat, dann geschah diese 701 durch Sanherib, der sich im Taylor-Zylinder rühmt, 200150 Menschen und Tiere deportiert zu haben.[2] Auch das berühmte Niniveh-Relief ›Die Eroberung von Lachish‹ (*ANEP*, 129-32) bildet eine Gruppe judäischer Deportierter ab. Selbst wenn man die hohe Zahl anzweifeln mag – der Assyriologe W. Mayer rechnet aber immer noch mit etwa 100000 Menschen (1995: 41-45) – , nach dieser Quellenlage müßte man die wirkliche Exilierung Judas 100 Jahre früher datieren und die biblische Periodisierung ›Exilszeit‹ für das 6. Jh. – sei es nun 597/587 bis 539 oder 520 – grundsätzlich in Frage stellen.

Nimmt man zu diesen textlichen und bildlichen außerbiblischen Quellen die archäologischen Befunde in Juda hinzu, so ergibt sich ebenfalls ein undeutliches Bild. Während man früher die Zerstörung judäischer Städte gerne pauschal mit der in der Bibel erwähnten Eroberung Jerusalems 587/86 durch Nebukadnezar in Zusammenhang brachte und etwa W. F. Albright daraus eine weitgehende Entvölkerung des Landes folger-

---

2 *TUAT* 1.4, 389, Z. 24-27; wenn Sanherib Z. 27 berichtet, er habe die Menschen und Tiere aus den eroberten judäischen Städten ›herausgeführt‹ (*waṣu Š*) und ›der Beute zugerechnet‹ (*šallatiš manû*), dann ist damit der Abtransport impliziert. Das Wort *šallatu* hat den semantischen Gehalt des ›Weggeführten‹ (vgl. das Verb *šalālu* ›fortführen, plündern‹ und *AHw*, 1142; 1148). Es besteht darum kein Anlaß, aufgrund der Formulierung, die mehrfach in ähnlichem Zusammenhang vorkommt, eine Deportation Sanheribs zu bezweifeln.

te, die fast dem chronistischen Bild von 2. Chr. 36.21 entsprach, sieht das Bild nach heutiger Einschätzung differenzierter aus.[3] Die Städte Lachish, Tell Bet-Mirsim, Bet-Shemesh, Beersheba und die Festung Arad wurden schon 701 zerstört und nur zum Teil (Lachish, Beersheba, Arad), und dann verkleinert, wieder aufgebaut. Die Zerstörung von En-Gedi fand erst später (582?) statt; ob Bet-Zur zerstört wurde, ist nach neueren Erkenntnissen fraglich; sicher ist, daß die Städte des benjaminitischen Nordens nur partiell zerstört wurden wie Tell el-Ful, oder ganz der Zerstörung entgingen wie Tell en-Naṣbe (Mizpa), Gibeon und Bethel. Mehr oder minder sicher mit den Babyloniern können Zerstörungen von Jerusalem, Ramat-Rahel, Lachish, Gezer, Tell el-Hesi, Arad und Tell Mshash[4] in Verbindung gebracht werden. Eigenartigerweise wird von archäologischer Seite bisher nicht versucht, den Bevölkerungsverlust, den Juda durch die assyrischen bzw. babylonischen Eroberungen und Deportationen erlitten hat, genauer abzuschätzen. Ich kenne zur Zeit nur die Kalkulation, die A. Ofer aufgrund des Israel-Surveys vorgetragen hat (vgl. *NEAE*, 816). Er kommt für das judäische Bergland zu einem Rückgang der Siedlungsfläche und damit der Bevölkerungszahl um etwa 25 Prozent vom 8. Jh. zum 7./6. Jh. Allerdings betrifft diese Berechnung nur ein Teil des judäischen Staates, unberücksichtigt bleibt in ihr die Shefela, die | Hauptstadt Jerusalem samt ihrem Umland und das benjaminitische Gebiet. Auch wird nicht zwischen dem Bevölkerungsverlust, der aufgrund der assyrischen Deportation Sanheribs (701) anzunehmen ist, und den späteren babylonischen Exilierungen differenziert. Es hat den Anschein, als sei auch für die Archäologie Palästinas die Exilszeit ohne deutliche Befunde und damit ohne Interesse. Oder ist dieser Eindruck falsch? Falls mich jemand eines Besseren belehren könnte, wäre ich ihm dankbar.

Ob ein nennenswertes babylonisches Exil überhaupt stattfand, ist also nach den außerbiblischen Quellen eher fraglich. Auch die Geschichte Judas läßt sich im 6. Jh. aus außerbiblischen Quellen nicht aufhellen. So bleibt diese Epoche ein finsteres Loch. Die Maximalisten, die dieses Loch aus den biblischen Geschichtsberichten auch nicht viel aufzuhellen vermögen, können immerhin aus der prophetischen Literatur und der Theologiegeschichte des 6. und 5. Jahrhunderts aufweisen, welche Erschütte-

---

3 Vgl. dazu die entsprechenden Artikel von *NEAE*. Meine Einschätzung stimmt weitgehend mit Barstad 1996: 47-76 überein; nur ordnet er noch die Zerstörungen von Bet Mirsim und Bet-Shemesh den Kriegszügen Nebukadnezars zu (47).
4 Auch wenn die Zerstörung der letzten drei genannten Orte im Süden wahrscheinlich auf das Konto der Edomiter geht, so standen deren Angriffe doch im Zusammenhang der babylonischen Strafaktionen gegen Juda, vgl. 2. Kön. 24.1-2. |

rungen das Babylonische Exil auslöste und zu welchen Neuansätzen es trieb.[5] Seltsam ist jedoch, daß auch viele der Minimalisten entscheidende Wandlungen der Religions- und Theologiegeschichte Israels in eben diese historisch kaum faßbare Epoche setzten. Die Exilszeit wird dabei nicht selten, so lautet mein Vorwurf, als eine *black box* benutzt, in die alles das, dessen Historizität man in der vorexilischen Epoche Israels anzweifelt, unkontrolliert hineingeschoben wird. Wie kann aber das, was nach den Kriterien der Minimalisten historisch kaum von Bedeutung gewesen ist, literatur-, religions- und theologiegeschichtlich derartige Wirkungen gezeitigt haben?

Die neubabylonischen Königsinschriften als ›Primärquelle‹

Die Entgegensetzung von späten, tendenziösen und darum historisch wertlosen biblischen ›Sekundärquellen‹ und zeitgenössischen und darum historisch zuverlässigen außerbiblischen ›Primärquellen‹ krankt daran, daß man sich aufgrund der besonderen Fundlage in Palästina häufig falsche Vorstellungen über letztere macht. In Palästina sind – aufgrund der Vergänglichkeit des Schreibmaterials (Papyrus) und der vielen Turbulenzen in seiner Geschichte – aus dem 1. JT. v. Chr. kaum literarische Texte erhalten geblieben. Darum fehlen aus dem Siedlungsgebiet des alten Israel und Juda z.B. all' die Gattungen, die wir etwa aus Mesopotamien, Syrien und Ägypten zur Genüge kennen: | Königsinschriften, Hymnen, Gebete, Kultrituale, Omen-Serien, Epen, Spruchsammlungen und Weisheitsdichtungen. Gefunden wurden bisher fast nur kurze Gebrauchstexte, die auf Tonscherben geschrieben oder in Stein oder Metall eingeritzt worden sind, Inschriften, Briefe und Notizen, überwiegend aus der wirtschaftlichen oder militärischen Verwaltung. Auch die Archäologie Palästinas hat meist Profanbauten, Tore, Lagerhäuser, Paläste und Wohnhäuser, aber nur ganz wenige eisenzeitliche Heiligtümer aus Israel und Juda ans Licht gebracht (Arad, Dan, ›Bull-Site‹ u.a.). Daraus hat sich unter Alttestamentlern – so scheint mir – das Vorurteil in den Köpfen festgesetzt, im Unterschied zu den theologisch aufgeladenen Bibeltexten seien die außerbiblischen ›Primärquellen‹ viel profaner, weniger tendenziös und darum historisch glaubwürdiger. Das ist aber ein falscher Eindruck, der nur mit der Gattungsdifferenz der Texte zusammenhängt. Schon die

---

5 Vgl. etwa Albertz 1996-97: 375-459. |

wenigen literarischen Texte, die wir im 1. JT. aus der näheren Umwelt Israels haben, wie die Mesha-Stele, die – immer noch schwer deutbaren – Inschriften von Deir Allā oder die Achikar-Sprüche, sprechen schon eine sehr viel explizitere religiöse Sprache. Auch die neu gefundene Inschrift aus Dan, deren erhaltene Teile die Ansprüche des aramäischen Königs zwar nicht theologisch untermauern, ist, wenn die Rekonstruktion von I. Kottsieper richtig ist, daß Hasael für sich die Tötung Jorams und Ahasjas in Anspruch nimmt,[6] die nach 2. Kön. 9 Jehu vollzogen hat, nicht weniger tendenziös als die biblische Erzählung.

Wie stark die Gattung der Königsinschriften von einer theologisch begründeten politischen Tendenz beherrscht wird, wird vollends deutlich, wenn man die neubabylonischen Königsinschriften betrachtet, die in großer Zahl gefunden worden sind.

Die Inschriften Nebukadnezars, Neriglissars und Nabonids sind alle zeitgenössische Quellen des 6. Jh., das heißt für die israelitische Exilszeit; und dies um so mehr als Juda nicht nur unter die Herrschaft der neubabylonischen Könige kam, sondern ein Teil seiner Bevölkerung ins babylonische Kernland deportiert und dort angesiedelt wurde. Eine Gruppe von Exilierten um den gefangenen König Jojachin befand sich sogar unmittelbar in der Residenz. Allerdings sind die Königsinschriften keine Primärquellen für die Geschichte Judas oder der babylonischen Gola. Diese haben schon deswegen nur geringe Chancen, in den neubabylonischen Königsinschriften Erwähnung zu finden, weil | sich die neubabylonischen Könige, anders als ihre assyrischen Vorgänger, kaum ihrer militärisch-außenpolitischen, sondern fast ausschließlich ihrer kultisch-innenpolitischen Großtaten rühmen, die sie in Tempelrenovierungen, mit reichen Weihgaben an die Tempel, und durch prächtigen Ausbau der Städte Babyloniens unter Beweis gestellt haben. Und wo der außenpolitisch-militärische Bereich einmal mehr in den Blick kommt, wie etwa beim Bau und der Einweihung des neuen Palastes Nebukadnezars,[7] waren Juda und die Judäer nicht bedeutend genug, um erwähnt zu werden, bzw. ist ihre Erwähnung durch Textabbruch verloren gegangen. Der ›Hof- und Staatskalender Nebukadnezars‹ (vgl. Unger 1970: 282-94), der im erhaltenen Text als Teilnehmer der Einweihungsfeierlichkeiten nach den babylonischen Würdenträgern immerhin die Könige der unterworfenen Städte Ty-

---

6 Sein Artikel erscheint demnächst in AOAT, 250 (I. Kottsieper; Münster: Ugarit Verlag, 1998) [= Kottsieper 1998: 483-95]. |

7 Vgl. Langdon und Zehnpfund 1912: 94-95; 114-15; 134-37; Nbk 9, III, 27-59; Nbk 14, II, 1-9; Nbk 15, VII, 34-52.

rus, Gaza, Sidon, Arwad und Ashdod nennt (V, 23-27), könnte durchaus einmal auch Jojachin erwähnt haben.

Die Königsinschriften sind aber sehr wohl eine ›zeitgenössische Primärqelle‹ für das religiös-politische Klima des neubabylonischen Reichs, in dem die Judäer der Exilszeit lebten. Und deswegen sind sie eine Quelle für die tendenziöse Geschichtstheologie dieser Epoche, die den biblischen Texten aus derselben Zeit (z.B. Deuteronomistisches Geschichtswerk, Deuterojesaja) gar nicht so fern stehen. Ich möchte das anhand einer Inschrift des letzten neubabylonischen Königs, Nabonid, der 556-539 v. Chr. regierte, erläutern.

Der Gründungsmythos des neubabylonischen Reiches

Auf der leider nicht ganz vollständig erhaltenen, aus Babylon stammenden Basaltstele in Istanbul,[8] die wahrscheinlich aus den ersten Jahren seiner Regierung stammt, reflektiert Nabonid darüber, warum ausgerechnet er, ›in dessen Herz das Königtum nicht vorhanden war‹ (VII, 45–52), den babylonischen Königsthron bestiegen habe. Er führt dabei seine Thronbesteigung, die realgeschichtlich eine Usurpation war, nicht nur auf den göttlichen Befehl Marduks zurück (V, 8-10), sondern ordnet sie zudem in einen großen geschichtstheologischen Horizont ein, der die ganze Geschichte des neubabylonischen Reiches umfaßt.

Eigenartigerweise beginnt Nabonid diesen Rückblick lange vor der Gründung des Reiches durch Nabopolassar, der ab 626 als Scheich des Meerlandes den Kampf mit den assyrischen Besatzern aufnahm. Kolumne I berichtet von einem assyrischen König, der ›Böses sann‹, die Bevölkerung Babyloniens erbarmungslos auszulöschen trachtete, die Heiligtümer Babylons verwüstete, seine Kulte ruinierte und den Gott Marduk nach Assur verschleppte (I, 1-17). Gemeint ist Sanherib, der nach mehreren babylonischen Aufständen 689 Babylon eroberte und nicht einmal vor der Zerstörung des Marduktempels Esangila zurückschreckte, seine Kultstatue raubte und die Stadt durch die Euphratwasser flutete, so daß sie für ein Jahrzehnt unbewohnbar blieb.

---

8 Langdon und Zehnpfund 1912: 270-89, Nbd 8; vgl. *ANET*, 308-11. Die Nabonid-Inschriften hat H. Schaudig in seiner gerade abgeschlossenen Münsteraner Dissertation neu bearbeitet. [= Schaudig 2001]

Es geht aber Nabonid nicht um dieses traumatische politische Ereignis als solches. Sanherib konnte sich vielmehr nur so blasphemisch an Babylon vergehen, weil Marduk damals seinem Land zürnte. So heißt es zusammenfassend nach den Untaten des assyrischen Königs: ›Nach dem Zorn Gottes tat er dem Lande‹ (I, 18-19). Und in dieser theologischen Perspektive wird die Zerstörung Babylons Ausgangspunkt einer langen Kette von Ereignissen, die zur Gründung des neubabylonischen Reiches und darüber hinaus führt.

21 Jahre dauerte der Zorn Marduks während des Exils seiner Statue in Assur, bis Shamash-shuma-ukin im Jahr 668, nachdem schon sein Vater Asarhaddon den Wiederaufbau Babylons begonnen hatte, die – bzw. eine neue – Mardukstatue zurückbrachte (I, 20-25). Dann beruhigte sich sein Zorn und er gedachte wieder seiner Stadt und seines Tempels (Z. 26-34). Diese erneute Zuwendung Marduks wirkte sich nun als ein Strafgericht über die Assyrer aus. Es war schon in der Ermordung Sanheribs 681 zum Zuge gekommen (Z. 35-41); dessen Rolle, als Werkzeug des göttlichen Zornes fungiert zu haben, rechtfertigte also keineswegs seine abscheuliche Untat. Zu seinem Ziel kam es aber erst, als Marduk dem Begründer des neubabylonischen Reiches, Nabopolasser, bei seinem Befreiungskampf gegen die Assyrer ab 614 den König der Meder als Bündnisgenossen zuführte und mit dessen Hilfe wie eine Sintflut ganz Assyrien niederwalzte (II, 1-10). Wenn nun die Kriege der vereinigten Babylonier und Meder gegen die Assyrer von 614-605 als Vergeltung (*gimillu*) und Rache (*tuktû*) bezeichnet werden, die Marduk für Babylon übte (*târu*, bzw. *riābu*), dann bringt Nabonid den Untergang des neuassyrischen und den Aufstieg des neubabylonischen Reiches unmittelbar mit der Zerstörung Babylons durch Sanherib rund 80 Jahre zuvor in Verbindung. Aus der tiefsten | Erniedrigung Babylons war durch Marduks Vergeltung der größte Triumph der Stadt geworden.

Daß es sich hierbei um einen regelrechten Gründungsmythos des neubabylonischen Reiches handelt (so Beaulieu 1989: 115), auf den Nabonid Bezug nimmt, macht ein literarischer Text deutlich, den P. Gerardi unter dem Titel ›Declaring War in Mesopotamia‹ veröffentlicht hat (1986: 34-37) und der wahrscheinlich aus der Regierungszeit Nabopolassars stammt. Hier wirft der babylonische dem assyrischen König vor, zum Feind Babyloniens geworden zu sein, seinen Reichtum geplündert und das Eigentum Esangilas und der Hauptstadt zur Schau gestellt und – wahrscheinlich nach Ninive – abtransportiert zu haben. Mit letzterem ist wahrscheinlich wieder das Sakrileg Sanheribs gemeint, auf den und dessen Eroberung Babylons später im Text ausdrücklich Bezug genommen wird (rev. Z. 7-8). Darum, so fährt Nabopolassar fort, habe Marduk ihn aus dem Seeland zur Herrschaft über Land und Leute ausersehen, um ›Vergeltung für das Land Akkad zu üben‹ (obv. Z. 12: *ana turru gimil māt URI.KI*). Und so werde er in Eroberung und Zerstörung Ninives die ›Vergeltung für Babylon vollziehen‹ (rev. Z. 3: *gimil utarri ana TIN.TIR.KI*). Egal ob man diesen Text noch vor oder erst nach der Eroberung Ninives (612) ansetzt, er bezeugt in jedem Fall, daß schon die Feldzüge der vereinigten Babylonier und Meder gegen die Assyrer, die in die Errichtung des neubabylonischen Reiches einmündeten, unter Berufung auf ›Marduks Rache für Babylon‹ geführt und gerechtfertigt worden sind. Wenn in Zeile III, 21 des sog. ›Nabopolassar Epic‹ (Grayson 1975b: 82-85) ›[Übe] Vergeltung für das Land Akkad‹ (*[x (x)] x gimil URI.KI EN [...]*) zu ergänzen ist, dann gehörte der Topos sogar zum neubabylonischen Krönungsritual. Nabonid griff in seiner Stele somit auf den Gründungsmythos des neubabylonischen Reiches zurück, der seit dem Reichsgründer das Selbstverständnis dieses Reichs ganz wesentlich bestimmt hatte. Über diesen theologischen Gründungsmythos bekamen geschichtliche Ereignisse, die 60 bzw. 135 Jahre vergangen waren, für ihn unmittelbare Bedeutung für seine Gegenwart und Zukunft.

Nabonids Regierungserklärung im Rahmen des Gründungsmythos

Es ist nun interessant zu sehen, wie Nabonid seine neue Politik, die er beabsichtigt, in den babylonischen Gründungsmythos einzeichnet, jene von ihm her begründet und diesen damit neu akzentuiert. |

Nabonid erwähnt in seiner Stele, wie der König der Meder alle Heiligtümer Assyriens verwüstete, ganz so wie es Sanherib mit Babylon getan hatte (vgl. II, 14-19 mit I, 8-13). Das blieb noch im Rahmen der Vergeltung Marduks und war damit theologisch gerechtfertigt. Aber der Mederkönig war darüber hinausgegangen, er hatte auch die Tempel der Städte an der Grenze Babyloniens total verwüstet, die sich nicht mit dem babylonischen König verbündet hatten (II, 20-31). Unter diesen waren auch die Stadt Harran und sein Sin-Tempel Eḫulḫul gewesen, die 610 v. Chr. von den Medern und Babyloniern zerstört worden waren, nachdem sich die Assyrer dahin zurückgezogen hatten (vgl. X, 12-15). Damit war aber für Nabonid, dessen Mutter Adad-guppi/ḫappe sehr wahrscheinlich aus Harran stammte und am babylonischen Hof aufsteigen konnte, bei der Gründung des neubabylonischen Reiches ein Unrecht geschehen, das dieses belastete und auf Wiedergutmachung drängte.

Nabonid versucht in seiner Darstellung, den Reichsgründer Nabopolassar vom Sakrileg dieser Tempelzerstörungen zu entlasten, indem er diese allein dem wilden Mederhaufen in die Schuhe schiebt und behauptet, daß jener ›nicht seine Hand an die Kulte aller Götter legte‹, sondern tief darüber trauerte (II, 31-41). Allerdings kann auch er nicht umhin zuzugeben, daß sich die Kultbilder des Sin aus Harran jetzt im Marduk-Tempel von Babylon befanden (X, 32-51); doch stellt Nabonid dies als reine Schutzmaßnahme dar.

Nach dem nun folgenden Geschichtsrückblick haben seine Vorgänger, die neubabylonischen Könige Nebukadnezar (? III) und Neriglissar (IV), die Unordnung, die die Assyrer in die Kult- und Götterwelt gebracht hatten, durch die Wiederherstellung und prächtige Ausstattung von Tempeln und Kultriten in Babylonien wieder beseitigt. Auch er selber hatte, nachdem er anstelle des ungeeigneten, ›gleichsam gegen den Willen der Götter‹ (IV, 40) regierenden Labashi-Marduk von Marduk ›zur Herrschaft über das Land erhoben worden‹ (V, 8-10) und von Nebukadnezar im Traum bestätigt worden war (VI), die reichliche Versorgung babylonischer Tempel fortgesetzt (VIII-IX). Nun aber, nachdem die Ansprüche der Götter im babylonischen Kernland weitgehend befriedigt waren, war es nach Nabonids Darstellung nur konsequent, nun auch die bei der Niederwerfung der Assyrer zerstörten Tempel in den Randregionen mit in die königliche Kultversorgung einzubeziehen. |

Marduk, so stellt es Nabonid dar, hatte auf ihn regelrecht gewartet, um ihn mit der Rückführung und Versöhnung der immer noch verschleppten und darum zürnenden Götter zu beauftragen. Nach 54 Jahren, die Sin im babylonischen Exil verbracht hatte, sah Nabonid den Zeitpunkt der Versöhnung gekommen und die Rückkehr Sins nach Harran durch Marduks ausdrücklichen Befehl angeordnet (IX, 12-31). Der Wiederaufbau des Sin-Tempels in Harran war somit für Nabonid das Gebot der Stunde, dem er zu folgen beabsichtigte.

Nabonid geht es hier, noch ganz am Anfang seiner Regierung, darum, die Kontinuität seiner Politik mit seinen tatkräftigen Vorgängern zu betonen. Er bezieht sich darum auf den Gründungsmythos des Reiches und bleibt auch noch ganz im Rahmen der Marduktheologie. Dennoch ist die Umorientierung von Reichspolitik und Reichstheologie, die er hier beabsichtigt und die er später trotz aller Schwierigkeiten[9] und Widerstände

---
9 Harran lag noch im medischen Einflußbereich und gelangte erst ab dem Aufstand des

(s.u.) konsequent betreiben sollte, erheblich. Man unterschätzt diese bei weitem, wollte man den Tempelbau in Harran nur als Ausdruck einer persönlichen Glaubenspräferenz oder sentimentalen Wiedergutmachung für die Heimat seiner Mutter ansehen. Was Nabonid mit der Einbeziehung Harrans in die Wiederaufbau- und Versorgungspflicht des babylonischen Königs bezwecken wollte, wird erst sichtbar, wenn man die Reichs- und Kultpolitik seiner Vorgänger zum Vergleich heranzieht. Ich kann dies hier nur andeuten:

Nebukadnezar war es darum gegangen, die rivalisierenden Städte Babyloniens und das ganze Reich durch ein einziges repräsentatives lokales Zentrum zu einen; deswegen baute er unermüdlich seine ›Lieblingsstadt‹ Babylon zur prachtvollen Metropole aus. Es ist kein Zufall, daß er dabei etwa seinen neuen Süd-Palast, den er unter Aufbietung der Wirtschafts- und Arbeitskraft seines Riesenreiches in kürzester Zeit prachtvoll hochzog, ›Einigungsband des Landes‹ (Langdon und Zehnpfund 1912: 114-15; 136-37) und ›Einigungsband der großen Völker‹ (Langdon und Zehnpfund 1912: 94-95) nannte. Die Reichspolitik Nebukadnezars hatte somit darin bestanden, die gesamte Wirtschaftskraft des Reiches, die Gewinne der Kriegszüge, die Tribute der Provinzen und die Arbeitskraft der Deportierten einseitig zur Förderung des babylonischen Kernlandes zu nutzen, während die anderen Teile des Reiches leer ausgingen. Der Gründungsmythos ›Marduks Rache für Babylon‹ führte somit innenpolitisch zu einer Einbahnstraße, zu einer Ausblutung der Provinzen zugunsten der Zentrale. Begleitet wurde diese zentralistische Wirtschaftspolitik mit der religionspolitischen Anstrengung, Marduk nicht nur zum höchsten Gott Babyloniens zu erheben, sondern ihn auch als Reichsgott zu etablieren. Dazu war dieser aber als traditioneller Stadtgott von Babylon, der im Gründungsmythos auch noch so stark zugunsten seiner Stadt bzw. des babylonischen Kernlandes Stellung bezogen hatte, wenig geeignet.

Der Wiederaufbau des Sin-Tempels von Harran, den Nabonid propagierte, bedeutete demgegenüber nicht weniger, als daß erstmals in der Geschichte des neubabylonischen Reiches die Wirtschaftskraft des Reiches und der Zentrale zugunsten einer Provinzregion umgeleitet werden sollte. Welchen Bruch ein solches Vorhaben mit der traditionellen Kult- und Reichspolitik darstellte, zeigt der geballte Widerstand, der Nabonid aus der Hauptstadt und allen wichtigen babylonischen Städten entgegen-

---

Kyros gegen die Meder (553 v. Chr.) unter babylonische Herrschaft, vgl. Nabonids spätere Rechtfertigung der Verzögerung des Tempelbaus in Langdon und Zehnpfund 1912: 218-21; *TUAT*, 2.4, 494-95.

schlug, den Nabonid später in seiner Harran-Inschrift als Aufstand gegen den Gott Sin beschreibt, der den Gott veranlaßt habe, ihn aus Babylon in die arabische Wüste zu entfernen (Röllig 1964: I, 14-20).

Mir scheint, daß Nabonid ein polyzentrischer Aufbau des Reiches vorschwebte; auch der immer noch mysteriöse zehnjährige Aufenthalt in Tema ließe sich in eine solche Konzeption gut einordnen. Immerhin weilte Nabonid hier – entgegen späterer Legendenbildung – keineswegs als Kranker[10] oder Wahnsinniger,[11] sondern hat diese auch wirtschaftlich interessante arabische Oasenstadt zu einer regelrechten Residenz mit vorzüglichen Nachrichtenverbindungen zur alten Hauptstadt ausgebaut. Mit dieser Dezentralisierung verbunden war der immer entschlossenere Versuch Nabonids, den Mondgott Sin, der weniger lokal festgelegt war als Marduk, sondern sowohl im babylonischen Kernland (Ur) als auch im Norden, Westen (Harran) und Süden des Reiches (Arabien) verehrt wurde, anstelle Marduks als Reichsgott zu etablieren. Dies rief den erbitterten Widerstand der babylonischen Aristokratie, insbesondere der Mardukpriesterschaft hervor, an dem Nabonid scheiterte. Wenn man sieht, wie sich Nabonid in seiner Spätzeit nicht mehr nur ›König von Babylon‹ nannte, sondern auch ›König der Welt‹ oder ›König der vier Weltgegenden‹ (Langdon und Zehnpfund 1912: 218-|19) wie die assyrischen Könige, wenn man weiter sieht, wie er in seiner Harran-Stele die ›Leute von Akkad und Hatti‹ (Röllig, 1964: II, 8; III, 19), d.h. Babylonien und Syrien-Palästina, auf eine Stufe stellte, dann wird erkennbar, wieweit er schließlich den Gründungsmythos des neubabylonischen Reiches hinter sich gelassen hatte. Doch erst den Persern war es vergönnt, eine stärker dezentrale Reichsstruktur politisch durchzusetzen und sowohl theologisch als auch kultpolitisch abzustützen.

Methodische Folgerungen

Zum Abschluß möchte ich einige methodische Gesichtspunkte herausstellen, die sich aus den neubabylonischen Königsinschriften für eine Rekonstruktion der babylonischen Geschichte des 6. Jh. ergeben, die aber – so meine ich – auch Gesichtspunkte für den Umgang mit biblischen Texten dieser Zeit und darüber hinaus abgeben können:

---

10 So 4QOrNab.
11 So die in Dan. 4 auf Nebukadnezar übertragene Tradition. |

Die neubabylonischen Königsinschriften sind den historischen Ereignissen, von denen sie berichten, so nahe, daß sie als zeitgenössische Primärquellen für die politische Geschichte des neubabylonischen Reiches zu betrachten sind.

Dennoch schildern sie die historischen Ereignisse nicht in der bei uns üblich gewordenen rein innerweltlichen Perspektive. Es handelt sich vielmehr – in den Inschriften Nabonids noch expliziter als in denen der anderen neubabylonischen Könige – um eine stark theologisch durchtränkte Geschichtsschreibung, nach der, trotz aller Aktivitäten der Könige, letztlich das Handeln der Götter den Geschichtsverlauf bestimmt. Sie zürnen und erbarmen sich ihrer Stadt, sie rächen das ihr angetane Unrecht. Sie erwählen und beauftragen die Könige, sie bestimmen die Zeitpunkte für ihre Handlungen. Erfolgreiches königliches Handeln kann es nur in der Übereinstimmung mit göttlichem Handeln geben, die Könige sind Werkzeuge der Götter. Doch königliche Untaten können, wie das Beispiel Sanheribs zeigt, zwar göttlichen Zorn realisieren, werden aber deswegen nicht entschuldigt, sondern später von den Göttern bestraft.

Mit der theologischen Sicht der Geschichte geht eine Verknüpfung geschichtlicher Ereignisse über lange Zeiträume einher, wie der Gründungsmythos des neubabylonischen Reiches zeigt, der auf die Zerstörung Babylons ca. 80 Jahre vor der Reichsgründung Bezug nimmt; die behandelte Inschrift Nabonids läßt sogar ca. 135 Jahre Revue passieren. Die Einzelereignisse erhalten durch diese theologische | Verknüpfung einen bestimmten Sinn, eindeutige Wertungen und eine klare Tendenz.[12] Aus der Tendenz des Geschichtsverlaufes leitet Nabonid eine ganz bestimmte Option für die Zukunft ab. Es handelt sich somit explizit um paradigmatische Geschichtsschreibung.

Vieles erinnert hier an die Geschichtsschreibung des Deuteronomistischen Geschichtswerkes,[13] an die Völkersprüche[14] und Deuterojesaja,[15] die alle aus der gleichen Epoche stammen. Man kann mit Fug und Recht

---

12 Die Verbindung von ›events‹ zu einer ›narrative‹, die B. Becking aufgrund geschichtsphilosophischer Reflexionen als das Kennzeichen der Historiographie herausstellt (s.o. 40-61 [in der Originalpublikation]), geschieht in den neubabylonischen Königsinschriften durch Aufdecken der theologischen Zusammenhänge.
13 Vgl. das Zürnen, Strafen und Erbarmen Gottes im Zusammenhang mit der Geschichte von Königen und Städten.
14 Vgl. z.B. die Vergeltung bzw. Rache Jahwes an Babylon in Jer. 51.6, 36, 56 und allgemein das Prinzip des gerechten Ausgleichs.
15 So die Periodisierung von Unheils- und Heilsperiode in Jes. 6.11; 40.1-2. |

sagen: Das 6. Jh. war unter neubabylonischer Ägide regelrecht von Geschichtstheologie geschwängert.

Moderner Tendenzkritik ist es ein leichtes, das leitende Interesse der Nabonid-Inschrift zu durchschauen. Der babylonische Gründungsmythos ist für sie die durchsichtige theologische Legitimation eines rücksichtslosen Hegemonialanspruchs der Jahrhunderte lang zu kurz gekommenen Babylonier. Das Interesse Nabonids am Tempelbau von Harran ist für sie nicht Ergebnis, sondern Ausgangspunkt der ganzen theologischen Geschichtskonstruktion, die kultische Maßnahme dabei nur fromme Verkleidung des Wunsches nach politischer und wirtschaftlicher Umstrukturierung seines Reiches.

Eine solche historisch-kritische Durchleuchtung der neubabylonischen Königsinschriften einschließlich einer harten Tendenzkritik ist ein wichtiger und nötiger Schritt, um uns nachaufklärerischen Europäern einen Zugang des Verstehens zu diesen altorientalischen Inschriften zu ermöglichen. Dennoch wäre es falsch, unsere untheologische Geschichtssicht dabei absolut zu setzen und zum reduktionistischen Maßstab unserer Darstellung der Geschichte des neubabylonischen Reiches machen zu wollen. Insofern gelten für sie die gleichen methodischen Grundsätze wie für entsprechende biblische Texte, obgleich wir ihnen keinen normativen Anspruch an uns zubilligen.

Aber gerade weil die neubabylonischen Königsinschriften keinerlei normative Ansprüche erheben, deren Sicht zu destruieren, den Reiz eines emanzipatorischen Aktes haben könnte, können sie für den | Alttestamentler – fern jeder Aufgeregtheit – vielleicht einige schlichte Hinweise geben, wie mit einer solchen theologisierten antiken Geschichtsschreibung umzugehen sei:

Die Nabonid-Inschrift kann zum Beispiel zeigen, daß es falsch ist, aus dem stark theologischen und tendenziösen Charakter einer Geschichtsschreibung deren Unhistorizität zu folgern. Der theologische Gründungsmythos des neubabylonischen Reiches, so gut sich damit die totale Vernichtung assyrischer Städte und Tempel legitimieren ließ, ist nicht erfunden. Die Zerstörung Babylons durch Sanherib 689 hat es historisch gegeben; und sie ging auch nach unserer historischen Einschätzung über das Maß der im Vorderen Orient sonst vorkommenden Verwüstungen hinaus. Normalerweise wurden bei einer Eroberung die Tempel geschont, die Eroberer versuchten sich die Gunst ihrer Götter zu sichern. Wenn Sanherib diese Regel mißachtete, dann ist das nur so zu erklären, daß der Marduktempel zum Träger des anhaltenden antiassyrischen Widerstandes geworden war, aus dessen Schatz z.B. die elamischen Verbündeten finanziert wurden. Dennoch war sein Vorgehen ein zum Himmel schreiendes Sakrileg. Das bedeutet: Selbst für die Entstehung eines Gründungsmythos ist es wahrscheinlicher, daß er aus einer erregenden geschichtlichen Erfahrung erwachsen ist, als daß es sich um eine reine Erfindung handelt.[16] Aber selbst wenn dies nicht mehr mit Sicherheit zu klären wäre, kann nicht einfach mit dem Hinweis, es handele sich um einen Gründungsmythos, der pauschale Verdacht der Unhistorizität erhoben werden. Es muß auch bei solchen stark theologisch-tendenziösen Texten der methodische Grundsatz gelten, daß im einzelnen durch kritische Nachfrage und – wenn möglich – durch Vergleich mit anderen Quellen geklärt wird, welche Ereignisse aus dem dargebotenen geschichtlich-theologischen Geflecht einen realgeschichtlichen Anhalt haben und wo etwa aus erkennbarem Interesse der Ablauf geschönt oder erfunden wurde.[17] D.h. es bleibt gegenüber einer solchen theologisch-tendenziösen Geschichtsschreibung überhaupt nichts anderes übrig, als die in letzter Zeit völlig zu Unrecht geschmähte ›Substraktionsmethode‹ anzuwenden. Sie führt, wie oben | an der Nabonid-Inschrift demonstriert, zu durchaus plausiblen historischen Ergebnissen.

Die theologischen Erklärungs- und Wertungsmuster der neubabylonischen Inschriften dürfen nun aber bei der historisch-kritischen Rekonstruktion auch nicht einfach als irrelevantes ›Beiwerk‹ weggestrichen werden. Es läßt sich zeigen, daß der babylonische Gründungsmythos, obwohl nach unserer Sicht ein theologisches Konstrukt, dennoch die Politik des neubabylonischen Reiches real beeinflußt hat. Der Topos ›Marduks Rache für Babylon‹ hat nachweislich den Befreiungskampf Nabopolassars gegen die Assyrer stark motiviert und damit zum Sieg der Babylonier und zur Legitimation ihrer Reichsgründung beigetragen. Er hat auch noch die Außenpolitik Nebukadnezars erfolgreich geleitet, wenn dieser alles daransetzte, Ägypten, den letzten Verbündeten Assyriens, zu Lande[18] und

---

16 Insofern ist es eine weise Zurückhaltung, wenn K. van der Toorn, obwohl er den Exodus als ›national charter myth‹ Israels bestimmt, dessen historischen Anhalt nicht ganz leugnet (1996: 291-302). Zu meiner historischen Einschätzung des Exodus vgl. Albertz 1995a: 185-187.
17 So etwa die Art, wie Nabonid die Rolle Nabopolassars bei der Zerstörung des Harran-Tempels beschreibt. |
18 Die Vertreibung Ägyptens aus Palästina war das eigentliche Kriegsziel des Feldzuges gegen das abtrünnige Jerusalem 587/6, das auch erreicht wurde. Während der ›Belagerungspause‹ wurde das ägyptische Heer so vernichtend geschlagen, daß Ägypten im 6. Jh. auf weitere Landoperationen nach Palästina verzichtete und seine Macht auf die Flotte verlegte, vgl. James 1991: 719.

zu Wasser[19] konsequent aus Syrien und Palästina fernzuhalten. Der gleiche Mythos hat jedoch nach Abschluß der Aufbauphase verhindert, von einer einseitigen Raubzugs-Politik zugunsten des babylonischen Kernlandes zu einer auf Ausgleich zwischen den Regionen des Reiches gerichteten Förder-Politik überzugehen. Nabonid hat das zwar noch im Anschluß an den Gründungsmythos versucht, doch er ist am Widerstand der durch ihn Privilegierten gescheitert.

Schließlich würde man die Kultur- und Religionsgeschichte des neubabylonischen Reiches völlig verzeichnen, wenn man die theologischen Dimensionen seiner Königsinschriften als irrelevant beiseite ließe. Es kommt vielmehr auch in unserer historischen Rekonstruktion darauf an herauszuarbeiten, warum sich etwa Nabonid in seinen Inschriften so und nicht anders präsentiert hat. D.h. die Geschichtssicht der neubabylonischen Könige bzw. ihrer Hoftheologen und unsere moderne Geschichtsauffassung müssen bei unserer historischen Rekonstruktion in einen Dialog miteinander treten. Innen- und Außenperspektive müssen sich bei einer Darstellung der Geschichte des neubabylonischen Reiches genauso abwechseln, wie ich dies etwa für die Darstellung der Religionsgeschichte Israels gefordert habe (Albertz 1995b: 20). Ziel jeder Rekonstruktion antiker Geschichte, die mehr sein will als die Verwahrung einer Leiche im Keller, muß eine lebendige Erzählung sein, welche die Mentalitätsgeschichte voll mit in die Darstellung der sozialen und politischen Geschichte einbezieht.

Literatur und Abkürzungen

Albertz, R.
1995a ›Hat die Theologie des Alten Testaments doch noch eine Chance? Abschließende Stellungnahme in Leuven‹, *JBTh* 10: 177-87.
1995b ›Religionsgeschichte Israels oder Theologie des Alten Testaments! Plädoyer für eine forschungsgeschichtliche Umorientierung‹, *JBTh* 10: 3-24.
1996-97 *Religionsgeschichte Israels in alttestamentlicher Zeit* (2 Bde.; GAT, 8.1-2, Göttingen: Vandenhoeck & Ruprecht).

---

19 Dies ist der Hintergrund der 13jährigen Belagerung von Tyros durch Nebukadnezar, die wahrscheinlich in die Jahre 585-572 eingeordnet werden muß, vgl. Katzenstein 1973: 328-30. Tyros war traditionell der wichtigste Hafen für den ägyptischen Seehandel mit Phönizien und Syrien gewesen.

Barstad, H.M.
1996 *The Myth of the Empty Land: A Study in History and Archaeology of Judah During the ›Exilic‹ Period* (Symbolae osloenses, 28; Oslo: Scandinavian University Press).

Beaulieu, P.-A.
1989 *The Reign of Nabonidus: King of Babylon 556-539* (YNER, 10; New Haven: Yale University Press).

Burstein, S.M.
1978 *The Babylonaica of Berossos* (SANE, 1.5; Malibu: Undena Publisher).

Gerardi, P.
1986 ›Declaring War in Mesopotamia‹, *AfO* 33: 30-38.

Grayson, A.K.
1975a *Assyrian and Babylonian Chronicles* (TCS, 5; Locust Valley, NY: J.J. Augustin).
1975b *Babylonian Historical-Literary Texts* (Toronto Semitic Texts and Studies, 3; Toronto: University of Toronto Press).

James, T.H.G.
1991 *Egypt: The Twenty-fifth and Twenty-sixth Dynasties* (CAH, 3.2; Cambrigde: Cambridge University Press, 2nd edn): 677-747.

Katzenstein, H.J.
1973 *The History of Tyre: From the Beginning of the Second Milennium B.C.E. until the Fall of the Neo-Babylonian Empire in 538 B.C.E* (Jerusalem: The Schocken Institute for Jewish Research of the Jewish Theological Seminary of America).

[Kottsieper, I.
1998 ›Die Inschrift vom Tell Dan und die politischen Beziehungen zwischen Aram-Damaskus und Israel in der 1. Hälfte des 1. Jahrtausend vor Christus‹, in: *›Und Mose schrieb dieses Lied auf‹: Studien zum Alten Testament und zum Alten Orient: Festschrift für Oswald Loretz* (AOAT, 250; Münster: Ugarit-Verlag): 475-500.]

Mayer, W.
1995 *Politik und Kriegskunst der Assyrer* (Abhandlungen zur Literatur Alt-Syriens und Mesopotamiens, 9; Münster: Ugarit-Verlag).

Röllig, W.
1964 ›Erwägungen zu den neuen Stelen Nabonids‹, *ZA* 56: 218-60. |

[Schaudig, H.
2001 *Die Inschriften Nabonids von Babylon und Kyros des Großen* (AOAT, 256; Münster: Ugarit-Verlag).]

Toorn, K. van der
1996 *Family Religion in Babylonia, Syria and Israel: Continuity and Change in the Forms of Religious Life* (Studies in the History and Culture of the Ancient Near East, 7; Leiden: E.J. Brill).

Unger, E.
1970 *Babylon: Die heilige Stadt nach der Beschreibung der Babylonier* (Berlin: W. de Gruyter, 2nd edn).

Weidner, E.F.
1939 ›Jojachin, König von Juda, in babylonischen Keilschrifttexten‹, in: *Mélanges Syriens offerts à Monsieur R. Daussaud* (Paris: Paul Geuthner): II, 923-35.

Zadok, R.
1979 *The Jews in Babylonia during the Chaldean and Achaemenian Periods According to the Babylonian Sources* (Studies in the History of Jewish People in the Land of Israel Monograph Series, 3; Haifa: University of Haifa).

1984 ›Some Jews in Babylonian Documents‹, *JQR* 74: 294-97.

Die verhinderte Restauration

1. Die sogenannte Restauration

In den gängigen Handbüchern wird die Entstehung des nachexilischen Israel gerne als Restauration bezeichnet. So heißt der klassische Titel des einflußreichen Buches von P. Ackroyd »Exile and Restauration«.[1] Aber auch noch die Geschichte Israels von H. Donner aus dem Jahr 1995[2] betitelt die frühnachexilische Zeit »Der Anfang der Restauration in Juda und Jerusalem«, womit Ereignisse um Scheschbazar und Serubbabel gemeint sind, und »Die Vollendung der Restauration in Jerusalem und Juda« zur Zeit Nehemias und Esras.

Dabei wird völlig übersehen, daß es eben gerade nicht zu einer Restauration der vorexilischen Verhältnisse gekommen ist, d.h. zur Wiedererrichtung eines Staates und Wiedereinsetzung eines davidischen Königs. Diese Ungenauigkeit in der Forschung macht es nötig, die Geschichte der frühnachexilischen Zeit unter spezifischer sozialgeschichtlicher Perspektive erneut aufzurollen. Wenn Rolf Rendtorff, den ich mit diesem Beitrag herzlich grüßen möchte, treffsicher bemerkt, daß es sich bei der »messianischen« Weissagung für Serubbabel in Hag 2,21-23 um das einzige Mal in der hebräischen Bibel handelt, »daß in einem solchen eschatologischen Kontext ein potentieller künftiger Herrscher mit Namen genannt wird«,[3] macht er von der Seite der Theologie des Alten Testaments her darauf aufmerksam, wie dramatisch offenbar um die Frage einer Restauration der davidischen Dynastie in der frühnachexilischen Zeit gerungen wurde. Warum diese ganz konkrete prophetische Hoffnung unerfüllt geblieben ist, darum geht es in dieser historischen Nachfrage.

In den gängigen geschichtlichen Rekonstruktionen wird der Tempelbau einfach als Auswirkung einer ›liberalen‹ persischen Religionspolitik

---

1 A Study of Hebrew Tought of the Sixth Century BC, London 1968 = 1994.
2 Geschichte des Volkes Israel und seiner Nachbarn in Grundzügen, Bd. II (GAT 4,2), Göttingen 1986, ²1995, 437ff.; 449ff.
3 Theologie des Alten Testaments. Ein kanonischer Entwurf, Bd. 1: Kanonische Grundlegung, Neukirchen-Vluyn 1999, 282. |

angesehen und meiner Meinung nach zu wenig beachtet, daß er in unmittelbarem zeitlichem Zusammenhang mit der wohl tiefsten | politischen Krise steht, die das persische Reich in seiner 200jährigen Geschichte erschütterte: dem Flächenbrand von Aufständen, den die Ermordung des Hoffnungsträgers Gaumāta und die Usurpation der Macht durch Darius ausgelöst hatte.[4] Bis Juni 521 brauchte Darius, um seine Macht auch nur einigermaßen zu sichern, bis Ende November 521, bis er Aracha, der als Nebukadnezar IV. noch einmal Babylonien vom persischen Joch befreien wollte, besiegt hatte.[5] Wie ist es zu verstehen, daß im kleinen Landstrich Juda nun ausgerechnet zu dieser Zeit, kaum neun Monate nachdem Darius seine Herrschaft militärisch durchgesetzt hatte, der Tempelbau in Angriff genommen wurde? Warum geschah es – als Fanal nationaler jüdischer Unabhängigkeit gemeint – nicht früher, während der Aufstandsjahre, warum – als Ausdruck persischer Liberalität verstanden – nicht später, als sich das persische Reich wieder voll stabilisiert hatte?

So spricht schon der Zeitpunkt des Tempelbaus dafür, daß der Neuaufbau des judäischen Gemeinwesens aus persischer Sicht als Herrschaftssicherungsmaßnahme gemeint gewesen sein muß. Gerade aus den Erfahrungen der Aufstandszeit heraus ging es dem König darum, an der strategisch wichtigen Südwestflanke seines Reiches eine ihm loyale Volksgruppe zu etablieren, auch um die Verkehrswege nach Ägypten zu sichern.[6]

---

4 Anders als L. Dequecker, Darius the Persian, and the reconstruction of the Jewish temple in Jerusalem (Ezra 4,24), in: J. Quaegebeur (ed.), Ritual and Sacrifice in the Ancient Near East (Orientalia Lovaniensia Analecta 55), Leuven 1993, 67-92, bin ich der Meinung, daß der Tempelbau im zweiten Jahr des Darius I. Hystaspes (522-486) und nicht des Darius II. Nothus (424-404) begann. Für diese gängige Ansicht sprechen meiner Meinung u.a. die drei Generationen der bezeugten Filiationen Jojachin-Schealtiël-Serubbabel bzw. Seraja-Jozadak-Josua, die wohl die Zeit von 597/87 bis 522, unmöglich aber einen Zeitraum von 175 Jahren (597-422) überspannt haben können.
5 Vgl. T. Cuyler Young, Jr, The Consolidation of the Empire and its Limits of Growth under Darius and Xerxes, in: CAH, vol. IV, Cambridge ²1988, 53-111, bes. 58-64; A. Kuhrt, Babylonia from Cyrus to Xerxes, in: CAH, vol. IV, Cambrigde ²1988, 112-138, bes. 112f.
6 Daß auch die Religionspolitik der Perser stark vom Prinzip des Loyalitätserweises bestimmt ist, wird immer deutlicher gesehen, vgl. J. Wieseöfer, Das antike Persien: Von 550 v.Chr. bis 650 n.Chr., Zürich 1993, 89. |

2. Das Ringen von Nationalisten und Reformern

Leider lassen unsere Quellen keine Aussage darüber zu, wann es genau zum Arrangement zwischen den Persern und der jüdischen Volksgruppe in Babylonien gekommen ist. Das Esrabuch führt den Neuanfang betont auf einen Gnadenakt zurück, den Kyros schon in seinem ersten Regierungsjahr 538 erlassen haben soll (Esr 1,1-4; 6,3-5). | Doch was immer es mit dem Kyrosedikt auf sich hat,[7] offenbar wurde es lange Zeit so wenig politisch wirksam, daß noch der Autor des Esrabuches ganz erhebliche Schwierigkeiten hat, die 18-jährige Verzögerung des Tempelbaus bis ins 2. Jahr des Darius plausibel zu machen (Esr 4).[8] Das heißt, das entscheidende Arrangement, das eine große Gruppe von Juden in Babylon bewog, das Risiko eines Neuanfangs in Juda auf sich zu nehmen, fand wahrscheinlich erst unter Darius statt.

Da der Führer der Rückwanderergruppe, Serubbabel, den offiziellen Titel פֶּחָה trägt (Esr 6,7; Hag 1,1.14; 2,2.21), handelt es sich um eine Aktion, die mit Unterstützung des persischen Staates in Gang gesetzt wurde. Geht man mit K. Galling davon aus, daß Serubbabel und seine Rückwanderer im Frühjahr 520 in Juda eingetroffen sind,[9] so müssen die Verhandlungen mit der persischen Regierung, die seine Mission ermöglichten, noch in der Zeit der Aufstände stattgefunden haben. Gelegenheit dazu könnte sich in der ersten Hälfte des Jahres 521 ergeben haben, da sich Darius zu dieser Zeit nach Niederschlagung des Aufstandes von Nidintu-Bel (Nebukadnezar III.) in Babylon aufhielt.[10]

Wir habe eine ganze Anzahl von Indizien dafür, daß die führenden Kreise der Gola eine möglichst weitgehende staatliche Restauration Judas, vor allem die Wiedererrichtung der Dynastie, erstrebten. Soweit nicht hingerichtet, waren vor allem die Anhänger der national-religiösen Partei, die Hauptverantwortlichen für die antibabylonischen Aufstände, von

---

7 Zum Problem der Historizität der abweichenden Fassungen, s. H. Donner, Geschichte II (Anm. 2), 439-442. Häufig wird die aramäische Fassung als authentisch angesehen, doch bleibt immerhin auffällig, daß schon hier (Esr 6,4) ein *terminus technicus* für das Schatzhaus vorkommt (בית מלכא), und damit ein Ausbau der persischen Finanzverwaltung vorausgesetzt wird, der im 1. Jahr des Kyros zumindest fragwürdig ist.
8 Bekanntlich fügt er in Esr 4,6-24 Beschwerden der Samarier gegen den Mauerbau in Jerusalem ein, die aus viel späterer Zeit stammen.
9 Studien zur Geschichte Israels im persischen Zeitalter, Tübingen 1964, 121.
10 Nach A. Kuhrt, Babylonia (Anm. 5), 129, blieb Darius vom 22. Dezember 522 bis Juni 521 in Babylonien, wahrscheinlich um dort die Lage unter seine Kontrolle zu bringen. |

Nebukadnezar deportiert worden, unter ihnen auch Jozadak (I Chr 5,41), der Sohn des letzten Jerusalemer Oberpriesters Seraja (II Reg 25,28), der als Angehöriger der berühmten Hilkiaden-Familie der Kopf der nationalreligiösen Partei gewesen war. Wenn Jozadaks Sohn Josua wieder der erste Hohepriester des 2. Tempels werden sollte, dann zeigt das, wie stabil die führenden judäischen Familien ihre Position über die Exilskatastrophe hinweg sichern konnten. Nationalistische Rückkehrhoffnungen, die nicht zufällig um Jojachin und die Tempelgeräte kreisten (Jer 28,2-4), grassierten unter den Exilierten von 597 nachweislich im Jahr 594 (29,20-23 Propheten | Ahab und Zedekia). Danach fehlen uns die Quellen; doch die Tatsache, daß Jojachin aus seiner Ehrenhaft, die noch für das Jahr 592 die Weidner-Tafeln belegen,[11] am Hofe degradiert, und von Nebukadnezar ins Gefängnis geworfen wurde, aus dem ihn erst dessen Sohn Amel-Marduk in seinem Akzessionsjahr 562 wieder befreite (II Reg 25,27-30), spricht dafür, daß man auch ihn antibabylonischer Umtriebe beschuldigte, wahrscheinlich im Zusammenhang der Gedalja-Ermordung. Immerhin war der Mörder Ismael ein Mitglied der davidischen Familie![12] Aus der Tatsache, daß die Begnadigung Jojachins im DtrG als einziges Ereignis aus der ganzen Exilszeit mitgeteilt wird,[13] kann man schließen, daß die Gola immer noch große Hoffnungen auf ihn setzte. Möglicherweise erwartete sie seine Rücksendung als Vasallenkönig noch unter babylonischer Herrschaft, so wie es für die Könige von Tyrus unter Nabonid belegt ist (Josephus contra Apionem I,158). Mit der Ermordnung Amel-Marduks nach nur zweieinhalb Jahren Regierung haben sich diese nationalen Hoffnungen offensichtlich zerschlagen. Doch daß die führenden Kreise der Gola auch nach dem Tode Jojachins dennoch weiter aktiv auf eine Wiedererrichtung des davidischen Königtums hinarbeiteten, belegt die Tatsache, daß sie in frühpersischer Zeit eine große Edelmetallspende einsammelten, um damit

---

11 Vgl. ANET 308.
12 Da Gedalja und mit ihm hohe babylonische Offiziere von einem Mitglied des Königshauses (Ismael) ermordet wurden (Jer 41,1-3), war Jojachin als dessen Chef Nebukadnezar persönlich für dieses antibabylonische Komplott verantwortlich. Sehr wahrscheinlich fand die Gedalja-Ermordung nicht schon im Herbst 587 (in Jer 40,1 fehlt die Jahreszahl), sondern erst im Jahr 582 statt, für das Jer 52,30 eine dritte Exilierung belegt.
13 Wie ich an anderer Stelle meine nachgewiesen zu haben, wurde das DtrG in Babylonien, wahrscheinlich im Umkreis der Familien Jojachins und Jozadaks verfaßt, vgl. R. Albertz, Wer waren die Deuteronomisten? Das historische Rätsel einer literarischen Hypothese, EvTh 57 (1997), 319-338 [= S. 279-301 im vorliegenden Band].

die Krönung Serubbabels und Josuas nach deren Heimkehr tatkräftig zu unterstützen (Sach 6,9-14).

Während der Aufstandsbewegung auf jeden Verbündeten angewiesen, kam Darius den Judäern offenbar weit entgegen: Er beauftragte mit Serubbabel einen Davididen, einen Enkel des nach Babylonien deportierten Königs Jojachin (I Chr 3,19), offiziell mit der Rückwanderung und dem Wiederaufbau. Diese Tatsache scheint mir bis heute noch nicht genügend gewürdigt zu sein. Bedeutet sie doch, daß Darius anfangs bereit war, Wünschen nach einer Restauration des davidischen Königtums bis zu einem gewissen Grad entgegenzukommen, um damit die unzerbrüchliche Loyalität der jüdischen Volksgruppe zu gewinnen. Auch der Titel פֶּחָה, der ja im Falle Serubbabel kaum zur Bedeutung »Repatriierungskommissar« herabgestuft werden kann,[14] spricht dafür, | daß die Perser durchaus bereit waren, die Davididen, wenn sie sich bewähren sollten, als lokale Dynastie erblich mit dem Statthalteramt der neu zu schaffenden Provinz Juda zu betrauen.[15] Dies war an sich nicht ungewöhnlich: Eine Statthalterdynastie herrschte auch in Samarien; und es gab Provinzen, wo die Perser sogar halbautonome Königreiche akzeptierten wie etwa in Cilicien, in den phönizischen Stadtstaaten oder auch auf Zypern,[16] dies allerdings nur als Privileg für außergewöhnliche Loyalitätserweise.[17] Das heißt aber, eine ziemlich weitgehende Restauration der monarchischen Verhältnisse der vorexilischen Zeit stand von den besonderen Ausgangsbedingungen her durchaus im Horizont des Möglichen. Und es ist durchaus verständlich, daß sich unter dieser Perspektive ein größerer Teil der babylonischen Juden zur Rückkehr bereitfand.

Dennoch kam es nicht dazu. Auch hierfür läßt uns das Esrabuch, das die loyale Zusammenarbeit aller Juden mit den Persern hervorhebt, die Hintergründe nur erahnen: Es weiß von einer Intervention des Satrapen Tattnai gegen den Tempelbau zu berichten, die zwar glimpflich ausgeht (Esr 5f.), aber Serubbabel ist plötzlich von der Bildfläche verschwunden.

---

14 So A. Alt, Die Rolle Samarias bei der Entstehung des Judentums (1934), in: Kleine Schriften, Bd. II, München ³1964, 316-337, bes. 335; so auch wieder | H. Donner, Geschichte II (Anm. 2), 444. Die Belegung Scheschbazars mit dem פחה-Titel in Esr 5,14 kann hier auf sich beruhen, da seine Mission ganz im Dunkeln bleibt; in Esr 1,8 wird er unspezifisch נָשִׂיא לִיהוּדָה genannt.
15 So auch E. Stern, The Persian Empire and the Political and Social History of Palestine in the Persian Period, in: CHJ, vol. I, Cambridge 1984, 70-87, bes. 82.
16 Vgl. etwa die Eschmunazar-Inschrift aus Sidon, KAI 14. |
17 Cilicien erhielt seinen Sonderstatus für die militärische Hilfe, die es Kyros geleistet hatte; die phönizischen Stadtstaaten stellten den Persern ihre Flotte zur Verfügung. |

Die wahren Hintergründe lassen sich jedoch in etwa aus den Büchern Haggai und Sacharja aufhellen: Im Zuge des Tempelbaus wurden nationale Heilshoffnungen geweckt, die von den Persern zu dieser Zeit nur als Gefahr neuen Aufruhrs verstanden werden konnten: Der Prophet Haggai verkündete, während Darius noch dabei war, die letzten aufflackernden Aufstände der Skythen und Elamer niederzuschlagen, eine baldige Erschütterung der ganzen Völkerwelt, die den Reichtum der Völker nicht in die persischen Schatzhäuser, sondern zum Jerusalemer Tempel fließen lassen werde (Hag 2,6-9); der Prophet Sacharja erwartete für das Jahr 517/6 (Sach 1,12) einen großen weltpolitischen Umsturz und sah schon visionär, wie den Völkern die Hörner abgeschlagen wurden (2,1-4). Und beide Propheten projizierten auf Serubbabel glühende messianische Hoffnungen: Für Haggai war es Jahwes eigener Siegelring, der Mandatar seiner Herrschaft nach dem Umsturz in der Völkerwelt (Hag 2,20-23), und Sacharja bereitete, unterstützt von Edelmetallspenden der Gola, sogar eine Krönung Serubbabels und des Hohenpriesters Josua vor (Sach 6,9-14), die als Jahwes ›Ölsöhne‹ gemeinsam dessen universale Herrschaft ausüben | sollten (Sach 4,1-6aα.10aβ-14). Die nationale Heilsprophetie, die Serubbabel gewähren ließ, weil er sie zur Mobilisierung aller Kräfte für den Tempel benötigte, drohte den Kompromiß mit den Persern zu kippen.

Doch der weltpolitische Umsturz blieb aus. Spätestens ab Ende 519 saß Darius I. fest im Sattel. Die Perser, die über ein ausgezeichnetes Nachrichtensystem verfügten,[18] hielten die Zustände in Jerusalem für so gefährlich, daß sie den Satrapen Tattnai hinbeorderten (Esr 5,3-17). Seine Intervention endete mit einem neuen Kompromiß: Der Tempelbau durfte vollendet werden, doch Serubbabel, auf den sich die nationalen Hoffnungen konzentriert hatten, wurde abgezogen, was Sacharja zur Korrektur seiner Prophetie zwang.[19] Auch die Tatsache, daß weder Haggai noch Sacharja die Tempeleinweihung erwähnen, läßt sich in diesem Zusammenhang nur als Indiz deuten, daß sie entweder umgebracht oder sonstwie mundtot gemacht wurden.

---

18 Vgl. T. Cuyler Young, Consolidation (Anm. 5), 90f.
19 Vgl. die Textverstümmelungen in Sach 6,9-14. Er übertrug die fehlgeschlagene Krönung allein auf den Hohenpriester Josua (Sach 6,11) und verstand ihn als Platzhalter für einen zukünftigen König (3,8b). Die Textkorrekturen und Verstümmelungen sprechen eher gegen die von A. Lemaire, Zerobabel e la Judée à la lumière de l'epigraphie (fin du VIe s. av. J.-C.), RB 103 (1996), 48-57, erneuerte Ansicht, die Davididen seien erst nach Serubbabel ›schleichend‹ aus dem Führungsamt verdrängt worden. Die für diese These in Anspruch genommenen Siegel sind in ihrer Datierung und Deutung ganz unsicher.

Die national-religiöse Fraktion, die bereit war, um des Wunschbildes einer vollen staatlichen Restauration die Loyalität mit den Persern aufzukündigen, hatte ein großes Fiasko erlitten. Darius zog seine Bereitschaft, die davidische Monarchie unter persischer Herrschaft wieder zu errichten, zurück und gab wohl auch den Plan auf, Juda zur eigenen Provinz zu erheben.[20]

Der bei der Tattnai-Intervention gefundene Kompromiß hätte kaum Bestand gehabt, wenn Darius unter den Juden nicht starke Gruppen gefunden hätte, für die der Aufbau des Tempels, noch dazu mit großzügig zugesagter persischer Hilfe, wichtiger war als die Davididen oder die eine Restauration nach vorexilischem Vorbild gar nicht wollten.

Und solche Gruppen gab es: Da war erstens die Gruppe der Reformpriesterschaft. Waren in vorexilischer Zeit die Priester Beamte des Königs gewesen und seiner Aufsicht unterstellt, so hatten sie durch den Untergang der Monarchie erstmals ihre Unabhängigkeit errungen. Ermutigt wahrscheinlich auch durch die babylonischen Verhältnisse, in denen die Tempel gegenüber dem Palast immer eine gewisse Eigenständigkeit bewahren konnten, propagierte die Reformpriesterschaft im babylonischen Exil den Aufbau eines allein von den Priestern selbstverwalteten Kults (Ez 40-48 und später die Träger von P). Dieses Reformvorhaben wäre durch die Restauration der davidischen Monarchie, zu der als Erbe der jebusitischen Priesterkönige seit jeher die enge Verbindung von Thron und Altar gehört hatte, gar nicht, oder doch nur schwer durchführbar gewesen. Die Konzeption von zwei Gesalbten, einem politischen und einem priesterlichen Messias, im Sacharja-Buch (Sach 4,11-14; 6,11cj.) war vielleicht ein möglicher Kompromißvorschlag gewesen, auf den sich die national-religiösen Gruppen gegenüber den Reformpriestern gerade noch eingelassen hätten. Ein Verzicht auf die davidische Monarchie machte demgegenüber die Durchsetzung der priesterlichen Unabhängigkeit viel einfacher.

Zweitens war da die Gruppe von Laienführern, die Nachfahren der schafanidischen Reformfraktion. Sie hatten schon mit Gedalja einen Nichtdavididen gestützt und den Untergang der davidischen Monarchie als Chance begriffen, mit ihm im kriegsverwüsteten Juda die sozialen Reformen der dtn. Gesetzgebung durchzuführen, die mit dem Tode Josias

---

20 Noch immer hat die These von A. Alt, Rolle (Anm. 14), viel für sich, daß Juda erst unter Nehemia zur Provinz erhoben wurde. Sie wird nach E. Stern, Empire (Anm. 15), 82f., durch den Befund der gestempelten Krughenkel gestützt. Anderer Meinung ist I. Eph'al, Syria-Palestine under Achaemenid Rule, in: CAH, vol. IV, Cambridge ²1988, 139-164, 160f.

gescheitert waren. Diese Gruppe, die sich und ihren Wortführern Jeremia und Baruch im dtr. Jeremiabuch ein Denkmal gesetzt hat, wollte definitiv keine davidischen Könige mehr: Noch während der Exilszeit, möglicherweise als Reaktion auf die Begnadigung Jojachins, hatte sie mit großer Emphase das Wort Jeremias aktualisiert, daß Jojachin ein weggeschleuderter Siegelring Jahwes sei und bleibe und darum niemand von seinen Söhnen jemals wieder auf dem Thron Davids sitzen und über Juda herrschen solle (Jer 22,24-30).[21] Aus der Tatsache, daß sie hinnehmen mußte, daß Haggai im Zuge der nationalen Begeisterung um den Tempelbau ihr Jeremiawort ausdrücklich im Namen Jahwes aufhob (Hag 2,20-23), wird erkennbar, daß diese Gruppe von den National-Religiösen erst einmal in den Hintergrund abgedrängt worden war. Doch jetzt, nach deren Scheitern, sahen sie ihre Chance für ein Gemeinwesen ohne Königtum gekommen. Zusammen mit den Reformpriestern boten sich die Laienführer an, in bewußter Loyalität zu den Persern und mit ihrer Hilfe eine neue politisch-religiöse Organisationsform aufzubauen, die ihrer beider Interessen entsprach. |

3. Die politische Struktur Judas in der Perserzeit

Über die Organisationsstruktur Judas in der Perserzeit bestehen nach wie vor erstaunliche Unsicherheiten.[22] Dabei machen, worauf schon K. Galling *en passant* hinwies,[23] die Elephantine-Papyri A4.7 und A4.8 (AP 30 und 31)[24] aus dem Jahr 407 klar, daß wir mit drei Führungsorganen zu rechnen haben. Die Juden in Elephantine beschweren sich gegenüber

---

21 Dazu ausführlicher R. Albertz, Wer waren die Deuteronomisten? (Anm. 13), 325-327 [= S. 286-288 im vorliegenden Band]. |
22 Vgl. dazu R. Albertz, Religionsgeschichte Israels in alttestamentlicher Zeit, 2 Bde. (GAT 8,1-2), Göttingen ²1996/97, 475-478. Meine Sicht habe ich dort 472ff. vorgestellt. J. Blenkinsopp, der das Modell einer ›temple-community‹ vertritt, hat sich inzwischen mit dem Modell der ›Bürger-Tempel-Gemeinde‹ von J.P. Weinberg auseinandergesetzt, s. Temple and Society in Achaemenid Juda, in: Ph.R. Davies (ed.), Second Temple Studies: 1. Persian Period, JSOT.S 117, Sheffield 1991, 22-53. Die verstreuten Aufsätze von J.P. Weinberg zum Thema liegen nun gesammelt in englischer Übersetzung vor: The Citizen-Temple-Community, JSOT.S 151, Sheffield 1992; nicht aufgenommen sind leider die auf russisch erschienenen Vorarbeiten.
23 K. Galling, Studien (Anm. 9), 162f.
24 Vgl. die neue Edition von B. Porten / A. Yardeni, Textbook of Aramaic Documents from Ancient Egypt, vol. I: Letters, Jerusalem 1986, 68-75; vgl. für die Texte B und

Bagohi, dem Statthalter von Juda (פחת יהוד; Z. 1), daß sie auf einen früheren Brief, den sie schon in Angelegenheiten ihres zerstörten Tempels nach Jerusalem gesandt haben, keine Antwort bekamen (Z. 17-19); diesen Brief hatten sie an »Jehoḥanan, den Hohen Priester, und seine Kollegen, die Priester, die in Jerusalem sind« (יהוחנן כהנא רבא וכנותה כהניא זי בירושלם) und an »Ostanes, den Bruder des Anani, und die Vornehmen der Juden«[25] (אוסתן אחוהי זי ענני וחרי יהודיא) geschickt. Alle drei Adressaten sind nach Meinung der Elephantine-Juden für ihre wichtige Angelegenheit verantwortlich; die beiden zuletzt genannten stehen ihnen offenbar näher, an diese haben sie sich zuerst gewandt. Erst als diese nicht reagierten, wandten sie sich an den ihnen übergeordneten Statthalter.[26]

Dies bedeutet aber für die politische Organisationsstruktur Judas: An der Spitze steht der persische Statthalter, der Perser oder Jude sein konnte.[27] Darunter fungierten zwei jüdische Selbstverwaltungsgremien, ein ›Priester-Kollegium‹ unter der Führung des Hohenpriesters, und ein ›Ältestenrat‹ unter Führung eines einflußreichen Laien. Dieses Dreigestirn aus persischer Verwaltungsspitze und zwei nachgeordneten jüdischen Führungsgremien läßt sich auch aus den Büchern Esra und Nehemia entnehmen und geht darum – stellt man das Datum der Nehemia-Denkschrift in Rechnung – mindestens bis in die 1. Hälfte des 5. Jhs. zurück: Auf der einen Seite wird hier das Tempelpersonal aus Priestern und Leviten unter Leitung des Hohenpriesters genannt,[28] auf der anderen Seite die führenden Laien, die auch in der Nehemia-Denkschrift חֹרִים ›Vornehme‹ heißen[29] und in der aramäischen Quelle des Esrabuches שָׂבֵי יְהוּדָיֵא ›die Ältesten der Juden‹,[30] sonst in Esra/Nehemia רָאשֵׁי הָאָבוֹת ›Häupter der Väter(häuser)‹.[31]

C vol. II: Contracts, Jerusalem 1989; vol. III: Literature - Accounts - Lists, Jerusalem 1993.

25 Bzw. »... und der Vornehmen Judas« (וחרי יהוד) im zweiten Entwurf A4.8 (AP 31), der Z. 18 vielleicht korrekter den Provinznamen wählt.
26 Einen weiteren Brief sandten sie an Delaja und Schelemja, die Söhne des Statthalters von Samaria (A4.7, Z. 29); vgl. A4.8, Z. 27f.
27 So wahrscheinlich der Z. 1 genannte Bagohi / Bagoas (K. Galling, Studien [Anm. 9], 161); doch wird unter Hinweis auf die Sippe Bigwai (Esr 2,2) auch eine jüdische Herkunft angenommen. |
28 Neh 2,16; 3,1; 12,1-7; 13,4.28; Esr 2,36ff.61f. u.ö.
29 Neh 2,16; 4,8.13; 5,7; 6,17; 7,5; 13,17.
30 Esr 5,5.9; 6,7.8.14; I. Eph'al, Syria (Anm. 20), 152, erwähnt nur die Ältesten als ›executive body‹, und vergißt das Priesterkollegium.
31 Esr 2,68; 4,2f.; 8,1; Neh 8,13; 11,13 u.ö.

Verwirrung hat es nur um die in der Nehemia-Denkschrift neben den חֹרִים genannten סְגָנִים[32] gegeben,[33] die meist mit ›Ratsherren‹ wiedergegeben werden. Doch sind diese meiner Meinung nach eindeutig der persischen Verwaltungsspitze zuzuordnen, wofür nicht nur der babylonische Beamtentitel spricht (šaknu), der in persischer Zeit auch untere Funktionsträger bezeichnet,[34] sondern auch Neh 5,17 und die Daliyeh-Papyri.[35] Zur Zeit Nehemias gab es 150 solcher Beamter im Dienste des Statthalters; sie waren wohl überwiegend ebenfalls Juden, doch fanden sich auch Ausländer darunter (Neh 5,17). Zur persischen Provinzverwaltung gehörten dann noch die שָׂרִים ›Vorsteher‹ der neun Verwaltungsbezirke,[36] in die Juda unterteilt war, und einige wenige militärische Posten.[37]

Unterhalb der beiden jüdischen Führungsgremien stand noch die Volksversammlung, die von Fall zu Fall einberufen wurde, wenn grundsätzliche Entscheidungen anstanden (Neh 5,7.13; Esr 10,1.12). Sie hatte darüber hinaus aber offenbar nur geringe Kompetenzen,[38] weswegen sie im Elephantine-Brief nicht erwähnt ist. Wie die Gesamt|gesellschaft, so waren auch die drei Selbstverwaltungsgremien nach בֵּית אָבוֹת (Vaterhäusern) organisiert, d.h. den im babylonischen Exil neu geschaffenen Sippenverbänden,[39] in denen jeder registriert sein mußte, der zum jüdischen Gemeinwesen dazugehören wollte (Neh 7,5).

---

32 Neh 2,16; 4,8.13; 5,7.17; 7,5; 12,40; 13,11; Esr 9,2.
33 E. Meyer, Die Entstehung des Judentums, Halle 1896/97 = Tübingen 1987, 132ff., hatte sie nicht gegenüber den חֹרִים differenziert und H.C.M. Vogt, Studien zur nachexilischen Gemeinde in Esra-Nehemia, Werl 1966, 107f. und W. Schottroff, Arbeit und sozialer Konflikt im nachexilischen Juda, in: L. und W. Schottroff, Mitarbeiter der Schöpfung: Bibel und Arbeitswelt, München 1983, 105-148, bes. 121f., waren ihm darin gefolgt.
34 In Elephantine bezeichnet סגן meist den ›Präfekten‹ neben dem Richter oder / und dem Herrn (B2.3, Z. 13 [AP 6]; B3.10, Z. 19 [Kraeling 9]; B3.12, Z. 28 [Kraeling 12] u.ö.), kann aber auch in A6.2, Z. 9, 21 (AP 26) den Chef der Zimmerleute betiteln; vgl. zur Wortentwicklung I. Eph'al, Syria (Anm. 20), 82.
35 Vgl. E. Stern, Empire (Anm. 15), 81; er ordnet sie richtig den ›small courts‹ der Statthalter zu, nennt aber an jüdischer Selbstverwaltung nur die Priester (87).
36 Neh 3,9.12.14-19.
37 Neh 2,9; 7,2.
38 Z.B. ist sie in Neh 10,29ff. nur noch reines Vollzugsorgan, das der Entscheidung der Leitungsgremium nur noch zustimmen kann. |
39 Vgl. dazu J.P. Weinberg, Das Beīt Abōt im 6.-4. Jh. v.u.Z., VT 23 (1973), 400-414.

4. Die verhinderte Restauration

Überblickt man die in der persischen Zeit geschaffene politische Organisationsstruktur des judäischen Gemeinwesens, dann wird deutlich, daß sie sich nicht an der staatlichen, sondern der vorstaatlichen Epoche der vorexilischen Zeit orientiert. Die Volksversammlung entspricht der ›Versammlung der waffentragenden Männer‹, des אִישׁ אֶפְרַיִם oder אִישׁ יְהוּדָה (Jdc 8,1; 15,10ff.), und der Ältestenrat den Ältestenkollegien bestimmter Städte und Regionen (vgl. z.B. die זִקְנֵי גִלְעָד Jdc 11,5ff.). Nur die Priester, die vorstaatlich teilweise wandernde Genossenschaften gebildet hatten (›Leviten‹) und in der staatlichen Zeit häufig königliche Beamte gewesen waren,[40] kamen als selbständige Führungsgruppen neu hinzu.

Dies bedeutet aber: Die Fraktion aus Laienführern und Priestern, die nach dem Scheitern der nationalistischen Fraktion das Heft in die Hand nahm, schuf ein bewußtes Gegenmodell zu einer staatlichen Restauration. Sie verwirklichte unter dem Dach der persischen Verwaltungsspitze eine politische Organisation, die ihnen ein Höchstmaß von Partizipation und Mitbestimmung sicherte, die gegenüber den eigenen Königen immer wieder eingefordert,[41] aber nicht durchgesetzt werden konnte. Gerade weil es keinen davidischen König mehr gab, waren die Ältesten erstmals wieder die entscheidenden Repräsentanten; gerade weil es keinen davidischen König mehr gab, konnten die Priester die Konzeption des Staatskultes überwinden und die Entscheidungsgewalt in allen kultischen Dingen selber in die Hände nehmen.

Es ist somit davon auszugehen, daß für einen Teil der jüdischen Bevölkerung von Juda, insbesondere für ihre Oberschicht, dieses vergleichsweise ›demokratische‹ substaatliche Gemeinwesen der Perserzeit hohe Attraktivität besaß. Führende Laien und Priester erhielten in ihm die Chance zur Selbstverwaltung und Selbstgestaltung, die ihre Vorfahren in der Periode der Eigenstaatlichkeit nie besessen hatten. Dafür waren sie bereit, nicht nur die persische Oberherrschaft in Kauf zu nehmen, sondern ihr auch die unbedingte Loyalität des gesamten | von ihnen geführten Gemeinwesens zu sichern. Und im Gegenzuge gewährte die persische Regierung den jüdischen Selbstverwaltungsgremien in allen lokalpolitischen, kultischen und religiösen Dingen weitgehende Autonomie.

---

40 Vgl. R. Albertz, Religionsgeschichte (Anm. 22), 92f.; 193-196.
41 So schon im Absalomaufstand und später noch, vgl. R. Albertz, Religionsgeschichte (Anm. 22), 166; 185; 314; 352; 396. |

Es lag daher im gemeinsamen Interesse der judäischen Oberschicht und der persischen Regierung, die monarchische Restauration zu verhindern. Und beide scheinen dabei ausgesprochen erfolgreich zusammengearbeitet zu haben: Als die nationalistischen Gruppen im Gefolge des Inaros-Aufstandes in Ägypten (460-454) wieder Morgenluft witterten, entsandten sie ca. 445 Nehemia und schenkten der propersischen Fraktion mit dem Mauerbau und der Erhebung Judas zur eigenen Provinz einen großen politischen Erfolg. Dafür lehnte Nehemia jede messianische Vereinnahmung brüsk ab (Neh 6,6-14). Als nach dem Verlust Ägyptens 406 die national gesinnten Kreise sich Hoffnung machen konnten, doch noch mit seiner Hilfe das persische Joch abzuschütteln, entsandten die Perser Esra[42] und gewährten den Juden ganz erstaunliche Privilegien: eine generöse Unterstützung des Tempelkults aus den königlichen Schatzhäusern, eine Steuerbefreiung des gesamten Kultpersonals und eine königliche Autorisierung der Tora als lokal gültiges jüdisches Recht (Esr 7,20-26).[43] Es ist daran zu erinnern, daß die Perser nur wenigen Tempeln in ihrem Reich das Privileg der Steuerfreiheit zubilligten.[44]

Nachdem die propersische Fraktion solche Erfolge ihrer Kollaboration mit der persischen Regierung vorweisen konnte, scheinen die Restaurationsbestrebungen im 4. Jh. eingeschlafen zu sein. Die Bücher Esra und Nehemia, die in dieser Zeit entstanden sind, kolportieren die Geschichte schon so, als habe eine Restauration nie zur Debatte gestanden. Die Perser revanchierten sich für diese konsequent durchgehaltene jüdische Loyalität damit, daß sie, wie Münzfunde aus dem 4. Jh. zeigen, einen führenden

---

42 Ich rechne hier mit der Spätansetzung Esras ins 7. Jahr Artaxerxes II. 398 v.Chr.
43 Zur These der Reichsautorisation vgl. R. Albertz, Religionsgeschichte (Anm. 22), 497ff.
44 Kyros hat die von Nabonid eingeführte Besteuerung der babylonischen Tempel fortgesetzt; Kambyses hat im großen Stil das Land der ägyptischen Tempel konfisziert, sie gezwungen, ihren Eigenbedarf selber zu produzieren, um die staatlichen Zuwendungen zu reduzieren. Nur wenige Tempel wie der Marduk-Tempel in Babylon oder der Ptah-Tempel in Memphis konnten ihre privilegierte Stellung bewahren. Die einzige klare Parallele für eine ausdrückliche Steuerbefreiung eines Tempels ist der Brief Darius' an Gadatas aus dem Jahr 494 v.Chr., in dem der König ihn rügt, die »heiligen Gärtner« des Apoll-Tempels in Magnesia mit Steuer belegt und zur Fronarbeit herangezogen zu haben. Die gewährte Steuerbefreiung wird mit einem günstigen Orakel Apolls – wohl während des Krieges gegen Lydien – begründet. Vgl. zum ganzen M.A. Dandamaev / V.G. Lukonin, The Culture and Social Institutions of Ancient Iran, Cambridge 1989, 360-366. |

Laien oder den Hohenpriester zum | Statthalter einsetzen konnten.[45] Damit war eine weitgehende politische Selbständigkeit der Provinz Juda erreicht, aber eine ganz anders geartete, als die restaurative Fraktion gehofft hatte: Nicht mehr ein Davidide, sondern der Leiter eines der jüdischen Selbstverwaltungsgremien stand an der Spitze.

Doch hatten diese schönen Erfolge, die den wohlhabenden und einflußreichen jüdischen Familien große Freiheiten sicherten, einen hohen Preis: nämlich in der loyalen Übernahme und Durchsetzung der straffen persischen Wirtschafts- und Steuerpolitik. Leidtragende waren die ärmeren Bevölkerungsschichten, die durch die starren persischen Steuersätze allzu leicht in den wirtschaftlichen Ruin getrieben werden konnten und sehen mußten, wie ihre eigenen Leute bürokratisch die persischen Forderungen exekutierten und aus dem Kreditgeschäft, zu dem sie u.a. auch wegen der unerbittlichen persischen Steuerforderungen gezwungen waren, auch noch profitierten (Neh 5).[46] Der Preis für die Freiheitsrechte, die die Perser der Oberschicht sicherten, war somit eine chronische Verelendung der Armen, eine tiefgreifende Zerklüftung und Entsolidarisierung der judäischen Gesellschaft. Die Verhinderung der Restauration war teuer erkauft.

---

45 Vgl. die Silbermünzen mit der Aufschrift יוחנן הכוהן (Joḥanan, der Priester) und יחזקיה הפחה (Jəḥezqija, der Statthalter) aus der 2. Hälfte des 4. Jh., bei H. Weippert, Palästina in vorhellenistischer Zeit, Handbuch der Archäologie II,1, München 1988, 724f. Letzterer ist nach L. Mildenberg nicht mit dem bei Josephus genannten Hohenpriester Ezekias vom Ende des 4. Jh. gleichzusetzen und damit wahrscheinlich ein einflußreicher Ältester; gegen I. Eph'al, Syria (Anm. 20), 152. Die durchgängige Führung des judäischen Gemeinwesens durch den Hohenpriester ist erst eine Erscheinung der hellenistischen Zeit; sie wird aber in spätpersischer Zeit vorbereitet.
46 Zur sozialen Krise, die im 5. Jh. in Juda aufbrach, vgl. R. Albertz, Religionsgeschichte (Anm. 22), 538f.

Zur Wirtschaftspolitik des Perserreiches

Während die literaturgeschichtliche Analyse der letzten Jahrzehnte immer stärker darauf drängt, die Perserzeit als eine wichtige, ja geradezu formative Epoche für die Entstehung der Hebräischen Bibel anzusehen, bleibt die historische Erforschung dieser Epoche weiter am Rande des Interesses.

Seit den grundlegenden Studien von K. Galling 1964[1] ist wenig Weiterführendes auf diesem Felde in Deutschland erschienen; am ehesten könnte man noch die Einbeziehung der Sozial- und Wirtschaftsgeschichte durch H. G. Kippenberg 1978,[2] W. Schottroff 1983[3] und F. Crüsemann 1985[4] nennen, die ich in meiner Religionsgeschichte aufgenommen und weiterzuentwickeln versucht habe.[5] Doch sieht man sich die neueren geschichtlichen Darstellungen Israels in der Perserzeit an, etwa von H. Donner 1986[6] oder P. R. Ackroyd in der Cambridge History of Judaism 1984,[7] so bleiben sie weithin traditionell. In dem großen kritischen Gegenentwurf einer Geschichte Israels von Th. L. Thompson von 1992[8] fehlt die persische Zeit ganz, obgleich sie für die Entstehung der israelitischen Geschichtskonzeption, die Thompson zu destruieren sucht, möglicherweise von nicht unerheblicher Bedeutung wäre. Und für seinen Kopenhagener Kompagnon N. P. Lemche steht das negative Urteil über die persische

---

1 Studien zur Geschichte Israels im persischen Zeitalter, 1964.
2 Religion und Klassenbildung im antiken Judäa. Eine religionssoziologische Studie zum Verhältnis von Tradition und gesellschaftlicher Entwicklung, StUNT 14, 1978.
3 Arbeit und sozialer Konflikt im nachexilischen Juda, L. Schottroff/Ders. (Hrsg.), Mitarbeiter der Schöpfung. Bibel und Arbeitswelt, 1983, 104-148.
4 Israel in der Perserzeit. Eine Skizze in Auseinandersetzung mit Max Weber, W. Schluchter (Hrsg.), Max Webers Sicht des antiken Christentums, 1985, 205-232.
5 Religionsgeschichte Israels in alttestamentlicher Zeit, 2 Bde., GAT 8/1+2, 1992, 461-487; 538-555.
6 Geschichte des Volkes Israel und seiner Nachbarn in Grundzügen, 2 Bde., GAT 4/1+2, 1984/1986, 391-439.
7 The Jewish community in Palestine in the Persian Period, W. D. Davies/L. Finkelstein (eds.), The Cambridge History of Judaism (= CHJ), Vol. I, 1984, 130-161.
8 Early History of the Israelite People. From the Written and Archaeological Sources, Studies in the History of the Ancient Near East 4, 1992.

Zeit schon fest: Sie war nach seiner Einschätzung eine Epoche des politischen, wirtschaftlichen und kulturellen Niedergangs und kommt schon deswegen nicht als Zeit in Frage, in der die großen historischen Literaturwerke des Alten Testamentes entstanden. Eine Revitalisierung habe der Vordere Orient erst durch die griechische Machtübernahme erlebt.[9] Ist damit das letzte Wort schon gesprochen, was uns in der Zukunft bei der Einschätzung der Perserzeit leiten wird?[10]

Eigenartigerweise läßt uns auch die Archäologie, von der manche sich die Möglichkeit für eine Neukonstruktion der Geschichte Israels erhoffen,[11] für die Perserzeit weitgehend im Stich: In der dickleibigen, verdienstvollen Zusammenfassung von H. Weippert[12] macht die Präsentation der archäologischen Befunde der babylonisch-persischen Zeit – immerhin ein Zeitraum von 250 Jahren! – ganze 47 Seiten aus. Zugegeben, die Befunde scheinen – aus Gründen, die noch zu diskutieren wären – geringer zu sein als in den vorauffliegenden Epochen, aber es wird auch nicht speziell auf diese für das Verständnis der hebräischen Literaturgeschichte so wichtige Epoche hin archäologisch geforscht. Oder wie soll man es verstehen, daß es für die Archäologie der Perserzeit Palästinas in Ephraim Stern scheinbar nur einen Fachmann gibt, dem man die Sichtung, Auswertung und Präsentation des archäologischen Materials dieser Epoche weitgehend überläßt?[13]

Ein Beispiel für die weitverbreitete Interesselosigkeit am Israel der Perserzeit ist die unkritische Kennzeichnung dieser Epoche als »Restauration«. Sie findet sich nicht nur in dem allseits bekannten Klassiker von

---

9   The Old Testament – A Hellenistic Book?, SJOT 7, 1993, 163-193, bes. 184-186.
10 Ein lobenswerter Versuch im englischen Sprachraum, neue Forschung an der persischen Zeit anzustoßen, stellt der von Ph. R. Davies herausgegebene Aufsatzband »Second Temple Studies. 1. Persian Period« (JSOT.S 117, 1991) dar, der auf eine »SBL Sociology of the Second Temple Consultation« zurückgeht. Allerdings sind die dort aufgenommenen Beiträge methodisch und sachlich sehr divergent und noch weit davon entfernt, eine neue Gesamteinschätzung der Perserzeit zu bieten. Aus meiner Sicht am interessantesten ist der Beitrag von K. Hoglund, The Achaemenid Context, a.a.O., 54-72.
11 Vgl. E. A. Knauf, From History to Interpretation, D. V. Edelman (ed.), The Fabric of History. Text, Artefact and Israel's Past, JSOT.S 127, 1991, 24-64; M. Weippert, Geschichte Israels am Scheideweg, ThR 58, 1993, 71-103.
12 Palästina in vorhellenistischer Zeit, Handbuch der Archäologie. Vorderasien II/1, 1988, 682-718; vgl. dazu noch den angefügten Beitrag von L. Mildenberg, yəhūd-Münzen, ebd., 719-728.
13 Material Culture of the Land of the Bible in the Persian Period 538-332 B.C., 1982; Ders., The Archaeology of Persian Palestine, CHJ I, 88-114.

P. R. Ackroyd »Exil and Restoration« von 1968,[14] sondern immer noch in H. Donners »Geschichte des Volkes Israel und seiner Nachbarn«, der unter den Überschriften »Der Anfang der Restauration« (405ff.) und »Die Vollendung der Restauration« (416ff.) die gesamte Geschichte Israels unter den Persern abhandelt. »Restauration« heißt »Wiederherstellung«; doch ist damit, was in Juda nach 539 geschah und was die dort lebenden Menschen umtrieb, in angemessener Weise bezeichnet? Orientierte man sich wirklich an den politischen, kultischen und sozialen Gegebenheiten oder Idealen der voraufgegangenen staatlichen Zeit, wie man es doch bei einer Restauration erwarten sollte, oder suchte man etwas Neues, was sich unter den Möglichkeiten und Zwängen des Persischen Reiches bot, zu verwirklichen? Wenn die neueren Untersuchungen zur Literatur- und Religionsgeschichte Israels uns die Augen für die Differenz zwischen dem vor- und nachexilischen Israel geschärft haben und einige gar so weit gehen, die Diskontinuität so stark zu betonen, daß sie scharf zwischen den Bezeichnungen Israel und Juda der staatlichen Zeit und dem nachexilischen Judentum unterscheiden,[15] dann kann doch die Einschätzung »Restauration« auf der historischen Ebene nicht ganz stimmen. Denn irgendwo muß sich ein solcher »Bruch« ja historisch abgespielt haben. Ist dann aber die persische Zeit nicht eher als Neuaufbruch zu werten? Es bedarf somit dringend einer Re-Evaluation der Perserzeit in der Geschichte Israels. Eine solche kann hier natürlich nicht im vollen Umfang geleistet werden. Ich möchte mich nur auf einige Aspekte der Sozial- und Wirtschaftsgeschichte beschränken.

1. Zur persischen Wirtschaftsadministration

N. P. Lemche, der ebenfalls eine Re-Evaluation des achämenidischen Verwaltungssystems fordert, meldet seine ernsten Zweifel gegenüber dessen Effektivität an und fragt, ob die hochgerühmte persische Liberalität wirklich mehr gewesen sei als »an absolute lack of responsability (sic!) from the Persian part«.[16] Er stützt seine Einschätzung vor allem auf Xenophons

---

14 Exile and Restoration. A Study of Hebrew Thought of the Sixth Century B.C., 1968, 138ff.
15 Vgl. z.B. O. Loretz in seiner scharfen Kritik an meinem Gebrauch des Begriffs Israel für die vor- und nachexilische Zeit: Ugariter, »Kanaanäer« und »Israeliten«, UF 24, 1993, 248-258.
16 Old Testament, 185.

Anabasis, nach der es anscheinend möglich war, einen griechischen Söldnerhaufen durch das halbe persische Reich zu führen, ohne auf staatlichen Widerstand zu stoßen.[17]

Doch ist es mehr als fraglich, ob diese Einschätzung zutrifft. In der Iranologie ist es heute Konsens, daß die Originalquellen aus dem Perserreich gegenüber den griechischen Schriftstellern den Vorzug verdienen und diese hinsichtlich ihrer historischen Glaubwürdigkeit noch einmal sehr kritisch differenziert werden müssen, wobei Xenophon mit seiner abenteuer-romanhaften Anabasis und seiner erbaulichen Kyropaideia am unteren Ende der Skala zu stehen kommt.[18] Gerade zur Wirtschaftsadministration liegen Originalquellen in großer Zahl vor, besonders für die Persis und die angrenzenden elamischen Gebiete. Und diese zeichnen ein völlig anderes Bild.

1.1 Die Wirtschaftsadministration in der Persis

Schon 1933/34 hatte Ernst Herzfeld in einer Expedition des Oriental Institute of the University of Chicago an der Nordwestecke der Persepolis-Terasse 30000 Verwaltungstäfelchen ausgegraben, von denen ca. 6000 mehr oder minder unbeschädigt sind.[19] Etwa 2100 davon wurden von R. T. Hallock 1969/78 als Persepolis Fortification Tablets (PF bzw. PFa) ediert[20] und jüngst von Heidemarie Koch einer umfassenden Bearbeitung unterzogen.[21] Dabei konnte sie weitere 2500 Tafeln aus dem Nachlaß von

---

17 A.a.O., 186.
18 Vgl. T. C. Young, The Early History of the Medes and the Persians and the Achaemenid Empire to the Death of Cambyses, The Cambrigde Ancient History. Second Edition (= CAH^2), Vol. IV: Persia, Greece and the Western Mediterranean c. 525 to 479 B.C., 1988, 1-52, bes. 4-6; A. Kuhrt, Babylonia from Cyrus to Xerxes, CAH^2 IV, 112-138, bes. 118; H. Koch, Es kündet Dareios der König ... Vom Leben im persischen Großreich, 1992, 24f.; J. Wiesehöfer, Das antike Persien. Von 550 v.Chr. bis 650 n.Chr., 1993, 71ff. Etwas freundlicher urteilen über die Anabasis M. A. Dandamaev/V. G. Lukonin, The Culture and Social Institutions of the Ancient Iran, 1989, 394. – Vgl. jetzt auch das monumentale Werk von P. Briant, From Cyrus to Alexander: A History of the Persian Empire, 2002, und die neueste Übersetzung der persischen Königsinschriften von P. Lecoq, Les inscriptions de la Perse achéménide, 1997.
19 Vgl. M. A. Dandamaev/V. G. Lukonin, Culture, 374-376.
20 Persepolis Fortification Tablets, 1969; Ders., Cahiers de la Délégation Archéologique Française en Iran 8, 1978, 109ff.
21 Verwaltung und Wirtschaft im persischen Kernland zur Zeit der Achämeniden, Beihefte zum Tübinger Atlas des Vorderen Orients B 89, 1990.

Hallock einsehen, aber nicht verwenden; doch ändern sie ihrer Auskunft nach nicht das Gesamtbild.[22]

Den Fortification Tablets ähnlich sind die 753 sog. Persepolis Treasury Tablets (PT), die 1936-38 an der Südostecke der Terasse im Bereich des Schatzhauses von Persepolis ausgegraben worden waren, von denen G. G. Cameron 140 Texte ediert hat.[23]

Ihre Ergebnisse hat H. Koch 1992 in ihrem Buch »Es kündet Dareios der König... Vom Leben im persischen Großreich«[24] zu einer Wirtschafts- und Kulturgeschichte des östlichen Perserreiches ausgestaltet.

Die Tafeln sind in elamischer Sprache geschrieben. Die PF umfassen die Jahre 509-494, die PT die Jahre 492-454, d.h. Regierungszeiten des Darius, des Xerxes und Artaxerxes; danach wurde wahrscheinlich die Aktenführung auf Leder und Papyrus umgestellt und ist deswegen nicht mehr erhalten.

Der Einblick, den uns die Persepolis-Tafeln gewähren, vermittelt das Bild einer hochentwickelten, breit ausdifferenzierten und bürokratisch tief gestaffelten staatlichen Wirtschaftsverwaltung in der Persis. Ihr Zentrum bilden die königlichen Schatzhäuser (*h.qa-ap.nu-iš-ku*),[25] im Mittelpunkt das große Schatzhaus von Persepolis,[26] und weitere 19 auf dem Gebiet der Persis, etwa die große Anlage von Magazinbauten um einen Innenhof, die Darius auf der Terrasse von Pasargadae ausbauen ließ,[27] oder die Festung Schiras. Die Schatzhäuser bzw. die ihnen zugeordneten Speicher (*kán-ti*) dienten dazu, alle einkommenden Steuer- und Pachtabgaben zu lagern, seien es nun Edelmetalle, Getreide, Trockenobst, Wein, Öle, Häute etc. Sie sind zu deren Sicherung darum häufig befestigt oder stehen in baulichem Zusammenhang mit Festungen.

Die gehorteten Güter wurden aus den Schatzhäusern wieder ausgezahlt zur Versorgung des Königshofes, zum Unterhalt des Staatskultes für Ahuramazda, aber auch anderer alter iranischer, elamischer oder babylonischer Götter,[28] zur Entlohnung der königlichen Beamten und Ar-

---

22 Vgl. a.a.O., 2f. Anm.3.
23 Persepolis Treasury Tablets, 1948; vgl. JNES 17, 1958, 161ff. und JNES 24, 1965, 167ff.
24 Kulturgeschichte der Antiken Welt 55, 1992.
25 So mit Recht T. C. Young, Consolidation, 83f.
26 Zur baulichen Anlage vgl. H. Koch, Dareios, 145-157; zur Organisation der Schatzhäuser vgl. 47-50; zu Schiras dies., Verwaltung, 41ff.
27 Vgl. die Rekonstruktion bei H. Koch, Dareios, 73.
28 Vgl. H. Koch, Dareios, 277f.; 285f.; 299f.

beiter,[29] aber auch als Saatgut an die Pächter königlicher Ländereien.[30] Das Schatzhaus war zugleich Steuerbehörde und Lohnbüro. Gleichzeitig waren ihm königliche Werkstätten zugeordnet, Bauhütten, Schreinereien zur Herstellung kostbarer Möbel oder Schneidereien zur Herstellung der berühmten persischen Gewänder. Die Schatzhäuser waren auch Manufakturbetriebe; im Jahr 497 waren z.B. in denen von Persepolis 1348 Arbeiterinnen und Arbeiter beschäftigt,[31] in denen der Festung Schiras schwankt die Zahl in sechs Jahren zwischen 35 und 231.[32] Schließlich waren die Schatzhäuser selber Sitz der Wirtschaftsbürokratie und zugleich Archive, wie der Fundort der Täfelchen belegt.[33]

An der Spitze der persischen Wirtschaftsverwaltung[34] stand der Hofmarschall mit seinem Stab von Schreibern; ihm stand ein Vizemarschall zur Seite mit einem Sekretär und Schreibern. Sie gaben ihre Weisungen an die Hofkanzlei mit einem Kanzler, Schreibern und Gehilfen. Der Hofkanzlei unterstellt war wiederum der Hofschatzwart (*ganzabara*) an der Spitze des Schatzhauses von Persepolis. Er war besonders für die Auszahlungen verantwortlich; ihm zugeordnet waren zwei Hofintendanten (*grδapatiš*), verantwortlich für die Einlagerung der Güter und den Einsatz der Arbeiter. Ihnen unterstanden wiederum Schatzwarte und Leiter der Intendanturen der sechs Verwaltungsbezirke. Denen gingen wieder nach Naturalien gegliederte Aufsichtsbeamte (Zerealienkommissar, Obstwart, Weinträger, Herdenmeister) zur Hand mit den dazugehörigen Lagerverwaltern. Stellvertreter der Intendanten waren die Beschaffungsbeamten (*ullira*), denen eine Vielzahl unterschiedlicher Steuerbeamter unterstellt war.

Das ist schon eine gewaltige Bürokratie, die diese breite staatliche Retributionswirtschaft in Gang hielt und penibel überwachte. Sonderzuteilungen, die Wöchnerinnen (»Wunschkost«) und Schwerarbeiter erhielten, mußten von einem in der Verwaltung eingestellten Priester gegengezeichnet werden, um Mißbrauch zu verhindern.[35] Der bürokratische Aufwand war erheblich. H. Koch schreibt: »Befand sich beispielsweise ein Beamter auf Reisen, so führte er mit sich einen gesiegelten Reisepaß. Auf diesem war vermerkt, in wessen Auftrag er reiste, welche Strecken er zurück-

---

29 A.a.O., 54ff.
30 A.a.O., 269-271.
31 A.a.O., 49f.
32 H. Koch, Verwaltung, 59f.
33 H. Koch, Dareios, 149.
34 Vgl. dazu a.a.O., 36-53.
35 Vgl. a.a.O., 56f.

zulegen hatte und was er an Mehl, Wein und auch an Fleisch für seinen persönlichen Unterhalt und gegebenenfalls für den seiner Begleitung und Dienerschaft zu erhalten hatte. Über diese Ausgaben wurde dann gleich wieder Buch geführt ... von jedem Beleg wurden zwei Abschriften angefertigt. Ein Exemplar verblieb in der Poststation, eine Abschrift ging an die Intendantur des Verwaltungsbezirkes und eine weitere direkt an die Zentrale in Persepolis.«[36] »Sogar der König quittierte seine Ausgaben, die er beispielsweise während einer Reise für sich und seine Begleitung an Lebensmitteln hatte.«[37]

Überblickt man das von den Persepolis-Tafeln rekonstruierte Bild der persischen Wirtschaftsverwaltung, so kann man sich des Eindrucks nicht entziehen, daß es sich um eine ausgesprochen professionelle, bis ins einzelne kontrollierte Verwaltung handelt, die ein für antike Verhältnisse erstaunlich hohes Maß an Rechtsstaatlichkeit bot. H. Koch sieht hier das Grundprinzip Darius' einer »absoluten Gerechtigkeit«, das die »Fürsorge für den Einzelnen und Schwachen« umgreift.[38] Mag man auch zögern, ihren emphatischen Worten zuzustimmen: »Entsteht doch vor unseren Augen ein ganz neues Bild eines Reiches, in dem viele unserer heutigen Vorstellungen von einem ›Sozialstaat‹ bereits ihre Verwirklichung fanden.«[39] So ist doch das Bild einer orientalischen Schlamperei oder Despotie, das die griechischen Autoren zuweilen vermitteln, nachweislich falsch. Zu recht urteilt T. C. Young: »... the evidence we now have from the Treasury and Fortification Tablets from Persepolis on how such administrative unit worked dispels any notion we may once have had that the empire was run in some relaxed fashion, or like a feudal estate of the king.«[40] ... »What is certainly clear now is that the imperial government kept a tight control and a very close watch over its financial affairs.«[41]

H. Koch meint nun, daß in den Provinzen des Perserreiches eine ähnlich ausgebaute persische Wirtschaftsverwaltung bestanden habe, nur daß

---

36 A.a.O., 29 und 31.
37 A.a.O., 298.
38 A.a.O., 297f.; vgl. aus der Grabinschrift des Darius von Naqsh-e Rostam (DNb): »Nach dem Willen Ahuramazdās bin ich so geartet, daß ich das Recht liebe, das Unrecht hasse. Ich will nicht haben, daß der Schwache des Starken wegen Unrecht leide; aber ich will auch nicht haben, daß der Starke des Schwachen wegen Unrecht erleide. Was Recht ist, daran habe ich Gefallen« ... »Du Untertan halte nicht das für vortrefflich, was der Mächtige tut; was der Schwache leistet, das beachte vielmehr!«
39 So ebd., 300.
40 Consolidation, 83.
41 A.a.O., 86.

an Stelle des Hofmarschalls der Satrap stand.[42] Nun haben wir dafür keine auch nur annähernd vergleichbar reiche Quellenlage. Dennoch gibt es genügend Hinweise, daß Frau Koch recht hat.

1.2 Die Wirtschaftsadministration in Ägypten

Liest man die Papyri, die vor allem aus Elephantine und Nord-Saqqâra auf uns gekommen sind, im Lichte der Persepolis-Tafeln, dann ordnet sich eine ganze Anzahl von ihnen zu entsprechenden Zusammenhängen. Glücklicherweise sind viele von ihnen in den letzten Jahren von Bezalel Porten und Ada Yardeni neu ediert worden,[43] so daß eine gegenüber A. Cowley[44] und J. B. Segal[45] stark verbesserte Textgrundlage zur Verfügung steht. Besonders erwähnenswert ist in diesem Zusammenhang Portens Rekonstruktion des Palimpsests auf dem Achikar-Papyrus C3.7.

Auch im persischen Ägypten gab es das königliche Schatzhaus, das entweder aramäisch אוצרא,[46] אוצר מלכא[47] oder mit dem persischen Lehnwort גנזא[48] oder gleichbedeutend als בית מלכא[49] bezeichnet wird. Ein Schatzhaus stand in der Festung Jeb auf der Elephantineinsel, ein weiteres scheint es in der Garnison Migdol gegeben zu haben.[50] Das בית מלכא, in das die Zollabgaben des internationalen Schiffsverkehrs einge-

---

42 Dareios, 51.
43 Textbook of Aramaic Documents from Ancient Egypt, Vol. I: Letters, 1986; Vol. II: Contracts, 1989; Vol. III: Literature, Accounts, Lists, 1993. Die Texte des ersten Bandes tragen die Bezeichnung A, die des zweiten Bandes B, die des dritten Bandes C.
44 Aramaic Papyri of the Fifth Century, 1923 (= AP).
45 Aramaic Texts from North Saqqâra with some Fragments in Phoenician, 1983.
46 B3.4, Z. 9 (Kraeling 3): אוצרא זי מלכא; B4.2, Z. 6 (AP 11); B4.4, Z. 12.(14) (AP 2).
47 B3.7, Z. 7 (Kraeling 6); B3.11, Z. 4 (Kraeling 10); B3.13, Z. 4 (Kraeling 11).
48 A6.2, Z. 4.13 (AP 26); B8.5, Z. 3 (AP 69); C3.19, Z. 1.21.Fragment 2 (AP 73): Z. 1 und wohl auch Z. 21 ist von einem »inneren Schatzhaus« (גנזא גויא) die Rede.
49 B3.13, Z. 5f. (Kraeling 11); B4.3, Z. 12f. (AP 3); B4.4, Z. 11f.14.16 (AP 2); B5.5, Z. 8 (AP 43); C3.7Ar2, Z. 1 und passim. Die Identität mit אוצר ist nicht nur sachlich, sondern auch durch B3.13 textlich gesichert. Unsicher ist die Bedeutung der Bezeichnung יורנא זי מלכא in A4.5, Z. 4 (AP 27), die B. Porten mit »royal barley-house« widergibt. Wenn dies richtig sein sollte, könnte es sich um einen dem Schatzhaus von Elephantine zugeordneten Speicher handeln.
50 Vgl. A3.3, Z. 3ff. (Padua 1), wo jüdische Söldner ihren Kollegen in Elephantine klagen, daß sie in Migdol ihren Sold nicht ausbezahlt bekommen haben.

lagert wurden (C3.7), hat nach B. Porten entweder in Migdol, Tachpanches oder im Hafen von Memphis gestanden.[51]

Auch in Ägypten dienten die Schatzhäuser zur Einlagerung von Abgaben und der Ausgabe bzw. Auszahlung an die Beamten und Söldner im Dienste des persischen Königs. Eingänge sind erwähnt in der Schatzhausbuchführung (C3.19 I, Z. 1 [AP 73]), die zugleich Ausgaben für sechs Ägypter (I, Z. 8-13) und für die Provinz (I, Z. 14ff.) erwähnt. Eine ähnliche Buchführung über die Ausgabe von Gerste an die Garnison in Syene listet die Eingänge von Gerste der Provinzen Theben und Tešretes auf (C3.14, Z. 32ff. [AP 24]), von der jene genommen wurde. Der Eingang von Pachtabgaben an das Schatzhaus wird vielleicht in dem Memorandum C8.5 (AP 69) notiert. Eingänge an Silber werden in der fragmentarischen Liste C3.5 (AP 318f.) genannt, darunter auch eine Steuerzahlung der Garnison (מנדת חילא Z. 7). Explizit wird die Einlagerung von Import- und Exportzöllen der abgefertigten Schiffe in dem Achikar-Palimpsest C3.7. Dort heißt es stereotyp: »Der Zoll, der von ihm eingesammelt wurde, wurde ins Haus des Königs hinübergetan« (Br1, Z. 11f. u.ö.: מנדתא זי גבי מנה ועביר על בית מלכא). Dabei handelt es sich sowohl um Gold- und Silbergeld als auch um Nahrungsmittel und andere Güter der Fracht. Die Söldner in Elephantine bzw. Syene erhielten aus dem Schatzhaus monatliche Auszahlungen, und zwar sowohl in Nahrungsmitteln (פתפא)[52] als auch in Geld (פרסא).[53] Die Bezahlung war so sicher, daß sie schon im voraus verpfändet werden konnte.[54] Weitere Listen über Ausgaben an Wein (C3.12 [AP 72]) und Emmer (C3.26 [Aimé-Giron 87]) gehören wahrscheinlich ebenfalls in die Schatzhaus-Verwaltung. Zu erwähnen bleibt, daß in Ägypten aus dem staatlichen Schatzhaus Aufwendungen für Tempel – erwähnt wird Wein für Libationen für Ptah und Isis – bezahlt werden konnten (C.3.12, Z. 26f. [AP 72]).

Über die Beamten, die das Schatzhaus verwalteten, sind wir nicht vollständig informiert. Erwähnt werden Schreiber des Schatzhauses ספרי אוצרא (B4.4, Z. 12.14), Buchhalter des Schatzhauses (המרכרכיא זי גנזא < hammārakara; A6.2, Z. 5.23 [AP 26]); dessen ganze Behörde wird wahrscheinlich in A3.3, Z. 3.46 (Padua 1) פחותא genannt. Einen kleinen Einblick in die Verwaltungshierarchie gestattet der Text A6.2 (AP 26) aus dem 12. Jahr des Darius; dieser verdeutlicht zugleich, daß auch in

---

51 Textbook III, XX.
52 B3.13, Z. 5f. (Kraeling 11); B5.5, Z. 8 (AP 43); C3.14, Z. 38.40 (AP 24).
53 B4.2, Z. 5f. (AP 11); B4.4, Z. 16 (AP 2); vgl. B5.5, Z. 8 (AP 43).
54 Vgl. die Schuldobligationen B4.2 (AP 11); B4.3 (AP 3); B4.4 (AP 2).

Ägypten das Schatzhaus zugleich Warenlager für die verschiedensten Materialien und Werkstatt war: Hier geht es darum, daß ein gewisser Psamsineith, der ein staatliches Boot in Erbpacht hält, dieses auf Kosten des Schatzhauses überholt haben möchte. Der Statthalter Arsames erteilt an einen gewissen Waḥpremaḥi, sehr wahrscheinlich den zuständigen Lagerverwalter des Schatzhauses, die Weisung, die benötigten Materialien herauszugeben, nachdem zuvor die Schäden von dem zuständigen Beamten (פרמנכריא < *framānakara*) und Fachleuten wie dem Chef (סגן) der Zimmerleute inspiziert und von den Buchhaltern berechnet worden sind. Mit den Materialien, die bis zu der Zahl der Nägel in verschiedener Länge im einzelnen aufgeführt werden, sollen die Zimmerleute des Schatzhauses das Boot reparieren. Der Satrap setzt durch dieses Schreiben die von den Buchhaltern gemachte Aufstellung als Befehl in Kraft (Z. 22f.). Er ist aber offenbar dabei nicht direkt tätig, sondern über seine Kanzlei, deren Chef der Schreiber Anani ist (Z. 23: בעל טעם). Das entspricht dem Dienstweg, wie er aus den Persepolis-Tafeln zwischen Hofmarschall, Kanzler und Schatzhaus üblich ist. Wie dort wird bei einem solchen Erlaß der Name des verantwortlichen Schreibers ausdrücklich genannt.

Wahrscheinlich wird man davon ausgehen können, daß in Ägypten die Hierarchie der persischen Wirtschaftsadministration vielleicht nicht ganz so üppig differenziert war wie im Kernland der Persis und der Hauptstadt des Reiches, doch bleibt der Gesamteindruck, daß die staatliche Wirtschaftsverwaltung auch hier nach dem gleichen Muster gestaltet war und nach ähnlich gewissenhaften bürokratischen Regeln ablief. Damit aber erhöht sich die Wahrscheinlichkeit, daß auch die persische Wirtschaftsverwaltung in Palästina ähnlich gewesen sein wird.

1.3 Die Wirtschaftsadministration in Palästina

Primäre schriftliche Quellen aus dem perserzeitlichen Palästina sind spärlich.[55] So sind wir weitgehend auf Rückschlüsse aus der Bibel und der Archäologie angewiesen.

Auffällig ist, daß in den Büchern Esra und Esther immerhin 7mal königliche Schatzhäuser in verschiedenen Teilen des persischen Reiches er-

---

55 Neben den Daliyeh-Papyri, die – soweit veröffentlicht (s. D. M. Gropp [Hrsg.], The Samaria Papyri from Wadi Daliyeh II, DJD 28, 2001) – rein privatrechtlicher Natur sind und für die Fragestellung nichts austragen, sind dies vor allem Ostraka aus dem südlichen Palästina, s.u.

wähnt sind, so in der Festung Susa (Est 3,9; 4,7), in Babylon (Esr 5,17; 6,1) und in der Satrapie Transeuphratene (Esr 7,20).⁵⁶ Sie werden auf aramäisch בֵּית גִּנְזַיָּא (Esr 5,17; 6,1⁵⁷) bzw. בֵּית גִּנְזֵי מַלְכָּא (Esr 7,20) oder בֵּית מַלְכָּא (Esr 6,4) genannt, oder hebräisch גִּנְזֵי הַמֶּלֶךְ (Est 3,9; 4,7), d.h. genauso oder doch ähnlich wie in den aramäischen Urkunden aus Ägypten. Auch die biblischen Texte bringen die Schatzhäuser mit Festungen in Verbindung (Est 1,2); wenn es in Esr 6,1 heißt, man habe den Kyros-Erlaß zuerst im Schatzhaus von Babylon gesucht, dann aber in der Festung in Ektabana gefunden (6,2), dann ist damit auch hier das dortige Schatzhaus gemeint. Daß die Schatzhäuser zugleich die Funktion des Archivs übernahmen, ist auch aus Persepolis belegt.⁵⁸ Die Suche ist übrigens kein Hinweis auf die Schlamperei der Verwaltung, sondern hängt damit zusammen, daß die Perserkönige vier verschiedene Residenzen hatten – Persepolis, Susa, Ektabana und Babylon –, die sie im jahreszeitlichen Wechsel aufsuchten und einen Teil des Verwaltungsstabes mitnahmen.

Wie in der Persis und in Ägypten gelten auch in der Bibel die Schatzhäuser als Behörde zum Einzug, der Aufbewahrung und der Auszahlung von Geld und Naturalien. So verspricht Haman (Est 3,9; 4,7) eine Sonderzahlung von 10000 Talenten Silber an das Schatzhaus, um den König für seine Vorhaben günstig zu stimmen, was in dieser Höhe natürlich etwas märchenhaft klingt; doch ist der Austausch kostbarer Geschenke zwischen dem König und seinen höchsten Funktionsträgern durchaus belegt.⁵⁹ Im Normalfall sind es auch in der Bibel die Steuern der Satrapien (מִדָּה), aus denen die »Reichtümer des Königs« (נִכְסֵי מַלְכָּא) zusammenkommen (Esr 6,8), hier speziell die Steuern der Transeuphratene, aus denen staatliche Zahlungen zum Wiederaufbau des Tempels in Jerusalem geleistet werden sollen. Diese »Reichtümer des Königs« lagerten natürlich nicht im fernen Persien, sondern – wie die Anweisung an

---

56 Auch mit der Festung in Ektabana (Esr 6,2) ist wahrscheinlich das dort befindliche Schatzhaus gemeint.
57 Mit dem singulären Ausdruck in Esr 6,1 בֵּית סִפְרַיָּא דִּי גִנְזַיָּא »Haus der Schriften, der Schätze« soll wohl dem Leser die im Zusammenhang gemeinte Archivfunktion des Schatzhauses in Babylon hervorgehoben werden; vielleicht sind aber die beiden Attribute auch mit einem MS auszutauschen.
58 Wenn A. H. J. Gunneweg, Esra, KAT XIX,1, 1985, 133, aus Esr 5,17 und 6,1 schließen will, mit den בית גנזי מלכא seien »die königlichen Archive und Schatzkammern gemeint, in denen wichtige und wertvolle Dokumente verwahrt werden«, und darum müsse Esr 7,20, wo sie mit Steuern und Abgaben in Zusammenhang gebracht werden, unhistorisch sein, dann reißt er hier eine Alternative auf, die nach den außerisraelitischen Parallelen gerade nicht bestand.
59 J. Wiesehöfer, Persien, 64ff.

den Satrapen Tatnai und seine Beamten Esr 6,6 erweist – in der Satrapie Abar Nahara selber,[60] d.h. sehr wahrscheinlich in Jerusalem nahegelegenen Schatzhäusern. Eine solche dezentrale Auszahlung wird explizit Esr 7,20f. belegt: Artaxerxes ermächtigt Esra, staatliche Zuschüsse für die Betriebskosten des Tempels aus dem Schatzhaus des Königs zu entnehmen. Und er gibt dafür Anweisung an die Schatzwarte der Satrapie Transeuphratene, auf Anforderungen Esras hin bis zu einer Höchstsumme von 100 Talenten Silber, 100 Kor Weizen, 100 Bath Wein, 100 Bath Öl und eine unbegrenzte Menge Salz auszuzahlen. Der Text setzt voraus, daß wie in der Persis und Ägypten auch in Syrien-Palästina den königlichen Schatzhäusern große Speicher für Naturalien angegliedert waren.[61] Erstaunlicherweise benennt er die für die Auszahlung verantwortlichen Personen mit dem richtigen persischen Titel גִּזְבְּרַיָּא (< *ganzabara*), »Schatzwarte«. Man mag zur Historizität des Kyros-Edikts und des Esrafirmans stehen, wie man will, und man mag die Höhe der von den königlichen Schatzhäusern geleisteten Zahlungen für den Jerusalemer Tempelbau anzweifeln, grundsätzlich aber bewegten sie sich durchaus im Rahmen der auch sonst bezeugten staatlichen Retributionswirtschaft der Perser.

Für die Hierarchie der persischen Wirtschaftsadministration läßt sich aus den biblischen Texten, abgesehen vom schon erwähnten Schatzwart (גִּזְבָּר) Esr 7,21 wenig entnehmen. Klar ist, daß wie in Ägypten der Satrap die oberste Zuständigkeit innehatte (Esr 6,6) anstelle des Hofmarschalls in der Persis. Die neben ihm in Esr 6,6 genannten »Štarbosnai und seine Genossen« könnten den Kanzler[62] und dessen Kanzlei bzw. den zuständigen Intendanten und dessen Untergebene meinen. Das in diesem Zusammenhang auftauchende אֲפַרְסְכָיֵא (Titel?, Volksgruppe?) kann ich noch nicht deuten. An einen Intendanten der Transeuphratene könnte man bei dem Neh 2,8 genannten שֹׁמֵר הַפַּרְדֵּס denken, der Nehemia Balken für die Tore der Tempelfestung und die Stadtmauer liefern soll, weil auch in der Persis dieser die Aufsicht über die königlichen Domänen ausübt. Auch die Schreiben, die Nehemia vom König an die Provinzgouverneure der Satrapie Abar Nahara erbittet (Neh 2,7), damit sie ihn bis nach

---

60 So mit Recht schon W. Rudolph, Esra und Nehemia, HAT I,20, 1949, 55.
61 Vgl. Esr 6,9; wenn A. H. J. Gunneweg, Esra, 135, gegen die Glaubwürdigkeit des Esrafirmans einwendet: »Außer den Naturalien hätte die Satrapie mithin fast ein Drittel dieser Summe (gemeint sind die von Herodot erwähnten 350 Talente) an ›Kirchensteuer‹ für den Jerusalemer Tempel zu zahlen gehabt«, dann geht er von falschen Voraussetzungen aus, s.u.
62 In Esr 4,8.9.17 ist immerhin ein Kanzler (בעל טעם) der samarischen Provinzverwaltung belegt.

Juda »überführen«, entspricht persischer Verwaltungspraxis: Es geht um die »Reisepässe«, die ihm und seiner Begleitung die Versorgung in den staatlichen Poststationen sichern.

Nun wäre es schon seltsam, wenn die in der Persis und Ägypten bezeugte und auch in den biblischen Texten vorausgesetzte aufwendige persische Wirtschaftsadministration in Palästina keine archäologischen Spuren hinterlassen hätte. Und in der Tat gibt es genügend archäologische Befunde, die sich in diesem Zusammenhang interpretieren lassen: Überreste großer Gebäude, Vorratsgruben, gestempelte Vorratskrüge und Ostraka.

Helga Weippert beschreibt die für die Perserzeit typischen großen rechteckigen Gebäude mit um einen Innenhof angeordneten Räumen, deren Fundamente in Akko, Megiddo, Hazor, Tell el-Qasīle, nördlich von Ašdod, auf dem Tell el-Ḥesī, Tell Ǧemme, Tell eš-Šarī'ah und dem Tell es-Sa'īdīyeh ausgegraben worden sind.[63] Auch die sogenannte »Residenz« von Lachiš gehört wahrscheinlich dazu. Die Funktion dieser Gebäude läßt Frau Weippert in der Schwebe: »Von den Grundrissen her waren sie vielseitig verwendbar; sie eigneten sich als Verwaltungssitze ebenso wie für militärische Zwecke«.[64]

Eine ähnliche Unsicherheit drückt sich in der archäologischen Literatur[65] für diese und vergleichbare Gebäude der Perserzeit aus, die mal als Zitadellen (Tell el-Ḥesī,[66] Tell eš-Šari'ah,[67] Tell Michal[68]), mal als große öffentliche Gebäude (Akko,[69] Tell Mikhmoret,[70] Ašdod[71]), »palastartige Gebäude« (Lachiš,[72] Tell es-Sa'īdīyeh[73]) oder »Speicherhaus« (Tell Khuweilifeh)[74] oder »befestigtes Farmhaus« (Tell Qasis)[75] genannt werden. Entsprechend schwankt die Einschätzung zwischen »Garnison«[76] und »administrativem Zentrum«. Für ersteres scheinen die oft starken

---

63 Palästina, 700f.
64 Ebd. 700.
65 Vgl. zum Folgenden E. Stern/A. Lewinson-Gilboa/J. Aviram, The New Encyclopedia of Archaeological Excavations in the Holy Land (= NEAE), 4 Vol., 1993.
66 NEAE II, 633f.; 26 km nordöstlich von Gaza.
67 NEAE IV, 1334; 20 km nordwestlich von Beerscheba.
68 NEAE III, 1038f.; südlich von Herzliya.
69 NEAE I, 22.
70 NEAE III, 1045; 8 km südlich von Netanya.
71 NEAE I, 100; in Areal K.
72 NEAE III, 910f.
73 NEAE IV, 1296; Ostjordanland.
74 NEAE II, 558f. (Tell Ḥalif); südöstliche Schefela.
75 NEAE IV, 1203 (Tell Qashish); 2 km nordwestlich von Jokneam.
76 Ganz einseitig im Sinne einer massiven Militarisierung der Levante durch die Perser deutet K. Hoglund, Context, 62-64, die Anlagen.

Mauern zu sprechen (z.B. in Tell en-Naʿam),[77] für letzteres die teilweise damit verbundenen Silos (Tell el-Ḥesī, Va, Tell Khuweilifeh, Tell Abu Hureireh,[78] Tell eš-Šarīʿah, Tell el-Qasīle,[79] Tell Mevorakh,[80] Tell Michal, Tell Abu Hawam[81]) oder Speicher (Dor,[82] Tell Mikhmoret, Tell es-Samaq,[83] Ašdod, Aškalon,[84] Tell Ğemme[85]).

Betrachtet man nun aber den Befund unter Kenntnis der persischen Wirtschaftsadministration aus der Persis und aus Ägypten, dann spricht einiges für die These, daß zumindest ein Teil dieser persischen Bauten als königliche Schatzhäuser zu interpretieren sind. Dann erklärt sich der teilweise festungsartige Charakter der Anlage; es erklärt sich die teilweise unübersehbare ökonomische Funktion (Silos) und der administrative Charakter der Anlage. Wenn es auf dem Tell el-Ḥesī Hinweise auf eine Mehlproduktion gibt und sich auf dem Tell Michal am Ende des 5. Jhs. ein regelrechtes Industriezentrum mit Öfen und zwei Weinpressen nachweisen läßt, dann läßt sich dies aus der Tatsache erklären, daß die persischen Schatzhäuser auch Werkstätten und Manufakturen waren.

Sicher bedarf die Hypothese noch der genauen Überprüfung an den einzelnen Ausgrabungsbefunden, die ich hier nicht leisten kann und auch lieber den Fachleuten überlassen möchte. Aber ich halte sie für eine wichtige Möglichkeit, in der Erforschung der Perserzeit in Palästina weiterzukommen.

Bei aller Vorsicht, für welche Ortslage sich die Hypothese erhärten wird, läßt sich schon jetzt sagen, daß die Schatzhäuser als Sitz der persischen Wirtschafts- und Militärverwaltung vor allem an der Küste angesiedelt waren, was nicht nur aus militärischen Gründen zur Sicherung der Heerstraße nach Ägypten, sondern auch aus ökonomischen Gründen erklärbar ist, da durch den phönizischen Handel hier ein hohes Steuer- und Zollaufkommen anfiel. Es gab aber auch Schatzhäuser in Galiläa, der Jesreelebene, der Schefela und im Ostjordanland. Für das Gebiet Judas ist keines mit Sicherheit baulich belegt; in Frage käme vielleicht das große

---

77 NEAE IV, 1516 (Tell Yinʿam); im östlichen unteren Galiläa gelegen. Das Gebäude in Areal B weist eine Wandstärke von 1 Meter auf.
78 NEAE II, 584 (Tell Haror); 20 km westlich Beerscheba.
79 NEAE IV, 1260f.
80 NEAE III, 1031; nördliche Sharon-Ebene.
81 NEAE I, 9; im Stadtgebiet von Haifa.
82 NEAE I, 361f.; ob das »Warenhaus« in Areal D1 und die »monumentale Struktur« in Arael D2 zusammengehören, ist allerdings unsicher.
83 NEAE IV, 1375f. (Shiqmona); 1,3 km südlich des Karmelkaps.
84 NEAE I, 107f. Grid 38 und 50.
85 NEAE II, 672 (Tell Jemmeh).

Gebäude am nördlichen Hang des Tell Goren (Engedi),[86] doch wird es sich hier etwa auch um eine königliche Domäne handeln. Die hohe Zahl von 270 gestempelten Krughenkeln in Ramat Rahel spricht dafür, daß hier einmal ein Schatzhaus der Provinz Juda stand;[87] ein weiteres befand sich vielleicht auf dem Tell en-Naṣbe.[88] Ob literarisch die Neh 2,8; 7,2 erwähnte Tempelfestung von Jerusalem auch als Schatzhaus fungierte, mag offenbleiben.

Die Funktion der Schatzhäuser, die Abgaben der Provinz zu lagern, wird durch die Vorratskrüge belegt, die den Stempel der Provinz Juda tragen.[89] Wenn E. Stern mit seiner These recht hat, daß die Krughenkel mit Ortsangaben (ירשלם, מוצה) auf königliche Domänen weisen, dann entspräche dies der Gepflogenheit in der Persis, sowohl Steuern, Domänenerträge und Pachtabgaben zusammen als staatliche Einnahmen zu verbuchen.[90] Eine Auszahlung an Wein ist auf einem Ostrakon aus Ašdod belegt;[91] die Ostraka aus Beʻerševa und Arad,[92] die ich nicht Schatzhäusern, sondern diesen untergeordneten Poststationen zuweisen möchte, bezeugen, daß die Proviantierung von Zivilisten und Militärs, die in staatlichem Auftrag reisten, auch in Palästina ähnlich geregelt war wie in der Persis.

Eine große Zahl (über 500) ähnlicher Ostraka sind in den letzten Jahrzehnten über den Kunsthandel in das Israel-Museum von Jerusalem gelangt und jüngst ediert worden.[93] Sie stammen wahrscheinlich aus der

---

86 NEAE II, 402f.
87 NEAE IV, 1265, Stratum IVB. Einige starke Mauern haben sich südlich der E II-Zitadelle erhalten; doch da die Fußböden nicht erhalten sind, ist ihre Datierung nicht sicherzustellen.
88 NEAE III, 1102; hier wurden 24 [ד]יהו-Stempelabdrücke gefunden; das persische Stratum ist weitgehend erodiert; nur zwei Öfen außerhalb der außer Gebrauch gekommenen E II-Stadtmauer wurden gefunden.
89 Geschrieben יה, יהד, יהוד; sie machen die überwiegende Mehrzahl aus. Die geringere Zahl, die den Titel des Statthalters (פחוא, פחיא) ohne oder mit Namen (Jehoʻezer, Achzai) nennt, könnte mit der Steuer für den Statthalter in Verbindung gebracht werden, den Neh 5,15 erwähnt ist. Ein Anteil des Statthalters von der Steuer scheint auch in Elephantine belegt zu sein (A6.1, Z. 2f. [AP 17]).
90 Vgl. H. Koch, Dareios, 64.
91 S. NEAE I, 100f.
92 S. J. Naveh, The Aramaic Ostraca from Tell Arad; Y. Aharoni, Arad Inscriptions, 1981, 153-176. Daß es sich um Ausgabe-Anordnungen handelt, wird durch Nr. 5 gesichert; eine militärische Einheit (דגל) als Adressat ist in Nr. 15 erwähnt. Vgl. J. Naveh, The Aramaic Ostraca, in: Y. Aharoni (ed.), Beer-Sheba I, 1973, 79-82; Ders., The Aramaic Ostraca from Beersheba (Seasons 1971-1976), TA 6, 1979, 182-198.
93 Vgl. I. Ephʻal / J. Naveh, Aramaic Ostraca of the Fourth Century BC from Idumaea, 1996; A. Lemaire, Nouvelles inscriptions araméennes d'Idumée au Musée d'Israel,

im ersten Drittel des 4. Jhs. gegründeten persischen Provinz Idumäa (südliches judäisches Gebirge und Negev) und sind in die Jahre 362-311 datiert; sie überstreichen somit die spätpersische und die frühhellenistische Zeit. Auch wenn Eph'al und Naveh wegen fehlender Titel einen Zusammenhang mit der staatlichen Administration ausschalten wollen,[94] so ist dieser doch aus verschiedenen Gründen wahrscheinlich:[95] Häufig werden in den Quittungen über eingehende oder ausgehende Naturalien ein Vorratssilo (מנקרה, vgl. EN 9; 15; 34; 38; 49; 54; 81; 108; 124; 131; 150) oder ein Vorratshaus (מסכנה/ת) EN 25; 47; 58[?]; 82; 90; 92, beides parallel in 81,3; L 32,2) genannt, denen ein oder mehrere Verwalter vorstehen (EN 58,4: בעל מסכת »Herr des Vorratshauses«;[96] 150,1: בעל מנקרא »Herren des Vorratssilos«). Ebenso werden Steuern (אשכר EN 98,4; 168,2) und Steuereintreiber (גבי 187,2; 199,6) erwähnt. Zudem lassen sich die Listen, die für genau identifizierte Weinberge, Gärten oder Felder bestimmte Abgaben festlegen (EN 188-195), die in ihrer Höhe den sonstigen Einzahlungen entsprechen, sehr gut als steuerliche Veranlagungen interpretieren. Vergleichbare Listen begegnen auch für Personen (L 73; 74; 78). Das alles spricht dafür, daß die meisten dieser Ostraka zur persischen Wirtschafts- und Steuerverwaltung gehörten.[97] Wohl ist alles deutlich schlichter; die Bürokratie ist weit geringer aufgefächert, und von Schatzhäusern des Königs ist nicht explizit die Rede. Dennoch übernehmen die genannten Vorratshäuser und Vorratssilos die gleichen Funktionen, die wir für diese in anderen Teilen des Perserreichs kennengelernt hatten: Wenn einerseits in sie Abgaben an Naturalien eingezahlt (z.B. EN 42; 47; 54; 81; 90; 92; 98; L 32) und andererseits von ihnen Zuwendungen an bestimmte Personen ausgezahlt werden (z.B. EN 15; 34; 49; 82), dann entspricht das ganz der üblichen staatlichen Restributionswirtschaft des

---

Transeuphratène Suppl. 3, 1996. Ich zitiere die Ostraka der ersten Edition mit die Sigla EN, die der zweiten mit dem Siglum L.

94 I. Eph'al / J. Naveh, Aramaic Ostraca, 15.
95 Er wird auch von A. Lemaire selbstverständlich angenommen, obwohl die von ihm edierten Ostraka deutlich weniger Hinweise auf staatliche Institutionen bieten, vgl. Nouvelles inscriptions, 155.
96 In EN 47,3f. ist vom »Vorratshaus des 'Adarba'al« die Rede; dieser könnte ebenfalls ein solcher Verwalter gewesen sein. Als Empfänger der Abgaben erscheinen in L 24,3 תרען »Türhüter« bzw. »Pförtner« (vgl. Esr 7,24 und A. Lemaire, Nouvelles inscriptions, 32). Da der Begriff nochmals in EN 144,4 auftaucht (dort falsch gedeutet als »our gates«), könnte es sich um einen regelrechten Titel für untergeordnete Lagerverwalter handeln.
97 Änderungen für die frühhellenistische Zeit lassen sich nicht erkennen. Offenbar lief das von den Persern begründete Verwaltungssystem einfach weiter.

Perserreichs. Außerdem wird durch die neuen Ostraka nahegelegt, daß die archäologisch belegten Silos – zumindest teilweise – in der Tat der staatlichen Wirtschaftspolitik dienten.

Nimmt man sowohl die biblischen als auch die archäologischen Belege zusammen, dann darf man wohl doch rückschließen, daß die persische Wirtschaftsadministration in Palästina vergleichbar aufgebaut und bürokratisch durchorganisiert war wie in der Persis und in Ägypten.

2. Zur Steuerreform des Darius

Bei der Einschätzung der persischen Herrschaft über ihre abhängigen Völkerschaften spielt die von Darius eingeführte Steuerpolitik eine gewichtige Rolle; deswegen sei auf diesen Aspekt der Wirtschaftsgeschichte gesondert eingegangen. Herodot schreibt in seinen Historien III, 89: »Unter der Herrschaft des Kyros nämlich und auch unter der des Kambyses gab es noch keine festen Bestimmungen über die Tribute (φόρος), die Völker brachten vielmehr Geschenke (δῶρον)«, und er berichtet im Zuge seiner Darstellung der seiner Meinung nach von Darius vorgenommenen Satrapieeinteilung, im fünften Steuerbezirk, d.h. Syrien-Palästina, habe die Steuersumme 350 Talente Silber betragen (III, 91), das persische Land sei dagegen nicht steuerpflichtig gewesen (III, 97).

Doch sind die Angaben aufgrund anderer Quellen kritisch zu hinterfragen: Die erste Behauptung, daß erst Darius Steuern eingeführt habe, während unter Kyros noch Geschenke üblich waren, wird nicht nur durch den Kyros-Zylinder (Z. 28-30)[98] und Darius' eigene Angabe in seiner Behistun-Inschrift (I, 17-20)[99], sondern auch durch die von Herodot an anderer Stelle kolportierte Nachricht widerlegt, daß der Magier Gaumāta eine dreijährige Steuerbefreiung verkündet hätte (III, 67).[100] Außerdem ist vielfach auch unter Darius und später noch belegt, daß die Angehörigen der unterworfenen Völker dem Großkönig aus besonderem Anlaß ihre Geschenke darbringen,[101] man vergleiche nur das berühmte Fresko in Persepolis.[102] Die Differenz von Steuer versus Geschenke kann somit nicht die Reform des Darius ausgemacht haben.

---

98 TUAT I/4, 409.
99 TUAT I/4, 424.
100 προεῖπε ἀτελείην στρατίης καί φόρου ἐπ' ἔτεα τρία.
101 Vgl. J. Wiesehöfer, Persien, 65-71.
102 An den Osttreppen des Apadāna; dazu H. Koch, Dareios, 93ff.

Die dritte Behauptung, die Bewohner des Kernlandes Persis seien steuerfrei gewesen, wird durch die Persepolis-Tafeln widerlegt, die eine ganze Anzahl von verschiedenen Steuerbeamten[103] benennen und Steuereinziehungen belegen. Dabei werden die Steuern grundsätzlich in Naturalien bezahlt. Abgeliefert werden Gerste, verschiedene Früchte, Öl, Kleinvieh, Rinder, Pferde und Häute. Aus einer der Bezeichnungen für die Steuerbeamten *da-sa-zí-ya*, »Zehnterheber«, schließt H. Koch, daß die normale Ertragssteuer, die *ba-zí-iš*, »Tribut«, genannt wird, den Zehnten ausgemacht hat. Daneben ist aber noch eine weitere Steuer, die »Abzug« (**apakāna-*) heißt, belegt, die bei Getreideabrechnungen 1/30 und bei Wein 1/10 ausmacht und gesondert abgeführt wird.[104] Frau Koch vermutet, daß es sich hierbei um den Betrag handelt, der von der Steuereinnahme direkt der Hofhaltung zugeführt wird.[105] Das heißt aber, grundsätzlich waren alle Untertanen des Perserreiches steuerpflichtig; Steuerbefreiungen für einzelne oder Institutionen waren ein königliches Ausnahmeprivileg.[106]

Der Befund in der Persis stellt nun aber auch die zweite Behauptung Herodots in Frage, daß die Geldsteuer die Innovation des Darius gewesen sein soll. Vor allem H. Kippenberg und mit ihm viele andere – so auch ich zum Teil[107] – haben aus Herodots Angabe gefolgert: »Mit der Einführung des Münzgeldes schuf sich der persische Zentralstaat der Achämeniden ein Instrument, die Einnahmen und Ausgaben berechenbar zu machen. Grund der Münzprägung war das staatliche Interesse an der Normierung des Tributs.«[108] Doch die für diese Folgerung in Anspruch genommene

---

103 Vgl. H. Koch, Dareios, 64-73; genannt werden der »Steuereinnehmer« (*ba-zí-qa-ra*), der immer im Zusammenhang von Getreide auftritt und der »Tributmacher« (*ba-zí-iš.hu-ut-ti-ra*), der in verschiedenen Orten Kleinvieh als Tribut einzieht. Ihnen übergeordnet ist der »Landsteuererheber« (*hh.KUR.lg.za-ak-ki-ip*, wörtlich »Bergzahler«). Im Zusammenhang von Gerste, Öl und Kleinvieh wird daneben noch der »Grundsteuerbeamte« (*ru-iš-da-ba-zí-iš-be*) genannt.
104 H. Koch, Dareios, 66; W. Hinz hatte diesen »Abzug« noch als Schwund aufgefaßt.
105 Dareios, 66f.
106 So schon M. A. Dandamaev/V. G. Lukonin, Culture, 177ff.; J. Wiesehöfer, Persien, 100, stellt mit Recht fest, daß Herodot ja nur behauptet, die Persis sei von der φόρος-Abgabe befreit gewesen; ob dies allerdings ein Privileg war, das Darius der Persis verliehen habe, mag nach der Deutung der *apakāna*-Steuer durch H. Koch bezweifelt werden.
107 R. Albertz, Der sozialgeschichtliche Hintergrund des Hiobbuches und der »Babylonischen Theodizee«, J. Jeremias/L. Perlitt (Hrsg.), Die Botschaft und die Boten, FS H. W. Wolff, 1981, 349-372, 366 [im vorliegenden Band S. 125f.]; zurückhaltender in: Religionsgeschichte II, 538f.
108 Religion, 49-52; das Zitat auf S. 51. Der Zwang zur Zahlung von Steuern in Silbergeld wird von M. A. Dandamaev/V. G. Lukonin, Culture, 188ff., zumindest für

persische Golddareike spielte nur im Handel mit den Griechen eine Rolle,[109] und von Griechenland her tauchen dann auch Münzen in Palästina auf, aber in größerer Menge archäologisch bezeugt erst im 4. Jh., d.h. in spätpersischer Zeit.[110] Es ist also sehr fraglich, daß die Zahlung der Steuer in Geld oder gar in Münzgeld mit allen daraus abgeleiteten schlimmen Folgen für die judäische Gesellschaft[111] das Novum der Steuerpolitik des Darius gewesen ist.

Ein Seitenblick auf die von B. Porten rekonstruierte Import- und Export-Zoll-Liste (C3.7) mag das bestätigen: Hier werden nämlich Geld und Naturalien nebeneinander als Abgabe erhoben: Ein bestimmter griechischer Schiffstyp zahlt nur ein festgelegtes Gewicht an Gold und Silber, ein anderer eine fünfmal höhere feste Summe an Gold und Silber, dazu aber noch einen Anteil an der Ladung (Wein, Öl) und dazu noch eine kleine Summe »Silber der Männer«, vielleicht eine Personensteuer. Ein dritter Typ phönizischer Schiffe zahlt dagegen in Naturalien, den Zehnten (מעשרא) von der Schiffsladung (Wein, Eisen, Bronze, Holz); als »Silber der Männer« wird hier der Gegenwert an Wein verbucht. Bei ausfahrenden griechischen Schiffen wird dagegen der Wert (דמי) des Natrons, das sie geladen haben, zur Grundlage der Zollabgabe in Silber gemacht. Aber wenn schon in diesem Detailbereich der Schiffszölle ein derartiges Neben- und Ineinander von Geld und Naturalien, bzw. Naturalien im Gegenwert von Geld und Geld im Wert von Naturalien vorkam, dann ist anzunehmen, daß auch in den übrigen Sparten des Steuerwesens eine ähnliche Vielfalt vorherrschte.

Die eigentliche Innovation des Darius, die hinter den Nachrichten des Herodot steht und die den von ihm kolportierten Slogan veranlaßt hat, Darius sei ein »Krämer« (κάπηλος) gewesen (III, 89), liegt in der verwaltungstechnischen Perfektionierung und bürokratischen Durchorganisation des von den Assyrern, Babyloniern und Elamern übernommenen Steuerwesens.

Es gibt eine ganze Fülle von Hinweisen darauf, daß sich die persische Steuerverwaltung um die Schaffung objektiver Grundlagen zur Steuer-

---

Babylonien, das – wie Juda – über keine eigenen Silberminen verfügte, als ein wesentliches Element des Verarmungsmechanismus betrachtet.
109 Vgl. M. A. Dandamaev/V. G. Lukonin, Culture, 199f.; K. Hoglund, Context, 61f., urteilt ähnlich: »In sum, the introduction of official monetary standards under the Persians did not lead to the partial monetary economy envisioned by Kippenberg.«
110 S. zusammenfassend H. Weippert, Palästina, 696 und bei ihr L. Mildenberg, 719ff.; die in Juda selber geprägten Münzen gehen nicht vor 360 v.Chr. zurück (727).
111 Vgl. dazu H. G. Kippenberg, 54ff.; R. Albertz, Religionsgeschichte II, 536ff.

berechnung bemühte: Hinweise auf Volkszählungen in der Persis,[112] eine Zensusliste aus Ägypten, die die Familien genau nach der Zahl von Männern, Frauen und Kindern auflistet und addiert (C3.9). Wir haben Landkataster aus Babylonien,[113] das früheste aus dem 3. Jahr des Darius (519), und eine Liste von Nicht-Lehensland aus Saqqâra (C3.6). Unter den spätpersischen Ostraka aus Südpalästina gibt es solche, die sich als Vorausveranlagung der Ertragssteuer auf landwirtschaftlich genutzte Flächen deuten lassen (EN 188-195). In Babylonien gab es eine Registratur (*karammari*) zur Überwachung von Sklaven- und vielleicht auch Waren-Verkäufen.[114] Auch wenn wir noch so weit davon entfernt sind, das komplizierte persische Steuersystem von Grund-, Ertrags-, Personen- und Handelssteuern zu durchschauen, so ist doch deutlich, daß sich der persische Staat mit diesen Verwaltungsurkunden einerseits eine objektive Grundlage für eine effektive Steuereinziehung schuf, der sich kein Untertan entziehen können soll, daß er aber damit andererseits dem Untertan auch eine gewisse Rechtssicherheit vor staatlicher Willkür einräumte.

Auf diesem Hintergrund macht nun aber die Eigentümlichkeit der Steuerreform des Darius einen Sinn, von der Herodot berichtet, nämlich die langfristige Festlegung einer fixen Summe des Steueraufkommens, das die Provinzen zu leisten hatten.[115] Es gibt auch sonst Hinweise darauf, daß zumindest ein Teil der Steuern – ähnlich wie das für die Pacht in der Persis belegt ist[116] – aufgrund der Verwaltungsunterlagen und gemittelter Erfahrungswerte im voraus festgelegt waren wie etwa auch die Zölle für bestimmte Typen griechischer Schiffe in der Zoll-Liste C3.7. Damit war dem Staat ein festes Steueraufkommen garantiert. Für den einzelnen war damit die Sicherheit gegeben, daß er im voraus wußte, was er an Steuern zu zahlen hatte; allerdings konnte das starre System für ihn, wenn Mißernten oder unvorhergesehene Belastungen auf ihn zukamen, auch zu Härten führen.[117]

---

112 So ist in den PF belegt, daß Beamte unterwegs sind, »die Leute aufzuschreiben«, vgl. H. Koch, Dareios, 65.
113 Vgl. M. A. Dandamaev/V. G. Lukonin, Culture, 178; eine Vermessung von Land durch den Statthalter von Sardes zur Festsetzung von Steuern ist auch bei Herodot, Historien, VI, 42 belegt. Sie soll die gegenseitigen Plünderungen unter den Ioniern beenden und wird von Herodot als Wohltat dargestellt.
114 Vgl. T. C. Young, Consolidation, 96.
115 Historien III, 89ff.; auch die Grundsteuer, die der Statthalter von Sardes unter den Ioniern festlegte, soll bis in seine Zeit dieselbe Höhe gehabt haben.
116 Vgl. dazu H. Koch, Dareios, 269.
117 Zur ruinösen Wirkung der Steuer für Teile der Bevölkerung in Babylonien, Juda und Ägypten vgl. M. A. Dandamaev/V. G. Lukonin, Culture, 188-195.

Allerdings irrte Herodot wohl, wenn er meinte, die fixen Geldsummen seien das ganze Steueraufkommen einer Satrapie. Es handelt sich wahrscheinlich nur um den Teil, der von der Satrapie an die Zentralregierung abzuführen war, entsprechend der als »Abzug« bezeichneten Steuer in der Persis; nur dieser Teil war in Silber bzw. Gold aufzubringen, um die Steuer über die weiten Entfernungen transportierbar zu machen.[118] Darum fehlt eine entsprechende Edelmetallsteuer auch in der nahegelegenen Persis, was Herodot zu dem Fehlurteil veranlaßte, die Perser hätten keine Steuern gezahlt (III, 97). Der größere Teil des Steueraufkommens der übrigen Satrapien, vor allem die Naturalien und Materialien, blieb in den Schatzhäusern der Provinzen.[119]

Daß die Steuerreform des Darius sowohl auf finanzielle Konsolidierung des Reiches als auch auf die Rechtssicherheit der Untertanen zielte, wird noch klarer verständlich, wenn man den krisenhaften historischen Hintergrund in Betracht zieht, auf dem sie entstand:[120] Die Bevölkerung des Reichs, vor allem des Kernlandes, war durch die 30jährigen Eroberungskriegszüge des Kyros und Kambyses gewaltig belastet worden; die persischen Adligen, die die Führungspositionen auf diesen Kriegszügen eingenommen hatten, waren bestrebt, aus den unterworfenen Gebieten möglichst viel Beute zu machen, und waren unzufrieden, als Kambyses, dem es darum gehen mußte, das Reich für die Zukunft zu konsolidieren, sie daran hindern wollte. So brach während des Kriegszuges des Kambyses in der Persis ein Aufstand aus, an dessen Spitze sich der Magier Gaumāta setzte. Gaumāta, zuerst von den persischen Adligen gegen Kambyses gestützt, verkündete, um den Aufstand zu steuern, nach Herodot, kaum daß er den persischen Thron am 1.7.522 bestiegen hatte, allen Untertanen die Befreiung von Kriegsdienst und Steuern (φόρος) für drei Jahre (Historien III, 67). Nach der Behistun-Inschrift hat er Landbesitz der Adligen offenbar in größerem Stil enteignet (I, 61ff.).[121] Damit zog

---
118 PF 1357 erwähnt z.B. den »babylonischen Schatz«, d.h. doch wohl die Edelmetallsteuer Babyloniens, der mit nur wenigen Begleitpersonen nach Persepolis gebracht wird, s. H. Koch, Dareios, 66.71.
119 So auch T. C. Young, Consolidation, 91; ähnlich J. Wiesehöfer, Persien, 100.
120 Vgl. dazu J. Wiesehöfer, Der Aufstand Gaumātas und die Anfänge Dareios' I., 1978, 55ff.
121 TUAT I/4, 427; die Zeilen 63-66 sind nach Wiesehöfer, Aufstand, 99f., zu übersetzen: »So wie (sie) früher (waren), stellte ich die Heiligtümer her, die Gaumāta, der Magier zerstört hatte; ich erstattete dem *kāra* seinen Landbesitz, sein Vieh, seine Hausklaven und seine Häuser, die ihm Gaumāta, der Magier, weggenommen hatte.« Dabei ist mit dem Begriff *kāra* »Volk« in erster Linie der Stammesadel gemeint. Nach Wiesehöfer handelt es sich bei den zerstörten Heiligtümern ebenfalls

er sich aber den Haß der Adligen zu und wurde aus einer Gruppe von ihnen, zu denen auch Darius gehörte, am 29.9.522 beseitigt. Dieser Mord rief nicht nur nach Herodot »bei allen in Asien« Trauer hervor (III, 67), sondern provozierte eine gewaltige Aufstandsbewegung im ganzen Reich, und zwar auch in der Persis,[122] die Darius, der sich aus der Verschwörerbande als Usurpator des Throns bemächtigt hatte,[123] nur mit größten Anstrengungen niederschlagen konnte. Der Sieg endete mit einem Kompromiß: Darius machte die radikalen Neuerungen Gaumātas wieder rückgängig. Er gab den Adligen ihre enteigneten Güter zurück und setzte sie wieder in ihre privilegierte Position ein. Aber er setzte zur Befriedung und Festigung des Reiches seine Steuerreform durch, die dem unkontrollierten Ausbeuten des persischen Volkes und der unterworfenen Völker ein Ende machte und alle, auch die persischen Adligen, den gleichen Steuergesetzen unterwarf.[124]

3. Der Neuaufbau des judäischen Gemeinwesens

Mit der großen Steuerreform, deren Auswirkungen im 3. Jahr des Darius 519 erstmals greifbar werden, steht ein ganz anderes Ereignis in einem merkwürdigen zeitlichen Zusammenhang, das auf den ersten Blick gar nichts damit zu tun zu haben scheint: der Wiederaufbau des Tempels in Jerusalem in den Jahren 520-515. Doch ist das wirklich so?

---

um Kultbauten des Stammesadels (144f.), um ihn seiner Schutzgötter zu berauben. Gaumātas »Aufstand« ist nach Wiesehöfer somit als Programm für den »sozial und wirtschaftlich Schwachen und Abhängigen und die Entmachtung des Mächtigen« zu verstehen (121), das sich aus den Lehren Zarathustras speist (148).
122 Vgl. die Behistun-Inschrift III, 21ff. (= TUAT I/4, 437ff.) zur Niederschlagung des Aufstandes Vahjazdatas, der sich wie Gaumāta als der wahre Bardiya ausgab.
123 Vgl. J. Wiesehöfer, Aufstand, 199ff.
124 J. Wiesehöfer, Aufstand, 231, urteilt kritisch: »Dareios' Reformen auf dem Gebiet der Verwaltung, des Rechts und des Steuer-und Wirtschaftswesens stellten für die damalige Zeit zwar einen gewaltigen Fortschritt dar, blieben jedoch auf halbem Wege stehen. So arbeitete die Provinzverwaltung nur solange im Interesse der Zentralgewalt, wie dies durch großkönigliche Überwachungsmaßnahmen oder Beteiligung der lokalen Würdenträger an dem wirtschaftlichen Aufschwung des Reiches gewährleistet wurde ... Bei zunehmender Schwäche des Königtums nach Dareios' Tod ... verselbständigten sich die Interessen des Stammesadels und führten zu zahlreichen Aufständen.«

In den gängigen geschichtlichen Rekonstruktionen wird der Tempelbau einfach als Auswirkung einer »liberalen« persischen Religionspolitik angesehen und meiner Meinung nach zu wenig beachtet, daß er in unmittelbarem zeitlichem Zusammenhang mit der wohl tiefsten politischen Krise steht, die das persische Reich in seiner 200jährigen Geschichte erschütterte: dem Flächenbrand von Aufständen, den die Ermordung des Hoffnungsträgers Gaumāta und die Usurpation der Macht durch Darius ausgelöst hatte. Bis Juni 521 brauchte Darius, um seine Macht auch nur einigermaßen zu sichern, bis Ende November 521, bis er Aracha, der als Nebukadnezar IV. noch einmal Babylonien vom persischen Joch befreien wollte, besiegt hatte.[125] Wie ist es zu verstehen, warum im kleinen Landstrich Juda nun ausgerechnet zu dieser Zeit, kaum neun Monate nachdem Darius seine Herrschaft militärisch durchgesetzt hatte, der Tempelbau in Angriff genommen wurde. Warum geschah es – als Fanal nationaler jüdischer Unabhängigkeit gemeint – nicht früher, während der Aufstandsjahre, warum – als Ausdruck persischer Liberalität verstanden – nicht später, als sich das persische Reich wieder voll stabilisiert hatte?

So spricht schon der Zeitpunkt des Tempelbaus dafür, daß der Neuaufbau des judäischen Gemeinwesens aus persischer Sicht – ähnlich wie die Steuerreform des Darius – als Herrschaftssicherungsmaßnahme gemeint gewesen sein muß. Gerade aus den Erfahrungen der Aufstandszeit heraus ging es dem König darum, an der strategisch wichtigen Südwestflanke seines Reiches eine ihm loyale Volksgruppe zu etablieren, auch um die Verkehrswege nach Ägypten zu sichern.[126] Dies sind die politischen und wirtschaftspolitischen Zusammenhänge, in denen der Neuanfang in Juda in den Jahren ab 520 gesehen werden muß.[127]

---

125 Vgl. T. C. Young, Consolidation, 58-64; A. Kuhrt, Babylonia, 129f.
126 Daß auch die Religionspolitik der Perser stark vom Prinzip des Loyalitätserweises bestimmt ist, wird immer deutlicher gesehen, vgl. J. Wiesehöfer, Persien, 89.
127 Vgl. R. Albertz, Die verhinderte Restauration, E. Blum (Hrsg.), Mincha. FS R. Rendtorff zum 75. Geburtstag, 2000, 1-12 [= S. 321-333 im vorliegenden Band].

Jahwe allein!

Israels Weg zum Monotheismus und dessen theologische Bedeutung

Seit Beginn der 80iger Jahre ist das Thema des Monotheismus in der Alttestamentlichen Wissenschaft zum Dauerbrenner geworden. Ich erinnere nur an die älteren Sammelbände von O. Keel (1980), B. Lang (1981) oder E. Haag (1985). Inzwischen sind weitere wichtige Untersuchungen und Sammelbände hinzugekommen und zeigen die nach wie vor bestehende Brisanz des Themas; ich verweise nur auf die wichtigen Arbeiten von J. H. Tigay (1986; 1987) und M. Smith (1990), den Aufsatz von M. Weippert (1990) und den Sammelband von W. Dietrich/M. A. Klopfenstein (1993/94), der auf ein internationales Kolloquium in Bern zurückgeht.[1] 1997 erschien das Buch von R. K. Gnuse »No Other Gods«.

Kurz zusammenfassen läßt sich die kontroverse Debatte wie folgt: Während die Ausschließlichkeit der Jahwe-Verehrung Israels in der älteren Forschung wenn nicht gar als Stiftung des Mose (Baumgärtel 1960), so doch weithin als Erbe einer – meist nomadisch vorgestellten – Frühzeit Israels galt, das in den Krisen der Landnahme und Staatenbildung angesichts drohender »kanaanäischer« Überfremdung schrittweise zur ausdrücklich gebotenen Monolatrie und schließlich im Exil zum theoretischen Monotheismus ausformuliert wurde,[2] stellten vor allem B. Lang/H. Vorländer und M. Weippert die schroffe Gegenthese auf, daß die Religion Israels während ihrer ganzen vorexilischen Phase »eine polytheistische Religion« gewesen sei.[3] Die Propagierung der alleinigen Jahwe-Verehrung habe erst spät, frühestens bei Elia im 9.Jh., eigentlich aber erst bei Hosea im 8.Jh. eingesetzt und sei nur das Anliegen kleiner Opposi-

---
1 Vgl. die immer noch instruktiven Darstellungen der Forschungsdiskussion von N. Lohfink 1985 und B. Lang 1980; 1983; 1989.
2 So z.B. B. Balscheit 1938, 25ff.; 135ff.; G. v. Rad 1962, 216-225; R. Knierim 1965, 32ff.; W. H. Schmidt 1969, 1ff.
3 So B. Lang 1981, 53; ähnlich M. Weippert 1990, 151; H. Vorländer 1981, 98ff.; in ähnlicher Richtung, wenn auch gemäßigter im Urteil F. Stolz 1981, 174ff.; M. S. Smith 1990, 145ff.

tionsgruppen gewesen. Durchgesetzt habe sich der Monotheismus erst in exilischer, wenn nicht sogar erst in nachexilischer Zeit.

1. Problematische Vorurteile in der religionsgeschichtlichen Debatte

So erfrischend diese neue Debatte ist, so sehr scheint sie mir von untergründig wirksamen dogmatischen Vorurteilen belastet zu sein. Die Verteidiger früher monotheistischer oder monolatrischer Wurzeln verfallen nicht selten in einen apologetischen Tonfall, so als gelte es, einen Grundpfeiler des jüdisch-christlichen Glaubens zu verteidigen. Apodiktisch hieß es schon bei G. v. Rad: »Der Ausschließlichkeitsanspruch des Jahweglaubens hat ... von Anfang an kein friedliches Nebeneinanderexistieren der Kulte geduldet. Ein Jahwekultus ohne das erste Gebot ist wirklich nicht vorstellbar.«[4] Und auf dieser Linie werden selbst noch heute die in dieses Idealbild nicht passenden angeschwollenen Belege für die Verehrung anderer Götter neben Jahwe kaum ernsthaft gewürdigt oder leichthin in irgendeinen inoffiziellen Winkel (»Volksfrömmigkeit« oder gar »Heterodoxie«) abgeschoben.[5]

Bedenklich scheint mir zu sein, wenn E.-J. Waschke jüngst in der Festschrift für Siegfried Wagner gegen mein Plädoyer für die Religionsgeschichte Israels die Existenzberechtigung der Theologie des Altes Testaments u.a. mit dem Argument verteidigen will, daß diese auf die Frage nach möglichen – und selbstverständlich immer nur hypothetisch rekonstruierbaren – Vorstufen zum alttestamentlichen Monotheismus bewußt verzichten könne: »Während die Religionsgeschichte die verschiedenen Stufen und Stadien dieser Entwicklung zu sondieren ... hat, kann die Theologie des Alten Testaments derartige Spannungen nur in Bezug zur Einzigartigkeit des Gottes Israels und unter dem Bekenntnis des einzigen Gottes zur Sprache bringen.«[6] Er begründet das mit der eigenartigen These, es gäbe »innerhalb des Alten Testaments keinen Text, der darauf zielt, einer der möglichen Vorstufen des JHWH-Glaubens oder dessen synkretistischen Ausläufern Geltung zu verschaffen.«[7] Damit wird die religi-

---

4 1962, 39.
5 So typisch W. H. Schmidt 1990, 442ff., und in seinem Referat »Überlegungen zu der Geschichte der Ausschließlichkeit des alttestamentlichen Glaubens«, das er am 24.7.92 auf dem IOSOT-Kongreß in Paris gehalten hat.
6 1995, 70.
7 Ebd.

onsgeschichtliche Entwicklung zwar nicht geleugnet, aber doch für theologisch irrelevant erklärt. Und man fragt sich, warum so viele Texte im Alten Testament, angefangen von den Elia-Erzählungen bis hin zu den Deuteronomisten dem Umstand solche Aufmerksamkeit widmen, daß die alleinige Verehrung Jahwes in Israel keineswegs selbstverständlich war, sondern erst gegen erhebliche Widerstände durchgekämpft werden mußte. Sollte das alles theologisch bedeutungslos sein, nur weil man der Meinung ist, daß das, was als Theologie des Alten Testaments zu gelten habe, sich allein an der redaktionsgeschichtlichen Letztgestalt orientieren dürfe?

Noch bedenklicher ist es, wenn H.-C. Schmitt in Verteidigung einer Disziplin Theologie des Alten Testaments gegen mich schlichtweg leugnet, daß es in Israel überhaupt eine Entwicklung zum Monotheismus gegeben habe. Er beruft sich dabei auf einen – nicht weiter belegten – »religionsphänomenologischen Befund für nahezu alle uns bekannten Hochreligionen..., daß eine Religion nur dann lebensfähig bleibt, wenn sie am Grundimpuls ihrer Ursprungszeit festhält. Die Auffassung, daß die Forderung der Alleinverehrung Jahwes sich erst im Zusammenhang der Exilserfahrung Israels durchgesetzt habe, wie dies die Vertreter eines konsequent religionsgeschichtlichen Verständnisses des Alten Testaments voraussetzen –, muß daher als religionsphänomenologisch eher unwahrscheinlich angesehen werden.«[8] Also doch wieder mosaischer Monotheismus? Schmitt meint, sich zur Begründung seiner erstaunlichen These auf Tigay berufen zu können. Dabei übersieht er allerdings, daß dessen Untersuchungen zu den Personennamen ja nur einen kleinen Ausschnitt aus der religionsgeschichtlichen Entwicklung darstellen und selber nicht frei von apologetischen Einschätzungen sind. Leider scheint sich wieder einmal mein Verdacht zu bestätigen, daß die Orientierung an der fragwürdigen Disziplin »Theologie des Alten Testaments« die nüchterne Wahrnehmung historisch-kritischer Befunde offenbar unmöglich macht.

Aber auch die Exegeten, die Monolatrie und Monotheismus als späte Entwicklungen nachweisen möchten, tun dies in einer merkwürdig provokant vorgetragenen Argumentation, so als sei die Bestreitung eines frühen israelitischen Monotheismus schon ein emanzipatorischer Akt. Bei M. Weippert heißt es holzschnittartig zur traditionellen Religion der vorexilischen Zeit: »Diese Religion war polytheistisch«,[9] ohne Wenn und Aber; und B. Lang stellt darüber hinaus auch noch fest, daß sie »sich von den

---
8 1995, 53.
9 1990, 151.

Religionen ihrer Umwelt nicht unterscheidet.«[10] In einer solch' aufgeladenen Atmosphäre endet dann die Debatte immer wieder recht schnell in einem fruchtlosen Schlagabtausch. Zu einer sachgerechten Rekonstruktion des Weges Israels zum Monotheismus kann es nur kommen, wenn sowohl prokirchliche Apologetik als auch antikirchliche Provokationslust bewußt hintangestellt werden. Meiner Meinung nach hat der religionsgeschichtliche Prozeß sehr wohl theologische Relevanz; aber nach dieser muß gesondert, erst nachdem jener möglichst vorurteilslos rekonstruiert worden ist, gefragt werden.

2. Die religionsgeschichtliche Entwicklung zum Monotheismus in Israel

Die Montheismusdiskussion krankt darüber hinaus daran, daß der jeweilige gesellschaftliche Kontext religiöser Phänomene nicht genügend beachtet wird. Viele gegensätzliche Einschätzungen, wie etwa die zwischen Tigay und Lang erklären sich daraus. Erst eine Berücksichtigung des sozial bedingten religionsinternen Pluralismus ermöglicht eine differenzierte Klärung; sie wird deutlich machen, daß die Entwicklungen zwischen Poly- und Monotheismus auf den drei Ebenen: Familienreligion, Ortsreligion, Staats-/Volksreligion[11] durchaus unterschiedlich – wenn auch nicht unabhängig voneinander – verlaufen sind:

2.1 Die Entwicklung auf der Ebene der Familienreligion

Entsprechend der eindeutigen und wenig differenzierten Lebensbedürfnisse der Familie (Beistand, Schutz, Segen) beschränkt sich auf dieser Ebene die religiöse Beziehung auf wenige Götter[12] und Geister (Ahnen/

---

10 1981, 53.
11 Zur Begründung dieser Einteilung vgl. R. Albertz 1992, 40-43.
12 Belegt sind in der Vätergeschichte verschiedene El-Gestalten (*'el šaddaj, 'el 'ōlām*), dazu das schwer deutbare theophore Element (*paḥad*); typisch scheint die personale Zuordnung solcher Familiengötter als »Gott des Vaters« gewesen zu sein, vgl. dazu R. Albertz 1992, 49-57. In den Personennamen sind neben den vergöttlichten Verwandtschaftsbezeichnungen (*'āb, 'āḥ, 'am, ḥam*) frühe nomadische Familiengötter (*šaddaj, ṣur*), der syrisch-kanaanäische Hochgott El, die kanaanäischen Götter bzw. Götterepitheta *šālem, māwet, jam (?), melek, 'ādōn, ba'al* und *gad* sowie die Nationalgötter Jahwe, Baal und Qaus belegt; in aufgenommenen ausländischen Namen

Totengeister).¹³ Der praktischen »Henolatrie« fehlt auf familiärer Ebene jedoch von Hause aus jede Abgrenzung und Exklusivität. Der Gottesbegriff ist funktional, d.h. die göttlichen Funktionen bleiben konstant, auch wenn die Götter wechseln.¹⁴ In der Wahl ihrer Götter passen sich die Familien ihrem kultischen und religiösen Umfeld an¹⁵ und folgen den Entwicklungen auf der Orts- und Staatsebene erst mit einigem Abstand.¹⁶ Es dauerte bis zum Ende der Königszeit, bis Jahwe selbstverständlich auch Familiengott wurde;¹⁷ bis dahin war es möglich, in den Familien andere Götter zu verehren (Jer 2,27), ohne daß dies den Betroffenen zum Problem geworden wäre (unbewußter Synkretismus).

Einfluß der Ortsreligion mit ihrer Kultsymbolik (Mazzebe, Aschere) scheint es zu sein, den Familiengott durch eine göttliche Begleiterin zu komplettieren.¹⁸ Dabei trat an die Stelle älterer Paarungen (El/Jahwe-Aschera)¹⁹ unter assyrisch-aramäischem Einfluß Adad-Milki/Jahwe-Him-

---

begegnen die ägyptischen Götter Horus, Isis und Bes; vgl. zum ganzen R. Albertz 1992, 147f.

13 Vielleicht können die *těrāpīm* (Gen 31,19.34f. u.ö.) als figürliche Darstellung solcher Ahnen- bzw. Totengeister angesehen werden. Sie gehörten zum familiären Hauskult (Ri 17,5), sind aber nicht mit den Familiengöttern identisch (Gen 31,53); man schrieb ihnen Wahrsage- (Ri 18,14; Ez 21,26; Sach 10,2) und Heilfunktionen zu (1. Sam 19,13.16); zu Resten des Totenkults s. R. Albertz 1992, 63-67; größere Bedeutung weisen ihm M. S. Smith 1990, 126-132, und E. Bloch-Smith 1992 zu.

14 Vgl. R. Albertz 1992, 56f.; besonders zeigt sich dieser rein funktionale Gottesbegriff in den Personennamen, in denen die Prädikate weitgehend konstant sind, die theophoren Elemente aber variabel, vgl. R. Albertz 1978, 71-74; 1992, 148-150.

15 Vgl. den hohen Anteil an Namen mit Baal in den Samaria-Ostraka, der in der phönizischen Namengebung eine ähnlich prominente Rolle spielte wie Jahwe in Israel, und das Vorkommen von Namen mit Qaus im edomitischen Grenzgebiet (Arad, Aroer).

16 Insofern ist das Vorhaben von M. Rose 1975, 171f., fraglich, den hohen Anteil der *jāhū*-Namen in den Lachiš-Briefen auf ein so kurzfristiges Ereignis wie die josianische Reform zurückführen zu wollen, zumal der Befund, wie J. H. Tigay 1986, 15f., mit Recht herausgestellt hat, alles andere als eindeutig ist.

17 In der frühen Königszeit macht der Anteil der jahwe-haltigen Namen nur 25% aus, erst in der späten Königszeit steigt der Anteil auf 70% (Siegel) bis 80% (Bibel).

18 So deute ich den Befund von *Kuntillet 'Ajrūd* und *Ḫirbet el-Qōm*, der einerseits in seiner Formulierung »Jahwe und seine Aschera« auf die Kultsymbolik der örtlichen »Höhenheiligtümer« zurückweist, an denen neben familiären Riten auch der Großkult des Ortes vollzogen wurde, der aber andererseits private Segenswünsche enthält, die in die persönliche Frömmigkeit gehören.

19 Die häufig als Problem angesehene Zuordnung Ascheras zu Jahwe war infolge des frühen Jahwe-El-Synkretismus in der vorstaatlichen Zeit (vgl. Gen 33,20; »Israel«) ohne weiteres möglich: Jahwe erbte von El auch dessen Frau. Die Vermutung von M. Weippert 1990, 156f., daß diese Zuordnung schon ein zweites Stadium sei, während ursprünglich die Göttin Anat als Begleiterin Jahwes gegolten habe, ist mehr als frag-

melskönigin/Ischtar (Jer 44,15-19).[20] Wie weit dieser männlich-weibliche Dyotheismus ging, ist allerdings nicht sicher, da Personennamen mit Göttinnen fehlen.[21] Erst die dtn. Reformbewegung band die familiäre Religiosität fester in die Jahwereligion ein und bereitete sie darauf vor, ab der Exilszeit zu einem wesentlichen Träger und Promotor ausschließlicher Jahwe-Verehrung in einer fremdreligiösen Umwelt zu werden (Beschneidung, Sabbat, Speisegebote),[22] was aber erneute Anpassungen an das jeweilige kulturell-religiöse Klima nicht ausschloß.[23]

2.2 Die Entwicklung auf der Ebene der Lokalreligion

Auf der Ortsebene, auf der es vor allem um die Fruchtbarkeit von Acker und Vieh und die Sicherung des gerechten Interessenausgleichs ging, herrschte in vorexilischer Zeit offenbar ein Dyotheismus von El/Jahwe-Aschera vor, wobei der Göttin nach Ausweis der Segenswünsche von *Kuntillet ʿAjrūd* und *Ḫirbet el-Qōm* die Funktion einer Segensmittlerin zukam.[24] Ob synkretistisch mit älteren Göttern der Region vereinigt

---

lich. Denn erstens ist dieses angeblich frühere Stadium erst sehr viel später aus den Elephantine-Texten belegt (5.Jh.), und zweitens setzt die These die ebenfalls fragliche Annahme M. Weipperts voraus, Jahwe und Baal seien ursprünglich identisch gewesen (158). Wenn DtrG Ri 3,7; 6,25-28.30 Aschera (neben Aschtart Ri 2,13; 10,6) an der Seite von Baal nennt, dann hängt das damit zusammen, daß letzterer seit Hosea zum Synonym für »Fremdgötter« geworden ist (vgl. den teilweise gebrauchten Plural).

20 Vgl. den 2. Kön 17,31 durch die aramäischen Sepharwiten importierten Gott »Adrammelek« (aus Adad-melek), mit dem auch der sog. »Molek-Kult« zusammenhängt. Als seine Begleiterin wird 2. Kön 17,31 »Anammelek« (aus Anat-melek) genannt, doch ist dieser Göttinnenname schon wegen des maskulinen *melek* unsicher; in assyrischen Vertragstexten des 9.-7.Jhs. ist die Göttin *Bēlet Ṣēri* bzw. Ischtar als Begleiterin von Adad-milki belegt. Zum ganzen vgl. R. Albertz 1992, 300-303.

21 Mit ein bis zwei Ausnahmen (Isis, *ʾdt* »Herrin«), s. J. H. Tigay 1986, 13f. Mag sich das Fehlen von Göttinnen in der hebräischen Namengebung aus dogmatischen Korrekturen erklären, so ist doch das Fehlen der unverdächtigen (göttlichen) Verwandtschaftsbezeichnung *ʾem* »Mutter« auffällig; vgl. dagegen die vielen *ummi*-Namen im Akkadischen, s. AHw 1416f.

22 Vgl. R. Albertz 1992, 327-337; 422-427.

23 Vgl. das Auftauchen von babylonischen Namen unter den Exilierten, etwa *šawaš-šar-uṣur* (IEJ 15, 228), und die Verwendung polytheistischer Grußformeln in Briefen der hellenistischen Zeit, etwa im Schreiben des Tobias an den »Wirtschaftsminister« Apollonius: »Den Göttern sei vielmals Dank!«, vgl. R. Albertz 1992, 596.

24 R. Albertz 1992, 132f.; zur erheblichen Bedeutung, die der weiblichen Religiosität offenbar gerade auf dieser Ebene zukam, vgl. M.-Th. Wacker 1991a.

oder nicht, als Spender des Segens und Hüter der Gerechtigkeit[25] besaß Jahwe auf dieser Ebene nur wenig spezifisch israelitische Eigenschaften.[26] Statt dessen nahm er Lokalkolorit an und differenzierte sich nach regionalen Kultorten. Belegt sind in der Bibel als lokale Sonderformen Jahwes »Jahwe Zebaoth in Silo« (1. Sam 1,3); Jahwe in Hebron (2. Sam 15,7) und aus *Kuntillet ʿAjrūd jhwh šmrn*, was wohl als *status constructus* anzusehen und mit »Jahwe von Samaria« wiederzugeben ist.[27] Diese regionalen Sonderentwicklungen der Jahwereligion auf der Ortsebene (»Polyjahwismus«) wurden erst durch die hiskianische und dtn. Reform bekämpft (Ex 20,24; Dtn 12);[28] die Zerstörung der meisten Heiligtümer im Zuge der Exilierungen entzog ihnen endgültig den Boden.[29] Hiskianische und dtn. Reform banden die Lebensbereiche Fruchtbarkeit und Recht in eine spezifisch israelitische Religion ein. Der Übergang zur Buchreligion, der mit der dtn. Tora beschritten war, sicherte die einheitliche religiöse Entwicklung trotz mehrerer lokaler Zentren.

---

25 Zum Ortsgott als Hüter der Gerechtigkeit s. B. Lang 1983; R. Albertz 1992, 140f. Vgl. den Grundsatz von *mišpāṭ ūṣĕdāqā* »Recht und Gerechtigkeit« Jes 5,7; Am 5,7.24; 6,12; vgl. Mi 3,1.8.9, den Gott sichert, sowie den Vergeltungsgrundsatz, hinter dem er steht, den er aber auch begrenzt (Ex 23,4f.; Prov 20,22; 25,21).
26 Vgl. die weithin übernommenen Ackerbaufeste, die erst sukzessive mit den besonderen religiösen Befreiungstraditionen Israels verbunden wurden (Ex 23,14; 34,18; Lev 23,42f.), den unspezifischen Charakter der älteren israelitischen Spruchweisheit (Prov 10ff.*) und der ältesten Teile des Bundesbuches (Ex 21,28-22,16).
27 Vgl. zur Diskussion R. Albertz 1992, 130. Ob hinter dem in *Kuntillet ʿAjrūd* ebenfalls belegten *jhwh [h]tmn* »Jahwe von Teman« eine lokale Kultgestalt Jahwes steckt, ist unsicher; es kann auch ein alter Titel sein, der auf seine Herkunft aus dem Süden weist (vgl. Hab 3,3).
28 Vgl. R. Albertz 1992, 286; 321ff.; auch die berühmte Reformparole Dtn 6,4 »Höre Israel, Jahwe, unser Gott, Jahwe ist einer« richtet sich zumindest auch, wenn nicht zuerst gegen den Polyjahwismus: Jahwe ist für ganz Israel ein und derselbe Gott, er kann nicht in verschiedene Kultformen aufgespalten werden.
29 Die babylonische Gola hat – aufgrund des Protestes Ezechiels – auf die Errichtung eines Heiligtums verzichtet (Ez 20,32), während die ägyptische den Sonderweg zur Errichtung eines eigenen Heiligtums auf der Nilinsel Elephantine beschritt (vor 525, vielleicht in der Exilszeit). Von den späteren Tempelgründungen auf dem Garizim, in Leontopolis und ʿArāq el-ʾEmīr hat nur die erste zu einer religiösen Sonderentwicklung (Abspaltung der Samaritaner) geführt.

2.3 Die Entwicklung auf der Ebene der Volks- und Staatsreligion

Die entscheidenden Triebkräfte, die schließlich zur Durchsetzung des Monotheismus führten, stammen aus der offiziellen Ebene der Volks- und Staatsreligion. Die familiäre Henolatrie hat sie nicht angestoßen,[30] und die desintegrativen Entwicklungen auf der Ortsebene haben sie nicht entscheidend provoziert.

Wo diese Triebkräfte zeitlich und sachlich anzusiedeln sind, ist – wie wir gesehen haben – kontrovers. Ein Vorteil der alten Monotheismus-Hypothese war es, daß sie einen klaren Grund aus der Entstehungssituation der israelitischen Religion angeben konnte, warum es gerade und nur bei ihr zur besagten Sonderentwicklung kam. Dabei ging sie sicher zu naiv vor, indem sie das Ende der Entwicklung einfach in die Anfänge projizierte. Diese Sicht darf heute angesichts der neuen archäologischen Funde als widerlegt gelten. Aber auch die neueren Entwürfe, welche von einer mehr oder minder langen polytheistischen Phase in der Religion Israels ausgehen, bleiben unbefriedigend, weil sie keine hinreichende Erklärung dafür geben, warum es überhaupt zu der israelitischen Sonderentwicklung zum Monotheismus kommen konnte.

Wenn Israels Religion von Haus aus ein Polytheismus wie jeder andere gewesen ist, werden nun aber folgende Fragen unabweislich? Warum protestierte Elia gegen die Verehrung des phönizischen Baal an der Seite JHWHs, wenn ein solcher diplomatischer Synkretismus sonst allseits akzeptiert war? Was trieb Elisa und Jehu, den Baalskult in Samaria mit mörderischer Gewalt auszurotten, wo doch der Polytheismus normalerweise überhaupt keine Schwierigkeiten hat, fremde Kulte in die eigene Religion zu integrieren? Warum gingen Hiskia und Josia sogar den Weg der Stillegung oder Zerstörung von Heiligtümern, um für die Reinheit des JHWH-Kults garantieren zu können,[31] eine Maßnahme, die in der antiken Welt als ein Sakrileg galt? Wie konnte Deuterojesaja auf die für die damalige Zeit verrückte Idee kommen, alle anderen Götter außer JHWH zu leugnen? Die riesigen babylonischen Tempelanlagen und die glanzvollen Götterprozessionen bewiesen doch geradezu deren Existenz. Und wie konnte ein solcher exklusiv monotheistischer Glaube überhaupt in der jüdischen Bevölkerung durchgesetzt werden, wenn so mächtige Menschen

---

30 Gegen H.-P. Müllers Versuch, im Sinne A. Alts die »Väterreligion« zu einer Art Vorstufe der ausschließlichen Jahwe-Verehrung zu machen (1980, 126ff.).

31 Archäologisch ist diese durch die Stillegung des Heiligtums von Arad belegt, die entweder in das 7. oder 8. Jh. v.Chr. datiert wird, vgl. Z. Herzog u.a. 1984, 18-25.

wie der ägyptische Pharao Echnaton oder der babylonische König Nabonid bei viel bescheideneren Bestrebungen in dieser Richtung kläglich scheiterten?

Will man nicht mit unerklärlichen »Mutationen« in der kulturellen Evolution der Menschheit rechnen, muß man nach Anlagen in der Religion Israels suchen, die diese erstaunliche Sonderentwicklung erklärbar machen. Ganz zweifellos trug die vorexilische Religion Israels deutliche polytheistische Züge, aber vielleicht war sie doch nicht ein Polytheismus wie jeder andere. Der Begriff Polytheismus, der als polemischer Gegenbegriff zum Monotheismus gebildet wurde, ist viel zu unspezifisch, die Besonderheiten und Unterschiede nicht-monotheistischer Religionen zu beschreiben. Die griechischen Religionen unterscheiden sich z.B. fundamental von den vorderorientalischen, obgleich wir sie beide unter der Kategorie »polytheistisch« einordnen. Es muß also sehr viel genauer hingeschaut und differenziert werden, um das Rätsel des israelitischen Monotheismus zu lösen.

Es sind nach meiner Sicht vor allem zwei Merkmale der Religion Israels, welche die Möglichkeit einer späteren Entwicklung zum Monotheismus in sich bargen: Das erste hängt mit dem Gott JHWH selber zusammen: Von seinem Ursprung her als ein Gott der nordarabischen Bergwüste war JHWH solitär; es ermangelte ihm eine göttliche Familie, er war nicht fest in ein Pantheon eingefügt. Dies hatte zur Folge, daß er selbst dann, als er zuerst als Gott der israelitischen Stämme dem Götterkönig El untergeordnet (Dtn 32,8f.) und spätestens als Gott des davidischen Großreiches mit diesem gleichgesetzt wurde und von ihm dessen Frau Aschera und dessen himmlischen Hofstaat erbte, immer doch eine gewisse Sonderstellung behielt. Das Pantheon, dem er vorstand, war nur wenig differenziert; nur wenige individuelle Göttergestalten, wie Baal, Schamsch, Schalem, Zädäk, Mot und Aschera, lassen sich identifizieren. Meist bleibt der Hofstaat JHWHs namenlos und wird pauschal mit dem Terminus Zebaoth »Heerscharen« bezeichnet (Jes 6,5 u.ö.). Jahwe hatte einen Großteil der göttlichen Personalität der ihm zugeordneten Götter quasi in sich aufgesogen. Nie werden die Götter des Pantheons »Söhne JHWHs« genannt, sie blieben Söhne Els bzw. Eljons (Ps 29,1; 82,6); d.h. die ursprüngliche Kinderlosigkeit JHWHs wirkte nach, auch nachdem er mit El identifiziert worden war. Diese nie vergessene solitäre Stellung aus der Frühzeit ermöglichte es, JHWH in der späten Königszeit wieder aus seinem polytheistischen Rahmen herauszuheben, ohne ihm etwas von seiner Majestät zu nehmen, die ihm als Götterkönig zugewachsen war.

Das zweite Merkmal hängt mit einer Eigentümlichkeit des Gottesverhältnisses zusammen. Anders als in den anderen vorderorientalischen Religionen steht im Zentrum der Religion Israels ein personal strukturiertes Verhältnis Jahwes zu einer Großgruppe.[32] Jahwes häufigstes Epitheton lautet »Gott Israels«, so schon im alten Debora-Lied Ri 5,3.5. Das heißt, er wurde über die Menschengruppe, den Stämmeverband oder das Volk, zu der er in einer Beziehung stand, definiert. Ein personales Gottesverhältnis kennen die übrigen vorderorientalischen Religionen nur in Bezug auf Kleingruppen und das Königshaus als »persönlicher Gott« oder »Dynastiegott«. Im politischen Bereich sind die Götter auf bestimmte Städte oder Länder bezogen; vorherrschend ist hier ein Sachbezug, der allerdings über den Personalbezug zum König vermittelt wird: Über den König halten die Götter ihren Besitz in Ordnung. Diese Differenz gilt übrigens auch für die syrisch-palästinischen »Nationalgötter« des 1.Jts., mit denen Jahwe gerne verglichen wird:[33] So heißt es bezeichnenderweise vom moabitischen Nationalgott in der Mešastele: »*Kamoš* zürnte seinem *Land*« (KAI 181,5f.), nicht »seinem *Volk*«[34], während Jahwes Zorn regelmäßig gegen sein Volk entbrennt (Num 11,1.11 u.ö.). Jahwe ist dagegen nicht in gleicher Weise Territorialgott, sondern ist dies nur sekundär über das Wohngebiet seines Volkes *auch* geworden (vgl. 1. Sam 26,19; 2. Kön 5,17 u.ö.).[35]

Eigenartiger Weise wird auch dieses Merkmal zumindest von dem ersten entschiedenen Promoter für die Alleinverehrung Jahwes, dem Propheten Hosea, auf die Frühzeit Israels zurückgeführt, nämlich auf den Exodus:

---

32 Diese entscheidende sozialgeschichtliche Spezifizierung hat W. H. Schmidt 1990, 441ff., der im übrigen die jetzigen – meist späten – Gestaltungen der Exodustradition viel zu direkt auswertet, nicht erkannt. Wenn N. Lohfink 1977, 134, die »Eifersucht Jahwes« schon aus Ägypten herleiten will, dann projiziert er vorschnell eine wahrscheinlich junge Vorstellung zurück (zur Datierung von Ex 34,14 vgl. Anm. 10). Dennoch ist die für Jahwe später so typische »Leidenschaftlichkeit« (128ff.) in dem personalen Gottesverhältnis der Exodusgruppe angelegt.
33 Vgl. etwa B. Lang 1981, 54; M. Weippert 1990, 151.
34 Das Akkadische kennt bekanntlich gar kein Wort für »Volk«, statt dessen meint *nišū* »Bevölkerung des Landes«, die im Laufe der Geschichte wechseln konnte, ohne daß sich seine Götterwelt grundlegend veränderte; vgl. zum ganzen R. Albertz 1992, 76-101.
35 S. dazu R. Albertz 1987, 372f.

Hos 13,4   Aber ich bin Jahwe, dein Gott von Ägypten her.
           Einen Gott außer mir kennst du nicht.
           Einen Helfer außer mir gibt es nicht.

Auch wenn sicher damit zu rechnen ist, daß Hosea hier ein idealisiertes Bild der Frühzeit entwirft, so würde es meiner Meinung nach zu weit gehen, seiner Sicht jede sachliche Berechtigung abzusprechen. Bei allen Problemen, die sich einer historischen Verifikation der Exodustradition entgegenstellen, aus religionssoziologischer Perspektive ist es gut vorstellbar, daß das personale Gottesverhältnis Israels aus einem revolutionären Befreiungsprozeß entstanden ist, wie er für die Mosegruppe berichtet wird. Dem personalen Gottesverhältnis einer gegen eine politische Übermacht um ihre Befreiung kämpfenden Großgruppe wohnte nun aber – anders als dem familiärer Kleingruppen – eine Tendenz zu gruppeninterner Solidarisierung und gruppenexterner Abgrenzung, d.h. zu einer gewissen Exklusivität inne. Diese hatte noch nichts mit Monotheismus und auch noch wenig mit einer bewußten Monolatrie zu tun, doch ermöglichten diese besonderen Merkmale der Jahwereligion eine Entwicklung in diese Richtung.[36]

Doch damit war die Entwicklung zum Monotheismus keineswegs zwangsläufig vorgezeichnet,[37] im Gegenteil, sie lief erst einmal in entgegengesetzte Richtung. Ich kann den komplizierten Verlauf hier nur skizzieren:

Die Vereinigung der Exodusgruppe mit der sich emanzipierenden Landbevölkerung Palästinas führte zu einem ersten El-Jahwe-Synkretismus.[38] Die Entwicklung wurde uneinheitlich: Auf der einen Seite blieb Jahwe religiöses Symbol für die Solidarisierung nach innen und den Befreiungskampf nach außen; auf der anderen Seite wuchsen ihm neue Funk-

---

36 Zwei ähnliche Merkmale nennt R. K. Gnuse 1997, 194-199. Allerdings sieht er die Besonderheit der Beziehung Israels zu Jahwe darin, daß Jahwe für die entstehende Identität Israels bedeutsam wurde. Gnuse hält dabei am Konzept N. Gottwalds von einem »mono-Yahwism« fest, »for it characterizes a people who had many gods, but one was truly significant for their emerging identity« (199), und leitet es aus der vorstaatlichen Siedlungsphase her. Die Exoduserfahrung wird von Gnuse – auf der Linie G. Mendenhalls – vorwiegend als Erinnerung an die Absetzbewegung aus der Küstenebene interpretiert (195f.).
37 Mit dieser Feststellung unterscheide ich mich grundsätzlich von der älteren, noch durch W. H. Schmidt 1990 repräsentierten Richtung.
38 Vgl. den Namen »Isra-el« (»El herrscht«) und die Bezeichnung des Altares in Gen 33,20: »El, der Gott Israels«; im einzelnen s. R. Albertz 1992, 117ff.; ähnlich auch M. S. Smith 1990, 7ff.

tionen zu (z.B. Sicherung von Fruchtbarkeit), die nahelegten, ihn wie El mit einer Göttin zu komplettieren.[39] Die abgrenzende Tendenz der Jahwereligion war in vorstaatlicher Zeit noch nicht auf religiösem, sondern auf politischem Felde wirksam.

Die veränderten gesellschaftlichen Bedingungen seit der Etablierung des Königtums drängten auf einen synkretistisch-polytheistischen Ausbau der Jahwereligion. Entsprechend der Ausdifferenzierung der Gesellschaft wurde Jahwe in Jerusalem König eines Pantheons.[40] Die Jerusalemer Königstheologie rückte die personale Beziehung Jahwes zum Herrscher in den Vordergrund und drängte die traditionelle Bindung Jahwes an das ganze Volk beiseite.[41] Die Jerusalemer Tempeltheologie stellte – wie im Vorderen Orient üblich – die lokale Bindung Jahwes an seine Stadt in den Mittelpunkt.[42] Wie sehr dieser die ursprüngliche Struktur verändernde Umbau der israelitischen Religion echten gesellschaftlichen Bedürfnissen entsprach, wird daran erkennbar, daß diese staatlichen Synkretismen gelangen und auch in der Folgezeit nicht mehr grundsätzlich in Frage gestellt wurden.

Im Zuge der Großreichbildung und der diplomatischen Verflechtungen wurden Jahwe Götter anderer Staaten unter- und zugeordnet (*Aštarte, Milkom, Kamoš, Baʻal*).[43] Die unter Aufnahme von El- und Baaltraditionen vollzogene Erhebung des »Gottes Israels« zum König der Götter und der Völker (Ps 47,9; 95,3) und seine in der Depotenzierung aller übrigen Götter nachwirkende Einzelstellung gaben der israelitischen Staatstheologie einen verschärften imperialistischen Charakter.[44] Dennoch ist sie unverzichtbare Voraussetzung für die spätere Ausformulierung eines universalen Monotheismus.

Wenn diese »ganz normale« religionsgeschichtliche Entwicklung nicht in einem Polytheismus endete, so deswegen, weil sich in Israel Oppositionsgruppen gegen desintegrative gesellschaftliche und assimilierende re-

---

39 Inschriftlich belegt erst aus dem 9./8.Jh., nach Meinung der Dtr aber schon eine Erscheinung der vorstaatlichen Zeit (Ri 3,7). Daß Aschera Jahwe auch auf der Ebene der offiziellen Religion zugeordnet wurde, beweisen 1. Kön 15,13; 2. Kön 23,4.
40 Im einzelnen dazu s. R. Albertz 1992, 200ff.
41 Dazu und zu den interessanten Gegenpositionen und Vermittlungsversuchen s. R. Albertz 1992, 174-190.
42 Vgl. dazu R. Albertz 1992, 200-212.
43 1. Kön 11,5.7.33; 2. Kön 23,13; 1. Kön 16,32; 2. Kön 10,18ff.
44 Vgl. im einzelnen dazu R. Albertz 1992, 181f.; 204f.; darauf, daß auch schon das mythische Chaoskampfmotiv im Vorderen Orient handfeste politische Legitimationsfunktion hatte, macht M. S. Smith 1990, 56ff., aufmerksam.

ligionspolitische Erscheinungen auf die alten, nie ganz in Vergessenheit geratenen, nach innen solidarisierenden und nach außen abgrenzenden, religiösen Befreiungstraditionen berufen konnten.

Gegen den staatlich verordneten diplomatischen Synkretismus der Omriden setzten Elia und Elisa im 9.Jh. eine Oppositionsbewegung in Gang,[45] die mit einer blutigen Ausrottung des Baalkultes von Samaria endet.[46] Die Alleinverehrung Jahwes zeigte unter den Bedingungen der Staatlichkeit fanatische Züge und grausame Konsequenzen und stürzte das Nordreich in die außenpolitische Isolierung.

Im 8.Jh. wurde der Kampf um die ausschließliche Gottesverehrung Israels zu einem Kampf gegen das Auseinanderfallen der Gesellschaft in Klassen und gegen ihre Überfremdung von außen. Dabei wurde »Baal« von Hosea als Chiffre für alles benutzt, was er als unvereinbar mit der »wahren« Jahweverehrung ansah.[47] Nicht akzeptable Gegenpositionen in der israelitischen Gesellschaft wurden als »fremde« Einflüsse abgestempelt und damit ausgegrenzt.

Der Untergang des Nordreiches und die massiven assyrisch-aramäischen Einflüsse im Süden stimulierten schließlich breitere offizielle Reformbewegungen,[48] die die drohende Auflösung Judas durch Rückbesinnung auf das nun als exklusiv interpretierte Gottesverhältnis der Frühzeit aufhalten wollten: Die immer konsequentere Durchsetzung der Mo-

---

45 Vgl. im einzelnen R. Albertz 1992, 226-244.
46 2. Kön 9,1-10,27; die berühmte Erzählung vom Götterwettstreit auf dem Karmel (1. Kön 18,21-40) halte ich für einen exilischen Text, der aber von der historischen Auseinandersetzung noch soviel erkennen läßt, daß es um die Entscheidung zwischen den Parolen »Jahwe und Baal« (so Ahab) und »Jahwe oder Baal« (so Elia) ging. Mit dem religionspolitischen Konflikt war wahrscheinlich auch ein sozialer verbunden (vgl. 1. Kön 21,1-20a), auch wenn die Verankerung Elias in dieser Geschichte nicht über alle Zweifel erhaben ist.
47 Vgl. schon die promiske Verwendung von »Baal« im Singular (Hos 2,10.18; 13,1; vgl. 9,10) und im Plural (2,15.19; 11,2; vgl. 2,7.14); den Nachweis, daß Hosea nicht gegen Einflüsse einer »kanaanäischen Religion«, sondern gegen Elemente polemisiert, die seit Jahrhunderten Bestandteil der israelitischen Religion waren, habe ich 1992, 271f., geführt.
48 Daß es durchaus eine hiskianische Reform gegeben hat, meine ich 1992, 280ff., nachgewiesen zu haben. Mit dieser bringe ich das »Bundesbuch« in Verbindung. Zur breiten Trägerschaft der »josianischen« Reform s. meine Erwägungen a.a.O., 313-327. Die unkritische Übernahme des Begriffs der »Jahwe-allein-Bewegung« von M. S. Smith hat verhindert, die gesellschaftlichen Gruppen, die die Exklusivität der Jahwereligion vorantrieben, zu benennen und in ihrer Unterschiedlichkeit wahrzunehmen.

nolatrie (Ex 20,24; 22,19; 23,13; Dtn 5,6f.; 6,4f.; 12; 13; 17,2-7)[49] zielte zugleich auf eine soziale und religiöse Solidarisierung nach innen (Ex 22,20-23,9; Dtn 14,22ff.; 15; 16 u.ö.) und eine schroffe politische Abgrenzung nach außen (Dtn 7; 20).[50] Wohl scheiterte dieser Versuch auf der politischen Ebene mit dem frühen Tod Josias, doch bereitete er die Basis, auf der Israel nach dem Verlust der staatlichen Einheit seine Identität religiös sichern konnte.

Angesichts des unauflösbaren Widerspruchs von Weltherrschaftsansprüchen und Isolationismus, in den die aus der vorstaatlichen Zeit ererbte Sonderstellung Jahwes Israel unter den Bedingungen der Staatlichkeit trieb, verwundert es nicht, daß die monotheistische Tendenz der Jahwereligion erst nach dem Zusammenbruch des Staates voll zum Durchbruch kommen konnte.[51] Ohne den Verlust der Staatlichkeit, der die Israeliten direkt unter die Abhängigkeit fremder Götter brachte, wäre die Jahwereligion wahrscheinlich bei der Monolatrie stehengeblieben. Nun aber bekam die Behauptung der alleinigen universalen Geschichtsmächtigkeit Jahwes und der Nichtigkeit aller übrigen Götter, die Deuterojesaja im Exil verkündete, für die ohnmächtigen Exulantengruppen in ihrer fremdreligiösen Umwelt eine neue befreiende Funktion.[52] Mit der Potenzierung Jahwes zum einzigen Gott der Welt war kein Machtzuwachs Israels mehr verbunden, wohl aber eine Depotenzierung des Unterdrückers Babylon (Jes 46,1f.; 47). Der behauptete universale Monotheismus hob die exklusive Gottesbeziehung Israels nicht auf, gab ihr aber eine dienende Aufgabe für alle Völker (42,1-4; 49,1-6).[53]

Die mit dem Kampf um Monolatrie und Monotheismus einhergehende Eleminierung einer Göttin an Jahwes Seite wurde in der exilisch-nache-

---

49 Konsequent stößt dann auch die dtn./dtr. Tradition zu monotheistischen Aussagen durch: Dtn 4,35.39; 2. Sam 7,22; 1. Kön 8,60.
50 Zu den Inhalten der hiskianischen und deuteronomischen Reformbewegung s. R. Albertz 1992, 286-290; 321-360.
51 Dies gilt auch, wenn G. Braulik 1985, 152ff., recht haben sollte, daß die monotheistischen Formulierungen der dtn./dtr. Tradition (Dtn 4,35.39; 2. Sam 7,22; 1. Kön 8,60) älter als Deuterojesaja sind.
52 Das ist die rhetorische Funktion der sog. Gerichtsreden gegen die Völker (Jes 41,1-5.21-29; 43,8-13; 44,6-8; 45,20-25), in denen der Monotheismus nicht »nüchtern gelehrt«, sondern die Aufdeckung der Nichtigkeit der anderen Götter immer wieder »nacherlebbar« vollzogen wird.
53 Zum ganzen und speziell zur Dialektik von Partikularismus und Universalismus vgl. R. Albertz 1992, 436-442. Meiner Meinung nach ist der Monotheismus der Deuterojesaja-Gruppe nicht aus spätbabylonischen oder zoroastrischen Einflüssen zu erklären (gegen H. Vorländer 1981, 103-106), s. a.a.O., 435f.

xilischen Zeit dadurch kompensiert, daß in Anlehnung an die persönliche Frömmigkeit weibliche Züge in Jahwe entdeckt wurden. Angesichts des drohenden Abbruchs der Gottesbeziehung Israels wurde Jahwe jetzt auch mit einer Frau und Mutter verglichen, deren kreatürliche Bindung an ihr Kind letztlich unzerstörbar ist (Jes 46,3f.; 49,15; 66,13). Darüber hinaus schuf in nachexilischer Zeit die Personifizierung der Weisheit als weibliche Mittlergestalt die Möglichkeit, den alltäglichen Lebensbereich – und damit auch und gerade den Lebensbereich der Frauen – erneut fester in die monotheistische Jahwereligion einzubinden.[54]

Für die längste Zeit der nachexilischen Epoche war die Verehrung von Fremdgöttern kein Thema mehr. Vielmehr verlagerte sich der Streit um die Alleinverehrung Jahwes in der sozialen Krise der persischen Zeit vom religiösen auf den ökonomischen Bereich. Die Bekenntnisfrage lautete nun: Hatte man wie die Frevler, die sich nur um das eigene Fortkommen und nicht um das Elend der Armen scherten, den Besitz zum letzten Vertrauensgrund gemacht (Ps 49,7; 52,9; 62,11; Hi 31,24f.) und damit »Gott in der Höhe verleugnet« (Hi 31,28), oder gründete man sich weiter auf den alleinigen Gott und nahm auch seine sozialen Gebote ernst? Der Monotheismus wurde damit zum persönlichen Glaubensbekenntnis in der gesellschaftlichen Auseinandersetzung und gewann eine scharfe soziale Stoßrichtung gegen die ungerechten Zustände.

3. Die theologische Bedeutung der religionsgeschichtlichen Entwicklung

Wir hatten gesehen, daß dogmatische Vorurteile erst einmal zurückgestellt werden müssen, um die Entwicklung der Religion Israels zum Monotheismus unverstellt wahrnehmen zu können. Dennoch geschieht eine solche religionsgeschichtliche Rekonstruktion – sofern sie von einem Theologen innerhalb der wissenschaftlichen Theologie getan wird – mit der Absicht, etwas zum Diskurs der Theologie beizutragen.[55] Ich plädiere ja nicht für die Abschaffung der theologischen Auslegung des Alten Testaments, sondern nur für die Abschaffung der Disziplin Theologie des

---

54 Vgl. dazu S. Schroer 1991, 163ff.
55 H. Spieckermann 1998, 37-39, meint mir »Unklarheit über den konzeptionellen Unterschied zwischen einer Religionsgeschichte Israels und einer Theologie des Alten Testaments« vorwerfen zu müssen. Vielleicht können die folgenden Überlegungen zu einem besseren Verständnis meiner Sicht beitragen.

Alten Testaments als zusammenfassende Disziplin des Faches. Bibeltheologische Abhandlungen zu einzelnen Themen wie Schöpfung, Sünde, Erwählung usw. halte auch ich für sinnvoll, wenn deren Autoren sich dabei im Klaren sind, daß ihr Standort dabei die Gegenwart ist und ihr erkenntnisleitendes Interesse sich aus Gegenwartsproblemen speist. Der Standort des Religionsgeschichtlers ist dagegen an der Seite der damaligen israelitischen Menschen. Wegen dieser hermeneutischen Differenz plädiere ich für eine klare Unterscheidung zwischen religionsgeschichtlicher Rekonstruktion und theologischer Interpretation und ich halte es für gefährlich für die weitere Entwicklung der Alttestamentlichen Wissenschaft, wenn einflußreiche Forscher wie H. Spieckermann (1998) heute diese Differenz bewußt vernebeln und die historische Bibelauslegung zugunsten einer die Verbindlichkeit des Alten Testaments berücksichtigenden theologischen Auslegung beiseitedrängen wollen.

Anders als für manche Alttestamentler, die den theologischen Ertrag der hebräischen Bibel in einer Theologie des Alten Testaments scheinbar historisch zusammenstellen wollen und dabei nicht selten ihre Privatdogmatik vertreten, ist für mich der Begriff Theologie notwendig auf die gegenwärtige Kirche bezogen. Um ein berühmtes Votum K. Barths zu zitieren: »In der Theologie gibt die Gemeinde sich selbst und der auch hier mithörenden Welt kritisch Rechenschaft über die Angemessenheit oder Unangemessenheit ihres Gotteslobes, ihrer Predigt, ihres Unterrichts, ihrer Evangelisation und Mission, aber doch auch ihres von dem allen nicht zu trennenden Handelns und also ihres Zeugnisses im ganzen, umfassenden Sinn dieses Begriffs in dessen Verhältnis zu seinem Ursprung, Gegenstand und Inhalt.«[56] Diese Aufgabe der Theologie hat die Kirche nur teilweise an die Universitätstheologen deligiert! Theologische Arbeit darf sich darum nicht im inneruniversitären Diskurs erschöpfen, sondern muß, sofern sie wirklich Theologie sein will, auf die gegenwärtige Kirche, auf ihre Verkündigung, auf die Praxis, auf die Herausforderungen, denen sie sich stellen muß, bezogen sein.

Was haben also die religionsgeschichtlichen Erkenntnisse über die Entstehung des Monotheismus im ersten Gottesvolk Israel zum klärenden Diskurs über die rechte Verkündigung und Praxis des zweiten Gottesvolkes hier und heute beizutragen? Ich will daher abschließend, ohne daß ich jetzt meine hermeneutischen Grundmuster explizieren kann, über einige theologische Folgerungen aus meinen religionsgeschichtlichen Einsichten nachdenken.

---

56 KD IV/3, 1959, 1007.

3.1 Eine Revision des Offenbarungsbegriffs

Die Einsicht, daß so eine wesentliche Aussage des jüdischen und christlichen Bekenntnisses wie die alleinige Göttlichkeit des biblischen Gottes nicht mit einem Mal »vom Himmel gefallen« ist, sondern sich in einem langen und komplizierten Prozeß entwickelt hat, zwingt meiner Meinung zu einer kritischen Revision des landläufig verwendeten Offenbarungsbegriffs: Offenbarung braucht kein Einzelereignis, sondern kann ein ganzer Prozeß sein. Und was noch wichtiger ist: Sie vollzieht sich als Wechselgeschehen zwischen Gott und seinem Volk. Am Offenbarungsprozeß sind Menschen unleugbar mitbeteiligt. Wohl ist es Jahwe, der diesen Prozeß mit der Befreiung aus Ägypten in Gang setzt und ihn immer wieder mit weiteren geschichtlichen Herausforderungen vorantreibt. Doch Offenbarung werden diese meistens mehrdeutigen Ereignisse erst, indem Menschen sie von Gott her zu verstehen suchen und auf ihn hin auslegen. Deswegen läuft der Offenbarungsprozeß auch nicht quasi »automatisch« ab, und keineswegs notwendig immer in die richtige Richtung. Es bedarf einzelner Menschen und Gruppen, die, von Gott getrieben, sich für die als richtig erkannte theologische Interpretation der geschichtlichen Ereignisse einsetzen und für sie – gegen mögliche andere – harte Überzeugungsarbeit leisten. Offenbarung ist somit letztlich die geglückte Konsensbildung in einem theologischen Klärungspozeß, wie sie sich im Fall des Monotheismus schrittweise in der hiskianischen und josianischen Reform und schließlich im Exil vollzog.

3.2 Die bleibende Bedeutsamkeit der Zwischenphasen

Erste Konsequenz dieses Offenbarungsverständnisses ist es, daß im Gegensatz zu Waschkes Konzeption einer Theologie des Alten Testaments, die nur noch am erreichten Endergebnis interessiert ist, der gesamte Klärungsprozeß mit allen seinen Vor- und Zwischenstufen für uns seine theologische Bedeutsamkeit behält. Damit will ich nicht einer polytheistischen Revision des biblischen Monotheismus das Wort reden, wie es zur Zeit modisch geworden ist. In seinem Gefälle ist der Prozeß eindeutig und damit irreversibel. Wohl aber meine ich, daß nur die Vergegenwärtigung des ganzen Weges und das Durchdenken der theologischen Entscheidungen, die auf ihm gefallen sind, das monotheistische Bekenntnis vor Einseitigkeiten und Verfälschungen sichern können. Ich will das an drei Beispiele erläutern:

Theologisch bedeutsam bleibt die Zwischenstufe der Monolatrie. Der entscheidende Kampf ist um die alleinige Verehrung Jahwes durch Israel geführt worden, nicht um die Leugnung anderer Götter und Religionen. Es geht im Kern des monotheistischen Bekenntnis um die ausschließliche existentielle Bindung des ganzen Gottesvolkes an den einen Gott, die der besonderen personalen Bindung Jahwes an sein Volk angemessen ist. Es muß darum auch den Kirchen primär darum gehen, wie der ungeteilten personalen Bindung der gesamten Christenheit an den einen dreieinigen Gott angesichts der theologischen, politischen und ökonomischen Gespaltenheit der Kirchen und den vielfältigen Arrangements, auf die sie sich eingelassen haben, glaubwürdiger Ausdruck verschafft werden kann. Eine primäre Verwendung des monotheistischen Bekenntnisses zum Kampf gegen andere Religionen wäre eine einseitige Verfälschung.

Theologisch bedeutsam bleibt auch, daß es in Israel – vor allem in der lokalen und familiären Religiosität – eine göttliche Begleiterin Jahwes gegeben hat. Diese wurde zwar zugunsten der Konzentration der gesamten Gottesbeziehung auf Jahwe geopfert. Doch daß der Monotheismus nicht als männliche Vereinnahmung Jahwes gemeint war, zeigt schon die Tatsache, daß genau zu der Zeit, als er voll ausformuliert wurde, weibliche Wesenszüge in Jahwe entdeckt wurden. Und mit der Schaffung der weiblichen Mittlergestalt der Weisheit wurde auch später noch versucht, der Gefahr des Realitätsverlustes, die der Monotheismus gegenüber der weiblichen Hälfte der Realität in sich barg, zumindest ein Stück weit zu wehren. Ich würde daraus folgern, daß es auch heute eine theologische Aufgabe bleibt, dem patriarchalischen Mißbrauch des Monotheismus entgegenzuwirken und ernsthaft über Möglichkeiten nachzudenken, wie – vor allem im Bereich der häuslichen und ortsgemeindlichen Religiosität – weibliche Gotteserfahrungen deutlicher als bisher in die Symbolik des christlichen Gottesbildes und Gottesdienstes eingebunden werden können.

Für theologisch bedeutsam halte ich auch die Beobachtung, daß die persönliche Gottesbeziehung auf der familiären Ebene eine weit geringere Tendenz zur religiösen Abgrenzung hat als auf Großgruppenebene. Der Monotheismus der persönlichen Frömmigkeit trägt stark integrative Züge. Ich halte es deswegen theologisch für bedenklich, gerade die Familien zum Feld konfessioneller und religiöser Abgrenzungskämpfe zu machen, wie dies lange Zeit in kirchlichen Trauordnungen geschehen ist. Vielmehr sollte die Kirche gemischt-religiöse Ehen auch als Chance betrachten, wo neue Möglichkeiten des Zusammenlebens über Bekenntnis- und Religionsgrenzen hinweg entdeckt und erprobt werden können.

Zweite Konsequenz daraus, daß sich Offenbarung als Wechselspiel zwischen Gott und seinem Volk vollzieht, ist es, daß die geschichtlichen Konstellationen, unter denen die monotheistische Klärung der Religion Israels erfolgte, beim heutigen Nachsprechen und Ausdeuten des monotheistischen Bekenntnisses weiter mitbedacht werden müssen. Aus der Geschichte Israels ist ablesbar, daß, verquickt mit politischen Machtinteressen, die Erhöhung Jahwes über alle Götter bzw. seine alle anderen Götter ausschließende Verehrung fast zwangsläufig zu gefährlichen imperialistischen und brutalen fanatischen Konsequenzen führt. Angesichts vergleichbarer Irrwege in der Kirchengeschichte bleibt es darum notwendig, sich ständig daran zu erinnern, daß die strenge Ausformulierung des Monotheismus, die den Göttern der Völker jede Existenz bestritt, aus einer tiefen Ohnmachtssituation Israels heraus erfolgt ist. Nur wo die Allmacht des einzigen Gottes bewußt von jeder politischen Macht seines Volkes, sei es nun Israel oder die Kirche, getrennt wird, nur wo die Unverfügbarkeit dieses universalen Gottes gegen alle Versuche der politischen Instrumentalisierung sichergestellt ist, bleibt die Legitimität des Monotheismus als theologischer Aussage gewahrt. Erst wo das monotheistische Bekennntis – wie ursprünglich bei Deuterojesaja – *gegen* den Absolutheitsanspruch der politischen Macht formuliert wird, gewinnt es seine volle theologische Schärfe und seine klärende und befreiende Kraft. Es stimmt nachdenklich, daß diese herrschaftskritische Funktion des biblischen Monotheismus in der Kirche kaum zum Tragen gekommen ist.[57] Ich habe sie von meinem Vater gelernt, der mir erzählte, wie er in der Zeit der Bekennenden Kirche immer wieder nur schlicht über das 1. Gebot gepredigt habe, um den Punkt des Widerstandes der christlichen Gemeinde gegen Adolf Hitler zu benennen. Offensichtlich haben die individualistischen Auslegungen des 1. Gebots im Heidelberger und Lutherischen Katechismus dazu beigetragen, daß diese politische Dimension des biblischen Monotheismus weithin in Vergessenheit geriet. Um so wichtiger bleibt es, die ursprünglichen geschichtlichen Situationen, in denen er entdeckt wurde, im Gedächtnis zu bewahren.

---

57 M.-Th. Wacker 1991b, 47, hat darauf hingewiesen, daß es vor allem Sozialwissenschaftler und Philosophen jüdischer Herkunft im Umkreis der »Frankfurter Schule« waren, die an das eminent herrschaftkritische Moment der biblischen Monotheismustradition erinnert haben.

3.3 Die heutige Entscheidung: Gott oder der Mammon

Die direkteste Analogie der geschichtlichen Situationen besteht heute allerdings zur nachexilischen Auseinandersetzung: Ein sozialer Konflikt, der heute weltweite Dimensionen angenommen hat, eine geistige Lage, in der nicht mehr fremde Götter, sondern vergötzte weltliche Mächte die eigentliche religiöse Gefahr darstellen. Hier bleibt es theologisch bedeutsam, daß unsere Vorväter im Glauben sich nicht davor scheuten, das monotheistische Bekenntnis auf die Frage des Umgangs mit Geld und Besitz zuzuspitzen. Wer ist der letzte Vertrauensgrund für den einzelnen und die Gesellschaft, Gott oder der Reichtum? Der Pfarrer der Thomaskirche Christian Wolff schrieb mir angesichts seiner Erfahrungen mit dem ökonomischen Wildwuchs und der gnadenlosen Verdrängung, die über Leipzig seit der Vereinigung hereinbrachen, in seinem Weihnachtsbrief: »Die Allmacht des Geldes ist *die* Infragestellung des 1. Gebots.« Und ich würde hinzufügen: Das erste Gebot halten, heißt heute, sich der allgegenwärtigen Vergötzung ökonomischer Sachzwänge und Marktgesetze nicht zu beugen. Mir scheint, daß diese klärende und befreiende Wirkung des monotheistischen Bekenntnisses in wirtschaftlichen Zusammenhängen heute sowohl vom einzelnen Christen in seiner persönlichen Lebensführung als auch von der Kirche in ihren Verlautbarungen zu ökonomischen Problemen und in ihrem eigenen wirtschaftlichen Gebaren erst wieder entdeckt und ausformuliert werden muß.

Ich will hier meine theologische Reflexion über Israels Weg zum Monotheismus abbrechen; sie müßten im Gespräch mit Vertretern der anderen theologischen Disziplinen und denen, die in der Kirche Verantwortung tragen, weiter durchdacht und entfaltet werden. Ich hoffe aber, es ist deutlich geworden, daß mein Plädoyer für eine saubere historische Erforschung der Religion Israels nicht etwa von der Theologie abführt, sondern sehr wohl Klärendes und Weiterführendes zum theologischen Diskurs hier und heute beizutragen hat.

Literaturverzeichnis

G. W. Ahlström, Aspects of Syncretism in Israelite Religion, Lund 1963 (HSoed V).
R. Albertz, Persönliche Frömmigkeit und offizielle Religion. Religionsinterner Pluralismus in Israel und Babylon, Stuttgart 1978 (CTM A9).
R. Albertz, Israel. I. Altes Testament: TRE XVI, 1987, 369-379.

R. Albertz, Religionsgeschichte Israels in alttestamentlicher Zeit, Bd. I: Von den Anfängen bis zur Königszeit; Bd. II: Vom Exil bis zu den Makkabäern, Göttingen 1992 (GAT 8/1+2).

R. Albertz, Der Ort des Monotheismus in der israelitischen Religionsgeschichte: W. Dietrich/M. A. Klopfenstein (Hg.), Gott allein?, JHWH-Verehrung und biblischer Monotheismus im Kontext der israelitischen und altorientalischen Religionsgeschichte, Fribourg/Göttingen 1994 (OBO 139) = 13. Kolloquium der Schweizerischen Akademie der Geistes- und Sozialwissenschaften 1993, Fribourg 1994, 77-96.

R. Albertz, Das Rätsel des israelitischen Monotheismus: Welt und Umwelt der Bibel 11, 1999, 3-5.

B. Balscheit, Alter und Aufkommen des Monotheismus in der israelitischen Religion, Berlin 1938 (BZAW 69).

K. Barth, Kirchliche Dogmatik, Bd. IV/3, Zollikon/Zürich 1959.

F. Baumgärtel, Monotheismus. II. Im AT: RGG^3 IV, 1960, 1113-1115.

A. Bertholet, Wörterbuch der Religionen, Stuttgart ^{2}1962.

E. Bloch-Smith, Judahite Burial Practices and Beliefs about the Dead, Sheffield 1992 (JSOT.S 123).

E. Blum, Studien zur Komposition des Pentateuch, Berlin 1990 (BZAW 189).

G. Braulik, Das Deuteronomium und die Geburt des Monotheismus: E. Haag (Hg.), Gott, der einzige. Zur Entstehung des Monotheismus in Israel, Freiburg 1985 (QD 104), 115-159.

A. Brelich, Der Polytheismus: Numen 7, 1960, 123-136.

F. Crüsemann, Die Tora. Theologie und Sozialgeschichte des alttestamentlichen Gesetzes, München 1992.

W. Dietrich/M. A. Klopfenstein (Hg.), Gott allein?, JHWH-Verehrung und biblischer Monotheismus im Kontext der israelitischen und altorientalischen Religionsgeschichte, Fribourg/Göttingen 1994 (OBO 139) = 13. Kolloquium der Schweizerischen Akademie der Geistes- und Sozialwissenschaften 1993, Fribourg 1994.

J. D. Fowler, Theophoric Personal Names in Ancient Hebrew. A Comperative Study, Sheffield 1988 (JSOT.S 49).

R. K. Gnuse, No Other Gods. Emergent Monotheism in Israel, Sheffield 1997 (JSOT.S 241).

E. Haag (Hg.), Gott, der einzige. Zur Entstehung des Monotheismus in Israel, Freiburg 1985 (QD 104).

J. Halbe, Das Privilegrecht Jahwes Ex 34,10-26. Gestalt und Wesen, Herkunft und Wirken in vordeuteronomischer Zeit, Göttingen 1975 (FRLANT 114).

B. Halpern, »Brisker Pipes than Poetry«. The Development of Israelite Monotheism: J. Neusner/B. A. Levine/E. S. Frerichs, Judaic Perspective on Ancient Israel, Philadelphia 1987.

B. Hartmann, Monotheismus in Mesopotamien?: O. Keel (Hg.), Monotheismus im Alten Israel und seiner Umwelt, Fribourg 1980 (Biblische Beiträge 14), 49-81.

Z. Herzog/M. Aharony/A. F. Rainey/S. Moskovitz, The Israelite Fortress at Arad: BASOR 254, 1984, 1-34

H.-D. Hoffmann, Reform und Reformen. Untersuchungen zu einem Grundthema der deuteronomistischen Geschichtsschreibung, Zürich 1980 (AThANT 66).

F.-L. Hoßfeld, Einheit und Einzigkeit Gottes im frühen Jahwismus: M. Böhnke/H. Heinz (Hg.), Im Gespräch mit dem dreieinen Gott. Elemente einer trinitarischen Theologie, FS W. Breuning, Düsseldorf 1985, 57-74.

O. Keel (Hg.), Monotheismus im Alten Israel und seiner Umwelt, Fribourg 1980 (Biblische Beiträge 14).

O. Keel/C. Uehlinger, Göttinnen, Götter und Gottessymbole. Neue Erkenntnisse zur Religionsgeschichte Kanaans und Israels aufgrund bislang unerschlossener ikonographischer Quellen, Freiburg 1992 (QD 134).

R. Knierim, Das erste Gebot: ZAW 77, 1965, 20-39.

B. Lang, Vor einer Wende im Verständnis des israelitischen Gottesglaubens?: THQ 160, 1980, 53-60 = Ders., Wie wird man Prophet in Israel? Aufsätze, Düsseldorf 1980, 149-161.

B. Lang (Hg.), Der einzige Gott. Die Geburt des biblischen Monotheismus, München 1981.

B. Lang, Die Jahwe-allein-Bewegung: ders. (Hg.), Der einzige Gott. Die Geburt des biblischen Monotheismus, München 1981, 47-83.

B. Lang, Monotheism and the Prophetic Minority. An Essay in Biblical History and Sociology, Sheffield 1983 (SWBAS 1).

B. Lang, Neues über die Geschichte des Monotheismus: THQ 163, 1983, 54-58.

B. Lang, Persönlicher Gott und Ortsgott. Über Elementarformen der Frömmigkeit im alten Israel: M. Görg (Hg.), Fontes atque Pontes, FS H. Brunner, Wiesbaden 1983, 271-301 (ÄAT 5).

B. Lang, Zur Entstehung des biblischen Monotheismus: THQ 166, 1986, 135-142.

B. Lang, Segregation and Intolerance: M. Smith/R. J. Hoffmann (Hg.), What the Bible Really Says, Buffalo 1989, 115-135.

N. Lohfink, Gott. Polytheistisches und monotheistisches Sprechen von Gott im Alten Testament: ders., Unsere großen Wörter. Das Alte Testament zu Themen dieser Jahre, Freiburg/Basel/Wien 1977, 127-144.

N. Lohfink, Zur Geschichte der Diskussion über den Monotheismus im Alten Israel: E. Haag (Hg.), Gott, der einzige. Zur Entstehung des Monotheismus in Israel, Freiburg 1985 (QD 104), 9-25.

H.-P. Müller, Gott und die Götter in den Anfängen der biblischen Religion. Zur Vorgeschichte des Monotheismus: O. Keel (Hg.), Monotheismus im Alten Israel und seiner Umwelt, Fribourg 1980 (Biblische Beiträge 14), 99-142.

H. Niehr, Der höchste Gott. Alttestamentlicher JHWH-Glaube im Kontext syrisch-kanaanäischer Religionen des 1. Jahrtausends v.Chr., Berlin 1990 (BZAW 190).

A. de Pury, Le monotheisme est-il dangereux? Quelques réflections à propos des origines de la religion biblique: Zofingia 130, 1990, 493-507.

G. von Rad, Theologie des Alten Testaments I, München ^{4}1962.

M. Rose, Der Ausschließlichkeitsanspruch Jahwes. Deuteronomische Schultheologie und die Volksfrömmigkeit in der späten Königszeit, Stuttgart 1975 (BWANT 106).

W. H. Schmidt, Das erste Gebot. Seine Bedeutung für das Alte Testament, München 1969 (TEH 165).

W. H. Schmidt, »Jahwe und...«: E. Blum/C. Macholz/E. W. Stegemann (Hg.), Die Hebräische Bibel und ihre zweifache Nachgeschichte, FS R. Rendtorff, Neukirchen 1990, 437-447.

H.-C. Schmitt, Religionsgeschichte Israels oder Theologie des Alten Testaments?: D. Vieweger/E.-J. Waschke (Hg.), Von Gott reden. Beiträge zur Theologie und Exegese des Alten Testaments, FS S. Wagner, Neukirchen-Vluyn 1995, 45-64.

A. van Selms, Temporary Henotheism: M. A. Beek/A. A. Kampman/C. Nijland/J. Ryckmans (Hg.), Symbolae Biblicae et Mesopotamicae, FS F. M. T. de Liagre Böhl, Leiden 1973, 341-348.

S. Schroer, In Israel gab es Bilder. Nachrichten von darstellender Kunst im Alten Testament, Fribourg/Göttingen 1987 (OBO 74).

S. Schroer, Die Göttliche Weisheit und der nachexilische Monotheismus: M.-Th. Wakker/E. Zenger (Hg.), Der eine Gott und die Göttin. Gottesvorstellungen des biblischen Israel im Horizont feministischer Theologie, Freiburg 1991 (QD 135), 151-182.

M. S. Smith, The Early History of God. Yahwe and the Other Deities in Ancient Israel, San Francisco 1990.

H. Spieckermann, Die Verbindlichkeit des Alten Testament. Unzeitgemäße Betrachtungen zu einem ungeliebten Thema: JBTh 12, 1997 [1998], 25-51.

F. Stolz, Jahwes Unvergleichlichkeit und Unergründlichkeit: WuD 14, 1977, 9-24.

F. Stolz, Monotheismus in Israel: O. Keel (Hg.), Monotheismus im Alten Israel und seiner Umwelt, Fribourg 1980 (Biblische Beiträge 14), 143-189.

J. H. Tigay, You Shall Have No Other Gods. Israelite Religion in the Light of Hebrew Inscriptions, Atlanta 1986 (HSS 31).

J. H. Tigay, Israelite Religion: The Onomastic and Epigraphic Evidence: P. D. Miller/P. D. Hanson/S. D. McBride (Hg.), Ancient Israelite Religion, FS F. M. Cross, Philadelphia 1987, 157-194.

H. Vorländer, Der Monotheismus Israels als Antwort auf die Krise des Exils: B. Lang (Hg.), Der einzige Gott. Die Geburt des biblischen Monotheismus, München 1981, 84-113.

M.-Th. Wacker, Aschera oder die Ambivalenz des Weiblichen. Anmerkungen zu einem Beitrag von Georg Braulik: Dies./E. Zenger (Hg.), Der eine Gott und die Göttin. Gottesvorstellungen des biblischen Israel im Horizont feministischer Theologie, Freiburg 1991 (QD 135), 137-150 (= 1991a).

M.-Th. Wacker, Feministisch-theologische Blicke auf die neuere Monotheismus-Diskussion: Dies./E. Zenger (Hg.), Der eine Gott und die Göttin. Gottesvorstellungen des biblischen Israel im Horizont feministischer Theologie, Freiburg 1991 (QD 135), 17-48 (= 1991b).

E.-J. Waschke, Zur Frage nach einer alttestamentlichen Theologie im Vergleich zur Religionsgeschichte Israels, D. Vieweger/Ders. (Hg.), Von Gott reden. Beiträge zur Theologie und Exegese des Alten Testaments, FS S. Wagner, Neukirchen-Vluyn 1995, 65-81.

H. Weippert, Palästina in vorhellenistischer Zeit, München 1988 (Handbuch der Archäologie, Vorderasien II,1).

M. Weippert, Synkretismus und Monotheismus. Religionsinterne Konfliktbewältigung im alten Israel: J. Assmann/D. Harth (Hg.), Kultur und Konflikt, Frankfurt am Main 1990, 143-179.

J. Wellhausen, Israelitische und jüdische Geschichte, Berlin ^{9}1958.

U. Winter, Frau und Göttin. Exegetische und ikonographische Studien zum weiblichen Gottesbild im Alten Testament und dessen Umwelt, Fribourg/Göttingen 1983 (OBO 53).

E. Zenger, Das jahwistische Werk – ein Wegbereiter des jahwistischen Monotheismus: E. Haag (Hg.), Gott, der einzige. Zur Entstehung des Monotheismus in Israel, Freiburg 1985 (QD 104), 26-53.

E. Zenger, Israel am Sinai. Analysen und Interpretationen zu Ex 17-34, Altenberge ²1985.

Abkürzungsverzeichnis

AASF	Annales Academiae Scientiarum Fennicae
AASOR	Annual of the American Schools of Oriental Research
ÄAT	Ägypten und Altes Testament
AfO	Archiv für Orientforschung
AHAW	Abhandlungen der Heidelberger Akademie der Wissenschaften
AHw	W. v. Soden, Akkadisches Handwörterbuch, Wiesbaden 1965ff.
AJBI	Annual of the Japanese Biblical Institute
AnBib	Analecta Biblica
AncB	Anchor Bible
ANEP	J. B. Pritchard (Hg.), The Ancient Near East in Pictures Relating to the Old Testament, Princeton 1954, ^{2}1969
ANET	J. B. Pritchard (Hg.), Ancient Near Eastern Texts Relating to the Old Testament, Princeton 1950, ^{2}1955, ^{3}1969
AnOr	Analecta Orientalia
AnST	Anatolian Studies
AO	Museumssignatur Louvre (Antiquités orientales)
AcOr	Acta Orientalia
AOAT	Alter Orient und Altes Testament
AOS	American Oriental Series
AP	A. E. Cowley, Aramaic Papyri of the Fifth Century B.C., Oxford 1923
ASAW	Abhandlungen der sächsischen Akademie der Wissenschaften
ATD	Das Alte Testament Deutsch
AThANT	Abhandlungen zur Theologie des Alten und Neuen Testaments
BASOR	Bulletin of the American Schools of Oriental Research
BBB	Bonner biblische Beiträge
BBR	H. Zimmern, Beiträge zur Kenntnis der babylonischen Religion, Assyriologische Bibliothek 12, Leipzig 1901
BE	The Babylonian Expedition of the University of Pennsylvania
BET	Beiträge zur biblischen Exegese und Theologie
BHH	Biblisch-historisches Handwörterbuch
BHS	Biblia Hebraica Stuttgartensia
BHTh	Beiträge zur historischen Theologie
Bib.	Biblica
Bibl	→ Bib.
Bibl.	→ Bib.
BJRL	Bulletin of the John Rylands Library
BK	Biblischer Kommentar
BMS	L. W. King, Babylonian Magic and Sorcery, London 1896
BSt	Biblische Studien

BThSt	Biblisch-theologische Studien
BWANT	Beiträge zur Wissenschaft vom Alten und Neuen Testament
BWL	W. G. Lambert, Babylonian Wisdom Literature, Oxford 1960
BZ	Biblische Zeitschrift
BZAW	Beihefte zur Zeitschrift für die alttestamentliche Wissenschaft
c.Ap.	Flavius Josephus, Contra Apionem
CAD	The Assyrian Dictionary of the Oriental Institute of the University of Chicago
CAH	The Cambridge Ancient History
CAT	Commentaire de l'Ancien Testament
CHJ	The Cambridge History of Judaism
CR	Corpus reformatorum
CT	Cuneiform Texts from Babylonian Tablets in the British Museum
CThM	Calwer theologische Monographien
CTM	→ CThM
DJD	Discoveries in the Judaean Desert
EdF	Erträge der Forschung
Ee	Enuma elisch
EN	I. Eph'al / J. Naveh, Aramaic Ostraca of the Fourth Century BC from Idumaea, Jerusalem 1996
ETL	Ephemerides theologicae Lovanienses
EvTh	Evangelische Theologie
FRLANT	Forschungen zur Religion und Literatur des Alten und Neuen Testaments
Gadd	C. J. Gadd, Tablets from Kirkuk, Revue d'assyriologie et d'archéologie orientale 23 (1926) 49-161
GAG	W. v. Soden, Grundriß der Akkadischen Grammatik, Analecta Orientalia 33, Rom 1952, ²1969, ³1995
GAT	Grundrisse zum Alten Testament
Gilg.	Gilgamesch-Epos
HAT	Handbuch zum Alten Testament
HG	J. Kohler / A. Ungnad u.a., Hammurabi's Gesetz, Leipzig 1904ff.
HK	Handkommentar zum Alten Testament
HKL	R. Borger, Handbuch der Keilschriftliteratur, Berlin 1967ff.
HSoed	Horae Soederblomianae
HSS	Harvard Semitic Series
HUCA	Hebrew Union College Annual
IEJ	Israel Exploration Journal
Interp.	Interpretation
JAOS	Journal of the American Oriental Society
JBL	Journal of Biblical Literature
JBTh	Jahrbuch für biblische Theologie
JCS	Journal of Cuneiform Studies
JEN	Joint Expedition with the Iraq Museum at Nuzi
JNES	Journal of Near Eastern Studies
JQR	Jewish Quarterly Review
JSOT	Journal for the Study of the Old Testament

JSOT.S	Journal for the Study of the Old Testament. Supplement Series
JSOT Suppl. Ser.	→ JSOT.S
JSS	Journal of Semitic Studies
K	Museumssignatur British Museum (Kuyunjik)
KAI	H. Donner / W. Röllig, Kanaanäische und aramäische Inschriften, Wiesbaden ³1973ff.
KAJ	E. Ebeling, Keilschrifttexte aus Assur juristischen Inhalts, Wissenschaftliche Veröffentlichungen der Deutschen Orient-Gesellschaft 50, Leipzig 1927
KAR	E. Ebeling, Keilschrifttexte aus Assur religiösen Inhalts, Wissenschaftliche Veröffentlichungen der Deutschen Orient-Gesellschaft 28. 34, Leipzig 1919. 1923
KAT	Kommentar zum Alten Testament
KBL³	L. Köhler / W. Baumgartner / J. J. Stamm, Hebräisches und Aramäisches Lexikon zum Alten Testament, Leiden ³1967ff.
KD	K. Barth, Die Kirchliche Dogmatik, Zürich 1932ff.
Kraeling	E. G. Kraeling, The Brooklyn Museum Aramaic Papyri, New Haven 1953
KuD	Kerygma und Dogma
L	A. Lemaire, Nouvelles inscriptions araméennes d'Idumée au Musée d'Israel, Transeuphratène Supplement 3, Paris 1996
LKA	E. Ebeling, Literarische Keilschrifttexte aus Assur, Berlin 1953
MAOG	Mitteilungen der Altorientalischen Gesellschaft
MDOG	Mitteilungen der Deutschen Orient-Gesellschaft
MDP	Mémoires de la Délégation en Perse
MPL	J. P. Migne, Patrologiae cursus completus, series Latina, Paris 1844ff.
Nbd	J. N. Straßmaier, Inschriften von Nabonidus, König von Babylon, Babylonische Texte 1-4, Leipzig 1889
Nbk	J. N. Straßmaier, Inschriften von Nabuchodonosor, König von Babylon, Babylonische Texte 5-6, Leipzig 1889
ND	Nimrod documents
NEAE	The New Encyclopedia of Archaeological Excavations in the Holy Land
NTOA	Novum testamentum et orbis antiquus
NZSTh	Neue Zeitschrift für systematische Theologie
OBO	Orbis Biblicus et Orientalis
OLZ	Orientalistische Literaturzeitung
Or	Orientalia
Or.	→ Or
OrNS	Orientalia Nova Series
OrAnt	Oriens antiquus
OrAnt.	→ OrAnt
OTMSt	H. H. Rowley, The Old Testament and Modern Study, Oxford 1951
OTS	Oudtestamentische studiën
Padua	E. Bresciani, Papiri aramaici egiziani di epoca persiana presso il Museo Civico di Padova, Rivista di Studi Orientali 35 (1960) 11-24
PF	R. T. Hallock, Persepolis Fortification Tablets, Chicago 1969

PRU	Palais royal d'Ugarit
PT	G. G. Cameron, Persepolis Treasury Tablets, Chicago 1948
QD	Quaestiones disputatae
RA	Revue d'assyriologie et d'archéologie orientale
RB	Revue biblique
RGG	Religion in Geschichte und Gegenwart
RS	Ras Shamra (Tafelsignatur)
SANE	Sources from the Ancient Near East
SBB	Stuttgarter Biblische Beiträge
SBL	Society of Biblical Literature
SBS	Stuttgarter Bibelstudien
SBT	Studies in Biblical Theology
Si	Museumssignatur Istanbul (Sippar)
SJOT	Scandinavian Journal of the Old Testament
Sm	Museumssignatur British Museum (Smith)
SMHVL	Scripta minora. Kungliga Humanistiska Vetenskapssamfundet i Lund
SS	Studi semitici
StTh	Studia theologica
StUNT	Studien zur Umwelt des Neuen Testaments
SWBAS	The Social World of Biblical Antiquity Series
Syr	Syria
TA	Tel Aviv
TB	Theologische Bücherei
TCS	Texts from Cuneiform Sources
TEH	Theologische Existenz heute
THAT	Theologisches Handwörterbuch zum Alten Testament
ThB	→ TB
ThLZ	Theologische Literaturzeitung
THQ	Theologische Quartalschrift
ThR	Theologische Rundschau
ThViat	Theologia viatorum
ThW	Theologische Wissenschaft
TIM	Texts in the Iraq Museum
TRE	Theologische Realenzyklopädie
TUAT	O. Kaiser (Hg.), Texte aus der Umwelt des Alten Testaments, Gütersloh 1982ff.
TWAT	Theologisches Wörterbuch zum Alten Testament
TynB	Tyndale Bulletin
UB	Urban-(Taschen-)Bücher
UF	Ugarit-Forschungen
UVB	Vorläufiger Bericht über die von dem Deutschen Archäologischen Institut und der Deutschen Orient-Gesellschaft aus Mitteln der Deutschen Forschungsgemeinschaft unternommenen Ausgrabungen in Uruk-Warka
VAB	Vorderasiatische Bibliothek
VS	Vorderasiatische Schriftdenkmäler der Königlichen Museen zu Berlin
VT	Vetus Testamentum

VT.S	Vetus Testamentum. Supplements
VT.S.	→ VT.S
VTS	→ VT.S
W	Signatur für Texte aus Warka
WdF	Wege der Forschung
WMANT	Wissenschaftliche Monographien zum Alten und Neuen Testament
WO	Die Welt des Orients
WuD	Wort und Dienst
YNER	Yale Near Eastern Researches
YOS	Yale Oriental Series
ZA	Zeitschrift für Assyriologie
ZAW	Zeitschrift für die alttestamentliche Wissenschaft
ZNW	Zeitschrift für die neutestamentliche Wissenschaft
ZThK	Zeitschrift für Theologie und Kirche

Register der Bibelstellen

Altes Testament

Genesis
1-11	1, 49, 65, 68f.
1	3
1,26	8f.
1,28	9, 12, 17, 53
2-3	6 A16
2	2, 8f., 11f., 44
2,5-3,24	70
2,5-24	34f., 71-75
2,8	9
2,15	8f., 19
2,16f.	33-35, 43
2,19-23	65, 68
3	51
3,1-7	23-45
3,1-5	75
3,5	52
3,11	33
3,14-24	34
3,18f.	19
3,22	30f., 35
3,23	3
4,2-16	19, 43
4,2	3
4,3	76
4,7	34
4,17-24	76
4,17	3, 20
4,20-22	3
4,23	19
4,26	10
5,29	3, 76
6,1-5	18, 43
6,5-7	15 A33, 51, 53
6,5	44 A47
8,21	18, 43f.
9,1.7	17f., 53, 77
9,20-27	20, 43
9,20	3
10	68, 76f.
10,8ff.	3
11,1-9	3, 20, 43, 65, 68, 75-81
12,1-3	19 A46
15	180
16	180
18	180
21,19	25
45,10f.	180
47,29f.	182

Exodus
4,16	30
7,1	30
12,26	159
13,14	159
20,12	161
20,23-23,19	193-197
20,24	365
21,15	163f., 177
21,17	158, 163f., 173, 177
21,18-22,16	190
22,7-10	191
22,20-23,9	372
23,8	25
23,13	372
34,11-26	194 A24

Levitikus
19,3	159, 161-164, 183
19,30	165
20,9	158

Numeri
5	191
21,18	121 A30
22,17	164

Deuteronomium
1,39	26-28
4,35.39	271
5,6-10	267, 291
5,6f.	372
5,16	161
6,4f.	365 A28, 372
6,20	159
7	372
10,5	266
12-26	198
12-20	372
12	201, 266, 365
12,15f.	202
13	201
14,22-27	202
15,1-18	202, 291
15,7-11	205 A52
16,18-20	202
17,8-13	200f.
17,14-20	199, 267
17,16-20	202
18,1-8	202
18,15-20	202

19,1-13	202	15,30	164	14,22-24	266 A42
20	202, 263	16ff.	265	15,4	268
21,18-21	158, 163f., 176	28	265	15,13	370 A39
		28,3	264 A39	18,21-40	371 A46
26	10 A23	29,9	30 A20	20,1	182 A119
27,9f.	273	30,20-25	190	21	190, 371 A46
27,16	163f., 177				
30,11-14	203	*2. Samuel*		*2. Könige*	
31,9-13	266	7	259, 265f.	6,26ff.	190
31,9	273f.	8,15	272	8,3ff.	190
32,8f.	367	11f.	265	8,18f.	268
34,10	273	14,4-12	190	9,1-10,27	371 A46
		14,17	26, 29, 31	9	308
Josua		14,20	29	10,29.31	268
3,3	273	15,1ff.	190	11f.	273
4,24f.	272	15,7	365	11,18	268
7	263	16,23	30 A20	14,26f.	268
21,44f.	265f., 296	19,28	29, 31	17	268f.
23	263-265	19,36	26f.	17,6	299
23,14	266			17,7-41	291 A42
		1. Könige		17,13	273
Richter		2,3	267	17,23	299
2,10ff.	264	3,2f.	266	17,31	364 A20
2,13	364 A19	3,9-11	26f.	18-20	283
3,1-6	265	5,18	266	18,4	269
3,7	364 A19, 370 A39	6-8	265	18,5	261 A31
		8	266, 284	18,9-19,37	275 A62, 296
5,3.5	368	8,1-6	273f.	18,12	275
5,8	10 A23	8,22-53	289 A33	18,18	297
6,25-30	364 A19	8,27ff.	271 A47	18,26	67 A10, 297
8,1	331	8,29f.	268	18,31f.	297
10,6	364 A19	8,45	272	18,36	297
11,5ff.	331	8,48	298	19,32-34	275, 297
15,10ff.	331	8,49	272	19,34	268
18,1	264	8,56	265f., 296	21,2-17	269
19,1	264	8,59f.	268, 271f.	21,2-15	261
21,25	264	8,61	264	22f.	198f., 269, 289
		8,63	10 A23		
1. Samuel		9	266	22,2	262 A31
1,3	365	9,1-9	264, 275	22,3-10	266
3,35	273	11	264-266, 268, 296	22,3	292
7,3f.	264, 296			22,4ff.	273f.
8-12	261	12,20-32	266 A42	22,12	292
8,4-22	259, 267	12,26-33	268	22,25	262 A31
10,17-26	259, 267	12,31	273	23	266, 273f.
12	259, 267	13,34	268	23,1-3	203
13-15	265	14	268	23,4	370 A39

23,25	260-262, 267	42,7	25	7,1-15	209, 270f., 291
23,32.37	262 A31	43,18f.	250		
24f.	303	44,25f.	248	7,4	275
24,1f.	306 A4	45,5-25	271	8,7f.	212
24,3.20	269	46,1f.	372	11,1-8	270
25,1-21	290 A38	46,3f.	373	17,25	289 A31
25,18-21	274, 293, 299	46,5.9-13	248f.	18,6	221 A44
25,27-30	259, 268, 274 A60, 286, 299, 324	47	372	18,13-15	233 A72
		48,20f.	241 A8f.	18,13	221 A44
		49,1-6	372	21,1	274, 293
		49,8-12	241 A8	22,1-6	288 A31, 291
Jesaja		49,15	373	22,3	271
1	244	49,16ff.	241 A8	22,15f.	210
1,10-17	192	52,7-12	241 A8f.	22,24-30	270, 286-288, 328
5,1-7	192	52,7-10	253 A57		
5,12.18	247	52,13-53,12	272 A50	23,1-6	289 A31
5,25-30	248	54,1ff.	241 A8	23,13	221 A44
6	243-246	55,4f.	271	26	284, 290
6,5	367	55,6-13	241 A8f.	26,1	209
7,16	26-28	58,5-9	141 A29	26,24	204, 292
8,10	248	66,13	373	28	293
9,7-20	248			28,1-4	274, 324
10,1f.	192			28,3f.	287, 296
10,5-19	248	*Jeremia*		29	299
11,4	190	1,1	235	29,3	292
14,6-21	248	1,2	209	29,20-23	324
19,18	66 A9	1,11-14	217 A30, 225	30f.	209, 212f., 221, 236, 292 A42
22,20-23	253 A55	2-6	209-238		
25,3	164	2,1-4	216f.		
28,1	247	2,16	218		
29,14	247	2,18	209 A2	31,6	235
29,23-29	248	2,26-28	217f.	31,31-34	292 A42
30,1f.	247	2,28	233 A72	32,23ff.	270
30,27-33	248	2,36	209 A2	33,15f.	289 A31
31,2f.	247	3,6ff.	292 A42	34	270
31,5.8f.	248	3,6-13	222	34,14	291
32,5	121 A30	3,6-11	270	35,15ff.	271
32,8	121 A30	3,21-4,2	221	36	204, 223, 237, 292-294
35	241 A6	4,1-5	215f.		
35,5f.	25	4,30	229f.	36,26	274 A59
37,26	249f.	5,4	212	37,1f.	294
38,1	182 A119	5,11	218	37,3-43,7	293f.
40-55	239-241	5,15-17	219	37,3-13	274f., 293
40,1-11	241-246	5,18-25	218f.	37,5	297
40,12-17	248	5,26	155 A84	38,1-6	274, 293
40,22	248	6,9-12	219	38,2	297
42,1-4	372	7-10	214 A22	38,17f.	275, 297
		7	284, 290	39	303

39,4-10	290 A38	1,3-11	290	1,2f.	117, 140
40,1-43,7	303	1,14	323	1,9	152
40,6ff.	293	2,2	323	1,13-17	121
41,1-3	324 A12	2,6-9	326	1,15.17	116
43,3	294	2,15-19	290	1,21f.	150 A68
43,5f.	299 A58	2,20-23	288, 321, 326,	1,22	132 A55
44,15-19	364		328	2,10	150 A68
52	303	2,21	323	2,11	132 A55
				3	131-133,
Ezechiel		*Sacharja*			143 A41, 150
16	270	1,12	326	4,3-5	142
17	299	2,1-4	326	4,6	147
20	270	3,8	326 A19	4,8	144
22,19	274	4,1-6	326	4,12-21	145
23	270	4,10-14	326f.	4,17	154
28,11-17	43	6,9-15	300, 325f.	5,1-5	150
37,26-28	271	6,11	327	5,8	132, 150
40-48	327	12,8	30	5,12-16	138f.
43,1-9	271			5,17f.	132, 150
45,9f.	271	*Maleachi*		6,8-10	131
46,1-10	271	1,6	178	6,22f.	125
46,16-18	271			7,2f.	125
		Psalmen		7,5	122 A31
Hosea		8,6	30	7,16	132
4,4-10	192	29,1	367	8,5f.	149
5,12-14	193	37	125 A42	8,9f.	144
7,3-7	193	45,7f.	190	8,13-15	148
8,11-13	192	47,9	370	10,20f.	132
8,12	194 A24	49	125 A42	12,12	144
10,3f.	193	49,7	373	12,21	121 A30
13,4	369	51,14	121 A30	13	132 A54, 154
		52,9	373	15,2f.	136, 140
Amos		62,9-11	119, 123 A36,	15,4-6	147
2,6f.	192		149	15,7f.	43, 145
5,10-12	192	62,11	373	15,10	144
5,21-27	192	72,2-13	190	15,14-16	145
		73	125 A42	15,17-20	137f.
Micha		82,6	367	15,17f.	144
2,1f.9	192	85,14	191	15,27	122
6,8	45	89,15	191	16,19-21	134
		95,3	370	17,10	136 A12
Zefanja		97,2	191	18,21	120 A29
3,5	120 A29	146,3	121 A30	19,13-19	121f., 140
3,9	65, 81	146,8	25	19,13-16	117f.
				19,20	122 A31
Haggai		*Hiob*		19,27	122 A31
1,1	323	1f.	152 A74	20,4	144

20,17	122	32	144f.	*Esra*	
20,19	123, 141, 148	33,6ff.	136 A11	1-6	303
20,22	122	33,14-18	145	1,1-4	323
21	133, 139, 141, 145, 153	33,19-28	153 A81	1,8	325 A14
		34	136	4	323
21,9-12	124	34,8f.	152 A73	5f.	325
21,15	152	34,18	121 A30	5,3-17	326
21,17	144	35,3	152 A73	5,14	325 A14
21,28	121f.	35,9-16	150 A68	5,17	345
21,29f.	144	35,9-12	132 A55	6,1-4	345
21,32f.	124	36,7-22	153 A81	6,3-7	323
22,2f.	152	36,7-12	145	6,6	346
22,5-9	122-124, 141, 148	38ff.	145	6,8	345
		42,7ff.	152 A74	7,20-26	332
22,6	128	42,12	117, 140	7,20f.	345f.
22,21ff.	132			10,1.12	330
22,21	150 A68	*Proverbien*			
22,30	149	1,8	176	*Nehemia*	
24,3	123	3,9	164	2,8	346, 349
24,9	123	8,16	121 A30	5	127-129, 333
25,2-6	145	13,8	28	5,7.13	330
26,4	145	16,22	29	5,15	349 A89
27,7	120 A29	19,26	175	5,17	330
29-31	117-123, 125 A41, 132, 143 A41	23,22	176 A102	6,6-14	332
		28,24	175	7,2	349
		30,17	175	7,5	330
29	140			10,29ff.	330 A38
29,12-18	129 A49f.	*Rut*		13,23-25	67 A12
29,17	141	4,15f.	180		
29,24	143			*1. Chronik*	
30,1	140	*Threni*		3,19	325
30,25	143	2,17	275	5,41	299, 324
30,28	140	4,12.20	275		
31	140, 148			*2. Chronik*	
31,3	120 A29	*Ester*		19,8-11	200
31,24f.	373	1,2	345	36	303
31,28	373	3,9	345	36,21	306
31,31f.	128	4,7	345		
31,35-37	154				

Außerkanonische Schriften / Neues Testament

Tobit		*Jesus Sirach*		39,6	145 A50
4,3f.	182	3,1-16	178f.		
8,21	181 A117	33,20-24	181 A117	*Apostelgeschichte*	
14,10-13	182 A121	38f.	136 A11	2	81

Nachweis der Erstpublikationen

Die Kulturarbeit im Atramḫasīs im Vergleich zur biblischen Urgeschichte
Albertz, R. u.a. (Hg.), Werden und Wirken des Alten Testaments, FS C. Westermann, Göttingen / Neukirchen-Vluyn 1980, 38-57; Verlag Vandenhoeck & Ruprecht / Neukirchener Verlag

»Ihr werdet sein wie Gott«. Gen 3,1-7 auf dem Hintergrund des alttestamentlichen und des sumerisch-babylonischen Menschenbildes
WO 24 (1993) 89-111; Verlag Vandenhoeck & Ruprecht, Göttingen

Das Motiv für die Sintflut im Atramḫasīs-Epos
Lange, A. u.a. (Hg.), Mythos im Alten Testament und seiner Umwelt, FS H.-P. Müller, BZAW 278, Berlin / New York 1999, 3-16; Verlag W. de Gruyter

Die Frage des Ursprungs der Sprache im Alten Testament
Gessinger, J. / Rahden, W.v. (Hg.), Theorien vom Ursprung der Sprache 2, Berlin / New York 1988, 1-18; Verlag W. de Gruyter

Ludlul bēl nēmeqi – eine Lehrdichtung zur Ausbreitung und Vertiefung der persönlichen Mardukfrömmigkeit
Mauer, G. / Magen, U. (Hg.), Ad bene et fideliter seminandum, FS K. Deller, AOAT 220, Kevelaer / Neukirchen-Vluyn 1988, 25-53; Verlag Butzon & Bercker / Neukirchener Verlag

Der sozialgeschichtliche Hintergrund des Hiobbuches und der „Babylonischen Theodizee"
Jeremias, J. / Perlitt, L. (Hg.), Die Botschaft und die Boten, FS H.W. Wolff, Neukirchen-Vluyn 1981, 349-372; Neukirchener Verlag

Der »Weise« und die »fromme Weisheit« im Hiobbuch aus der Perspektive der »Freunde«
Deutsche Fassung von »The Sage and Pious Wisdom in the Book of Job. The Friend's Perspective«, Gammie, J.G. / Perdue, L.G. (Hg.), The Sage in Israel and the Ancient Near East, Winona Lake 1990, 243-261; Verlag Eisenbrauns

Hintergrund und Bedeutung des Elterngebots im Dekalog
ZAW 90 (1978) 348-374; Verlag W. de Gruyter, Berlin / New York

Die Theologisierung des Rechts im Alten Israel
Albertz, R. (Hg.), Religion und Gesellschaft. Studien zu ihrer Wechselbeziehung in den Kulturen des antiken Vorderen Orients, Veröffentlichungen des Arbeitskreises zur Erforschung der Religions- und Kulturgeschichte des Antiken Vorderen Orients 1 = AOAT 248, Münster 1997, 115-132; Ugarit-Verlag

Jer 2-6 und die Frühzeitverkündigung Jeremias
ZAW 94 (1982) 20-47; Verlag W. de Gruyter, Berlin / New York

Das Deuterojesaja-Buch als Fortschreibung der Jesaja-Prophetie
Blum, E. u.a. (Hg.), Die Hebräische Bibel und ihre zweifache Nachgeschichte, FS R. Rendtorff, Neukirchen-Vluyn 1990, 241-256; Neukirchener Verlag

Die Intentionen und die Träger des Deuteronomistischen Geschichtswerks
Albertz, R. u.a. (Hg.), Schöpfung und Befreiung, FS C. Westermann, Stuttgart 1989, 37-53; Calwer Verlag

Wer waren die Deuteronomisten? Das historische Rätsel einer literarischen Hypothese
EvTh 57 (1997) 319-338; Chr. Kaiser Verlag, München / Gütersloher Verlagshaus, Gütersloh

Die Exilszeit als Ernstfall für eine historische Rekonstruktion ohne biblische Texte: Die neubabylonischen Königsinschriften als ›Primärquelle‹
Grabbe, L.L. (Hg.), Leading Captivity Captive. ›The Exile‹ as History and Ideology, European Seminar in Historical Methodology 2, JSOT.S 278, Sheffield 1998, 22-39; Sheffield Academic Press

Die verhinderte Restauration
Blum, E. (Hg.), Mincha, FS R. Rendtorff, Neukirchen-Vluyn 2000, 1-12; Neukirchener Verlag

Zur Wirtschaftspolitik des Perserreiches
Bisher unveröffentlicht

Jahwe allein! Israels Weg zum Monotheismus und dessen theologische Bedeutung
Bisher unveröffentlicht